Allgemeines Steuerrecht

Professor Dr. Klaus-Dieter Drüen

Lehrstuhl für Steuerrecht und Öffentliches Recht
Ludwig-Maximilians-Universität München (LMU)

22., vollständig überarbeitete Auflage, 2025

BOORBERG

Bibliografische Information der Deutschen Nationalbibliothek | Die Deutsche Nationalbibliothek verzeichnet diese Publikation in der Deutschen Nationalbibliografie; detaillierte bibliografische Daten sind im Internet über www.dnb.de abrufbar.

22. Auflage, 2025
ISBN 978-3-415-07626-6

Bis zur 21. Auflage erschien das Werk im Verlag Alpmann und Schmidt Juristische Lehrgänge Verlagsgesellschaft mbH & Co. KG, Münster.

Satz: abavo GmbH, Nebelhornstraße 8, 86807 Buchloe | Druck und Bindung: CPI books GmbH, Eberhard-Finck-Straße 61, D-89075 Ulm

Richard Boorberg Verlag GmbH & Co KG | Scharrstraße 2 | 70563 Stuttgart
Stuttgart | München | Hannover | Berlin | Weimar | Dresden
www.boorberg.de

DRÜEN

Allgemeines Steuerrecht

REIHE
Studienprogramm Steuern
Herausgeber der Reihe:
Prof. Dr. Heinrich Weber-Grellet

Inhaltsverzeichnis

Einleitung

A. Steuerrecht als Disziplin der Steuerwissenschaft

Das Steuerwesen gehört zu den Forschungsgebieten der Rechtswissenschaft, der Volkswirtschaft und der Betriebswirtschaft.[1] 1

I. Die **Finanzwissenschaft** als Teilgebiet der Volkswirtschaftslehre untersucht die Finanzierung der öffentlichen Haushalte durch Steuern und beschäftigt sich mit Fragen der Steuerlastverteilung und Steuertechnik.[2]

II. Die Betriebswirtschaftslehre hat als Teildisziplin die betriebliche Steuerlehre entwickelt. Sie erforscht den Einfluss der Besteuerung auf das betriebliche Rechnungswesen und ermittelt optimale betriebswirtschaftliche Verhaltensweisen unter Berücksichtigung der Besteuerung.[3]

III. Die **Steuerrechtswissenschaft** untersucht die Steuern nach rechtlichen Kriterien. Sie überprüft die Gültigkeit der Vorschriften und die Rechtmäßigkeit der Rechtsanwendung, systematisiert den Stoff und zeigt die verfassungsrechtlichen Grenzen der Steuergesetzgebung auf.[4]

In der Juristenausbildung hat das Steuerrecht noch immer nicht den Stellenwert, den dieses Rechtsgebiet nach seiner praktischen Bedeutung haben müsste.[5] Die Justizminister erkennen im Rahmen ihrer Reformvorschläge 2016 zwar die hohe Relevanz des Steuerrechts ausdrücklich an, ziehen aber daraus nicht die Konsequenz, dieses Rechtsgebiet in den Pflichtstoff der Juristenausbildung aufzunehmen. Die Folgen des Ausbildungsdefizits zeigen sich vor allem im Berufsfeld der Steuerberatung: Obwohl Rechtsanwälte in gleicher Weise wie etwa Steuerberater und Wirtschaftsprüfer zur unbeschränkten Hilfeleistung in Steuersachen befugt sind (vgl. § 3 Nr. 1 StBerG), wird die Steuerberatung in der Praxis überwiegend von wirtschaftswissenschaftlich ausgebildeten Steuerberatern oder Steuerberatern ohne Hochschulstudium (vgl. § 36 Abs. 2 StBerG) ausgeübt.

Dabei ist juristisch qualifizierte Steuerberatung ein interessantes und zugleich lukratives sowie bestandsgesichertes Arbeitsfeld.

B. Systematische Einordnung des Steuerrechts

Das Steuerrecht ist ein **Teilgebiet des öffentlichen Rechts**. Vom Verwaltungsrecht, dem es systematisch zugehört, hat sich das Steuerrecht weitgehend gelöst und ein „eigenständiges rechtliches Subsystem“ entwickelt.[6] Die Besteuerung erfolgt aufgrund eines besonderen Verfahrensrechts (der Abgabenordnung) durch eine speziell ausgebildete und eigenständig organisierte Verwaltung (die Finanzverwaltung) und unter der Kontrolle einer besonderen Gerichtsbarkeit (der Finanzgerichtsbarkeit). 2

---

1 Seer in T/L Rn. 1.14 ff.; zu Grundlagen und der grundsätzlichen Rechtfertigung von Steuern Seer a. a. O. Rn. 1.1 ff.

2 Vgl. z. B. Haller, Die Steuern, 3. Aufl. 1981, S. 1 ff.; Andel, Finanzwissenschaft, 4. Aufl. 1998; Seer in T/L Rn. 1.16 ff.

3 Vgl. vor allem Rose, Betriebswirtschaftliche Steuerlehre, 3. Aufl. 1992; Wöhe/Bieg, Grundzüge der Betriebswirtschaftlichen Steuerlehre, 4. Aufl. 1995; Breithecker, Einführung in die Betriebswirtschaftliche Steuerlehre, 17. Aufl. 2016.

4 Seer in T/L Rn. 1.2 ff.: Steuerrechtswissenschaft als „Steuergerechtigkeitswissenschaft“.

5 Zu den Forderungen der Deutschen Steuerjuristischen Gesellschaft nach einer Reform der Juristenausbildung vgl. Tipke, StRO I, S. 25 ff.

6 Seer in T/L Rn. 1.28; näher Drüen, Eigenständigkeit und Methodik des Steuerrechts, in Droege/Seiler, Eigenständigkeit des Steuerrechts, 2019, S. 95 ff.

Das Steuerrecht begründet Pflichten, die durch einseitigen Verwaltungsakt und staatlichen Zwang durchgesetzt werden können bzw. müssen. Vom **typischen Eingriffsrecht**, z. B. dem Polizeirecht, soll sich das Steuerrecht nach einer im modernen Schrifttum vertretenen Auffassung dadurch unterscheiden, dass es auf staatliche Teilhabe am privaten wirtschaftlichen Erfolg des Steuerpflichtigen (im Folgenden: Stpfl.) zielt. Deshalb bedürfe es beim Vollzug der Steuergesetze einer Kooperation zwischen der Finanzverwaltung und dem Stpfl.[7] Die Notwendigkeit der Kooperation bedeutet nicht zwingend Konsens und bewirkt auch keine Gleichordnung von Stpfl. und Finanzverwaltung, die das Steuerrecht letztlich mit staatlichen Zwangsmitteln durchzusetzen vermag.[8]

C. Steuerrecht und Zivilrecht

2 **§ Fall 1: Zugewinnausgleich und ErbSt**

F hat ihren verstorbenen Ehemann E neben Verwandten der 1. Ordnung nach §§ 1931 Abs. 1, 1371 Abs. 1 BGB zu 1/2 beerbt. Da sie einen höheren Zugewinn als E erzielt hat, hätte sie im Falle der güterrechtlichen Regelung (§ 1371 Abs. 2 BGB) keine Ausgleichsforderung geltend machen können. F erhält aus Anlass des Todes des E keine Versorgungsbezüge, die nicht der Erbschaftsteuer unterliegen. Der Nachlass enthält unter anderem Hausrat im Wert von 100.000 € und sonstige bewegliche körperliche Gegenstände im Wert von 30.000 €. Das FA hat die ErbSt wie folgt festgesetzt:

Nachlasswert 1/2	1.250.000 €
./. Freibetrag für Hausrat (§ 13 Abs. 1 Nr. 1 a ErbStG)	41.000 €
./. Freibetrag für sonstige Gegenstände (§ 13 Abs. 1 Nr. 1 b ErbStG)	12.000 €
./. Bestattungskosten 1/2 (§ 10 Abs. 5 Nr. 3 ErbStG)	5.150 €
./. persönlicher Freibetrag (§ 16 Abs. 1 Nr. 1 ErbStG)	500.000 €
./. Versorgungsfreibetrag (§ 17 Abs. 1 ErbStG)	**256.000 €**
steuerpflichtiger Erwerb (§ 10 ErbStG)	435.850 €
gerundet (§ 10 Abs. 1 S. 6)	435.800 €
Steuersatz (Steuerklasse I, Erwerb bis 600.000 €) 15 %	
Steuer (§§ 15 Abs. 1 Nr. 1, 19 Abs. 1 ErbStG)	65.370 €

Nach erfolglosem Einspruch hat F beim Finanzgericht Klage erhoben mit der Begründung, die Besteuerung des ihr nach § 1371 Abs. 1 BGB zustehenden 1/4 der Erbschaft sei verfassungswidrig.
Hat die Klage Aussicht auf Erfolg?

I. Gegen die **Zulässigkeit der Anfechtungsklage** bestehen keine Bedenken (vgl. §§ 40 ff. FGO).

II. **Begründet** ist die Klage, wenn der angefochtene Steuerbescheid rechtswidrig und F dadurch in ihren Rechten verletzt worden ist (§ 100 Abs. 1 S. 1 FGO). Sofern das Finanzgericht zu dem Ergebnis käme, dass die Regelung des ErbStG über die Besteuerung beim Zugewinnausgleich verfassungswidrig ist, müsste es nach Art. 100 Abs. 1 GG das Verfahren aussetzen und die Entscheidung des BVerfG einholen.

1. Besteuerungsobjekt der Erbschaft- und Schenkungsteuer (ErbSt) sind **unentgeltliche Zuwendungen**, insbesondere der Erwerb von Todes wegen (§ 3 ErbStG) und Schenkungen unter Lebenden (§ 7 ErbStG). Vermögensübergänge, die zum Aus-

7 Vgl. Kirchhof VVDStRL 39, 213 ff., 233; Weber-Grellet, Steuern im modernen Verfassungsstaat, 2001, S. 227; B/D/T Rn. 50; Seer in T/L Rn. 21.4, 21.170 ff.

8 Näher Drüen FR 2011, 101.

gleich des Zugewinns erfolgen, werden als entgeltlicher Erwerb grundsätzlich nicht von der ErbSt erfasst (§ 5 Abs. 2 ErbStG). Soweit der Zugewinnausgleich jedoch nach § 1371 Abs. 1 BGB durch schematische Erhöhung des Erbteils des überlebenden Ehegatten erfolgt, sieht § 5 Abs. 1 S. 1 ErbStG vor, dass – abweichend von der zivilrechtlichen Regelung – nur der Betrag bei der Ermittlung des steuerpflichtigen Erwerbs außer Betracht bleibt, den der überlebende Ehegatte bei güterrechtlicher Abwicklung der Zugewinngemeinschaft nach § 1371 Abs. 2 BGB geltend machen könnte.[9]

2. Die Steuerfestsetzung ist demnach rechtmäßig, sofern nicht **verfassungsrechtliche Bedenken** gegen die Regelung des § 5 Abs. 1 ErbStG bestehen. Der Steuergesetzgeber könnte willkürlich gehandelt und damit gegen den Gleichheitsgrundsatz verstoßen haben, indem er die erbrechtliche Regelung des Zugewinnausgleichs (§ 1371 Abs. 1 BGB) steuerlich unterlaufen hat.[10]

- Flume[11] misst der **Zivilrechtsordnung** grundsätzlich **Vorrang** vor der Steuerrechtsordnung zu.[12] Diese Ansicht lässt sich damit begründen, dass das Steuerrecht an Vorgänge und Zustände des Wirtschafts- und Zivilrechtslebens (z. B. Erzielung von Einkünften, Lieferungen, Erwerb von Vermögen, Gründung von Gesellschaften) anknüpft. Ist das Steuerrecht aber von dem Zivilrechtsleben existenziell abhängig, muss es auch die Institutionen des Zivilrechts respektieren. Folgt man der Auffassung Flumes, durfte der Steuergesetzgeber sich mit der Regelung des § 5 Abs. 1 ErbStG nicht über die erbrechtliche Regelung des Zugewinnausgleichs nach § 1371 Abs. 1 BGB hinwegsetzen.[13]
- Die Gegenmeinung betont die **Eigenständigkeit des Steuerrechts**, das seine Tatbestände und Begriffe autonom schaffen könne und nur dem Verfassungsrecht untergeordnet sei. Im Verhältnis zum Zivilrecht könne lediglich von einer „Vorherigkeit" dieses Rechtsgebietes gesprochen werden, weil das Steuerrecht regelmäßig an zivilrechtliche Gestaltungserfolge anknüpfe.[14] Diese Vorherigkeit des Zivilrechts bedeutet aber nicht seine Vorrangigkeit gegenüber dem Steuerrecht.[15]
- Das **BVerfG** hat die These von der Autonomie des Steuerrechts in einer Entscheidung aus dem Jahre 1962 nur mit Einschränkungen bejaht: Wenn der Steuergesetzgeber an Rechtsnormen des Zivilrechts anknüpfe, dürfe er nur aus überzeugenden Gründen von den privatrechtlichen Strukturen abweichen.[16] In einem Kammerbeschluss vom 27.12.1991[17] hat das Gericht demgegenüber jede Rangpriorität des Zivilrechts gegenüber dem Steuerrecht verneint und auch bei der Auslegung dem Zivilrecht entlehnter Begriffe die **Autonomie des Steuerrechts** konstatiert. Danach sind Privatrecht und Steuerrecht nebengeordnete, gleichrangige Rechtsgebiete, die denselben Sachverhalt aus einer anderen Perspektive und unter anderen Wertungsgesichtspunkten beurteilen.

Unter Zugrundelegung der Rspr. des BVerfG lassen sich keine durchgreifenden Bedenken gegen die Regelung des § 5 ErbStG erheben. Wegen der hohen Freibeträge für Ehegatten wird in der Masse der Erbfälle keine ErbSt anfallen und damit der Vereinfachungseffekt des § 1371 Abs. 1 BGB nicht berührt. Nur in einer kleinen, finanziell aber gewichtigen Zahl von Fällen kommt die Regelung des § 5 Abs. 1 ErbStG zur Anwendung. Hier aber entspricht es dem Prinzip der Steuergerechtig-

9 Zur Berechnung der fiktiven Ausgleichsforderung vgl. BFH v. 10.03.1993 – II R 87/91, BStBl. II 1993, 510; Gottschalk in Troll/Gebel/Jülicher, § 5 ErbStG Rn. 26 ff.

10 So früher Kapp/Ebeling, ErbStG, § 5 Rn. 46 f.: Verstoß gegen den Grundsatz der Einheit der Rechtsordnung; kritisch auch Moench DStR 1989, 344.

11 In FS für R. Smend, 1952, S. 62 ff., 68 ff.

12 Ebenso Crezelius, Steuerrechtliche Rechtsanwendung und allgemeine Rechtsordnung, 1983, S. 339 ff.

13 Vgl. Crezelius, Erbschaft- und Schenkungsteuer in zivilrechtlicher Sicht, 1979, S. 162 ff.

14 Vgl. Seer in T/L Rn. 1.31 ff.; Kirchhof StuW 1983, 173, 180; Tipke StRO I, S. 44 ff.

15 Drüen VVDStRL 79 (2020), 127, 142 m. w. N.

16 BVerfG v. 24.01.1962–1 BvR 845/58, BVerfGE 13, 331, 340.

17 BVerfG v. 27.12.1991–2 BvR 72/90, BStBl. II 1992, 212 = StuW 1992, 186 m. krit. Anm. Meincke.

keit, wenn von dem steuerpflichtigen Erwerb des Ehegatten nur der Teil ausgenommen wird, den er als Zugewinnausgleichsforderung geltend machen könnte. Die irrationale Ehegattenbegünstigung, die der Gesetzgeber zivilrechtlich zulasten der Verwandten geschaffen hat, will er sich als Steuergesetzgeber zulasten des Fiskus nicht leisten.[18] Damit liegen gewichtige Gründe für den Steuergesetzgeber vor, bei der steuerrechtlichen Regelung von der zivilrechtlichen Gestaltung abzuweichen.

Ergebnis:

Die Klage der F ist unbegründet.

In der Rechtstheorie steht die Frage im Vordergrund, ob ein Primat des Zivilrechts gegenüber dem Steuerrecht anzuerkennen ist. Im praktischen Rechtsleben sind Einwirkungen in umgekehrter Richtung von mindestens ebenso großer Bedeutung. Denn viele moderne Gestaltungsformen des Privatrechts (z. B. die GmbH & Co. KG, das Bauherrenmodell, das Leasing) verdanken steuerrechtlichen Überlegungen ihre Entstehung, Ausgestaltung oder Verbreitung.[19] Steuerrecht und Zivilrecht sind mithin wechselseitig miteinander „verschränkt".[20]

D. Steuerrecht und Verfassungsrecht

4 § **Fall 2: Verfassungsmäßigkeit der Besteuerung von Kapitaleinkünften**

Der Stpfl. S hat im Jahre 01 (= Erstjahr, nicht Kalenderjahr 2001) aus einem mit 2 % verzinsten, jederzeit kündbaren Darlehen in Höhe von 500.000 € an eine Privatperson Zinseinnahmen in Höhe von 10.000 € erzielt. Die Inflationsquote des Jahres 01 betrug 2 %. Mit seinem Einspruch gegen den ESt-Bescheid 01 wendet sich S gegen die Erfassung der Zinseinnahmen bei der Steuerfestsetzung. Er sieht darin einen Verstoß gegen die Eigentumsgarantie des Art. 14 GG.

I. Zinseinnahmen sind nach §§ 2 Abs. 1 Nr. 5 und Abs. 5 b, 20 Abs. 1 Nr. 7 EStG nach Abzug des Sparer-Pauschbetrags (§ 20 Abs. 9 EStG) als Einkünfte aus Kapitalvermögen mit 25 % zu besteuern (§ 32 d Abs. 1 EStG).

II. Die Steuerfestsetzung ist daher rechtmäßig, sofern nicht die genannten Vorschriften des Einkommensteuerrechts wegen Verstoßes gegen – höherrangiges – Verfassungsrecht ungültig sind. Zwar dürfte das FA die Verfassungswidrigkeit der Vorschriften des EStG nicht feststellen. Es könnte aber – zumindest theoretisch – durch Anrufung der vorgesetzten Behörde das Normenkontrollverfahren nach Art. 93 Abs. 1 Nr. 2 GG auslösen.
Dass Steuerrecht und Besteuerungsverfahren sich an der Verfassungsordnung, insbesondere den Grundrechten, messen lassen müssen, steht außer Frage.[21] Schranken für den Besteuerungszugriff ergeben sich in jedem Fall aus Art. 2 Abs. 1 GG, weil die staatliche Besteuerungsgewalt in die allgemeine Handlungsfreiheit eingreift.[22] Darüber hinaus verbietet die Bindung der Steuergewalt an die Grundrechte beispielsweise Regelungen, die – entgegen Art. 6 GG – Ehegatten steuerlich benach-

---

18 Vgl. Rauscher, Familienrecht, 2. Aufl. 2008, Rn. 401.

19 Vgl. z. B. Walz ZHR 147 (1983), 281; Schulze-Osterloh AcP 190 (1990) 139; Kübler/Assmann, Gesellschaftsrecht, 6. Aufl. 2006, § 20 I; K. Schmidt, Gesellschaftsrecht, 4. Aufl. 2002, § 1 II 6.

20 Drüen VVDStRL 79 (2020), 127, 135 ff. m. w. N.

21 Dazu Hey in T/L Rn. 3.90 ff.; B/D/T Rn. 155 ff.

22 BVerfG v. 25.09.1992–2 BvL 5/91, 2 BvL 8/91, 2 BvL 14/91, BVerfGE 87, 153 = JZ 1993, 306 m. Anm. Starck; BVerfG v. 22.06.1995–2 BvL 37/91, BVerfGE 93, 121; BFH v. 13.03.2001 – VIII R 37/00, BStBl. II 2001, 430, zur Verfassungsmäßigkeit des § 171 Abs. 14 AO.

teiligen.[23] Nach der Gleichstellung in § 16 Abs. 1 Nr. 1 ErbStG stellt nunmehr § 2 Abs. 8 EStG aufgrund der Entscheidung des BVerfG v. 07.05.2013[24] rückwirkend (für alle offenen Fälle) die vollständige Gleichstellung von eingetragenen Lebenspartnerschaften mit Ehen her.[25]

Welche Grenzen die **Eigentumsgarantie des Art. 14 GG** dem Steuergesetzgeber setzt, ist äußerst umstritten: 5

- Im Schrifttum überwiegt die Auffassung, der Steuereingriff in das Vermögen des Stpfl. sei nur in den Schranken des Art. 14 Abs. 1 S. 2 und Abs. 2 GG zulässig.[26] Daraus wird gefolgert, der ESt dürften keine Kapitalerträge unterworfen werden, die durch die Geldentwertung vollständig verzehrt und deshalb in Wirklichkeit gar nicht entstanden sind. Die Besteuerung solcher Einkünfte widerspreche dem Zweck der Einkommensbesteuerung und sei daher unverhältnismäßig.[27]
- Nachdem das BVerfG in früheren Entscheidungen die Auffassung vertreten hatte, die Auferlegung von Geldleistungspflichten lasse die Eigentumsgarantie grundsätzlich unberührt und nur ausnahmsweise könne ein Verstoß gegen Art. 14 GG in Betracht gezogen werden,[28] sah es in seinem Beschluss vom 22.06.1995[29] zur Verfassungsmäßigkeit der Vermögensteuer demgegenüber den Besteuerungszugriff auf den Vermögensertrag als Eingriff in Eigentumspositionen an, der nur in den Schranken des Art. 14 Abs. 2 GG erfolgen darf. Es sei eine Belastungsobergrenze zu beachten, die „in der Nähe einer hälftigen Teilung zwischen privater und öffentlicher Hand" liegt (sog. **Halbteilungsgrundsatz**).[30] Während im Schrifttum das Postulat des Halbteilungsgrundsatzes ganz überwiegend positiv aufgenommen wurde,[31] ist der BFH der Rspr. des BVerfG entgegengetreten und hat in seiner Entscheidung vom 11.08.1999[32] die Auffassung vertreten, dass eine Belastung mit Einkommen- und Gewerbeertragsteuer von insgesamt 60 % des zu versteuernden Einkommens nicht verfassungswidrig sei. Auf die gegen diese Entscheidung gerichtete Verfassungsbeschwerde hat das BVerfG in seinem Beschluss vom 18.01.2006[33] die frühere Entscheidung zum Halbteilungsgrundsatz relativiert und entschieden, dass sich aus Art. 14 Abs. 1 S. 1 und Abs. 2 S. 2 GG keine allgemein verbindliche, absolute Belastungsobergrenze in der Nähe einer hälftigen Teilung ableiten lässt. Aus dem **Übermaßverbot** folge allerdings, dass die Besteuerung nicht so weit gehen darf, dass der wirtschaftliche Erfolg des Stpfl. grundlegend beeinträchtigt wird und damit nicht mehr angemessen zum Ausdruck kommt.

---

23 Vgl. BVerfG v. 17.01.1957–1 BvL 4/54, BVerfGE 6, 55, zur Zusammenveranlagung von Ehegatten nach § 26 EStG 1951; BVerfG v. 12.03.1985–1 BvR 571/81, 1 BvR 494/82, 1 BvR 47/83, BVerfGE 69, 188, zur Betriebsaufspaltung bei Beteiligung von Ehegatten; BVerfG v. 03.06.1987–1 BvL 5/81, BVerfGE 75, 361, zur Zusammenveranlagung bei mehrfach verheirateten Ehegatten; BVerfG v. 10.11.1998–2 BvL 42/93, BVerfGE 99, 246, zur Gewährleistung des Existenzminimums der Familie; BVerfG v. 10.11.1998–2 BvR 1057/91, 2 BvR 1226/91, 2 BvR 980/91, BVerfGE 99, 216, zum Verbot einer Benachteiligung von Ehe und Familie gegenüber anderen Lebens- und Erziehungsgemeinschaften.

24 2 BvR 909/06, BVerfGE 133, 377, zur Verfassungswidrigkeit des Ausschlusses eingetragener Lebenspartner vom Ehegattensplitting im Einkommensteuerrecht.

25 Schmidt/Weber-Grellet § 2 EStG Rn. 71.

26 Vgl. Kirchhof VVDStRL 39, 210 ff.; ders. Stbg 1995, 68; Hey in T/L Rn. 3.184, 3.189ff.; B/D/T Rn. 185ff.; skeptisch gegenüber der Relevanz der Frage: Tipke StRO I, S. 449ff.

27 Vgl. z. B. Spanner DStR 1975, 475; K. Vogel NJW 1979, 1158.

28 BVerfG v. 08.03.1983–2 BvL 27/81, BStBl. II 1983, 779; BVerfG v. 31.05.1988–1 BvR 520/83, BVerfGE 78, 214.

29 BVerfG v. 22.06.1995–2 BvL 37/91, BVerfGE 93, 121.

30 Dazu Drüen in T/K § 3 AO Rn. 17ff., auch zur „Erdrosselungssteuer".
Ausnahmsweise bejaht BVerwG v. 15.10.2014–9 C 8.13, BVerwGE 150, 225 die Erdrosselungswirkung eines erhöhten Steuersatzes für Kampfhunde wegen übermäßiger Aufwandstypisierung in Höhe des 26-Fachen des Hundesteuersatzes für einen Nichtkampfhund.

31 Vgl. Seer FR 1999, 1280; Butzer StuW 1999, 227; Dederer StuW 2000, 91.

32 BFH v. 11.08.1999 – XI R 77/97, BStBl. II 1999, 771.

33 BVerfG v. 18.01.2006–2 BvR 2194/99, BVerfGE 115, 97; dazu Wernsmann NJW 2006, 1169.

Im konkreten Fall wird das FA der Auffassung des BFH folgen und die Steuerfestsetzung nicht unter dem Gesichtspunkt überprüfen, ob die Höhe der Steuer eine nach dem Halbteilungsgrundsatz zu bemessende Belastungsobergrenze übersteigt. Eine andere Frage ist, ob auch **Entwertungsverluste** des angelegten Kapitals bei der Ermittlung der Kapitaleinkünfte berücksichtigt werden müssen. Das ist nach der bisher zu dieser Frage in der Rspr. vertretenen Auffassung nicht der Fall, weil diese Entwertungsverluste nicht auf dem Besteuerungszugriff beruhen.[34]

Ergebnis:

Das FA wird den Einspruch des S unter Berücksichtigung der Rspr. des BVerfG als unbegründet zurückweisen.

Für den **Steuererstattungsanspruch** ist der verfassungsrechtliche Prüfungsmaßstab demgegenüber unumstritten: Der Anspruch auf Erstattung zu viel gezahlter Steuern ist Eigentum i. S. d. Art. 14 Abs. 1 GG. Der Gesetzgeber muss daher die Inhalts- und Schrankenbestimmung des Art. 14 Abs. 1 S. 2 GG bei der gesetzlichen Gestaltung dieses Anspruchs beachten.[35]

E. Die Abgabenordnung

I. Allgemeines

6 Das Steuerrecht lässt sich systematisch in das allgemeine Steuerrecht und das besondere Steuerrecht einteilen.

Steuerrecht

Allgemeines Steuerrecht
Die wichtigsten Gesetze:
- Abgabenordnung (AO)
- Finanzgerichtsordnung (FGO)
- Gesetz über die Finanzverwaltung (FVG)
- Bewertungsgesetz (BewG)

Besonderes Steuerrecht
Wichtigste Einzelsteuergesetze:
- Einkommensteuergesetz (EStG)
- Körperschaftsteuergesetz (KStG)
- Gewerbesteuergesetz (GewStG)
- Umsatzsteuergesetz (UStG)
- Erbschaftsteuergesetz (ErbStG)

Die Abgabenordnung regelt – wie die Bezeichnung des Gesetzes als „Ordnung" erkennen lässt – vor allem das **Besteuerungsverfahren**. Sie enthält jedoch auch **materielles Recht**, insbesondere das allgemeine Steuerschuldrecht (§§ 33 ff. AO) und das Steuerstrafrecht (§§ 369 ff. AO). Die Abgabenordnung wird deshalb auch als „Allgemeiner Teil" der Steuergesetze oder als „Mantelgesetz" des Steuerrechts bezeichnet.

Im Jahre 2019 wurde der 100. Geburtstag der AO gefeiert:[36] Die Vorgängerin der am 01.01.1977 in Kraft getretenen Abgabenordnung (AO 1977) vom 16.03.1976[37] war die **Reichsabgabenordnung**

34 BVerfG v. 19.12.1978–1 BvR 335/76, 1 BvR 427/76, 1 BvR 811/76, BVerfGE 50, 57; vgl. ferner BFH v. 14.05.1974 – VIII R 95/72, BStBl. II 1974, 572, 580 f.; kritisch Tipke StRO I, S. 512 ff.; Hey in T/L Rn. 8.56 f.

35 BVerfG v. 08.10.1985–1 BvL 17/83, 1 BvL 19/83, BVerfGE 70, 278.

36 Drüen DStR 2019, 2657 und StuW 2020, 140; näher Waldhoff StuW 2020, 147.

37 BGBl. I 1976, 613.

von 1919 (RAO). Den Entwurf der RAO hatte Enno Becker, Referent im Reichsfinanzministerium und später Senatspräsident am RFH, in der kurzen Zeit von November 1918 bis Juli 1919 erarbeitet.[38] Infolge zahlreicher Novellen und Nebengesetze war die RAO im Laufe der Zeit unübersichtlich geworden. Mit der AO 1977 unternahm der Gesetzgeber den Versuch, die Systematik und die Terminologie der Abgabenordnung zu verbessern und ihren Charakter als Mantelgesetz des allgemeinen Abgabenrechts wiederherzustellen.

Seit 2006 ist der Zusatz „1977" entfallen. Seit 2014 haben Bund und Länder in einer Arbeitsgruppe die Modernisierung des Besteuerungsverfahrens beraten.[39] Nach einer intensiven parlamentarischen und fachlichen Reformdiskussion[40] ist das Gesetz zur Modernisierung des Besteuerungsverfahrens im Sommer 2016 verabschiedet worden.[41] Die Mehrzahl der neuen oder modernisierten Vorschriften gilt seit dem 01.01.2017.[42] Trotz unbestreitbarer Modernisierungsfortschritte stehen weitere Maßnahmen für ein zeitgemäßes Steuerrecht aus.[43]

II. Anwendungsbereich der AO

§ Fall 3: Rechtsbehelf gegen einen Realsteuerbescheid 7

Der Stpfl. S hat von der Stadt Potsdam einen GewSt-Bescheid erhalten. In einem Schreiben an das FA Potsdam legt er „Einspruch" gegen den Steuerbescheid ein mit dem Antrag, die Steuer niedriger festzusetzen. Ist der Rechtsbehelf zulässig?

I. Nach § 347 Abs. 1 Nr. 1 AO ist gegen Steuerbescheide der **Einspruch** gegeben. Es fragt sich jedoch, ob die Regelungen der AO über das Einspruchsverfahren (§§ 347 ff. AO) auf Steuerbescheide der Gemeinden Anwendung finden.
Nach § 1 AO gilt die Abgabenordnung für alle Steuern (einschließlich Steuervergütungen), die durch Bundesrecht oder EU-Recht geregelt sind, soweit sie durch Finanzbehörden des Bundes oder der Länder verwaltet werden. Die Gewerbesteuer als Realsteuer (§ 3 Abs. 2 AO) wird von den Gemeinden verwaltet. Auf Realsteuern finden nur die in § 1 Abs. 2 AO genannten Bestimmungen des Gesetzes Anwendung. Nach § 1 Abs. 2 Nr. 67 AO aber sind im Rechtsbehelfsverfahren gegen Realsteuerbescheide der Gemeinden nur § 351 AO (Bindungswirkung anderer Verwaltungsakte) und § 361 Abs. 1 S. 2 und Abs. 3 AO (Besonderheiten bei der Aussetzung der Vollziehung) anwendbar.

II. Gegen den GewSt-Bescheid der Stadt Potsdam[44] ist somit nicht der Einspruch nach der AO, sondern der **Widerspruch** nach §§ 68 ff. VwGO gegeben. Einzulegen ist der Widerspruch nach § 70 Abs. 1 S. 1 VwGO bei der Ausgangsbehörde, also der Stadt Potsdam. Während der Einspruch gegen den GewSt-Messbescheid des FA auch bei der Gemeinde eingelegt werden kann (§ 357 Abs. 2 S. 2 AO), kann der Widerspruch gegen den GewSt-Bescheid nicht mit fristwahrender Wirkung bei dem FA ange-

---

38 Vgl. Tipke AöR 94, 224.

39 Zum gemeinsamen Konzept von Bund und Ländern zur Modernisierung des Besteuerungsverfahrens Heintzen DÖV 2015, 780.

40 Dazu Tagungs- und Diskussionsbericht zum 56. Berliner Steuergespräch „Die Reform der Abgabenordnung" von Richter/Welling FR 2015, 1014.

41 ModG v. 18.07.2016, BGBl. I 2016, 1679.

42 Art. 23 des ModG v. 18.07.2016, BGBl. I 2016, 1679 (1709). Aus der umfangreichen Literatur zur Modernisierung des Besteuerungsverfahrens Gläser/Schöllhorn DStR 2016, 1577; Höreth/Stelzer DStZ 2016, 520; Merker Steuer und Studium 2016, 398; Müller-Franken StuW 2018, 113; Schwenker DB 2016, 375; Seer DStZ 2016, 605; Zaumseil NJW 2016, 2769; zur Kritik Krömker/Nöcker, AO-StB 2017, 305, 309.

43 Drüen DB 2018, 11, 17 f.

44 Ob überhaupt ein Widerspruchsverfahren nach §§ 68 ff. VwGO durchgeführt werden muss, richtet sich nach landesgesetzlichen Vorschriften. Viele Länder haben das Widerspruchsverfahren (teilweise sehr weitgehend und auch für den Bereich der kommunalen Steuerbescheide) eingeschränkt (so § 110 JustG NRW). Dagegen sieht Art. 15 Abs. 1 Nr. 1 AGVwGO Bayern im Kommunalabgabenrecht ein Wahlrecht des Betroffenen vor, entweder Widerspruch einzulegen oder unmittelbar Klage zu erheben.

bracht werden. Es ist jedoch Amtspflicht einer jeden Behörde, einen Rechtsbehelf unverzüglich an die zuständige Behörde weiterzuleiten.[45]

Ergebnis:

Das FA Potsdam wird den als Widerspruch auszudeutenden Rechtsbehelf des S an die Stadt Potsdam als zur Bearbeitung zuständige Behörde weiterleiten. Der Stpfl. trägt das Risiko, dass die unzuständige Behörde den Rechtsbehelf nicht unverzüglich weiterleitet und deshalb die Rechtsbehelfsfrist nicht gewahrt wird. Denn aus der Rechtsbehelfsbelehrung konnte er erkennen, bei welcher Behörde der Rechtsbehelf einzulegen war.[46] Bei Fristversäumnis durch nachgewiesenes Fehlverhalten der unzuständigen Behörde kann dem Stpfl. Wiedereinsetzung in den vorigen Stand nach § 60 VwGO gewährt werden.[47]

8 Der Anwendungsbereich der Abgabenordnung ist durch § 1 AO nicht abschließend bestimmt. Einerseits wird in Bundesgesetzen[48] auf die Vorschriften der AO verwiesen. Darüber hinaus haben die Länder im Rahmen ihrer Gesetzgebung in großem Umfang, insbesondere in ihren Kommunalabgabengesetzen (KAG), Vorschriften der AO ganz oder teilweise für anwendbar erklärt.

45 Wöckel in Eyermann VwGO, 16. Aufl. 2022, § 70 Rn. 16.
46 BFH v. 19.12.2000 – VII R 7/99, BStBl. II 2001, 158.
47 S. zur entsprechenden Vorschrift des § 110 AO BVerfG v. 02.09.2002–1 BvR 476/01, BStBl. II 2002, 835.
48 Z.B. § 13 Abs. 1 InvZulG 2007, § 15 Abs. 1 EigZulG, § 14 Abs. 2 S. 1 5. VermBG; § 12 Abs. 1 FZulG.

1. Abschnitt Grundlagen

A. Begriff der Steuer, Steuerarten, Steuerhoheit

I. Begriff der Steuer

§ Fall 4: Verfassungsmäßigkeit der Schwerbehinderten-Ausgleichsabgabe 9

Nach § 154 Abs. 1 SGB IX müssen Arbeitgeber, die über mindestens 20 Arbeitsplätze verfügen, auf wenigstens 5 % der Arbeitsplätze Schwerbehinderte beschäftigen. Unternehmer U hat diese sog. Pflichtplatzquote nicht eingehalten. Daraufhin hat ihn das zuständige Integrationsamt (vgl. § 185 SGB IX) nach § 154 Abs. 1 S. 1, Abs. 2 Nr. 3 SGB IX zu einer Ausgleichsabgabe in Höhe von 320 € jährlich für jeden nicht besetzten Pflichtplatz herangezogen. U ist der Ansicht, die Ausgleichsabgabe stelle eine verfassungsrechtlich unzulässige Sondersteuer für Arbeitgeber dar.

I. Es fragt sich zunächst, ob die Ausgleichsabgabe nach § 160 SGB IX eine Steuer im Sinne der finanzverfassungsrechtlichen Normen des GG (Art. 104 a–108) darstellt und daher an diesen Verfassungsbestimmungen zu messen ist. Der **Steuerbegriff des GG** knüpft an den seit Jahrzehnten gefestigten Steuerbegriff des allgemeinen Abgabenrechts an,[49] dessen Legaldefinition sich in § 3 Abs. 1 AO findet. Danach sind Steuern Geldleistungen, die nicht eine Gegenleistung für eine besondere Leistung darstellen und von einem öffentlich-rechtlichen Gemeinwesen zur Erzielung von Einnahmen allen auferlegt werden, bei denen der Tatbestand zutrifft, an den das Gesetz die Leistungspflicht knüpft; die Erzielung von Einnahmen kann Nebenzweck sein. Nach § 3 Abs. 3 AO sind auch Einfuhr- und Ausfuhrabgaben nach Art. 5 Nr. 20 und 21 des Zollkodex der Union (UZK) Steuern im Sinne der AO. Die Stellung der Steuern im System der öffentlich-rechtlichen Lasten veranschaulicht das folgende Schaubild:

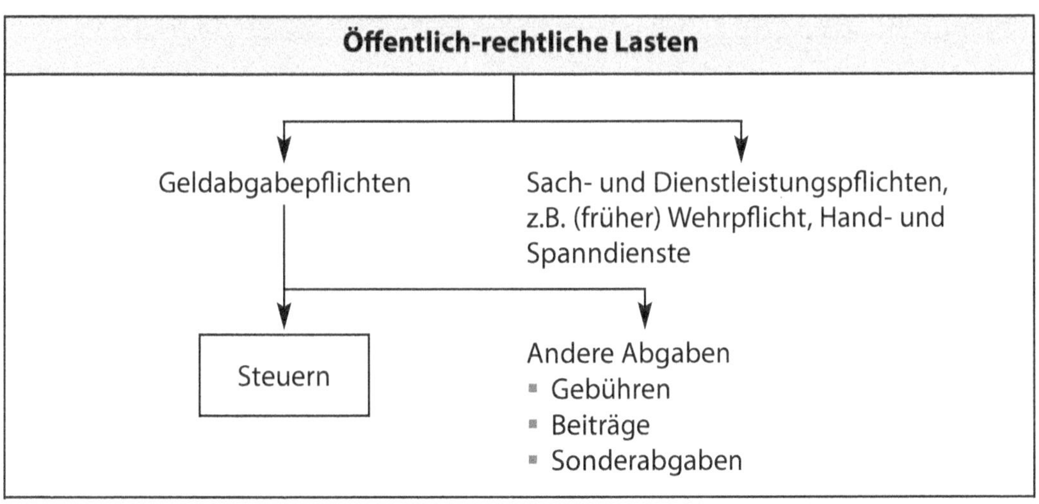

Aus dem Steuerbegriff des § 3 Abs. 1 AO ergeben sich die folgenden Merkmale:
1. Steuern können nur **Geldleistungen**, also nicht Sach- und Dienstleistungen sein.
2. Steuern sind **keine Gegenleistungen** für eine bestimmte Leistung der steuererhebenden Körperschaft. Dadurch unterscheiden sie sich insbesondere von den Gebühren und Beiträgen, den sog. Vorzugslasten. **Gebühren** werden aus Anlass einer

49 BVerfG v. 06.11.1984–2 BvL 19/83, 2 BvL 20/83, 2 BvR 363/83, 2 BvR 491/83, BVerfGE 67, 256, 282.

dem Abgabepflichtigen individuell zurechenbaren öffentlichen Leistung erhoben; durch **Beiträge** werden Interessenten und Nutznießer an den Kosten einer öffentlichen Einrichtung beteiligt, ohne Rücksicht darauf, ob der Beitragspflichtige die Vorteile auch tatsächlich wahrnimmt.[50]

Beispiele

Spielbankabgabe und sog. Troncabgabe, die öffentlich-rechtlich konzessionierte Spielbanken nach den Spielbankgesetzen der Länder schulden, sind keine Gegenleistung für die Konzession und deshalb Steuern i. S. d. AO.[51]

Sog. **Studiengebühren**, die in NRW bis zum Sommersemester 2011 von Studenten für das Erststudium entrichtet werden mussten, sind im Studienbeitrags- und Hochschulabgabengesetz NRW zu Recht als Beiträge bezeichnet. Denn es handelt sich um eine Abgabe, die für die Möglichkeit der Inanspruchnahme der vom Staat zur Verfügung gestellten Einrichtung Universität erhoben wird.[52]

3. Die Geldleistung muss von einem **öffentlich-rechtlichen Gemeinwesen** (Bund, Land, Gemeinde, Religionsgemeinschaft[53]) **auferlegt** sein. Auferlegt sind nur Leistungen, die in einem öffentlich-rechtlichen Subordinationsverhältnis erhoben werden. Freiwillige und vertragliche Zahlungen erfüllen daher nicht den Steuerbegriff.
4. Die Geldleistung muss **zur Erzielung von Einnahmen** auferlegt sein, d. h. der Deckung des öffentlichen Finanzbedarfs dienen. Allerdings stellt § 3 Abs. 1 AO in Übereinstimmung mit der verfassungsrechtlichen Rspr.[54] klar, dass die Einnahmeerzielungsabsicht als Nebenzweck des Gesetzes ausreicht. Daraus ergibt sich die Unterscheidung zwischen

- **Fiskalzwecknormen**, bei denen der Steuerertrag im Vordergrund steht, und
- **Lenkungsnormen**, mit denen der Gesetzgeber in erster Linie sozialpolitische oder wirtschaftspolitische Zwecke verfolgt.[55]

Beispiel

Die Ergänzungsabgabe zur ESt, die bis Ende 1974 erhoben wurde, hatte hauptsächlich den Sinn, Kaufkraft zur Konjunkturdämpfung abzuschöpfen. Es handelt sich trotzdem um eine Steuer.

5. Das Aufkommen aus einer Steuer muss dem Fiskus **endgültig** zufließen. Die zeitlich begrenzte Nutzungsmöglichkeit einer rückzahlbaren Abgabe stellt keine Einnahme i. S. d. klassischen Steuerbegriffs dar. Daher bestand für die Investitionshilfeabgabe (sog. Zwangsanleihe) nach Art. 10 des Haushaltsbegleitgesetzes 1983 keine Gesetzgebungskompetenz des Bundes nach Art. 105 GG.[56]
6. Steuern müssen **allen** auferlegt sein, bei denen der **Tatbestand** zutrifft, an den das Gesetz die Leistungspflicht knüpft. Das Gesetz bringt damit „programmatisch“ die auch in § 85 AO verankerten Prinzipien der Tatbestandsmäßigkeit und der Gleichmäßigkeit der Besteuerung zum Ausdruck.[57] Tatbestandsmäßigkeit und Gleichmäßigkeit sind demnach keine begrifflichen Merkmale der Steuer: Verstößt ein Steuer-

50 Drüen in T/K § 3 AO Rn. 21, 25 m. w. N.
51 BFH v. 08.03.1995 – II R 58/93, BStBl. II 1995, 438.
52 Vgl. OVG Münster, v. 09.10.2007–15 A 1596/07, DVBl. 2007, 1442.
53 Mit dem Status einer Körperschaft des öffentlichen Rechts (Art. 140 GG i. V. m. Art. 137 Abs. 6 Weimarer Reichsverfassung 1919).
54 BVerfG v. 07.05.1998–2 BvR 1991/95, 2 BvR 2004/95, BVerfGE 98, 106, 117.
55 Vgl. B/D/T Rn. 195 ff.; ähnlich Hey in T/L Rn. 3.19 ff.: Unterscheidung zwischen Fiskalzweck-, Sozialzweck- und Vereinfachungszwecknormen.
56 BVerfG v. 06.11.1984–2 BvL 19/83, 2 BvL 20/83, 2 BvR 363/83, 2 BvR 491/83, BVerfGE 67, 256 ff.; dazu Kirchhof ZIP 1984, 1423 ff.
57 Seer in T/L Rn. 2.19.

gesetz z.B. gegen den Gleichheitsgrundsatz, handelt es sich gleichwohl um eine – wenn auch verfassungswidrige – Steuer.[58]

Die Voraussetzungen zu 1. und 3. sind erfüllt, weil die Ausgleichsabgabe nach § 160 SGB IX eine Geldleistung ist, die von den Integrationsämtern, also staatlichen Behörden, erhoben wird. Sie ist auch keine Gegenleistung für eine bestimmte Leistung der Integrationsämter (vgl. oben 2.); denn sie ist nicht mit Leistungen oder Vorteilen verknüpft, die dem abgabebelasteten Unternehmer gewährt oder zumindest zur Inanspruchnahme zur Verfügung gestellt werden. Das Aufkommen der Ausgleichsabgabe dient jedoch weder als Hauptzweck noch als Nebenzweck zur Deckung des öffentlichen Finanzbedarfs. Die Mittel werden vielmehr zweckgebunden für die Förderung Schwerbehinderter verwaltet (§ 160 Abs. 5 SGB IX). Damit fehlt es an der Voraussetzung zu 4., nämlich an dem für den Steuerbegriff wesentlichen Tatbestandsmerkmal der Einnahmeerzielungsabsicht des öffentlich-rechtlichen Gemeinwesens.[59]

II. Scheidet eine Qualifizierung der Ausgleichsabgabe als Steuer- oder Vorzugslast aus, könnte es sich um eine – in der Verfassung nicht normierte – sog. **Sonderabgabe** handeln. Durch Sonderabgaben werden bestimmte Gruppen von Bürgern zur Finanzierung besonderer Aufgaben herangezogen.[60] Die Gesetzgebungskompetenz für Sonderabgaben ergibt sich nicht aus den Normen der Finanzverfassung, sondern aus der allgemeinen Sachzuständigkeit nach Art. 70 ff. GG.[61] Nach Art. 74 Abs. 1 Nr. 7 GG aber hat der Bund für Regelungen des Schwerbehindertenrechts die konkurrierende Gesetzgebungszuständigkeit. 10

III. Obwohl sich Sonderabgaben als Abgabetyp begrifflich eindeutig von Steuern unterscheiden lassen, setzt doch gerade das verfassungsrechtlich umfassend geregelte System der Steuern der Einführung von Sonderabgaben enge Grenzen. Das hat das BVerfG in seiner sog. Kohlepfennig-Entscheidung vom 11.10.1994[62] mit prägnant formulierten Sätzen begründet: 11

- „Die Finanzverfassung des Grundgesetzes geht davon aus, dass Gemeinlasten aus Steuern finanziert werden. Deshalb regelt sie, um eine Finanzordnung sicherzustellen, die den Gesamtstaat und die Gliedstaaten am Gesamtertrag der Volkswirtschaft sachgerecht beteiligt,[63] die Gesetzgebungs-, Ertrags- und Verwaltungskompetenzen im Wesentlichen – neben den Zöllen und Finanzmonopolen – nur für das Finanzierungsmittel der Steuer. Sie versagt es dem Gesetzgeber, selbst unter Inanspruchnahme von Sachkompetenzen, Sonderabgaben zur Erzielung von Einnahmen für den allgemeinen Finanzbedarf eines öffentlichen Gemeinwesens zu erheben.
- ... Wählt der Gesetzgeber als Finanzierungsmittel für eine öffentliche Aufgabe die **Sonderabgabe**, weicht er von drei grundlegenden Prinzipien der Finanzverfassung ab. Er beansprucht zur Auferlegung von Abgaben eine **Gesetzgebungskompetenz** außerhalb der Finanzverfassung und stellt damit einen der tragenden Eckpfeiler der bundesstaatlichen Ordnung des Grundgesetzes infrage. Er gefährdet durch den haushaltsflüchtigen Ertrag der Sonderabgabe das **Budgetrecht des Parlaments** und berührt damit auch die an den Staatshaushalt anknüpfenden Regelungen für den Finanzausgleich, die Stabilitätspolitik, die Verschuldensgrenze, Rechnungslegung und Rechnungsprüfung. Schließlich verschiebt er die Belastung der Abgabepflichtigen von der Gemeinlast zu einer die **Belastungsgleichheit der Bürger** infrage stellenden besonderen Finanzierungsverantwortlichkeit für eine Sachaufgabe. Zwar führt die Abweichung von den genannten Prinzipien nicht ausnahmslos zur Verfassungswidrigkeit einer Abgabe. Doch muss, um die bundesstaatliche Finanzverfassung wie auch die Budgethoheit des Parlaments vor Störungen zu schützen und den Erfordernissen des Individualschutzes der Stpfl. im Blick auf die Belastungsgleichheit Rechnung zu tragen, die Sonderabgabe engen Grenzen unterliegen; sie muss deshalb eine seltene Ausnahme bleiben."

---

58 Dazu Drüen in T/K § 3 AO Rn. 32 f.

59 So BVerfG v. 26.05.1981–1 BvL 56/78, 1 BvL 57/78, 1 BvL 58/78, BVerfGE 57, 139, 166.

60 Seer in T/L Rn. 2.25; B/D/T Rn. 107 ff.; Kirchhof, in Handbuch des Staatsrechts, V, 3. Aufl. 2007, § 119 Rn. 69 ff.

61 BVerfG v. 09.11.1999–2 BvL 5/95, BVerfGE 101, 141.

62 BVerfG v. 11.10.1994–2 BvR 633/86, BVerfGE 91, 186.

63 BVerfG v. 10.12.1980–2 BvF 3/77, BVerfGE 55, 274, 300.

Damit eine Sonderabgabe verfassungsrechtlich zulässig ist, muss sie nach der Rspr. des BVerfG folgende Rechtfertigungselemente erfüllen:

- Es muss ein bestimmter **Sachzweck** verfolgt werden, der über den allgemeinen Zweck der Mittelbeschaffung hinausgeht.
- Die belastete Gruppe der Abgabepflichtigen muss **homogen**, d.h. von der Allgemeinheit und anderen Gruppen durch besondere gemeinsame Gegebenheiten abgrenzbar sein.[64]
- Die mit der Abgabe belastete Gruppe muss eine **spezifische Sachnähe** zu dem mit der Abgabe verfolgten Zweck aufweisen.[65]
- Aus der Sachnähe muss eine **besondere Gruppenverantwortung** für die Erfüllung der mit der außersteuerlichen Abgabe zu finanzierenden Aufgabe entspringen.[66]
- Das Abgabeaufkommen muss im Interesse der Gruppe der Abgabenpflichtigen, also **gruppennützig**, verwendet werden.[67]
- Die Sonderabgabe darf grundsätzlich nur vorübergehend erhoben werden, d.h., der Gesetzgeber muss **in angemessenen Zeitabständen überprüfen**, ob er die Sonderabgabe aufrechterhält oder veränderte Umstände eine Aufhebung der Belastung gebieten.[68]
- Der Gesetzgeber muss die erhobenen Sonderausgaben **haushaltsrechtlich vollständig dokumentieren** und in einer dem Haushaltsplan beigefügten Anlage als nichtsteuerliche Abgabe ausweisen.[69]

12 IV. Legt man diese vom BVerfG entwickelten Kriterien an die Ausgleichsabgabe nach § 160 SGB IX an, so ergibt sich Folgendes: Die belastete Gruppe – Arbeitgeber mit einer Mindestzahl von 20 Arbeitsplätzen – ist von der Allgemeinheit klar abgrenzbar. Es bestehen auch eine besondere Sachnähe und eine spezifische Gruppenverantwortung, weil nur Arbeitgeber über die Möglichkeit verfügen, Schwerbehinderte in Arbeit und Beruf einzugliedern. Es fehlt jedoch am Merkmal der gruppennützigen Verwendung der Abgabe. Denn das Aufkommen wird nicht zugunsten der Arbeitgeber, also der abgabepflichtigen Gruppe, sondern ausschließlich für die Förderung Schwerbehinderter verwendet.

Ausnahmsweise sind nach Ansicht des BVerfG jedoch auch **„fremdnützige" Sonderabgaben** zulässig, wenn sich „aus der Natur der Sache eine finanzielle Inanspruchnahme der Abgabepflichtigen zugunsten fremder Begünstigter aus triftigen Gründen eindeutig rechtfertigt".[70] In dem Urteil vom 26.05.1981[71] hat das BVerfG das Merkmal der Gruppennützigkeit noch weiter relativiert: Die gruppennützige Verwendung ist nur dann erforderlich, wenn die Finanzierungsfunktion der Sonderabgabe im Vordergrund steht. Die Ausgleichsabgabe nach § 160 SGB IX aber hat primär die Aufgabe, Arbeitgeber zur Einstellung Schwerbehinderter anzuhalten (sog. Antriebsfunktion) und die Belastungen zwischen Arbeitgebern, die die Pflichtquote erfüllen, und solchen, die dieser Verpflichtung nicht entsprechen, auszugleichen (sog. Ausgleichsfunktion). Somit ist das Merkmal der Gruppennützigkeit der Abgabe im konkreten Fall entbehrlich.

Ergebnis:

Die Ausgleichsabgabe nach § 160 SGB IX stellt eine verfassungsrechtlich zulässige Sonderabgabe dar.

---

64 BVerfG v. 10.12.1980–2 BvF 3/77, BVerfGE 55, 274, 305 f.; BVerfG v. 06.11.1984–2 BvL 19/83, 2 BvL 20/83, 2 BvR 363/83, 2 BvR 491/83, BVerfGE 67, 256, 276.

65 BVerfG v. 10.12.1980 (a.a.O.).

66 BVerfG v. 10.12.1980 (a.a.O.).

67 BVerfG v. 10.12.1980 (a.a.O.).

68 BVerfG v. 07.05.1998–2 BvR 1876/91, 2 BvR 1083/92, 2 BvR 2188/92, 2 BvR 2200/92, 2 BvR 2624/94, BVerfGE 98, 83.

69 BVerfG v. 18.05.2004–2 BvR 2374/99, BVerfGE 110, 370.

70 BVerfG v. 10.12.1980–2 BvF 3/77, BVerfGE 55, 274, 307.

71 BVerfG v. 26.05.1981–1 BvL 56/78, 1 BvL 57/78, 1 BvL 58/78, BVerfGE 57, 139, 167.

II. Steuerarten

Steuern sind in organisierten Gemeinschaften erforderlich, um Gemeinschaftsaufgaben zu finanzieren. Theoretisch wäre denkbar, den Finanzbedarf eines Staates über eine „Alleinsteuer“ zu finanzieren. Tatsächlich existieren jedoch in allen modernen Staaten **„Vielsteuersysteme“**, weil ein differenziertes Steuersystem mit unterschiedlichen Steuerquellen den staatlichen Zugriff erleichtert und geringeren Steuerwiderstand auslöst.[72] 13

Eine allgemeingültige **Einteilung der Steuern** lässt sich angesichts der Differenziertheit des Steuersystems nicht finden. Die Steuern können nur unter verschiedenen Ordnungsgesichtspunkten eingeteilt werden.

1. Die AO unterscheidet in Übereinstimmung mit der Verwaltungsorganisation (dazu unten 2.) zwischen Besitz- und Verkehrsteuern einerseits und Zöllen und Verbrauchsteuern andererseits.[73]
   - **Besitzsteuern** knüpfen an Besitz und Vermögen bzw. deren Erwerb an. Dazu gehören die ESt, KSt und die ErbSt. Aus finanzwissenschaftlicher Sicht gehört auch die Steuer vom Gewerbeertrag zu den Einkommensteuern. Die AO ordnet diese Steuer jedoch den Realsteuern zu (§ 3 Abs. 2 AO).
   - **Verkehrsteuern** wie die GrESt knüpfen an Vorgänge des Rechtsverkehrs an.[74]
   - **Verbrauchsteuern** belasten den Verbrauch von Waren und Leistungen.

   > **Beispiele**
   > Energie-, Strom-, Tabak-, Bier-, Kaffee-, Alkopop- und Schaumweinsteuer. Die frühere Kernbrennstoffsteuer unterfällt nicht dieser Steuerkategorie.[75]

   - **Zölle** knüpfen an den Grenzübertritt von Waren an.
2. Nach der Auswirkung auf den „Steuerträger“ unterscheidet man zwischen direkten Steuern und indirekten Steuern:
   - Direkte **Steuern** werden von dem erhoben, der sie nach dem Willen des Gesetzgebers wirtschaftlich tragen soll. Steuerschuldner und Steuerträger sind also identisch.

   > **Beispiele**
   > Die ESt und die ErbSt

   - Indirekte **Steuern** werden vom Steuerschuldner im Preis auf einen anderen abgewälzt (den Steuerträger), der sie nach dem Willen des Gesetzgebers wirtschaftlich tragen soll.

   > **Beispiele**
   > Die USt, die Zölle und die Verbrauchsteuern

3. Beim Ablauf des Besteuerungsverfahrens wird zwischen Veranlagungs- und Festsetzungssteuern und sog. Abzugsteuern unterschieden.
   - Bei **Veranlagungs- und Festsetzungssteuern** bedarf es eines Steuerbescheids (§ 155 AO) oder zumindest einer Steueranmeldung (§ 150 Abs. 1 S. 3 AO), die wie eine Steuerfestsetzung wirkt (§§ 167, 168 AO).

---

72 B/D/T Rn. 10; Hey in T/L Rn. 3.52 ff.

73 Vgl. §§ 169 Abs. 2, 172 Abs. 1 AO.

74 Die Umsatzsteuer hingegen ist nur von der technischen Anknüpfung her eine Verkehrsteuer und gilt für die Verfahrensvorschriften (insbesondere § 169 Abs. 1 AO) als solche, BFH v. 16.10.1986 – V B 64/86, BStBl. II 1987, 95; BFH v. 14.07.2015 – XI B 41/15, BFH/NV 2015, 1445. Von der wirtschaftlichen Funktion hingegen ist sie eine Verbrauchsteuer, Drüen in T/K § 3 AO Rn. 67.

75 Dazu BVerfG v. 13.04.2017–2 BvL 6/13, BVerfGE 145, 171; näher Drüen in T/K § 3 AO Rn. 69 ff. 69b.

- Bei den **Abzugsteuern** (LSt, KapErtrSt) kommt eine förmliche Festsetzung gegenüber dem Steuerschuldner nur ausnahmsweise in Betracht.

4. Für die Abgrenzung der Gesetzgebungskompetenzen ist die Unterscheidung zwischen Verbrauch- und Aufwandsteuern einerseits und sonstigen Steuern andererseits von Bedeutung (Art. 105 Abs. 2 a GG).
   - **Aufwandsteuern** sind Steuern auf die in der Einkommensverwendung für den persönlichen Lebensbedarf zum Ausdruck kommende (besondere) wirtschaftliche Leistungsfähigkeit.[76]
5. In der Steuerrechtswissenschaft werden die Steuern unter dem Gesichtspunkt der Steuergerechtigkeit nach „Leistungsfähigkeitsindikatoren" eingeteilt: Steuern auf das Einkommen, Steuern auf das Vermögen und Steuern auf die Einkommens- bzw. Vermögensverwendung (Konsum).[77]
   Das BVerfG ist diesem Ansatz gefolgt und unterscheidet bei der verfassungsrechtlichen Überprüfung der „Gesamtbelastung" durch die Besteuerung zwischen der Besteuerung des Vermögenserwerbs, des Vermögensbestandes und der Vermögensverwendung.[78]

III. Steuerliche Nebenleistungen

14 Von der Steuer sind die sog. steuerlichen Nebenleistungen (§ 3 Abs. 4 AO) zu unterscheiden (Verzögerungsgelder, § 146 Abs. 2 c AO; Verspätungszuschläge, § 152 AO; Zuschläge nach § 162 Abs. 4 AO; Zinsen, §§ 233–237 AO sowie Zinsen nach den Steuergesetzen, auf die die §§ 238, 239 AO anwendbar sind; Säumniszuschläge, § 240 AO; Zwangsgelder, § 329 AO, und Kosten, §§ 89, 178, 178 a und §§ 337–345 AO, Verspätungsgelder nach § 22 a Abs. 5 EStG[79] sowie Zinsen im Sinne des Zollkodexes). Die Bedeutung der Nebenleistungen wächst an Höhe und Aufkommen.[80] Diese Geldleistungen stehen zwar in einem gewissen Zusammenhang mit den Steuern, dienen jedoch nicht (primär) der Einnahmeerzielung, sondern verfolgen verschiedene Zwecke:

Ein Verzögerungsgeld nach § 146 Abs. 2 c AO etwa soll laut Gesetzesbegründung und aus Sicht der Verwaltung den Stpfl. im Rahmen seiner Aufzeichnungspflichten „insbesondere zur zeitnahen Mitwirkung" anhalten und „ein Druckmittel eigener Art" darstellen.[81] Der Verspätungszuschlag bezweckt, den Steuerpflichtigen zur rechtzeitigen Abgabe der Steuererklärung anzuhalten.[82] Daneben wirkt der Verspätungszuschlag aber auch präventiv, indem er den Stpfl. zur zukünftigen Pflichterfüllung anregt sowie repressiv, weil er an ein in der Vergangenheit liegendes Fehlverhalten anknüpft.[83] Insofern unterscheidet er sich vom Zwangsgeld (§ 329 AO), das allein als Beugemittel dient, um den Pflichtigen zur geforderten Handlung zu veranlassen, jedoch keinen repressiven oder „allgemein präventiven" Charakter hat.[84] § 162 Abs. 4 AO ermöglicht Steuerzuschläge, um Verstöße gegen Dokumentationspflichten bei Auslandssachverhalten (§ 90 Abs. 3 AO) zu sanktionieren.[85] Säum-

---

76 Z. B. Zweitwohnungsteuer, vgl. BVerfG v. 30.11.1982–1 BvR 818/81, BVerfGE 62, 325 und BFH v. 05.03.1997 – II R 28/95, BStBl. II1997, 469; Jagdsteuer, vgl. BVerfG v. 10.08.1989–2 BvR 1532/88, BStBl. II 1989, 867; Spielgerätesteuer, vgl. BFH v. 21.02.1990 – II B 98/89, BStBl. II 1990, 510; zur sog. Bettensteuer Anriss BB 2010, 2335;
zur Bremischen Tourismusabgabe BFH v. 15.07.2015 – II R 32/14, BStBl. II 2015, 1031.

77 Hey in T/L Rn. 3.55 ff.; Seer in T/L Rn. 2.47 ff.; B/D/T Rn. 72 ff.

78 BVerfG v. 22.06.1995–2 BvL 37/91, BStBl. II 1995, 655 zur VSt.

79 Zur Vereinbarkeit mit höherrangigem Recht BFH v. 20.02.2019 – X R 28/17, BStBl. II 2019, 430.

80 Überblick bei Stein/Meister BB 2014, 538.

81 Dazu und zur Kritik sowie Reichweite der Vorschrift Drüen in T/K § 146 AO Rn. 48 ff. m. w. N.; näher Schraut/Stumpf BB 2014, 2910.

82 So ausdrücklich noch § 152 Abs. 2 S. 2 AO bis zum 31.12.2018.

83 Seer in T/K § 152 AO Rn. 2.

84 Drüen in T/K § 329 AO Rn. 1.

85 Näher Seer in T/K § 162 AO Rn. 72 ff.
zur Frage der Vereinbarkeit von § 162 Abs. 4 AO mit dem Unionsrecht Vorabentscheidungsersuchen FG Bremen v. 07.07.2021–2 K 187/17 (3), EFG 2021, 1665.

niszuschläge nach § 240 AO sind ein Druckmittel zur pünktlichen Zahlung der Steuern.[86] Zinsen nach §§ 233 ff. AO dienen hingegen grundsätzlich dem Ausgleich eines auf Zeit überlassenen oder vorenthaltenen Geldkapitals.[87] Kosten (vor allem für verbindliche Auskünfte, Vorabverständigungsverfahren oder die Vollstreckung) haben ebenfalls eine ausgleichende Funktion, allerdings hinsichtlich des (zusätzlichen) Verwaltungsaufwandes.[88]

Auf steuerliche Nebenleistungen sind die Vorschriften der AO nur mit den Einschränkungen des § 1 Abs. 3 AO anwendbar.

IV. Steuerhoheit

1. Nationale Steuerhoheit

a) Völkerrechtliche Schranken der Besteuerung

Fall 5: Besteuerung eines Ausländers im Ausland 15

Der deutsche Staatsangehörige S ist vier Wochen, nachdem er seinen Wohnsitz nach Kanada verlegt und sein Vermögen dorthin transferiert hat, von seiner in Kanada lebenden Tochter T beerbt worden. Das FA möchte gegen T (kanadische Staatsangehörige) ErbSt festsetzen. Da T sich geweigert hat, einen inländischen Empfangsbevollmächtigten zu benennen (§ 123 S. 1 AO), gibt das FA den ErbSt-Bescheid mit einfachem Brief zur Post auf. T legt gegen den Bescheid Einspruch ein mit der Begründung, sie unterliege nicht der deutschen Steuerhoheit und die Bekanntgabe des Steuerbescheids sei wegen der Beeinträchtigung kanadischer Hoheitsrechte unwirksam.

I. Nach § 2 Abs. 1 Nr. 1 ErbStG tritt die **persönliche Steuerpflicht** ein, wenn der Erblasser zurzeit seines Todes oder der Erwerber ein Inländer ist. Als Inländer gelten auch deutsche Staatsangehörige, die sich nicht länger als fünf Jahre dauernd im Ausland aufgehalten haben, ohne im Inland einen Wohnsitz zu haben, § 2 Abs. 1 Nr. 1 Buchst. b) ErbStG. T ist daher nach § 20 ErbStG Schuldnerin der auf den Erwerb entfallenden ErbSt.
   Die Regelung des § 2 ErbStG ist mit den **Grundsätzen der nationalen Steuerhoheit** vereinbar. Nach dem Völkerrecht ist es jedem Staat erlaubt, die Abgabepflicht auf Ausländer innerhalb seines Gebietes und Staatsangehörige außerhalb seines Gebietes zu erstrecken.[89] Soll dagegen ein Ausländer wegen eines ganz oder teilweise im Ausland verwirklichten Sachverhalts besteuert werden, ergeben sich aus dem Verbot völkerrechtswidriger Einmischung gewisse Beschränkungen für den deutschen Gesetzgeber: Die Abgabenerhebung gegenüber dem Ausländer bedarf in diesem Fall „hinreichender sachgerechter Anknüpfungspunkte".[90] Ein solcher hinreichender sachlicher Anknüpfungspunkt ist gegeben, weil der Erblasser deutscher Staatsangehöriger war und seinen Wohnsitz erst kurze Zeit vor dem Erbfall in das Ausland verlegt hatte.

II. Fraglich ist, ob der Steuerbescheid gegenüber T auch wirksam bekannt gegeben worden ist. Nach § 122 Abs. 2 Nr. 2 AO gilt ein an einen Empfänger im Ausland durch einfachen Brief übermittelter Verwaltungsakt mit Ablauf eines Monats nach Aufgabe zur Post als bekannt gegeben. Wie bei der vereinfachten **Bekanntgabe** im Inland entfällt die Zugangsvermutung, wenn der Empfänger den Empfang des Schriftstücks bestreitet. Im Zweifel muss also die Behörde den Zugang des Verwaltungsakts und den Zeitpunkt des Zugangs nachweisen (§ 122 Abs. 2 letzter Hs. AO). T hat den Zugang des Steuerbe-

86 Loose in T/K § 240 AO Rn. 1.
87 Loose in T/K § 233 AO Rn. 1 m.w.N.
88 So z.B. für die Kosten der verbindlichen Auskunft Seer in T/K § 89 AO Rn. 64 ff.; allgemein für Gebühren Drüen in T/K § 3 AO Rn. 93 a.
89 Vgl. K. Vogel StuW 1982, 111, 112.
90 BVerfG v. 22.03.1983–2 BvR 475/78, BVerfGE 63, 343–380.

scheids nicht bestritten. Der Bescheid ist somit wirksam bekannt gegeben, sofern die Bekanntgaberegelung in § 122 Abs. 2 Nr. 2 AO nicht wegen Verletzung höherrangigen Völkerrechts (Art. 25 GG) unwirksam oder zumindest einschränkend auszulegen ist:

- Nach Ansicht der Finanzverwaltung soll die vereinfachte Bekanntgabe nur in solchen Staaten möglich sein, die diesem Verfahren zugestimmt haben oder es tolerieren.[91]
- Nach der Gegenansicht[92] liegt allein in der Bekanntgabe keine völkerrechtswidrige Beschneidung ausländischer Hoheitsrechte, weil die Wirkung des bekannt gegebenen Bescheids sich zunächst auf das Inland beschränkt.

Welcher Auffassung zu folgen ist, kann dahingestellt bleiben, weil Kanada zu den Staaten gehört, die sich mit der Zusendung von Verwaltungsakten durch Briefpost in ihr Staatsgebiet einverstanden erklärt haben.[93] Im Übrigen wäre auch fraglich, ob die völkerrechtswidrige Bekanntgabe zur Nichtigkeit des Steuerbescheids führen würde.[94]

Ergebnis:

Das Verfahren des FA war ordnungsgemäß, und der Einspruch ist unbegründet, sofern die Steuer sachlich zutreffend berechnet ist.

b) Die Bekanntgabe von Steuerverwaltungsakten an ausländische Beteiligte im Einzelnen

16 Steuerverwaltungsakte können an ausländische Beteiligte wie folgt bekannt gegeben werden:

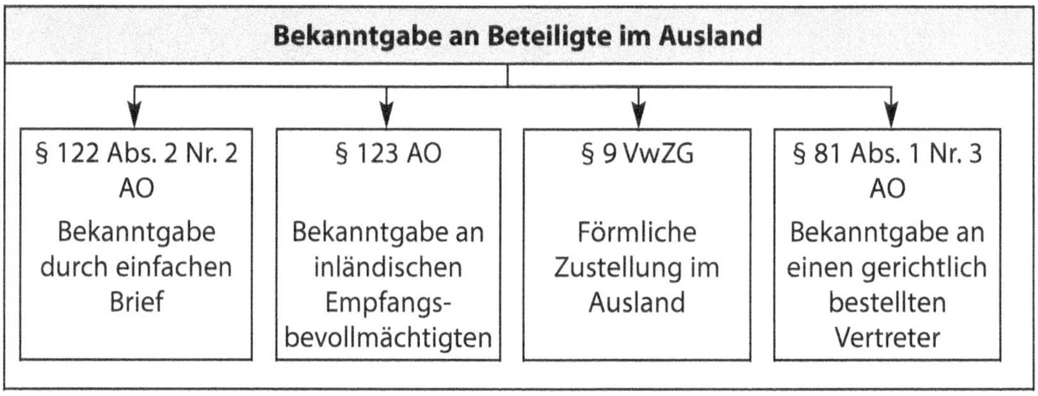

Für die Verwaltungspraxis ist vor allem § 123 AO von Bedeutung. Danach hat ein Beteiligter im Ausland auf Verlangen der Finanzbehörde einen Empfangsbevollmächtigten im Inland zu benennen (§ 123 S. 1 AO). Wird daraufhin kein Empfangsbevollmächtigter genannt, braucht das an den ausländischen Beteiligten gerichtete Schriftstück nur als einfacher Brief zur Post aufgegeben zu werden. Abweichend von § 122 Abs. 2 letzter Hs. AO gehen Zugangszweifel nunmehr nicht zulasten der Behörde. Nur wenn feststeht, dass der Beteiligte das Schriftstück nicht oder später erhalten hat, greift die **Zugangsvermutung** des § 123 S. 2 AO (Bekanntgabe einen Monat nach Aufgabe zur Post) nicht ein, § 123 S. 3 AO.

Unter den Voraussetzungen des § 10 VwZG (i. V. m. § 122 Abs. 5 AO) kann die Zustellung auch durch **öffentliche Bekanntmachung** erfolgen. Diese Maßnahme kommt allerdings nur als „letztes Mittel" in Betracht, wenn alle Möglichkeiten erschöpft sind, das Schriftstück dem Empfänger in anderer Weise zu übermitteln.[95]

---

91 BT-Drs. 10/1636, 40; AEAO zu § 122 Nr. 3.1.4.1; ebenso Werth in K/vW § 122 Rn. 20; Bock DStZ 1986, 329.
92 Seer in T/K § 123 AO Rn. 2; Koenig/Vorbeck § 122 Rn. 82.
93 AEAO zu § 122 Nr. 1.8.4.
94 Vgl. Bock DStZ 1986, 329.
95 BFH v. 09.12.2009 – X R 54/06, BStBl. II 2010, 732.

c) Doppelbesteuerung und Außensteuerrecht

Die Erstreckung der Steuerhoheit auf Sachverhalte mit Auslandsberührung führt zwangsläufig zu Überschneidungen nationaler Steueransprüche. Die Kollisionsproblematik ist Gegenstand des internationalen Steuerrechts.[96] Eine Mehrfachbelastung wird in vielen Fällen durch völkerrechtliche Vereinbarungen (vgl. § 2 AO), sog. **Doppelbesteuerungsabkommen** (DBA) vermieden. Andererseits können durch das internationale Steuergefälle auch ungerechtfertigte Steuervorteile entstehen. Sie zu vermeiden, ist der Zweck des Außensteuergesetzes vom 08.09.1972 (AStG), das insbesondere eine Durchgriffsmöglichkeit bei der Beteiligung an ausländischen Basisgesellschaften geschaffen hat. 17

2. Gesetzgebungshoheit

a) Der Bund hat die ausschließliche Gesetzgebungshoheit für Zölle und Finanzmonopole (Art. 105 Abs. 1 GG): 18
   - **Zölle** sind Abgaben, die an die Einfuhr einer Ware in das Zollgebiet der EU (Einfuhrzoll) oder an die Ausfuhr einer Ware aus diesem Gebiet anknüpfen (Ausfuhrzoll). Das materielle Zollrecht ergibt sich aufgrund der Zuständigkeit der EU in erster Linie aus unionsrechtlichen Vorschriften, insbesondere dem Zollkodex der Union (UZK), der Zollkodex-Durchführungsverordnung (UZK-DVO), der Zollbefreiungsverordnung (ZollBefrVO) und dem Zolltarif. Aufgaben und Befugnisse der deutschen Zollbehörden sind im Zollverwaltungsgesetz (ZollVG) geregelt.
   - **Finanzmonopole** dienen der Erzielung von Einnahmen bei der Herstellung oder im Vertrieb von Waren. Das letzte deutsche Finanzmonopol war das Branntweinmonopol nach dem Gesetz über das Branntweinmonopol, das zuletzt nicht mehr der Erzielung von öffentlichen Einnahmen, sondern der Subventionierung kleiner und mittelständischer landwirtschaftlicher Brennereien diente und zum 31.12.2017 abgeschafft wurde.

b) Für die wichtigsten Steuern (insbesondere die ESt, KSt und USt als sog. Gemeinschaftsteuern und die – derzeit nicht erhobene – VSt) hat der Bund das konkurrierende Gesetzgebungsrecht (Art. 105 Abs. 2, 72 GG). Ob der Bund aus Art. 105 Abs. 2 GG auch das Recht ableiten kann, neue und im Verteilungssystem des Art. 106 GG bisher nicht erfasste Steuern einzuführen, war lange umstritten.[97]
   Das BVerfG sieht die Zuweisung von Gesetzgebungskompetenzen an Bund und Länder durch Art. 105 i. V. m. Art. 106 GG (zu Recht) als abschließend an und verneint ein über den Katalog der Steuertypen des Art. 106 GG hinausgehendes allgemeines Steuererfindungsrecht.[98]
   Soweit das Aufkommen aus Bundesgesetzen über Steuern ganz oder zum Teil den Ländern oder Gemeinden zufließt, bedürfen diese Gesetze der Zustimmung des Bundesrates. Damit finden die Interessen der Länder im Gesetzgebungsverfahren angemessene Berücksichtigung.

c) Ausschließlich den Ländern vorbehalten ist die Befugnis zur Gesetzgebung über die örtlichen Verbrauch- und Aufwandsteuern (Art. 105 Abs. 2 a GG). Die Länder haben dieses Gesetzgebungsrecht regelmäßig durch ihre Kommunalabgabengesetze den Gemeinden übertragen.

d) Den Gemeinden weist das GG lediglich das Recht zu, die Hebesätze für Realsteuern (GewSt und GrSt, vgl. § 3 Abs. 2 AO) festzusetzen (Art. 106 Abs. 6 S. 2 GG).

---

96 Seer in T/LRn. 1.81 ff. näher Frotscher, Internationales Steuerrecht, 5. Aufl. 2020, Rn. 5 ff.
97 Dazu Seer in T/L Rn. 2.4 f. m. w. N.
98 BVerfG v. 13.04.2017–2 BvL 6/13, BVerfGE 145, 171 (zur nichtigen Kernbrennstoffsteuer).

3. Steuerertragshoheit (Art. 106 bis 107 GG)

19 Die Steuerertragshoheit ist das Recht auf das Steueraufkommen.

a) Art. 106 GG regelt die **vertikale Aufteilung** der Steuererträge, d.h. die Aufteilung der Steuererträge auf den Bund einerseits und Länder und Gemeinden andererseits: Dem Bund stehen die Erträge aus den Finanzmonopolen, den Zöllen und den sonstigen in Art. 106 Abs. 1 GG genannten Abgaben zu. Wegen der Übertragung der Kraftfahrzeugsteuer auf den Bund steht den Ländern ab dem 01.07.2009 insoweit ein Betrag aus dem Steueraufkommen des Bundes zu (Art. 106 b GG).
   - Die Länder haben die ausschließliche Ertragshoheit an der VSt, ErbSt und den sonstigen in Art. 106 Abs. 2 GG aufgeführten Abgaben (insbesondere der GrESt als Verkehrsteuer).
   - Die ergiebigsten Steuern (ESt, KSt und USt) stehen als sog. Gemeinschaftsteuern Bund und Ländern gemeinsam zu (Art. 106 Abs. 3 GG).
   - Die quotenmäßige Aufteilung erfolgt nach den (komplizierten) Regelungen der Art. 106 Abs. 3 und 4, Art. 107 GG (sog. Finanzausgleich).[99]
   - Den Gemeinden weist das Grundgesetz neben einem Anteil an der ESt insbesondere das Aufkommen aus den Realsteuern und das Aufkommen der örtlichen Verbrauch- und Aufwandsteuern zu (Art. 106 Abs. 5–7 GG).

b) Die **horizontale Aufteilung** betrifft die Aufteilung des Anteils der Ländergesamtheit auf die einzelnen Länder (Art. 107 Abs. 1 GG). Die primäre Aufteilung nach Art. 107 Abs. 1 GG wird ergänzt durch die Regelungen über den horizontalen Finanzausgleich nach Art. 107 Abs. 2 S. 1 GG und Bundesergänzungszuweisungen nach Art. 107 Abs. 2 S. 3 GG. Der danach verfassungsrechtlich gebotene Finanzausgleich erfolgt nach Maßgabe der Finanzkraft der Länder durch sog. Finanzausgleichsgesetze des Bundes.[100] Durch die Änderungen der Finanzverfassung im Jahre 2017[101] gelten seit 2020 Änderungen beim Länderfinanzausgleich, insbesondere bei der Umsatzsteuerverteilung sowie neue Zuweisungsmöglichkeiten durch den Bund.[102]

4. Steuerverwaltungshoheit

20 Die Steuerverwaltungshoheit betrifft die verfassungsrechtliche Befugnis zur Steuerfestsetzung und Steuererhebung.

a) Der Bund verwaltet lediglich Zölle, Finanzmonopole, die bundesgesetzlich geregelten Verbrauchsteuern einschließlich der Einfuhrumsatzsteuer, EU-Abgaben sowie ab 01.07.2009 die Kraftfahrzeugsteuer und sonstige auf motorisierte Verkehrsmittel bezogene Verkehrsteuern (Art. 108 Abs. 1 GG).

b) Das Schwergewicht der Verwaltungskompetenzen liegt bei den Ländern: Sie verwalten ihre eigenen Steuerquellen und im Auftrag des Bundes die Steuern, die ganz oder (als Gemeinschaftsteuern) zum Teil dem Bund zufließen (Art. 108 Abs. 2 und 3 GG). Allerdings eröffnen Art. 108 Abs. 4 und 4 a GG gesetzliche Änderungen der Verwaltungszuständigkeit und ein Zusammenwirken der Finanzbehörden von Bund und Ländern, „wenn und soweit dadurch der Vollzug der Steuergesetze erheblich verbessert oder erleichtert wird“.

c) Den Gemeinden kann die Verwaltung von Steuern, die ihnen zufließen, von den Ländern ganz oder teilweise übertragen werden (Art. 108 Abs. 4 S. 2 GG). In den Flächenstaaten ist ihnen insbesondere die Realsteuerfestsetzung zugewiesen: Die Landesfi-

99 Näher Seer in T/L Rn. 2.60 ff.
100 Vgl. BVerfG v. 11.11.1999–2 BvF 2/98, 2 BvF 3/98, 2 BvF 1/99, 2 BvF 2/99, BVerfGE 101, 158.
101 Gesetz v. 13.07.2017, BGBl. I 2017, 2347.
102 Dazu Siekmann in Sachs, GG, Art. 107 Rn. 66 ff.

nanzbehörden erlassen die sog. Realsteuermessbescheide, auf deren Grundlage die Gemeinden die Realsteuern festsetzen.

B. Der Steuertatbestand

Der Steuertatbestand (vgl. § 38 AO) ist der Inbegriff der in den materiellen Steuerrechts- 21
normen enthaltenen Tatbestandsmerkmale, die die Steuerschuld auslösen.[103] Alle Steuergesetze enthalten die nachfolgenden Grundelemente des Steuertatbestands:

I. Das Steuersubjekt

Das Steuersubjekt ist das Rechtssubjekt, dem im Steuertatbestand das Steuerobjekt 22
und die damit verbundene Steuerschuld zugerechnet werden. Zum Steuerschuldner wird das Steuersubjekt, wenn alle Voraussetzungen des Steuertatbestandes erfüllt sind. Werden durch Ausnahmevorschriften bestimmte Steuersubjekte von der Steuerpflicht ausgenommen (z. B. gemeinnützige Körperschaften nach § 5 KStG), liegt eine sog. persönliche Steuerbefreiung vor.

II. Das Steuerobjekt

Das Steuerobjekt (= Steuergegenstand) ist der sachliche Anknüpfungspunkt für die Ent- 23
stehung der Steuerschuld. Steuerobjekt kann sein ein Wirtschaftsgut (z. B. Einkommen, Ertrag, Vermögen) oder ein wirtschaftlicher Vorgang (z. B. Grunderwerb). Werden aus dem allgemein formulierten Grundtatbestand (z. B. „Umsatz") besondere Tatbestände ausgenommen (z. B. Umsätze i. S. d. § 4 UStG), spricht man von sachlichen Steuerbefreiungen.

III. Die Steuerbemessungsgrundlage

Die Steuerbemessungsgrundlage ist die zahlenmäßige Größe, aufgrund derer die Steuer 24
berechnet wird. Die Bemessungsgrundlage erfüllt eine Messfunktion, der Steuersatz eine Belastungsfunktion und erst im Zusammenwirken legt der Gesetzgeber Maß und Intensität des staatlichen Steuerzugriffs fest. Die Bemessungsgrundlage knüpft an quantifizierbare Merkmale des Steuerobjekts an. Beispiel: Steuergegenstand bei der GewSt ist der Gewerbebetrieb, Steuerbemessungsgrundlage ist der Gewerbeertrag.

IV. Der Steuersatz

Der Steuersatz ist die Größe, deren Anwendung auf die Bemessungsgrundlage den 25
Steuerbetrag ergibt. Der Steuersatz kann ausgedrückt werden

1. in Prozent- oder Promillesätzen der Bemessungsgrundlage,

Beispiel

Bei der USt 19 % bzw. 7 % der Bemessungsgrundlage

103 B/D/T Rn. 88; vgl. ferner Bayer FR 1985, 337 zur Lehre vom sog. Stufenbau des Steuertatbestandes.

2. in festen Geldbeträgen.

Beispiel

Bei der Kfz-Steuer für schadstoffarme Pkw mit Benzin-Hubkolbenmotor 6,75 € für je 100 Kubikzentimeter Hubraum (§ 9 Abs. 1 Nr. 2 Buchst. a) Doppelbuchst. aa) KraftStG)

Eine Mehrheit von Steuersätzen wird als **Steuertarif** bezeichnet.

Beispiel

Der linear progressive ESt-Tarif nach § 32 a EStG mit 5 Tarifzonen

26 **Übersicht**

Die wichtigsten Steuertatbestände*

	ESt	KSt	GewSt	ErbSt	USt	GrESt
Steuer-subjekt	Natürliche Personen (§ 1 EStG)	Körperschaften, Personenvereinigungen und Vermögensmassen (§ 1 Abs. 1 KStG)	Unternehmer (§ 5 GewStG)	Natürliche Personen, Körperschaften, Personenvereinigungen und Vermögensmassen (§ 2 Abs. 1 ErbStG)	Unternehmer (§ 2 Abs. 1 UStG)	I. d. R. die am Erwerbsvorgang als Vertragsteile beteiligten Personen (§ 13 Nr. 1 GrEStG)
Steuer-objekt	Einkünfte aus 7 Einkunftsarten (§ 2 Abs. 1 EStG, § 8 Abs. 1 KStG)		Der stehende Gewerbebetrieb (§ 2 Abs. 1 GewStG) und Reisegewerbebetriebe (§ 35 a GewStG)	Der Erwerb von Todes wegen, Schenkungen unter Lebenden und Ergänzungstatbestände (§ 1 Abs. 1 ErbStG)	Umsätze, d. h. Lieferungen und sonstige Leistungen, unentgeltliche Wertabgaben, die Einfuhr und der innergemeinschaftl. Erwerb (§§ 1 Abs. 1, 3 UStG)	Grundstücksumsätze, insbesondere Grundstückskaufverträge (§ 1 GrEStG)
Bemes-sungs-grundlage	Das zu versteuernde Einkommen = Gesamtbetrag der Einkünfte ./. bestimmte private oder persönliche Abzüge (§ 2 Abs. 5 EStG)	= Gesamtbetrag der Einkünfte modifiziert durch §§ 8 ff. KStG	Gewerbeertrag (§§ 6 ff. GewStG)	Der Wert des steuerpflichtigen Erwerbs (§§ 10 ff. ErbStG)	Bei Lieferungen u. sonst. Leistungen u. innergem. Erwerb: das Entgelt (§ 10 Abs. 1 UStG) Bei Einfuhr: Wert des eingeführten Gegenstands (§ 11 Abs. 1 UStG)	Der Wert der Gegenleistung (§§ 8, 9 GrEStG), ggf. auch der Wert des Grundstücks (§ 8 Abs. 2 GrEStG)
Steuersatz	Progressiver Tarif mit oberer Proportionalzone bei 45 % (§ 32 a EStG)	15 % (§ 23 Abs. 1 KStG), sowohl für thesaurierte als auch für ausgeschüttete Gewinne	Hebesatz entsprechend Gemeindesatzung mindestens 200 % (§ 16 Abs. 4 S. 2 GewStG)	Doppelt progressiver Tarif von 7 % bis 50 %, abhängig von a) dem Wert des steuerpflichtigen Erwerbs und b) der Steuerklasse (Verwandtschaftsgrad), (§ 19	Regelsatz 19 %, ermäßigter Steuersatz 7 % (§ 12 UStG)	Steuersatz 3,5 % (§ 11 Abs. 1 GrEStG), soweit die Länder keine abweichende Steuersatzregelung getroffen haben (Art. 105 Abs. 2 a S, 2 GG)

* In Anlehnung an Bayer, Grundbegriffe des Steuerrechts, JA-Sonderheft Nr. 15, 4. Aufl. 1992, Bogen 4.

V. Steuervergünstigungen

Steuervergünstigungen können auf allen Ebenen des Steuertatbestandes gewährt werden (z. B. Ausnahmen von der subjektiven Steuerpflicht, objektive Steuerbefreiungen, Steuersatzermäßigungen und Steuerermäßigungen). Ihrem Charakter nach handelt es sich um Ausnahmevorschriften, die den Besteuerungszugriff aus sozialen, wirtschaftlichen oder aus anderen Gemeinwohlgründen einschränken.[104] Von Bedeutung ist vor allem die Unterscheidung zwischen Freibeträgen und Freigrenzen. Freibeträge werden bei der Ermittlung der Steuerbemessungsgrundlage abgezogen, während bei Übersteigen der Freigrenze die gesamte Bemessungsgrundlage steuerpflichtig ist. 27

C. Prinzipien des Steuerrechts

„Aktionismus und Hektik" prägen nach dem Urteil Tipkes[105] die Steuergesetzgebung in Deutschland. „Systemlosigkeit, Kompliziertheit, Unübersichtlichkeit" bis zur „Unverstehbarkeit" mancher Steuerrechtsnormen sind die Folgen.[106] Die Steuerrechtswissenschaft fordert demgegenüber eine prinzipienorientierte Steuergesetzgebung. Gerade die „Kölner Schule" betont die Bindung des Steuergesetzgebers an das Gerechtigkeitspostulat. Als „Gerechtigkeitsordnung" muss das Steuerrecht danach bestimmten Prinzipien der Steuergerechtigkeit entsprechen.[107] Dabei darf prinzipienbasierte Systembildung nicht mit den verfassungsrechtlichen Anforderungen an die Steuergesetzgebung gleichgesetzt werden.[108] 28

I. Besteuerung nach der Leistungsfähigkeit

Als Fundamentalprinzip des Steuerrechts gilt der Grundsatz der Besteuerung nach der Leistungsfähigkeit.[109] Das Leistungsfähigkeitsprinzip ist als Strukturprinzip des Steuerrechts seit Langem anerkannt.[110] Allerdings dürfen die konkreten Vorgaben des abstrakten Leitprinzips für die Ausgestaltung der Steuergesetze nicht überschätzt werden.[111] Den verfassungsrechtlichen Anknüpfungspunkt für das Leistungsfähigkeitsprinzip sieht das BVerfG in erster Linie in Art. 3 Abs. 1 GG: Im Interesse verfassungsrechtlich gebotener steuerlicher Lastengleichheit muss bei der Besteuerung „darauf abgezielt werden, Stpfl. bei gleicher Leistungsfähigkeit auch gleich hoch zu besteuern **(horizontale Steuergerechtigkeit)**, während (in **vertikaler** Richtung) die Besteuerung höherer Einkommen im Vergleich mit der Besteuerung niedrigerer Einkommen angemessen ausgestaltet werden muss".[112] 29

---

104 Dazu Bayer, Grundbegriffe des Steuerrechts, 4. Aufl. 1992, Rn. 230.
105 Vorwort zur 9. Aufl. von Tipke, Steuerrecht.
106 Meßmer BB 1987, 1818; vgl. ferner Kirchhof NJW 1987, 3217.
107 Dazu Tipke StRO I, S. 256 ff.; Hey in T/L Rn. 3.1 ff.; Seer in T/L Rn. 1.2 m. w. N.
108 Näher Drüen, Systembildung und Systembindung im Steuerrecht, in FS Spindler, 2011, S. 29 ff. m. w. N.
109 BFH v. 08.06.1990 – III R 14–16/90, III R 14/90, III R 15/90, III R 16/90, BStBl. II 1990, 969; Tipke StRO I, S. 479 ff.; Haller, Die Steuern, 3. Aufl. 1981, S. 14 ff.; Kirchhof StuW 1985, 319; Söhn StuW 1985, 395.
110 Hey in T/L Rn. 3.40 ff.; Söhn StuW 1985, 395; Birk, Das Leistungsfähigkeitsprinzip, 1983, S. 21 ff.; Vogel, Die Dogmatik des Leistungsfähigkeitsprinzips, DStJG 12 (1989), 123, 141; abweichend Kruse LbStR, S. 50 ff.: Das Leistungsfähigkeitsprinzip sei kein Fundamentalprinzip und diene nur dazu, den Gleichheitssatz zu konkretisieren.
111 Näher Drüen DStJG 37 (2014), 9, 47 ff.
112 Vgl. BVerfG v. 07.07.2010–2 BvL 14/02, 2 BvL 2/04, 2 BvL 13/05, BVerfGE 127, 1.

Wichtigster Geltungsbereich des Leistungsfähigkeitsprinzips ist das Einkommensteuerrecht. Da der Einkommensteuertatbestand die individuelle Leistungsfähigkeit des Steuerschuldners erfassen will, muss die Ausgestaltung des Einkommensteuerrechts dem Leistungsfähigkeitsprinzip gerecht werden. Das Gesetz verwirklicht das Leistungsfähigkeitsprinzip in zweierlei Richtung:[113]

- **Objektiv** entspricht es dem Leistungsfähigkeitsprinzip, wenn das EStG nur die Reineinkünfte (Gewinn bzw. Überschuss, § 2 Abs. 2 EStG) als Besteuerungsgrundlage erfasst (sog. objektives Nettoprinzip).[114]
- **Subjektiv** gebietet die Besteuerung nach der Leistungsfähigkeit, dem Stpfl. das Existenzminimum steuerfrei zu belassen. Höhere Einkommen müssen im Vergleich zu niedrigeren Einkommen dem Gerechtigkeitsgebot entsprechend höher besteuert werden.[115] Bei der Besteuerung einer Familie muss das familiäre Existenzminimum, d. h. das Existenzminimum für sämtliche Familienmitglieder, steuerfrei bleiben.[116] Insbesondere sind **Unterhaltsaufwendungen für Kinder** in Höhe des Existenzminimums von der Besteuerung auszunehmen. Darüber hinaus hat das BVerfG den Grundsatz entwickelt, dass der Gesetzgeber „bei der Berücksichtigung zwangsläufiger Unterhaltsaufwendungen nicht realitätsfremde Grenzen ziehen darf".[117]

Bei der **quantitativen Bemessung des Existenzminimums** kommt dem Vergleich mit den Sozialhilfesätzen entscheidende Bedeutung zu.[118] Dieser Vergleich ist dadurch erschwert, dass in den einzelnen deutschen Ländern verschiedene Regelsätze bestehen und auch die sog. Sonderleistungen der Sozialhilfe berücksichtigt werden müssen.

Schließlich ist zu beachten, dass der Staat den verfassungsrechtlich gebotenen **Familienlastenausgleich** nicht notwendig und ausschließlich über das Steuerrecht verwirklichen muss. Vielmehr steht es dem Gesetzgeber frei, der kindesbedingten Minderung der Leistungsfähigkeit auch über Sozialleistungen (Kindergeld) oder eine Kombination von Sozialleistungen und steuerlichen Entlastungen Rechnung zu tragen.[119] Der Gesetzgeber hat das duale System (Kindergeld als Sozialleistung und Kinderfreibetrag als steuerliche Entlastung) ab 1996 durch den einheitlich steuerrechtlich gestalteten Familienleistungsausgleich ersetzt (§ 31 EStG i. d. F. des JStG 1996).

II. Das Sozialstaatsprinzip

30 Das Sozialstaatsprinzip (Art. 20 Abs. 1, 28 Abs. 1 S. 1 GG) begründet die Pflicht des Staates, für eine gerechte Sozialordnung zu sorgen.[120] Wegen seiner inhaltlichen Weite richtet sich das Prinzip in erster Linie an den Gesetzgeber, dem bei der Realisierung dieses Regelungsauftrages ein breiter Gestaltungsraum zukommt.[121] Ein sozialstaatlich orientiertes Steuerrecht muss den wirtschaftlich schwachen Stpfl. schonen und auf sozialen Ausgleich bei der Besteuerung hinwirken. Diesem Zweck dient insbesondere die progressive Gestaltung der Tarife bei der ESt und der ErbSt.[122]

---

113 Vgl. Söhn StuW 1985, 395.

114 Hey in T/L Rn. 8.54; offenlassend BVerfG v. 23.01.1990–1 BvL 4/87, 1 BvL 5/87, 1 BvL 6/87, 1 BvL 7/87, BVerfGE 81, 228: „selbst wenn dieses Prinzip verfassungsrechtlich vorgeschrieben ist, kann es der Gesetzgeber bei Vorliegen gewichtiger Gründe durchbrechen" (ebenso BVerfG v. 12.10.2010–1 BvL 12/07, BVerfGE 127, 224).

115 Sog. vertikale Steuergerechtigkeit, vgl. BVerfG v. 29.05.1990–1 BvL 20/84, 1 BvL 26/84, 1 BvL 4/86, BVerfGE 82, 60; B/D/T Rn. 179.

116 BVerfG v. 10.11.1998–2 BvL 42/93, BVerfGE 99, 246; Hey in T/L Rn. 8.71: „allgemeines subjektives Nettoprinzip".

117 BVerfG v. 17.10.1984–1 BvR 527/80, 1 BvR 528/81, 1 BvR 441/82, BVerfGE 68, 153; BVerfG v. 10.11.1998–2 BvL 42/93, BVerfGE 99, 246.

118 BVerfG v. 10.11.1998–2 BvL 42/93, BVerfGE 99, 246.

119 BVerfG v. 29.05.1990–1 BvL 20/84, 1 BvL 26/84, 1 BvL 4/86, BVerfGE 82, 60.

120 BVerfG v. 05.06.1973–1 BvR 536/72, BVerfGE 35, 202, 235.

121 BFH v. 29.09.1982 – II R 174/79, BStBl. II 1983, 245.

122 Hey in T/L Rn. 3.212.

III. Gesetzmäßigkeit der Besteuerung

31

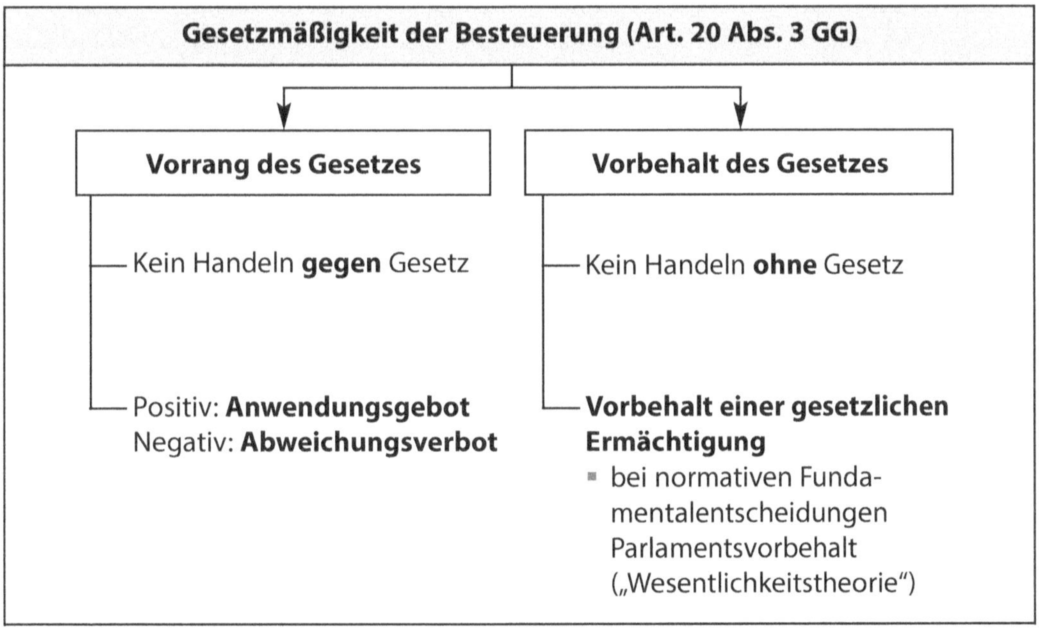

Steueransprüche entstehen nur dann, wenn ein gesetzlich geregelter Besteuerungstatbestand erfüllt ist. Dieser sog. Grundsatz der Gesetzmäßigkeit der Besteuerung hat seine historischen Wurzeln im ständischen Steuerbewilligungsrecht.[123] Verfassungsrechtlich verankert ist die Gesetzmäßigkeit der Besteuerung in Art. 2 Abs. 1 und Art. 20 Abs. 3 GG. Danach darf die ökonomische Handlungsfreiheit nur durch gesetzliche Regelungen eingeschränkt und ein Steuerverwaltungsakt nur auf gesetzlicher Ermächtigungsgrundlage erlassen werden.[124] Die gesetzlichen Bestimmungen über die Tatbestandsmäßigkeit der Besteuerung in §§ 3 Abs. 1, 38 und 85 AO unterstreichen dies deklaratorisch.

Die Gesetzmäßigkeit der Besteuerung gebietet nicht nur, dass der **steuerbegründende Tatbestand** gesetzlich geregelt ist. Vielmehr dürfen auch **Steuerbefreiungen** von der Verwaltung nur aufgrund gesetzlicher Ermächtigung gewährt werden.[125]

Der Grundsatz der Gesetzmäßigkeit der Besteuerung wird ergänzt durch das **Gebot der Normenklarheit und -bestimmtheit**. Es soll sicherstellen, dass die gesetzesausführende Verwaltung steuernde und begrenzende Handlungsmaßstäbe vorfindet und dass die Gerichte die Rechtskontrolle durchführen können; das Gebot der Bestimmtheit und Klarheit der Normen gewährleistet zugleich, dass der betroffene Stpfl. sich auf die anfallende Steuerbelastung einstellen kann.[126]

Mit dem Grundsatz der Gesetzmäßigkeit der Besteuerung sind **Vergleiche über Steueransprüche** nach der älteren Ansicht stets unvereinbar.[127] Demgegenüber setzt sich die Anerkennung eines Verwaltungsvertrages auch im Steuerrecht in der Rechtslehre langsam, aber sicher durch.[128] Die Zulässigkeit solcher Verträge ergibt sich zwar nicht aus 32

123 Hey in T/L Rn. 3.231.
124 Hey in T/L Rn. 3.233ff.
125 BFH v. 06.11.1985 – II R 63/83, BStBl. II 1986, 77. Darum verstößt der im Sanierungserlass allgemein vorgesehene Billigkeitserlass der auf Sanierungsgewinne entfallenden Steuer gegen den Grundsatz der Gesetzmäßigkeit der Verwaltung (BFH v. 28.11.2016 – GrS 1/15, BStBl. II 2017, 393).
126 Vgl. BVerfG v. 13.06.2007–1 BvR 1550/03, 1 BvR 2357/04, 1 BvR 603/05, BVerfGE 118, 168.
127 Jakob, Abgabenordnung, Rn. 21.
128 Frühzeitig Schick, Vergleiche und sonstige Vereinbarungen zwischen Staat und Bürger im Steuerrecht, 1967, S. 27ff.; zuletzt Leisner-Egensperger Die Verwaltung, Bd. 51 (2018), 467, 475; Schuster DStZ 2018, 720, 724 m.w.N.

§ 78 Nr. 3 AO.[129] Die aus dem Legalitätsprinzip abgeleiteten Vorbehalte und Bedenken[130] begründen aber kein allgemeines Handlungsformverbot.[131] Vereinbarungen zwischen Steuergläubiger und Steuerschuldner über den Steueranspruch sind nicht per se unzulässig.[132] Vielmehr sind nur gesetzesabweichende Vereinbarungen über Steueransprüche unzulässig und nichtig.[133] Materiell-rechtlich darf die Verwaltung keine Zugeständnisse machen, die mit dem geltenden Recht nicht im Einklang stehen.[134] Die mit dem Vollzug des Gesetzes beauftragte Finanzverwaltung ist vielmehr – mit den Worten des BVerfG – verpflichtet, die Besteuerungsvorgaben „in strikter Legalität" umzusetzen und so Belastungsgleichheit zu gewährleisten.[135] Natürlich sind Verwaltung und Rechtsprechung an das Gesetz gebunden (Art. 20 Abs. 3 GG) und dieses ist der Maßstab der administrativen und justiziellen Rechtsanwendung.[136] Allerdings darf das steuerrechtliche Legalitätserfordernis wegen deutungsoffener, im Gesetz selbst nur vorausgesetzter Begriffe (z. B. § 8 Abs. 3 S. 2 KStG: „vGA") und der betragsmäßigen Konkretisierungserfordernissen aufgrund offener Bewertungsbegriffe (z. B. § 6 Abs. 1 Nr. 1 Satz 3 EStG „Teilwert") nicht übersteigert werden.[137] Der Wortlaut des § 38 AO suggeriert zu Unrecht die Vorstellung, das Steuerrecht sei derart gesetzesdeterminiert, dass die geschuldete Steuer aus dem Gesetz abgelesen werden könne. Das Steuerrecht ist aber kein ius strictum, das den Steuervollzug punktgenau zu steuern vermag.[138] Darum ist nicht die Form des Vergleiches, sondern der Inhalt entscheidend.

Nach st. Rspr. des Bundesfinanzhofes[139] ist in jedem Stadium des Veranlagungsverfahrens, insbesondere auch anlässlich einer Außenprüfung und während eines anhängigen Rechtsbehelfs- bzw. Rechtsmittelverfahrens (z. B. im Rahmen einer Erörterung nach § 364 a AO), eine **tatsächliche Verständigung** hinsichtlich eines bestimmten Sachverhalts, der nur unter erschwerten Bedingungen ermittelt werden kann, möglich. Die Bindungswirkung einer solchen Vereinbarung setzt voraus,

- dass sie sich auf erschwert zu ermittelnde **Sachverhaltsfragen**, nicht aber auf Rechtsfragen bezieht, also z. B. ein Schätzungsspielraum, ein Bewertungsspielraum, ein Beurteilungsspielraum oder ein Beweiswürdigungsspielraum besteht;
- dass der Sachverhalt die **Vergangenheit** betrifft – im Gegensatz zur verbindlichen Auskunft (§ 89 Abs. 2 AO), die sich auf zukünftige Sachverhalte bezieht;
- dass aufseiten des FA der für die Entscheidung über die Steuerfestsetzung **zuständige Amtsträger** beteiligt ist;
- dass die tatsächliche Verständigung **nicht zu einem offensichtlich unzutreffenden Ergebnis** führt,[140] d. h., wenn die Vereinbarung nicht gegen die Regeln der Logik oder gegen allgemeine Erfahrungssätze verstößt.[141]

Auch schließt der Grundsatz der Gesetzmäßigkeit der Besteuerung nicht aus, dass eine Steuer im Einzelfall aus Billigkeitsgründen nach § 163 oder § 227 AO erlassen bzw. nicht erhoben wird.[142]

---

129 Wernsmann in H/H/Sp § 78 Rn. 159; Drüen in T/K § 78 AO Rn. 22.
130 Müller-Franken, Maßvolles Verwalten, 2004, S. 46 f., 186 ff., 486 ff.
131 Drüen VVDStRL 79 (2020), 127, 140 f. m. w. N.
132 Ebenso zur „konsensualen Gesetzesanwendung" P. Kirchhof in Dürig/Herzog/Scholz, GG, Art. 3 Rz. 156 f.
133 Seer, Verständigungen in Steuerverfahren, 1996, S. 376 ff.; ders. in T/K, Vor § 118 AO Rn. 29; Drüen in T/K, § 38 AO Rn. 20, § 78 AO Rn. 22 m. w. N.
134 Allgemein Maurer/Waldhoff, Allgemeines Verwaltungsrecht, 21. Aufl. 2024, § 15 Rn. 21.
135 BVerfG v. 27.06.1991–2 BvR 1493/89, BVerfGE 84, 239 – Rn. 109.
136 Gärditz in Friauf/Höfling, Berliner Kommentar zum GG, Art. 20 (6. Teil) Rn. 77.
137 Grundlegend Seer, Verständigungen in Steuerverfahren, 1996, S. 13 ff.
138 Drüen in T/K, § 38 AO Rn. 6.
139 BFH v. 08.10.2008 – I R 63/07, BStBl. II 2009, 121: dazu grundlegend Seer, Verständigungen im Steuerverfahren, 1996.
140 BFH v. 06.02.1991 – I R 13/86, BStBl. II 1991, 673.
141 Vgl. BMF v. 30.07.2008, BStBl. II 2008, 831, mit weiteren Einzelheiten.
142 BFH v. 26.10.1994 – X R 104/92, BStBl. II 1995, 297.

Heftig umstritten ist die Frage, ob sich aus dem Grundsatz der Gesetzmäßigkeit der Besteuerung das **Verbot steuerverschärfender Analogieschlüsse** ableiten lässt: 33

- Die früher h.M. unterscheidet zwischen begünstigenden und belastenden Analogieschlüssen und lehnt belastende Analogieschlüsse zur Ausfüllung von Gesetzeslücken grundsätzlich ab. Äußerste Grenze der Besteuerung sei der mögliche Wortsinn des gesetzlichen Besteuerungstatbestandes.[143]
- Die Gegenmeinung, der sich auch die Rspr. teilweise angeschlossen hat, betont die Unvollkommenheit gesetzlicher Regelungen. Deshalb müssten lückenhafte Gesetze auch steuerverschärfend „nachbessernd" im Sinne der Vorstellung des Gesetzgebers angewendet werden können.[144]

Der methodische Meinungsstreit sollte in seinen praktischen Auswirkungen nicht überbewertet werden. Einerseits sind die Grenzen zwischen Auslegung und lückenfüllender Analogie fließend. Andererseits besteht Übereinstimmung darin, dass durch Analogieschlüsse der Steuertatbestand als solcher nicht erweitert werden darf,[145] aber umgekehrt ein folgerichtiges „Zu-Ende-Denken" von Steuergesetzen auch zum Nachteil des Stpfl. zulässig ist.[146]

Beispiel

In § 1 GrEStG sind weder der Erwerb von herrenlosen Grundstücken noch die Abtretung des Aneignungsrechts an einem herrenlosen Grundstück als steuerbarer Vorgang aufgeführt. Es wäre mit dem Grundsatz der Gesetzmäßigkeit der Besteuerung unvereinbar, diese Rechtsvorgänge im Wege der Analogie der GrESt zu unterwerfen.[147]

IV. Gleichmäßigkeit der Besteuerung

Der Gleichheitssatz (Art. 3 Abs. 1 GG) gebietet die Gleichmäßigkeit der Besteuerung. Das BVerfG misst dem Gleichheitssatz bei der verfassungsrechtlichen Prüfung der Steuerrechtsnormen und der Steuerrechtsanwendung zentrale Bedeutung bei: 34

1. Aus dem Gleichheitssatz leitet das BVerfG den Grundsatz der Steuergerechtigkeit ab. Dieses Prinzip wiederum führt zum Unterprinzip der Besteuerung nach der Leistungsfähigkeit (vgl. oben).[148]
2. Aus dem allgemeinen Gleichheitssatz ergeben sich je nach Regelungsgegenstand und Differenzierungsmerkmal unterschiedliche Grenzen für den Gesetzgeber, die vom Willkürverbot bis zu einer strengen Bindung an Verhältnismäßigkeitserfordernisse reichen.[149] Das **Willkürverbot** bedeutet: Der Gesetzgeber darf Sachverhalte ungleich regeln, solange finanzpolitische, volkswirtschaftliche, sozialpolitische oder steuertechnische Erwägungen die verschiedene Behandlung motivieren.[150] Die gesetzgeberische Gestaltungsfreiheit findet jedoch dort ihre Grenze, wo für eine gesetzliche Differenzierung kein vernünftiger, sich aus der Natur der Sache ergebender oder sonst einleuchtender Grund finden lässt und deshalb die gesetzliche Regelung als willkür-

143 Friauf, Möglichkeiten und Grenzen der Rechtsfortbildung im Steuerrecht, DStJG 5 (1982), 53, 61 ff.; Flume StbJb 1985/86, 277 ff.; ebenso BFH v. 28.04.1982 – I R 89/77, BStBl. II 1982, 556 und BFH v. 08.12.1981 – VIII R 125/79, BStBl. II 1982, 618; anschaulich auch BFH v. 10.05.2001 – IV R 6/00, BStBl. II 2001, 575, zur Abzugsfähigkeit von Fahrten zwischen Wohnung und Arbeitsstätte mit dem eigenen Motorboot; näher Drüen in T/K § 4 AO Rn. 360 ff.

144 So insbesondere Englisch in T/L Rn. 5.74 ff., 5.81 ff. m. Nachw. zum Meinungsstand; Tipke StRO I, S. 177 ff.; Koenig § 4 Rn. 117; BFH v. 20.10.1983 – IV R 175/79, BStBl. II 1984, 221; BFH v. 14.02.2007 – II R 66/05, BStBl. II 2007, 621.

145 Englisch in T/L Rn. 5.76 f.

146 Drüen in T/K § 4 AO Rn. 362 a m. w. N.

147 Vgl. BFH v. 22.01.1981 – IV R 160/76, BStBl. II 1981, 428; Meßbacher-Hönsch in Viskorf, GrEStG, 20. Aufl. 2022, § 1 Rn. 103 f.

148 Zur Kritik an der dogmatischen Herleitung Drüen in T/K § 3 AO Rn. 42 f.

149 BVerfG v. 07.11.2006–1 BvL 10/02, BVerfGE 117, 1.

150 BVerfG v. 03.05.1995–1 BvR 1176/88, BStBl. II 1995, 758.

lich anzusehen ist.[151] Im Steuerrecht darf der Gesetzgeber aus Gründen der Praktikabilität pauschale Maßstäbe wählen und Sachverhalte typisieren. Eine solche **Typisierung** muss sich allerdings realitätsgerecht am typischen Fall orientieren und im rechten Verhältnis zu der mit der Typisierung notwendigerweise verbundenen Ungleichheit der steuerlichen Belastung stehen.[152]

35 3. Der Gleichheitssatz fordert im Bereich des Steuerrechts **Belastungsgleichheit.** Der Gesetzgeber muss die mit der Auswahl des Steuergegenstandes getroffene Belastungsentscheidung folgerichtig im Sinne der Belastungsgleichheit umsetzen.[153]

Beispiel 1

Nach § 1 VStG vom 14.11.1990 unterlagen die dort genannten Personen und Körperschaften der unbeschränkten Vermögensteuerpflicht. Bemessungsgrundlage war das steuerpflichtige Vermögen (§ 4 VStG), das nach § 10 VStG bei natürlichen Personen mit einem Steuersatz von 1 % und bei Körperschaften, Personenvereinigungen und Vermögensmassen mit 0,5 % belastet wurde. Die Bewertung des steuerpflichtigen Vermögens richtete sich aufgrund der Verweisung des § 4 VStG nach den Vorschriften des Bewertungsgesetzes. Das BewG vom 01.02.1991 sah grundsätzlich die Bewertung nach dem gemeinen Wert vor (§ 9 BewG). Für inländischen Grundbesitz wurden Einheitswerte festgestellt (§§ 19ff. BewG), die nach den Wertverhältnissen am 01.01.1964 ermittelt wurden und zur Anpassung an die Wertentwicklung um 40 % zu erhöhen waren (§ 121 a BewG). Auch die erhöhten Einheitswerte wurden jedoch nicht annähernd der tatsächlichen Wertentwicklung des Grundbesitzes gerecht mit der Folge, dass Vermögen in Form des Grundbesitzes in einer Weise gegenüber anderen Vermögensarten privilegiert war, dass keine Belastungsgleichheit bestand.[154]

Beispiel 2

Auch nach § 12 ErbStG vom 10.02.1991 richtete sich die Bewertung des steuerpflichtigen Erwerbs grundsätzlich nach den Vorschriften des BewG. Das Zurückbleiben der Einheitswerte hinter zeitnahen Werten, die für andere Vermögensgegenstände anzusetzen waren, minderte die Erbschaftsteuerbelastung des Grundbesitzes und führte zu einem Verstoß gegen das Gebot der Belastungsgleichheit.[155]

Beispiel 3

Aufgrund der Entscheidungen des BVerfG aus dem Jahr 1995 zur VSt und zur ErbSt wird die VSt für Veranlagungszeiträume ab 1997 nicht mehr erhoben. Das ErbStG und das BewG wurden aufgrund der Vorgaben des BVerfG mit Wirkung ab 01.01.1996 umfassend geändert. Insbesondere wurde für die Bewertung des Grundbesitzes eine neue Regelung (sog. Bedarfsbewertung nach §§ 138ff. BewG) getroffen, die im Vergleich zum früheren Recht regelmäßig zu höheren Grundbesitzwerten führte. Auch gegen die Neuregelung wurden verfassungsrechtliche Bedenken erhoben, weil Vermögensgegenstände nicht einem einheitlichen Bewertungsmaßstab unterzogen werden und insbesondere das sog. Produktivvermögen erheblich niedriger besteuert wird.[156] Das BVerfG hat sich dem angeschlossen und durch Beschluss vom 07.11.2006[157] entschieden, dass § 19 Abs. 1 ErbStG 1974 verfassungswidrig ist, weil auch nach dem neuen Recht die Vermögensgegenstände nicht ausreichend belastungsgleich und folgerichtig mit Steuerwerten in der Nähe des gemeinen Wertes erfasst werden. Der Gesetzgeber hat daraufhin durch das am 01.01.2009 in Kraft getretene ErbStRG[158] einen erneuten Versuch unternommen, die Erbschaft- und Schenkungsteuer verfassungsgemäß zu gestalten. Aufgrund des Vorlagebeschlusses des BFH v. 27.09.2012[159] hat das BVerfG das ErbStG bzw. die zu weitreichenden Verschonungsregelungen für den Übergang betrieblichen Vermögens für teilweise mit Art. 3 Abs. 1 GG unvereinbar und damit verfassungswidrig erklärt und dem Gesetzgeber (erneut) aufgegeben, bis zum 30.06.2016 eine (verfassungskonforme) Neuregelung zu treffen.[160]

151 BVerfG v. 10.02.1987–1 BvL 18/81, 1 BvL 20/82, BVerfGE 74, 182.
152 BVerfG v. 07.11.2006–1 BvL 10/02, BVerfGE 117, 1.
153 BVerfG v. 07.11.2006 a. a. O.
154 BVerfG v. 22.06.1995–2 BvL 37/91, BVerfGE 93, 121.
155 BVerfG v. 22.06.1995–2 BvR 552/91, BVerfGE 93, 165.
156 Dazu Seer StuW 1997, 283.
157 BVerfG v. 07.11.2006–1 BvL 10/02, BVerfGE 117, 1.
158 BGBl. I 2008, 3018.
159 BFH v. 27.09.2012 – II R 9/11, BStBl. II 2012, 899.
160 BVerfG v. 17.12.2014–1 BvL 21/12, BStBl. II 2015, 50.

Dem Prinzip der Belastungsgleichheit müssen nicht nur die **materiellen Steuergesetze**, sondern auch die **Erhebungsregelungen** entsprechen. Unzureichende Erhebungsregelungen können deshalb zur Verfassungswidrigkeit des materiellen Steuergesetzes führen (sog. strukturelles Vollzugsdefizit).[161] Der Gesetzgeber hat den unzureichenden Erhebungsregeln im Bereich der Zinseinkünfte und Spekulationssteuern mit den Regelungen über den sog. automatisierten Kontenabruf nach § 93 Abs. 7 i.V.m. § 93 b AO Rechnung getragen.[162] Für die Besteuerung von Prostituierten bestehen keine besonderen Erhebungsregelungen. Deshalb kann dem Besteuerungszugriff auf Prostituierte nicht entgegengehalten werden, es bestehe ein vom Gesetzgeber zu verantwortendes, dem Gleichheitssatz widersprechendes „strukturelles Vollzugsdefizit".[163] Die Praxis versucht, die Besteuerung im Dunkelfeld der Prostitution durch pragmatische Pauschalbesteuerungsmodelle zu sichern.[164]

4. Der Gleichheitssatz gebietet **Folgerichtigkeit**, d.h. die konsequente Umsetzung des gewählten Prinzips.[165] Das BVerfG formuliert diesen Grundsatz so: Der Gesetzgeber darf nicht ohne überzeugende Gründe von den gewählten Ordnungsprinzipien abweichen.[166] **36**

Beispiel

Das Einkommensteuerrecht unterscheidet zwischen Gewinneinkunftsarten und Überschusseinkunftsarten (§ 2 Abs. 2 EStG). Die Besteuerung der Gewinneinkunftsarten beruht auf dem Gedanken der Reinvermögenszugangstheorie, während bei Überschusseinkunftsarten der Wertzuwachs des Vermögens grundsätzlich außer Betracht bleibt (sog. Dualismus der Einkunftsarten).[167] Unter diesem Gesichtspunkt verstößt es nicht gegen das Gebot der Folgerichtigkeit, wenn das EStG im Rahmen der Gewinneinkunftsarten Gewinne aus der Veräußerung von Grundstücken unbegrenzt erfasst, während bei den Überschusseinkunftsarten mit der Veräußerung von Grundstücken erzielte Wertsteigerungen nach § 23 Abs. 1 EStG nur besteuert werden, wenn der Zeitraum zwischen Anschaffung und Veräußerung nicht mehr als 10 Jahre beträgt.[168]

5. Eine Verletzung des Gleichheitsgrundsatzes kann sich auch aus den **mittelbaren Auswirkungen** steuerlicher **Vorschriften** ergeben. **37**

Beispiel

Nach § 10 b EStG i.d.F. vom 22.12.1983[169] waren Parteispenden in Höhe von 5 % des Gesamtbetrags der Einkünfte steuerlich abzugsfähig. Die in der Höhe unbegrenzte Abzugsfähigkeit von Parteispenden begünstigte in gleichheitswidriger Weise Bürger mit hohem Einkommen. Denn deren ohnehin größere Möglichkeiten, durch finanzielle Zuwendungen an Parteien politischen Einfluss zu nehmen, werden durch die Abzugsfähigkeit der Spenden nochmals vermehrt.[170] Mittlerweile ist neben den (der Höhe nach begrenzten) Sonderausgabenabzug nach § 10 b EStG die Steuerermäßigung des § 34 g EStG für „Kleinspender" getreten, sodass der Parteispendenabzug nunmehr insgesamt (wohl) verfassungsgemäß ausgestaltet ist.[171]

---

161 BVerfG v. 27.06.1991–2 BvR 1493/89, BVerfGE 84, 239, zur Verfassungswidrigkeit der Besteuerung der Kapitaleinkünfte; BVerfG v. 09.03.2004–2 BvL 17/02, BVerfGE 110, 94, zur Verfassungswidrigkeit der Besteuerung von Spekulationsgewinnen in den Veranlagungszeiträumen 1997 und 1998.

162 Zur Verfassungsmäßigkeit dieser Bestimmungen vgl. BVerfG v. 13.06.2007–1 BvR 1550/03, 1 BvR 2357/04, 1 BvR 603/05, BVerfGE 118, 168.

163 BFH v. 16.06.2011 – XI B 120/10, BFH/NV 2011, 1740.

164 Vgl. auch die Nachw. bei Drüen in T/K § 40 AO Rn. 24; insbesondere Wollweber/Strohe Stbg. 2014, 125.

165 Tipke StRO I, S. 327ff.; Hey in T/L Rn. 3.118ff.

166 BVerfG v. 15.05.1984–1 BvR 464/81, 1 BvR 427/82, 1 BvR 440/82, 1 BvR 605/81, BVerfGE 67, 70 m.w.N.; vgl. auch BVerfG v. 15.11.1989–1 BvR 171/89, BStBl. II 1990, 103; BFH v. 27.11.1989 – GrS 1/88, BStBl. II 1990, 160, zur unterschiedlichen Behandlung von Ehe und nichtehelicher Lebensgemeinschaft; BVerfG v. 12.05.2009–2 BvL 1/00, BVerfGE 123, 111 m.w.N.: „Ausnahmen von einer solchen folgerichtigen Umsetzung bedürfen eines besonderen sachlichen Grundes." (Hervorhebung durch Verf.).

167 Vgl. Hey in T/L Rn. 8.181ff.

168 BVerfG v. 07.07.2010–2 BvL 14/02, 2 BvL 2/04, 2 BvL 13/05, BVerfGE 127, 1.

169 BGBl. I 1983, 1577.

170 BVerfG v. 14.07.1986–2 BvE 2/84, 2 BvR 442/84, BVerfGE 73, 40.

171 Schmidt/Heinicke § 34 g EStG Rn. 1; B/D/T Rn. 357f.

38 6. Der Gleichheitsgrundsatz richtet sich nicht nur an den Gesetzgeber, sondern gebietet auch **Rechtsanwendungsgleichheit** durch die Steuerverwaltung und die Gerichte (vgl. § 85 AO). Allein eine „unrichtige Rechtsanwendung" begründet noch nicht einen Verstoß gegen Art. 3 Abs. 1 GG. Nur wenn eine Entscheidung der Steuerverwaltung oder eines Gerichtes offensichtlich sachwidrig und damit willkürlich ist, kann die Entscheidung nach Ausschöpfung des Rechtsweges mit der Verfassungsbeschwerde (§§ 90 ff. BVerfGG) angegriffen und eine Grundrechtsverletzung geltend gemacht werden.[172]

Aus dem Gleichheitsgrundsatz lässt sich nicht ableiten, dass bestimmte Versäumnisse der Verwaltung allen Betroffenen in gleicher Weise zugutekommen müssten.[173] Die Steuerverwaltung fördert die gleichmäßige Gesetzesanwendung durch Verwaltungsvorschriften, an die die Finanzbehörden wiederum nach dem Grundsatz der Selbstbindung der Verwaltung gebunden sind. Soweit es sich um zulässigerweise getroffene Pauschbetragsregelungen handelt, müssen auch die Gerichte um der Gleichmäßigkeit der Besteuerung willen diese Regeln respektieren.[174]

In der Rechtslehre wurde der Steuerverwaltung in der Vergangenheit massiv der Vorwurf gemacht, sie verletze den Grundsatz der Gleichmäßigkeit der Besteuerung, indem sie den Ermittlungsaufwand zu reduzieren und den Personalmangel durch Handeln nach dem ökonomischen Prinzip zu kompensieren versuche.[175] Inzwischen hat die Finanzverwaltung erhebliche Anstrengungen unternommen, durch den Einsatz elektronischer Risikomanagementsysteme, die sich am Kontrollbedürfnis der Steuerfälle orientieren, den Gesetzesvollzug zu verbessern. Diese Maßnahmen haben in der Rechtslehre grundsätzliche Zustimmung gefunden.[176]

Der Gesetzgeber hat diese Entwicklung bei der Modernisierung des Besteuerungsverfahrens aufgenommen (s. Rn. 117).

V. Rückwirkungsverbot

39 1. Aus dem Rechtsstaatsprinzip des Art. 20 Abs. 3 GG und dem daraus abgeleiteten Grundsatz der Rechtssicherheit ergibt sich, dass der Gesetzgeber nur unter bestimmten Voraussetzungen rückwirkende, den Bürger belastende Gesetze erlassen darf. Das BVerfG unterscheidet seit dem Jahr 1960 traditionell zwischen der echten (retroaktiven) und der unechten (retrospektiven) Rückwirkung von Gesetzen:[177]

- **Echte Rückwirkung** ist danach anzunehmen, wenn ein Gesetz in abgewickelte, der Vergangenheit angehörende Sachverhalte eingreift und die daran geknüpften Rechtsfolgen zum Nachteil des Bürgers ändert. Normen mit echter Rückwirkung sind grundsätzlich verfassungsrechtlich unzulässig.
- **Unechte Rückwirkung** liegt vor, wenn ein Gesetz auf gegenwärtige, noch nicht abgeschlossene Sachverhalte und Rechtsbeziehungen für die Zukunft einwirkt und damit zugleich die betroffenen Rechtspositionen nachträglich beeinträchtigt.[178] Die unechte Rückwirkung ist grundsätzlich zulässig. Grenzen für den Erlass von Nor-

172 Beispielsfall: BVerfG v. 07.11.1995–2 BvR 802/90, BStBl. II 1996, 34, zum Ehegattenarbeitsverhältnis.

173 Keine Gleichheit im Unrecht, vgl. BFH v. 10.04.1990 – VIII R 415/83, BStBl. II 1990, 721.

174 BFH v. 25.10.1985 – VI R 15/81, BStBl. II 1986, 200.

175 Vgl. Tipke BB 1986, 601; ders., Die Steuerrechtsordnung, Bd. III, 1. Aufl. 1993, S. 1218 ff. (ebenfalls anklingend in der 2. Aufl. 2012, S. 1453 ff.); Kruse FR 1995, 525.

176 Vgl. Seer in T/K § 85 AO Rn. 10 ff.

177 Erstmalige Erwähnung in BVerfG v. 31.05.1960–2 BvL 4/59, BVerfGE 11, 139; bestätigt durch BVerfG v. 17.12.2013–1 BvL 5/08, BVerfGE 135, 1.

178 BVerfG v. 28.11.1984–1 BvR 1157/82, BVerfGE 68, 287, 306 f.; BVerfG v. 10.10.2012–1 BvL 6/07, BVerfGE 132, 302.

men mit unechter Rückwirkung ergeben sich allerdings aus dem Grundsatz des Vertrauensschutzes und dem Verhältnismäßigkeitsprinzip.[179]

2. Seit dem Jahr 1983 hat der II. Senat des BVerfG diese Differenzierung aufgegeben und präferiert seitdem die Terminologie der Rückbewirkung von Rechtsfolgen und der tatbestandlichen Rückanknüpfung.[180]
   - **Rückbewirkung von Rechtsfolgen** entfaltet eine Norm, „wenn ihre Rechtsfolge mit belastender Wirkung schon vor dem Zeitpunkt ihrer Verkündung für bereits abgeschlossene Tatbestände gelten soll". Für eine derartige Rückwirkung setzt das Rechtsstaatsprinzip dem Gesetzgeber enge Grenzen: Er darf sie nur dann anordnen, wenn zwingende Gründe des Gemeinwohls vorliegen oder das Vertrauen auf eine bestimmte Rechtslage ausnahmsweise nicht gerechtfertigt ist.[181]
   - **Tatbestandliche Rückanknüpfung** liegt vor, wenn „belastende Rechtsfolgen einer Norm zwar erst nach ihrer Verkündung eintreten, tatbestandlich aber von einem bereits ins Werk gesetzten Sachverhalt ausgelöst werden".[182] Für die Anordnung tatbestandlicher Rückanknüpfungen hat der Gesetzgeber einen größeren Gestaltungsspielraum. Die verfassungsrechtlichen Grenzen ergeben sich aus dem Willkürverbot (Art. 3 Abs. 1 GG) oder dem im Rechtsstaatsprinzip verankerten Gebot des Vertrauensschutzes. Der Gesetzgeber muss die Interessen der Allgemeinheit, die mit der Regelung verfolgt werden, und das Vertrauen des Einzelnen auf die Fortgeltung der Rechtslage abwägen. Unter Berücksichtigung des Grundsatzes der Verhältnismäßigkeit und der Zumutbarkeit müssen das Gewicht und die Dringlichkeit der Rechtsänderung gegenüber dem Gewicht des enttäuschten Vertrauens überwiegen.[183]

Die terminologische Neubestimmung der Rückwirkungsproblematik hat in der Sache zu keinen von der Rspr. des I. Senats wesentlich abweichenden Ergebnissen geführt.[184]

Im Steuerrecht liegt nach der „Veranlagungszeitraum-Rechtsprechung" des BVerfG[185] eine echte Rückwirkung bei laufenden Steuern, die erst mit Ablauf des Veranlagungs-, Erhebungs- oder Voranmeldungszeitraums entstehen (namentlich ESt, KSt, GewSt, vgl. § 38 AO jeweils i. V. m. § 36 Abs. 1 EStG, § 30 Nr. 3 KStG, §§ 14, 18 GewStG), vor, wenn der Gesetzgeber eine bereits entstandene Steuerschuld nachträglich abändert,[186] indem er die Rechtsfolge auf Sachverhalte erstreckt, die während dieser bereits abgelaufenen Zeiträume verwirklicht worden sind.[187] Denn die Steueransprüche dieser Steuerarten entstehen erst mit Ablauf des Veranlagungszeitraumes, sodass der Tatbestand auch erst zu diesem Zeitpunkt erfüllt ist. Entfaltet die Rechtsnorm lediglich ab dem noch laufenden, noch nicht abgeschlossenen Veranlagungszeitraum ihre Wirkung, so stellt dies – zumindest in formaler Hinsicht – eine unechte Rückwirkung dar,[188] weil die Steuerschuld erst mit Ablauf des Veranlagungszeitraumes und aufgrund und in der Höhe des zu diesem Zeitpunkt geltenden Rechts entsteht.

179 BVerfG v. 10.10.2012 a. a. O. m. w. N.

180 Erstmals in BVerfG v. 22.03.1983–2 BvR 475/78, BVerfGE 63, 343; BVerfG v. 14.05.1986–2 BvL 2/83, BVerfGE 72, 200; BVerfG v. 07.07.2010–2 BvL 14/02, 2 BvL 2/04, 2 BvL 13/05, BVerfGE 127, 1; dem folgend z. B. BFH v. 02.09.1992 – XI R 31/91, BStBl. II 1993, 151; BFH v. 16.12.2003 – IX R 46/02, BStBl. II 2004, 284; BFH v. 20.10.2010 – I R 62/08, BStBl. II 2011, 272; dazu B/D/T Rn. 161 ff.

181 BVerfG v. 03.12.1997, a. a. O.; BVerfG v. 07.07.2010–2 BvL 14/02, 2 BvL 2/04, 2 BvL 13/05, BVerfGE 127, 1.

182 BVerfG v. 07.07.2010, a. a. O.; dazu Nöcker AO-StB 2010, 369.

183 BVerfG v. 07.07.2010, a. a. O.

184 Vgl. Spindler DStR 1998, 953; BFH v. 06.03.2002 – XI R 50/00, BStBl. II 2002, 453.

185 Drüen in T/K § 4 AO Rn. 16 a; Hey in T/L Rn. 3.262 f.

186 BVerfG v. 17.12.2013–1 BvL 5/08, BVerfGE 135, 1; dazu und zum Folgenden insgesamt Drüen Ubg 2014, 683, 689.

187 Drüen in T/K § 4 AO Rn. 16 a.

188 BVerfG v. 17.12.2013–1 BvL 5/08, BVerfGE 135, 1.

Von Bedeutung ist vor allem die Frage, ob der Gesetzgeber bei den Veranlagungssteuern während des laufenden Veranlagungszeitraumes das Gesetz noch rückwirkend ändern kann. Der BFH hat in Übereinstimmung mit dem BVerfG[189] in früheren Entscheidungen die Auffassung vertreten, dass Gesetzesänderungen vor dem rechtlichen Entstehungszeitpunkt einer Veranlagungssteuer lediglich Fälle einer tatbestandlichen Rückanknüpfung darstellen und an den (niedrigeren) verfassungsrechtlichen Hürden für diese Form der Rückwirkung zu messen, also grundsätzlich zulässig seien.[190] Bis heute hält das BVerfG trotz Forderungen der Lit. nach einem dispositionsorientierten Rückwirkungskonzept im Steuerrecht[191] an seiner veranlagungszeitraumbezogenen Rspr. fest.[192] Allerdings hat es seine Rspr. insoweit relativiert, als es schematischen Wirkungen der veranlagungszeitraumbezogenen Abgrenzung der unechten Rückwirkung bei Steuerrechtsnormen entgegengetreten ist.[193] Bereits in seiner Entscheidung zur rückwirkenden Aufhebung der Schiffsbausubvention nach § 82 f EStDV a. F. hat das BVerfG die Unterscheidung zwischen Rückbewirkung und Rückanknüpfung bzw. echter und unechter Rückwirkung offengelassen und darauf abgestellt, ob das Vertrauen des Stpfl., der im Hinblick auf geltendes Recht Dispositionen trifft, schutzwürdig ist.[194] Der BFH hat sich dieser Sichtweise angeschlossen.[195] In seinen drei Beschlüssen v. 07.07.2010[196] zur rückwirkenden Verlängerung der Spekulationsfrist, der Absenkung der Wesentlichkeitsgrenze und der Einführung der Fünftelregelung ist das BVerfG wieder zu der Unterscheidung zwischen echter und unechter Rückwirkung zurückgekehrt und hat z. B. zur Verlängerung der sog. Spekulationsfrist des § 23 Abs. 1 S. 1 Nr. 1 EStG von zwei auf zehn Jahre durch das StEntlG 1999/2002/2002 wie folgt entschieden:

- Soweit die zweijährige Spekulationsfrist im Zeitpunkt der Verkündung des Änderungsgesetzes noch nicht abgelaufen war, liege eine unechte Rückwirkung vor. Die Erwartung, Gewinne zu einem späteren Zeitpunkt steuerfrei vereinnahmen zu können, begründe keine vertrauensrechtlich geschützte Position.
- Dagegen verstoße die Verlängerung der Spekulationsfrist gegen die verfassungsrechtlichen Grundsätze des Vertrauensschutzes, soweit aufgrund der gesetzlichen Änderung Wertsteigerungen erfasst werden, die nach der bis zur Verkündung bestehenden Rechtslage steuerfrei realisiert worden sind oder steuerfrei hätten realisiert werden können.

Allerdings erhöht das BVerfG im Fall einer unechten Rückwirkung den Schutz der vor Einführung der Norm erworbenen Rechtspositionen und somit die getroffenen Dispositionen des Bürgers.[197]

3. **Keine Rückwirkung** im verfassungsrechtlichen Sinne liegt vor, wenn eine Regelung belastungsneutral ist[198] oder das Gesetz lediglich eine bereits bestehende Rechtsüberzeugung kodifiziert.[199] Oftmals versucht der Gesetzgeber im Wege „klarstellender" Gesetzgebung, eine ihm unliebsame Auslegung eines Gesetzes durch die Rspr. den

189 BVerfG v. 14.05.1986–2 BvL 2/83, BVerfGE 72, 200.

190 Vgl. BFH v. 25.06.1992 – IV R 9/92, BStBl. II 1992, 702; zur Kritik vgl. Tipke StRO I, S. 153 ff.

191 Dazu Lang, WPg 1998, 163, 168 ff. und Hey, Steuerplanungssicherheit als Rechtsproblem, 2002, S. 247 ff.

192 Drüen in T/K § 4 AO Rn. 16 a m. w. N.

193 Vgl. BVerfG v. 10.10.2012–1 BvL 6/07, BVerfGE 132, 302.

194 BVerfG v. 03.12.1997–2 BvR 882/97, BVerfGE 97, 67; dazu Hey BB 1998, 1444; Spindler DStR 1998, 953; ders. DStR 2001, 725; Leisner StuW 1998, 254.

195 Vgl. BFH v. 19.04.2007 – IV R 4/06, BStBl. II 2008, 140 m. w. N.

196 2 BvL 14/02, 2 BvL 2/04, 2 BvL 13/05, BVerfGE 127, 1; 2 BvR 748/05, 2 BvR 753/05 und 2 BvR 1738/05, BVerfGE 127, 61; 2 BvL 1/03, 2 BvL 57/06, 2 BvL 58/06; BVerfGE 127, 31, alle zur unechten Rückwirkung.

197 Zur Entwicklung Hey in T/L Rn. 3.267 f.

198 BFH v. 10.07.1986 – IV R 12/81, BStBl. II 1986, 811.

199 BFH v. 14.04.1986 – IV R 260/84, BStBl. II 1986, 518.

Boden zu entziehen. Konstitutive Änderungen bedürfen indes immer eines besonderen Grundes für die Rückwirkung.[200]

Ob der Gesetzgeber – im verfassungsrechtlich vorgegebenen Rahmen – einem Gesetz Rückwirkung verliehen hat, kann sich aus einer Übergangsregelung oder aus dem Zweck des Gesetzes ergeben. Lässt das Gesetz diesbezüglich Zweifel offen, ist davon auszugehen, dass sich das Gesetz keine Rückwirkung beilegen will.[201]

VI. Folgen der Verfassungswidrigkeit einer Gesetzesnorm

Der Verstoß einer Norm gegen das Grundgesetz kann entweder zur Nichtigkeitserklärung nach § 78 BVerfGG oder dazu führen, dass das BVerfG die (bloße) Unvereinbarkeit der Norm mit dem Grundgesetz feststellt.[202] Beruht die Verfassungswidrigkeit ausschließlich auf einem Verstoß gegen den allgemeinen Gleichheitsgrundsatz, stellt das Gericht im Allgemeinen nur die Unvereinbarkeit der Norm mit dem Grundgesetz fest. Denn bei Verletzungen des allgemeinen Gleichheitssatzes hat der Gesetzgeber regelmäßig verschiedene Möglichkeiten, den Verfassungsverstoß zu beseitigen, und zwar – soweit nicht vom BVerfG eine Weitergeltungsanordnung ausgesprochen ist – rückwirkend für den gesamten Zeitraum, auf den sich die Unvereinbarkeit bezieht.[203] Mussten auch die Stpfl. nach Vorentscheidungen des BVerfG mit der Verfassungswidrigkeit einer Steuernorm rechnen, so kann eine rückwirkend belastende Neuregelung geboten sein, wobei nach Maßgabe des § 176 AO Vertrauensschutz besteht.[204] Anders als die Rspr. des BFH[205] binden Entscheidungen des BVerfG die Verfassungsorgane, Gerichte und Behörden (§ 31 Abs. 1 BVerfGG) und haben in den in § 31 Abs. 2 BVerfGG aufgeführten Fällen Gesetzeskraft. 40

D. Rechtsanwendung im Steuerrecht

I. Rechtsquellen des Steuerrechts

Nach dem Prinzip der Gesetzmäßigkeit der Besteuerung ist die Besteuerung nur aufgrund eines Gesetzes zulässig. Gesetz in diesem Sinne ist – wie § 4 AO klarstellt – jede Rechtsnorm. 41

1. Rechtsnormen

Rechtsnormen des Steuerrechts können auf folgenden Rechtsquellen beruhen: 42

a) Supranationale Vorschriften: Soweit der Bund durch Gesetz Hoheitsrechte nach Art. 24 Abs. 1 GG auf zwischenstaatliche Einrichtungen übertragen hat, geht das von diesen zwischenstaatlichen Einrichtungen gesetzte Recht nationalem Recht vor.[206] Im Zuge der europäischen Integration kommen – gestützt auf Art. 23 GG – als

200 Grundlegend BVerfG v. 17.12.2013–1 BvL 5/08, BVerfGE 135, 1.
201 BFH v. 18.05.1988 – X R 63/82, BStBl. II 1988, 967.
202 §§ 31 Abs. 2, 79 Abs. 1 BVerfGG.
203 Vgl. BVerfG v. 09.03.2004–2 BvL 17/02, BVerfGE 110, 94.
204 BVerfG v. 23.06.2015–1 BvL 13 u. 14/11, BStBl. II 2015, 871.
205 Zur Präjudizfunktion und zum Rechtsnormgehalt des Richterspruchs Drüen in T/K § 4 AO Rn. 111 ff.
206 Vgl. BVerfG v. 09.06.1971–2 BvR 255/69, BVerfGE 31, 145.

supranationale Vorschriften für das Steuerrecht die **Verordnungen** der EU aufgrund des Art. 288 AEUV in Betracht. Umstritten war in der Vergangenheit die Wirkung sog. **EU-Richtlinien:** Der EuGH[207] hatte entschieden, der Stpfl. könne sich unmittelbar auf den Inhalt einer ihn begünstigenden Bestimmung der EU-Richtlinie berufen, wenn diese hinreichend klar und eindeutig ist, einen Anspruch gegenüber dem Staat gewährt und nicht fristgerecht in nationales Recht umgesetzt worden ist. Der BFH war demgegenüber zunächst der Ansicht, EU-Richtlinien bedürften stets der Umsetzung in innerstaatliches Recht.[208] Dieser Beschluss des BFH ist jedoch wegen der Bindungswirkung von Vorabentscheidungen des EuGH (Art. 101 Abs. 1 S. 2 GG) vom BVerfG aufgehoben worden.[209] Inzwischen wird das sog. Berufungsrecht des Stpfl. in der Rspr. und im Schrifttum allgemein anerkannt.[210] Bei der Anwendung von europäischem Unionsrecht ist im Übrigen die eingeschränkte Prüfungskompetenz des BVerfG zu beachten: Der gerichtliche Grundrechtsschutz wird primär über die Rspr. des EuGH gewährt, der bei der Auslegung der Norm bzw. deren einzelner Tatbestandsmerkmale die – im Wesentlichen mit den Vorschriften des GG übereinstimmenden – europäischen Grundrechte beachten muss.[211]

b) **Doppelbesteuerungsabkommen:** Sie werden durch Transformation (Art. 59 Abs. 2 S. 1 GG) innerstaatliches Recht und haben nach § 2 AO gegenüber sonstigen Steuergesetzen Vorrang. Allerdings durchbricht der Gesetzgeber mehrfach (z. B. in § 50 d EStG „ungeachtet des Abkommens") und unter Verstoß gegen das Völkerrecht diesen Vorrang, was auch verfassungsrechtlich heftig umstritten ist.[212] Nach vorzugswürdiger Ansicht ist nicht jeder Bruch eines völkerrechtlichen Vertrages zugleich als Verfassungsverstoß anzusehen.
c) **Verfassungsnormen des Bundes:** Steuerrechtlich relevant sind insbesondere die Vorschriften des GG über die Finanzverfassung (Art. 104 a ff. GG).
d) Förmliche Bundesgesetze und Rechtsverordnungen des Bundes (z. B. EStG und EStDV)
e) Landesgesetze und Rechtsverordnungen der Länder
f) Satzungsrecht der Gebietskörperschaften (z. B. Satzungen über den Gewerbesteuerhebesatz nach § 16 GewStG)
g) Gewohnheitsrecht spielt im System des Steuerrechts kaum eine Rolle, weil jedenfalls Steuertatbestände nicht durch Gewohnheitsrecht entstehen können.[213]

2. Verwaltungsanordnungen

43 Verwaltungsanordnungen, die als Richtlinien der Bundesregierung, als Erlasse und Schreiben der Ministerien und Verfügungen der Oberfinanzdirektionen ergehen, „beherrschen die Rechtswirklichkeit" des Steuerrechts.[214] Als behördeninterne Vorschriften binden sie primär nur die nachgeordneten Behörden. Die Wirkung von Richtlinien der Bundesregierung nach Art. 108 Abs. 7 GG (z. B. EStR, LStR und ErbStR) geht weiter: Nicht nur Bundesbedienstete, sondern auch die Landesfinanzbehörden sind bei der Rechtsanwendung an die Steuer-Richtlinien gebunden.[215] BMF-Schreiben[216] sind zwar keine allgemeinen Wei-

207 EuGH v. 19.01.1982–8/81, DStR 1982, 327; zust. Dänzer-Vanotti BB 1982, 1106.
208 BFH v. 25.04.1985 – V R 123/84, DB 1985, 1443 m. abl. Anm. List.
209 BVerfG v. 08.04.1987–2 BvR 687/85, BVerfGE 75, 223 = JZ 1988, 191 m. Anm. Rupp.
210 Vgl. Birkenfeld StuW 1998, 55 m. w. N.
211 Vgl. BVerfG v. 31.05.2007–1 BvR 1316/04, UR 2007, 737.
212 Zum Streit über sog. Treaty Overrides vgl. nur Drüen in T/K § 2 AO Rn. 5 a ff. m. w. N.
213 Drüen in T/K § 4 AO Rn. 104 f. m. w. N., auch zur gewohnheitsrechtlich anerkannten Entlastung durch die sog. Rücklage für Ersatzbeschaffung.
214 Vgl. Schick FR 1983, 500.
215 BFH v. 08.08.1986 – VI R 11/84, BStBl. II 1987, 78.
216 Näher Nonnenmacher, DStR 2023, 1984.

sungen, allerdings Ausprägung eines kooperativen Föderalismus und entfalten Bindungswirkung auch für Landesbehörden,[217] sobald die obersten Landesfinanzbehörden sie als eigene Weisung veröffentlichen.[218] Für die Anwendung der AO ist insbesondere der **Anwendungserlass zur Abgabenordnung** (AEAO) von Bedeutung.[219] Für den Bereich der Umsatzsteuer sind die früheren Umsatzsteuer-Richtlinien durch den Umsatzsteuer-Anwendungserlass (UStAE) ersetzt worden.

Darüber hinaus gilt Folgendes:

- Der Stpfl. kann sich auf ihn begünstigende Verwaltungsvorschriften unter dem Gesichtspunkt der **Selbstbindung der Verwaltung** berufen.[220]
- Die Steuergerichte müssen zulässigerweise getroffene Verwaltungsregelungen zur Vereinfachung der Sachverhaltsermittlung („normkonkretisierende Verwaltungsvorschriften“) um der **Gleichmäßigkeit der Besteuerung** willen respektieren.[221] Solche Regelungen sind auch nicht von den Steuergerichten selbst auszulegen, sondern nur darauf zu überprüfen, ob die Auslegung durch die Finanzbehörden nach dem Wortlaut der Regelung möglich ist.[222] Jedoch sind diese Vorschriften, insbesondere Pauschbetragsregelungen, von den Gerichten nicht anzuwenden, wenn dies zu einer offensichtlich unzutreffenden Besteuerung führt.[223]
- „Norminterpretierende“ Verwaltungsanweisungen binden die Gerichte nicht[224] und sind auch nicht wie Zusagen oder verbindliche Auskünfte nach Treu und Glauben zu beachten.[225] Sie unterliegen wegen des Vorbehalts des Gesetzes in vollem Umfang gerichtlicher Kontrolle.[226]

3. Rechtsprechung

§ **Fall 6: Zulässigkeit sog. Nichtanwendungserlasse/-schreiben** 44

Der BFH hatte durch Urteil vom 07.10.1999 (BFH/NV 2000, 287) entschieden, dass auf Dienstleistungen, die ein Unternehmer über eine von ihm eingeschaltete, im eigenen Namen auftretende Mittelsperson ausführen lässt, die für Lieferungen geltenden Kommissionsregelungen des § 3 Abs. 3 UStG entsprechend anwendbar sind (sog. Dienstleistungskommission). Demnach wird die Geschäftsbesorgung der Mittelsperson umsatzsteuerlich negiert, und es wird eine Leistungskette fingiert, die vom Auftraggeber zur Mittelsperson und von dieser zum Empfänger der Leistung führt. Das BMF hielt diese Entscheidung für falsch und hatte durch Schreiben vom 07.07.2000 (UR 2000, 351) an seiner abweichenden Auffassung (ohne ausdrückliche gesetzliche Regelung keine Anwendung von Kommissionsgrundsätzen bei Dienstleistungen) festgehalten. War diese Verwaltungsanweisung zulässig?

I. Unter dem Gesichtspunkt der **materiellen Rechtskraft** bestehen gegen die Weisung keine Bedenken. Denn nach § 110 Abs. 1 FGO bindet ein rechtskräftiges Urteil eines Steuergerichts die Beteiligten nur, soweit über den Streitgegenstand entschieden worden ist. Streitgegenstand des BFH-Urteils vom 07.10.1999 aber war der konkrete Sach-

217 Nach BVerfG v. 08.07.2021–1 BvR 2237/14, 1 BvR 2422/17, DStR 2021, 1934 (Rn. 257) sind die Gemeinden nicht an die Schreiben des BMF gebunden.
218 Drüen in T/K § 4 AO Rn. 80 m. w. N.
219 BStBl. I 2014, 260.
220 BFH v. 18.02.1982 – IV R 85/79, BStBl. II 1982, 397.
221 BFH v. 11.12.1987 – VI R 147/85, BStBl. II 1988, 445; K. Vogel StuW 1991, 254; Isensee StuW 1994, 3; kritisch Tipke StRO I, S. 357 ff.; Drüen in T/K § 4 AO Rn. 85 ff.; vgl. ferner oben Rn. 34 ff.
222 BFH v. 18.09.1986 – VI R 102/85, BStBl. II 1987, 128.
223 Vgl. BFH v. 13.03.1991 – I R 8/88, BStBl. II 1992, 101; dazu Osterloh StuW 1993, 342 ff.
224 FG Köln v. 16.06.2021–9 K 2943/16, juris (Rn. 46).
225 BFH v. 09.12.1999 – III R 74/97, BStBl. II 2001, 311; für einen allgemeinen Vertrauensschutz in Verwaltungsvorschriften nach dem Vertrauensschutzprinzip aber Hey DStR 2004, 1897, 1903 f.; speziell zum Vertrauensschutz des Unternehmers bei der Umsatzsteuer BFH v. 23.02.2017 – V R 16, 24/16, BStBl. II 2017, 760.
226 Drüen in T/K § 4 AO Rn. 81 a, 84.

verhalt, der dem Urteil zugrunde lag. Dieser „entschiedene Einzelfall" ist von der ministeriellen Weisung ausdrücklich ausgenommen.

II. Eine weitergehende Bindung der Verwaltung an das Urteil des BFH könnte sich jedoch aus dem **Präjudiziencharakter höchstrichterlicher Entscheidungen** ergeben. Dass höchstrichterliche Entscheidungen eine tatsächliche „präjudizielle Breitenwirkung"[227] entfalten, steht außer Frage. Ob solche Entscheidungen darüber hinaus sogar Rechtsnormgehalt haben und für die Verwaltung eine verbindliche Rechtsquelle darstellen, ist umstritten.
   1. Die Mindermeinung[228] bejaht die Bindungswirkung vor allem mit dem Argument, die Verwaltung müsse um der Gleichmäßigkeit der Rechtsanwendung willen die höchstrichterliche Rspr. ausnahmslos beachten. Dieses Gebot ergebe sich auch aus dem Prinzip der Rechtssicherheit. Dogmatisch lasse sich der Rechtsnormcharakter des Richterspruchs damit begründen, dass unbestimmte Gesetzesbegriffe und Generalklauseln Rechtssetzungsbefugnisse auf den Richter delegierten.
   2. Die Gegenmeinung[229] argumentiert, die These vom Rechtsnormcharakter des Richterspruchs widerspreche dem Grundsatz der Gewaltenteilung. Die vollziehende Gewalt sei ausschließlich an Gesetz und Recht gebunden (Art. 20 Abs. 3 GG). Bei Annahme einer allgemeinen Bindung der Verwaltung an Gerichtsentscheidungen würden die Gerichte – wie der BFH selbst formuliert[230] – „an die Stelle des Gesetzgebers treten".
   3. Den Vorzug verdient eine differenzierende Auffassung.[231] Danach darf sich die Verwaltung nicht beliebig über die Rspr. hinwegsetzen. Es muss ihr jedoch im Einzelfall die Möglichkeit offenstehen, Fehlentscheidungen unter Hinweis auf entgegenstehende Gründe nicht zu beachten bzw. problematische Rechtsentscheide in einem Zweitverfahren erneut höchstrichterlich überprüfen zu lassen. In Steuerbescheiden muss auf die Abweichung von dem nicht angewendeten BFH-Urteil hingewiesen werden.

      Unter Zugrundelegung dieser differenzierenden Auffassung ergibt sich Folgendes:
      - Die Verwaltung durfte ein Nichtanwendungsschreiben verfassen, weil der BFH mit seinem Urteil vom 07.10.1999 von einer langjährigen Rspr. abgewichen war und diese Rechtsprechungsänderung nur äußerst knapp und ohne die gebotene Auseinandersetzung mit den unionsrechtlichen Vorgaben begründet hat.
      - In der Folge hat der BFH allerdings in weiteren Entscheidungen die neue Rspr. bestätigt, sie auf eine breitere dogmatische Grundlage gestellt (Anwendung des § 3 Abs. 11 UStG) und die Auseinandersetzung mit dem Unionsrecht nachgeholt.[232] Damit sind die Voraussetzungen für die Nichtanwendung der BFH-Rspr. durch die Verwaltung entfallen.

Ergebnis:

Das BMF-Schreiben vom 07.07.2000 war zwar zulässig, musste u. E. jedoch aufgrund der Rechtsprechungsentwicklung aufgehoben werden. Tatsächlich hat der Gesetzgeber eingegriffen und die Rspr. des BFH im Wege der Änderung des § 3 Abs. 11 UStG durch StÄndG 2003 übernommen. Die Verwaltung hat daraufhin durch BMF-Schreiben vom 06.02.2004[233] ihr Nichtanwendungsschreiben zwar nicht aufgehoben, aber angeordnet, dass die gesetzliche Neuregelung in allen noch nicht unanfechtbaren Fällen – also auch rückwirkend – angewendet werden kann.

---

227 Krumm in T/K § 110 FGO Rn. 7.

228 Leisner, Die allgemeine Bindung der Finanzverwaltung an die Rspr., 1980, S. 82 ff.; tendenziell ähnlich Spindler DStR 2007, 1061: Nichtanwendungsschreiben nur bei „offensichtlicher Rechtsfehlerhaftigkeit" von höchstrichterlichen Entscheidungen.

229 Koch DStZ 1975, 370 f. und 1981, 287, 291 f.; Wernsmann in H/H/Sp § 4 AO Rn. 341.

230 BFH v. 10.11.1982 – I R 142/79, BStBl. II 1983, 280, 282.

231 Vgl. F. Klein DStZ 1984, 55 ff.; Jakob/Jüpner StuW 1984, 148 ff.; Lange NJW 2002, 3657 ff.; Weber-Grellet in Festschrift für Lang, 2011, S. 927.

232 Vgl. BFH v. 29.08.2002 – V R 8/02, BStBl. II 2004, 320; das angesprochene Urteil v. 07.10.1999 – V R 79, 80/98, V R 79/98, V R 80/98, wurde zwischenzeitlich ebenfalls in BStBl. II 2004, 308, veröffentlicht.

233 BStBl. I 2004, 446.

II. Auslegung nach der wirtschaftlichen Betrachtungsweise

Die wirtschaftliche Betrachtungsweise war als Auslegungsgrundsatz in § 4 RAO 1919 enthalten und galt lange Zeit als besondere Auslegungsregel des Steuerrechts. Eine teleologische Gesetzesanwendung kann jedoch auch im Privatrecht nicht den von den Parteien angestrebten wirtschaftlichen Erfolg außer Acht lassen. Daher handelt es sich bei der wirtschaftlichen Betrachtungsweise nicht um einen spezifischen Auslegungsgrundsatz des Steuerrechts. Vielmehr ist die wirtschaftliche Betrachtungsweise, soweit die Steuergesetze wirtschaftliche Vorgänge oder Zustände erfassen wollen, nichts anderes als teleologische, d. h. sich am Gesetzeszweck orientierende Auslegung.[234] Knüpft der Steuertatbestand allerdings an zivilrechtliche Rechtsvorgänge an (insbesondere bei der GrESt und der ErbSt), bleibt folgerichtig für die Auslegung nach der wirtschaftlichen Betrachtungsweise nur ein begrenzter Anwendungsbereich.[235] Der Gesetzgeber der AO 1977 hat daher mit gutem Grund die wirtschaftliche Betrachtungsweise nicht mehr als allgemeine Auslegungsregel in das Gesetz aufgenommen und sich darauf beschränkt, in den §§ 39–42 AO bestimmte Anwendungsfälle der wirtschaftlichen Betrachtungsweise zu regeln. 45

Eine vom Gesetz abgekoppelte, „freischwebende" wirtschaftliche Betrachtungsweise ist darum methodisch verfehlt.

1. Zurechnung von Wirtschaftsgütern nach § 39 AO

a) Der Leasingnehmer als wirtschaftlicher Eigentümer

§ Fall 7: Finanzierungsleasing 46

Die Maschinenwerke X-KG in Düsseldorf haben dem Stpfl. S aufgrund eines am 01.02.01 geschlossenen Leasingvertrages sieben Gabelstapler vermietet. Der Vertrag ist auf fünf Jahre (gewöhnliche Nutzungsdauer der Fahrzeuge!) fest abgeschlossen und danach durch S mit dreimonatiger Frist kündbar. Die monatlichen Leasingraten betragen während der festvereinbarten Mietzeit 2,1 % des Verkaufspreises der Fahrzeuge (105.000 €), also 2.205 €. Nach Ablauf von fünf Jahren ermäßigt sich der Mietzins auf 110 € monatlich. Muss S die Fahrzeuge bei der Gewinnermittlung für das Wirtschaftsjahr 01 als Betriebsvermögen aktivieren?

Nach § 4 Abs. 1 EStG ist der Gewinn eines Gewerbetreibenden in der Weise zu ermitteln, dass das Betriebsvermögen am Schluss eines Wirtschaftsjahres mit dem Betriebsvermögen am Anfang des Wirtschaftsjahres verglichen wird. Zum Betriebsvermögen des S gehören die Gabelstapler, wenn sie ihm steuerlich zuzurechnen sind. Nach § 39 Abs. 1 AO sind Wirtschaftsgüter regelmäßig dem Eigentümer zuzurechnen. Fallen jedoch rechtliches und sog. wirtschaftliches Eigentum auseinander, gebietet die im Steuerrecht geltende wirtschaftliche Betrachtungsweise, dass bei der Zurechnung des Wirtschaftsgutes auf den wirtschaftlichen Eigentümer abgestellt wird. Als wirtschaftlicher Eigentümer ist nach der Formel des § 39 Abs. 2 Nr. 1 AO derjenige anzusehen, der die tatsächliche Herrschaft über das Wirtschaftsgut in der Weise ausübt, dass er den Eigentümer im Regelfall für die gewöhnliche Nutzungsdauer von der Einwirkung auf das Wirtschaftsgut wirtschaftlich ausschließen kann. Als Mieter hat S den Besitz und damit die tatsächliche Herrschaft an den Gabelstaplern. Da der Mietvertrag auf fünf Jahre fest abgeschlossen ist, kann S die Maschinenwerke X-KG auch während der gewöhnlichen Nutzungsdauer von der Einwirkung

234 So Englisch in T/L Rn. 5.70 ff.
235 BFH v. 10.11.1982 – II R 111/80, BStBl. II 1983, 116, 118; 179, 180.

auf die Fahrzeuge wirtschaftlich ausschließen. Die Fahrzeuge sind ihm somit nach § 39 Abs. 2 Nr. 1 AO zuzurechnen.[236]

Ergebnis:

S muss die Gabelstapler zum Schluss des Wirtschaftsjahres als Betriebsvermögen aktivieren.

b) Die verschiedenen Arten des Leasings

47 Bei der steuerlichen Beurteilung des Leasings muss vor allem zwischen dem Operating-Leasing und dem Finanzierungsleasing unterschieden werden:

- Das sog. **Operating-Leasing** ist schuldrechtlich eine entgeltliche Gebrauchsüberlassung mit Kündigungsrecht des Leasingnehmers und entspricht daher dem Typus des Mietvertrages i. S. d. §§ 535 ff. BGB. Die Zurechnung beim Operating-Leasing ist unproblematisch, weil wirtschaftliches und juristisches Eigentum beim Leasinggeber zusammenfallen.
- Steuerlich ist vor allem das **Finanzierungsleasing** von Interesse. Typisch für das Finanzierungsleasing sind eine fest vereinbarte Grundmietzeit und die Verlagerung des Investitionsrisikos auf den Leasingnehmer: Dieser trägt regelmäßig die Gefahr des zufälligen Untergangs oder der zufälligen Verschlechterung des Leasingguts und hat nur Gewährleistungsansprüche gegen den Hersteller aus abgetretenem Recht des Leasinggebers. Die Zurechnung des Leasingguts hängt von der Vertragsgestaltung ab. In Anlehnung an die Rspr. hat die Finanzverwaltung in den Leasing-Erlassen schematisierende Regelungen[237] getroffen. Für sog. **Vollamortisationsverträge** (Gestaltungen, bei denen der Leasinggeber seine Investitions- und Finanzierungskosten voll aus den während der Grundmietzeit gezahlten Leasingraten deckt) gilt danach folgende Unterscheidung:

  - Bei einer **Grundmietzeit unter 40 %** der betriebsgewöhnlichen Nutzungszeit wird der Gegenstand dem Leasingnehmer zugerechnet. Grund: Wirtschaftlich handelt es sich hier um nichts anderes als einen Ratenkauf.
  - Beträgt die **Grundmietzeit 40–90 %** der betriebsgewöhnlichen Nutzungszeit, wird der Gegenstand dem Leasinggeber zugerechnet. Sofern allerdings Optionsrechte eingeräumt werden, kommt es auf deren wirtschaftlichen Wert an:
    - Ein evtl. Kaufpreis darf nicht unter dem nach der AfA-Tabelle ermittelten Buchwert bzw. dem gemeinen Wert liegen.
    - Die vereinbarte Anschlussmiete darf nicht nur eine reine Anerkennungsgebühr darstellen.
  - Beträgt die **Grundmietzeit mehr als 90 %** der betriebsgewöhnlichen Nutzungsdauer, ist der Leasingnehmer wirtschaftlicher Eigentümer. Grund: Bei dieser Vertragsgestaltung steht fest, dass der Leasingnehmer den Leasinggeber während der „normalen" Nutzungszeit vollständig von der Einwirkung auf den geleasten Gegenstand ausschließen kann.[238]

c) Weitere Fälle wirtschaftlichen Eigentums

48 Das Gesetz in § 39 Abs. 2 Nr. 1 AO nennt hierzu die Treuhandverhältnisse[239] und den Eigenbesitz. § 39 Abs. 2 Nr. 2 AO stellt klar, dass Gesamthandseigentum, soweit dies für steuerliche Zurechnungszwecke erforderlich ist, ggf. wie Bruchteilseigentum zu behandeln ist.

Beispiel

Ehegatten A und B sind zu je 50 % an einer BGB-Gesellschaft beteiligt, zu deren Gesamthandsvermögen ein Mietgrundstück gehört. Die BGB-Gesellschaft hat eine Etage an den Ehegatten A zur Nutzung als Anwaltskanzlei vermietet.

---

236 BFH v. 26.01.1970 – IV R 144/66, BStBl. II 1970, 264.

237 Vgl. BMF v. 19.04.1971, BStBl. I 1971, 264; BMF v. 21.03.1972, BStBl. I 1972, 188; BMF v. 23.12.1991, BStBl. I 1992, 13.

238 Zum Leasing vgl. Drüen in T/K § 39 AO Rn. 64 ff.; Hennrichs in T/L Rn. 9.148 ff.

239 Dazu BFH v. 06.10.2009 – IX R 14/08, BStBl. II 2010, 460.

- Umsatzsteuerlich ist die BGB-Gesellschaft Unternehmer mit der Folge, dass die Gesellschaft mit der Vermietung an den Gesellschafter A steuerbare Umsätze (§ 1 Abs. 1 UStG) bewirkt.
- Ertragsteuerlich ist nicht die BGB-Gesellschaft, sondern sind die Gesellschafter einkommensteuerpflichtig (§ 1 Abs. 1 EStG). Deshalb wird das Gesamthandsvermögen nach § 39 Abs. 2 Nr. 2 AO den Gesellschaftern zugerechnet, soweit sie das Vermögen aus eigenem Recht als Miteigentümer nutzen. Die BGB-Gesellschaft verwirklicht mit der Vermietung an den Ehegatten A somit nicht den Tatbestand der Vermietung und Verpachtung i. S. d. § 21 Abs. 1 S. 1 Nr. 1 EStG.[240]

2. Gesetz- oder sittenwidriges Handeln (§ 40 AO)

§ Fall 8: Wucherverträge mit Gastarbeitern 49

S hat im Jahre 01 die Räume eines zum Abbruch bestimmten Wohnhauses für 11 €/qm monatlich an illegale ausländische Arbeitnehmer vermietet. Er wird im Dezember 01 wegen Wuchers (§ 291 Abs. 1 Nr. 1 StGB) rechtskräftig zu einer Geldstrafe verurteilt. Mit einer Rückzahlung der Mieteinnahmen braucht er nicht zu rechnen, weil die Ausländer inzwischen abgeschoben worden sind. Sind die in 01 vereinnahmten Mieten und die in 02 verausgabten Beträge zur Zahlung der Geldstrafe und der Kosten der Strafverteidigung bei der Einkünfteermittlung zu berücksichtigen?

I. Nach §§ 2 Abs. 1 S. 1 Nr. 6, 21 Abs. 1 S. 1 Nr. 1 EStG unterliegen Einkünfte aus der Vermietung von Grundstücken und Gebäuden der ESt. Die Einkünfte werden bei dieser Einkunftsart als Überschuss der Einnahmen über die Werbungskosten ermittelt (§ 2 Abs. 2 S. 1 Nr. 2 EStG).

II. Ermittlung der Einkünfte für 01

Die Mietzahlungen der Gastarbeiter sind Einnahmen im Sinne des § 8 EStG. Zwar waren die Mietverträge, die S mit den Ausländern abgeschlossen hat, wegen Wuchers nach § 138 Abs. 2 BGB nichtig. Nach § 40 AO ist für die Besteuerung jedoch unerheblich, ob ein Verhalten, das den Tatbestand eines Steuergesetzes ganz oder teilweise erfüllt, gegen ein gesetzliches Gebot oder Verbot oder gegen die guten Sitten verstößt. Dass S nach §§ 812, 817 S. 1 BGB zivilrechtlich zur Rückzahlung der Mieten verpflichtet ist, ist nach dem bei Überschusseinkünften nach § 11 EStG geltenden Zufluss-/Abflussprinzip so lange ohne Belang, als die Rückzahlung nicht tatsächlich erfolgt ist.

Für den Bereich der USt hat allerdings der EuGH entschieden, dass die Einfuhr und der Handel mit Drogen und Falschgeld nicht der Umsatzbesteuerung unterliegen.[241] Diese Auffassung ist im deutschen Schrifttum im Hinblick auf §§ 40, 41 AO heftig kritisiert worden.[242]

III. Ermittlung der Einkünfte für 02

1. Die von S gezahlte **Geldstrafe** kann nicht bei der Ermittlung der Einkünfte aus Vermietung und Verpachtung berücksichtigt werden. Denn nach § 12 Nr. 4 EStG dürfen Geldstrafen und sonstige Rechtsfolgen vermögensrechtlicher Art mit Strafcharakter weder bei den einzelnen Einkunftsarten noch vom Gesamtbetrag der Einkünfte abgezogen werden.
2. Hinsichtlich der **Kosten der Strafverteidigung** besteht kein ausdrückliches gesetzliches Abzugsverbot. Es ist daher nach allgemeinen Grundsätzen zu prüfen, ob es sich bei diesen Aufwendungen um Werbungskosten i. S. d. § 9 EStG han-

240 Vgl. BFH v. 18.05.2004 – IX R 83/00, BStBl. II 2004, 898.
241 EuGH v. 06.12.1990 – C-343/89, HFR 1991, 440.
242 Widmann UR 1989, 10; Weiß UR 1989, 311; Dziadkowski UVR 1998, 289; verteidigend aber B/D/T Rn. 326.

delt. Als Werbungskosten bezeichnet das Gesetz „Aufwendungen zur Erwerbung, Sicherung und Erhaltung der Einnahmen" (§ 9 Abs. 1 S. 1 EStG). Nach dieser Formel ist zweifelhaft, ob es sich bei den Kosten für die Strafverteidigung um Werbungskosten handelt. Denn die Aufwendungen sind zwangsläufig entstanden und dienten nicht im finalen Sinne der Sicherung bzw. Erhaltung der Mieteinnahmen. Die h. M. vertritt jedoch – entsprechend der gesetzlichen Definition der Betriebsausgaben in § 4 Abs. 4 EStG – einen vom Veranlassungsprinzip geprägten Werbungskostenbegriff.[243] Danach sind Werbungskosten Aufwendungen, die durch die Erzielung der steuerpflichtigen Einnahmen veranlasst sind. Die Kosten für die Strafverteidigung aber sind durch die Vermietungstätigkeit, d. h. den Vorgang der Einnahmeerzielung, ausgelöst worden. Es handelt sich daher um abzugsfähige Werbungskosten.[244]

Ergebnis:

Die Mieteinnahmen sind für 01 bei den Einkünften aus Vermietung und Verpachtung als Einnahmen und die Kosten für die Strafverteidigung in 02 als Werbungskosten zu berücksichtigen.

3. Unwirksame Rechtsgeschäfte (§ 41 AO)

50 **§ Fall 9: Erbantritt aufgrund eines ungültigen Testaments**

E hat in einem maschinenschriftlichen Testament seine Lebensgefährtin S zu 1/2 als Miterbin eingesetzt. Die Verwandten des E erheben aus Gründen der Pietät gegenüber dem Verstorbenen keine Einwendungen gegen den Erbantritt der S. Darf das FA S als Erbin zur ErbSt heranziehen?

Nach § 1 Abs. 1 Nr. 1 i. V. m. § 3 Abs. 1 Nr. 1 ErbStG unterliegt der Erwerb durch Erbanfall (§ 1922 BGB) der ErbSt. Die Erbeinsetzung der S ist nach § 125 BGB unwirksam, weil ein eigenhändiges Testament nach § 2247 BGB nur durch eigenhändig geschriebene und unterschriebene Erklärung des Erblassers errichtet werden kann. Nach § 41 Abs. 1 AO ist die Unwirksamkeit eines Rechtsgeschäfts jedoch für die Besteuerung unerheblich, soweit und solange die Beteiligten das wirtschaftliche Ergebnis dieses Rechtsgeschäfts gleichwohl eintreten und bestehen lassen.

Ergebnis:

Das FA muss S zur ErbSt heranziehen.[245]

4. Missbrauch von rechtlichen Gestaltungsmöglichkeiten (§ 42 AO)

51 **§ Fall 10: Grundstücksübertragungen unter Verwandten**

B möchte seiner Schwester S ein Grundstück verkaufen. Um die Belastung mit GrESt zu vermeiden, verkauft er das Grundstück durch notariellen Vertrag an seinen Vater V, der einige Monate später seinen Anspruch auf Auflassung gegen Übernahme der Verpflichtungen aus dem Kaufvertrag an seine Tochter S abtritt. Fällt bei dieser zivilrechtlichen Gestaltung GrESt an?

I. Nach § 1 Abs. 1 Nr. 1 GrEStG unterliegt der Kaufvertrag zwischen B und V der GrESt. Grunderwerbsteuerbar ist ferner die Abtretung des Anspruchs aus dem Kaufvertrag

---

243 Vgl. BFH v. 13.12.1994 – VIII R 34/93, BStBl. II 1995, 457; Hey in T/L Rn. 8.230 ff.

244 BFH v. 13.12.1994 – VIII R 34/93, BStBl. II 1995, 457; für den Bereich der Umsatzsteuer hat der EuGH demgegenüber den Vorsteuerabzug aus Aufwendungen für die Strafverteidigung trotz eines Zusammenhangs mit der unternehmerischen Tätigkeit versagt, vgl. Urt. v. 21.02.2013 – Rs. C-104/12, DStR 2013, 1475 und Nachfolgeentscheidung des BFH v. 11.04.2013 – V R 29/10, BStBl. II 2013, 840.

245 Vgl. BFH v. 07.10.1981 – II R 16/80, BStBl. II 1982, 28.

an S (§ 1 Abs. 1 Nr. 7 GrEStG). Beide Rechtsvorgänge sind nach § 3 Nr. 6 GrEStG von der Besteuerung ausgenommen, weil es sich jeweils um Rechtsgeschäfte zwischen Verwandten in gerader Linie handelt.

II. Es fragt sich, ob die von den Beteiligten gewählte rechtliche Gestaltung (Dreiecksgeschäft) steuerrechtlich anerkannt werden kann. Grundsätzlich dürfen die Vertragsparteien ihre Verhältnisse so einrichten, wie dies steuerlich am günstigsten ist, und für sie vorteilhafte Regelungen „voll ausschöpfen".[246] Erst wenn ein Missbrauch von Gestaltungsmöglichkeiten vorliegt, wird die zivilrechtliche Gestaltung nach § 42 AO steuerlich negiert. Nach der Neuregelung des § 42 AO durch das JStG 2008 erfolgt die Prüfung des § 42 AO nach folgendem System:
- § 42 Abs. 1 S. 1 AO enthält die **Kernaussage**, dass durch Missbrauch von Gestaltungsmöglichkeiten das Steuergesetz nicht umgangen werden kann.[247]
- § 42 Abs. 1 S. 2 AO begründet den **Vorrang für einzelsteuergesetzliche Umgehungsvorschriften**, soweit die tatbestandlichen Voraussetzungen einer solchen Umgehungsvorschrift „erfüllt" sind. Sind einzelne Voraussetzungen nicht erfüllt, bleibt nach § 42 Abs. 1 S. 3 AO Raum für die Anwendung der Generalklausel des § 42 Abs. 2 AO. Der Gesetzgeber wollte mit dieser Regelung die frühere Rspr.[248] zur sog. Abschirmwirkung einzelgesetzlicher Missbrauchsregelungen korrigieren.[249] Die jüngste Rspr. lehnt zwar eine generelle Sperrwirkung spezieller Umgehungsvorschriften ab, berücksichtigt aber die Wertungen der – tatbestandlich nicht erfüllten – einzelsteuergesetzlichen Umgehungsvorschrift im Wege der Auslegung, um nicht gegen das Gebot der Widerspruchsfreiheit zu verstoßen und die Spezialvorschrift nicht in ihrem Sinn zu entleeren.[250]
- § 42 Abs. 2 S. 1 AO setzt zunächst voraus, dass eine **„unangemessene rechtliche Gestaltung"** vorliegt. Unangemessen ist eine rechtliche Gestaltung, wenn der Stpfl. die vom Gesetzgeber vorausgesetzte Gestaltung zum Erreichen eines bestimmten wirtschaftlichen Ziels nicht gebraucht, sondern dafür einen ungewöhnlichen Weg wählt, auf dem nach den Wertungen des Gesetzgebers das Ziel nicht erreichbar sein soll.[251]
- Die unangemessene Gestaltung muss bei dem Stpfl. oder einem Dritten zu einem **gesetzlich nicht vorgesehenen Steuervorteil** führen. Der Stpfl. oder ein Dritter müssen durch die gewählte unangemessene Gestaltung eine Steuervergünstigung oder Steuerverschonung erzielen, die sie bei einer angemessenen Gestaltung nicht erzielt hätten. Es ist demnach eine „Vergleichsbetrachtung" anzustellen.[252]
- Die **Finanzbehörde** trägt die **Beweislast/Feststellungslast**, dass eine unangemessene rechtliche Gestaltung vorliegt, die zu einem gesetzlich nicht vorgesehenen Steuervorteil führt.[253]
- Der Stpfl. kann den **Missbrauchsvorwurf entkräften**, indem er für die gewählte Gestaltung „außersteuerliche Gründe nachweist, die nach dem Gesamtbild der Verhältnisse beachtlich sind" (§ 42 Abs. 2 S. 2 AO). Der Stpfl. muss also für seine „gekünstelte" Gestaltung beachtliche außersteuerliche Gründe darlegen und – wenn Zweifel bestehen – auch beweisen.[254]

---

246 BFH v. 04.06.1982 – VI R 29/79, BStBl. II 1982, 733.
247 Drüen in T/K § 42 AO Rn. 24.
248 Vgl. z.B. BFH v. 20.03.2002 – I R 63/99, BStBl. II 2003, 50.
249 Dazu kritisch Drüen in T/K § 42 AO Rn. 31ff.
250 BFH v. 17.11.2020 – I R 2/18, BStBl. II 2021, 580; dazu Drüen, Ubg 2022, 61 (63 f.).
251 Vgl. BFH v. 29.05.2008 – IX R 77/06, BStBl. II 2008, 789; zur (problematischen) Rechtsfigur des „Gesamtplans" eingehend Offerhaus FR 2011, 878; Ungemach, DStZ 2023, 610.
252 Vgl. Koenig § 42 Rn. 22.
253 Vgl. Drüen in T/K § 42 AO Rn. 6.
254 Dazu einschränkend Drüen in T/K § 42 AO Rn. 69ff.

- Liegt ein nicht entkräfteter Gestaltungsmissbrauch vor, ergibt sich die **Rechtsfolge** aus § 42 Abs. 1 S. 3 AO: Der Steueranspruch entsteht so, wie er bei einer den wirtschaftlichen Vorgängen angemessenen Gestaltung entsteht.

Für den vorstehenden Sachverhalt ergibt sich danach Folgendes: Ziel der Beteiligten war die Übertragung des Grundstücks vom Bruder auf die Schwester. Die Besteuerung dieses Erwerbsvorgangs wurde durch die gewählte Gestaltung umgangen. Das GrEStG, das zahlreiche Umgehungstatbestände der Besteuerung unterwirft (insbesondere § 1 Abs. 2, 2 a, 3 und 3 a GrEStG), sieht für die gewählte Gestaltung („Dreiecksgeschäft") keine besondere Umgehungsregelung vor, die nach § 42 Abs. 1 S. 2 AO der allgemeinen Regelung in § 42 Abs. 2 AO vorgehen würde. Die Einbeziehung des Vaters in den Übertragungsvorgang ist eine „unangemessene rechtliche Gestaltung", weil sie ein weiteres, notariell zu beurkundendes Geschäft erforderlich macht, dass den Rechtsvorgang ungewöhnlich verkompliziert und zusätzlich Kosten auslöst. Der gewählte Umweg (Übertragungsvorgänge zwischen Verwandten in gerader Linie mit Steuerbefreiung nach § 3 Nr. 6 GrEStG) vermeidet die Steuerbelastung, die bei der unmittelbaren Veräußerung von B an S (Verwandte in der Seitenlinie) eintreten würde. Die unangemessene Gestaltung führt also zu einem gesetzlich nicht vorgesehenen Steuervorteil (§ 42 Abs. 2 S. 1 AO). Die Stpfl. haben für die gewählte Gestaltung keine beachtlichen außersteuerlichen Gründe dargetan (§ 42 Abs. 2 S. 2 AO). Wirtschaftliche oder andere außersteuerliche Gründe liegen für das Vorgehen der Beteiligten nicht vor.

III. Liegt ein Gestaltungsmissbrauch vor, entsteht der Steueranspruch so, wie er bei einer den wirtschaftlichen Vorgängen angemessenen Gestaltung entsteht (§ 42 Abs. 1 S. 3 AO). Die Besteuerung wird also so vorgenommen, als hätte B den Kaufvertrag mit S abgeschlossen.[255]

Ergebnis:

B und S schulden nach § 13 Nr. 1 GrEStG die nach der Gegenleistung (§ 8 Abs. 1 GrEStG) zu berechnende GrESt.

III. Ermessensausübung

52 Obwohl die Steuertatbestände grundsätzlich als strikte Rechtsnormen gestaltet sind, spielt das Ermessen im Steuerrecht eine große Rolle. Ermessensentscheidungen sind vor allem im Ermittlungsverfahren (vgl. § 92 AO), im Haftungsverfahren (§ 191 AO), im Erhebungsverfahren (vgl. § 222 AO: Stundung; § 227 AO: Erlass) und im Vollstreckungsverfahren zu treffen. Ermessensverwaltungsakte sind für die Finanzbehörde wegen der Begründungspflicht arbeitsaufwendig sowie fehleranfällig, und die Quote erfolgreicher Angriffe liegt höher als bei gebundenen Steuerverwaltungsakten.

§ Fall 11: Überzogenes Verzögerungsgeld

Stpfl. S ist im Rahmen einer Außenprüfung am 10.01.08 zur Vorlage eines Vertrages mit einem Geschäftspartner innerhalb von vier Wochen aufgefordert worden. Die Aufforderung wurde vom Prüfer mit der Androhung eines Verzögerungsgeldes i. H. v. 2.500 € verbunden. Nach Nichtvorlage des Vertrages innerhalb der gesetzten Frist wird das Verzögerungsgeld unter Hinweis auf den Mindestbetrag nach § 146 Abs. 2 c AO auf 2.500 € festgesetzt und zugleich ein weiteres Verzögerungsgeld i. H. v. 5.000 € bei Nichtvorlage desselben Vertrages innerhalb von weiteren vier Wochen angedroht. Stpfl. S kommt auch der zweiten Aufforderung nicht nach und legt gegen die folgende (zweite) Festsetzung des Verzögerungsgeldes von diesmal 5.000 € form- und fristgerecht beim FA Einspruch ein. Begründetheit des Einspruchs?

255 Vgl. bereits RFH StuW 1921, 138; BFH v. 18.12.1963 – II 198/61, HFR 1964, 246.

I. Der nach § 347 Abs. 1 S. 1 Nr. 1 AO statthafte Einspruch ist begründet, wenn die Festsetzung des Verzögerungsgeldes formell fehlerhaft ist oder das FA von der sich aus § 146 Abs. 2 c AO ergebenden Ermächtigung zur Festsetzung von Verzögerungsgeldern einen zweckwidrigen Gebrauch gemacht oder aber die Grenzen seines Ermessens überschritten hat (§ 5 AO).

II. Nach der Rechtsprechung ist ungeachtet der Verlagerung der elektronischen Buchführung ins Ausland (§ 146 Abs. 2 a und 2 b AO) auch bei einer Außenprüfung eine Sanktionierung von Mitwirkungspflichten nach § 146 Abs. 2 c AO durch ein Verzögerungsgeld zulässig (s. Rn. 227). Allerdings führt die Abkopplung der steuerlichen Nebenleistung von diesem gesetzlichen Muster- und Normalfall zu erheblichen Schwierigkeiten (und Angriffspunkten) bei der Ermessensausübung und -begründung von Verzögerungsgeldern.[256] Bei der ersten Festsetzung des Verzögerungsgeldes i. H. v. 2.500 € erscheint der bloße Verweis auf den Mindestbetrag eines Verzögerungsgeldes nach § 146 Abs. 2 c AO fragwürdig, weil das Verhältnismäßigkeitsgebot auch beim Entschließungsermessen zu wahren und dies zu begründen ist.[257] Dies kann aber auf sich beruhen, weil S nur die zweite Festsetzung des Verzögerungsgeldes über 5.000 € mit dem Einspruch angefochten hat.

III. Gegenstand des Einspruchsverfahrens ist mithin nur die zweite Festsetzung des Verzögerungsgeldes über 5.000 €. Das BMF hat zunächst eine wiederholte Festsetzung eines Verzögerungsgeldes für dasselbe Vorlageverlangen als zulässig angesehen. Der BFH hat aber ernstliche Zweifel, ob eine mehrfache Festsetzung eines Verzögerungsgelds wegen fortdauernder Nichtvorlage derselben Unterlagen zulässig ist.[258] Denn im Gegensatz zum Zwangsgeld (§ 332 Abs. 3 AO) fehlt eine ausdrückliche gesetzliche Ermächtigung, ein Verzögerungsgeld erneut wegen derselben Verpflichtung anzudrohen, wenn das zunächst angedrohte Verzögerungsgeld erfolglos geblieben ist. Dem BFH folgend ist darum eine mehrfache Festsetzung eines Verzögerungsgelds wegen fortdauernder Nichtvorlage derselben Unterlagen auch aus Sicht der Finanzverwaltung nicht zulässig.[259] Darum ist die zweite Festsetzung des Verzögerungsgeldes bereits wegen Missachtung der verwaltungsinternen Anweisung ermessensfehlerhaft. Die Ermessensbetätigung des FA verstößt gegen die Selbstbindung der Verwaltung.[260] Im konkreten Fall ist nicht nur dieselbe Pflicht mehrfach mit einem Verzögerungsgeld sanktioniert worden, sondern zudem erscheint die schlichte Verdoppelung des Verzögerungsgeldes beim zweiten „Durchgang“ mit Blick auf Zweckmäßigkeit und Verhältnismäßigkeit fragwürdig. Darauf kommt es aber aufgrund des Widerspruchs zur verwaltungsinternen Weisungslage gar nicht mehr an.

Ergebnis:

Der Einspruch ist begründet. Die Festsetzung des zweiten Verzögerungsgeldes über 5.000 € ist ersatzlos aufzuheben.

Ermessensentscheidungen der Finanzbehörden unterliegen nach § 102 FGO nur einer **beschränkten gerichtlichen Kontrolle:** Im Klageverfahren vor dem Finanzgericht prüft das Gericht lediglich, ob die gesetzlichen Grenzen des Ermessens überschritten worden sind (Ermessensüberschreitung), ob von dem Ermessen in einer dem Zweck der Ermächtigung nicht entsprechenden Weise Gebrauch gemacht worden ist (Ermessensfehlgebrauch), die Finanzbehörde ein zustehendes Ermessen nicht ausgeübt hat (Ermes- **53**

256 Eingehend m. w. N. Drüen in T/K § 146 AO Rn. 50ff.
257 Drüen in T/K § 146 AO Rn. 51 b m. w. N.
258 BFH v. 16.06.2011 – IV B 120/10, BStBl. II 2011, 855.
259 BMF v. 19.06.2018, BStBl. I 2018, 706 (Rn. 4).
260 Drüen in T/K § 5 AO Rn. 50 m. w. N.

sensunterschreitung) oder ob die verfassungsrechtlichen Grenzen der Ermessensbetätigung missachtet worden sind.[261]

E. Aufbau und Organisation der Finanzbehörden

I. Begriff der Finanzbehörde

54 Finanzbehörden sind die in § 6 Abs. 2 AO genannten Bundes- und Landesbehörden.

II. Aufbau der Finanzbehörden

55 Die Organisation und die Aufgabenverteilung der Finanzbehörden sind in dem Gesetz über die Finanzverwaltung (FVG) vom 04.04.2006[262] geregelt. Einen Überblick bietet das nachfolgende Schaubild:

261 Vgl. BFH v. 28.06.2000 – X R 24/95, BStBl. II 2000, 514 zur gerichtlichen Überprüfung der Ablehnung eines Fristverlängerungsantrags durch das FA; BFH v. 28.08.2012 – I R 10/12, BStBl. II 2013, 286 zur Ermessensausübung bei der Festsetzung von Verzögerungsgeld nach § 146 Abs. 2 b AO.

262 BGBl. I 2006, 846, 1202 mit späteren Änderungen. Auf Bundesebene sind die Mittelbehörden (Bundesfinanzdirektionen) abgeschafft und den Generalzolldirektionen bundesweit die Aufgaben der Zollverwaltung (einschließlich des Zollfahndungsdiensts wahrgenommen durch die Direktion „Zollkriminalamt") mit der Dienst- und Fachaufsicht über die Hauptzollämter und Zollfahndungsämter überantwortet worden (§ 5 a FVG).

Übersicht

Aufbau der Finanzverwaltung

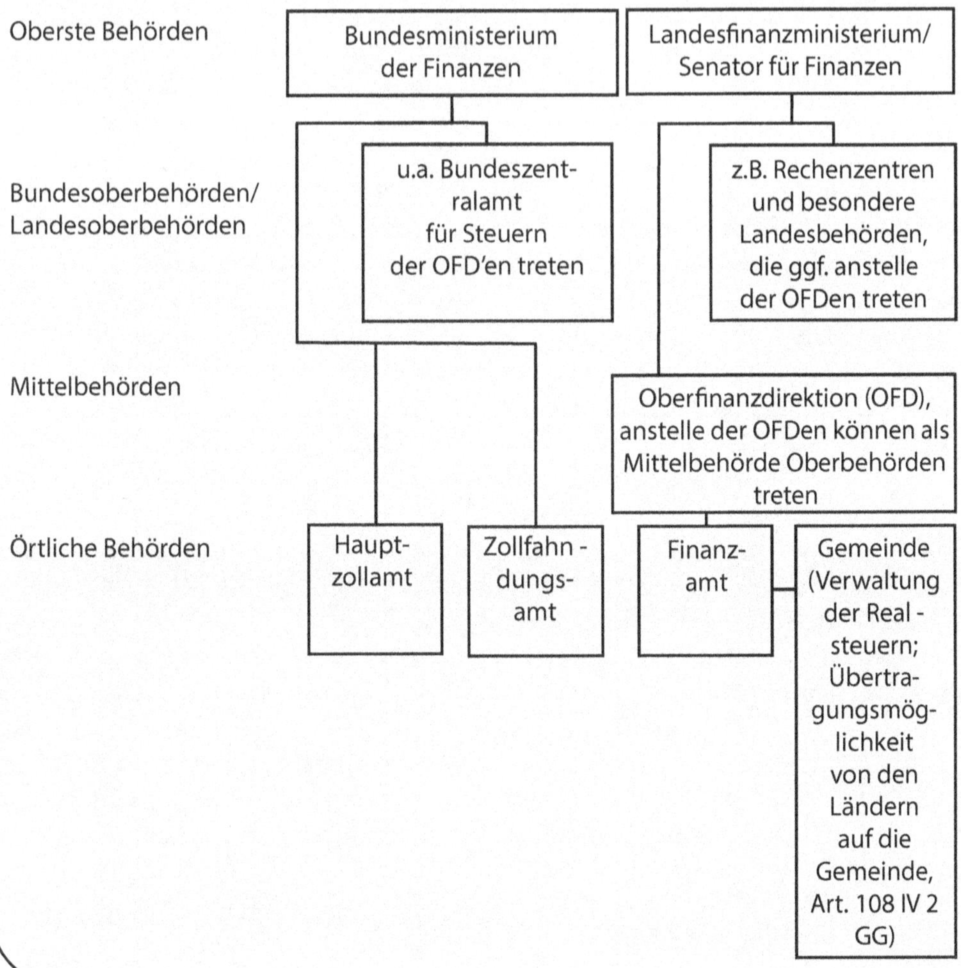

III. Sachliche Zuständigkeit der Finanzbehörden

Fall 12: Verstoß gegen die sachliche Zuständigkeit 56

Die OFD M erlässt dem Stpfl. S aus Billigkeitsgründen nach § 227 AO die ESt 01 in Höhe von 95.000 €. Nach dem gleichlautenden Ländererlass vom 15.04.2008 (BStBl. I 2008, 534) darf das FA mit Zustimmung der OFD einen Betrag bis zu 100.000 € erlassen. Muss das für die Steuererhebung zuständige FA die Entscheidung der OFD M beachten?

I. Das FA muss den Erlass der Steuer beachten, sofern der Verwaltungsakt nicht unwirksam ist. Nichtig und damit unwirksam ist nach § 125 Abs. 1 AO ein Verwaltungsakt, soweit er an einem besonders schwerwiegenden Fehler leidet und dies bei verständiger Würdigung aller in Betracht kommenden Umstände offenkundig ist.

II. Im konkreten Fall könnte der Mangel in einer Verletzung der Vorschriften über die sachliche Zuständigkeit liegen. Die **sachliche Zuständigkeit** betrifft den Aufgabenbereich einer Behörde, der ihr nach dem Gegenstand und der Art der Aufgaben zugewiesen ist.[263] Für das Besteuerungsverfahren ist vor allem die **funktionelle Zuständigkeit** als Unterart der sachlichen Zuständigkeit von Bedeutung. Unter funktioneller Zuständigkeit versteht man die Aufgabenverteilung innerhalb der Instanzen eines Ressorts, d.h. die Verteilung der Verwaltungsaufgaben auf FA, OFD und FinM.[264] Die sachliche Zuständigkeit der Finanzbehörde ergibt sich in erster Linie aus dem FVG, auf das § 16 AO verweist. Danach sind für die Verwaltung der Steuern mit Ausnahme der Zölle grundsätzlich die Finanzämter als örtliche Landesbehörden zuständig (§ 17 Abs. 2 FVG). Regelungen über die sachliche Zuständigkeit finden sich aber u.a. auch in der AO (z.B. §§ 195, 208 AO).

§ 227 AO enthält keine besondere Regelung über die Befugnis zum Erlass von Steuern. Sachlich zuständige Finanzbehörde war demnach nach § 16 AO i.V.m. § 17 Abs. 2 FVG das FA. Dass das FA nach der o.g. Verwaltungsanweisung den Erlass nur mit Zustimmung der OFD hätte gewähren dürfen, ist für die Zuständigkeitsfrage im Außenverhältnis zum Stpfl. ohne Belang. Die OFD M hat im konkreten Fall daher gegen Vorschriften über die sachliche Zuständigkeit verstoßen.

III. Fraglich ist, ob dieser Verfahrensfehler die Nichtigkeit der Maßnahme zur Folge hat. Nach § 125 Abs. 3 Nr. 1 AO ist ein Verwaltungsakt nicht schon deshalb nichtig, weil die Vorschriften über die **örtliche** Zuständigkeit nicht eingehalten worden sind. Daraus kann jedoch nicht im Wege des Umkehrschlusses gefolgert werden, dass Verstöße gegen die sachliche Zuständigkeit stets die Nichtigkeit eines Verwaltungsakts begründen. Vielmehr kommt es darauf an, ob die Voraussetzungen des § 125 Abs. 1 AO im Einzelfall gegeben sind.[265]

Die Nichtbeachtung der sachlichen Zuständigkeit durch die OFD M stellt einen **schwerwiegenden Mangel** des Verfahrens dar. Dieser Fehler ist auch – aus der Sicht der Stpfl. – **offenkundig**, weil nach der gesetzlichen Regelung der § 16 AO i.V.m. § 17 Abs. 2 FVG in keinem Fall eine unmittelbare Befugnis der OFD zum Erlass von Steuern gegeben sein könnte (sog. absoluter sachlicher Zuständigkeitsmangel). Der Verwaltungsakt ist daher unwirksam (§ 124 Abs. 3 AO).

Ergebnis:

Das FA darf den Erlass nicht beachten.

IV. Örtliche Zuständigkeit (§§ 17 ff. AO)

57 Die örtliche Zuständigkeit betrifft die räumliche Abgrenzung der Zuständigkeit mehrerer sachlich zuständiger Behörden. Für die Finanzbehörden ergibt sich die örtliche Zuständigkeit aus den §§ 18 ff. AO und ergänzenden Regelungen in den Einzelsteuergesetzen.

- Bei der Besteuerung nach dem Einkommen und dem Vermögen kommt es in erster Linie auf den Wohnsitz (§ 8 AO), ersatzweise den gewöhnlichen Aufenthalt (§ 9 AO) oder – bei Vereinigungen – auf den Sitz der Geschäftsleitung (§ 10 AO) an (§§ 19, 20 AO).
- Für USt ist das FA zuständig, von dem aus der Unternehmer sein Unternehmen ganz oder überwiegend betreibt (§ 21 AO).
- Bei Realsteuern ist die Zuständigkeit dem Lagefinanzamt nach § 18 Abs. 1 Nr. 1 AO (für die Grundsteuer) und dem Betriebsfinanzamt nach § 18 Abs. 1 Nr. 2 AO (für die Gewerbesteuer) zugewiesen (§ 22 Abs. 1 AO).

263 BFH v. 26.07.1988 – VII R 194/85, BStBl. 1989 II, 3; AEAO zu § 16 Nr. 1.
264 Vgl. Koenig/Pätz § 16 Rn. 9.
265 BFH v. 30.11.1987 – VIII B 3/87, BStBl. II 1988, 183.

- Die Zuständigkeitsregelungen für sonstige Steuern finden sich in den Einzelsteuergesetzen (z. B. nach § 35 Abs. 1 ErbStG das FA, das für die ESt des Erblassers zuständig war).
- Für gesonderte Feststellungen (dazu unten Rn. 189 ff.) enthält § 18 AO besondere Zuständigkeitsregeln. Sie gehen von dem „Prinzip der örtlichen Nähe“ aus, nach dem eine ortsnahe Überprüfung der Besteuerungsgrundlagen erfolgen soll.
- Mit den Regelungen über die Ersatzzuständigkeit (§ 24 AO), mehrfache örtliche Zuständigkeit (§ 25 AO), Zuständigkeitswechsel (§ 26 AO), Zuständigkeitsvereinbarung (§ 27 AO) und Zuständigkeitsstreit (§ 28 AO) hat der Gesetzgeber versucht, das System der örtlichen Zuständigkeit lückenlos zu regeln.

§ Fall 13: Verstoß gegen die örtliche Zuständigkeit 58

Der Stpfl. S ist zum 01.09.02 vom Bezirk des FA Hagen in den Bezirk des FA Würzburg umgezogen. Er hat seinen Wohnsitzwechsel dem FA Würzburg mitgeteilt. Am 01.10.02 wird ihm der vom FA Hagen erlassene ESt-Bescheid 01 bekannt gegeben. S legt am 10.10.02 beim FA Hagen Einspruch ein. Das FA Hagen übersendet den Einspruchsvorgang an das FA Würzburg. Nach Überprüfung der Steuerfestsetzung gelangt das FA Würzburg zu dem Ergebnis, dass die Steuer materiell richtig festgesetzt ist. Wie wird das FA Würzburg über den Einspruch entscheiden?

I. Der Einspruch ist **zulässig** (§ 358 AO), weil er fristgerecht (§ 355 AO) in der richtigen Form (§ 357 Abs. 1 AO) bei der für die Anbringung zuständigen Ausgangsbehörde (§ 357 Abs. 2 S. 1 AO) eingelegt ist. Die erforderliche Beschwer (§ 350 AO) braucht bei Anfechtung eines belastenden Verwaltungsakts nicht besonders dargetan zu werden.[266]

II. Der Einspruch ist **begründet**, wenn der angefochtene Steuerbescheid rechtswidrig ist. Fehler bei der Anwendung des materiellen Rechts sind nicht gegeben. Der Bescheid könnte jedoch aus verfahrensrechtlichen Gründen rechtswidrig sein.

1. Für die Festsetzung der ESt ist nach § 19 Abs. 1 S. 1 AO grundsätzlich das FA zuständig, in dessen Bezirk der Stpfl. seinen Wohnsitz hat. Ändern sich die Zuständigkeitsvoraussetzungen, so tritt nach § 26 S. 1 AO der Zuständigkeitswechsel erst dann ein, wenn entweder das vorher zuständige oder das neu zuständige FA von der Änderung der Zuständigkeitsvoraussetzungen erfahren. „Erfahren“ bedeutet Kenntnis erlangen, d. h., die zum Zuständigkeitswechsel führenden Umstände müssen aus der Sicht eines der betroffenen Finanzämter zweifelsfrei feststehen.[267] Das FA Würzburg hat durch die Anzeige des S über seinen Wohnsitzwechsel eindeutig Kenntnis von der Änderung der für die Zuständigkeit maßgebenden Umstände erlangt. Demnach ist mit der Anzeige des S an das FA Würzburg dieses FA für die Einkommensbesteuerung zuständig geworden. Das FA Hagen hat somit unter Verletzung der Vorschriften über die örtliche Zuständigkeit die Steuer festgesetzt.
2. Der Verstoß gegen die örtliche Zuständigkeit führt nach § 125 Abs. 3 Nr. 1 AO **nicht zur Nichtigkeit** des Bescheids. Eine Heilungsmöglichkeit ist nach § 126 AO bei diesem Verfahrensfehler nicht vorgesehen.
3. Die Verletzung von Vorschriften über die örtliche Zuständigkeit ist **nach § 127 AO unbeachtlich**, wenn in der Sache keine andere Entscheidung hätte getroffen werden können. Anders als bei Ermessensentscheidungen[268] ist somit Voraussetzung für die Aufhebung eines Steuerbescheids (also eines gebundenen Verwaltungsakts) wegen örtlicher Unzuständigkeit, dass die Steuerfestsetzung materiell unrichtig ist. Dies ist nicht der Fall. Daher kann S nicht die Aufhebung des ESt-Bescheids 01 begehren.

---

266 BFH v. 27.11.1985 – II R 90/83, BStBl. II 1986, 243.
267 BFH v. 25.01.1989 – X R 158/87, BStBl. II 1989, 483.
268 Vgl. z. B. BFH v. 20.06.1978 – I R 157/87, BStBl. II 1992, 43.

Ergebnis:

Der Einspruch ist unbegründet.

Ergänzender Hinweis:

§ 127 AO gilt seinem Wortlaut entsprechend auch bei anderen Verfahrens- und Formfehlern. Die Vorschrift findet nicht nur bei gesetzesgebundenen Verwaltungsakten, sondern ausnahmsweise auch bei **Ermessensentscheidungen** Anwendung, wenn der Verfahrens- oder Formfehler die Entscheidung unter keinen Umständen beeinflusst haben kann.[269] Auch im **finanzgerichtlichen Verfahren** ist § 127 AO zu beachten, damit eine unnötige Wiederholung des Verwaltungsverfahrens vermieden wird.[270] Nicht anwendbar ist § 127 AO, wenn im Falle der Anwendung der Vorschrift ein Verstoß des Finanzamts gegen Treu und Glauben sanktionslos bliebe.[271]

V. Organisation eines Finanzamts

59 Von der Zuständigkeitsverteilung ist die behördeninterne Geschäftsverteilung zu unterscheiden. Sie ist für die Finanzämter in der Geschäftsordnung für die Finanzämter (FAGO) geregelt, die aufgrund sog. koordinierter bzw. gleichlautender Ländererlasse ergangen ist.[272] Das FA wird durch einen **„Vorsteher“** geleitet. Die Verwaltungsgeschäfte sind in Sachgebiete unterteilt, für die jeweils ein **Sachgebietsleiter** bestellt ist. Innerhalb der Sachgebiete ist die Arbeit auf **Sachbearbeiter und Mitarbeiter** aufgeteilt.[273]

Für die Veranlagungssteuern bestehen sog. Veranlagungsbezirke (Vbz), in denen ein Sachbearbeiter mit seinen Mitarbeitern einen fest – meist alphabetisch – bestimmten Bereich von Steuerfällen mit unmittelbarem Zugriff auf die Steuerakten bearbeitet. Die Arbeitsweise in den **Veranlagungsstellen** ist durch gleichlautende Erlasse der obersten Finanzbehörden der Länder vom 19.11.1996[274] geregelt. Danach soll bei der Bearbeitung „auf das Wesentliche“ abgestellt werden und nur in bestimmten (näher bezeichneten) Fällen der Steuerfall „intensiv“ bearbeitet werden.

Neben den Veranlagungsstellen bestehen **Sonderstellen:**

- Die Rechtsbehelfsstelle (RbSt) ist die zentrale Stelle für die Bearbeitung von Einsprüchen, soweit ihnen nicht in den übrigen Stellen bereits abgeholfen worden ist.
- Zentral bearbeitet werden auch die USt-Voranmeldungen.
- Weitere Sonderstellen des FA sind die Lohnsteuerstelle (LSt-Stelle), die Erbschaftsteuerstelle (ErbSt), die Kraftfahrzeugsteuerstelle (KfzSt), die Amtsbetriebsprüfungsstelle (AmtsBp) und die Grundstücksstelle (GSt, BewSt). Die Steuererhebung wird primär von der Erhebungsstelle (EHSt), bestehend aus Vollstreckung, Erlass, Stundung und Zahlungsverkehr, durchgeführt, die Geschäftsstelle (GeSt) ist für die Organisations-, Personal- und Haushaltsangelegenheiten des FA zuständig.

Weitere – veröffentlichte – Regelungen über verwaltungsinterne Zuständigkeiten bzw. Organisationsstrukturen finden sich in der Buchungsordnung für die Finanzämter.[275]

269 BFH v. 25.01.1989 – X R 158/87, BStBl. II 1989, 483, 487; Seer in T/K § 127 AO Rn. 17.
270 BFH v. 22.09.1983 – IV R 109/83, BStBl. II 1984, 342.
271 BFH v. 15.05.2013 – III R 18/10, BStBl. II 2013, 669.
272 Neufassung v. 16.11.2010, BStBl. I 2010, 1315.
273 In der Praxis gibt es auch andere Organisationsmodelle, z. B. sog. Teambezirke.
274 BStBl. I 1996, 1391.
275 BuchO“ BStBl. I 1996, 386 mit nachfolgenden Änderungen.

F. Der Amtsträger und seine Pflichten

I. Der Begriff des Amtsträgers (§ 7 AO)

Amtsträger i. S. d. AO sind neben Beamten, Richtern und sonstigen in einem öffentlich-rechtlichen Amtsverhältnis stehenden Personen (z. B. die Finanzminister) auch andere Personen, die zur Wahrnehmung von Aufgaben der öffentlichen Verwaltung bestellt sind (§ 7 Nr. 3 AO). Die Zugehörigkeit zu dieser Personengruppe ergibt sich also nicht aus statusrechtlichen Gründen, sondern aus der Funktion, die der Amtsträger ausübt. Neben den Finanzbeamten gehören zu den Amtsträgern insbesondere Behördenangestellte, die als Sachbearbeiter, Mitarbeiter oder ausschließlich als Außenprüfer in den Finanzämtern tätig sind. 60

Von Bedeutung ist der Begriff des Amtsträgers insbesondere im Zusammenhang mit dem Steuergeheimnis (§ 30 AO), dem Haftungsprivileg (§ 32 AO), der Ausschließung und Ablehnung von Personen im Verwaltungsverfahren (§§ 82 ff. AO), der Akteneinsicht (§ 187 AO) und bei der Selbstanzeige (§ 371 Abs. 2 AO).

II. Das Steuergeheimnis (§ 30 AO)

§ 30 AO enthält eine detaillierte Regelung des Steuergeheimnisses. Die Vorschrift ist das Gegenstück zu den weitgehenden Auskunfts- und Offenlegungsverpflichtungen, die das Steuerrecht dem Stpfl. auferlegt. Dieser muss den Finanzbehörden sogar strafbare und sittenwidrige Handlungen offenbaren. Er bedarf deshalb des Schutzes vor unbefugter Weitergabe seiner Mitteilungen. Das Steuergeheimnis dient jedoch nicht nur dem Privatinteresse, sondern auch dem öffentlichen Interesse an der Sicherung des Steueraufkommens, indem es die Bereitschaft des Stpfl. zur wahrheitsgemäßen Auskunft fördert.[276] 61

Beispiel

Der Stpfl. ist gewerbsmäßiger Hehler. Seine Einkünfte aus gewerblicher Tätigkeit gibt er ordnungsgemäß in seinen Steuererklärungen an.

Der Stpfl. wird trotz der Strafbarkeit seiner Erwerbstätigkeit durch § 30 AO geschützt, und das FA darf seine Tätigkeit nicht gegenüber den Strafverfolgungsbehörden offenbaren (vgl. § 30 Abs. 4 Nr. 4 Buchst. a) AO).

Das Recht auf Wahrung des in § 30 AO gesetzlich umschriebenen Steuergeheimnisses ist als solches kein Grundrecht. In seiner Substanz ist das Steuergeheimnis jedoch durch das vom BVerfG aus Art. 2 Abs. 1 i. V. m. Art. 1 Abs. 1 GG abgeleitete Recht auf „informationelle Selbstbestimmung" **verfassungsrechtlich abgesichert.**[277]

Reform des Datenschutzes im Besteuerungsverfahren:[278] Der Steuerdatenschutz wurde aufgrund der Verabschiedung der ab dem 25.05.2018 geltenden EU-Datenschutzgrundverordnung (DS-GVO)[279] reformiert. Die unionsrechtlichen Vorgaben der DS-GVO gelten

276 Alber in H/H/Sp § 30 AO Rn. 7; Drüen in T/K § 30 AO Rn. 8 ff.

277 BVerfG v. 27.06.1991–2 BvR 1493/89, BStBl. II 1991, 654, 668; Drüen in T/K § 30 AO Rn. 6 f.

278 Vertiefend Seer DStJG 42 (2019), 247.

279 Verordnung (EU) 2016/679 des Europäischen Parlaments und des Rates vom 27. April 2016 zum Schutz natürlicher Personen bei der Verarbeitung personenbezogener Daten, zum freien Datenverkehr und zur Aufhebung der Richtlinie 95/46/EG (Datenschutz-Grundverordnung) vom 27.04.2016.

ab diesem Zeitpunkt unmittelbar (Art. 288 Abs. 2 AEUV), aber der nationale Gesetzgeber kann daneben nationale Maßnahmen zur Einpassung des Steuerdatenschutzes in das – unional nicht normierte – Steuerverfahrensrecht treffen. Der deutsche Gesetzgeber hat aufbauend auf der DS-GVO den Datenschutz im Steuerrecht im „Sammelgesetz" mit dem Titel „Gesetz zur Änderung des Bundesversorgungsgesetzes und anderer Vorschriften" neu geregelt.[280] Das traditionsreiche nationale Steuergeheimnis (§ 30 AO), das viel älter ist als der erst ab den 1970er-Jahre sich entwickelnde Datenschutz, wurde in Anpassung an die DS-GVO geändert und erweitert.[281] Der Regulierungsanspruch der DS-GVO ist „total", und sie behandelt grds. alle Datenverarbeiter und alle personenbezogenen Daten gleich, enthält keine Bereichsausnahme für die öffentliche Verwaltung und gilt somit auch für den Verwaltungsdatenschutz. Die DS-GVO setzt Ziele (Art. 1 DS-GVO) und steckt durch allgemeine Rechtsgrundsätze (Art. 5 DS-GVO) und Rechtmäßigkeitsvorgaben (Art. 6 DS-GVO) den unionalen Rechtsrahmen für die Verarbeitung personenbezogener Daten ab. Für die Wahrung des Rahmens der DS-GVO mit den eröffneten Regelungsoptionen der nationalen Rechtsordnung bei der Datenverarbeitung ist die datenverarbeitende Stelle (natürliche oder juristische Person, Behörde, Einrichtung oder andere Stelle; s. Art. 4 Nr. 7 DS-GVO) verantwortlich (Begriffsbestimmung). Die DS-GVO verfolgt ein Konzept von Datenschutz durch Organisation und Verfahren. Sie baut auf einem (risikoorientierten) Eigenüberwachungsansatz auf und statuiert dazu verschiedene organisatorische Handlungspflichten des Verantwortlichen: Aufstellung eines Verzeichnisses, das alle Verarbeitungstätigkeiten benennt, die in die Zuständigkeit des Verantwortlichen fallen (Art. 30 DS-GVO), Durchführung einer (präventiven) Datenschutz-Folgeabschätzung bei risikoreichen Datenverarbeitungen (Art. 35 DS-GVO) und eine hieran anknüpfende Pflicht zur Konsultation der Aufsichtsbehörde, Bestellung eines Datenschutzbeauftragten (Art. 37 ff. DS-GVO mit Konkretisierung in § 32 g AO) sowie Dokumentations- und Meldepflichten gegenüber der Aufsichtsbehörde bei Datenpannen[282] und eine Benachrichtigungspflicht gegenüber dem Betroffenen im Falle einer Verletzung des Schutzes personenbezogener Daten (Art. 33 f. DS-GVO). Den Verantwortlichen treffen Konzeptpflichten bei der Datenverarbeitung, insb. bei der Zwecksetzung der Datenverarbeitung und bei der Eigenbewertung der Zweckkompatibilität im Falle der Weiterverarbeitung personenbezogener Daten (vgl. § 29 c AO). Auf der Kontrollebene setzt die DS-GVO auf institutionellen Datenschutz durch Aufsichtsbehörden, indem sie dafür Datenschutz-Aufsichtsinstitutionen mit Sanktionsbefugnissen (Art. 83 DS-GVO) schafft. Die für den Datenschutz Verantwortlichen, zu denen auch öffentliche Stellen zählen, werden der Aufsicht einer unabhängigen (anderen) Aufsichtsbehörde unterstellt (s. § 32 h AO). Die dritte Säule ist der individuelle Datenschutz durch die Betroffenenrechte in Art. 12 ff. DS-GVO i. V. m. §§ 32 a ff. sowie Art. 82 DS-GVO (Schadensersatzanspruch) als integraler Bestandteil des datenschutzrechtlichen Vollzugsrechtsrahmens, weil sie einen unabhängigen Rechtsschutz eröffnen und wegen der vorwirkenden Kontrollerwartung auch das Verwaltungshandeln bei der Verarbeitung personenbezogener Daten steuern. [283]

Das Nebeneinander der ab dem 25.05.2018 unmittelbar geltenden DS-GVO und dem dies umrankenden spezialgesetzlichen nationalen Steuerdatenschutz in der AO führt zu einer Rechtszersplitterung mit einhergehenden Rechtsunklarheiten. Bei der Rechtsanwendung im Steuerdatenschutz ist ein „Pendelblick" zwischen DS-GVO und nationalen Steuerdatenschutzvorschriften erforderlich, wobei es vereinzelt noch der Einbe-

280 Gesetz vom 17.07.2017, BGBl. I 2017, 2541 mit Wirkung ab 25.05.2018; zu Einzelheiten des neuen Datenschutzes im Steuerrecht Myßen/Kraus DB 2017, 1860; Krumm DB 2017, 2182.

281 Dazu Baum, NWB 2017, 3205, 3208 ff.

282 Kleemann/Kader DStR 2018, 1091, 1095 f.

283 Drüen in T/K § 2 a AO Rn. 2 m. w. N.

ziehung des Bundesdatenschutzgesetzes (BDSG) bedarf.[284] Natürlich genießt die DS-GVO Anwendungsvorrang (§ 2 a AO). Insgesamt ist das steuerliche Datenschutzrecht damit nicht vollständig, sondern allenfalls „hinkend“ harmonisiert, und es wird sich – wie in allen Bereichen des Grundrechtsschutzes im Steuerverfahren – auch insoweit die Frage der Abgrenzung der Rechtsprechungskompetenz zwischen dem BVerfG und dem EuGH stellen.[285] Immerhin sieht die DS-GVO Informationspflichten und Auskunftsrechte der betroffenen Person vor,[286] sodass erst im Zuge der Europäisierung die alte Forderung nach einem Akteneinsichtsrecht des Steuerpflichtigen im Steuerverfahren[287] verwirklicht wurde. Allerdings besteht trotz der Informationspflichten und Auskunftsrechte der betroffenen Person nach Art. 13 ff. DS-GVO kein umfassendes Akteneinsichtsrecht im Besteuerungsverfahren.[288]

Vielmehr ist derzeit umstritten, ob Art. 15 DS-GVO überhaupt ein Recht auf Akteneinsicht im Besteuerungsverfahren begründet[289] und ob ein Ermessens- oder ein gebundener Anspruch besteht.[290]

Ein Rechtsvergleich belegt, dass das Steuergeheimnis nicht zu den notwendigen Einrichtungen eines demokratischen Rechtsstaats gehört. Andere Länder kennen beispielsweise das System veröffentlichter Steuerlisten und auch die Veröffentlichung der Namen von Steuerhinterziehern.[291]

Fall 14: Pressemitteilung der Staatsanwaltschaft in einem Steuerstrafverfahren 62

S, Präsident der Landeszentralbank D, ist vom Amtsgericht M in öffentlicher Verhandlung wegen Steuerhinterziehung (§ 370 AO) zu einer Geldstrafe von 50 Tagessätzen in Höhe von 500 € verurteilt worden. Staatsanwalt X, der Pressesprecher der zuständigen StA, teilt in einer Pressebesprechung Einzelheiten über den Ablauf der Verhandlung mit. Hat X das Steuergeheimnis verletzt?

Staatsanwalt X hat das Steuergeheimnis verletzt, wenn er als Amtsträger unbefugt Verhältnisse offenbart hat, die dem Steuergeheimnis nach § 30 AO unterliegen.

I. **Subjektiv** richtet sich § 30 AO nicht nur an Amtsträger i. S. d. § 7 AO, sondern auch an die in § 30 Abs. 3 AO genannten Personen (für den öffentlichen Dienst besonders Verpflichtete, Sachverständige und kirchliche Amtsträger). Zur Wahrung des Steuergeheimnisses sind neben den Amtsträgern der Finanzbehörden auch die Amtsträger anderer Behörden oder Stellen verpflichtet, wenn sie in einem der in § 30 Abs. 2 Nr. 1 AO genannten Verfahren (Verwaltungs- oder Gerichtsverfahren in Steuersachen, Steuerstraf- und Steuerbußgeldverfahren, Mitteilungsverfahren von Finanzbehörden an andere Behörden) dienstliche Kenntnisse erlangt haben. Staatsanwalt X gehört daher zu dem zur Wahrung des Steuergeheimnisses verpflichteten Personenkreis.

II. **Schutzobjekt** des § 30 AO sind die „personenbezogenen Daten eines anderen“ (§ 30 63
Abs. 2 Nr. 1 AO) und „fremde Betriebs- oder Geschäftsgeheimnisse“ (§ 30 Abs. 2 Nr. 2 AO), soweit sie dem Amtsträger bzw. gleichgestellten Personen in einem der genannten Verfahren bekannt geworden sind. Der Begriff „personenbezogene Daten eines anderen“ ist weit auszulegen (vgl. Art. 4 Nr. 1 DS-GVO) und umfasst alles, was zu den persönlichen und wirtschaftlichen Umständen des anderen zu rechnen ist. Zu den

284 Drüen in T/K § 2 a AO Rn. 7 m. w. N.
285 Näher Buchholtz, DÖV 2017, 837.
286 Zu Einzelheiten Baum NWB 2017, 3281 ff.; Myßen/Kraus DB 2017, 1860, 1868 f.
287 Krömker/Nöcker AO-StB 2017, 305, 309.
288 Näher und krit. Erkis DStR 2018, 161, 163.
289 Ablehnend Poschenrieder DStR 2020, 21und FG München v. 04.11.2021–15 K 118/20, juris; näher zu Ablehnungsgründen Haverkamp/Meinert, FR 2022, 821.
290 Für letzteres FG Saarld. v. 03.04.2019–2 K 1002/16, EFG 2019, 1217 (rkr.); Bareither/Großmann/Uterhark BB 2019, 1111.
291 Vgl. Alber in H/H/Sp § 30 AO Rn. 11; zur Steuerpublizität rechtsvergleichend Meise, Steuerpublizität bei natürlichen Personen, 2019.

geschützten Verhältnissen gehören also auch Einzelheiten über den Ablauf des gegen S gerichteten Steuerstrafverfahrens.

Aus der Formulierung personenbezogene Daten „eines anderen" ergibt sich, dass nicht nur Stpfl. i. S. d. § 33 Abs. 1 AO, sondern auch **Dritte**, insbesondere Informanten der Finanzverwaltung (V-Leute, Denunzianten), zum geschützten Personenkreis gehören.[292]

64 III. Die **Verletzungshandlung** besteht im „Offenbaren", „Verwerten" oder dem „Datenabruf", der dem Steuergeheimnis unterliegenden Schutzobjekte. Offenbaren bedeutet Weitergabe von bekannt gewordenen Verhältnissen. Begrifflich scheidet eine Offenbarung dann aus, wenn die Verhältnisse bereits bekannt sind oder jedem Interessenten ohne größere Schwierigkeiten und Opfer zugänglich sind:[293]

- Die h. M. nimmt deshalb an, dass solche Verhältnisse, die in einer öffentlichen Verhandlung erörtert worden sind, begrifflich nicht offenbart werden können. Die Teilnehmer an einer öffentlichen Gerichtsverhandlung repräsentierten die Allgemeinheit und der Inhalt öffentlicher Gerichtsverhandlungen gelte als allgemein bekannt.[294]
- Die Gegenmeinung[295] stellt auf die tatsächlichen Verhältnisse in der Hauptverhandlung ab. Danach liegt eine Offenbarung vor, wenn der Inhalt der Verhandlung Personen mitgeteilt wird, die daran nicht teilgenommen haben.

65 IV. Legt man die Mindermeinung zugrunde, kommt es nunmehr darauf an, ob die Offenbarung befugt oder **unbefugt** erfolgt ist. § 30 Abs. 4 und 5 AO enthalten Rechtfertigungsgründe, die die Rechtswidrigkeit der Tatbestandshandlung ausschließen. Die Offenbarung ist danach ausnahmsweise zulässig

- für steuerliche Zwecke (§ 30 Abs. 4 Nr. 1 AO);
- aufgrund gesetzlicher Sondervorschriften (§ 30 Abs. 4 Nr. 2 AO; s. dazu AEAO zu § 30 Nr. 5);

Beispiel

Bestechungs- und Schmiergelder sind nach § 4 Abs. 5 Nr. 10 EStG vom Betriebsausgabenabzug ausgenommen. Erlangt das FA von solchen Zuwendungen Kenntnis, und besteht der Verdacht einer Straftat oder Ordnungswidrigkeit, ist das FA nach § 4 Abs. 5 Nr. 10 S. 3 EStG zur Mitteilung an die Verfolgungsbehörden sogar verpflichtet.[296]

- mit Zustimmung des Betroffenen (§ 30 Abs. 4 Nr. 3 AO);
- zur Durchführung eines nicht steuerlichen Strafverfahrens unter eingeschränkten Voraussetzungen (§ 30 Abs. 4 Nr. 4 und Abs. 5 AO);
- soweit ein zwingendes öffentliches Interesse besteht (§ 30 Abs. 4 Nr. 5 AO).

Die Landespressegesetze enthalten keine ausdrücklichen Befugnisse, dem Steuergeheimnis unterliegende Verhältnisse zu offenbaren.[297] Daher kommt als Rechtfertigungsgrund nur ein **zwingendes öffentliches Interesse** in Betracht. § 30 Abs. 4 Nr. 5 AO führt beispielhaft drei Fallgruppen in Buchst. a)–c) auf, bei deren Vorliegen ein solches zwingendes öffentliches Interesse für die Offenbarung gegeben ist. Aus der Gewichtigkeit dieser Fälle ergibt sich, dass eine Offenbarung nur in Ausnahmefällen zulässig ist. Ein zwingendes öffentliches Interesse ist danach insbesondere anzunehmen, wenn ohne die Offenbarung die Gefahr einer erheblichen Störung der wirtschaftlichen Ordnung oder die Gefahr einer Erschütterung des Vertrauens der All-

292 BFH v. 08.02.1994 – VII R 88/92, BStBl. II 1994, 552; Drüen in T/K § 30 AO Rn. 15 m. w. N.
293 Drüen in T/K § 30 AO Rn. 51 a.
294 Drüen a. a. O.
295 Koch/Wolter, Das Steuergeheimnis, 1958, S. 38; Leise, Das Steuergeheimnis, 1965, S. 11; Alber in H/H/Sp § 30 AO Rn. 124; Koenig/Pätz § 30 Rn. 97.
296 Dazu BFH v. 14.07.2008 – VII B 92/08, BStBl. II 2008, 850.
297 So zum LandespresseG NRW OLG Hamm v. 14.07.1980–1 VAs 7/80, NJW 1981, 356.

gemeinheit auf die Redlichkeit des Geschäftsverkehrs oder auf die ordnungsgemäße Arbeit der Behörden zu besorgen ist.[298] Im konkreten Fall wäre das Vertrauen der Öffentlichkeit auf das korrekte Geschäftsgebaren der – öffentlich-rechtlichen – Landeszentralbank erheblich gefährdet, wenn die Öffentlichkeit nicht über ein Steuerstrafverfahren gegen den führenden Repräsentanten der Bank unterrichtet würde. Daher ist ein zwingendes öffentliches Interesse an der Offenbarung gegeben.

Ergebnis:

Auch nach der Mindermeinung hat Staatsanwalt X nicht gegen die Verpflichtung verstoßen, das Steuergeheimnis zu wahren.

Die Verletzung des Steuergeheimnisses stellt, sofern die weiteren Voraussetzungen des 66
§ 355 StGB vorliegen, eine strafbare Handlung dar. Neben disziplinarischen Folgen kommt ferner eine Haftung wegen Amtspflichtverletzung in Betracht.[299]

Das Gegenstück zum Steuergeheimnis sind **Offenbarungspflichten** der Finanzbehörden:

- § 31 AO verpflichtet die Finanzbehörden, anderen Körperschaften des öffentlichen Rechts **Besteuerungsgrundlagen zur Erhebung von Abgaben und Beiträgen** mitzuteilen.
- § 31 a AO verpflichtet die Finanzbehörden, Erkenntnisse über **illegale Beschäftigung und Leistungsmissbrauch** an die zuständigen Stellen weiterzugeben.[300]
- § 31 b AO verpflichtet die Finanzbehörden, den Strafverfolgungsbehörden und dem Bundeskriminalamt Tatsachen mitzuteilen, die den **Verdacht der Geldwäsche** (§ 261 StGB), der Terrorismusfinanzierung i. S. d. § 1 Abs. 2 GeldwäscheG oder einer Ordnungswidrigkeit i. S. v. § 17 GeldwäscheG begründen.

III. Ausschließung und Ablehnung von Amtsträgern und sonstigen Personen (§§ 82–84 AO)

1. Ausschluss nach § 82 AO

Fall 15: Der ausgeschlossene Amtsträger 67

Sachgebietsleiter Dr. S beim FA B unterzeichnet den KSt-Bescheid für die Firma Tief-Hoch AG in B. Dr. S hält zehn Aktien der Gesellschaft. Ist der Bescheid fehlerhaft?

I. Als Verfahrensfehler kommt ein Verstoß gegen § 82 AO in Betracht. Danach dürfen bestimmte Personen nicht im Verwaltungsverfahren für die Finanzbehörde tätig werden. § 82 AO soll Interessenkonflikte vermeiden und das Vertrauen in die Objektivität der Behörde sichern.[301] Ausgeschlossen ist u. a., wer selbst Beteiligter (§ 78 AO) oder wer Angehöriger (§ 15 AO) des Beteiligten im Verwaltungsverfahren ist. Dem Beteiligten steht nach § 82 Abs. 1 S. 2 AO gleich, wer durch die Tätigkeit oder die Entscheidung einen unmittelbaren Vorteil oder Nachteil erlangen kann. Unmittelbar ist ein Vorteil oder Nachteil nur dann, wenn er direkt durch die behördliche Tätigkeit verursacht wird und nicht erst durch Folgeakte oder Hinzutreten weiterer Umstände eintritt.[302] Die Festsetzung der KSt wirkt sich auf den

298 Vgl. BFH v. 29.07.2003 – VII R 39, 43/02, VII R 39/02, VII R 43/02, BStBl. II 2003, 828, zur Erteilung von Auskünften im gewerberechtlichen Untersagungsverfahren nach § 35 GewO; hierzu auch BMF-Schreiben v. 19.12.2013, BStBl. I 2014, 19.

299 Vgl. BGH v. 12.02.1981 – III ZR 123/79, NJW 1982, 1648.

300 Zur Verfassungsmäßigkeit BFH v. 04.10.2007 – VII B 110/07, BStBl. II 2008, 42.

301 Koenig/Hahlweg § 82 Rn. 2.

302 BFH v. 14.12.1983 – I R 301/81, BStBl. II 1984, 409.

ausschüttungsfähigen Gewinn der Firma Tief-Hoch AG aus und berührt damit unmittelbar die wirtschaftlichen Interessen des Dr. S als Aktionär. Er ist somit von der Mitwirkung in dem Besteuerungsverfahren gegen die Stpfl. ausgeschlossen.

II. Bei den Rechtsfolgen eines Verstoßes gegen § 82 AO ist zu unterscheiden: Hat ein Beteiligter in eigener Sache entschieden (§ 82 Abs. 1 Nr. 1 AO), ist der Verwaltungsakt nach § 125 Abs. 1 AO nichtig (arg. § 125 Abs. 3 Nr. 2 AO). In den übrigen Fällen des § 82 AO ist der Verwaltungsakt wegen des Verfahrensfehlers rechtswidrig. Sofern jedoch in der Sache keine andere Entscheidung getroffen werden konnte, führt die Rechtswidrigkeit nach § 127 AO nicht zur Aufhebung des Bescheids.[303]

Ergebnis:

Der Steuerbescheid ist wirksam und der Verfahrensfehler nach § 127 AO unbeachtlich, sofern in der Sache keine andere Entscheidung hätte getroffen werden können.

2. Ausschluss wegen Besorgnis der Befangenheit (§ 83 AO)

68 Befürchtet ein Beteiligter, dass ein Amtsträger ihm gegenüber nicht unparteiisch handeln könnte, so kann er nach § 83 AO dessen Befangenheit geltend machen. Der Amtsträger kann jedoch auch selbst die Befangenheitsprüfung des Behördenleiters herbeiführen. Die Entscheidung des Behördenleiters ist nicht isoliert anfechtbar.[304] Der Stpfl. hat also nur die Möglichkeit, den das Verwaltungsverfahren abschließenden Verwaltungsakt anzufechten und den Verstoß gegen § 83 AO zu rügen. Dabei steht den Erfolgsaussichten des Einspruchs bei gesetzesgebundenen Verwaltungsakten in der Regel § 127 AO entgegen.[305]

Von großer praktischer Bedeutung ist vor allem die Bestimmung des Amtsträgers, der bei dem Stpfl. eine **Außenprüfung** (§§ 193 ff. AO) durchführen soll. Nur wenn ausnahmsweise durch die ausgewählte Person irreversible Rechtsverletzungen (Verletzung des Amtsgeheimnisses) zu befürchten sind, kann der Stpfl. gegen die personelle Entscheidung der Behörde vor der Durchführung der Außenprüfung gerichtlich vorgehen.[306]

IV. Haftung von Amtsträgern

69 Die AO enthält keine selbstständige Regelung über die Haftung von Amtsträgern wegen Verletzung von Amts- und Dienstpflichten. § 32 AO beschränkt lediglich die Haftung der Amtsträger gegenüber der Anstellungskörperschaft. Dieses **„Haftungsprivileg"** soll gewährleisten, dass die Amtsträger entscheidungsfreudig und frei von profiskalischen Zwängen handeln.[307]

Im **Außenverhältnis zu den Stpfl.** kommt somit nur eine Haftung der Anstellungskörperschaft nach Art. 34 GG i. V. m. § 839 BGB in Betracht. Voraussetzung für einen solchen Anspruch ist, dass der Amtsträger vorsätzlich oder fahrlässig die einem Dritten gegenüber obliegenden Amtspflichten verletzt und dem Dritten dadurch einen Schaden zugefügt hat.[308] Als Schaden kommen z. B. ein Zinsnachteil oder auch das Beraterhonorar in Betracht, das aufgewendet werden musste, um die auf dem Fehler des Amtsträgers beruhende Maßnahme der Finanzbehörde (z. B. fehlerhafte Steuerfestsetzung) abzuwenden.[309]

303 Brandis in T/K § 82 AO Rn. 12.
304 BFH v. 07.05.1981 – IV B 60/80, BStBl. II 1981, 634.
305 Koenig/Hahlweg § 83 Rn. 20.
306 BFH v. 29.04.2002 – IV B 2/02, BStBl. II 2002, 507.
307 Drüen in T/K § 32 AO Rn. 2.
308 Beispiele aus der Rspr. bei Grüneberg/Sprau, BGB, 83. Aufl. 2024, § 839 Rn. 141, Stichwort „Steuerverwaltung".
309 Vgl. Neufang/Hug StBp 1992, 278 ff.

2. Abschnitt Steuerrechtsverhältnis

A. Begriff des Steuerrechtsverhältnisses

Die Vereinnahmung von Steuern erfolgt aufgrund einer Vielzahl von Rechtsbeziehungen, 70
die die AO und die Einzelsteuergesetze zwischen dem Stpfl. und dem Steuergläubiger begründen. Die Gesamtheit dieser Rechtsbeziehungen bezeichnet man als Steuerrechtsverhältnis.[310] Es handelt sich um ein gesetzliches Rechtsverhältnis des öffentlichen Rechts. Nach der Art der begründeten Pflichten lässt sich das Steuerrechtsverhältnis untergliedern in

I. das **Steuerschuldverhältnis (§ 37 AO)**, das Leistungspflichten vermögensrechtlicher Art beinhaltet;
II. das **Steuerpflichtverhältnis**, das Leistungspflichten nicht vermögensrechtlicher Art (sog. Finanzpflichten) begründet.[311]

Beispiele

Mitwirkungspflichten (§§ 90, 93, 97, 200 AO), Anzeigepflichten (§ 138 AO), Buchführungspflichten (§ 140 AO), Steuererklärungspflichten (§ 149 AO), Steuereinbehaltungs- und Entrichtungspflichten (z. B. nach §§ 38 ff. EStG und §§ 43 ff. EStG)

B. Die Beteiligten des Steuerrechtsverhältnisses

§ Fall 16: GrESt-Bescheid gegen Rechtsanwaltssozietät 71

Rechtsanwälte A, B und C, die gemeinschaftlich eine Rechtsanwaltspraxis in der Rechtsform einer GbR unter der Bezeichnung Rechtsanwälte A, B und Partner betreiben, haben am 01.03.2020 einen Kaufvertrag über den Erwerb eines Grundstücks für die Sozietät geschlossen. Das FA zieht daraufhin die Sozietät durch einen gegen die „Rechtsanwälte A, B und Partner GbR" gerichteten Bescheid zur GrESt heran. Hat das FA den GrESt-Bescheid zutreffend an die GbR und nicht deren Gesellschafter gerichtet?

Die GbR schuldet die GrESt, wenn sie steuerrechtsfähig und als Steuerschuldnerin im konkreten Fall am Steuerrechtsverhältnis beteiligt ist.

I. Beteiligt am Steuerrechtsverhältnis sind der Steuerberechtigte und der Stpfl.[312]
   1. **Steuerberechtigt** ist der Steuergläubiger (Bund, Länder, Gemeinden, steuerberechtigte Kirchen, vgl. Art. 106 GG) bzw. die verwaltungsberechtigte Körperschaft. Gläubigerfiktionen erleichtern das Verfahren: Bei der Aufrechnung gilt nach § 226 Abs. 4 AO stets die verwaltungsberechtigte Körperschaft als Gläubiger bzw. Schuldner des Anspruchs.
      Eine entsprechende Regelung gilt für die Bestimmung des Vollstreckungsgläubigers (§ 252 AO).
   2. Als **Steuerpflichtigen** bezeichnet das Gesetz sowohl den Schuldner vermögensrechtlicher Pflichten aus dem Steuerschuldverhältnis (§ 37 AO) als auch den Schuldner sonstiger Leistungspflichten (§ 33 AO).

---

310 Vgl. Drüen in T/K vor § 33 Rn. 4.

311 Im Schrifttum werden innerhalb des Steuerrechtsverhältnisses das Steuerpflichtverhältnis, das Steuerverfahrensverhältnis und das Steuerschuldverhältnis unterschieden (Drüen in T/K Vor § 33 Rn. 4). Seer (in T/L Rn. 6.1) nimmt quer dazu eine Zweiteilung des Steuerrechtsverhältnisses in Steuerschuldverhältnis (materielles Steuerrechtsverhältnis) und Steuerverfahrensverhältnis (formelles Steuerrechtverhältnis) vor.

312 Seer in T/L Rn. 6.3.

Kein Stpfl. ist dagegen, wer in fremder Steuersache bei der Sachaufklärung mitzuwirken hat (§ 33 Abs. 2 AO).

> **Beispiel**
> Der Adressat eines in fremder Steuersache nach § 93 Abs. 1 AO ergangenen Auskunftsersuchens ist zwar Beteiligter des Auskunftsverfahrens (§ 78 Nr. 2 AO), aber nicht Stpfl.

Steuerschuldner der GrESt sind nach § 13 Nr. 1 GrEStG die „als Vertragsteile beteiligten Personen". Die GbR ist demnach als Käuferin zur Zahlung der GrESt verpflichtet, sofern die Gesellschaft als steuerrechtsfähige Person angesehen werden kann.

II. Unter der **Steuerrechtsfähigkeit** versteht man die Fähigkeit, Träger von Rechten und Pflichten im Steuerrechtsverhältnis zu sein. Die Steuerrechtsfähigkeit ist mit der Rechtsfähigkeit des Zivilrechts nicht identisch. Vielmehr können im Steuerrecht auch nicht rechtsfähige Personenvereinigungen und Vermögensmassen steuerrechtsfähig sein (arg. § 34 AO). Die Steuerrechtsfähigkeit ist nicht in der AO, sondern in den Einzelsteuergesetzen geregelt, weil der Kreis der steuerrechtsfähigen Subjekte je nach Steuerart verschieden ist.

> **Beispiele**
> Der ESt unterliegen allein natürliche Personen (§ 1 EStG), der KSt neben juristischen Personen auch nach bürgerlichem Recht nicht rechtsfähige Gebilde (§ 1 KStG); Unternehmer i. S. d. § 2 UStG können natürliche und juristische Personen, aber auch nicht rechtsfähige Personenvereinigungen sein.

Für den Bereich der GrESt ergibt sich aus § 13 Nr. 6 GrEStG, dass eine Personengesellschaft Steuerschuldner sein kann und demnach steuerrechtsfähig ist. Auch vor Inkrafttreten dieser Regelung bestanden an der Steuerrechtsfähigkeit der Personengesellschaft im GrESt-Recht Zweifel, weil die besonderen keine Befreiungsregelungen für Gesamthandgemeinschaften (§§ 5, 6 GrEStG) die Steuerrechtsfähigkeit der Personengesellschaft voraussetzen.[313]

Ergebnis:

Gegen die Heranziehung der Rechtsanwaltssozietät zur GrESt bestehen keine Bedenken.

72 Soweit die **Personengesellschaft** als solche steuerrechtsfähig ist, wird ihre Identität durch einen Gesellschafterwechsel nicht berührt.[314] Allerdings begründet der vollständige oder wesentliche Wechsel des Gesellschafterbestandes einer Personengesellschaft innerhalb von fünf Jahren einen besonderen Besteuerungstatbestand nach § 1 Abs. 2 a GrEStG, wenn zum Vermögen der Gesellschaft ein inländisches Grundstück gehört.

Nach der zivilgerichtlichen Rspr. tritt die **Vollbeendigung** der in Liquidation befindlichen Personengesellschaft ein, sobald das letzte Aktivvermögen verteilt ist und die Vermögenslosigkeit der Gesellschaft feststeht.[315] Der BFH misst der Vermögenslosigkeit nicht das gleiche Gewicht bei. Nach st. Rspr. ist eine Personengesellschaft auch nach ihrer Auflösung so lange als materiell-rechtlich existent zu behandeln, bis alle gemeinsamen Rechtsbeziehungen abgewickelt sind. Zu den Rechtsbeziehungen in diesem Sinne gehört auch das Rechtsverhältnis zwischen der Gesellschaft und dem FA. Daraus folgt:

- Gegen eine vermögenslose Personengesellschaft dürfen nach der Rspr. noch Steuerbescheide ergehen.[316]

313 Vgl. BFH v. 12.12.1996 – II R 61/93, BStBl. II 1997, 299.
314 BFH v. 08.11.1995 – V R 64/94, BStBl. II 1996, 256.
315 BGH v. 29.09.1981 – VI ZR 21/80, NJW 1982, 238; BGH v. 21.10.1985 – II ZR 82/85, WM 1986, 145.
316 BFH v. 24.03.1987 – X R 28/80, BStBl. II 1988, 316; a. A. Drüen in T/K § 33 AO Rn. 70 m. w. N.

- Eine handelsrechtlich voll beendete, vermögenslose KG kann einer Außenprüfung unterzogen werden, wenn möglicherweise noch Ansprüche aus dem Steuerschuldverhältnis bestehen.[317]

Von der Vollbeendigung durch Liquidation ist die Übernahme des Gesellschaftsvermögens im Wege der Gesamtrechtsnachfolge (z. B. im Fall der Verschmelzung nach §§ 2 ff. UmwG oder der Fortführung als Einzelunternehmen nach Ausscheiden des vorletzten Gesellschafters) zu unterscheiden. Nach **liquidationslosem Fortfall** der Gesellschaft ist diese steuerlich nicht mehr existent und daher nicht mehr möglicher Adressat von Steuerbescheiden.[318]

C. Steuerschuldverhältnis

I. Ansprüche aus dem Steuerschuldverhältnis

Die vermögensrechtlichen Ansprüche, die sich aus dem Steuerschuldverhältnis ergeben können, sind in § 37 AO abschließend aufgeführt: 73

Übersicht

Steuerschuldverhältnis

Steueranspruch	Steuer-vergütungs-anspruch	Steuer-erstattungs-anspruch	Haftungs-anspruch	Anspruch auf steuerliche Nebenleistungen
• Als Hauptanspruch des Steuerrechts auf Zahlung der Steuerschuld gerichtet. • Der Anspruch ergibt sich aus den Einzelsteuergesetzen (§ 43 AO). • Stpfl. ist, wer eine durch das Steuergesetz auferlegte Verpflichtung zu erfüllen hat, § 33 AO. • Steuerschuldner ist nur der Stpfl., der eine Steuer schuldet. Der Entrichtungspflichtige (§ 43 S. 2 AO) ist zwar Stpfl. i. S. d. § 33 AO, aber nicht Steuerschuldner i. S. d. §§ 43, 37 AO (z. B. der Arbeitgeber für die LSt, § 38 Abs. 3 EStG.	Richtet sich gegen den Fiskus und verpflichtet ihn zu einer Zahlung aus dem Steueraufkommen. **Beispiel:** Der Anspruch im Ausland ansässiger Unternehmer auf Vergütung von Vorsteuer nach § 18 Abs. 9 UStG i. V. m. §§ 59–61 a UStDV.	Ist auf Rückzahlung ohne Rechtsgrund gezahlter Steuern gerichtet. Er kann sich aus den Einzelsteuergesetzen (z. B. § 36 Abs. 4 S. 2 EStG) oder aus § 37 Abs. 2 AO ergeben. **Beispiel:** Bei versehentlicher Doppelzahlung einer Steuerschuld besteht ein Erstattungsanspruch nach § 37 Abs. 2 AO.	Ist gegeben, wenn der Stpfl . für eine fremde Steuerschuld einstehen muss. **Beispiel:** Die Haftungsansprüche nach §§ 69–76 AO.	Sind in § 3 Abs. 4 AO abschließend aufgeführt: • Verzögerungs-gelder (§ 146 Abs. 2 b AO) bei Verletzung bestimmter Pflichten im Rahmen der elektronischen Buchführung sowie nach h. M. als allg. Sanktion von Mitwirkungspflichten bei Außenprüfungen • Verspätungszuschläge (§ 152 AO) als Druckmittel, um den rechtzeitigen Eingang der Steuererklärungen zu sichern • Zuschläge nach § 162 Abs. 4 AO bei Verletzung von Mitwirkungspflichten bei Auslandssachverhalten • Zinsen nach Maßgabe der §§ 233–237 AO • Säumniszuschläge (§ 240 AO) als Druckmittel, um den Stpfl. zur pünktlichen Zahlung anzuhalten • Zwangsgelder (§ 329 AO) als Beugemittel • Kosten in den Fällen der §§ 89, 178, 178 a und 337–345 AO • Zinsen i. S. d. Zollkodexes • Verspätungsgelder nach § 22 a Abs. 5 EStG

317 BFH v. 01.10.1992 – IV R 60/91, BStBl. II 1993, 82.
318 Vgl. BFH v. 21.10.1985 – GrS 4/84, BStBl. II 1986, 230.

Nicht zu den Ansprüchen aus dem Steuerschuldverhältnis gehört der Anspruch des FA gegen den Stpfl. auf Abführung der für Rechnung Dritter einbehaltenen Abzugsteuern.[319] Der Anspruch gegen den Abführungsverpflichteten kann deshalb nicht nach § 222 AO gestundet werden.[320] Erst wenn der Abzugsverpflichtete seine Pflichten verletzt hat und die Voraussetzungen eines Haftungsanspruchs vorliegen, entsteht ein Steuerschuldverhältnis.

II. Entstehung der Ansprüche aus dem Steuerschuldverhältnis

74 1. Nach § 38 AO entsteht der Anspruch aus dem Steuerschuldverhältnis, sobald der Tatbestand verwirklicht ist, an den das Gesetz die Leistungspflicht knüpft. Die Regelung des § 38 AO wird ergänzt durch Vorschriften der Einzelsteuergesetze.

Beispiele

Die LSt entsteht mit Zufluss des Lohnes (§ 38 Abs. 2 S. 2 EStG); die ESt entsteht mit Ablauf des Veranlagungszeitraums (§ 36 Abs. 1 EStG). Die USt entsteht mit Ablauf des jeweiligen Besteuerungszeitraums (§ 13 Abs. 1 UStG).

Ermessensabhängige Ansprüche (z. B. der Verspätungszuschlag nach § 152 Abs. 1 und 3 AO) entstehen erst mit der Ausübung des Ermessens und mit der Bekanntgabe der Entscheidung.[321]

2. **Ist der Anspruch durch Tatbestandsverwirklichung entstanden, kann der Stpfl. darauf** nicht mehr durch rückwirkende Gestaltung von Rechtsverhältnissen Einfluss nehmen (sog. Rückwirkungsverbot).[322] Bedeutung hat der Entstehungszeitpunkt im Übrigen insbesondere für die Festsetzungsfrist (§ 170 Abs. 1 AO) und die Aufrechnung (§ 226 AO).
3. Von dem Zeitpunkt der Entstehung des Anspruchs sind der Zeitpunkt der Festsetzung (soweit erforderlich) und der Fälligkeitszeitpunkt zu unterscheiden.

III. Erlöschen der Ansprüche aus dem Steuerschuldverhältnis

75 **§ Fall 17: Steuerfestsetzung nach Eintritt der Verjährung**

Stpfl. S hat in 02 die ESt-Erklärung 01 beim FA abgegeben. Durch den am 30.05.07 bekannt gegebenen Steuerbescheid setzte das FA die ESt 01 gegen S auf 25.000 € fest. S hat den Steuerbescheid nicht angefochten. Als er im August 07 vom FA eine Mahnung erhält, beruft er sich auf die Verjährung des Steueranspruchs.

I. Nach § 47 AO erlöschen Ansprüche aus dem Steuerschuldverhältnis insbesondere durch Zahlung (§§ 224, 224 a, 225 AO), Aufrechnung (§ 226 AO), Erlass (§§ 163, 227 AO) und Verjährung (§§ 228–332 AO). Die Verjährung begründet also nicht nur – wie im bürgerlichen Recht – eine Einrede, die die Durchsetzung des Anspruchs verhindert, sondern führt zum Erlöschen des Anspruchs.
II. Im Besteuerungsverfahren ist zwischen Festsetzungsverjährung (§§ 169–171 AO) und Zahlungsverjährung (§§ 228–232 AO) zu unterscheiden. **Zahlungsverjäh-**

319 BFH v. 24.03.1998 – I R 120/97, BStBl. II 1999, 3.
320 Vgl. BFH a. a. O.
321 Seer in T/K § 152 AO Rn. 88 ff. m. w. N.
322 Vgl. BFH v. 18.09.1984 – VIII R 119/81, BStBl. II 1985, 55.

rung war nicht eingetreten, weil die Steuer erst in 07, und zwar einen Monat nach Bekanntgabe des Steuerbescheids, fällig geworden ist (§ 36 Abs. 4 S. 1 EStG). Mit Ablauf des Jahres 06 war jedoch die **Festsetzungsverjährung** eingetreten. Denn die vier Jahre betragende Festsetzungsfrist (§ 169 Abs. 2 Nr. 2 AO) begann mit Ablauf des Jahres 02 (§ 170 Abs. 2 Nr. 1 AO) und endete somit mit Ablauf des Jahres 06.

III. Der Steuerbescheid vom 30.05.07, durch den der erloschene Steueranspruch festgesetzt worden ist, war rechtswidrig. Nichtigkeit (§ 125 Abs. 1 AO) ist nicht anzunehmen: Der Fehler war zwar schwerwiegend, wegen der Schwierigkeit der Fristberechnung aber nicht offenkundig.[323] Da S versäumt hat, den rechtswidrigen Steuerbescheid fristgerecht anzufechten, ist der fehlerhafte Bescheid bestandskräftig geworden und kann nicht mehr aufgehoben werden. Die formelle Bestandskraft des Steuerbescheids „überlagert dessen materielle Fehlerhaftigkeit".[324]

Ergebnis:

Wegen der Bestandskraft des ESt-Bescheids 01 kann S den Einwand der Verjährung nicht mehr mit Erfolg geltend machen.

IV. Treu und Glauben

Die Grundsätze von Treu und Glauben gelten als allgemeine Rechtsgrundsätze auch im Steuerrecht, sodass beim Steuervollzug und im Steuerschuldverhältnis auf die berechtigten Interessen der anderen Beteiligten des Steuerrechtsverhältnisses Rücksicht zu nehmen ist.[325] Für den Bereich des Steuerrechts ist vor allem das aus Treu und Glauben abzuleitende Verbot widersprüchlichen Verhaltens (venire contra factum proprium) von Bedeutung: Im Steuerrechtsverhältnis muss jeder Teil auf die Belange des anderen Teils Rücksicht nehmen und darf sich mit seinem eigenen früheren Verhalten, auf das der andere vertraut hat, nicht in Widerspruch setzen.[326] 76

Bei der Geltendmachung und Durchsetzung von Steueransprüchen haben die Finanzbehörden allerdings keinen Ermessensspielraum (vgl. § 85 AO). Deshalb kann der Grundsatz von Treu und Glauben nur in außergewöhnlich gelagerten Einzelfällen die Geltendmachung einer Steuerforderung verbieten.[327]

D. Der Erstattungsanspruch (§ 37 Abs. 2 AO)

Fall 18: Erstattungsverpflichtung bei Geldempfangsvollmacht 77

Unternehmer U hat in seiner USt-Voranmeldung für Januar 01 eine negative Steuerschuld von (USt 10.000 ./. Vorsteuer 40.000 =) 30.000 € angemeldet. Der Betrag wurde vom FA auf das Bankkonto der von U als Geldempfangsberechtigte benannten Ehefrau F überwiesen. Aufgrund einer USt-Sonderprüfung stellte das FA fest, dass U der geltend gemachte Vorsteuerabzug von 40.000 € nicht zusteht. Daraufhin setzte das FA durch nach § 164 Abs. 2 AO geänderten USt-Vorauszahlungsbescheid für Januar 01 vom 10.08.01 die USt auf 10.000 € fest und forderte gleichzeitig U zur Zahlung von 10.000 € und F zur Erstattung von 30.000 € auf. F fragt, wie und mit welchen Erfolgsaussichten sie sich gegen die Zahlungsaufforderung vom 10.08.01 zur Wehr setzen kann.

323 Drüen in T/K Vor § 169 AO Rn. 2.
324 Drüen in T/K § 37 AO Rn. 34.
325 Eingehend Drüen in T/K § 4 AO Rn. 125 ff.
326 Vgl. BFH v. 05.11.2009 – IV R 40/07, BStBl. II 2010, 720; BFH v. 15.05.2013 – VIII R 18/10, BStBl. II 2013, 669.
327 BFH v. 30.03.2011 – XI R 30/09, BStBl. II 2011, 613.

I. **Verfahrensrechtlich** kommen für F zwei Wege in Betracht, sich gegen das Zahlungsverlangen der Behörde zu wehren:
   1. Die an F gerichtete Zahlungsaufforderung bezeichnet die AO als Leistungsgebot (§ 254 Abs. 1 S. 1 AO). Das **Leistungsgebot** ist ein mit dem **Einspruch** (§ 347 Abs. 1 Nr. 1 AO) anfechtbarer Verwaltungsakt.[328] F könnte somit Einspruch einlegen und geltend machen, dass keine Leistungspflicht besteht und auch kein vollstreckbarer Verwaltungsakt (§§ 249, 251 AO) mit Wirkung gegen sie ergangen ist. Denn das Leistungsgebot (Vollstreckungsvoraussetzung!) darf grundsätzlich nur dann erlassen werden, wenn die geschuldete Leistung durch Leistungsbescheid (insbesondere Steuerbescheid) festgesetzt ist oder gleichzeitig festgesetzt wird, § 254 Abs. 1 S. 2 AO.[329]
   2. F könnte ferner einen **Antrag** auf Erlass eines **Abrechnungsbescheids** nach § 218 Abs. 2 S. 2 AO stellen. Danach muss die Behörde durch Verwaltungsakt entscheiden, wenn Streitigkeiten über einen Erstattungsanspruch bestehen. Die Regelung durch Abrechnungsbescheid setzt nicht voraus, dass das FA seinen Rückforderungsanspruch nach § 37 Abs. 2 AO zuvor in einem besonderen Rückforderungsbescheid festgesetzt hat.[330] Der Abrechnungsbescheid bildet mit seinem Wirksamwerden die Grundlage für die Vollziehung des betreffenden Anspruchs aus dem Steuerschuldverhältnis.[331] Gegen den Abrechnungsbescheid könnte F ggf. Einspruch einlegen (§ 347 Abs. 1 Nr. 1 AO). Ohne vorherigen Abrechnungsbescheid kann wegen eines umstrittenen Erstattungsanspruchs nicht unmittelbar Leistungsklage erhoben werden.[332]

II. **In der Sache** wird F nur dann Erfolg haben, wenn kein Erstattungsanspruch gegen sie besteht.

78 1. Nach § 37 Abs. 2 AO entsteht ein Erstattungsanspruch, wenn ein Betrag aus dem Steuerschuldverhältnis (Steuer, Steuervergütung, Haftungsbetrag, steuerliche Nebenleistung) ohne rechtlichen Grund gezahlt oder zurückgezahlt worden ist oder der rechtliche Grund dafür später weggefallen ist. Auf ein schuldhaftes Verhalten des Leistungsempfängers kommt es nicht an.[333]
   Die Auslegung des Tatbestandsmerkmals des „rechtlichen Grundes" ist umstritten:
   - Nach der **formellen Rechtsgrundtheorie** kommt es für die Frage, ob eine Steuer ohne rechtlichen Grund gezahlt worden ist, grundsätzlich nicht auf die materielle Rechtslage, sondern auf die der Zahlung zugrunde liegenden Bescheide an. Danach besteht kein Erstattungsanspruch, wenn aufgrund eines zwar materiell fehlerhaften, aber wirksamen und vollziehbaren Bescheids eine Zahlung geleistet worden ist. Andererseits entsteht nach dieser Meinung ein Erstattungsanspruch, wenn eine Zahlung auf eine nach materiellem Recht geschuldete Steuer geleistet wird, für diese Zahlung aber kein Bescheid als Erhebungsgrundlage vorliegt.[334]
   - Nach der **materiellen Rechtsgrundtheorie** ist für die Entstehung eines Erstattungsanspruchs nicht die formelle, sondern die materielle Rechtslage maßgebend. Der formelle Akt der Steuerfestsetzung sei zwar für die Verwirklichung des Anspruchs im Erhebungsverfahren (§ 218 Abs. 1 AO) von Bedeutung. Der Erstattungsanspruch betreffe jedoch die Ebene des materiellen Rechts und entstehe deshalb unabhängig davon, ob er nach formellem Recht durchsetzbar ist.[335]

---

328 H.M., vgl. Koenig/Klüger § 254 Rn. 15.
329 Vgl. Loose in T/K § 254 AO Rn. 6.
330 BFH v. 25.02.1992 – VII R 8/91, BStBl. II 1992, 713.
331 BFH v. 02.08.1988 – VII B 33/88, BFH/NV 1989, 146.
332 BFH v. 04.10.1988 – VII B 121/88, BFH/NV 1989, 285; BFH v. 13.09.1988 – V R 207/83, BFH/NV 1989, 353.
333 BFH v. 9.7.2019 – X R 35/17, BStBl. II 2019, 668, 670.
334 Blesinger/Viertelhausen in K/vW § 37 AO Rn. 10.
335 So insbesondere Hein DStR 1990, 304; Drüen in T/K § 37 AO Rn. 35.

Der Meinungsstreit darf nicht überbewertet werden, weil auch die materielle Rechtsgrundtheorie das formelle Recht nicht negiert: Hat beispielsweise ein Stpfl. aufgrund eines materiell fehlerhaften Bescheids den zu hoch festgesetzten Steuerbetrag gezahlt, ist nach der materiellen Rechtsgrundtheorie ein Erstattungsanspruch entstanden. Diesen Erstattungsanspruch kann der Stpfl. jedoch so lange nicht geltend machen, als die materielle Rechtslage durch das formelle Recht überlagert ist. Erst mit der Aufhebung oder Änderung des fehlerhaften Steuerbescheids ist das verfahrensrechtliche Hindernis zur Geltendmachung des Anspruchs auf Erstattung der zu viel gezahlten Steuer entfallen.[336] Der BFH kann deshalb regelmäßig dahin gestellt lassen, ob der formellen oder materiellen Rechtsgrundtheorie zu folgen ist.[337]

a) **Ohne rechtlichen Grund** wurde gezahlt, wenn ein Steuer- oder Haftungsbescheid nicht vorlag oder die Zahlung trotz Stundung, Zahlungsaufschub, Aussetzung der Vollziehung oder nachträglichen Erlöschens des Anspruchs (durch Erlass oder Verjährung) erfolgte.[338] In diesem Fall spricht man von sog. **reinen Erstattungsansprüchen**, weil der Erstattungsanspruch bereits durch die Zahlung und nicht erst durch Änderung oder Aufhebung eines Bescheids zur Entstehung gelangt.

b) In der Praxis kommt es vor allem dann zu Erstattungen, wenn Steuerbescheide zugunsten des Stpfl. geändert werden. Nach der formellen Rechtsgrundtheorie liegt ein **Wegfall des rechtlichen Grundes** für die (überhöhte) Zahlung des Stpfl. i. S. d. § 37 Abs. 2 S. 2 AO vor.[339] Die Vertreter der materiellen Rechtsgrundtheorie nehmen in solchen Fällen dagegen eine Zahlung ohne Rechtsgrund i. S. d. § 37 Abs. 2 S. 1 AO an. Den Anwendungsbereich des § 37 Abs. 2 S. 2 AO beschränkt diese Lehre auf nachträgliche Ereignisse i. S. d. § 175 Abs. 1 S. 1 Nr. 2 AO, z. B. die Aufhebung eines SchenkSt-Bescheids, weil die Schenkung rückgängig gemacht worden ist und damit der rechtliche Grund für die Zahlung der SchenkSt entfallen ist.[340]

c) Erstattungsanspruch i. S. d. § 37 Abs. 2 AO ist auch der Rückforderungsanspruch auf Erstattung materiell-rechtlich zu Unrecht ausgezahlter Steuererstattungsbeträge oder Steuervergütungen.[341] Mit der Aufhebung oder Änderung des (fehlerhaften) Bescheids, auf dessen Grundlage die Erstattung oder die Vergütung erfolgte, ist der rechtliche Grund für die Zahlung des Finanzamts entfallen. Der BFH argumentiert hier auf der Basis der formellen Rechtsgrundtheorie, ohne auf den Theorienstreit einzugehen.[342]

2. Es ist ein **Rückforderungsanspruch** des FA in Höhe von 30.000 € entstanden, weil mit Erlass des geänderten USt-Vorauszahlungsbescheids für Januar 01 der Rechtsgrund für die Zahlung der Vorsteuervergütung entfallen ist. Der Rückforderungsanspruch richtet sich gegen den „Leistungsempfänger“. Leistungsempfänger ist derjenige, der durch die Zahlung des Finanzamts eine Vermögensmehrung erlangt hat.[343] Im Falle der Abtretung eines Steuererstattungs- bzw. Vergütungsanspruchs ist deshalb nicht der Zedent, sondern der Zessionar (Abtretungsempfänger) als Leistungsempfänger anzusehen.[344] 79

336 Vgl. Drüen in T/K § 37 AO Rn. 34; AEAO zu § 37 Nr. 2.

337 BFH v. 06.02.1996, BStBl. II 1997, 112; BFH v. 29.10.2002 – VII R 2/02, BStBl. II 2003, 43; BFH v. 09.07.2019 – X R 35/17, BStBl. II 2019, 668, 670.

338 Drüen in T/K § 37 AO Rn. 29 m. w. N. auch zur a. A.

339 Vgl. Boeker in H/H/Sp § 37 AO Rn. 41 ff.

340 Vgl. Drüen in T/K § 37 AO Rn. 39.

341 BFH v. 17.03.2009 – VII R 38/08, BStBl. II 2009, 953; näher Drüen in T/K § 37 AO Rn. 27, 109.

342 Vgl. BFH 19.08.2008 – VII R 36/07, BStBl. II 2009, 90.

343 Koenig § 37 Rn. 39.

344 BFH v. 24.05.1995 – VII R 144/92, BStBl. II 1995, 862; vgl. auch BFH v. 13.02.1996 – VII R 89/95, BStBl. II 1996, 436: Pfändungsgläubiger als Leistungsempfänger; BFH v. 05.06.2007 – VII R 17/06, BStBl. II 2007, 738, zur Sicherungsabtretung.

Im Streitfall hat U jedoch den aufgrund der Steueranmeldung bestehenden Vergütungsanspruch nicht an F abgetreten, sondern diese lediglich als Empfangsbevollmächtigte benannt. F hatte nur die Funktion einer „Zahlstelle" wie z. B. eine Bank bei Überweisung auf ein vom Stpfl. angegebenes Girokonto.[345] Der Anspruch aus dem Steuerschuldverhältnis ist damit nicht auf F übergegangen. Folglich richtet sich der Rückforderungsanspruch des FA auch nicht gegen F, sondern ausschließlich gegen U als Leistungsempfänger.[346]

Ergebnis:

Das FA kann keinen Rückforderungsanspruch gegen F geltend machen.

Ergänzender Hinweis:

Im geschilderten Sachverhalt ist der ursprüngliche Bescheid geändert worden. Im Bereich der Umsatzsteuer führt die Bestimmung des § 17 Abs. 1 S. 7 UStG dazu, dass bei nachträglichen Änderungen der Bemessungsgrundlage und den weiteren in § 17 Abs. 2 UStG genannten Fällen nicht die ursprüngliche Steuerfestsetzung geändert, sondern die Änderung erst in dem Besteuerungszeitraum erfasst wird, in dem die Änderung der Bemessungsgrundlage eingetreten ist. Im Verhältnis zum Abtretungsempfänger führt jedoch auch die in einem anderen Besteuerungszeitraum erfolgte Korrektur der Besteuerungsgrundlagen zum Wegfall des rechtlichen Grundes für die Zahlung des Finanzamts.[347] Das bedeutet: **Der Abtretungsempfänger eines Vorsteuervergütungsanspruchs** hat, auch nachdem er den Vergütungsbetrag vereinnahmt hat, keine gesicherte Vermögensposition. Vielmehr muss er damit rechnen, dass der vom Finanzamt ausgezahlte Betrag wegen nachträglich eintretender Änderungen i. S. d. § 17 UStG wieder vom Finanzamt zurückverlangt wird.

Nach § 37 Abs. 2 S. 3 AO richtet sich der **Rückforderungsanspruch** im Falle der Abtretung, Verpfändung oder Pfändung **auch gegen den Abtretenden, Verpfänder oder Pfändungsschuldner**. Abtretender und Abtretungsempfänger, Verpfänder und Pfandgläubiger, Pfändungsschuldner und Pfändungsgläubiger sind somit Gesamtschuldner der Rückforderung (§ 44 Abs. 1 S. 1 AO).

E. Die Gesamtschuld (§ 44 AO)

80 **§ Fall 19: Verfahrensrechtliche Tücken der Gesamtschuld**

O hat seinem „leiblichen" Neffen N im Jahr 02 ein Paket nicht notierter Aktien geschenkt (15 % der Anteile an einer AG). In dem gegen N gerichteten SchenkSt-Bescheid vom 01.02.03 bezifferte das FA den Wert des Aktienpakets auf 500.000 € und setzte dementsprechend die Steuer gegen N wie folgt fest:

Wert des Erwerbs	500.000 €
abzgl. Freibetrag nach § 16 ErbStG	**20.000 €**
steuerpflichtiger Erwerb	480.000 €
Steuerklasse (§ 15 ErbStG) II/Steuersatz (§ 19 ErbStG) 25 %	
Steuer	120.000 €

Anlässlich einer im Oktober 04 beim FA durchgeführten Geschäftsprüfung wird festgestellt, dass das FA den nach § 12 ErbStG zu ermittelnden Wert des Aktienpakets aufgrund fehlerhafter Würdigung des richtig erklärten Sachverhalts um 100.000 € zu niedrig angesetzt hat. Kann das FA die Steuer noch in der richtigen Höhe festsetzen?

345 Vgl. BFH v. 10.11.2009 – VII R 6/09, BStBl. II 2010, 255; BFH v. 18.9.2012 – VII R 53/11, BStBl. II 2013, 270.

346 BFH v. 31.08.1993 – VII R 69/91, BStBl. II 1995, 846.

347 BFH v. 19.08.2008 – VII R 36/07, BStBl. II 2009, 90; BFH v. 27.10.2009 – VII R 3/08, BStBl. II 2010, 257.

I. Korrektur des gegen N gerichteten Steuerbescheids
Steuerbescheide können nur unter den Voraussetzungen der §§ 172 ff. AO korrigiert werden (dazu unten Rn. 262 ff.). Die **Tatbestandsvoraussetzungen einer Korrekturnorm** liegen jedoch nicht vor. Insbesondere kommt keine Korrektur nach § 173 Abs. 1 Nr. 1 AO wegen „neuer" Tatsachen in Betracht, weil der steuerlich relevante Sachverhalt dem FA bekannt war und der Fehler auf eine unrichtige Rechtsanwendung zurückzuführen ist. Es handelt sich andererseits auch nicht um eine nach § 129 AO zu berichtigende „offenbare Unrichtigkeit", weil dem FA keine mechanische Fehlleistung, sondern ein Rechtsirrtum unterlaufen ist (vgl. unten Rn. 246 ff.).

II. Erlass eines Steuerbescheids gegen O

1. Bei einer Schenkung sind nach § 20 Abs. 1 ErbStG der Erwerber und der Schenker Steuerschuldner. Sofern mehrere Personen dieselbe Leistung aus dem Steuerschuldverhältnis schulden, sind sie nach § 44 Abs. 1 AO Gesamtschuldner. N und O sind somit Gesamtschuldner. Mit dem Institut der Gesamtschuldnerschaft will das Gesetz den Steuereingang sichern.[348] Das Gesetz unterscheidet drei Gruppen der Gesamtschuldnerschaft:
   - Mehrere Personen schulden dieselbe Steuer nebeneinander;

   Weiteres Beispiel dazu
   Bei einem der GrESt unterliegenden Erwerbsvorgang schulden Veräußerer und Erwerber die GrESt (§ 13 Nr. 1 GrEStG).

   - eine oder mehrere Personen haften aus dem Steuerschuldverhältnis;

   Beispiel
   Der Arbeitgeber haftet nach § 42 d Abs. 1 Nr. 1 EStG für die LSt des Arbeitnehmers.

   - Personen sind zusammen zu einer Steuer zu veranlagen.

   Beispiel
   Zusammenveranlagung von Ehegatten zur ESt (§§ 26, 26 b EStG).

2. Es fragt sich, ob das FA nicht wegen der Steuerfestsetzung gegenüber N daran gehindert ist, einen weiteren Steuerbescheid gegen den Gesamtschuldner O zu erlassen. Aus der Verpflichtung der Behörde, entstandene Steueransprüche geltend zu machen, folgt die Pflicht, mindestens einen Gesamtschuldner in Anspruch zu nehmen.[349] Die Finanzbehörde ist jedoch nicht auf die Inanspruchnahme eines Gesamtschuldners beschränkt, sondern kann grundsätzlich die Steuer- bzw. Haftungsschuld gegen mehrere oder alle Gesamtschuldner festsetzen. Die Festsetzung gegenüber einem Gesamtschuldner hat **keine verfahrensrechtliche Wirkung** gegenüber einem anderen Gesamtschuldner, weil die Bestandskraft des Steuer- bzw. Haftungsbescheids nur gegenüber dem Adressaten des Bescheids wirkt (§ 44 Abs. 2 S. 3 AO). Das FA ist somit – vorbehaltlich der Ermessensprüfung – nicht gehindert, nach Inanspruchnahme des Gesamtschuldners N einen inhaltlich abweichenden Bescheid gegen den Gesamtschuldner O zu erlassen.[350]
3. Schließlich müsste die Finanzbehörde das bei Gesamtschuldnern bestehende sog. **Auswahlermessen** fehlerfrei ausgeübt haben. Bei der Ermessensentscheidung (§ 5 AO), welchen bzw. welche Gesamtschuldner sie in Anspruch nimmt, ist der Ver-

348 BFH v. 19.08.2008 – VI
349 I R 36/07, BStBl. II 2009, 90;
350 BFH v. 27.10.2009 – VII R 3/08, BStBl. II 2010, 257.
Drüen in T/K § 44 AO Rn. 21.

hältnismäßigkeitsgrundsatz (insbesondere die Erforderlichkeit und Angemessenheit) zu beachten. Aus dem Wortlaut des § 20 Abs. 1 ErbStG („auch der Schenker") und dem Charakter der SchenkSt als Bereicherungssteuer folgt, dass die Finanzbehörde sich grundsätzlich zunächst an den Beschenkten halten muss.[351] Das gilt jedoch nicht, wenn der Steueranspruch gegenüber dem Beschenkten nicht oder nicht mehr in voller Höhe geltend gemacht werden kann. Nach Ansicht des BFH bleibt der Finanzbehörde wegen der Pflicht zur Realisierung entstandener Steueransprüche in diesem Fall gar keine andere Wahl, als den Schenker durch Steuerbescheid in Anspruch zu nehmen.[352]

Ergebnis:

Das FA muss in einem an O zu richtenden SchenkSt-Bescheid die Steuer in der zutreffenden Höhe festsetzen.

81 I. Die weiteren **Wirkungen** der Gesamtschuld regelt § 44 Abs. 2 AO: Erfüllung, Aufrechnung und Sicherheitsleistung durch einen Gesamtschuldner wirken auch für die übrigen Schuldner. Andere Tatsachen – insbesondere Erlass, Verjährung, Stundung, Verwirkung und Niederschlagung – wirken nur für und gegen den Gesamtschuldner, in dessen Person sie eintreten.

Beispiel

Ein Gesamtschuldner G1, gegen den die Steuer festgesetzt war, hat den festgesetzten Steuerbetrag gezahlt. Aufgrund eines Einspruchs des G1 wird der gegen G1 ergangene Steuerbescheid aufgehoben und die Steuer an G1 zurückgezahlt. Das Finanzamt will nunmehr den Gesamtschuldner G2 in Anspruch nehmen. G2 wird – mit Erfolg – einwenden, dass die Steuerschuld durch Zahlung des G1 nach § 44 Abs. 2 AO erloschen war und die Rückzahlung des Steuerbetrags an G1 nur Auswirkung im Verhältnis zwischen dem Steuergläubiger und G1 hat.[353]

II. Ob die Gesamtschuldner einander im Innenverhältnis zum **Ausgleich** verpflichtet sind, richtet sich ausschließlich nach dem Zivilrecht, also nach §§ 421 ff. BGB.[354] In dem Steuerbescheid, mit dem das FA einen Gesamtschuldner in Anspruch nimmt, braucht es nicht notwendig auf die gesamtschuldnerische Haftung hinzuweisen, um die Durchsetzung zivilrechtlicher Ausgleichsansprüche zu erleichtern.[355]

III. Im Falle der Gesamtschuldnerschaft wegen Zusammenveranlagung zur ESt hat das Gesetz den Grundgedanken der Gesamtschuldnerschaft – Einstehenmüssen jedes Gesamtschuldners für die ganze Schuld – nicht folgerichtig zu Ende geführt. Denn im Vollstreckungsverfahren können die Gesamtschuldner eine **Aufteilung der Steuerschuld** beantragen (§§ 268 ff. AO). Sie werden dadurch im Ergebnis so gestellt, als seien sie Teilschuldner.[356] Der Aufteilungsbescheid führt zu einer Beschränkung des Regelungsinhalts der Steuerfestsetzung gegen die zusammenveranlagten Ehegatten. Für die weitere Vollziehung tritt der Aufteilungsbescheid an die Stelle des Zusammenveranlagungsbescheids, der dadurch jedoch nicht etwa aufgehoben wird.[357] Nach vollständiger Tilgung, und zwar auch im Falle der Aufrechnung durch das Finanzamt, kann allerdings der Aufteilungsantrag nicht mehr gestellt werden.[358]

351 BFH v. 02.12.1981 – VI R 22/80, BStBl. II 1982, 323; Drüen in T/K § 44 AO Rn. 31.
352 BFH v. 13.05.1987 – II R 189/83, BStBl. II 1988, 188; BFH v. 26.06.1996 – II R 31/93, BFH/NV 1997, 2.
353 BFH v. 29.02.2012 – II R 19/10, BStBl. II 2012, 489.
354 Drüen in T/K § 44 AO Rn. 26 m. w. N.
355 BFH v. 05.11.1980 – II R 25/78, BStBl. II 1981, 176.
356 Vgl. BFH v. 12.01.1988 – VII R 66/87, BStBl. II 1988, 406.
357 BFH v.18.12.2001 – VII R 56/99, BStBl. II 2002, 214.
358 BFH v. 12.06.1990 – VII R 69/89, BStBl. II 1991, 493.

Fall 20: Erstattungsberechtigung für zusammen veranlagte Ehegatten 82

Für die Jahre 01 und 02 sind die Eheleute M und F zusammen zur ESt veranlagt worden. Nachdem die Ehe im Jahr 03 geschieden worden war, zahlte M in 04 über ein Konto bei der X-Bank die rückständigen Steuerschulden der Jahre 01 und 02. Im Jahr 06 wurden die ESt-Bescheide für diese Jahre geändert. Hierdurch ergaben sich Erstattungsansprüche. F beantragt, die Hälfte der Erstattungsansprüche an sie auszuzahlen, weil die ursprünglichen Steuerzahlungen von dem Bankkonto einer zwischen ihr und M auch noch nach der Ehescheidung weiterbestehenden GbR für Rechnung der gemeinsamen Steuerschuld geleistet worden seien. Zu Recht?

I. Nach § 37 Abs. 2 AO ist derjenige **Erstattungsgläubiger**, auf dessen Rechnung die Zahlung bewirkt worden ist. Für das Tatbestandsmerkmal „auf dessen Rechnung" kommt es nicht darauf an, von wem oder mit wessen Mitteln gezahlt worden ist. Entscheidend ist vielmehr, wessen Steuerschuld nach dem Willen des Zahlenden, wie er im Zeitpunkt der Zahlung dem FA gegenüber erkennbar hervorgetreten ist, getilgt werden sollte.[359]

II. Dieser Grundsatz gilt auch für den Fall, dass mehrere Personen als Gesamtschuldner die überzahlte Steuer schuldeten. Erstattungsberechtigter ist bei Gesamtschuldnerschaft – eine solche liegt hinsichtlich der ESt für 01 und 02 bei den zusammenveranlagten Ehegatten M und F vor (§ 44 Abs. 1 AO, § 26 b EStG) – derjenige, dessen Steuerschuld getilgt werden sollte. Demnach sind zusammenveranlagte Ehegatten für Erstattungsansprüche wegen zu Unrecht gezahlter Einkommensteuer **nicht Gesamtgläubiger**.[360] Die Gesamtgläubigerschaft folgt auch nicht aus § 36 Abs. 4 S. 3 EStG. Die Bestimmung besagt nur, dass das FA befugt ist, den Erstattungsbetrag nach seiner Wahl an den einen oder den anderen Ehegatten auszuzahlen; sie regelt jedoch nicht, welcher der Ehegatten die Auszahlung des Erstattungsbetrags verlangen darf.[361]

III. Ist die im Zeitpunkt der Zahlung bestehende Willensrichtung des zahlenden Ehegatten für das FA nicht erkennbar, kann anders als in sonstigen Fällen der Gesamtschuldnerschaft nicht ohne Weiteres davon ausgegangen werden, dass jeder Gesamtschuldner nur seine eigene Steuerschuld tilgen will. Bei bestehender und intakter Ehe entspricht es vielmehr der regelmäßigen **Absicht der Ehegatten**, beide von ihrer Steuerschuld zu befreien, sodass bei Fehlen von Anhaltspunkten für eine andere Tilgungsabsicht des zahlenden Ehegatten davon auszugehen ist, dass die Zahlung für Rechnung beider bewirkt worden ist, mithin der Erstattungsbetrag für beide erstattungsberechtigten Gesamtschuldner grundsätzlich nach Kopfteilen aufzuteilen ist.[362] Das gilt selbst dann, wenn im Zeitpunkt der Zahlung über das Vermögen des anderen Ehegatten das Insolvenzverfahren eröffnet war.[363]

IV. Ist hingegen im Zeitpunkt der Zahlung die **Ehe** bereits **geschieden**, kann im Zweifel davon ausgegangen werden, dass der Zahlende nur auf eigene Rechnung leisten will, es sei denn, dieser hat einen anderen, im Zahlungszeitpunkt dem FA gegenüber erkennbar hervorgetretenen Willen geäußert.[364]
Da die Ehe im Jahre 04 bereits geschieden war und sich keine Feststellungen über die Tilgungsabsicht des M treffen lassen, bleibt es bei der Vermutung, dass er nur Zahlungen auf eigene Rechnung leisten wollte.

---

359 BFH v. 23.08.2001 – VII R 94/99, BStBl. II 2002, 330; AEAO zu § 37 Nr. 2.2.1.

360 BFH v. 13.03.1997 – VII R 39/96, BStBl. II 1997, 522; Drüen in T/K § 37 AO Rn. 81.

361 BFH v. 25.05.1989 – VII R 118/87, BStBl. II 1990, 41; BFH v. 05.04.1990 – VII R 2/89, BStBl. II 1990, 719, auch zum dem FA in § 36 Abs. 4 S. 3 EStG eingeräumten Auswahlermessen.

362 St.Rspr., vgl. BFH v. 15.11.2005 – VII R 16/05, BStBl. II 2006, 453.

363 BFH v. 30.09.2008 – VII R 18/08, BStBl. II 2009, 38; zu Besonderheiten bei unterschiedlicher Höhe der Steuerschuld der Ehegatten vgl. BFH v. 22.3.2011 – VII R 42/10, BStBl. II 2011, 607.

364 Vgl. BFH v. 25.07.1989 – VII R 118/87, BStBl. II 1990, 41 auch zu der Frage, welche Indizien insoweit zu berücksichtigen sind.

Ergebnis:

F hat mit ihrer Ansicht nicht Recht. Der Erstattungsanspruch steht nach § 37 Abs. 2 AO allein M zu.

Ergänzender Hinweis:

Nicht im Widerspruch hierzu steht die Entscheidung des BFH[365] zum Erstattungsanspruch im Falle eines **Verlustrücktrags nach § 10 d EStG**. Für den Erstattungsanspruch nach § 37 Abs. 2 AO ist nicht maßgeblich, welcher materielle Rechtsgrund bzw. Tatbestand den Erstattungsanspruch ausgelöst hat. Im Falle der Zusammenveranlagung ist daher unerheblich, dass der Abzug personengebunden ist und nach der Zweckrichtung des § 10 d EStG grds. dem Ehegatten zuzurechnen ist, der den Verlust wirtschaftlich erlitten hat. Betrifft die Erstattung allein Steuern, die im Wege des Steuerabzugs von den Arbeitslöhnen der Ehegatten einbehalten worden sind, sind die Steuern für Rechnung des jeweiligen Arbeitnehmers an das FA abgeführt worden, sodass sich die Höhe des Erstattungsanspruchs jedes Ehegatten grds. nach dem Verhältnis der bei den Ehegatten einbehaltenen **LSt-Abzugsbeträgen** bestimmt.[366]

F. Gesamtrechtsnachfolge (§ 45 AO)

83 **Fall 21: Außenprüfung bei dem Gesamtrechtsnachfolger**

S hat im Jahre 05 seinen Vater V beerbt, der in den Jahren 01–03 Einkünfte aus Gewerbebetrieb erzielt hat. Das FA erlässt gegen S eine Prüfungsanordnung, um die ESt 01–03 des V im Wege der Außenprüfung zu überprüfen. Dagegen richtet sich der Einspruch des S. Hat der Einspruch Erfolg?

Die Prüfungsanordnung (§ 196 AO) ist ein mit dem Einspruch (§ 347 Abs. 1 S. 1 Nr. 1 AO) anfechtbarer Verwaltungsakt. Die Begründetheit des Einspruchs hängt davon ab, ob die Außenprüfung bei S zulässig ist.

I. Nach § 193 Abs. 1 AO unterliegen u. a. Stpfl. der Außenprüfung, die einen gewerblichen Betrieb unterhalten. S hat in dem Prüfungszeitraum diese Voraussetzungen in seiner Person nicht erfüllt.

II. Die Außenprüfung könnte jedoch wegen der mit dem Erbantritt eingetretenen Gesamtrechtsnachfolge (§ 1922 BGB) zulässig sein. Denn bezüglich des Erblassers lagen die Voraussetzungen des § 193 Abs. 1 AO vor.

Nach § 45 Abs. 1 S. 1 AO gehen im Falle der Gesamtrechtsnachfolge die **Forderungen und Schulden aus dem Steuerschuldverhältnis** auf den Rechtsnachfolger über. Die Verpflichtung, die Außenprüfung zu dulden und bei der Durchführung der Prüfung mitzuwirken (§ 200 AO), ist keine Verpflichtung aus dem Steuerschuldverhältnis, sondern betrifft das **Steuerpflichtverhältnis**. Die Vorschrift des § 45 AO ist jedoch keine abschließende Regelung. Sie enthält nach der Rspr. einen allgemeinen Rechtsgedanken, der über ihren sich aus dem Wortlaut ergebenden Anwendungsbereich hinausreicht.[367] Der Gesamtrechtsnachfolger tritt danach auch verfahrensrechtlich in die abgabenrechtliche Rechtsstellung seines Vorgängers ein.[368] Nur Zwangsgelder (§ 45 Abs. 1 S. 2 AO) und höchstpersönliche Rechtspositionen sind von der Gesamtrechtsnachfolge ausgenommen.

365 BFH v. 18.09.1990 – VII R 99/89, BStBl. II 1991, 47.
366 Vgl. Drüen in T/K § 37 AO Rn. 82 m. w. N.
367 Kritisch Drüen in T/K § 45 AO Rn. 2 m. w. N.
368 Vgl. BFH v. 05.05.1999 – XI R 1/97, BStBl. II 1999, 653; BVerfG v. 12.03.1985–1 BvR 571/81, 1 BvR 494/82, 1 BvR 47/83, BVerfGE 69, 188.

Daher kommt es für die Prüfungsanordnung gegen den Erben darauf an, ob gegen den Erblasser eine Außenprüfung zulässig gewesen wäre.[369]

Ergebnis:

Der Einspruch des S kann nicht mit Erfolg darauf gestützt werden, die Voraussetzungen des § 193 Abs. 1 AO lägen nicht vor.

Der Grundsatz des § 45 Abs. 1 AO wird für Erben als Gesamtrechtsnachfolger durch § 45 Abs. 2 S. 1 AO eingeschränkt. Danach sind die Vorschriften des bürgerlichen Rechts über die Haftung des Erben für Nachlassverbindlichkeiten entsprechend anwendbar. Der Erbe hat also die Möglichkeit, seine Haftungsbeschränkung auf den Nachlass herbeizuführen (durch Nachlassverwaltung oder Nachlassinsolvenz bzw. Erhebung der Dürftigkeitseinrede, vgl. §§ 1975, 1990 BGB). Die Haftungsbeschränkung kommt auch für solche Steuerschulden in Betracht, die nach dem Tod des Erblassers entstanden sind, aber noch auf einem Handeln des Erblassers beruhen und weder vom Erben noch vom Nachlassinsolvenzverwalter durch eigenes Handeln verhindert werden konnten.[370] Der Erbe kann den **Einwand der beschränkten Erbenhaftung** weder im Festsetzungs- noch im Einspruchsverfahren gegen ein nach § 254 Abs. 1 S. 3 AO an ihn gerichtetes Leistungsgebot, sondern nach § 265 AO i. V. m. § 781 ZPO stets nur im Vollstreckungsverfahren gegenüber dem FA geltend machen.[371] **84**

G. Abtretung, Verpfändung, Pfändung (§ 46 AO)

Gegen den Fiskus gerichtete Erstattungs- und Vergütungsansprüche aus dem Steuerschuldverhältnis sind nach Maßgabe des § 46 AO abtretbar (§ 398 BGB), verpfändbar (§ 1273 BGB) und pfändbar (§§ 829, 835 ZPO). Die Abtretung wird erst wirksam, wenn sie der Finanzbehörde nach Entstehung des Anspruchs in bestimmter Form angezeigt ist (§ 46 Abs. 2, Abs. 3 AO). Dazu ist nicht die Übersendung des Originals erforderlich, sondern es genügt beispielsweise auch die Übermittlung der Urkunde per Telefax.[372] Die Anzeige muss nach § 46 Abs. 3 S. 1 AO auf einem amtlich vorgeschriebenen Vordruck erfolgen. Die geforderten Angaben auf einer Anlage reichen jedenfalls dann nicht aus, wenn auf dem Vordruck darauf nicht Bezug genommen wird.[373] **85**

Fehlen in der Abtretungsanzeige notwendige Angaben (z. B. zum Abtretungsgrund), ist die Abtretung unwirksam.[374] Der geschäftsmäßige Erwerb der genannten Ansprüche ist grundsätzlich unzulässig (§ 46 Abs. 4 AO). Wird dem FA die Abtretung angezeigt, so wird es bei Leistung an den Abtretungsempfänger grundsätzlich auch dann von seiner Erstattungsverpflichtung frei, wenn die Abtretungsanzeige nicht der in § 46 Abs. 3 AO vorgeschriebenen Form entspricht.[375] Die Pfändung ist erst nach Entstehung des Anspruchs zulässig; ein entgegen diesem Verbot vorzeitig erwirkter Pfändungs- und Überweisungsbeschluss ist nichtig (§ 46 Abs. 6 AO).

§ Fall 22: Wirkung der Abtretung **86**

Der Stpfl. S hat durch Abtretungsvertrag vom 20.05.02 seinen Anspruch auf Erstattung überzahlter ESt 01 ohne betragsmäßige Begrenzung an D abgetreten und dem FA die Abtretung auf dem vorgeschriebenen Vordruck formgerecht angezeigt. Am 30.05.02 wird S der ESt-Bescheid 01 bekannt gegeben. Aufgrund anzurechnender Vorauszahlungen besteht danach ein Erstattungsanspruch in Höhe von 18.000 €. Mit dem im eigenen Namen eingelegten Einspruch vom 10.06.02 macht D geltend, die Steuer sei um 5.000 € zu hoch festgesetzt und der Erstattungsanspruch betrage demnach 23.000 €. Ist der Einspruch des D zulässig?

369 BFH v. 24.08.1989 – IV R 65/88, BStBl. II 1990, 2.
370 BFH v. 11.08.1998 – VII R 118/95, BStBl. II 1998, 705; weitergehend Drüen in T/K § 45 AO Rn. 27.
371 BFH v. 24.06.1981 – I B 18/81, BStBl. II 1981, 729.
372 BFH v. 08.06.2010 – VIII R 39/09, BStBl. II 2010, 839.
373 BFH v. 28.01.2014 – VII R 10/12, BStBl. II. 2014, 507.
374 BFH v. 28.09.2011 – VII R 52/10, BStBl. II 2012, 92.
375 BFH v. 25.09.1990 – VII R 114/89, BStBl. II 1991, 201.

Der Einspruch könnte wegen fehlender Beschwer unzulässig sein.

I. Zur Einlegung eines Einspruchs ist nach § 350 AO befugt, wer eine Beschwer durch einen Verwaltungsakt oder dessen Unterlassung geltend macht. Beschwert ist in erster Linie derjenige, gegen den der möglicherweise rechtswidrige Verwaltungsakt gerichtet ist. Bekannt gegeben wurde der angefochtene ESt-Bescheid 01 dem S. Daher ist zunächst S als **Adressat** des Bescheids zur Einlegung eines Einspruchs befugt.

II. Außer dem Adressaten können auch **Dritte** einspruchsbefugt sein, wenn sie durch den Verwaltungsakt oder dessen Unterlassung betroffen sind. Die Beschwer Dritter ist nicht davon abhängig, dass der Verwaltungsakt ihnen nach § 122 Abs. 1 S. 1 Alt. 2 AO bekannt gegeben ist.[376] Der Dritte muss jedoch in seinen steuerrechtlichen, nicht lediglich in seinen wirtschaftlichen bzw. privatrechtlichen Interessen betroffen sein.

Ob diese Voraussetzungen in der Person des Abtretungsempfängers vorliegen, ist umstritten:

- Eine früher vertretene Meinung[377] nahm an, mit der Abtretung gehe die volle Gläubigerstellung auf den Zessionar über. Dieser könne den Erstattungs- oder Vergütungsantrag stellen und aus eigenem Recht Einspruch einlegen und später Klage erheben. Aufhebungs- oder Änderungsbescheide des FA müssten sowohl dem Zedenten wie auch dem Zessionar bekannt gegeben werden.
- Die h. M.[378] misst der Abtretung nur Wirkung auf die **Rechtsstellung im Erhebungsverfahren** bei. In das Steuerfestsetzungsverfahren könne der Abtretungsempfänger nicht eingreifen, und er sei auch nicht in einem evtl. Einspruchsverfahren beizuladen.[379] Der Abtretungsempfänger müsse ggf. zivilrechtlich gegen den Zedenten vorgehen, um diesen zu den verfahrensrechtlich gebotenen Maßnahmen (z. B. Einlegung eines Einspruchs) anzuhalten.

Die h. M. entspricht dem Bedürfnis nach einer überschaubaren Verfahrensstruktur und ist auch deshalb vorzuziehen, weil sie das Steuergeheimnis (§ 30 AO) zugunsten des Zedenten besser wahrt.

Ergebnis:

Der Einspruch des D ist mangels Beschwer unzulässig.

Auch der **Pfändungsgläubiger** hat keine stärkere Rechtsposition als der Abtretungsempfänger. Er hat insbesondere nicht das Recht, für den Vollstreckungsschuldner die Einkommensteuerveranlagung nach § 46 Abs. 2 Nr. 8 EStG zu beantragen.[380]

H. Der Haftungsanspruch

I. Begriff der Haftung

87 Der Begriff der Haftung wird im Zivilrecht vom Gesetz und von der Rechtspraxis untechnisch, d. h. mit verschiedenen Bedeutungen verwandt.[381] Im Steuerrecht dagegen wird

376 Seer in T/K § 350 AO Rn. 17.

377 Kruse in T/K § 46 AO Rn. 54 bis Lfg. Nr. 106/2006.

378 BFH v. 09.04.1986 – I R 62/81, BStBl. II 1986, 565; Boeker in H/H/Sp § 46 AO Rn. 75; Blesinger/Viertelhausen in K/vW § 46 AO Rn. 8; s. zur Entwicklung auch Drüen in T/K § 46 AO Rn. 54 ff.

379 A. A. Koenig § 46 Rn. 30.

380 BFH v. 18.08.1998 – VII R 114/97, BStBl. II 1999, 84; AEAO zu § 46 Nr. 4.

381 Vgl. Enneccerus/Lehmann, Recht der Schuldverhältnisse, 15. Aufl. 1958, § 2 III.

begrifflich zwischen Schuld und Haftung unterschieden: Haftung im steuerlichen Sinne bedeutet, dass jemand für die Erfüllung einer fremden Schuld mit seinem eigenen Vermögen einzustehen hat.[382] Daraus ergibt sich zugleich das in Rspr.[383] und Lit.[384] gleichermaßen anerkannte Prinzip der **Akzessorietät** der Haftung, wonach sich der Haftungsanspruch in Grund und Höhe nach dem Steueranspruch richtet.[385] Zudem darf nach Erlöschen der Steuerschuld kein Haftungsbescheid mehr ergehen,[386] sofern nicht die Haftung auf Steuerhinterziehung oder Steuerhehlerei des Haftenden beruht (§ 191 Abs. 5 S. 2 AO).[387] Bei Erlass des Haftungsbescheides darf die Steuerschuld noch nicht festsetzungsverjährt sein.[388]

Der Haftungsanspruch kann nur entstehen, wenn (mindestens gleichzeitig) ein Steuertatbestand verwirklicht worden ist.[389] Der Zweck der Haftung besteht in der Sicherung des Steueraufkommens. Durch diese Ausdehnung des Steuerschuldverhältnisses auf eine Mehrzahl von Personen[390] werden die Ansprüche daraus gewissermaßen „auf mehrere Füße gestellt".[391]

Steuerschuldner und Haftungsschuldner sind grundsätzlich **nicht personenidentisch**. Das schließt jedoch nicht aus, dass in besonderen Konstellationen der Steuerschuldner, der nicht zugleich Zahlungsschuldner ist, als Haftungsschuldner herangezogen werden kann.[392]

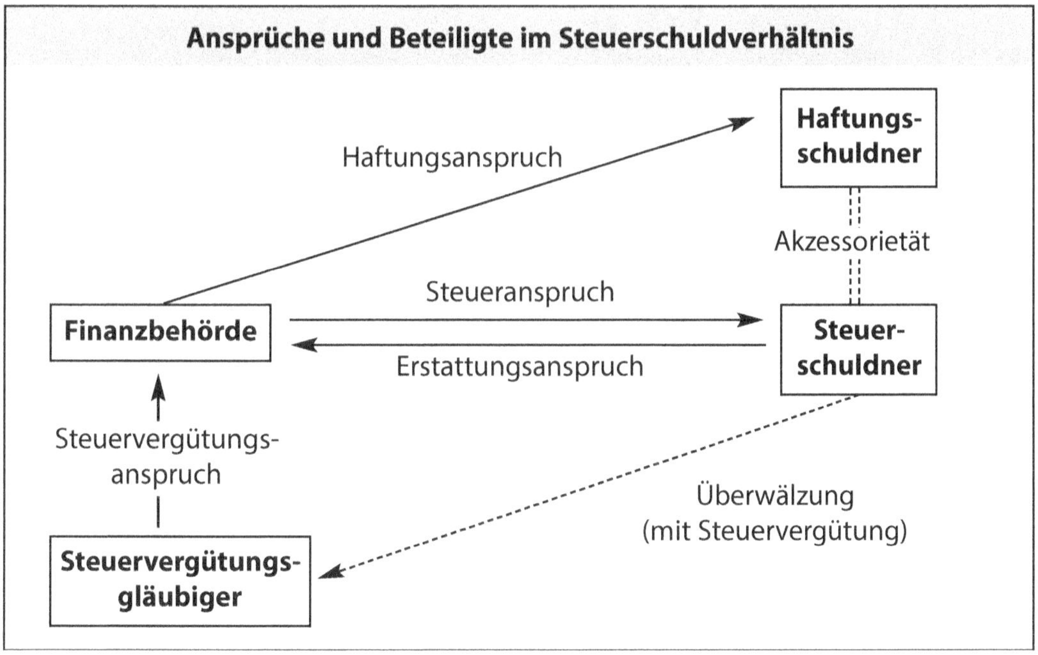

Grafik aufbauend auf Seer in T/L Rn. 6.87

382 BFH v. 07.03.2006 – X R 8/05, BStBl. II 2007, 594.
383 Z.B. BFH v. 11.7.2001 – VII R 28/99, BStBl. II 2002, 267.
384 Explizit Boeker in H/H/Sp, § 191 AO Rn. 23 m.w.N.
385 Jakob Rn. 371 f.
386 B/D/T Rn. 304; Jakob Rn. 419, 421.
387 Kruse LbStR, S. 159.
388 Boeker in H/H/Sp, § 191 AO Rn. 242; ebenso Kempf/Schmidt, DStR 2003, 190, 192.
389 BFH v. 12.10.1999 – VII R 98/98, BStBl. II 2000, 486.
390 S. bereits Hensel, Steuerrecht, 3. Aufl. 1933, S. 69.
391 Kruse LbStR, S. 151.
392 Vgl. BFH v. 07.03.2006 – X R 8/05, BStBl. II 2007, 594 m.w.N.

II. Die Haftungstatbestände

88 Haftungsvorschriften finden sich in der AO (§§ 69–76) und den Einzelsteuergesetzen. Darüber hinaus begründen auch die zivilrechtlichen Haftungsvorschriften eine öffentlich-rechtliche Haftung für Steuerschulden (arg. § 191 Abs. 4 AO). Diese Normendichte hat zu dem Schlagwort der „Hypertrophie der Haftungsvorschriften" im Steuerrecht geführt.[393]

Haftung für Steuerschulden

nach Steuerrecht		nach Zivilrecht	
nach der AO	nach den Einzelsteuergesetzen, z.B.:	kraft Gesetzes (§ 191 Abs. 1 AO), z.B.:	kraft Vertrags (§ 48 Abs. 2 AO), z.B.:
▪ §§ 69–76 AO	▪ des Arbeitgebers für LSt (§ 42 d EStG) ▪ des Schuldners für Kapitalerträge für KapErtrSt (§ 44 Abs. 5 EStG) ▪ des Leistungsempfängers bei der Bauabzugsteuer nach §§ 48 ff. EStG	▪ des Erwerbers eines Handelsgeschäfts (§ 25 HGB) ▪ der Gesellschafter (§§ 128, 161 HGB)	▪ des Bürgen (§ 765 BGB) ▪ Schuldversprechen (§ 780 BGB) ▪ Schuldbeitritt (gesetzl. nicht geregelt)

III. Die Haftungstatbestände der AO im Einzelnen

1. Haftung der Vertreter (§ 69 AO)

89 **§ Fall 23: Haftung des Geschäftsführers der GmbH**

Die X-GmbH geriet Anfang 01 in Liquiditätsschwierigkeiten. Geschäftsführer S verwendete die vorhandenen Mittel, um die fälligen Löhne auszuzahlen und Baustofflieferanten zu befriedigen. USt- und LSt-Anmeldungen für die Monate 1–4/01 gab S inhaltlich zutreffend, aber verspätet ab. Die angemeldeten Beträge wurden nicht an das FA gezahlt. Das FA setzte daraufhin Verspätungszuschläge zur USt und LSt 1–4/01 fest und versuchte erfolglos, die Steuern und die Verspätungszuschläge gegen die X-GmbH beizutreiben. Nach Eröffnung des Insolvenzverfahrens (01.08.01) will das FA den S als Haftungsschuldner in Anspruch nehmen.

S könnte nach § 69 AO für die LSt-Haftungsschulden (vgl. § 42 d EStG), die USt-Schulden und die Verspätungszuschläge der X-GmbH haften.

I. Als gesetzlicher Vertreter der GmbH (§ 35 Abs. 1 GmbHG) hatte er nach § 34 Abs. 1 AO deren steuerliche Pflichten zu erfüllen. Er gehört damit zum **haftenden Personenkreis** nach § 69 AO.

II. Die für die Haftung erforderliche **Pflichtverletzung** kann sowohl im Festsetzungsverfahren, z.B. durch nicht abgegebene oder unrichtige Steuererklärungen, als auch im Erhebungsverfahren, insbesondere durch Nichtzahlung fälliger Ansprüche aus verwalteten Mitteln (§ 34 Abs. 1 S. 2 AO), erfolgen. Eine Pflichtverletzung

393 Loose in T/K Vor § 69 AO Rn. 9.

kann allerdings nicht schon darin gesehen werden, dass der Vertreter in der Unternehmenskrise Umsatzsteuer begründende Geschäfte tätigt, obwohl die ausgelöste Steuer voraussichtlich nicht beglichen werden kann.[394] S hat steuerliche Pflichten verletzt, weil er fällige Steuerbeträge nicht aus den von ihm verwalteten Mitteln der X-GmbH entrichtet hat.

III. Die Haftung erstreckt sich auf: 90
- Ansprüche aus dem Steuerschuldverhältnis (§ 37 AO),
- soweit sie infolge der Pflichtverletzung nicht oder nicht rechtzeitig festgesetzt oder erfüllt oder soweit infolgedessen Steuervergütungen oder Steuererstattungen ohne rechtlichen Grund gezahlt werden **(Haftungsschaden)**.

Nach dem Wortlaut des § 69 AO stehen die Schadensalternativen (nicht, zu niedrig oder verspätet festgesetzt bzw. nicht oder teilweise nicht erfüllt) selbstständig nebeneinander. Nach dem Verständnis des BFH besteht der Haftungsschaden im Ergebnis nur in dem **Steuerausfall**. Daher entfällt eine Haftung nach § 69 AO, wenn der Vertreter zwar seine Erklärungspflicht verletzt und daher die verspätete Festsetzung der Steuer verschuldet hat, jedoch kein ausreichendes Vermögen vorhanden war, um die rechtzeitig festgesetzten Steuern zu erfüllen. Der Haftungsschaden ist eingetreten, weil der Geschäftsführer die angemeldeten Lohn- und Umsatzsteuerbeträge trotz zumindest teilweise vorhandener Mittel nicht erfüllt hat. Ein Haftungsschaden ist entstanden in Höhe der nicht abgeführten Lohnsteuer sowie in Höhe eines noch zu ermittelnden Teils der Umsatzsteuerschulden und der Verspätungszuschläge.

IV. Die Handlung des S war **ursächlich** für die Nichterfüllung der Ansprüche aus dem Steuerschuldverhältnis. Der Haftungsschaden wäre ohne diese Pflichtverletzung nicht eingetreten.[395] 91

Nach der auch im Bereich des § 69 AO geltenden **Adäquanztheorie** sind solche Pflichtverletzungen für den eingetretenen Schaden ursächlich, die allgemein und erfahrungsgemäß geeignet sind, den eingetretenen Schaden (den Steuerausfall) zu verursachen.[396] Hypothetische Kausalverläufe sind nach dem Schutzzweck der Norm – anders als im Zivilrecht – grundsätzlich nicht zu berücksichtigen.[397] Deshalb kann im konkreten Fall offenbleiben, ob der Insolvenzverwalter Zahlungen des S auf die fälligen Steuerschulden nach § 130 InsO hätte anfechten und vom Finanzamt zurückverlangen können.[398]

V. Die Haftung nach § 69 AO setzt **Vorsatz oder grobe Fahrlässigkeit** voraus. Bei der Verschuldensprüfung ist auf die Umstände des Einzelfalls und die persönlichen Verhältnisse des Vertreters abzustellen. Die Frage der Fahrlässigkeit ist also – wie im Strafrecht – nach einem subjektiven Sorgfaltsmaßstab zu beurteilen.[399]

Die Rspr. stellt unterschiedliche Anforderungen an den Vertreter, je nachdem, um welche Art von Steuern es sich handelt:

Abzugsteuern, insbesondere die LSt nach §§ 38, 41 a EStG, sind nach der Rspr. als treuhänderische Fremdgelder mit Vorrang gegenüber anderen Verbindlichkeiten an das FA abzuführen.[400] Dies hat zur Folge, dass sich der Vertreter praktisch nur mit Gründen entlasten kann, die im Zeitraum **nach Auszahlung** 92

394 BFH v. 28.11.2002 – VII R 41/01, BStBl. II 2003, 337.
395 BFH v. 01.08.2000 – VII R 110/99, BStBl. II 2001, 271.
396 BFH v. 11.11.2008 – VII R 19/08, BStBl. II 2009, 342.
397 Vgl. BFH v. 05.06.2007 – VII R 65/05, BStBl. II 2008, 273.
398 Vgl. auch Loose in T/K § 69 AO Rn. 21 mit Hinweisen auf abweichende Entscheidung der Finanzgerichte.
399 BFH v. 21.02.1989 – VII R 165/85, BStBl. II 1989, 491; Koenig/Kratzsch § 69 Rn. 69; Blesinger/Viertelhausen in K/vW § 69 AO Rn. 9ff.; Loose in T/K § 69 AO Rn. 25.
400 BFH v. 26.03.1985 – VII R 139/81, BStBl. II 1985, 539; BFH v. 29.05.1990 – VII R 81/89, BFH/NV 1991, 283; BFH v. 01.08.2000 – VII R 110/99, BStBl. II 2001, 271; kritisch zum Grundsatz der vorrangigen Befriedigungspflicht hinsichtlich der LSt Loose in T/K § 69 AO Rn. 41 m.w.N.

der Löhne bis zur Fälligkeit der einzubehaltenden und abzuführenden Lohnsteuer (am 10. des nachfolgenden Monats, § 41 a Abs. 1 EStG) **eintreten**.[401] Beispielsweise kann nach Auszahlung der Löhne ein unvorhersehbarer Liquiditätsengpass eingetreten sein (nicht ausreichend ist der Eintritt der Zahlungsunfähigkeit innerhalb der Frist nach § 240 Abs. 3 AO).[402] Als weitere Möglichkeit kommt nach der Rspr. in Betracht, dass nach Auszahlung der Löhne vom Insolvenzgericht ein allgemeines Verfügungsverbot nach § 21 Abs. 2 Nr. 2 InsO erlassen wird. Selbst wenn der Geschäftsführer in einem solchen Fall gegen die Pflicht verstoßen hat, Lohnsteuer **einzubehalten**, ist dieser Pflichtverstoß für einen für die Haftung nach § 69 AO erforderlichen Schaden nicht ursächlich.[403] Verfügt die Gesellschaft hingegen nur über **Mittel in Höhe der ausgezahlten Nettolöhne**, besteht das Verschulden des Geschäftsführers darin, dass er die Löhne nicht zum Zwecke der anteiligen Befriedigung des FA wegen der LSt nach § 38 Abs. 4 EStG entsprechend gekürzt an die Arbeitnehmer ausgezahlt hat.[404] Ein Geschäftsführer, der auf anderem Wege keine Möglichkeit findet, seine Pflichten zu erfüllen, muss ggf. entweder von seinem Amt zurücktreten oder den Antrag auf Eröffnung des Insolvenzverfahrens stellen.[405] Ein Schuldvorwurf kann allerdings nicht hinsichtlich der in voller Höhe angemeldeten, nicht abgeführten LSt erhoben werden, sondern nur hinsichtlich der LSt-Beträge, die an das FA bei gebotener Kürzung der Nettolöhne hätten abgeführt werden können. Die Kürzungsverpflichtung gilt selbst dann, wenn die Lohnzahlung aus Kreditmitteln erfolgt, die nach Vereinbarung mit dem Kreditgeber nur für Nettolohnzahlungen verwendet werden sollen.[406]

Da sich das Verschulden und damit die Berechnung der Haftungssumme nicht nach den Umständen der einzelnen Lohnzahlungszeitpunkte, sondern nach den Verhältnissen während des gesamten Haftungszeitraums bestimmen, kommt eine betragsmäßige Beschränkung der Lohnsteuerhaftung allenfalls für den oder die letzten Monate eines Haftungszeitraums in Betracht. Denn aus der Tatsache, dass über mehrere Monate hinweg die Löhne stets ungekürzt ausgezahlt worden sind, ergibt sich, dass jedenfalls ausreichende Mittel vorhanden waren, um jeweils die für den vorangegangenen Monat angemeldete und rückständige LSt in voller Höhe an das FA zu zahlen.[407]

Keine Abzugsteuer, sondern eine Unternehmenssteuer eigener Art, ist die **pauschalierte LSt** nach §§ 40–40 b EStG. Auch wenn der Vertreter Einbehaltungspflichten verletzt hat, kann er nach Pauschalierung der entsprechenden LSt nur noch wegen Verletzung der Pflicht zur Entrichtung der pauschalen LSt nach den „für andere Steuern" geltenden Grundsätzen haftbar gemacht werden.[408]

Bei **anderen Steuern**, z. B. USt, GewSt, KSt und pauschaler LSt, gilt der Grundsatz der Gleichbehandlung aller Gläubiger.[409] Denn es gibt keine Rechtsnorm, die vorschreibt, den Fiskus bei Zahlungsschwierigkeiten vorab zu befriedigen.[410] Reichen die verfügbaren Mittel nicht zur Tilgung aller Steuerschulden aus, begründet die Nichtbeachtung des **Grundsatzes der anteiligen Tilgung** den Schuldvorwurf.[411] Eine Haftung kommt nur in Höhe des Differenzbetrags in Betracht, mit dem die errechnete Tilgungsquote unterschritten wird.

Bei der Ermittlung der Tilgungsquote und des sich daraus ergebenden Haftungsbetrags ist nicht auf einzelne Fälligkeitszeitpunkte der ausgefallenen Steuerbeträge, sondern auf den gesamten Haftungszeitraum abzustellen. Die Feststellung der Verhältnisse zu den jeweiligen Fälligkeitszeitpunkten würde die Finanzbehörde, die für die Pflichtverletzung und das Verschulden die objektive Feststellungslast trägt, mit Ermittlungsschwierigkeiten belasten, die nach Ansicht des BFH „im Hinblick auf die Praktikabilität der Geschäftsführerhaftung" unangemessen wären.[412]

401 Vgl. BFH v.16.07.1996 – VII R 133/95, BFH/NV 1997, 4.
402 Vgl. BFH v. 11.12.1990 – VII R 85/88, BStBl. II 1991, 282.
403 BFH v. 17.11.1992 – VII R 13/92, BStBl. II 1993, 471.
404 BFH v. 23.06.1998 – VII R 4/98, BStBl. II 1998, 761.
405 BFH v. 05.11.1991 – VII B 116/91, BFH/NV 1992, 575.
406 BFH v. 12.07.1983 – VII B 19/83, BStBl. II 1983, 655.
407 BFH v. 26.07.1988 – VII R 83/87, BStBl. II 1988, 859; BFH v. 17.01.1989 – VII B 96–97/88, VII B 96/88, VII B 97/88, BFH/NV 1989, 424.
408 BFH v. 03.05.1990 – VII R 108/88, BStBl. II 1990, 767; krit. Schmidt/Krüger § 40 EStG Rn. 25 ff., 30.
409 BFH v.26.08.1992 – VII R 50/91, BStBl. II 1993, 8 m. w. N.
410 Spriegel/Jokisch DStR 1990, 433; krit. Wilcke StVj 1990, 154.
411 Dazu krit. Friedl DStR 1989, 162.
412 BFH v. 11.07.1989 – VII R 81/87, BStBl. II 1990, 357.

Der **Haftungsbetrag** wird danach wie folgt ermittelt: 93

1. Der **maßgebende Haftungszeitraum** beginnt mit der ersten Steuersäumigkeit und endet, wenn keine Mittel mehr verfügbar sind, also insbesondere mit Zahlungseinstellung oder mit Eröffnung des Insolvenzverfahrens.
2. Die **Gesamtverbindlichkeiten** ergeben sich aus den Verbindlichkeiten bei Beginn und den Zu- und Abgängen (nicht Tilgungsleistungen!) während des Haftungszeitraums. Zu den Gesamtverbindlichkeiten gehören auch die Steuerverbindlichkeiten unter Berücksichtigung der Zu- und Abgänge während des Haftungszeitraums.
3. Aus dem Verhältnis der Steuerverbindlichkeiten zu den Gesamtverbindlichkeiten ergibt sich die **Quote**, in deren Höhe die vorhandenen Mittel zur Tilgung der Steuerschulden hätten eingesetzt werden müssen.
4. In einem weiteren Schritt ist zu ermitteln, welche **Zahlungsmittel** im Haftungszeitraum zur Tilgung der Gesamtverbindlichkeiten zur Verfügung standen. Von diesen Mitteln musste ein der Quote zu 3. entsprechender Teil an das Finanzamt entrichtet werden.
5. Der **Haftungsbetrag** ergibt sich aus der Differenz zwischen dem rechnerischen Tilgungsbetrag nach 4. und den tatsächlich geleisteten Steuerzahlungen.
6. In die nach den dargestellten Grundsätzen aufgestellte Vergleichsrechnung sind u. E. die **LSt-Beträge** nicht einzubeziehen, d. h. „haftungsneutral" einerseits bei der Ermittlung der Gesamtverbindlichkeiten und andererseits bei der Zusammenstellung der verfügbaren Mittel zu kürzen. Denn die Pflicht zur vorrangigen Tilgung der LSt darf sich nicht bei der Haftung für andere Steuerschulden zuungunsten des Haftungsschuldners auswirken.[413] In der Finanzverwaltung wurde demgegenüber unter Berufung auf das Grundsatzurteil des BFH vom 14.07.1987[414] die Auffassung vertreten, die LSt sei bei der Berechnung der Gesamtverbindlichkeiten einzubeziehen, bei der Berechnung der Haftungssumme jedoch wieder auszuklammern.[415] Das führte dazu, dass die jeweilige Höhe der Lohnsteuerabzugsbeträge die Haftungsquote (für andere Steuern) beeinflusst, die Zahlung der Lohnsteuer aber für diese Quote neutral ist.

413 Vgl. BFH v. 27.02.2007 – VII R 60/05, BStBl. II 2008, 508; Buciek BB 1989, 2303; Prugger Inf 1990, 343.
414 BFH v. 14.07.1987 – VII R 188/82, BStBl. II 1988, 172.
415 Vgl. z. B. OFD Magdeburg v. 23.11.1994, BB 1995, 82.

94

Beispiel/Schema

zur Berechnung der Haftungssumme für nicht vorrangig zu tilgende Steuerschulden*

A Berechnung der Gesamtverbindlichkeiten

I.	Schuldenstand (ohne Steuern) zu Beginn des Haftungszeitraums (einschl. Löhne und Sozialabgaben)	150.000 €
+	Zugänge	10.000 €
./.	Abgänge ohne Berücksichtigung geleisteter Zahlungen (z. B. Rabatte, Boni, Skonti, Forderungsverzicht) bis zur Zahlungseinstellung	**10.000 €**
Zu tilgen waren in diesem Zeitraum insgesamt (ohne Steuern)		150.000 €
II.	Einzubehaltende und abzuführende Lohnsteuerabzugsbeträge zu Beginn des Haftungszeitraums	30.000 €
+	Zugänge	1.000 €
./.	Abgänge ohne Berücksichtigung geleisteter Zahlungen bis zur Zahlungseinstellung	**1.000 €**
Rückständige Lohnsteuerabzugsbeträge		30.000 €
III.	Sonstige Steuerschulden zu Beginn des Haftungszeitraums (ohne A. II.), darunter nicht nur die fälligen, sondern auch die bereits entstandenen	20.000 €
+	Zugänge	1.000 €
./.	Abgänge ohne Berücksichtigung geleisteter Zahlungen bis zur Zahlungseinstellung	**1.000 €**
Rückständige Steuern (ohne Lohnsteuer lt. A. II.) insgesamt		20.000 €
IV.	Die Gesamtverbindlichkeiten (A. I. + A. III. ohne Lohnsteuer) betragen	170.000 €

B. Berechnung der Mittelverwendung/verfügbare Mittel

I.	Summe der bezahlten Schulden (ohne Steuern) im Sinne von A. bis zur Zahlungseinstellung	95.000 €
II.	Summe der bezahlten Steuerverbindlichkeiten im Sinne von A. III. (Steuern ohne Lohnsteuer einschl. Umbuchungen) bis zur Zahlungseinstellung	5.000 €
III.	Gesamtsumme der bezahlten Verbindlichkeiten (B. I. + B. II. – also ohne Lohnsteuer)	100.000 €
IV.	./. (vorrangig zu tilgender) rückständiger Lohnsteuer	**30.000 €**
V.	verfügbare Mittel	70.000 €

C. Berechnung der Haftungsquote

verfügbare Mittel gemäß B. V.	70.000 €
Gesamtverbindlichkeiten gemäß A. IV.	170.000 €
(70.000 : 170.000 x 100 =)	41,18 %

D. Berechnung der Haftungssumme

I.	Bei pflichtgemäßer anteiliger Tilgung wären zu zahlen gewesen: Steuerschulden 20.000 (s. A. III.) x 41,18 % gemäß C. =	8.236 €
II.	Betrag, der tatsächlich auf diese Steuerrückstände gezahlt worden ist (einschl. Umbuchungen)	./. 5.000 €
III.	**Ergebnis:** Die Haftungssumme beläuft sich auf	3.236 €

* Wegen der rückständigen Lohnsteuerabzugsbeträge kann sich der Haftungsschuldner nicht auf fehlende Mittel berufen. Nach der hier vertretenen Ansicht dürfen dementsprechend Mittel, die für die Zahlung von Lohnsteuer verwendet worden sind oder hätten verwendet werden müssen, nicht bei der Ermittlung der Haftungsquote für rückständige sonstige Steuerschulden berücksichtigt werden.

Für den konkreten Fall ergibt sich daraus Folgendes: Die LSt musste S mit Vorrang gegenüber anderen Verbindlichkeiten an das FA abführen. Bei den fälligen USt-Beträgen hätte er die privaten Gläubiger nicht bevorzugen dürfen, sondern die vorhandenen Mittel zumindest anteilig zur Tilgung der Steuerschulden verwenden müssen. Es kann hier dahinstehen, ob S seine Pflichten gegenüber dem FA gekannt und deren Verletzung gewollt hat. Denn zumindest hat S seine Sorgfaltspflichten in ungewöhnlich großem Maße verletzt und damit grob fahrlässig gehandelt. 95

Als Geschäftsführer einer insolventen GmbH hätte er sich, falls er nicht selbst ausreichende Kenntnisse über seine steuerlichen Pflichten besaß, vor der Verwendung der noch zur Verfügung stehenden Mittel bei einem steuerlichen Berater oder dem FA über seine Pflichten erkundigen müssen.

Sind **mehrere Geschäftsführer** bestellt, ist bei der Verschuldensprüfung die interne Aufgabenverteilung zu berücksichtigen, sofern entsprechende Vereinbarungen klar und eindeutig, d.h. schriftlich fixiert sind.[416] Sobald jedoch die wirtschaftliche Lage der Gesellschaft oder die Person des handelnden Geschäftsführers dazu Anlass geben, lebt die persönliche Verpflichtung jedes Geschäftsführers zur Besorgung der steuerlichen Pflichten wieder auf.[417] In der Unternehmenskrise muss daher jeder Geschäftsführer zur Vermeidung der Haftung überwachen, ob die Abzugsteuern ordnungsgemäß einbehalten, angemeldet und entrichtet werden. Wird nur einer von mehreren Geschäftsführern in Anspruch genommen, gehört zur Begründung des Haftungsbescheids gegen den in Anspruch genommenen Geschäftsführer auch eine nachvollziehbare Darlegung der Gründe, die zur Haftungsfreistellung des/der anderen geführt haben.[418]

Ein Verschulden des steuerlichen Beraters der GmbH bei der Fertigung einer Steuererklärung kann dem Geschäftsführer nicht zugerechnet werden. In diesem Fall ist allerdings zu prüfen, ob den Geschäftsführer evtl. ein Auswahl- oder Überwachungsverschulden trifft.[419] Entsprechendes gilt für ein Verschulden anderer Erfüllungsgehilfen.[420]

VI. **Umfang der Haftung:** Die Haftung erstreckt sich auf Ansprüche aus dem Steuerschuldverhältnis, die infolge der Pflichtverletzung nicht oder nicht rechtzeitig festgesetzt oder erfüllt worden sind. Zu den Ansprüchen aus dem Steuerschuldverhältnis (§ 37 AO) gehören neben Steuer- und Haftungsansprüchen auch Erstattungsansprüche wegen rechtsgrundlos gezahlter Steuererstattungen oder -vergütungen sowie Ansprüche auf steuerliche Nebenleistungen. 96

§ 69 S. 2 AO erweitert die Haftung auch auf **Säumniszuschläge**, die als mittelbare Folgen der Nichterfüllung der Steuerschuld entstehen. Für diese Haftung kommt es also nicht darauf an, ob die Zahlung der Säumniszuschläge pflichtwidrig verhindert oder verzögert wurde.[421] Die Haftungserweiterung des § 69 S. 2 AO gilt nicht für **Verspätungszuschläge**. Bei der Haftung für Verspätungszuschläge kommt es deshalb nicht darauf an, ob der Vertreter die Erklärung pflichtwidrig nicht oder nicht rechtzeitig abgegeben hat, sondern ob er die festgesetzten Verspätungszuschläge aus dem vorhandenen Vermögen ganz oder nach dem Grundsatz der anteiligen Tilgung teilweise hätte zahlen müssen.[422]

Die Haftung wegen „nicht rechtzeitiger Steuerfestsetzung" ist beispielsweise von Bedeutung, wenn Umsätze nicht rechtzeitig in USt-Voranmeldungen erfasst werden. Der Geschäftsfüh-

416 BFH v. 23.06.1998 – VII R 4/98, BStBl. II 1998, 761.

417 BFH v. 04.03.1986 – VII S 33/85, BStBl. II 1986, 384; Loose in T/K § 69 AO Rn. 32 m.w.N.

418 BFH v. 30.06.1995 – VII R 87/94, BFH/NV 1996, 3.

419 BFH v. 30.08.1994 – VII R 101/92, BStBl. II 1995, 278.

420 BFH v. 30.06.1995 – VII R 85/94, BFH/NV 1996, 2.

421 BFH v. 26.07.1988 – VII R 83/87, BStBl. II 1988, 859; aber nur Haftung für die während der Tätigkeit des Geschäftsführers durch dessen schuldhafte Pflichtverletzung entstandenen Säumniszuschläge, BFH v. 24.01.1989 – VII B 188/88, BStBl. II 1989, 315; FG Saarland v. 27.09.1990–2 K 14/86, EFG 1991, 294: auch bei späterer Herabsetzung der Steuer auf null.

422 BFH v. 01.08.2000 – VII R 110/99, BStBl. II 2001, 271.

rer, der die Umsätze in der nachfolgenden USt-Jahreserklärung vollständig erklärt, kann sich also nicht mit dem Nachweis entlasten, dass zum Zeitpunkt der Fälligkeit des sich aus den Umsätzen ergebenden Mehrbetrags der Jahressteuer (einen Monat nach Eingang der USt-Jahreserklärung beim FA, § 18 Abs. 4 S. 1 UStG) keine Mittel mehr zur Erfüllung der Steuerschuld vorhanden waren.[423]

Auch wenn die Pflichtverletzung in der Nichterfüllung der Erklärungspflicht besteht, also die Tatbestandsalternative der „nicht rechtzeitigen Steuerfestsetzung" vorliegt, ist der Grundsatz der anteiligen Befriedigung zu beachten: Die Haftung entfällt bzw. ist beschränkt, wenn dem Geschäftsführer zum Zeitpunkt der Pflichtverletzung keine ausreichenden Mittel zur Tilgung aller Verbindlichkeiten (einschließlich der nicht angemeldeten Steuer) zur Verfügung stehen und durch die Verletzung der Erklärungspflicht auch keine aussichtsreiche Vollstreckungsmöglichkeit des Finanzamts vereitelt wird.[424] Der BFH stützt diese **einschränkende Auslegung des § 69 AO** auf den „Schadensersatzcharakter" der Vorschrift.[425] Der Schaden werde in erster Linie durch den Ausfall der Steuer und weniger durch das Unterbleiben der Steueranmeldung verursacht.[426]

Ergebnis:

S haftet nach § 69 S. 1 AO für die nicht abgeführten LSt-Abzugsbeträge sowie einen (noch zu ermittelnden) Teil der USt-Schulden und der nicht entrichteten Verspätungszuschläge zur Lohn- und Umsatzsteuer der X-GmbH. Die Haftung erstreckt sich nach § 69 S. 2 AO auch auf die angefallenen Säumniszuschläge.

Ergänzender Hinweis:

Die Zahlungen des Geschäftsführers aufgrund der Haftungsinanspruchnahme sind für diesen (nachträgliche) Werbungskosten bei den Einkünften aus nichtselbständiger Arbeit.[427]

97 **§ Fall 24: Haftung des faktischen Geschäftsführers**

S ist Geschäftsführer der X-GmbH, die durch Organvertrag mit Ergebnisabführungsvereinbarung mit der Y-GmbH verbunden war (X-Konzern). Nach der konzern-internen Geschäftsordnung war S für das Finanz- und Rechnungswesen mit Kostenrechnung der X-GmbH und aller Tochtergesellschaften, also auch der Y-GmbH, zuständig. In der Eigenschaft als Geschäftsführer der X-GmbH leistete S u. a. Zahlungen für die Y-GmbH, nahm solche entgegen, führte Kreditverhandlungen und unterzeichnete deren LSt-Anmeldungen. Wegen finanzieller Schwierigkeiten des X-Konzerns hielt S die LSt-Anmeldungen, die ihm termingerecht von der Y-GmbH zugegangen waren, ab März 04 zurück. Im Juni 04 wurde das über das Vermögen des X-Konzerns beantragte Insolvenzverfahren mangels Masse nicht eröffnet. Kann das FA den S als Haftungsschuldner für die nicht angemeldete LSt in Anspruch nehmen?

I. Nach § 69 S. 1 AO haften auch die in § 35 AO bezeichneten Personen. Nach dieser Bestimmung hat, wer als Verfügungsberechtigter im eigenen oder fremden Namen auftritt, die Pflichten eines gesetzlichen Vertreters, soweit er sie rechtlich und tatsächlich erfüllen kann. **Verfügungsberechtigter** i. S. d. § 35 AO ist jeder, der wirtschaftlich über Mittel, die einem anderen gehören, verfügen kann und als Verfügungsberechtigter auftritt. Die Verfügungsmacht kann auf Gesetz, behördlicher oder gerichtlicher Anordnung oder Rechtsgeschäft beruhen.[428] Das Auftreten als Verfügungsberechtigter braucht nicht gegenüber der Finanzbehörde zu erfolgen.[429] Es genügt auch, dass je-

423 BFH v.12.04.1988 – VII R 131/85, BStBl. II 1988, 742.
424 BFH v. 05.03.1991 – VII R 93/88, BStBl. II 1991, 678.
425 Vgl. z. B. BFH v. 01.08.2000 – VII R 110/99, BStBl. II 2001, 271.
426 BFH v. 23.06.1988 – IV R 21/86, BStBl. II 1988, 890.
427 OFD Düsseldorf v. 29.10.1992, DB 1992, 2592.
428 BFH v.16.03.1995 – VII R 38/94, BStBl. II 1995, 859.
429 BFH v. 27.11.1990 – VII R 20/89, BStBl. II 1991, 284.

mand sich so geriert, als könne er über fremdes Vermögen verfügen.[430] Die Haftung wird in diesem Fall jedoch durch den letzten Hs. des § 35 AO wieder eingegrenzt.[431]

1. S hat die faktische Geschäftsführung der Y-GmbH inne.[432] Er war in der Lage, über die Mittel der Y-GmbH zu verfügen; eine Befugnis, die er auch tatsächlich und nach außen hin wahrgenommen hat. Aus diesem Grund hatte S die Pflichten eines gesetzlichen Vertreters i. S. d. § 34 Abs. 1 AO.[433]
2. Eine Pflichtverletzung liegt nur dann vor, wenn der Verfügungsberechtigte im konkreten Fall tatsächlich und rechtlich in der Lage war, die Pflicht zu erfüllen. **Tatsächlich** wäre S in der Lage gewesen, die lohnsteuerlichen Pflichten der Y-GmbH zu erfüllen. Darüber hinaus hatte er auch die erforderlichen **rechtlichen** Kompetenzen. Denn selbst wenn er keine Vollmacht über die Konten der Y-GmbH gehabt haben sollte, war er doch aufgrund seiner Stellung im Konzern in der Lage, die Zahlung durch vertretungsberechtigte Organe der Y-GmbH zu veranlassen. Eine solche „mittelbare" rechtliche Befugnis ist für die Haftung nach §§ 69, 35 AO ausreichend.[434]

II. S hat auch seine Pflichten zumindest grob fahrlässig verletzt, indem er die LSt-Anmeldungen der Y-GmbH nicht rechtzeitig abgegeben und die – verspätet angemeldeten – Beträge aus den vorhandenen Mitteln nicht entrichtet hat.

Ergebnis:

Das FA kann S wegen der nicht angemeldeten und abgeführten LSt im Rahmen pflichtgemäßer Ermessensausübung – in Betracht kommt als Haftender auch der Geschäftsführer der Y-GmbH – in Anspruch nehmen.

2. Haftung des Steuerhinterziehers (§ 71 AO)

§ **Fall 25: Der hilfreiche Prokurist** 98

Bauunternehmer U ist in finanziellen Schwierigkeiten. Um die Liquidität des Unternehmens zu verbessern, erstellt der Prokurist P für Dezember 02 eine USt-Voranmeldung, in der die USt für ein im Voranmeldungszeitraum abgenommenes Bauvorhaben mit einem Auftragswert von 100.000 € zuzüglich 19.000 € USt nicht erfasst ist. U unterschreibt die Steueranmeldung gutgläubig. Im März 03 stellt sich heraus, dass die Forderung in Höhe von 119.000 € gegen den Besteller uneinbringlich ist. Kann das FA den P als Haftungsschuldner für die nicht angemeldete USt in Höhe von 19.000 € in Anspruch nehmen?

Die Inanspruchnahme des P als Haftungsschuldner setzt voraus, dass die Haftung entstanden ist und noch besteht.[435]

I. In Betracht kommt die Haftung nach § 71 AO. Danach haftet der Steuerhinterzieher, der Steuerhehler oder der Teilnehmer an einer solchen Tat[436] für die verkürzten Steuern und die zu Unrecht gewährten Steuervorteile sowie die Zinsen nach § 235 AO und Zinsen nach § 233 a AO, soweit diese nach § 235 Abs. 4 AO auf die Hinterziehungszinsen angerechnet werden. Voraussetzung ist, dass der objektive und der subjektive Tatbestand einer Steuerhinterziehung erfüllt und einwandfrei festgestellt sind,[437] sowie dass die Tat schuldhaft begangen wurde, also weder Schuldaus-

430 BFH v. 24.04.1991 – I R 56/89, BFH/NV 1992, 76.
431 Vgl. Loose in T/K § 35 AO Rn. 1.
432 Zur faktischen Geschäftsführung vgl. BGH v. 22.09.1982–3 StR 287/82, BGHSt 31, 118; BGH v. 12.11.1986–3 StR 405/86, HFR 1987, 629; BFH v. 11.03.2004 – VII R 52/02, BStBl. II 2004, 579.
433 Vgl. BFH v. 21.02.1989 – VII R 165/85, BStBl. II 1989, 491.
434 BFH v. 27.11.1990 – VII R 20/89, BStBl. II 1991, 284.
435 Loose in T/K § 191 AO Rn. 12.
436 Z. B. Beihilfe zur Steuerhinterziehung durch den Verkauf von Kassenmanipulationssoftware FG Rheinland-Pfalz v. 07.01.2015–5 V 2068/14, DStRE 2016, 40.
437 Vgl. BFH v. 12.01.1988 – VII R 74/84, BFH/NV 1988, 692.

schließungsgründe noch Entschuldigungsgründe vorliegen.[438] P hat in mittelbarer Täterschaft (§ 25 Abs. 1 Alt. 2 StGB) eine Steuerhinterziehung i. S. d. § 370 Abs. 1 Nr. 1 AO begangen, weil durch sein Verhalten die USt für den Voranmeldungszeitraum 12/02 um 19.000 € zu niedrig angemeldet und – weil die Steueranmeldung nach § 168 AO einer Vorbehaltsfestsetzung gleichsteht – zu niedrig festgesetzt worden ist (§ 370 Abs. 4 S. 1 AO).

II. Die Haftung könnte jedoch erloschen sein, weil die Erstschuld, für die P in Anspruch genommen werden soll, nicht mehr besteht. Die USt für die Werklieferung des U war zwar nach § 13 Abs. 1 Nr. 1 Buchst. a) UStG mit Ablauf des Voranmeldungszeitraums, in dem die Leistung ausgeführt worden war, also im Dezember 02 entstanden. Da die Forderung des U aus der Lieferung jedoch im März 03 uneinbringlich geworden ist, hat sich die Bemessungsgrundlage für den Umsatz nachträglich geändert mit der Folge, dass die Steuer nach § 17 Abs. 1, Abs. 2 Nr. 1 UStG im März 03 um 19.000 € zu berichtigen war. Wenn aber U die auf die Leistung entfallende USt im Ergebnis nicht mehr schuldet, kann nach dem Grundsatz der Akzessorietät auch der Haftungsschuldner nicht mehr in Anspruch genommen werden.[439]

Ergebnis:

Die zunächst entstandene Haftung des P nach § 71 AO ist erloschen.

99 Die Haftung nach § 71 AO setzt voraus, dass dem Fiskus tatsächlich ein Vermögensschaden entstanden ist. Das ist beispielsweise nicht der Fall, wenn zwar eine Steuerhinterziehung vorliegt, der Steueranspruch aber aus anderen, gegenläufigen Gründen nicht zu niedrig festgesetzt worden ist. Das sog. **Kompensationsverbot des § 370 Abs. 4 S. 3 AO** wirkt sich nur strafrechtlich, nicht aber im Haftungsrecht aus.[440] Ebenso ist bei der Haftung nach § 71 AO der von der Rspr. zu § 69 AO entwickelte **Grundsatz der anteiligen Tilgung** zu beachten. Ein Geschäftsführer kann deshalb nicht nach § 71 AO in Anspruch genommen werden, wenn er eine Steuererklärung nicht oder verspätet oder mit unrichtigem Inhalt abgegeben und sich einer Steuerhinterziehung schuldig gemacht hat, aber keine ausreichenden Mittel zur Tilgung des Steueranspruchs zur Verfügung standen.[441]

Zu beachten ist allerdings, dass ein haftungsbegründender ursächlicher Zusammenhang zwischen der Verletzung der Steuererklärungspflicht und dem eingetretenen Steuerausfall (Haftungsschaden) auch dadurch begründet sein kann, dass durch die unterlassene oder verspätete Anmeldung eine **aussichtsreiche Vollstreckungsmöglichkeit** des Finanzamts vereitelt worden ist. Dabei ist auf einen hypothetischen Kausalverlauf abzustellen. Soweit in diesem Zusammenhang Zweifel verbleiben, trägt der Haftungsschuldner die objektive Feststellungslast.[442]

Mittäter oder Teilnehmer an einer Steuerhinterziehung ist nicht, wer sich als **Ehegatte** darauf beschränkt, die gemeinsame Einkommensteuererklärung zu unterschreiben, in der der andere Ehegatte unrichtige oder unvollständige Angaben über seine Einkünfte macht.[443] Eine Haftung nach § 71 AO, die grundsätzlich erst nach Aufteilung der Steuerschuld (§ 268 AO) in Betracht kommt,[444] scheidet folglich aus.

---

438 BFH v. 15.01.2013 – VIII R 22/10, BStBl. II 2013, 526.
439 BFH v. 02.04.1981 – V R 39/79, BStBl. II 1981, 627; Koenig/Kratzsch § 71 Rn. 22.
440 BFH v. 13.07.1994 – I R 112/93, BStBl. II 1995, 198.
441 BFH v. 26.08.1992 – VII R 50/91, BStBl. II 1993, 8; Koenig/Kratzsch § 71 Rn. 21.
442 BFH a. a. O.
443 BFH v. 16.04.2002 – IX R 40/00, BStBl. II 2002, 501.
444 Loose in T/K § 71 AO Rn. 7 m. w. N.

3. Haftung bei Organschaft (§ 73 AO)

Fall 26: Insolvenz des Organträgers 100

Die S-GmbH war (umsatzsteuerlich) als Organgesellschaft in das Unternehmen der X-KG eingegliedert (§ 2 Abs. 2 Nr. 2 UStG). Im Insolvenzverfahren über das Vermögen der X-KG ist das FA mit USt-Forderungen in Höhe von 100.000 € ausgefallen. Die Steuern entfielen zu 50 % auf die Tätigkeit der S-GmbH und zu 50 % auf die Tätigkeit der X-KG. Kann das FA die S-GmbH für die gesamten USt-Schulden in Anspruch nehmen?

I. Nach § 73 AO haftet eine Organgesellschaft für solche Steuern des Organträgers, für welche die Organschaft zwischen ihnen steuerlich von Bedeutung ist.[445]
Die Organschaft ist eine wirtschaftliche Zusammenfassung zivilrechtlich selbstständiger Unternehmen zu einem Steuersubjekt. Ein Organschaftsverhältnis kann nach § 2 Abs. 2 Nr. 2 UStG bei der USt, aber auch bei der GewSt (§ 2 Abs. 2 S. 2 GewStG) und der KSt (§§ 14, 17, 18 KStG) bestehen.

II. Im konkreten Fall war die X-KG als Organträger nach § 13 a Abs. 1 Nr. 1 UStG Schuldnerin der auf den Organkreis entfallenden USt. Die S-GmbH muss für die gesamten USt-Schulden haften, weil die Organschaft für diese Steuerart von Bedeutung ist. Rechtspolitisch wird die Regelung des § 73 AO, die keine Rücksicht auf die an der Organgesellschaft beteiligten Minderheitsgesellschafter nimmt, zu Recht kritisiert.[446] Unbillige Ergebnisse lassen sich jedoch vermeiden, indem bei der Ermessensentscheidung über die Geltendmachung der Haftung berücksichtigt wird, bei welcher Gesellschaft innerhalb des Organkreises die Erstschuld verursacht worden ist.[447]

Ergebnis:

Das FA kann die S-GmbH – vorbehaltlich einer ordnungsgemäßen Ermessensbetätigung – für die USt-Schulden der X-KG in Anspruch nehmen.

4. Haftung des Eigentümers von Gegenständen (§ 74 AO)

Fall 27: Steuerrechtlicher Haftungsdurchgriff bei der GmbH 101

A und B waren zu jeweils 50 % Gesellschafter einer GmbH, die wegen Vermögenslosigkeit im Handelsregister gelöscht worden ist. Das Unternehmen der GmbH war auf Grundstücken betrieben worden, die A und B als Gesellschaft bürgerlichen Rechts der GmbH verpachtet hatten. Das FA nimmt A und B wegen rückständiger USt-Schulden der GmbH als Haftungsschuldner in Anspruch. In dem Haftungsbescheid wird ihnen aufgegeben, die Zwangsvollstreckung in die (näher bezeichneten) zuvor an die GmbH verpachteten Grundstücke zu dulden. Zu Recht?

I. Zunächst ist fraglich, ob zwischen der GbR und der GmbH eine umsatzsteuerliche Organschaft vorlag (§ 2 Abs. 2 Nr. 2 UStG). In diesem Fall wäre die GbR als Organträger Schuldnerin der auf den Organkreis entfallenden USt, und die Gesellschafter A und B könnten allenfalls als Haftungsschuldner wegen rückständiger Steuerschulden der GbR in Anspruch genommen werden (vgl. Rn. 108).
Im Falle der Betriebsaufspaltung sind häufig die Voraussetzungen der umsatzsteuerlichen Organschaft gegeben.[448] Diese Voraussetzungen (finanzielle, wirtschaftliche

445 Nach BFH v. 31.05.2017 – I R 54/15, BStBl. II 2018, 54 ist der Gegenstand der Haftung auf solche Steueransprüche beschränkt, die gegen den durch das konkrete Organschaftsverhältnis bestimmten Organträger gerichtet sind. Näher zur restriktiven Haftungsrechtsprechung zu § 73 AO Prinz/Keller DB 2018, 400.

446 Vgl. Loose in T/K § 73 AO Rn. 6 m. w. N.

447 FG Nürnberg v. 11.12.1990 – II 238/86, EFG 1991, 437; Boeker in H/H/Sp § 73 AO Rn. 22 ff.

448 BFH v. 09.09.1993 – V R 124/89, BStBl. II 1994, 129; Abschn. 2.8 Abs. 6 b UStAE.

und organisatorische Eingliederung der GmbH in das Unternehmen der GbR) sind jedoch nicht aus dem Sachverhalt ersichtlich.

II. Somit kommt eine Haftung nach § 74 AO in Betracht:

1. A und B haben der GmbH **Gegenstände** zur Verfügung gestellt. Die Gegenstände **dienten** nicht nur vorübergehend dem **Unternehmen der GmbH** und waren **Eigentum** von A und B. Dass A und B nicht Alleineigentümer, sondern gesamthänderische Eigentümer der Grundstücke waren, ist für den Haftungstatbestand des § 74 AO ohne Bedeutung.[449]
2. A und B waren auch **wesentlich beteiligt** (§ 74 Abs. 2 AO). Das Gesetz unterscheidet zwei Alternativen:
   - Eine Beteiligung zu mehr als 25 % (unmittelbar oder mittelbar) begründet immer eine wesentliche Beteiligung;
   - als wesentlich beteiligt gilt auch, wer auf das Unternehmen einen beherrschenden Einfluss ausübt und durch sein Verhalten dazu beiträgt, dass fällige Betriebssteuern nicht entrichtet werden.

   Da A und B jeweils zu mehr als 25 % an der GmbH beteiligt waren, entfällt eine Prüfung der schwierigen normativen Tatbestandsmerkmale der Alt. 2 des § 74 Abs. 2 AO.
3. Die Haftung erstreckt sich auf **Betriebssteuern** (insbesondere USt und GewSt), soweit sie während des Bestehens der Haftungsvoraussetzungen (wesentliche Beteiligung, Überlassung von Gegenständen) entstanden sind. Auf die Fälligkeit kommt es nicht an (AEAO zu § 74 Nr. 2 AO). Die Haftung beschränkt sich **gegenständlich** auf die überlassenen Gegenstände. In den Fällen der Weggabe oder des Verlustes dieser Gegenstände erstreckt sich die Haftung auch auf Surrogate, also z. B. den Veräußerungserlös oder eine Schadensersatzzahlung.[450]

Ergebnis:

A und B sind zu Recht durch Haftungsbescheid auf Duldung der Zwangsvollstreckung in die zuvor an die GmbH verpachteten Grundstücke in Anspruch genommen worden.

Zur Ergänzung: § 74 AO knüpft die Haftung an „Gegenstände" an, die von dem „Eigentümer", der an dem Unternehmen wesentlich beteiligt ist, dem Unternehmen überlassen wurden. Nach dem Zweck der Regelung ist die Vorschrift über ihren Wortlaut hinaus auch auf die **Überlassung von immateriellen Wirtschaftsgütern** (insbesondere Rechte und Forderungen) anzuwenden, soweit diese Wirtschaftsgüter einer Verwertung im Wege der Zwangsvollstreckung zugänglich sind.[451]

102

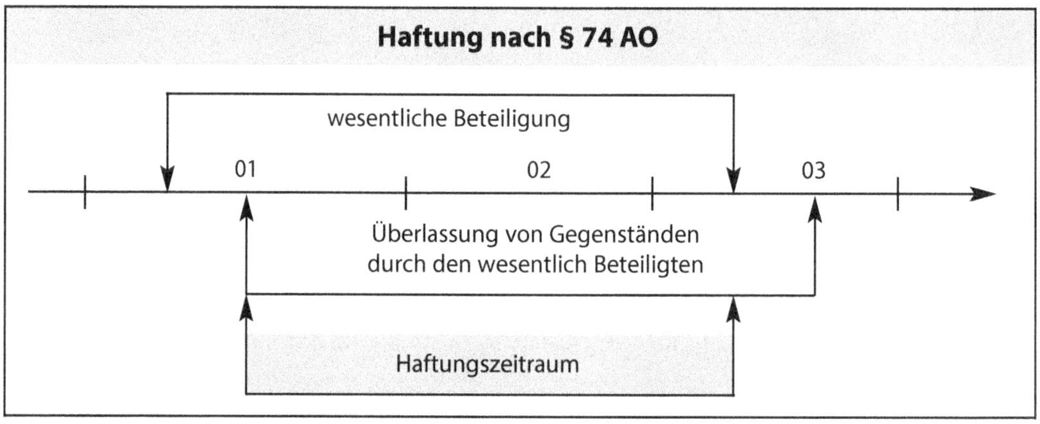

449 BFH v. 10.11.1983 – V R 18/79, BStBl. II 1984, 127.
450 BFH v. 22.11.2011 – VII R 63/10, BStBl. II 2012, 223; Loose in T/K § 74 AO Rn. 17, mit Hinweisen auf abw. Meinungen.
451 BFH v. 23.05.2012 – VII R 28/10, BStBl. II 2012, 763.

5. Haftung des Betriebsübernehmers (§ 75 AO)

Fall 28: Übernahme einer Diskothek 103

S hat durch den am 10.04.03 abgeschlossenen und am gleichen Tag vollzogenen Kauf- und Übernahmevertrag von X die Diskothek „Love Story" erworben. Der Verpächter V war mit dem Eintritt des S in den bestehenden Pachtvertrag einverstanden. X, der sich ins Ausland abgesetzt hat, schuldet dem FA noch folgende Beträge: USt 01 i.H.v. 14.000 €; USt 1–3/03 i.H.v. 12.000 €; USt 4/03 (aus Umsätzen bis zu der Geschäftsveräußerung) 16.000 €; LSt-Abzugsbeträge für 1–3/03 i.H.v. 8.000 €; ESt 02 i.H.v. 15.000 €, KraftSt 03 i.H.v. 800 €.
S, den das FA für diese Beträge als Haftungsschuldner in Anspruch nehmen möchte, beruft sich auf einen im Kauf- und Übernahmevertrag vereinbarten Haftungsausschluss.

Nach § 75 Abs. 1 AO haftet der Erwerber eines Unternehmens oder eines in der Gliederung eines Unternehmens gesondert geführten Betriebs für Betriebssteuern und Steuerabzugsbeträge in zeitlich begrenztem Umfang.

I. **Voraussetzungen der Haftung**

1. Es muss ein Unternehmen oder ein in der Gliederung eines Unternehmens gesondert geführter Betrieb übertragen werden. Der Begriff **Unternehmen** ist nach umsatzsteuerrechtlichen Gesichtspunkten zu beurteilen, sodass auch ein bebautes Grundstück, das an Dritte vermietet ist, ein Unternehmen i.S.d. § 75 AO sein kann.[452] Der Begriff des **„gesondert geführten Betriebs"** entspricht dem Begriff des „Teilbetriebs" in § 16 Abs. 1 S. 1 Nr. 1 EStG.[453] Entscheidend für die Abgrenzung zwischen Teilbetrieb als ein organisch geschlossener, mit gewisser Selbstständigkeit ausgestatteter und für sich lebensfähiger Teil eines Gesamtbetriebs[454] einerseits und einzelnen Betriebsmitteln andererseits ist das Merkmal der gesonderten Führung. Die danach erforderliche organisatorische Verselbstständigung des Teilbetriebs muss in dem Unternehmen des Veräußerers gegeben sein.[455] Da X sein ganzes Unternehmen übertragen hat, ergeben sich keine derartigen Abgrenzungsfragen.

   Beachte:

   Die Voraussetzungen des § 75 AO sind nicht identisch mit den Voraussetzungen für eine nicht steuerbare Geschäftsveräußerung nach § 1 Abs. 1 a UStG, obwohl in beiden Vorschriften der Übertragungsgegenstand als „Unternehmen oder gesondert geführter Betrieb" bezeichnet wird.[456]

2. Die Haftung des Erwerbers ist nur gerechtfertigt, wenn das übertragene Unternehmen bzw. der Teilbetrieb ein **lebender** wirtschaftlicher Organismus ist. Das setzt voraus, dass verwertbare Vermögensgegenstände übertragen werden und der Erwerber ohne nennenswerte Investitionen einen gleichen Betrieb damit fortführen kann.[457] Dabei ist es unschädlich, wenn das erworbene Betriebsvermögen in fremdem Sicherungseigentum steht.[458] Einer Haftungsinanspruchnahme steht auch nicht entgegen, dass der Betrieb vorübergehend stillgelegen hat, sofern er hierdurch nicht den Charakter als lebender Organismus verloren hat. Auch diese Voraussetzung ist nach dem Sachverhalt erfüllt.
3. Eine **Übereignung im Ganzen** liegt vor, wenn
   - die wesentlichen Grundlagen des Unternehmens bzw. des Teilbetriebs

452 BFH v. 11.05.1993 – VII R 86/92, BStBl. II 1993, 700.
453 Vgl. Koenig/Kratzsch § 75 Rn. 10.
454 BFH v. 14.03.1989 – I R 75/85, BFH/NV 1991, 291.
455 BFH v.15.03.1984 – IV R 189/81, BStBl. II 1984, 486.
456 Zu den Voraussetzungen des § 1 Abs. 1 a UStG vgl. Reiß, Umsatzsteuerrecht, 19. Aufl. 2021, Rn. 121 ff.
457 BFH v. 11.05.1993 – VII R 86/92, BStBl. II 1993, 700.
458 BFH v. 22.09.1992 – VII R 73–74/91, VII R 73/91, VII R 74/91, BFH/NV 1993, 215.

- in einem einheitlichen rechtsgeschäftlichen Übertragungsvorgang so auf den Erwerber übergehen, dass dieser
- als zumindest wirtschaftlicher Eigentümer über die wesentlichen Grundlagen verfügen kann.

Die wesentlichen Grundlagen sind nur dann übereignet worden, wenn die Haftungssubstanz auf den Erwerber übergegangen ist. Daran fehlt es, falls ein Grundstück, das zu den wesentlichen Grundlagen des Unternehmens gehört, an den Erwerber lediglich verpachtet wird.[459] Andererseits ist der Begriff der Übereignung wirtschaftlich auszulegen: Sofern ein schuldrechtliches Nutzungsrecht oder eine ähnliche Vertragsposition (z.B. Werkstattvertrag einer Kfz-Werkstatt mit einem Automobilhersteller) wesentliche Grundlage des Unternehmens sind, genügt es für das Merkmal der Übereignung, wenn der Veräußerer an der Überleitung der Vertragsposition auf den Erwerber mitwirkt.[460] Im konkreten Fall hat X keine Betriebsmittel zurückbehalten. Zu den wesentlichen Grundlagen des Unternehmens gehörte die Nutzungsmöglichkeit an den gepachteten Räumlichkeiten. Da X an der Überleitung des Vertrags mitgewirkt hat, ist somit das Tatbestandsmerkmal der Übereignung im Ganzen gegeben.

4. **Ausgeschlossen** ist die Haftung nach § 75 AO bei Erwerb aus der Insolvenzmasse, beim Erwerb vom vorläufigen Insolvenzverwalter[461] und beim Erwerb im Vollstreckungsverfahren (§ 75 Abs. 2 AO). Grund: In diesen Fällen soll die ohnehin in einem ungünstigen Veräußerungsmilieu erfolgende Verwertung nicht durch Haftungsrisiken erschwert werden. Dabei kann die Ablehnung des Antrags des bisherigen Betriebsinhabers auf Eröffnung des Insolvenzverfahrens mangels Masse zwar ein Indiz dafür sein, dass ein „lebendes Unternehmen" nicht mehr vorhanden ist; sie ist aber kein Kriterium, das eine Haftung des Betriebsübernehmers nach § 75 AO generell ausschließt.[462]

104 II. **Umfang** der Haftung

1. Die Haftung erstreckt sich auf „Steuern, bei denen sich die Steuerpflicht auf den Betrieb des Unternehmens gründet", und „Steuerabzugsbeträge". Zu den betrieblichen Steuern gehören insbesondere die USt, die GewSt und betrieblich veranlasste VerbrauchSt. Steuerabzugsbeträge sind vor allem die Lohnsteuerabzugsbeträge, die der Unternehmer für die im übertragenen Betrieb beschäftigten Arbeitnehmer einzubehalten und abzuführen hat (§§ 38, 41 a EStG). Für steuerliche Nebenleistungen, wie Säumniszuschläge, Verspätungszuschläge und Zinsen, wird dagegen nicht gehaftet.[463]
2. Die Steuern und Abzugsbeträge müssen seit Beginn des letzten vor der Übereignung liegenden Kalenderjahres entstanden und innerhalb eines Jahres seit Anmeldung des Betriebs durch den Erwerber festgesetzt oder angemeldet worden sein. Durch diese Fristen soll nach der Intention des Gesetzgebers das Haftungsrisiko für den Erwerber kalkulierbar werden.[464]
   Die USt 01 ist spätestens mit Ablauf des Monats Dezember 01 entstanden (§ 13 Abs. 1 Nr. 1 UStG); diese Steuer fällt daher nicht in die **zeitlichen Schranken** des § 75 Abs. 1 AO. Die USt für die im April bewirkten Umsätze ist erst nach der Übereignung, nämlich mit Ablauf des Monats April 03 entstanden (§ 13

459 BFH v. 18.03.1986 – VII R 146/81, BStBl. II 1986, 589.
460 BFH v. 27.05.1986 – VII R 183/83, BStBl. II 1986, 654; BFH v. 10.12.1991 – VII R 57/89, BFH/NV 1992, 712.
461 Vgl. BFH v. 23.07.1998 – VII R 143/97, BStBl. II 1998, 765; Loose in T/K § 75 AO Rn. 35, 37.
462 BFH v. 22.09.1992 – VII R 73–74/91, VII R 73/91, VII R 74/91, BFH/NV 1993, 215.
463 BFH v. 05.10.2004 – VII R 76/03, BStBl. II 2006, 3.
464 Mösbauer DStZ 1995, 481 m. w. N.

Abs. 1 Nr. 1 UStG). Diese Steuer gehört gleichwohl in den Haftungsrahmen des § 75 Abs. 1 AO, weil die Formulierung, die Steuer müsse „seit dem Beginn des letzten, vor der Übereignung liegenden Kalenderjahres entstanden" sein, nur den Beginn und nicht das Ende des maßgebenden Zeitraums betrifft. Nach dem Zweck der gesetzlichen Regelung muss sich die Haftung auch auf die USt aus Geschäften erstrecken, die in dem Voranmeldungszeitraum des Betriebsübergangs bis zu diesem Zeitpunkt ausgeführt sind. Denn die Grundlage für diese Steuer wurde noch im Betrieb des Unternehmens durch den Veräußerer gelegt. Eine Haftung für die ESt scheidet aus, weil diese Steuer sich nicht „auf den Betrieb des Unternehmens gründet", sondern in gleicher Weise auch von Nichtunternehmern erhoben wird. Gleiches gilt für die KraftSt.[465] Demnach erstreckt sich die Haftung nur auf die USt 1–4/03 und die LSt-Abzugsbeträge 1–3/03.

III. Die Haftung beschränkt sich auf den **Bestand des übernommenen Vermögens** (§ 75 105
Abs. 1 S. 2 AO). Daraus ergibt sich kein Recht, Zahlungen auf die Haftungsschulden zu verweigern, soweit sie den Wert des übernommenen Vermögens übersteigen.[466] Die Beschränkung der Haftung kann nur im **Vollstreckungsverfahren** geltend gemacht werden; zunächst durch formlose Gegenvorstellung und ggf. durch Einspruch gegen einzelne Vollstreckungsmaßnahmen, sofern die Haftungsbeschränkung bei der Vollstreckung nicht beachtet wird.[467]

IV. Der vereinbarte Haftungsausschluss ist unbeachtlich, weil die öffentlich-rechtliche Haftung nicht durch privatrechtliche Abreden zulasten des Steuergläubigers ausgeschlossen werden kann.[468]

Ergebnis:

S haftet nach § 75 AO für die USt 1–4/03 und die LSt-Abzugsbeträge 1–3/03.

106

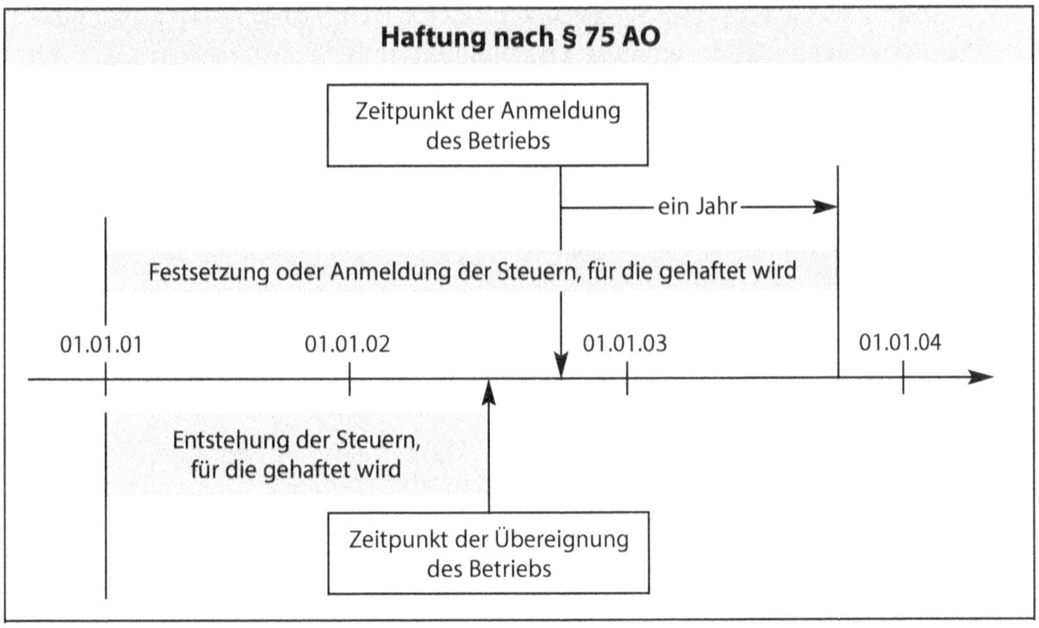

465 FG Rheinland-Pfalz v. 16.07.1992–4 K 2645/90, EFG 1992, 625.

466 So aber gegen die h. M. Loose in T/K § 75 AO Rn. 61 m. w. N.

467 Vgl. Boeker in H/H/Sp § 75 AO Rn. 114; offengelassen in BFH v. 22.09.1992 – VII R 73–74/91, VII R 73/91, VII R 74/91 BFH/NV 1993, 215.

468 Blesinger/Viertelhausen in K/vW § 75 AO Rn. 26.

6. Haftung des Erwerbers eines Handelsgeschäfts (§ 25 HGB i.V.m. § 191 AO)

107 Aufgrund der Transformationsvorschrift des § 191 Abs. 1 AO („Wer kraft Gesetzes für eine Steuer haftet ...") begründen auch die zivilrechtlichen Haftungsvorschriften die steuerrechtliche Haftung. Beim Unternehmenserwerb kommt daher neben der Haftung nach § 75 AO insbesondere eine Haftung des Erwerbers nach § 25 HGB in Betracht.

Fall 29: Haftungsrisiken des Nachpächters

U hatte seine im Handelsregister eingetragene Möbelhandlung an X verpachtet. Da X fällige Pachtzinsen nicht zahlte, kündigte U zum 21.12.01 das Pachtverhältnis. Er verpachtete das Unternehmen nunmehr an Y, der es ab 01.01.02 unter der Firma „U-Möbelhandlung, Inhaber Y" weiterführte. Das FA will Y wegen rückständiger USt-Schulden des X aus 01 in Anspruch nehmen. Zu Recht?

I. Eine Haftung des Y nach § 75 AO kommt nicht in Betracht, weil das Unternehmen nicht an Y übereignet, sondern lediglich verpachtet worden ist. Es könnten jedoch die Voraussetzungen der Haftung nach § 25 HGB i.V.m. § 191 AO vorliegen:

1. § 25 HGB setzt den **Erwerb eines Handelsgeschäfts** voraus. Handelsgeschäft ist das Unternehmen eines Kaufmanns. U ist – ungeachtet des Umfangs seines Handelsgewerbes (vgl. § 1 Abs. 2 HGB) – schon deshalb Kaufmann, weil seine Firma im Handelsregister eingetragen ist (§ 2 HGB). § 25 HGB findet somit grundsätzlich Anwendung.
2. Y hat das Handelsgeschäft auch **unter Lebenden erworben**. Der Erwerber braucht nicht rechtlicher oder wirtschaftlicher Eigentümer zu werden. Es genügt, wenn er Inhaber des Handelsgeschäfts wird.
Inhaber ist derjenige, der das Handelsgeschäft tatsächlich und für eigene Rechnung betreibt, also auch der Pächter.[469]
3. Y hat das Handelsgeschäft **unter der bisherigen Firma fortgeführt**. Dabei kommt es nicht auf die wort- und buchstabengetreue Gleichheit, sondern darauf an, ob der Kern der alten und der neuen Firma identisch ist.[470] Die bloße Übernahme der sog. Etablissementbezeichnung (z.B. Restaurant „Zum Schäfchen") ohne Firmenfortführung i.S.d. § 17 Abs. 1 HGB reicht nicht aus.[471] Der von Y hinzugefügte Nachfolgezusatz ist nach § 25 Abs. 1 S. 1 HGB für die Haftung ohne Belang.
4. Es liegt auch kein **Haftungsausschluss** nach § 25 Abs. 2 HGB vor, weil die Haftung nicht vertraglich ausgeschlossen und auch nicht unverzüglich im Handelsregister eingetragen oder dem FA mitgeteilt worden ist.

II. Der Erwerber haftet nach § 25 HGB für alle **im Betrieb des Geschäfts begründeten Verbindlichkeiten** des früheren Inhabers. Früherer Inhaber war der Vorpächter X, von dem Y allerdings das Handelsgeschäft nicht erworben hat. Nach Ansicht des BGH[472] kommt es jedoch nicht darauf an, ob der frühere Inhaber auch der Veräußerer gewesen ist. Denn die Vorschrift soll die Haftungskontinuität sichern und setzt lediglich voraus, dass die Unternehmenskontinuität besteht.
Zu den im Betrieb begründeten Verbindlichkeiten gehören nicht nur die eigentlichen Betriebssteuern, sondern auch andere Steuern, soweit sie auf betrieblichen Vorgängen beruhen (z.B. die KraftSt für betrieblich genutzte Kfz). Die USt ist eine im Betrieb begründete Verbindlichkeit, weil sie an betriebliche Leistungsabgaben anknüpft.

Ergebnis:

Y haftet nach § 25 HGB für die USt-Schulden 01 des X.

469 BGH v. 29.03.1982 – II ZR 166/81, NJW 1982, 1647; BFH v. 21.01.1986 – VII R 179/83, BStBl. II 1986, 383 m.w.N.

470 BGH v. 30.09.1981 – IVa ZR 127/80, NJW 1982, 577; BFH v. 21.01.1986 – VII R 179/83, BStBl. II 1986, 383; BGH v. 04.11.1991 – II ZR 85/91, NJW 1992, 911.

471 Anschaulich BFH v. 20.05.2014 – VII R 46/13, BFH/NV 2014, 1802 unter dem regelmäßig zutr. Hinweis darauf, dass „für Restaurantbesucher die Fähigkeiten des Kochs von größerer Bedeutung [sind] als die im Rechtsverkehr verwendete Firma des Inhabers".

472 BGH v. 16.01.1984 – II ZR 114/83, NJW 1984, 1186; dazu Wilhelm NJW 1986, 1797.

7. Haftung der Gesellschafter von Personengesellschaften

a) Die Gesellschafter einer **OHG** und der **Komplementär** der KG haften nach § 128 HGB bzw. §§ 161 Abs. 2, 128 HGB i.V.m. § 191 AO für rückständige Steuerschulden der Gesellschaft. 108

b) Ebenso haften die Gesellschafter einer **Partnerschaftsgesellschaft** als Gesamtschuldner mit ihrem gesamten Vermögen für Steuerschulden der Partnerschaft (§ 8 Abs. 1 PartGG). Die Haftungsbeschränkung nach § 8 Abs. 2 PartGG ist für Steuerschulden nicht einschlägig.

c) Die Haftung des **Kommanditisten** ist ausgeschlossen, wenn er seine Einlage geleistet hat (§ 171 Abs. 1 HGB).

d) Die **Gesellschafter einer BGB-Gesellschaft** haften bis Ende 2023 in entsprechender Anwendung des § 128 HGB für Verbindlichkeiten der Gesellschaft.[473] Der BFH, der die Haftung der Gesellschafter früher auf den Rechtsgedanken der §§ 421, 427 BGB gestützt hatte,[474] hat die neue Rspr. des BGH für den Bereich des Steuerrechts übernommen.[475] Ab 2024 normiert § 721 BGB mit Inkrafttreten des MoPEG ausdrücklich die persönliche gesamtschuldnerische Haftung der Gesellschafter für die Verbindlichkeiten der Gesellschaft gegenüber den Gläubigern. Eine entgegenstehende Vereinbarung ist Dritten gegenüber unwirksam.

Zusätze wie „GbR mit beschränkter Haftung" können die Haftung nicht einseitig beschränken oder ausschließen.[476]

Seit dem 01.01.1999 ist die BGB-Gesellschaft **insolvenzfähig** (§ 15 InsO). Haftungsansprüche gegen die Gesellschafter können während der Dauer des Insolvenzverfahrens nur vom Insolvenzverwalter geltend gemacht werden (§ 93 InsO). Die Sperrwirkung des § 93 InsO gilt nicht für andere Haftungsansprüche, z.B. nicht für die Haftung nach § 69 AO.[477]

8. Haftung für Steuerabzugsbeträge

In der Praxis ist vor allem die Haftung des Arbeitgebers für nicht einbehaltene und nicht abgeführte Lohnsteuer (§ 42 d EStG) von Bedeutung. Soweit der Arbeitgeber die einbehaltene Lohnsteuer angemeldet hat, bedarf es zur Inanspruchnahme des Arbeitgebers keines Haftungsbescheids und keines Leistungsgebots (§ 42 d Abs. 4 S. 1 Nr. 1 EStG). Im Übrigen stellt sich bei fehlerhaftem Lohnsteuerabzug vor allem die Frage, ob das Finanzamt im Rahmen seiner Ermessensentscheidung den Arbeitnehmer als Steuerschuldner oder den Arbeitgeber als Haftungsschuldner in Anspruch nimmt.[478] 109

IV. Geltendmachung der Haftung

Die Abgabenordnung unterscheidet zwischen den materiell-rechtlichen Voraussetzungen der Haftung (§§ 69 ff. AO) und der Geltendmachung von Haftungsansprüchen durch Haftungsbescheid (§ 191 AO) im Festsetzungsverfahren und Zahlungsaufforderung (§ 219 AO) im Erhebungsverfahren (dazu unten Rn. 211 ff.). 110

473 Vgl. BGH v. 29.01.2001 – II ZR 331/00, NJW 2001, 1056.
474 So u.a. BFH v. 26.08.1997 – VII R 63/97, BStBl. II 1997, 745.
475 BGH v. 09.05.2006 – VII R 50/05, BStBl. II 2007, 600.
476 BGH v. 27.09.1999 – II ZR 371/98, NJW 1999, 3483; anders noch BGH v. 25.06.1992 – I ZR 120/90, NJW 1992, 3037.
477 Vgl. BFH v. 02.11.2001 – VII B 155/01, BStBl. II 2002, 73; BGH v. 04.07.2002 – IX ZR 265/01, BStBl. II 2002, 786.
478 Dazu Schmidt/Krüger § 42 d EStG Rn. 16 ff.

3. Abschnitt Besteuerungsverfahren

A. Überblick zum gestuften Besteuerungsverfahren

111 Für das Besteuerungsverfahren, das sich aus mehreren Stufen zusammensetzt, gelten zentrale Begriffe (B.), allgemeine Verfahrensgrundsätze (C.) und Handlungsformen (D.). Dem Ermittlungsverfahren vorgelagert sind Maßnahmen zur Erfassung der Stpfl. (E.) sowie deren Aufzeichnungs- und Erklärungspflichten (F.). Diese sind Grundlage für das finanzbehördliche Ermittlungsverfahren (G.), dessen Ergebnis die Steuerfestsetzung (H.) oder vorangehend ausnahmsweise der Erlass eines Feststellungsbescheides (I.) ist.

Gestuftes Besteuerungsverfahren

Ermittlungsverfahren (§§ 85 ff., 134 ff., 149 ff. AO)	→	G.
Festsetzungsverfahren (§§ 155 ff. AO)	→	H.
Erhebungsverfahren (§§ 218 ff. AO)	→	6. Abschnitt
Vollstreckungsverfahren (§§ 249 ff. AO)	→	6. Abschnitt

B. Beteiligte, Handlungsfähigkeit und Bevollmächtigung

I. Beteiligte (§ 78 AO)

112 Beteiligte am Besteuerungsverfahren sind nach § 78 AO vor allem der Antragsteller und derjenige, an den das FA einen Verwaltungsakt richten will oder gerichtet hat (z. B. Steuerschuldner nach §§ 37, 43 AO). Der Beteiligtenbegriff ist damit das verfahrensrechtliche Gegenstück zum materiell-rechtlichen Begriff des Stpfl. (§ 33 AO). Im Sprachgebrauch der Praxis wird der Begriff des Stpfl. häufig synonym für den des Beteiligten gebraucht.[479]

479 Vgl. AEAO zu § 78: Unter Beteiligten sind in der Regel die Steuerpflichtigen (§ 33 Abs. 1 AO) zu verstehen.

II. Handlungsfähigkeit (§ 79 AO)

Fall 30: Handlungsfähigkeit Minderjähriger 113

T (17 Jahre alt) ist seit dem 01.01.01 mit Ermächtigung ihrer Eltern, der gesetzlichen Vertreter, als Auszubildende in einem Friseursalon tätig. Am 01.05.02 stellte sie ohne Wissen ihrer Eltern beim zuständigen Finanzamt einen Antrag auf Veranlagung zur Einkommensteuer nach § 46 Abs. 2 Nr. 8 EStG für das Jahr 01. Mit dem an T adressierten ESt-Bescheid vom 10.06.02 (Aufgabe zur Post) setzte das Finanzamt die Einkommensteuer auf 277 € fest. Aufgrund der Festsetzung ergab sich eine Erstattung einbehaltener Lohnsteuern. Am 01.09.02 geht beim Finanzamt ein nunmehr von den Eltern der T gestellter Antrag ein, mit dem unter Hinweis auf bisher nicht geltend gemachte Werbungskosten eine niedrigere Steuerfestsetzung für 01 und damit eine höhere Erstattung begehrt wird. Wie wird das FA verfahren?

I. Das FA muss das Begehren als Antrag auf Korrektur des ESt-Bescheids vom 10.06.02 ausdeuten, falls dieser Bescheid in Bestandskraft (§§ 172 ff. AO) erwachsen ist. Denn nach Bestandskraft des ESt-Bescheids kann kein erneuter Antrag sachlich beschieden werden. Der Bescheid darf nur unter bestimmten Voraussetzungen, z. B. wegen neuer Tatsachen nach § 173 AO, geändert werden. Bestandskräftig ist der Bescheid geworden, sofern er wirksam bekannt gegeben ist, keine Nichtigkeitsgründe vorliegen und die Einspruchsfrist (§ 355 AO) abgelaufen ist.

1. Nichtig (§ 125 AO) könnte der Bescheid sein, wenn die Veranlagung zur ESt ohne den nach § 46 Abs. 2 Nr. 8 EStG erforderlichen Antrag durchgeführt worden wäre. Nach dieser Vorschrift werden Stpfl., die nur dem Lohnsteuerabzug unterliegende Einkünfte aus nicht selbstständiger Arbeit erzielt haben, nur auf Antrag zur ESt veranlagt. Der Antrag ist eine Verfahrenshandlung. **Verfahrenshandlungen** sind sowohl Willenserklärungen als auch Wissenserklärungen und tatsächliche Handlungen, an die steuerliche Konsequenzen anknüpfen.[480] Wirksam sind Verfahrenshandlungen nur dann, wenn sie von einem handlungsfähigen Subjekt vorgenommen werden. Nach § 79 Abs. 1 Nr. 1 AO richtet sich die Handlungsfähigkeit natürlicher Personen grundsätzlich nach der Geschäftsfähigkeit des bürgerlichen Rechts. Beschränkt geschäftsfähige Personen sind demnach nur insoweit handlungsfähig, als sie durch Vorschriften des bürgerlichen Rechts als geschäftsfähig (vgl. §§ 112, 113 BGB) oder Vorschriften des öffentlichen Rechts als handlungsfähig anerkannt sind (§ 79 Abs. 1 Nr. 2 AO). Die Voraussetzungen des § 113 BGB liegen im konkreten Fall jedoch nicht vor, weil Ausbildungsverhältnisse keine Dienst- oder Arbeitsverhältnisse i. S. d. Vorschrift sind.[481]

   Die zunächst unwirksame Verfahrenshandlung eines Minderjährigen kann durch Genehmigung der gesetzlichen Vertreter geheilt werden.[482] Umstritten ist, ob die rückwirkende Heilung auch bei zunächst unwirksamer Bekanntgabe möglich ist.[483] Die Frage der Heilung kann dahingestellt bleiben, weil keine Anhaltspunkte für eine Zustimmung der Eltern der T vorliegen.

   Der Antrag der T war somit unwirksam. Die Unwirksamkeit des Antrags begründet jedoch keinen besonders schwerwiegenden und offenkundigen Fehler i. S. d. § 125 Abs. 1 AO.[484] Denn die Unwirksamkeit des Antrags war aus dem Bescheid nicht ersichtlich und erst durch eingehende rechtliche Überprüfung des Verfahrens zu erkennen.

480 BFH v. 16.04.1997 – XI R 61/94, BStBl. II 1997, 595.
481 H.M., vgl. Grüneberg/Ellenberger, BGB, 83. Aufl. 2024, § 113 Rn. 2.
482 Vgl. BFH v. 18.10.1988 – VII R 123/85, BStBl. II 1989, 76; Drüen in T/K § 79 AO Rn. 10; Wernsmann in H/H/Sp § 79 AO Rn. 132.
483 Vgl. Ebling DStZ 1998, 322 m. w. N.; für Heilung ex nunc: Wernsmann in H/H/Sp § 79 AO Rn. 140; Drüen in T/K § 79 AO Rn. 11.
484 Seer in T/K § 125 AO Rn. 6, 22.

2. Der Bescheid könnte jedoch wegen eines Bekanntgabemangels nach § 124 AO unwirksam sein. Auch die **Kenntnisnahme** eines Bescheids durch den Adressaten ist eine (passive) **Verfahrenshandlung**. Für die sog. passive Handlungsfähigkeit (z. B. Entgegennahme von Steuerbescheiden, Duldung von Maßnahmen der Zwangsvollstreckung) gelten dieselben Grundsätze wie für die aktive Handlungsfähigkeit (z. B. die Abgabe von Steuererklärungen, Stellung von Anträgen).[485] Bescheide, die sich nach ihrem Inhalt an Minderjährige richten, sind somit dem gesetzlichen Vertreter (Bekanntgabe an einen Elternteil reicht aus) bekannt zu geben.[486] Daraus ergibt sich für den konkreten Fall, dass der ESt-Bescheid an die – nicht handlungsfähige – T nicht wirksam bekannt gegeben worden ist.

II. Da kein wirksamer Steuerbescheid vorliegt, ist der Antrag der Eltern nicht als Antrag auf Korrektur des Bescheids nach §§ 172 ff. AO auszulegen. Es handelt sich vielmehr um einen (erstmaligen) Antrag auf Veranlagung.

Ergebnis:

Das FA wird auf den Antrag der Eltern der T die ESt 01 erstmalig festsetzen.

Juristische Personen, Vereinigungen und Vermögensmassen handeln durch ihre gesetzlichen Vertreter oder durch besonders Beauftragte (§ 79 Abs. 1 Nr. 3 AO). Die Regelungen über die gesetzliche Vertretung ergeben sich aus dem Zivilrecht (z. B. § 26 BGB, § 35 GmbHG, § 78 AktG). Im Übrigen muss die Regelung des § 34 AO ergänzend herangezogen werden.[487]

Behörden handeln durch ihre Leiter, deren Vertreter oder Beauftragte (§ 79 Abs. 1 Nr. 4 AO). Für geschäftsunfähige natürliche Personen und für beschränkt geschäftsfähige natürliche Personen, die nicht handlungsfähig sind, handeln deren gesetzliche Vertreter (§ 34 Abs. 1 AO).

III. Bevollmächtigung (§ 80 AO)

114 Beteiligte können sich im Verfahren durch einen Bevollmächtigten vertreten lassen (§ 80 Abs. 1 AO), was den rechtsstaatlichen Anforderungen an ein faires Verfahren (Art. 2 Abs. 1 GG) und dem Gebot der Waffengleichheit entspricht. Den Vorsprung der Finanzbehörden in Sachkenntnis und Routine kann der Beteiligte dadurch ausgleichen, dass er einen sachkundigen und verhandlungsgewandten Bevollmächtigten bestellt. Dadurch wird regelmäßig auch der ordnungsgemäße Ablauf des Besteuerungsverfahrens gefördert.[488] Eine praktisch wichtige Einschränkung ergibt sich aus § 150 Abs. 3 AO für die eigenhändige Unterschrift bei Steuererklärungen. Bevollmächtigte, die unter Verstoß gegen die §§ 2–6 StBerG geschäftsmäßig Hilfe in Steuersachen leisten, sind vom FA zurückzuweisen (§ 80 Abs. 7 AO).

485 Vgl. BFH v. 16.04.1997 – XI R 61/94, BStBl. II 1997, 595.
486 Seer in T/K § 122 AO Rn. 31.
487 Drüen in T/K § 79 AO Rn. 22.
488 Drüen T/K § 80 AO Rn. 1.

C. Allgemeine Verfahrensgrundsätze

I. Besteuerungsgrundsätze (§ 85 AO)

Fall 31: Kontrollmitteilungen des Innendienstes 115

Der Stpfl. S hat mit seiner ESt-Erklärung eine Baukostenaufstellung für ein neu errichtetes, für Vermietungszwecke bestimmtes Einfamilienhaus eingereicht. Sachbearbeiter A schreibt bei Überprüfung der Steuererklärung Kontrollmitteilungen für die Steuerakten einiger Bauhandwerker. Ist dieses Vorgehen zulässig?

I. Nach § 85 S. 1 AO haben die FÄ die Steuern „nach Maßgabe der Gesetze gleichmäßig festzusetzen und zu erheben". Die Vorschrift über die sog. Besteuerungsgrundsätze ist eine allgemeine Aufgabennorm.[489] Sie ist jedoch zugleich auch die Grundlage für Maßnahmen der Finanzbehörden, die außerhalb eines konkreten Besteuerungsverfahrens ergehen und nicht in Rechte Dritter eingreifen.[490] Die Kontrollmitteilungen greifen nicht in die Rechte der betroffenen Handwerker ein, sondern bereiten allenfalls solche Eingriffe (z.B. Auskunftsersuchen an diese Personen, Aufforderungen zur Abgabe von Steuererklärungen) vor.

II. Die Befugnis, Kontrollmitteilungen zu schreiben, ist nicht auf den örtlichen Zuständigkeitsbereich des FA begrenzt. Aus dem sog. **Sicherstellungsauftrag** des § 85 S. 2 AO ergibt sich vielmehr auch die Aufgabe der für einen Steuerfall örtlich nicht zuständigen Finanzbehörde, dem zuständigen FA steuerlich relevante Tatsachen mitzuteilen.[491] Nach Ansicht des BFH[492] bedarf es für die Kontrollmitteilungspraxis innerhalb der Finanzverwaltung keiner besonderen „Befugnisnorm". Die Finanzverwaltung sei als „Einheit" anzusehen mit der Folge, dass rechtmäßig verschaffte Informationen einer Dienststelle ohne Weiteres auch von anderen Dienststellen innerhalb der Finanzverwaltung verwertet werden dürften.

Ergebnis:

Die Maßnahme des Sachbearbeiters A ist zulässig.

II. Legalitätsprinzip (§ 86 S. 2 AO)

Nach § 86 S. 1 AO entscheidet die Finanzbehörde nach pflichtgemäßem Ermessen (§ 5 AO) über die Einleitung des Verfahrens (sog. Opportunitätsprinzip). Da die einschlägigen Vorschriften des Steuerrechts (auch § 85 AO) die Finanzbehörde jedoch regelmäßig zum Tätigwerden verpflichten, gilt im Besteuerungsverfahren grundsätzlich das in § 86 S. 2 AO statuierte Legalitätsprinzip. Nur ausnahmsweise (z.B. bei Inanspruchnahme des Haftungsschuldners nach § 191 AO) liegt die Einleitung des Verfahrens im Ermessen der Behörde. 116

Damit die Finanzbehörde von Amts wegen tätig wird, also z.B. ein Verfahren zur Ermittlung von Besteuerungsgrundlagen einleitet, muss ein **Anlass** bestehen.[493] Hinreichender Anlass ist die konkrete Möglichkeit, dass ein Steuertatbestand verwirklicht worden ist.[494]

489 Seer in T/K § 85 AO Rn. 1.
490 Koenig/Hahlweg § 85 AO Rn. 3.
491 Vgl. BFH v. 16.12.1986 – VIII R 123/86, BStBl. II 1987, 248.
492 BFH v. 02.04.1992 – VIII B 129/91, BStBl. II 1992, 616.
493 Zutr. Jakob Rn. 161: „keine Ermittlungen ins Blaue hinein".
494 Seer in T/K § 86 AO Rn. 5.

Beispiel

Beim Finanzamt geht eine Kontrollmitteilung ein, dass ein im Finanzamtsbezirk wohnhafter und bisher steuerlich nicht erfasster Stpfl. für die Vermittlung eines Grundstücksgeschäfts eine Provision in Höhe von 8.000 € erhalten hat. Es besteht ein hinreichender Anlass für die Einleitung eines Ermittlungsverfahrens. Nach § 86 S. 2 Nr. 1 i.V.m. § 85 AO muss das FA das Verfahren einleiten.

III. Untersuchungsgrundsatz (§ 88 AO)

117 Der Untersuchungsgrundsatz verpflichtet die Finanzbehörde, in allen Lagen des Verfahrens (Festsetzungs-, Erhebungs-, Vollstreckungs-, Einspruchsverfahren etc.) den Sachverhalt **von Amts wegen zu ermitteln** (§ 88 Abs. 1 S. 1 AO), und zwar zugunsten wie zuungunsten der Beteiligten (§ 88 Abs. 1 S. 2 AO).[495]

Der Untersuchungsgrundsatz bedeutet, dass die Finanzbehörde die **Verfahrensherrschaft bei der Sachaufklärung** hat und keine Bindung an das Vorbringen und an die Beweisanträge der Beteiligten besteht (§ 88 Abs. 2 S. 1 AO). Damit wird dem öffentlichen Interesse an der Feststellung des wahren Sachverhalts Rechnung getragen.[496]

Der Umfang der Ermittlungen richtet sich „nach den Umständen des Einzelfalls" (§ 88 Abs. 2 S. 1 AO). **Aufklärungsbedürftig** sind Tatsachen, die für die Entscheidung in dem konkreten Verfahren erheblich sind. Die **Aufklärungsintensität** darf sich dabei nicht einseitig nach dem „steuerlichen Erfolg" für den Fiskus richten, sondern muss sich am Kontrollbedürfnis orientieren.[497]

Die Finanzbehörden der Länder setzen seit vielen Jahren in unterschiedlichem Maße Instrumente des risikoorientierten Steuervollzugs ein.[498] Durch die Modernisierung des Besteuerungsverfahrens (s. Rn. 6) mit dem Ziel der Steigerung von Wirtschaftlichkeit und Effizienz, durch einen verstärkten Einsatz der Informationstechnologie und einen zielgenaueren Ressourceneinsatz ist auch die finanzbehördliche Risikoorientierung gesetzlich näher geregelt worden. Nach § 88 Abs. 5 AO können die Finanzbehörden zur Beurteilung der Notwendigkeit weiterer Ermittlungen und Prüfungen für eine gleichmäßige und gesetzmäßige Festsetzung von Ansprüchen aus dem Steuerschuldverhältnis automationsgestützte Systeme einsetzen (**Risikomanagementsysteme**). Das Risikomanagementsystem muss insbesondere eine hinreichende Zufallsauswahl, die Möglichkeit einer umfassenden Prüfung der als prüfungsbedürftig ausgesteuerten Sachverhalte durch Amtsträger und die regelmäßige Überprüfung der Risikomanagementsysteme auf ihre Zielerfüllung gewährleisten (§ 88 Abs. 5 S. 3 AO). Dabei dürfen Einzelheiten der Risikomanagementsysteme nicht veröffentlicht werden, soweit dies die Gleichmäßigkeit und Gesetzmäßigkeit der Besteuerung gefährden könnte (§ 88 Abs. 5 S. 4 AO).

Beim risikoorientierten Steuervollzug soll auch der **Grundsatz der Wirtschaftlichkeit der Verwaltung** berücksichtigt werden (§ 88 Abs. 5 S. 2 AO). Allgemein können bei der Entscheidung über Art und Umfang der Ermittlungen allgemeine Erfahrungen der Finanzbehörden sowie Wirtschaftlichkeit und Zweckmäßigkeit berücksichtigt werden (§ 88 Abs. 2 S. 2 AO). Allerdings ist der erstmals in der AO betonte Grundsatz der Wirtschaftlichkeit nur ein Sekundärwert, der nicht gleichrangig neben den Grundsätzen der Gleichmäßigkeit und Gesetzmäßigkeit (§ 85 S. 1, § 88 Abs. 2 S. 1 AO) steht und nicht allein aus (verwaltungs-)ökonomischer Sicht das Verifikationsprinzip zu verdrängen

495 Vertiefend Drüen DStJG 42 (2019), 193 ff.
496 Seer in T/K § 88 AO Rn. 1.
497 So zu Recht Seer in T/K § 88 AO Rn. 12 m.w.N.
498 Vgl. Seer in T/K § 85 AO Rn. 27ff., 33ff.

vermag.[499] Risikomanagementsysteme dienen der risikoorientierten Steuerung der begrenzten Verifikationskapazitäten der Finanzverwaltung entsprechend dem Kontrollbedürfnis. Sie sind auf ständige Verbesserung und prozessgesteuertes Lernen auszurichten, was eine gehörige Quote zufallsgesteuerter Einzelermittlungen und Testveranlagungen voraussetzt. Ihre Entwicklung als aufbereitetes und anwendungsfähiges Verwaltungserfahrungswissen und ihre dauernde Fortentwicklung setzt fachqualifiziertes und steuerrechtlich mitdenkendes Personal in der Finanzverwaltung voraus.

IV. Beratung, Auskunft (§ 89 AO)

1. Allgemeine Fürsorgepflicht nach § 89 Abs. 1 AO

§ Fall 32: Anfrage eines Steuerberaters 118

Steuerberater Dr. S mit Sitz im Zuständigkeitsbereich der OFD NRW hat für seine Mandanten ein neues Modell für steuerbegünstigte Kapitalanlagen entwickelt. Er bittet die OFD NRW um Auskunft, ob das „Steuermodell" von der Finanzverwaltung anerkannt wird. Ist die OFD NRW zur Erteilung der Auskunft verpflichtet?

I. Die OFD ist eine Finanzbehörde. Als Mittelbehörde (§ 2 FVG) ist sie zur Leitung der Finanzverwaltung in ihrem Bezirk verpflichtet (§ 8 a Abs. 1 S. 1 FVG). Im Rahmen ihrer Leitungsaufgabe ist sie berechtigt, nicht nur Weisungen gegenüber den Finanzämtern zu erteilen, sondern im Einzelfall auch zu Anfragen von Stpfl. Stellung zu nehmen. Eine Verpflichtung, zu steuerlichen Fragen – unverbindliche – Auskünfte zu erteilen, kann aus dieser allgemeinen Kompetenz jedoch nicht hergeleitet werden.

II. § 89 Abs. 1 S. 1 AO verpflichtet die Finanzbehörde zu Hinweisen an den Beteiligten, wenn dieser „offensichtlich nur versehentlich oder aus Unkenntnis" Verfahrenshandlungen unterlässt. Die Vorschrift setzt, wie sich aus dem Sinngehalt und dem Zusammenhang mit § 89 Abs. 1 S. 2 AO ergibt, ein konkretes Verwaltungsverfahren voraus.[500] Ein solches Verwaltungsverfahren ist mit der Anfrage an die OFD nicht eingeleitet.

III. Eine Verpflichtung der OFD zur Auskunftserteilung lässt sich auch nicht aus § 89 Abs. 1 S. 2 AO begründen. Danach muss die Finanzbehörde „im Verwaltungsverfahren" Auskünfte über die den Beteiligten zustehenden Rechte und die ihnen obliegenden Pflichten erteilen. Wie im Falle des Abs. 1 S. 1 fehlt es im konkreten Fall an einem konkreten Verwaltungsverfahren. Darüber hinaus betrifft die Auskunftspflicht nach § 89 Abs. 1 S. 2 AO nach fragwürdiger h. M. Verfahrensfragen und begründet keine Pflicht zur Erteilung von Auskünften zur materiellen Rechtslage.[501]

Ergebnis:

Die OFD ist nicht verpflichtet, S die gewünschte Auskunft zu erteilen.

499 Näher Drüen, Risikomanagement im Besteuerungsverfahren – Kostendruck und Vollzugspflicht der Steuerverwaltung, in Brandt (Hrsg.), 9. Deutscher Finanzgerichtstag 2012, 2013, 253, 262 ff.; Drüen DStJG 42 (2019), 193, 205 ff.

500 Koenig/Hahlweg § 89 Rn. 7.

501 FG Düsseldorf v. 12.01.2006–14 K 4361/05 Kg, EFG 2006, 506; Koenig/Hahlweg § 89 Rn. 7; a. A. Seer in T/K § 89 AO Rn. 3 f. m. w. N.

2. Verbindliche Auskunft nach § 89 Abs. 2–5 AO

a) Allgemeines

119 Durch das Föderalismusreform-Begleitgesetz vom 05.09.2006[502] ist mit den Neuregelungen in § 89 Abs. 2–5 AO eine gesetzliche Regelung für das allgemeine Institut der verbindlichen Auskunft geschaffen worden.[503] Zuvor gab es neben Rechtsprechungsgrundsätzen und Verwaltungsanweisungen gesetzliche Regelungen nur für Teilbereiche, insbesondere die Lohnsteueranrufungsauskunft nach § 42 e EStG und die verbindliche Zusage nach einer Außenprüfung nach §§ 204 ff. AO (dazu unten Rn. 238 ff.).

120 b) Voraussetzungen

Die Voraussetzungen für die Erteilung einer verbindlichen Auskunft ergeben sich aus § 89 Abs. 2 AO i. V. m. den Vorschriften der dazu ergangenen Steuer-Auskunftsverordnung vom 30.11.2007.[504]

- **Antragsbefugt** ist der Stpfl. Bezieht sich die Auskunft auf einen Sachverhalt, der mehreren Personen steuerlich zuzurechnen ist (§ 179 Abs. 2 S. 2 AO), kann der Antrag nur gemeinsam gestellt werden (§ 1 Abs. 2 StAuskV).
- **Bestimmter Sachverhalt:** In dem schriftlichen Antrag muss der Sachverhalt, zu dem die Auskunft begehrt wird, genau beschrieben sein, und der Stpfl. muss zu den sich daraus ergebenden Rechtsfragen den eigenen Standpunkt darlegen (§ 1 Abs. 1 StAuskV).
- **Zukunftsbezug:** Der Sachverhalt darf noch nicht verwirklicht sein. Die Verwaltung hat diese Voraussetzung allerdings im AEAO zu § 89 Nr. 3.5.3 gelockert, soweit es um Dauersachverhalte geht.
- **Besonderes Interesse wegen erheblicher steuerlicher Auswirkungen:** Die steuerliche Beurteilung des Sachverhalts muss für die Dispositionen des Stpfl. von erheblicher Bedeutung sein.

121 c) Zuständigkeit

Zuständig ist die Finanzbehörde, die bei der späteren Verwirklichung örtlich und sachlich zuständig sein würde (§ 89 Abs. 2 S. 2 AO). Zuständig sind demnach die Finanzämter und ausnahmsweise auch das Bundeszentralamt für Steuern (BZSt). Die Aufsichtsbehörden können im Rahmen ihres Weisungsrechts auf die Entscheidung der zuständigen Finanzbehörde Einfluss nehmen.

122 d) Entscheidung über den Antrag, Bindungswirkung

Die Finanzbehörde entscheidet nach pflichtgemäßem Ermessen, ob sie eine verbindliche Auskunft erteilt. Nach Ansicht von Seer[505] soll sich das Ermessen auf „null" reduzieren, wenn keine Zweifel bestehen, dass der Stpfl. die nach § 89 Abs. 3 AO zu erhebenden Gebühren bezahlen wird. Die Entscheidung ergeht schriftlich (AEAO zu § 89 Nr. 3.5.5). Die verbindliche Auskunft ist bindend, wenn der später verwirklichte Sachverhalt von dem der Auskunft zugrunde gelegten Sachverhalt nicht oder nur unwesentlich abweicht (§ 2 Abs. 1 S. 1 StAuskV). Zum Wegfall der Bindungswirkung und zur Korrektur der Entscheidung vgl. § 2 Abs. 2 und 3 StAuskV.

---

502 BGBl. I 2006, 2098.
503 Zur aktuellen Fassung Seer Steuer und Studium 2016, 601; Thiele FR 2016, 947.
504 BGBl. I 2007, 2783.
505 Seer in T/K § 89 AO Rn. 40.

e) Rechtsbehelfe 123

Gegen die erteilte Auskunft ist ebenso wie gegen die Versagung der Einspruch gegeben (AEAO zu § 89 Nr. 3.7). Die weitere Überprüfung im finanzgerichtlichen Verfahren beschränkt sich darauf, ob die vom Finanzamt vorgenommene rechtliche Einordnung in sich schlüssig und nicht evident fehlerhaft ist. Diese begrenzte gerichtliche Kontrolle begründet der BFH damit, dass die verbindliche Auskunft keine Bindungswirkung für die nachfolgende Steuerfestsetzung hat, wenn sie zuungunsten des Stpfl. rechtswidrig ist (§ 2 Abs. 1 S. 2 StAusKV).[506]

f) Gebührenpflicht 124

Die Erteilung und ggf. auch die Versagung der verbindlichen Zusage sind grundsätzlich nach § 89 Abs. 3–7 AO gebührenpflichtig.[507] Die Verfassungsmäßigkeit der Regelung wird angezweifelt.[508] Der BFH hat diese Bedenken zurückgewiesen und die Gebühr als angemessenen Ausgleich für den Bearbeitungsaufwand des Finanzamts und den Sondervorteil angesehen, den der Antragsteller durch die bindende Auskunft erhält.[509]

V. Recht auf Gehör (§ 91 AO)

§ Fall 33: Abweichung von der Erklärung des Stpfllichtigen 125

Das FA hat aufgrund einer Kontrollmitteilung die von dem Stpfl. S erklärten Nebeneinkünfte im ESt-Bescheid 01 um 2.000 € erhöht, ohne S zuvor anzuhören und die Abweichung von der Erklärung in dem Bescheid besonders kenntlich zu machen. Nach Ablauf der Einspruchsfrist legt S Einspruch ein und macht geltend, die Einnahmen in Höhe von 2.000 € seien ihm erst im Jahr 02 zugeflossen. Den Fehler in der Steuerfestsetzung habe er erst jetzt bemerkt. Ist der Einspruch zulässig?

I. Der Einspruch wäre trotz Ablaufs der Einspruchsfrist (§ 355 AO) zulässig, wenn S nach § 110 Abs. 2 S. 4 AO **Wiedereinsetzung in den vorigen Stand** zu gewähren ist. § 110 Abs. 1 AO setzt voraus, dass die Fristversäumnis unverschuldet war. Dabei ist dem Stpfl. ein Verschulden seines steuerlichen Beraters als Vertreter (vgl. § 110 Abs. 1 S. 2 AO) zuzurechnen. Dazu zählt auch Organisationsverschulden (insbesondere mangelnde Auswahl, Überwachung oder Kontrolle seiner Mitarbeiter), nicht hingegen ein sog. reines Büroversehen.[510] Eine Verschuldensprüfung entfällt, soweit die gesetzliche Fiktion des § 126 Abs. 3 AO eingreift. Danach gilt die Versäumung der Einspruchsfrist bei Verletzung des Rechts auf Gehör (§ 91 AO) oder der Begründungspflicht für Verwaltungsakte (§ 121 AO) als nicht verschuldet. Diese Verfahrensfehler der Finanzbehörde müssen allerdings ursächlich für die Versäumung der Frist gewesen sein.[511]

II. Nach § 91 Abs. 1 AO hat der Beteiligte, bevor ein ihn nicht begünstigender Verwaltungsakt erlassen wird, das **Recht auf Gehör zu den entscheidungserheblichen Tatsachen**. Die Vorschrift beschränkt die Anhörungspflicht auf Tatsachen, verpflichtet also nicht zum „Rechtsgespräch".[512] Sie ist als Sollvorschrift gestaltet, um in Ausnahmefällen (gesetzlich geregelte Beispiele enthält § 91 Abs. 2 AO) von

506 BFH v. 29.02.2012 – IX R 11/11, BStBl. II 2012, 651.

507 Dazu AEAO zu § 89 Nr. 4; zur Höhe der Gebühr nach dem Gegenstandswert BFH v. 22.05.2015 – IV R 13/12, BStBl. II 2015, 989.

508 Vgl. Keß/Zillmer DStR 2008, 1466 m. w. N.; für Verfassungsmäßigkeit Seer in T/K § 89 AO Rn. 64.

509 BFH v. 30.03.2011 – I R 61/10, BStBl. II 2011, 536; BFH v. 05.02.2014 – I R 23/12, BFH/NV 2014, 1014.

510 Dazu BFH v. 18.03.2014 – VIII R 33/12, BStBl. II 2014, 922; zum Nachweis BFH v. 22.09.2023 – IX R 29/22, BFH/NV 2023, 1404.

511 BFH v. 10.09.1986 – II R 175/84, BStBl. II 1986, 908.

512 Offengelassen in BFH v. 13.12.1984 – VIII R 19/81, BStBl. II 1985, 601.

der Anhörung absehen zu können. Entscheidungserhebliche Tatsache war der Inhalt der dem FA vorliegenden Kontrollmitteilung. Ein Grund, S nicht zu dem Inhalt der Kontrollmitteilung anzuhören, war nicht gegeben. Hätte das FA seiner Anhörungspflicht genügt, wäre S die Abweichung von seiner Erklärung nicht erst nach Ablauf der Einspruchsfrist aufgefallen. Die Verletzung des Rechts auf Gehör war demnach **ursächlich** für die Versäumung der Frist.

III. Die Fristversäumnis gilt im Übrigen auch deshalb als unverschuldet, weil der Bescheid **nicht ausreichend begründet** war. Da die Behörde in der Festsetzung vom Inhalt der Steuererklärung abwich, musste sie zum Verständnis des Bescheids auf die Abweichung hinweisen (§ 121 Abs. 1, Abs. 2 Nr. 1 AO). Die Verletzung dieser Pflicht war ursächlich für die verspätete Einlegung des Einspruchs.

Ergebnis:

S ist nach §§ 126 Abs. 3, 110 AO Wiedereinsetzung zu gewähren. Sofern das FA in der Sache richtig entschieden hat, wäre der Einspruch allerdings nicht begründet (vgl. § 127 AO).

Sondervorschriften über das Recht auf Gehör enthalten für den Bereich der Außenprüfung die §§ 199 Abs. 2, 201, 202 AO. Im Einspruchsverfahren besteht ein Anspruch auf Mitteilung der Besteuerungsgrundlagen (§ 364 AO), im finanzgerichtlichen Verfahren ein Recht auf Akteneinsicht nach Maßgabe des § 78 FGO. Im Verwaltungsverfahren nach der AO hat der Gesetzgeber dagegen bewusst kein Recht auf Akteneinsicht vorgesehen.[513] Die Behörde muss daher über einen solchen Antrag nach pflichtgemäßem Ermessen entscheiden.[514] Die Ablehnung eines Antrags auf Akteneinsicht ist ein Verwaltungsakt (§ 118 AO, s. u. 124). Gegen die Ablehnung ist der Einspruch gegeben (§ 347 Abs. 1 S. 1 AO).

Nach dem Vorbild des § 19 BDSG hat die Finanzverwaltung nunmehr durch BMF-Schreiben vom 17.12.2008[515] das Recht des Stpfl. auf **Auskunft über die zu seiner Person gespeicherten Daten** geregelt. Die nach pflichtgemäßem Ermessen zu erteilende Auskunft kann ggf. auch durch Akteneinsicht an Amtsstelle gewährt werden.

D. Handeln durch Verwaltungsakt

I. Handlungsformen der Finanzbehörde

126 Als Handlungsformen der Finanzbehörde kommen im Besteuerungsverfahren in Betracht

- der Verwaltungsakt (§ 118 AO),
- der öffentlich-rechtliche Vertrag (§ 78 Nr. 3 AO) und
- schlichtes Verwaltungshandeln.

Für den Abschluss **öffentlich-rechtlicher Verträge** besteht im Besteuerungsverfahren wegen der Grundsätze der Gesetzmäßigkeit und der Gleichmäßigkeit der Besteuerung wenig Raum. Zulässig ist beispielsweise ein sog. Verrechnungsvertrag, wenn die Voraussetzungen für eine einseitige Aufrechnung nach § 226 AO nicht vorliegen.[516] Auch das Institut der sog. **tatsächlichen Verständigung** wird von einer im Schrifttum

513 Seer in T/K § 91 AO Rn. 25.

514 BFH v. 07.05.1985 – VII R 25/82, BStBl. II 1985, 571; BFH v. 23.02.2010 – VII R 19/09, BStBl. II 2010, 729.

515 BStBl. I 2009, 6.

516 BFH v. 13.10.1972 – III R 11/72, BStBl. II 1973, 66; BFH v. 21.02.1989 – VII R 42/86, BFH/NV 1989, 762.

verbreiteten Auffassung[517] als öffentlich-rechtlicher Vertrag eingestuft, während der BFH die Bindungswirkung aus dem Grundsatz von Treu und Glauben ableitet.[518]

Die tatsächliche Verständigung ist jedenfalls kein Verwaltungsakt[519] und ihre Bindungswirkung kann nach den Grundsätzen des Fehlens oder Wegfalls der Geschäftsgrundlage entfallen,[520] was ihre Vertragsähnlichkeit belegt.

Typische Handlungsform der Finanzbehörde ist der Verwaltungsakt. Die **Begriffsbestimmung des Verwaltungsakts** ergibt sich aus § 118 AO, der im Wortlaut mit § 35 VwVfG übereinstimmt. Danach müssen folgende Merkmale vorliegen:

1. Hoheitliche Maßnahme: Hoheitlich ist eine Verfügung, Entscheidung oder sonstige Maßnahme der Behörde, wenn sie einseitig in einem Über- bzw. Unterordnungsverhältnis getroffen wird.

Am hoheitlichen Charakter der Maßnahme fehlt es z. B. bei einer **Aufrechnungserklärung** des FA nach § 226 AO. Mit der Ausübung des Gestaltungsrechts der Aufrechnung tritt die Behörde dem Stpfl. auf der Ebene der Gleichordnung gegenüber und bedient sich einer Handlungsform, wie sie die Privatrechtsordnung den Partnern eines Schuldverhältnisses zur Verfügung stellt. Die Aufrechnungserklärung ist somit kein Verwaltungsakt, sondern eine „verwaltungsrechtliche Willenserklärung".[521]

2. Einer Behörde: Eine behördliche Maßnahme liegt vor, wenn eine Stelle, die öffentliche Aufgaben wahrnimmt, durch einen Amtsträger gehandelt hat. Ob der Amtsträger innerbehördlich zuständig war, ist ohne Bedeutung.[522]

3. Auf dem Gebiet des öffentlichen Rechts: Hoheitliche Maßnahmen außerhalb des öffentlichen Rechts sind kaum denkbar. Umgekehrt ist öffentlich-rechtliches Handeln möglich, ohne dass eine hoheitliche Maßnahme vorliegt (Beispiel: öffentlich-rechtlicher Vertrag[523]). Bei Rechtsgeschäften der Behörde auf dem Gebiet des Privatrechts (z. B. Abschluss eines Bürgschaftsvertrags) fehlt es sowohl am Merkmal der hoheitlichen Maßnahme als auch an einem Handeln auf dem Gebiet des öffentlichen Rechts.

4. Zur Regelung eines Einzelfalls: Der Verwaltungsakt muss einen konkreten Regelungsgegenstand haben. Er richtet sich deshalb grundsätzlich an einen bestimmten Beteiligten; als sog. Allgemeinverfügung kann er sich auch an einen bestimmten oder bestimmbaren Personenkreis richten (§ 118 S. 2 AO).

Beispiel

Öffentliche Aufforderung zur Abgabe bestimmter Steuererklärungen.[524]

An einer Regelung fehlt es nach der Rspr. z. B. in folgenden Fällen:

- Mahnung nach § 259 AO;[525]
- Widerruf einer vorläufigen Bescheinigung über die Gemeinnützigkeit;[526]
- Fragen eines Außenprüfers an den Stpfl., wenn es sich um die Ermittlung steuermindernder Tatsachen handelt und das Auskunftsverlangen deshalb nicht erzwingbar ist;[527]

517 Vgl. Seer in T/K Vor § 118 AO Rn. 8, 15 ff.
518 Vgl. BFH v. 31.07.1996 – XI R 78/95, BStBl. II 1996, 625; vgl. ferner unten Rn. 223.
519 BFH v. 12.06.2017 – III B 144/16, BStBl. II 2017, 1165.
520 BFH v. 11.04.2017 – IX R 24/15, BStBl. II 2017, 1155.
521 BFH v. 02.04.1987 – VII R 148/83, BStBl. II 1987, 536.
522 BFH v. 07.07.1978 – VI R 211/75, BStBl. II 1978, 575.
523 Dazu Söhn in H/H/Sp § 118 Rn. 113.
524 Str., dafür Koenig/Haselmann § 149 Rn. 18; a. A. Seer in T/K § 118 AO Rn. 20: Es handele sich dabei nur um den Hinweis auf eine gesetzliche Verpflichtung; für eine differenzierende Betrachtungsweise Klein/Ratschow § 118 Rn. 39.
525 Vgl. Loose in T/K § 259 AO Rn. 3.
526 Vgl. BFH v. 20.05.1992 – I R 138/90, BFH/NV 1993, 150.
527 Vgl. BFH v. 10.11.1998 – VIII R 3/98, BStBl. II 1999, 199; krit. Seer in T/K § 200 AO Rn. 6; näher hierzu unten Rn. 216.

- Schlussbesprechung über das Ergebnis der Außenprüfung (§ 201 AO); über schwierig zu ermittelnde tatsächliche Umstände kann es jedoch zu einer sog. tatsächlichen Verständigung kommen, die zwar kein Verwaltungsakt, aber dennoch unter bestimmten Voraussetzungen verbindlich ist;[528]
- Außenprüfungsbericht (§ 202 AO); der Bericht bereitet lediglich die durch Steuerbescheide erfolgenden Regelungen vor;
- Anordnung einer förmlichen Zustellung nach § 122 Abs. 5 AO.[529]

5. Auf unmittelbare Wirkung nach außen gerichtet: An der gewollten Außenwirkung fehlt es insbesondere bei Verwaltungsvorschriften und innerdienstlichen Weisungen.

Beispiele

Die Anweisung der OFD an das FA, in einem bestimmten Steuerfall Stundung zu gewähren, ist kein Verwaltungsakt. Erst das FA trifft gegenüber dem Beteiligten eine Regelung mit Außenwirkung. Auch in dem Antrag des FA auf Eröffnung des Insolvenzverfahrens sieht die h. M. keinen Verwaltungsakt, weil es an einer unmittelbaren Regelung nach außen fehle.[530]

II. Einteilung der Verwaltungsakte

127 Verwaltungsakte lassen sich in folgende Gruppen einteilen:

1. Rechtsfeststellende (deklaratorische) und **rechtsgestaltende** (konstitutive) Verwaltungsakte

Rechtsfeststellende Verwaltungsakte konkretisieren oder bestätigen eine sich zwingend aus dem Gesetz ergebende Rechtsfolge.[531] Sie werden regelmäßig als Bescheide bezeichnet (z. B. Steuerbescheid, Feststellungsbescheid). Allerdings wird auch bei Ermessensentscheidungen vom Gesetz der Begriff des Bescheids verwendet (z. B. Haftungsbescheid, § 191 AO).

Rechtsgestaltende Verwaltungsakte begründen, ändern oder beseitigen Rechtsansprüche oder Rechtsverhältnisse (z. B. Stundung, Billigkeitserlass, Verspätungszuschlag).

2. Gesetzesgebundene Verwaltungsakte (z. B. Steuerbescheide) und **Ermessensentscheidungen** (z. B. Haftungsbescheide)

3. Begünstigende und nicht begünstigende Verwaltungsakte

Die Unterscheidung ist wichtig insbesondere bei Korrekturen nach §§ 130, 131 AO (vgl. unten Rn. 252 ff.).

4. Verwaltungsakte **ohne und mit Dauerwirkung**

Beispiel

Bewilligung von Buchführungserleichterungen (§ 148 AO). Die Korrekturmöglichkeiten sind insoweit eingeschränkt (vgl. § 131 Abs. 2 AO).

5. Rechtmäßige und rechtswidrige Verwaltungsakte

Rechtswidrig ist ein Verwaltungsakt, dem die Rechtsgrundlage fehlt, der gegen Rechtsvorschriften (insbesondere Form- und Verfahrensvorschriften) verstößt oder ermessensfehlerhaft (§ 5 AO) zustande gekommen ist.

528 Vgl. BFH v. 11.12.1984 – VIII R 131/76, BStBl. II 1985, 354 und oben Rn. 32.
529 Vgl. BFH v. 16.03.2000 – III R 19/99, BStBl. II 2000, 520.
530 Vgl. Loose in T/K § 251 AO Rn. 18 m. w. N.
531 Seer in T/K § 118 AO Rn. 33.

6. Positive und negative Verwaltungsakte

Negative Verwaltungsakte lehnen ein Begehren (Antrag) ab.

Beispiele

Ablehnung einer Stundung, Ablehnung einer gesonderten Feststellung (sog. negativer Feststellungsbescheid)

III. Form, Inhalt und Begründung des Verwaltungsakts

1. Soweit nichts anderes vorgeschrieben ist, können Verwaltungsakte schriftlich, elektronisch, mündlich oder in anderer Weise (konkludent) ergehen (§ 119 Abs. 2 S. 1 AO). In den praktisch wichtigsten Fällen ist die Schriftform vorgeschrieben, z. B. für Steuerbescheide (§ 157 AO), Haftungsbescheide (§ 191 AO) und Prüfungsanordnungen (§ 196 AO). Zur elektronischen Form vgl. unten Rn. 136. 128

§ Fall 34: Haftungsbescheid ohne Unterschrift

Nach Durchführung einer Lohnsteuer-Außenprüfung erlässt das FA einen Haftungsbescheid, in dem es gegen den Arbeitgeber A nach § 42 d EStG einen Haftungsbetrag in Höhe von 4.500 € festsetzt. In dem als Bestandteil beigefügten Auszug aus dem Prüfungsbericht ist die Haftungsschuld nach Monaten aufgegliedert und sind die Arbeitnehmer bezeichnet, für deren Steuerschulden A in Anspruch genommen werden soll. Das für die Ausfertigung des Haftungsbescheids verwendete Formular enthält ein aufgedrucktes Dienstsiegel, jedoch keine Unterschrift oder Namenswiedergabe des Beamten B, der die (interne) Aktenverfügung unterzeichnet hat. A legt mit der Begründung Einspruch ein, der Bescheid müsse wegen dieser formalen Mängel aufgehoben werden. Hat der Einspruch Erfolg?

I. Gegen die Zulässigkeit des nach § 347 Abs. 1 Nr. 1 AO statthaften Einspruchs bestehen keine Bedenken.

II. Begründetheit des Einspruchs

1. Der Haftungsbescheid könnte rechtswidrig sein wegen **Verletzung der Formvorschrift des § 119 Abs. 3 AO**. Nach dieser Bestimmung muss ein schriftlicher Verwaltungsakt die erlassende Behörde erkennen lassen und Unterschrift oder Namenswiedergabe des verantwortlichen Amtsträgers enthalten. Unterschrift und Namenswiedergabe dürfen nur bei formularmäßig oder mithilfe automatischer Einrichtungen erlassenen Verwaltungsakten fehlen (§ 119 Abs. 3 S. 2 AO). Es wurde zwar ein Formular verwendet. Es handelt sich jedoch nicht um einen „formularmäßigen" Bescheid, weil das Formular nicht nur ausgefüllt, sondern durch den Auszug aus dem Prüfungsbericht wesentlich ergänzt wurde. Bei Haftungsbescheiden kommt im Übrigen ein formularmäßiger Bescheid regelmäßig auch deshalb nicht in Betracht, weil der Haftungsbescheid in seiner Begründung individuelle Darlegungen zur Ermessensausübung enthalten muss.[532] Der an A gerichtete Bescheid ist somit wegen Fehlens der nach § 119 Abs. 3 AO erforderlichen Unterschrift oder Namenswiedergabe rechtswidrig. 129

2. Hinsichtlich der **Rechtsfolgen** ist bei rechtswidrigen Verwaltungsakten wie folgt zu unterscheiden: 130
   - Verwaltungsakte, die an einem besonders schwerwiegenden Fehler leiden, sind nichtig (§ 125 AO) und damit unwirksam (§ 124 Abs. 3 AO). Sie können gleichwohl zur Beseitigung des Rechtsscheins mit dem Einspruch angefochten werden;[533] der Beteiligte kann jedoch auch die Feststellung der Nichtigkeit nach § 125 Abs. 5 AO beantragen. Die Feststellung der Nichtigkeit sowie die Ablehnung des Antrags, die Nichtigkeit festzustellen, sind nach geänderter Rspr. Verwaltungsakte.[534]

532 BFH v. 30.04.1987 – VII R 48/84, BStBl. II 1988, 170.

533 BFH v. 07.07.1986 – V R 96/85, BStBl. II 1986, 834; BFH v. 17.09.1987 – III R 259/84, BFH/NV 1988, 681.

534 BFH v. 20.08.2014 – X R 15/10, BStBl. II 2015, 109; ebenso Seer in T/K § 124 AO Rn. 25; a. A. noch BFH v. 15.11.1991 – VI R 81/89, BStBl. II 1992, 224.

- Bei Rechtswidrigkeit, die auf einem Verfahrens- oder Formfehler i. S. d. § 126 Abs. 1 Nr. 2–5 AO beruht, sind die §§ 126, 127 AO zu beachten: Solche Fehler können nach § 126 Abs. 2 AO bis zum Abschluss der Tatsacheninstanz eines finanzgerichtlichen Verfahrens geheilt werden oder unbeachtlich (§ 127 AO) sein.
- In anderen Fällen der Rechtswidrigkeit ist der Verwaltungsakt aufgrund eines zulässigen Einspruchs aufzuheben.
  a) Die fehlende Unterschrift bzw. Namenswiedergabe ist kein schwerwiegender Mangel i. S. d. § 125 AO. Ein **schwerwiegender Mangel** liegt vor, wenn der Verwaltungsakt „die an eine ordnungsgemäße Verwaltung zu stellenden Anforderungen in einem so erheblichen Maße verletzt, dass von niemandem erwartet werden kann, ihn als verbindlich anzuerkennen“.[535] Wie sich aus § 119 Abs. 3 S. 2 AO ergibt, dürfen in bestimmten Fällen Verwaltungsakte auch ohne Unterschrift oder Namenswiedergabe des verantwortlichen Amtsträgers ergehen. Es handelt sich somit nicht um eine unabdingbare Voraussetzung für einen Verwaltungsakt.[536]
  b) Eine Möglichkeit der **Heilung** ist bei Verstoß gegen § 119 Abs. 3 AO in § 126 AO nicht vorgesehen.
  c) Schließlich könnte der Formfehler **nach § 127 AO unbeachtlich** sein. Nach dieser Vorschrift kann die Aufhebung eines Verwaltungsakts nicht allein deshalb beansprucht werden, weil er unter Verletzung von Vorschriften über das Verfahren, die Form oder die örtliche Zuständigkeit zustande gekommen ist, wenn keine andere Entscheidung in der Sache hätte getroffen werden können. Die Regelung des § 127 AO entspricht § 46 VwVfG; die Vorschrift mag rechtspolitisch bedenklich sein, verstößt aber nicht gegen Verfassungsrecht.[537] Bei Ermessensentscheidungen ist in der Regel eine andere Entscheidung möglich. Daher muss der Bescheid regelmäßig aufgehoben und nach erneuter Ermessensausübung noch einmal erlassen werden. Das gilt jedoch nicht, wenn der gerügte Mangel „unter keinen Umständen die Entscheidung durch die zuständige Behörde beeinflusst haben kann“.[538] So liegt der Fall hier. Denn es ist praktisch ausgeschlossen, dass der Inhalt des angefochtenen Bescheids durch die fehlende Namensangabe bzw. Unterschrift beeinflusst worden ist.

Ergebnis:

Der Einspruch ist unbegründet, weil der Verfahrensfehler nach § 127 AO unbeachtlich ist und wird damit keinen Erfolg haben.

131 **2.** Der Verwaltungsakt muss inhaltlich hinreichend bestimmt sein (§ 119 Abs. 1 AO). Das **Bestimmtheitsgebot** bezieht sich auf den Inhalt des Verwaltungsakts. Zum Inhalt gehören die Angabe des Inhaltsadressaten, der Ausspruch (Tenor) und etwaige Nebenbestimmungen.[539] Es muss also bestimmt sein,

- **wem gegenüber**[540]
- **was** festgestellt, verlangt, gewährt oder abgelehnt wird.[541]

Ein an ein nicht (mehr) existierendes Rechtssubjekt gerichteter Verwaltungsakt (z. B. Steuerbescheid, der anstatt an den Rechtsnachfolger an den Verstorbenen selbst gerichtet ist) ist inhaltlich nicht hinreichend bestimmt. Derartige Fehler in der Bezeich-

535 BFH v. 01.10.1992 – IV R 34/90, BStBl. II 1993, 259; BFH v. 20.12.2000 – I R 50/00, BStBl. II 2001, 381.
536 BFH v. 18.07.1985 – VI R 41/81, BStBl. II 1986, 169; BFH v. 26.07.1989 – X R 42/86, BFH/NV 1990, 345.
537 Vgl. FG Berlin v. 22.04.1996 – VIII 392/94, EFG 1997, 90; Seer in T/K § 127 AO Rn. 2.
538 BFH v. 18.07.1985 – VI R 41/81, BStBl. II 1986, 169.
539 Seer in T/K § 119 AO Rn. 2.
540 Auch als „Destinatär“ bezeichnet, vgl. BFH v. 17.06.1992 – X R 47/88, BStBl. II 1993, 174.
541 BFH v. 29.06.1988 – IV B 70/88, BFH/NV 1989, 613; Seer in T/K § 119 AO Rn. 2.

nung des Inhaltsadressaten sind im späteren Verfahren nicht heilbar.[542] Eine Ausnahme bildet die wegen eingetretener Rechtsnachfolge unrichtige Bezeichnung eines Beteiligten in **Feststellungsbescheiden**, die sich gegen mehrere Beteiligte richten.[543] Speziell für diese Fälle sieht § 182 Abs. 3 AO einen sog. Richtigstellungsbescheid an den insoweit Betroffenen vor.

Im Gegensatz zur falschen oder derart ungenauen Bezeichnung des Adressaten, dass Verwechslungen nicht ausgeschlossen sind, sind Fehler in der Anschrift (Berufsbezeichnung, Straße etc.) unschädlich, solange kein Zweifel an der Identität des Adressaten auftritt.[544] Bei Zweifeln darüber, welchen Inhalt der Verwaltungsakt hat, kann auf die Begründung zurückgegriffen werden.[545] Andererseits liegt ein Fall inhaltlicher Unbestimmtheit vor, wenn Tenor und Begründung einander widersprechen.[546] Inhaltliche Ungenauigkeiten führen nicht stets zur Nichtigkeit, z. B. fehlende Aufschlüsselungen im Steuer- bzw. Haftungsbescheid.[547]

3. Ein schriftlicher, elektronischer sowie ein schriftlich oder elektronisch bestätigter Verwaltungsakt ist **schriftlich zu begründen**, soweit dies zu seinem Verständnis erforderlich ist (§ 121 Abs. 1 AO). In den Fällen des § 121 Abs. 2 AO bedarf es keiner Begründung, weil ein rechtliches Interesse an einer schriftlichen Begründung fehlt. Eine fehlerhafte oder pflichtwidrig unterlassene Begründung macht den Verwaltungsakt rechtswidrig.[548] 132

Die Angabe einer nicht einschlägigen Korrekturvorschrift in einem aufgrund einer anderen Änderungsvorschrift gerechtfertigten Änderungsbescheid sieht der BFH nicht als beachtlichen Begründungsmangel an.[549]

Wegen der Rechtsfolgen einer unterlassenen Begründung vgl. §§ 126 Abs. 1 Nr. 2, Abs. 2, Abs. 3; 127 AO und oben Fall 34.

4. Ein Verwaltungsakt **„wird wirksam"**, sobald er demjenigen bekannt gegeben ist, für den er bestimmt ist oder der von ihm betroffen wird (§ 124 Abs. 1 AO). Die formellen Voraussetzungen der **Bekanntgabe** ergeben sich aus § 122 AO. Praktisch wichtig ist vor allem die Zugangsfiktion des § 122 Abs. 2 AO, die zugleich materiell-rechtliche Bedeutung hat.[550] Ohne wirksame Bekanntgabe wird der Verwaltungsakt nicht wirksam. Ist der Verwaltungsakt wirksam bekannt gegeben worden, kann er gleichwohl unwirksam sein, wenn schwerwiegende Mängel vorliegen, die zur Nichtigkeit nach § 125 AO und deshalb zur Unwirksamkeit führen.[551] 133

Die Bekanntgabe wird aus didaktischen Gründen im Zusammenhang mit dem Steuerbescheid dargestellt (vgl. unten Rn. 179 ff.).

Ein Verwaltungsakt **„bleibt wirksam"**, solange und soweit er nicht zurückgenommen, widerrufen, anderweitig aufgehoben oder durch Zeitablauf oder auf andere Weise erledigt ist (§ 124 Abs. 2 AO).

5. Ein Verwaltungsakt wird mit dem **Inhalt** wirksam, mit dem er bekannt gegeben wird (§ 124 Abs. 1 S. 2 AO). Es kommt für die Auslegung also nicht in erster Linie darauf an, was die Behörde mit ihrer Erklärung gewollt hat, sondern wie der Stpfl. den objektiven Erklärungsinhalt der Regelung nach den ihm bekannten Umständen 134

542 BFH v. 17.06.1992 – X R 47/88, BStBl. II 1993, 174 m. w. N.
543 Dazu BFH v. 12.05.1993 – XI R 66/92, BStBl. II 1994, 5.
544 BFH v. 29.06.1988 – IV B 70/88, BFH/NV 1989, 613.
545 Vgl. BFH v. 28.11.1985 – IV R 178/83, BStBl. II 1986, 293.
546 BFH v. 15.03.1985 – VI R 30/81, BStBl. II 1985, 581.
547 Dazu Loose in T/K § 191 AO Rn. 83 ff.
548 Zur Heilung von Verfahrensmängeln Rn. 258.
549 BFH v. 14.09.1993 – VIII R 9/93, BStBl. II 1995, 2.
550 BFH v. 13.12.2000 – X R 96/98, BStBl. II 2001, 274.
551 Vgl. BFH v. 22.10.2002 – VII R 56/00, BStBl. II 2003, 109.

unter Berücksichtigung von Treu und Glauben verstehen konnte.[552] Im Zweifel ist das den Stpfl. weniger belastende Auslegungsergebnis vorzuziehen.[553]

6. Fehlerhafte Verwaltungsakte sind rechtswidrig. Die Rechtsfolgen sind unterschiedlich je nach Art und Intensität des Fehlers (vgl. oben Fall 34, und unten das „Prüfungsschema für Verwaltungsakte"). Ausnahmsweise kann ein fehlerhafter Bescheid auch in einen anderen (fehlerfreien und damit rechtmäßigen) Verwaltungsakt umgedeutet werden (§ 128 AO). Der BFH hat beispielsweise die **Umdeutung** eines irrtümlich als Erstbescheid ergangenen Steuerbescheids in einen Änderungsbescheid nach § 165 Abs. 2 AO zugelassen.[554]

135 **Prüfungsschema**

Prüfungsschema für Verwaltungsakte

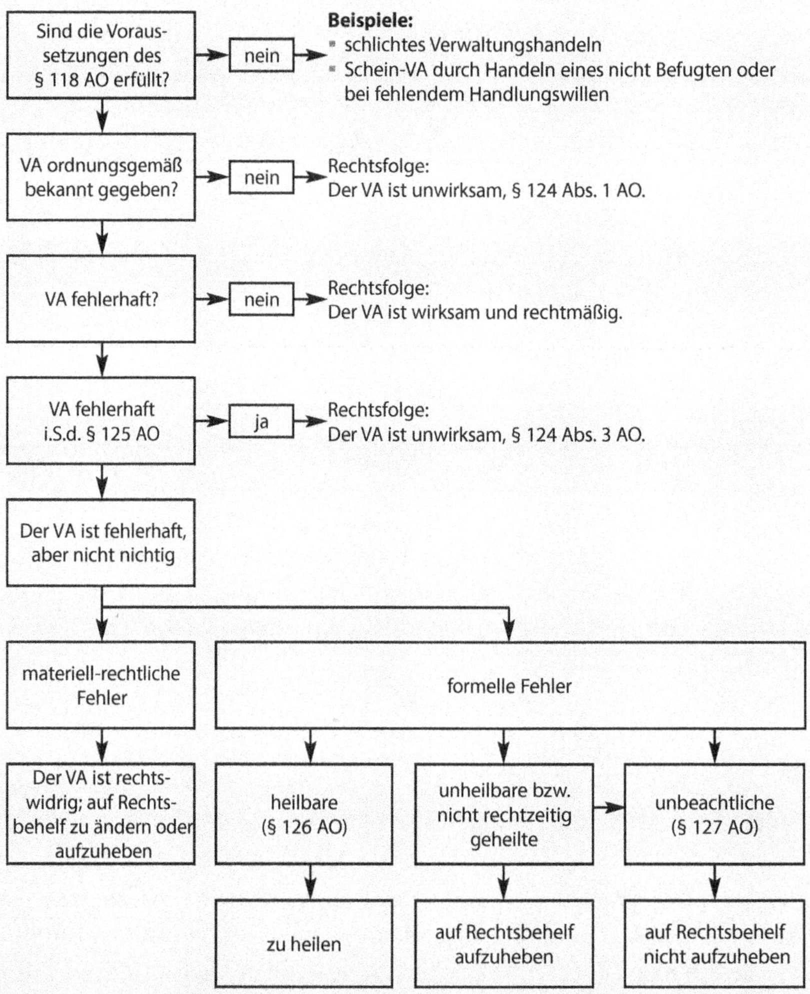

552 BFH v. 18.07.1994 – X R 33/91, BStBl. II 1995, 4; BFH v. 08.02.2007 – IV R 65/01, BStBl. II 2009, 699; BFH v. 11.10.2012 – IV R 38/09, BStBl. II 2013, 958.

553 BFH v. 27.11.1996 – X R 20/95, BStBl. II 1997, 791; AEAO zu § 124 Nr. 1.

554 BFH v. 22.08.2007 – II R 44/05, BStBl. II 2009, 754; vgl. ferner Nöcker AO-StB 2010, 110.

IV. Der elektronische Verwaltungsakt

Mit dem „Dritten Gesetz zur Änderung verwaltungsverfahrensrechtlicher Vorschriften" vom 21.08.2002[555] hat der Gesetzgeber die Abgabenordnung für eine elektronische Kommunikation zwischen Bürger und Verwaltung geöffnet. Die elektronische Form wird in fast allen Bereichen der Schriftform gleichgestellt. Nach dem neu eingefügten § 87 a AO können in Schriftform zu erbringende Anträge, Erklärungen und Mitteilungen der Bürger auch in elektronischer Form mit einer qualifizierten elektronischen Signatur nach dem Signaturgesetz übermittelt werden. Computer- oder Funkfaxe sind keine elektronischen Dokumente i.S.v. § 87 a AO und genügen regelmäßig der Schriftform.[556] Seit dem 01.07.2014 ist auch die Übermittlung mit der Versandart nach § 5 Abs. 5 des De-Mail-Gesetzes möglich. Zur Einlegung von Einsprüchen in elektronischer Form ist die elektronische Signatur nicht erforderlich (§ 357 Abs. 1 AO i.d.F. des G. v. 25.07.2013, BGBl. I, 2749).[557] Korrespondierend kann die Finanzverwaltung in Schriftform zu erteilende Verwaltungsakte (z.B. Steuerbescheide oder Einspruchsentscheidungen) in elektronischer Form bekannt geben, soweit dies nicht ausdrücklich ausgeschlossen ist. 136

Beispiel

Forderungspfändungen müssen weiterhin schriftlich erteilt und förmlich zugestellt werden, § 309 Abs. 1 S. 2 AO.

V. Nebenbestimmungen des Verwaltungsakts

§ 120 AO unterscheidet bei Nebenbestimmungen zwischen gesetzesgebundenen Verwaltungsakten und Ermessensentscheidungen: 137

1. **Gesetzesgebundene Verwaltungsakte** sind „nebenbestimmungsfeindlich". Sie dürfen mit einer Nebenbestimmung nur versehen werden, wenn diese durch Rechtsvorschrift zugelassen ist oder wenn sie sicherstellen soll, dass die gesetzlichen Voraussetzungen des Verwaltungsakts erfüllt werden (§ 120 Abs. 1 AO).
   Wichtige gesetzlich zugelassene Nebenbestimmungen sind der Nachprüfungsvorbehalt (§ 164 AO) und der Vorläufigkeitsvermerk (§ 165 AO) für Steuerbescheide und diesen gleichgestellte Bescheide (dazu eingehend noch Rn. 185).
2. **Ermessensentscheidungen** dürfen den nachfolgenden Nebenbestimmungen beigefügt werden, sofern sie dem Zweck des Verwaltungsakts nicht zuwiderlaufen (§ 120 Abs. 2, Abs. 3 AO):
   - Die **Befristung** regelt Geltungsbeginn, Geltungsende oder Geltungsdauer der Regelung.
   - Die (aufschiebende oder auflösende) **Bedingung** macht den Eintritt oder den Wegfall der Rechtsfolge von dem ungewissen Eintritt eines zukünftigen Ereignisses abhängig.

Beispiel

Stundung unter der aufschiebenden Bedingung einer Sicherheitsleistung

555 BGBl. I 2002, 3322.

556 BFH v. 28.01.2014 – VIII R 28/13, BStBl. II 2014, 552 m.w.N.; ebenso für das sog. Ferrari-Fax BFH v. 18.03.2014 – VIII R 9/10, BStBl. II 2014, 748.

557 Von einer gesetzlichen Klarstellung ausgehend BFH v. 13.05.2015 – III R 26/14, BStBl. II 2015, 790.

- Der **Widerrufsvorbehalt** ermöglicht den Widerruf eines rechtmäßigen Verwaltungsakts (§ 131 Abs. 2 Nr. 1 AO).
- Die **Auflage** ist ein selbstständiger Teil des Verwaltungsakts. Die Wirksamkeit der Regelung hängt also nicht davon ab, dass die Auflage erfüllt ist. Die Auflage kann nach der Rspr. – wie ein selbstständiger Verwaltungsakt – vollzogen und angefochten werden.[558]

Beispiel

Stundung der durch Schätzungsbescheid festgesetzten Steuer unter der Auflage, die Steuererklärung einzureichen

- Der **Rechtsschutz** gegen Nebenbestimmungen nach § 120 Abs. 2 AO richtet sich danach, ob es sich um einen selbstständigen Verwaltungsakt handelt oder nicht. Auflage und Auflagenvorbehalt werden von der Rspr. und Teilen der Lit. (s. o.) als selbstständig angesehen. Dagegen können die übrigen Nebenbestimmungen nur durch Anfechtung des Verwaltungsakts angegriffen werden, auf den sich die jeweilige Nebenbestimmung bezieht.[559] Dasselbe gilt für die i. S. v. § 120 Abs. 1 AO gesetzlich zugelassenen Nebenbestimmungen der §§ 164, 165 AO.[560] Zu Einzelheiten s. noch Rn. 185 ff.

E. Erfassung der Steuerpflichtigen (§§ 137–139 d AO)

I. Anzeigepflichten

138 Die **Anzeigepflichten** der Stpfl. ergänzen die Vorschriften über die Personenstands- und Betriebsaufnahme. Nach § 137 AO müssen Stpfl., die nicht natürliche Personen sind (Körperschaften, Vereinigungen und Vermögensmassen), dem zuständigen FA innerhalb eines Monats alle Umstände anzeigen, die für die steuerliche Erfassung von Bedeutung sind (Gründung, Änderung der Rechtsform etc.). Nach § 138 Abs. 1 AO bestehen Anzeigepflichten für Gewerbetreibende, Land- und Forstwirte sowie für freiberuflich Tätige. Der Überwachung bei Auslandsbeziehungen dient die besondere Anzeigepflicht des § 138 Abs. 2 AO.[561] Im Zuge zunehmender internationaler Steuertransparenz sieht § 138 a AO ab 2016 die Pflicht zur Abgabe länderbezogener Berichte multinationaler Unternehmensgruppen (sog. Country-by-Country Reporting) vor und § 138 b AO eine Mitteilungspflicht Dritter über Beziehungen inländischer Stpfl. zu Drittstaat-Gesellschaften. Die Anmeldepflicht nach § 139 AO ermöglicht die Überwachung von Betrieben, die verbrauchsteuerpflichtige Waren herstellen.

---

558 BFH v. 25.08.1981 – VII B 3/81, BStBl. II 1982, 34; Werth in K/vW § 120 Rn. 7; Koenig/Vorbeck § 120 Rn. 48; a. A. Seer in T/K § 120 AO Rn. 24.

559 Vgl. Seer in T/K § 120 AO Rn. 27.

560 Seer in T/K § 164 AO Rn. 24, 55; Klein/Rüsken, § 165 Rn. 60 ff., jeweils m. w. N.

561 Dazu BMF v. 05.02.2018, BStBl. I 2018, 289.

II. Vergabe von Identifikationsmerkmalen (§§ 139 a bis 139 d AO)

1. Allgemeines

Die Erfassung der Stpfl. erfolgt zurzeit noch durch **Steuernummern**, die finanzamtsbezogen vergeben werden. Grundlage ist § 8 BuchungsO, wonach jeder Bearbeitungsfall eine sog. Steuernummer erhält. 139

Mit dem StÄndG 2003 ist die Vergabe eines Identifikationsmerkmals an jeden Stpfl. gesetzlich geregelt worden (§§ 139 a–139 d AO). Einzelheiten sind in der Verordnung zur Einführung dauerhafter Identifikationsnummern vom 28.11.2006[562] geregelt.

2. Identifikationsnummer und Wirtschafts-Identifikationsnummer

Jede natürliche Person erhält eine **Identifikationsnummer** (§ 139 b AO), die sie lebenslang begleitet und die spätestens 20 Jahre nach Ablauf des Kalenderjahres, in dem der Stpfl. verstorben ist, gelöscht wird (§ 4 der VO vom 28.11.2006). Die entsprechende Datenspeicherung ist mit dem Recht auf informationelle Selbstbestimmung vereinbar und verstößt auch nicht in sonstige Weise gegen Verfassungsrecht.[563] 140

Die Identifikationsnummer besteht aus elf Zahlen, die „nicht sprechend" sind, d.h., es können aus der Zahlenkombination keine Rückschlüsse auf den Stpfl. gezogen werden. Zu der jeweiligen Identifikationsnummer werden beim BZSt folgende Daten gespeichert (vgl. § 139 b Abs. 3 AO):

- Identifikationsnummer,
- Wirtschafts-Identifikationsnummer,
- Familienname,
- frühere Namen,
- Vornamen,
- Doktorgrad,
- Tag und Ort der Geburt,
- Geschlecht,
- gegenwärtige oder letzte bekannte Anschrift,
- zuständige Finanzbehörden,
- Übermittlungssperren nach dem Melderechtsrahmengesetz und den Meldegesetzen der Länder,
- Sterbetag.

Die Daten unterliegen der Zweckbestimmung nach § 139 b Abs. 4 AO, die aus Gründen des Datenschutzes auf den Bereich der Finanzverwaltung beschränkt ist. Eine anderweitige Verwendung der gespeicherten Daten ist unzulässig und wird nach § 383 a AO (gültig bis zum 24.05.2018) bei Vorsatz oder Leichtfertigkeit mit einer Geldbuße bis zu 10.000 € geahndet.

Die **Wirtschafts-Identifikationsnummer** wird auf Anforderung der zuständigen Finanzbehörde vergeben (§ 139 c Abs. 1 S. 1 AO). Sie beginnt mit den Buchstaben „DE". Eine Wirtschafts-Identifikationsnummer erhalten natürliche Personen (§ 139 c Abs. 3 AO), juristische Personen (§ 139 c Abs. 4 AO) und Personenvereinigungen (§ 139 c Abs. 5 AO). Auch die Wirtschafts-Identifikationsnummer unterliegt einer strengen Zweckbestimmung (§ 139 c Abs. 6 AO). Die Vergabe der Wirtschafts-Identifikationsnummern ist noch nicht erfolgt.

---

562 BGBl. I 2006, 2726 mit späteren Änderungen.

563 BFH v. 18.01.2012 – II R 49/10, BStBl. II 2012, 168.

3. Praktische Auswirkungen

141 Die Finanzverwaltung wird in Zukunft eine Datenbank für die gesamte Bevölkerung haben, die permanent aktualisiert wird. Keine andere Institution verfügt über entsprechende Datenbestände. Die Steuer-Identifikationsnummern werden die Grundlage für die Kommunikation des Stpfl. mit den Finanzbehörden sein. Die Wirtschafts-Identifikationsnummer wird die Umsatzsteuer-Identifikationsnummer ersetzen. Voraussichtlich werden die Nummern identisch sein.

Im Rahmen der **EU-Zinsrichtlinie** ist die Identifikationsnummer schon lange Pflicht; die Banken müssen sie bei ausländischen Kunden zwingend neben dem Namen speichern. Für deutsche Anleger, die Gelder im EU-Ausland angelegt haben, galt das bisher noch nicht, weil es keine Identifikationsnummer gab. Deutsche Anleger müssen nunmehr die ihnen zugeteilte Nummer bei ihren ausländischen Kontenverbindungen nachmelden, was die Möglichkeit grenzüberschreitender Kontrollmitteilungen an das BZSt erleichtert.

Eine besonders wichtige Aufgabe hat die Identifikationsnummer durch das Alterseinkünftegesetz vom 05.07.2004[564] erhalten. Rentenversicherungen, landwirtschaftliche Alterskassen, berufsständische Versorgungswerke, Pensionskassen und -fonds sowie Versicherungsunternehmen müssen nach § 22 a EStG bis zum 1. März des Folgejahres Rentenbezugsmitteilungen abgeben. Die Finanzämter sind damit in der Lage, für die Zeit ab 2005 Rentenbezüge flächendeckend steuerlich zu erfassen.

Seit 2013 sind Arbeitnehmer verpflichtet, ihrem Arbeitgeber die Identifikationsnummer mitzuteilen, damit er die elektronischen Steuerabzugsmerkmale beim BZSt abfragen kann (§ 39 e Abs. 4 Nr. 1 EStG). Dieses „ELSTAM-Verfahren“ ersetzt die bisherigen Lohnsteuerkarten.

Durch die zentrale Erfassung aller natürlichen Personen sollen aufgedeckt werden:
- Doppelt mit erstem Wohnsitz gemeldete Personen und
- Steuerfälle ohne melderechtlichen Hintergrund.

F. Aufzeichnungs- und Erklärungspflichten des Steuerpflichtigen (§§ 140–153 AO)

I. Aufzeichnungspflichten (§§ 140–148 AO)

142 **1. Derivative** Buchführungs- und Aufzeichnungspflichten ergeben sich aus § 140 AO. Die Vorschrift bestimmt, dass Aufzeichnungs- und Buchführungspflichten, die nach außersteuerlichen Gesetzen bestehen (z. B. §§ 238 ff. HGB), auch für die Besteuerung zu erfüllen sind.

2. Originäre steuerliche Buchführungspflichten begründet § 141 AO für gewerbliche Unternehmer und Land- und Forstwirte bei Überschreiten bestimmter Umsatz-, Vermögens- oder Gewinngrenzen für den einzelnen Betrieb.[565] Stpfl. mit Einkünften aus selbständiger Arbeit (§ 18 EStG), also insbesondere Freiberufler, sind demgegenüber ohne Rücksicht auf die Unternehmensgröße nicht zur Buchführung verpflichtet. Voraussetzungen für den Beginn der Buchführungspflicht nach § 141 AO sind:
- Feststellungen der Finanzbehörde, aus denen sich ergibt, dass eine der Wertgrenzen des § 141 Abs. 1 AO überschritten ist, und

564 BGBl. I 2004, 1427.
565 Zur Auslegung dieses Begriffs vgl. BFH v. 13.10.1988 – IV R 136/85, BStBl. II 1989, 7.

- eine Mitteilung des FA an den Stpfl., dass aufgrund dieser Feststellungen die Buchführungspflicht zu erfüllen ist (§ 141 Abs. 2 AO).

Die Mitteilung nach § 141 Abs. 2 AO ist ein rechtsgestaltender Verwaltungsakt,[566] der angemessene Zeit vor Beginn des Wirtschaftsjahres, von dem ab die Buchführungspflicht zu erfüllen ist, bekannt gegeben werden muss.[567] Die Feststellungen i. S. d. § 141 Abs. 1 AO können im Rahmen eines Steuer- oder Feststellungsbescheids, als Bestandteil der Mitteilung nach § 141 Abs. 2 AO oder aber auch durch einen selbstständigen feststellenden Verwaltungsakt getroffen werden.[568]

3. Alle gewerblichen Unternehmer unterliegen den Vorschriften über die Aufzeichnung des Wareneingangs (§ 143 AO) und – mit Einschränkungen – auch der Verpflichtung zur Aufzeichnung des Warenausgangs (§ 144 AO).

4. Die §§ 145–147 AO enthalten die **wichtigsten Grundsätze ordnungsmäßiger Buchführung** (GoB):[569] 143

- **Allgemeine Anforderungen:**
  - Prüfbarkeit der Buchführung innerhalb angemessener Zeit (§ 145 Abs. 1 S. 1 AO)
  - Verfolgbarkeit der Geschäftsvorfälle (§ 145 Abs. 1 S. 2 AO)
- **Formelle Anforderungen:**
  - einzelne, vollständige, richtige, zeitgerechte und geordnete Verbuchung (§ 146 Abs. 1 S. 1 AO)
  - tägliche Erfassung der Kasseneinnahmen und -ausgaben (§ 146 Abs. 1 S. 2 AO)
  - besondere Kassenordnungsschriften zum Manipulationsschutz nach § 146 a AO i. V. m. der KassensicherungsVO (ab 2020)[570]
  - Führung und Aufbewahrung der Bücher im Geltungsbereich der AO (§ 146 Abs. 2 AO)
  - bei elektronischer Buchführung mit Zustimmung der Finanzbehörde ggf. auch in einem anderen Mitgliedstaat der EU (§ 146 Abs. 2 a AO)
  - Verwendung einer lebenden Sprache und verständlicher Symbole (§ 146 Abs. 3 AO)
  - keine Veränderung von Buchungen und Aufzeichnungen, soweit dadurch der ursprüngliche Inhalt nicht mehr feststellbar ist (§ 146 Abs. 4 AO)
  - geordnete Ablage der Belege bei der sog. Offene-Posten-Buchung, jederzeitige Verfügbarkeit und unverzügliche Lesbarmachung der Daten bei EDV-Buchführung (§ 146 Abs. 5 AO)
- **Aufbewahrung**
  - der aufbewahrungspflichtigen Unterlagen (Bücher, Inventare, Bilanzen etc.), § 147 Abs. 1 AO
  - während der Aufbewahrungsfristen nach § 147 Abs. 3 und Abs. 4 AO (für Bücher, Aufzeichnungen, Inventare, Bilanzen, Arbeitsanweisungen und Organisationsunterlagen zehn Jahre; für die übrigen Unterlagen sechs Jahre)
- **Datenzugriff**
  - Durch das StSenkG vom 23.10.2000 (BGBl. I, 1433) hat die Finanzverwaltung im Rahmen von Außenprüfungen das Recht erhalten, Zugriff auf die gespeicherten Buchführungsdaten des Stpfl. zu nehmen und sie auszuwerten (§ 147 Abs. 6 AO). Der Datenzugriff ist beschränkt auf aufbewahrungspflichtige Unterlagen und erfolgt durch einen (anfechtbaren) Verwaltungsakt, mit dem der Stpfl. zur Datenüberlassung aufgefordert wird.[571]

5. Bezieher hoher Überschusseinkünfte (mehr als 500.000 € im Kalenderjahr) unterliegen nach § 147 a AO einer **besonderen Aufbewahrungspflicht:** Sie müssen die Auf-

566 BFH v. 03.12.1987 – IV R 4/87, BStBl. II 1988, 269.

567 Drüen in T/K § 141 AO Rn. 48.

568 BFH v. 23.06.1983 – IV R 3/82, BStBl. II 1983, 768; a. A. Niedersächsisches FG v. 09.01.1986 – III (VII) 255/84, EFG 1986, 268.

569 Zur Verwaltungssicht über die „Grundsätze zur ordnungsmäßigen Führung und Aufbewahrung von Büchern, Aufzeichnungen und Unterlagen in elektronischer Form sowie zum Datenzugriff (GoBD)" vgl. BMF v. 28.11.2019, BStBl. I 2019, 1269.

570 Gesetz zum Schutz vor Manipulationen an digitalen Grundaufzeichnungen v. 22.12.2016, BGBl. I 2016, 3152; dazu Schwenker DStR 2017, 225; zur Prüfung durch die Finanzbehörde Teutemacher AO-StB 2020, 123; zur präventiven, aber umstrittenen Belegausgabepflicht ("Bäckerbons") FG Sachsen v. 1.4.2020–4 V 212/20, DStR 2020, 1376; zust. Bergan DStR 2020, 1354; a. A. Doege DStR 2020, 692.

571 BFH v. 24.06.2009 – VII R 80/06, BStBl. II 2010, 452; s. Rn. 216.

zeichnungen und Unterlagen über die den Überschusseinkünften zugrunde liegenden Einnahmen und Werbungskosten sechs Jahre aufbewahren. Bei zusammenveranlagten Ehegatten (und neuerdings auch Lebenspartnern) gilt diese Regel für jeden Ehegatten (oder Lebenspartner) hinsichtlich seiner Überschusseinkünfte.

6. **Ausschließlich die Privatsphäre betreffende Unterlagen**, wie z. B. Auszüge privater Bankkonten, sind nicht aufbewahrungspflichtig.[572] Eine Ausnahme gilt für Stpfl. mit Geschäftsbeziehungen zu Finanzinstituten in sog. Steueroasen, wenn sie ihren besonderen Mitwirkungspflichten nach § 90 Abs. 2 S. 3 AO nicht nachgekommen sind (§ 147 a Abs. 1 S. 6 AO).

II. Erklärungspflichten (§§ 149–153 AO)

144 Die Steuererklärung ist im Besteuerungsverfahren häufig das einzige Beweismittel und damit – zumindest bei den Veranlagungssteuern – „die eigentliche Basis der Steuerfestsetzung".[573]

1. Erklärungspflichtige Personen

145 Die Erklärungspflicht ergibt sich nach § 149 Abs. 1 S. 1 AO aus den Einzelsteuergesetzen (z. B. § 25 Abs. 3 EStG i. V. m. §§ 56, 60 EStDV, § 18 Abs. 1, Abs. 3 UStG). Außerdem ist zur Abgabe einer Steuererklärung verpflichtet, wer hierzu von der Finanzbehörde aufgefordert wird (§ 149 Abs. 1 S. 2 AO).

2. Form, Inhalt und Frist

146 Die Erklärung ist nach amtlich vorgeschriebenem Vordruck abzugeben (§ 150 Abs. 1 S. 1 AO) und – sofern dies in den Einzelsteuergesetzen vorgesehen ist – eigenhändig zu unterschreiben (§ 150 Abs. 3 S. 1 AO).[574] Die Erklärung kann elektronisch übermittelt werden (vgl. § 150 Abs. 1 S. 2 AO, § 87 a AO). Bei der elektronischen Übermittlung von amtlich vorgeschriebenen Datensätzen an Finanzbehörden ist ein sicheres Verfahren zu verwenden, das den Datenübermittler authentifiziert und die Vertraulichkeit und Integrität des Datensatzes gewährleistet (§ 87 Abs. 6 S. 1 AO).

Soweit die Steuergesetze eine elektronische Übermittlung der Steuererklärung **vorschreiben** (vgl. § 18 Abs. 1 UStG zur USt-Voranmeldung und § 41 a Abs. 1 S. 2 EStG zur LSt-Anmeldung), ist der Datensatz mit einer qualifizierten elektronischen Signatur nach dem Signaturgesetz zu versehen (§ 150 Abs. 7 und 8 AO mit Billigkeitsregelungen und einer Verordnungsermächtigung für Vereinfachungsregelungen).

Die Einzelsteuergesetze können vorschreiben, dass der Stpfl. in der Erklärung nicht nur die Besteuerungsgrundlagen anzugeben, sondern auch die Steuer selbst zu berechnen hat (sog. Steueranmeldung, § 150 Abs. 1 S. 3 AO). Darüber hinaus sind der Steuererklärung die Unterlagen beizufügen, die nach den Steuergesetzen vorzulegen sind (§ 150 Abs. 4 S. 1 AO), z. B. die Bilanz bei Gewinnermittlung durch Betriebsvermögensvergleich oder eine betriebliche Überschussrechnung bei Gewinnermittlung nach § 4 Abs. 3 EStG (§ 60 EStDV).[575]

---

572 Drüen in T/K § 147 AO Rn. 23.

573 Seer in T/K Vor § 149 AO Rn. 1.

574 Zur Frage der Beratungshilfe bei Abgabe der Steuererklärung Nöcker AO-StB 2010, 305 m. w. N.

575 Zur Rechtmäßigkeit dieser Regelung vgl. BFH v. 16.11.2011 – X R 18/09, BStBl. II 2012, 129.

Nach der – subsidiären – Fristenregelung des § 149 Abs. 2 AO sind die Erklärungen für periodisch zu erhebende Steuern spätestens sieben Monate nach dem maßgebenden Zeitraum oder Zeitpunkt (in der Regel der Ablauf des Kalenderjahres) abzugeben.[576] Wegen der Corona-Krise sind für den Besteuerungszeitraum 2020 die Fristen des § 149 Abs. 2 und 3 AO um drei Monate von sieben auf zehn Monate bzw. von 14 auf 17 und von 19 auf 22 Monate verlängert.[577]

Diese Frist kann nach § 109 Abs. 1 AO verlängert werden. Die obersten Finanzbehörden der Länder veröffentlichen regelmäßig zu Beginn eines Kalenderjahres gleichlautende Erlasse [578]zu den **Fristverlängerungen** für die Abgabe der Steuererklärungen des abgelaufenen Veranlagungszeitraums. Danach wird für Steuererklärungen und Meldungen, die von Personen oder Gesellschaften im Sinne der §§ 3 und 4 des StBerG erstellt werden, regelmäßig eine Fristverlängerung bis zum 31.12. des dem Veranlagungszeitraum folgenden Jahres gewährt. Die Finanzämter werden darüber hinaus ermächtigt, die Fristen in begründeten Einzelfällen weitergehend bis zum 28.02. des darauf folgenden Jahres zu verlängern.

3. Verspätungszuschlag (§ 152 AO)

Kommt der Stpfl. seiner Erklärungspflicht nicht fristgerecht oder überhaupt nicht nach, hat das FA folgende Möglichkeiten: **147**

a) Durchsetzung der Erklärungspflicht im Wege der Handlungsvollstreckung nach §§ 328 ff. AO.
b) Erlass eines Steuerbescheids aufgrund einer Schätzung der Besteuerungsgrundlagen (§ 162 AO).

In beiden Fällen kann das FA gegen den Stpfl. außerdem wegen nicht fristgerechter Abgabe der Steuererklärung einen Verspätungszuschlag festsetzen (§ 152 Abs. 1 AO), und zwar „regelmäßig" mit der Steuer oder dem Steuermessbetrag (§ 152 Abs. 11 AO).[579] Der Verspätungszuschlag von höchstens 25.000 € (§ 152 Abs. 10 AO) ist ein Druckmittel eigener Art (hat aber auch repressiven Charakter)[580] und darf nur bei schuldhaftem Verstoß gegen die Erklärungspflicht angewendet werden (§ 152 Abs. 1 S. 2 AO). Zweck des Verspätungszuschlags ist es, den Stpfl. zur rechtzeitigen Abgabe der Steuererklärung anzuhalten.[581] Seit 2019 steht der Verspätungszuschlag bei verspäteter Abgabe einer Steuererklärung grundsätzlich nicht mehr im Ermessen des FA, sondern ist obligatorisch (§ 152 Abs. 2 AO). Die Bemessung des Verspätungszuschlags richtet sich nach § 152 Abs. 5 AO und beträgt grundsätzlich 0,25 % der festgesetzten Steuer, mindestens jedoch 10 Euro für jeden angefangenen Monat der eingetretenen Verspätung.[582] Nach der Rückausnahme des § 152 Abs. 3 AO steht der Verspätungszuschlag nur im Ermessen des Finanzamts, wenn die Finanzbehörde die Frist für die Abgabe der Steuererklärung nach § 109 AO (ggf. rückwirkend) verlängert hat, die Erklärung aber nach Ablauf der hiernach verlängerten Frist abgegeben wurde, die Steuer auf null Euro oder auf einen negativen Betrag festgesetzt wurde oder die festgesetzte Steuer nicht die Summe der festgesetzten Vorauszahlungen und der anzurechnenden Steuerabzugsbeträge übersteigt. Festgesetzt wird der Verspä-

576 Seit 2018 ist die Frist auf 7 Monate verlängert (§ 149 Abs. 2 AO n.F.), im Gegenzug wird die Möglichkeit der Fristverlängerung eingeschränkt (§ 109 Abs. 2 AO n.F.) und der Verspätungszuschlag ist ab 2019 obligatorisch (§ 152 Abs. 2 AO n.F.).

577 Art. 97 § 36 Abs. 3 EGAO i.d.F. des Gesetzes v. 25.06.2021, BGBl. I 2021, 2035; dazu BMF v. 23.06.2022. BStBl. I 2022, 938.

578 Vgl. z.B. für die Steuererklärungen des Jahres 2016: BStBl. I 2017, 46.

579 Zur „nachträglichen" Festsetzung eines Verspätungszuschlags BFH v. 13.04.2010 – IX R 43/09, BStBl. II 2010, 815.

580 Näher Seer in T/K § 152 AO Rn. 1f.

581 BFH v. 10.10.2001 – XI R 41/00, BStBl. II 2002, 124.

582 Zur Festsetzung eines Verspätungszuschlags und zur Höhe BayLfSt v. 26.02.2020, AO-StB 2020, 217.

tungszuschlag gegen den Erklärungspflichtigen. Das ist bei Handlungsunfähigen der gesetzliche Vertreter, Geschäftsführer, Verwalter bzw. Verfügungsberechtigte.[583]

Bei **Kapitalgesellschaften** steht es im pflichtgemäßen Ermessen der Behörde, den Verspätungszuschlag entweder gegen den gesetzlichen Vertreter oder gegen die Gesellschaft festzusetzen. Da aus den Akten im Allgemeinen nur die wirtschaftliche Leistungsfähigkeit der Gesellschaft ersichtlich ist, kommt in erster Linie deren Inanspruchnahme in Betracht.[584] Die Ausübung des Auswahlermessens bedarf in diesem Fall keiner besonderen Begründung.[585]

Gegen zusammen zu veranlagende **Ehegatten** kann ein einheitlicher Verspätungszuschlag in einem zusammengefassten Verwaltungsakt erlassen werden (vgl. § 155 Abs. 3 S. 2 AO). Die Ehegatten schulden den Verspätungszuschlag als Gesamtschuldner.[586]

4. Berichtigung unrichtiger Erklärungen (§ 153 AO)

148 Die Pflicht zur Berichtigung von nachträglich als unrichtig erkannten Erklärungen (§ 153 AO) ergänzt die Mitwirkungspflichten des Stpfl. nach §§ 90, 149, 150 AO und dient der gesetzmäßigen Besteuerung.[587] Sie soll das FA in die Lage versetzen, die bisher erklärungsbedingt fehlerhafte Steuerfestsetzung zu korrigieren. Nach der Verschärfung der strafbefreienden Selbstanzeige nach § 371 AO (s. 219) hat die Abgrenzung der (sanktionslosen) Berichtigung eines schlichten Fehlers nach § 153 AO von der straf- oder bußgeldbefreienden Selbstanzeige nach § 371 bzw. § 378 Abs. 3 AO erhebliche praktische Bedeutung gewonnen.[588]

149 **§ Fall 35: Aufdeckung eines Fehlers in der Steuererklärung für das Vorjahr**

Steuerberater B hat für den Stpfl. S die USt-Erklärung 01 erstellt und unterschrieben. Bei der Besprechung des Abschlusses für 02 erkennen B und S, dass in der Erklärung für 01 versehentlich Umsätze in Höhe von 50.000 € nicht angegeben wurden und das FA weitere Umsätze in Höhe von 25.000 € durch einen Übertragungsfehler in dem USt-Bescheid nicht erfasst hat. Besteht eine Anzeige- und Berichtigungspflicht für B und/oder S?

I. Übertragungsfehler des FA
Fehler, die dem FA bei der Steuerfestsetzung unterlaufen, brauchen weder der Stpfl. noch sein Berater dem FA anzuzeigen.[589]

II. Nicht erklärte Umsätze

1. Nach § 153 Abs. 1 AO ist ein **Stpfl.**, der nachträglich – vor Ablauf der Festsetzungsfrist – die Unrichtigkeit oder Unvollständigkeit einer Erklärung (insbesondere Steuererklärung) erkennt, zur Anzeige und Richtigstellung gegenüber dem FA verpflichtet. Der Stpfl. muss nicht nur die eigene, sondern auch die „für ihn" abgegebene Erklärung korrigieren. S ist demnach verpflichtet, die USt-Erklärung 01 zu berichtigen und die Umsätze von 50.000 € nachzuerklären.
2. Fraglich ist, ob auch Steuerberater B zur Berichtigung der unrichtigen Steuererklärung verpflichtet ist:
   - Nach einer strengen Auffassung[590] ist ein Steuerberater im Rahmen seines Mandats grundsätzlich zur Berichtigung ihm unterlaufener Fehler verpflichtet.

583 BFH v. 27.06.1989 – VIII R 73/84, BStBl. II 1989, 955; BFH v. 27.06.1989 – VIII R 356/83, BFH/NV 1990, 145; Seer in T/K § 152 AO Rn. 55.

584 BFH v. 18.04.1991 – IV R 127/89, BStBl. II 1991, 675.

585 BFH v. 25.07.1991 – V R 89/88, BStBl. II 1992, 3.

586 BFH v. 28.08.1987 – III R 230/83, BStBl. II 1987, 836; Seer in T/K § 152 AO Rn. 58.

587 Seer in T/K § 153 AO Rn. 1.

588 Dazu (erstmaliger) AEAO zu § 153 AO, BStBl. I 2016, 490; v. Wolfersdorff/Hey WPg 2016, 934; Wulf wistra 2016, 337.

589 Seer in T/K § 153 AO Rn. 11.

590 OLG Koblenz v. 15.12.1982–1 Ss 559/82, wistra 1983, 270; Brenner StWa 1982, 112.

- Die Gegenmeinung[591] verweist auf den Wortlaut des § 153 AO, der nur für „Steuerpflichtige" eine Berichtigungspflicht begründet. Stpfl. ist ein Vertreter jedoch nur in den Fällen der §§ 34, 35 AO. Mit dem **gewillkürten Vertreter** (§ 80 AO) wird kein Steuerpflichtverhältnis i. S. d. § 33 AO begründet. Selbst wenn der Steuerberater die Steuererklärung in eigener Verantwortung erstellt und selbst unterzeichnet hat, ist nicht er, sondern bleibt der Stpfl. – in dessen Namen er die Steuererklärung abgegeben hat – anzeige- und berichtigungspflichtig.[592]

Den Vorzug verdient die Auffassung, die eine Anwendung des § 153 AO auf Bevollmächtigte grundsätzlich ausschließt. Auf einem anderen Blatt steht die auf dem Mandat beruhende Verpflichtung des Steuerberaters, den Mandanten auf die Berichtigungspflicht nach § 153 Abs. 1 AO hinzuweisen.[593]

Ergebnis:

Nur S ist nach § 153 Abs. 1 AO verpflichtet, die Unrichtigkeit der Erklärung anzuzeigen und zu berichtigen, also die in 01 nicht erfassten Umsätze in Höhe von 50.000 € nachzuerklären. Im Falle der Verletzung dieser Pflicht kann er wegen Steuerhinterziehung nach § 370 Abs. 1 Nr. 2 AO bestraft werden.

III. Kontenwahrheit (§ 154 AO)

§ 154 Abs. 1 AO begründet die allgemeine Pflicht zur „Kontenwahrheit": Niemand darf unter Verwendung falscher oder erdichteter Namen ein Konto errichten. Das Gesetz verhindert mit dem Gebot der Kontenwahrheit, dass die Nachprüfung steuerlicher Verhältnisse erschwert wird. Ein Konto ist die buch- und rechnungsmäßige Darstellung einer Geschäftsbeziehung zwischen dem Kontoinhaber und dem Kontoführer.[594] Ein Konto in diesem Sinne ist insbesondere das Bankkonto. 150

Gewährleistet wird die Kontenwahrheit durch die Verpflichtung des Kontoführers, also insbesondere der Bank, bei der Errichtung des Kontos eine **Identitätsprüfung** vorzunehmen (§ 154 Abs. 2 AO). Wird dagegen verstoßen, tritt die sog. Kontensperre nach § 154 Abs. 3 AO ein: Guthaben, Wertsachen und der Inhalt eines Schließfachs dürfen nur noch mit Zustimmung des für die Einkommen- und Körperschaftsteuer des Verfügungsberechtigten (regelmäßig der Kontoinhaber) zuständigen Finanzamts herausgegeben werden. Bei **Verstoß gegen die Kontensperre** haftet der Kontoführer (insbesondere die Bank) nach § 72 AO für den Steuerschaden, der dadurch eingetreten ist, dass eine Auszahlung bzw. Herausgabe an den Verfügungsberechtigten erfolgt ist.[595]

G. Das Ermittlungsverfahren des Finanzamts

Die eingegangenen Steuererklärungen sind regelmäßig Ausgangspunkt für die der Steuerfestsetzung (regelmäßig) vorausgehende Ermittlungstätigkeit des FA. Das Deklarationsprinzip (insbesondere in Form von Steuererklärungen durch den Stpfl.) bedarf vor allem wegen der Gesetzmäßigkeit und Gleichmäßigkeit der Besteuerung (§ 85 S. 1 AO) der Er- 151

591 Aus der Rspr. insbesondere BGH v. 20.12.1995–5 StR 412/95, wistra 1996, 184.
592 H.M., s. Heuermann in H/H/Sp § 153 AO Rn. 4; Koenig/Haselmann § 153 Rn. 5 f.; Seer in T/K § 153 AO Rn. 4; jeweils m. w. N.; offengelassen von BGH v. 20.12.1995–5 StR 412/95, wistra 1996, 184.
593 Dazu Seer a. a. O. Rn. 5.
594 Brandis in T/K § 154 AO Rn. 4.
595 Beispielsfall BFH v. 13.12.2011 – VII R 49/10, BStBl. II 2012, 398.

gänzung durch das Verifikationsprinzip, wonach die Finanzverwaltung (Steuer-)Erklärungen auf ihre Richtigkeit hin überprüfen muss. Im „Massenvollzug" des Steuerrechts reichen strukturelle Kontrollsysteme aus, sind aber auch erforderlich.[596] Der Umfang der Ermittlungen richtet sich insgesamt – unter Beachtung der Besteuerungsgrundsätze des § 85 AO – „nach den Umständen des Einzelfalls" (§ 88 Abs. 1 S. 3 AO). Dabei ist von wesentlicher Bedeutung, ob die Steuerfestsetzung „endgültig" oder „unter Vorbehalt der Nachprüfung" nach § 164 AO erfolgen soll.

I. Mitwirkungspflichten des Beteiligten im Verfahren (§§ 90, 93, 95, 97 AO)

152 **Fall 36: Auskunftsersuchen wegen nicht erklärter Einkünfte**

Das FA hat aufgrund einer anonymen Anzeige davon Kenntnis erlangt, dass der Stpfl. Dr. med. S aus der Veräußerung gebrauchter Herzschrittmacher Einnahmen erzielt hat, die er dem FA nicht erklärt hat. Die schriftliche Anfrage des FA nach der Höhe der Einnahmen beantwortet Dr. S wie folgt: Das FA habe die anonyme Anzeige nicht zum Anlass weiterer Ermittlungen nehmen dürfen. Im Übrigen stehe ihm ein Auskunftsverweigerungsrecht zu.

I. Auslegung der Eingabe: Dr. S wendet sich gegen ein schriftliches Auskunftsersuchen des FA. Das **Auskunftsersuchen** ist ein Verwaltungsakt, der die Auskunftspflicht des Beteiligten nach § 93 AO konkretisiert. Die Eingabe ist daher als Einspruch (§ 347 Abs. 1 S. 1 Nr. 1 AO) gegen das Auskunftsersuchen auszulegen.

II. Der Einspruch ist zulässig, aber nicht begründet.

1. Nach § 90 AO kann sich das FA zur Aufklärung des Sachverhalts der Mitwirkungspflicht des Beteiligten bedienen. Der Beteiligte muss insbesondere die zur Feststellung des steuerlich relevanten Sachverhalts erforderlichen Auskünfte erteilen (§ 93 AO) und auf Ersuchen des FA ggf. auch Urkunden vorlegen (§ 97 AO). Darüber hinaus kann das FA äußerstenfalls von dem Beteiligten verlangen, dass er seine Angaben an Eides statt versichert (§ 95 AO). Diese Mitwirkungspflichten sind mit dem Grundrecht auf informationelle Selbstbestimmung vereinbar.[597]
   a) Dr. S ist **Beteiligter**, weil das FA nach Überprüfung des Sachverhalts ggf. einen Steuerbescheid gegen ihn erlassen will (§ 78 Nr. 2 AO).
   b) Das Auskunftsersuchen war **zur Aufklärung des steuerlich relevanten Sachverhalts** erforderlich. Denn es bestehen Zweifel an der Höhe der von Dr. S erzielten Einnahmen. Das FA benötigte diese Angaben für die Ermittlung der steuerpflichtigen Einkünfte i. S. d. § 2 Abs. 1 EStG.
   c) Das Auskunftsersuchen war **ermessensgerecht** (§§ 92, 5 AO). Das FA durfte der anonymen Anzeige nachgehen, weil solche Anzeigen eine zulässige Informationsquelle der Steuerbehörden darstellen. Im Übrigen war die Maßnahme auch verhältnismäßig, erfüllbar und dem Stpfl. zumutbar.[598]
2. Ein **Auskunftsverweigerungsrecht** nach § 102 Abs. 1 Nr. 3 Buchst. c) AO steht Dr. S nicht zu, weil die Höhe der Erlöse aus der Veräußerung von Herzschrittmachern keine Tatsache ist, die ihm in seiner Eigenschaft als Arzt anvertraut worden ist. Die Gefahr der Strafverfolgung wegen einer Steuerhinterziehung (§ 370 AO) begründet im Besteuerungsverfahren ebenfalls kein Recht zur Verweigerung von Auskünften.

596 Vgl. Seer in T/K § 85 AO Rn. 27; Drüen FR 2011, 101.
597 Vgl. BFH v. 04.10.2006 – VIII R 53/04, BStBl. II 2007, 227.
598 Zu diesen Grundsätzen vgl. Seer in T/K § 93 AO Rn. 14.

Allerdings ist die Anwendung von Zwangsmitteln unzulässig, soweit der Stpfl. durch die Erteilung der Auskunft gezwungen würde, sich selbst wegen einer von ihm begangenen Steuerstraftat oder Steuerordnungswidrigkeit zu belasten (§ 393 Abs. 1 S. 2 AO). Diese Voraussetzung liegt vor, weil Dr. S sich durch Abgabe einer unrichtigen Steuererklärung möglicherweise wegen Steuerhinterziehung (§ 370 AO) strafbar gemacht hat.

Selbst wenn Dr. S ein Auskunftsverweigerungsrecht zustände, wäre sein Einspruch nicht begründet. Das Auskunftsverweigerungsrecht führt nicht zur Rechtswidrigkeit des Auskunftsersuchens. Nur wenn die Behörde die Voraussetzungen des Auskunftsverweigerungsrechts verneint und auf der Erteilung der Auskunft besteht, ist darin ein mit dem Einspruch anfechtbarer Verwaltungsakt zu sehen.[599]

Ergebnis:

Der Einspruch ist nicht begründet. Im Übrigen kann das FA negative Schlüsse aus der Nichterteilung der Auskunft ziehen und die Höhe der Einnahmen nach § 162 AO schätzen.[600] Das FA kann dagegen das Auskunftsersuchen nicht mit Zwangsmitteln (§ 328 AO) durchsetzen.

Eine erhöhte Mitwirkungspflicht besteht nach § 90 Abs. 2 AO bei **Sachverhalten mit Auslandsbezug**. Damit die Finanzbehörden, die im Ausland nicht mit hoheitlichen Befugnissen ermitteln dürfen, nicht in Beweisnot geraten, erlegt das Gesetz den Beteiligten eine **Beweisbeschaffungspflicht** auf.[601] 153

Beispiel

Gastarbeiter, die Unterhaltsleistungen an ihre im Ausland lebenden Angehörigen als außergewöhnliche Belastung nach § 33 a Abs. 1 EStG geltend machen, müssen die erforderlichen Nachweise beibringen.[602]

Bestehen objektive Anhaltspunkte für **Geschäftsbeziehungen des Stpfl. zu Finanzinstituten in sog. Steueroasen**, muss der Stpfl. auf Aufforderung der Finanzbehörde die Vollständigkeit und Richtigkeit seiner Angaben an Eides statt versichern und die Finanzbehörde bevollmächtigen, Auskunftsansprüche gegen die von der Finanzbehörde benannten Kreditinstitute außergerichtlich und gerichtlich geltend zu machen (§ 90 Abs. 2 S. 3 AO i.d.F. des SteuerhinterziehungsbekämpfungsG vom 29.07.2009).[603] Diese gesetzliche Maßnahme richtet sich gegen Staaten und Gebiete, die sich weigern, die Standards der OECD zu grenzüberschreitenden Bankinformationen anzuerkennen.[604]

Diese Relegung ist nunmehr ins Gesetz zur Abwehr von Steuervermeidung und unfairem Steuerwettbewerb und zur Änderung weiterer Gesetze[605] als Spezialgesetz überführt worden.

Vorgänge mit Auslandsbezug begründen eine **besondere Dokumentationspflicht** nach § 90 Abs. 3 AO,[606] wenn sie Geschäftsbeziehungen mit nahestehenden Personen betreffen. Diese Regelung soll den Finanzbehörden ermöglichen, Verrechnungspreise zwischen international verbundenen Unternehmen und damit die Einkünfteabgrenzung zwischen diesen Unternehmen zu prüfen.[607]

599 Seer in T/K § 101 AO Rn. 15.

600 Vgl. BFH v. 19.09.2001 – XI B 6/01, BStBl. II 2002, 4.

601 Seer in T/K § 90 AO Rn. 21 ff.

602 BFH v. 03.06.1987 – III R 205/81, BStBl. II 1987, 675; BMF v. 07.06.2010, BStBl. I 2010, 588.

603 Nach BGBl. I 2009, 2302.

604 Nach BMF v. 05.01.2010, BStBl. I 2010, 19 erfüllte kein Staat oder Gebiet die Voraussetzungen.

605 G v. 25.6.2021 BGBl I 2021, 2056.

606 Geändert mit konstitutiver Wirkung durch Gesetz zur Umsetzung der Änderungen der EU-Amtshilferichtlinie und von weiteren Maßnahmen gegen Gewinnkürzungen und -verlagerungen (sog. Anti-BEPS-UmsG I) v. 20.12.2016, BGBl. I 2017, 5; dazu Drüen DB 2018, 11, 15 f.

607 Vgl. im Einzelnen Seer in T/K § 90 AO Rn. 38 ff.

II. Sonstige Beweismittel

154 Neben den Mitwirkungspflichten des Beteiligten kommen zur Ermittlung des Sachverhalts insbesondere die nachfolgenden Beweismittel in Betracht:

- **Auskünfte von anderen Personen als den Beteiligten** (§ 93 Abs. 1 AO) und ggf. eidliche Vernehmung solcher Personen durch das Gericht (§ 94 AO);
- Kontrollmitteilungen anderer Behörden (§ 93 a AO i. V. m. den Vorschriften der MitteilungsVO[608]); die Aufgabe der Finanzbehörden, internes Kontrollmaterial anzufertigen, ergibt sich aus § 85 AO (vgl. oben) und § 194 Abs. 3 AO;
- **Urkundenbeweis** durch Vorlageersuchen an andere Personen als den Beteiligten (§ 97 AO);
- **Sachverständigenbeweis** (§ 96 AO);
- **Einnahme des Augenscheins** (§ 98 AO), insbesondere von Grundstücken und Räumen (§ 99 AO) und von Wertsachen (§ 100 AO).

155 **Fall 37: Auskunftsersuchen an eine Bank**

Das FA richtet an die X-Bank ein Auskunftsersuchen nach § 93 AO, in dem es eine Aufstellung aller Kunden begehrt, denen von der Bank objektiv missverständliche, wenn auch in banktechnischer Hinsicht nicht falsche Bescheinigungen über die Einbehaltung eines Damnums ausgestellt worden waren. Dabei weist das FA darauf hin, dass nach den Feststellungen der Betriebsprüfungsstelle von der X-Bank solche Bescheinigungen in etwa 40.000 Fällen ausgestellt worden seien. Es ist unstreitig, dass die Bescheinigungen aus steuerlicher Sicht sachlich unzutreffend waren und dass in einigen Fällen unter Vorlage dieser Bescheinigung der Werbungskostenabzug bei den Einkünften aus Vermietung und Verpachtung begehrt worden ist. Ist das Auskunftsersuchen rechtmäßig?

I. Die in § 93 Abs. 1 S. 1 AO normierten **Voraussetzungen für ein rechtmäßiges Auskunftsersuchen** liegen vor. Die Auskunft war zur Feststellung eines für die Besteuerung erheblichen Sachverhalts erforderlich. Ein Aufklärungsbedürfnis besteht schon dann, wenn das FA im Wege vorweggenommener Beweiswürdigung nach pflichtgemäßem Ermessen zum Ergebnis gelangt, dass die Auskunft zu steuererheblichen Tatsachen führt.[609] Das Ersuchen darf jedoch nicht dazu dienen, ohne konkrete Veranlassung „ins Blaue hinein" auszuforschen, ob überhaupt steuerlich erhebliche Sachverhalte gegeben sind.[610] Insbesondere lässt sich das Aufklärungsbedürfnis nicht allein mit dem allgemeinen Erfahrungssatz begründen, dass Steuergesetze nicht immer beachtet werden.[611] Im konkreten Fall lagen jedoch konkrete Umstände vor, die zu einer Überprüfung Anlass gaben: Die von der X-Bank ausgestellten Bescheinigungen bargen die Gefahr in sich, dass es zu einem unzutreffenden Werbungskostenabzug kommt. Dass diese Gefahr nicht nur theoretischer Natur war, zeigt die Tatsache, dass schon in einigen Fällen der Werbungskostenabzug begehrt worden ist.

II. Die X-Bank durfte auch im Hinblick auf § 93 Abs. 1 S. 3 AO um Auskunft ersucht werden. An **„andere Personen als den Beteiligten"** soll nach dieser Bestimmung das Auskunftsersuchen nur dann als Beweismittel eingesetzt werden, wenn die Sachverhaltsaufklärung durch die Beteiligten nicht zum Ziel geführt hat oder keinen Erfolg verspricht (Subsidiarität). Als Sollvorschrift bringt diese Regelung zum Ausdruck, dass das FA zwar i. d. R. nach ihr verfahren muss, jedoch in atypischen Fällen abwei-

---

608 Verordnung über Mitteilungen an die Finanzbehörden durch andere Behörden und öffentlich-rechtliche Rundfunkanstalten v. 07.09.1993, BGBl. I, 1554 mit späteren Änderungen.

609 BFH v. 22.02.2000 – VII R 73/98, BStBl. II 2000, 366.

610 BFH v. 23.10.1990 – VIII R 1/86, BStBl. II 1991, 277.

611 BFH v. 11.10.1989 – I R 101/87, BStBl. II 1990, 280.

chen darf, wobei am Zweck der Norm zu messen ist, ob ein atypischer Fall vorliegt.[612] Ein derartiger Fall ist auch dann gegeben, wenn das FA nur mit einem unverhältnismäßig hohen Verwaltungsaufwand feststellen kann, in welchen Fällen die Bescheinigungen zu unzutreffenden Steuerfestsetzungen geführt haben. Zusätzlich fällt ins Gewicht, dass die X-Bank durch die Ausstellung der missverständlichen Bescheinigungen für Steuerzwecke einen besonderen Gefährdungstatbestand gesetzt hat.[613]

III. Auch unter dem Gesichtspunkt der **Verhältnismäßigkeit** bestehen gegen die Rechtmäßigkeit des Auskunftsersuchens keine Bedenken. Im Rahmen der insoweit vorzunehmenden Abwägung zwischen der Schwere des Eingriffs und dem Gewicht der ihn rechtfertigenden Gründe kommt dem Umstand entscheidende Bedeutung zu, dass die X-Bank durch die von ihr ausgestellten Bescheinigungen selbst Anlass für die Gefährdung des Steueraufkommens gegeben hat. Es ist ihr zuzumuten, die Gefährdung im Rahmen des Möglichen rückgängig zu machen und die damit verbundenen Nachteile in Kauf zu nehmen, zumal diese nicht so hoch zu bewerten sind wie das einen hohen Stellenwert besitzende Interesse der Allgemeinheit an einer gleichmäßigen Besteuerung, sog. Gemeinwohlbelang.[614]

IV. Das Auskunftsersuchen verstößt nicht gegen die Regeln über den Schutz von Bankkunden nach § 30 a AO a. F. Denn Auskunftsersuchen an Banken waren auch nach § 30 a Abs. 5 AO a. F. unter den Voraussetzungen des § 93 AO zulässig (vgl. unten 158 ff.).

Ergebnis:

Das Auskunftsersuchen ist rechtmäßig.

Die Finanzbehörde darf an andere Personen als die Beteiligten Auskunftsersuchen über eine ihr noch unbekannte Anzahl von Sachverhalten mit dem Grunde nach bestimmbaren, ihr noch nicht bekannten Personen stellen **(Sammelauskunftsersuchen)**. Voraussetzung für ein Sammelauskunftsersuchen ist, dass ein hinreichender Anlass für die Ermittlungen besteht und andere zumutbare Maßnahmen zur Sachverhaltsaufklärung keinen Erfolg versprechen (§ 93 Abs. 1 a AO). Allerdings dürfen auch insoweit keine „Ermittlungen ins Blaue hinein" erfolgen. Vielmehr muss ein hinreichender Anlass gegeben sein, wobei nach der Rspr. eine „über die bloße allgemeine Lebenserfahrung hinausgehende, erhöhte Entdeckungswahrscheinlichkeit" ausreichend, aber auch erforderlich ist.[615] Zudem muss die Finanzbehörde bei solchen Maßnahmen sorgfältig den Grundsatz der Verhältnismäßigkeit beachten.[616] **156**

Beispiel

Ein FA hat bei einem Stpfl. die Reisekosten für eine von einer IHK veranstaltete Informationsreise nach Japan nicht als Betriebsausgaben anerkannt. Mit einem Sammelauskunftsersuchen an die IHK verlangt das FA eine vollständige Teilnehmerliste, um die steuerliche Behandlung der Reisekosten bei allen Teilnehmern überprüfen zu können. Das Auskunftsersuchen ist rechtswidrig, weil kein konkretes Aufklärungsbedürfnis bei den anderen Teilnehmern besteht und auch die Kriterien der Verhältnismäßigkeit und der Zumutbarkeit nicht beachtet sind.[617]

Nach § 97 AO kann das FA zur Aufklärung des steuerlich relevanten Sachverhalts von den Beteiligten und anderen Personen (also auch Banken) darüber hinaus die **Vorlage von Urkunden**, insbesondere die Vorlage von Kontoauszügen über das Konto

612 BFH v. 27.10.1981 – VII R 2/80, BStBl. II 1982, 141.

613 BFH v. 24.10.1989 – VII R 1/87, BStBl. II 1990, 198.

614 Vgl. BFH v. 22.02.2000 – VII R 73/98, BStBl. II 2000, 366.

615 BFH v. 16.05.2013 – II R 15/12, BStBl. II 2014, 225 zu Sammelauskunftsersuchen der Steuerfahndung zu Daten der Nutzer einer Internethandelsplattform: privatrechtlich vereinbarte Geheimhaltung von Daten spielt dabei keine Rolle.

616 Vgl. neben der soeben genannten Entscheidung auch BFH v. 24.03.1987 – VII R 30/86, BStBl. II 1987, 484; BFH v. 16.01.2009 – VII R 25/08, BStBl. II 2009, 582; BFH v. 12.05.2016 – II R 17/14, BStBl. II 2016, 822, 825 ff.

617 FG Düsseldorf v. 15.01.1997–13 K 350/90 AO, EFG 1997, 582.

des Beteiligten verlangen. Voraussetzung war bis zum AmtshilfeRLUmsG v. 26.06.2013,[618] dass ein vorheriges Auskunftsersuchen an die Bank nicht oder unzureichend beantwortet worden ist oder Bedenken gegen die Richtigkeit der Auskunft bestehen (§ 97 Abs. 2 S. 1 AO a.F.). Diese Subsidiaritätsregelung ist vom Gesetzgeber zum Zwecke der Gleichstellung der Beweismittel aufgehoben worden.[619] Ausdrücklich geregelt ist nunmehr durch Verweis auf § 93 Abs. 1 S. 3 AO in § 97 Abs. 1 S. 3 AO das grundsätzliche Erfordernis, sich zunächst an die Beteiligten zu wenden.

Zum automatisierten Kontenabruf bei Banken vgl. unten Rn. 165.

Auskunfts- und (seit dem AmtshilfeRLUmsG auch) Vorlagepflichtige werden nach § 107 AO auf Antrag in entsprechender Anwendung des Justizvergütungs- und Entschädigungsgesetzes entschädigt bzw. vergütet **(Kostenerstattungspflicht)**. In der Praxis kommt es häufig zu einem kombinierten Auskunfts- und Vorlageverfahren, bei dem der Dritte bereits vor der Neuregelung Ersatz aller seiner mit dem Ersuchen zusammenhängenden Aufwendungen verlangen konnte (AEAO zu § 107 Nr. 4).[620]

III. Auskunfts- und Vorlageverweigerungsrechte, Bankgeheimnis

1. Mitwirkungsverweigerungsrechte nach §§ 101–105 AO

157 Die Sachverhaltsermittlung findet gesetzlich geregelte Grenzen u.a. in den Mitwirkungsverweigerungsrechten der §§ 101 ff. AO. Danach sind drei Gruppen von Auskunftsverweigerungsrechten zu unterscheiden:

a) Mitwirkungsverweigerungsrecht der Angehörigen

158 Angehörige eines Beteiligten haben das Recht, die Auskunft zu verweigern (§ 101 AO) bzw. die Erstattung von Gutachten oder die Vorlage von bestimmten Urkunden und Wertsachen abzulehnen (§ 104 AO). Das Auskunftsverweigerungsrecht besteht nicht, soweit der Angehörige die Auskunftspflicht für einen Beteiligten zu erfüllen hat.

> **Beispiel**
>
> Der gesetzliche Vertreter eines Minderjährigen hat in dem Besteuerungsverfahren gegen den Minderjährigen kein Auskunftsverweigerungsrecht, weil er nach § 34 AO die steuerlichen Pflichten des Minderjährigen zu erfüllen hat.

Der **Angehörigenbegriff** ergibt sich aus § 15 AO. Neben dem/der Verlobten gehören zu den Angehörigen die nachfolgend bezeichneten Bezugspersonen:

618 BGBl. I 2013, 1809.
619 Dazu Seer in T/K § 97 AO Rn. 10.
620 Vgl. BFH v. 08.08.2006 – VII R 29/05, BStBl. II 2007, 80.

Angehörige (§ 15 AO)

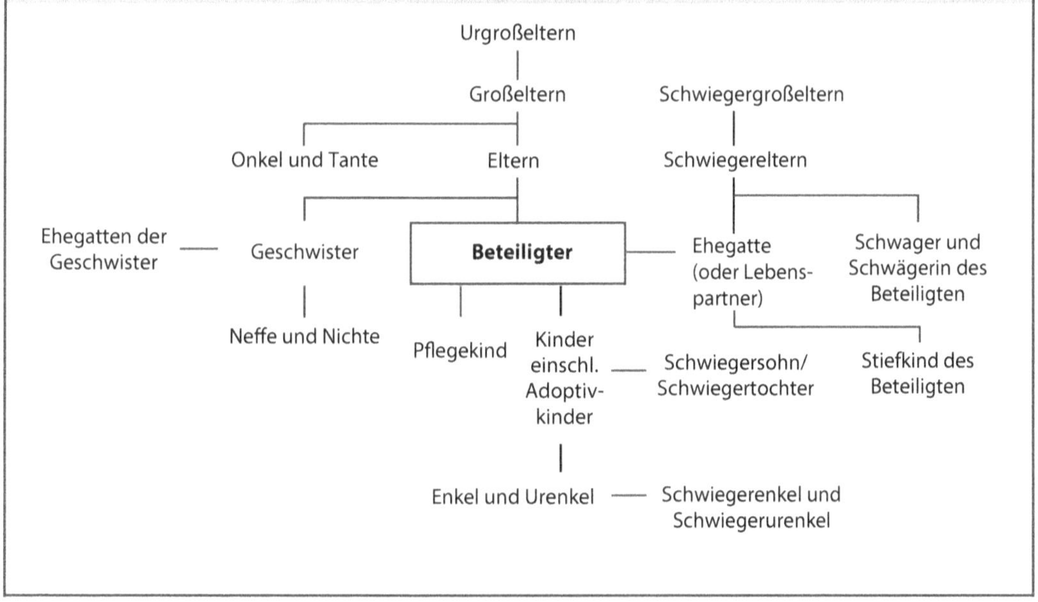

Umstritten ist, ob im Falle der **Zusammenveranlagung** zur ESt (§ 26 b EStG) ein Ehegatte hinsichtlich des Einkünftebereichs des anderen Ehegatten das Auskunftsverweigerungsrecht nach § 101 AO in Anspruch nehmen kann. Für ein solches Recht spricht, dass Ehegatten trotz der Zusammenveranlagung je für sich Steuersubjekte bleiben und nur die von den Ehegatten jeweils erzielten Einkünfte zusammengerechnet werden. Vor allem aber gebietet der Zweck des § 101 AO – familiäre Konfliktsituationen zu vermeiden – die Zubilligung des Auskunftsverweigerungsrechts für den Einkünftebereich des anderen Ehegatten.[621]

b) Gefahr der Strafverfolgung

Nichtbeteiligte Auskunftspflichtige haben ein Auskunftsverweigerungsrecht bei Ge- 159
fahr der Verfolgung wegen einer Straftat oder einer Ordnungswidrigkeit (§ 103 AO). Das Zeugnisverweigerungsrecht besteht nur im Hinblick auf **solche Fragen**, welche den Zeugen wegen einer zuvor begangenen Tat der Gefahr strafgerichtlicher Verfolgung oder eines Verfahrens nach dem Gesetz über Ordnungswidrigkeiten aussetzen würden.[622]

Beteiligten und für einen Beteiligten auskunftspflichtigen Personen mutet das Gesetz demgegenüber zu, sich selbst oder einen Angehörigen straf- oder bußgeld-rechtlich zu belasten. Diese Pflicht zur Selbstbelastung hält nur vor dem Hintergrund der Schutzvorschriften in § 393 Abs. 1 und Abs. 2 AO einer verfassungsrechtlichen Prüfung stand: § 393 Abs. 1 S. 2 AO schließt eine Durchsetzung der Auskunftspflicht mit Zwangsmitteln (§§ 328 ff. AO) aus, wenn der Stpfl. sich durch Erteilung der Auskunft wegen einer Steuerstraftat oder einer Steuerordnungswidrigkeit belasten würde. § 393 Abs. 2 AO begründet ein (begrenztes) strafrechtliches Verwertungsverbot für Tatsachen, die der Stpfl. vor Einleitung des Strafverfahrens oder in Unkenntnis der Einleitung eines Strafverfahrens im Besteuerungsverfahren offenbart hat.[623]

621 Seer in T/K § 101 AO Rn. 9; Wagner/Klaus in K/vW § 101 AO Rn. 4; Koenig/Wünsch § 101 Rn. 10; Schuster in H/H/Sp § 101 AO Rn. 13.
622 BFH v. 21.12.1992 – XI B 55/92, BStBl. II 1993, 451.
623 Dazu Seer in T/K § 103 AO Rn. 7.

c) Schutz bestimmter Berufsgeheimnisse

160 **Fall 38: Chiffreanzeige und Pressegeheimnis**

S verlegt eine Tageszeitung, in der folgendes Inserat erschienen ist: „Übernehme preisgünstig Maurerarbeiten jeder Art. Angebote unter Chiffre-Nr. ... an die ..."
Mit einem auf § 93 AO gestützten Auskunftsersuchen fordert das örtlich zuständige FA den S auf, den Inserenten zu benennen, damit die ordnungsgemäße Erfassung der von dem Inserenten erzielten gewerblichen Einkünfte überprüft werden könne.
Ist das Ersuchen rechtmäßig? Kann S sich auf ein Auskunftsverweigerungsrecht berufen?

I. Die Anonymität des Inserats begründet bei dem FA Zweifel, ob der Inserent seine aus Maurerarbeiten erzielten Einkünfte ordnungsgemäß versteuert. Solchen Zweifeln nachzugehen, gehört zum Aufgabenbereich des FA, das nach §§ 85, 86 AO auch bisher unbekannte Steuerfälle aufdecken muss.[624] Damit liegt ein aufklärungsbedürftiger Sachverhalt vor, aufgrund dessen das FA zu Ermittlungsmaßnahmen nach § 93 Abs. 1 AO berechtigt ist.
Beteiligter des zu überprüfenden Besteuerungsverfahrens ist der bisher namentlich unbekannte Inserent. Nach § 93 Abs. 1 S. 3 AO soll das FA **andere Personen als den Beteiligten** grundsätzlich nur subsidiär als Auskunftspersonen heranziehen. Diese Einschränkung kann jedoch nicht gelten, wenn der Beteiligte dem FA unbekannt ist und daher kein Auskunftsersuchen an seine Person gerichtet werden kann.[625]
Das Auskunftsersuchen ist auch **verhältnismäßig**, weil das FA kein unangemessenes Mittel zur Erreichung des gesetzlich gebilligten Zwecks eingesetzt hat und S die Auskunft ohne Weiteres erteilen kann.

II. Fraglich ist, ob S gegenüber dem (rechtmäßigen) Auskunftsverlangen ein Auskunftsverweigerungsrecht geltend machen kann. Es könnte der **Schutz des Berufsgeheimnisses** nach § 102 AO eingreifen. Danach sind beispielsweise Rechtsanwälte, Steuerberater, Ärzte und psychologische Psychotherapeuten zur Verweigerung von Auskünften über Berufsgeheimnisse berechtigt, soweit sie nicht von der Verpflichtung zur Verschwiegenheit entbunden sind (§ 102 Abs. 1 Nr. 3, Abs. 3 AO). Der in der Vorschrift genannte Katalog von Berufen ist abschließend.[626] Auch Presse und Rundfunk haben ein Auskunftsverweigerungsrecht. Dieses Recht ist jedoch nach § 102 Abs. 1 Nr. 4 AO auf den „redaktionellen Teil" der Sendung bzw. des periodischen Druckwerks beschränkt. Für den Anzeigenteil kann sich ein Auskunftsverweigerungsrecht nur in Sonderfällen unmittelbar aus Art. 5 GG ergeben, wenn die Kontroll- und meinungsbildende Funktion der Presse berührt ist.[627] Ein solcher Ausnahmefall liegt hier jedoch nicht vor. Demnach ist der Anzeigenteil nicht geschützt und gegenüber dem Auskunftsersuchen des FA kann nicht das sog. Chiffre-Geheimnis geltend gemacht werden.[628]
S darf also die Auskunft über die Person des Inserenten nicht verweigern.[629]

Ergebnis:

Das Auskunftsersuchen des FA ist rechtmäßig. Zudem steht S kein Auskunftsverweigerungsrecht zu.

---

624 Seer in T/K § 86 AO Rn. 5 ff.; Klein/Rätke § 85 Rn. 1, 15.

625 BFH v. 27.10.1981 – VII R 2/80, BStBl. II 1982, 141.

626 BFH v. 21.12.1992 – XI B 55/92, BStBl. II 1993, 451.

627 BVerfG v. 06.04.1989–1 BvR 33/87, NJW 1990, 701; BFH v. 12.05.2016 – II R 17/14, BStBl. II 2016, 822, 827.

628 BFH v. 29.10.1986 – VII R 82/85, BStBl. II 1988, 359.

629 Vgl. auch BFH v. 07.08.1990 – VII R 106/89, BStBl. II 1990, 1010: Auskunftsersuchen über Identität eines Inserenten einer Chiffreanzeige zwecks Verfahrens wegen unbefugter Hilfeleistung in Steuersachen zulässig.

2. Früheres Bankgeheimnis zum Schutz von Bankkunden

a) Entwicklungen

Das Bankgeheimnis wird durch die AO nicht im Wege eines Auskunftsverweigerungsrechts geschützt. § 105 AO stellt vielmehr sicher, dass nicht nur privatrechtliche Kreditinstitute, sondern auch Staatsbanken und Schuldenverwaltungen gegenüber den Finanzbehörden auskunfts- und vorlagepflichtig sind. 161

Die Finanzverwaltung hatte sich allerdings durch den sog. **Bankenerlass** (vom 24.06.1949)[630] Beschränkungen bei der Sachverhaltsaufklärung gegenüber Banken auferlegt. Die Regelungen des Bankenerlasses waren rechtlich und finanzpolitisch äußerst umstritten. Denn die restriktive Ermittlungstätigkeit bei Zinseinkünften war eine wesentliche Ursache dafür, dass in der Nachkriegszeit der überwiegende Teil der Zinsen nicht versteuert wurde. Nach den Feststellungen des Bundesrechnungshofs betrug das Gesamteinkommen aus Geldvermögen aller privaten Haushalte im Jahre 1981 41,2 Mrd. €. Davon war lediglich ein Anteil von 21 % steuerlich deklariert worden.[631] Stichprobenartige Überprüfungen bei einzelnen FÄ bestätigten die Annahme, dass Kapitaleinkünfte in der Besteuerungspraxis nur unvollständig erfasst wurden.[632]

Mit den abgabenrechtlichen Änderungen des Steuerreformgesetzes 1990 (vom 25.07.1988)[633] hat der Gesetzgeber den wesentlichen Inhalt des Bankenerlasses durch die Bestimmung des § 30 a AO über den **Schutz von Bankkunden** gesetzlich geregelt. Die Verfassungsmäßigkeit dieser Bestimmung war zunächst heftig umstritten.[634] Mit Urteil vom 27.06.1991[635] hat sich das BVerfG der Kritik an § 30 a AO angeschlossen: Der Gleichheitsgrundsatz (Art. 3 Abs. 1 GG) gebiete im Steuerrecht die Herbeiführung von „Belastungsgleichheit“. Dieses Verfassungsgebot betreffe nicht nur das materielle Steuerrecht, sondern auch die Regelungen der Steuererhebung. Wirke sich eine Erhebungsregelung (hier § 30 a AO a. F.) gegenüber dem Besteuerungstatbestand (hier § 20 EStG) „in der Weise strukturell gegenläufig aus, dass der Besteuerungsanspruch weitgehend nicht durchgesetzt werden kann“, so führe die dadurch bewirkte Gleichheitswidrigkeit zur Verfassungswidrigkeit auch der materiellen Norm (sog. strukturelles Vollzugsdefizit, vgl. oben Rn. 35).[636]

Der Gesetzgeber hat dieser Rspr. zunächst durch das **Zinsabschlaggesetz** vom 09.11.1992[637] Rechnung getragen. Aufgrund dieses Gesetzes wurden seit dem 01.01.1993 Kapitalerträge i. S. d. § 20 Abs. 1 Nr. 7 EStG einem Quellenabzug („Zinsabschlag“) unterworfen. Damit schienen die verfassungsrechtlichen Bedenken gegen § 30 a AO ausgeräumt. Denn die besondere Zurückhaltung bei der Überprüfung von Bankkonten wurde nunmehr durch eine besonders effektive Form der Besteuerung von Zinseinkünften kompensiert.[638]

Untätig blieb der Gesetzgeber dagegen in der Frage der Besteuerung der sog. Spekulationseinkünfte aus Wertpapierverkäufen (§ 23 Abs. 1 S. 1 Nr. 2 EStG a. F.). Es kam deshalb zu einem erneuten Verfahren vor dem BVerfG, das in seinem Urteil vom 09.03.2004[639] die Besteuerung der Gewinne aus privaten Veräußerungsgeschäften mit

630 DStZ/B 1949, 242; Neufassung BMF-Schreiben v. 31.08.1979, BStBl. I 1979, 590.

631 Vgl. auch Bundesrechnungshof, BT-Drs. 10/4367, 89–93.

632 Vgl. Spindler DB 1987, 2536; Rehm StuW 1984, 230; zur Kritik am Bankenerlass vgl. Bilsdorfer DStR 1984, 498 ff.

633 BGBl. I 1988, 1093.

634 Verneinend z. B. v. Hippel BB 1990, 1951; Birk NJW 1989, 1072; offengelassen für Bankenerlass BFH v. 20.06.1989 – VIII R 82/86, BStBl. II 1989, 836; bejahend z. B. Hamacher StVj 1992, 110.

635 2 BvR 1493/89, BVerfGE 84, 239.

636 Ein strukturelles Vollzugsdefizit bei bargeldintensiven Betrieben im Jahr 2015 verneinend BFH v. 16.9.2021 – IV R 34/98, DStR 2021, 2956.

637 BGBl. I 1992, 1853.

638 Vgl. BFH v. 15.12.1998 – VIII R 6/98, BStBl. II 1999, 138.

639 2 BvL 17/02, BVerfGE 110, 94 (auch „Tipke-Urteil“ genannt, vgl. in den Gründen unter A.II.1.).

Wertpapieren für die Veranlagungszeiträume 1997/1998 für verfassungswidrig erklärte.

Daraufhin wurden durch § 24 c EStG (letztmals anwendbar für den VZ 2008) die Kreditinstitute ab 2004 verpflichtet, den Stpfl. sog. Jahresbescheinigungen über Kapitaleinkünfte und Wertpapier-Spekulationseinkünfte auszustellen. Ferner wurde ab 01.05.2004 der sog. Kontenabruf (§ 93 Abs. 7, § 93 b AO) eingeführt.

Gleichwohl werden im Schrifttum noch verfassungsrechtliche Bedenken gegen den besonderen Schutz für Bankkunden nach § 30 a AO geltend gemacht.[640] Die praktische Bedeutung der Frage ist allerdings wesentlich geringer geworden, weil nach Einführung der sog. Abgeltungsteuer (Kapitalertragsteuerabzug mit Abgeltungswirkung nach §§ 43 ff. EStG) nur noch ein geringes Kontrollbedürfnis bei Einkünften aus Kapitalvermögen besteht.

b) Aufhebung von § 30 a AO

162 Nach mehreren Anläufen[641] hat der Gesetzgeber das „sog. steuerliche Bankgeheimnis nach § 30 a AO" durch das Steuerumgehungsbekämpfungsgesetz[642] Mitte des Jahres 2017 aufgehoben.[643] Nach der Gesetzbegründung der Bundesregierung wird „mit der Aufhebung des § 30 a AO … nicht nur den Veränderungen in der rechtspolitischen Ausgangslage, sondern auch der Rechtsprechung des BVerfG Rechnung getragen." [644] Die Aufhebung von § 30 a AO soll auch die Möglichkeiten der Finanzbehörde zur Feststellung verschleierter Sachverhalte verbessern[645] und die bisherige Erschwerung der Nutzung „der bei den Kreditinstituten vorhandenen Informationen über ausländische Gesellschaften für steuerliche Zwecke" soll wegfallen. Dieser Wegfall ist unmittelbar nach Verkündung des Aufhebungsgesetzes ab dem 25.06.2017 auch für „Sachverhalte, die vor diesem Zeitpunkt verwirklicht worden sind", eingetreten (§ 1 Abs. 12 S. 2 EGAO).

163 Der sofortige Wegfall von § 30 a AO a. F. soll es der Finanzbehörde ermöglichen „künftig ohne die bislang geltenden Einschränkungen in § 30 a AO bei hinreichendem Anlass nach Maßgabe des § 93 AO Auskunftsersuchen … an inländische Kreditinstitute richten (zu) dürfen, um Informationen über deren Kunden und deren Geschäftsbeziehungen zu Dritten erlangen zu können".[646] Allerdings gelten einzelne zu § 30 a AO a. F. judizierte Restriktionen der finanzbehördlichen Ermittlungstätigkeit trotz der Aufhebung der Norm unverändert fort.[647]

164 Zu **Sammelauskunftsersuchen** s. § 93 Abs. 1 a AO n. F. (dazu Rn. 156).

c) Automatisierter Kontenabruf nach § 93 Abs. 7 und 8 AO

165 Seit dem 01.04.2005 können die Finanzämter und andere Behörden unter den in § 93 Abs. 7 und 8 AO genannten Voraussetzungen über das BZSt bei den Kreditinstituten die nach § 24 c KWG gespeicherten Informationen abrufen lassen.

Kreditinstitute haben dazu nach § 93 b Abs. 1 AO die nach § 24 c Abs. 1 KWG zu führende Datei auch für Abrufe nach § 93 Abs. 7 und 8 AO zu führen.

Gespeichert sind nur die Kontenstammdaten. Kontobewegungen und Kontenstände können auf diesem Wege nicht abgefragt werden. Der Abruf muss für die Festsetzung

640 Dazu Drüen in T/K § 30 a AO Rn. 11 f.; Koenig/Intemann, 3. Aufl. 2014, § 30 a Rn. 3.

641 Bereits der Entwurf des Steuerumgehungsbekämpfungsgesetzes (BR-Drs. 816/16, 21) sah (zum wiederholten Male) die Aufhebung von § 30 a AO vor.

642 StUmgBG v. 23.06.2017, BGBl. I 2017, 1682.

643 BT-Drucks. 18/12127, 43.

644 BR-Drucks. 816/16, 21.

645 BT-Drucks. 18/12127, 2, 43.

646 BR-Drucks. 816/16, 21.

647 El Mourabit BB 2017, 91; naher Drüen in T/K § 30 a AO Rn. 8 ff.

oder Erhebung erforderlich sein, d. h., es müssen konkrete Anhaltspunkte dafür vorliegen, dass der Abruf für das Besteuerungsverfahren konkrete Erkenntnisse liefern kann. Ermittlungen „ins Blaue hinein" sind auch hier nicht zulässig. Nach Durchführung eines Abrufs muss der Betroffene vom Ersuchenden über den Abruf benachrichtigt werden (dazu im Einzelnen § 93 Abs. 9 AO).

IV. Beweiswürdigung, Schätzung und objektive Feststellungslast

Fall 39: Die schwarzen Konten des Apothekers 166

Bei Apotheker A ist für die Jahre 01–03 eine Außenprüfung durchgeführt worden. Nach den Feststellungen des Prüfers weist die Buchführung keine (formellen) Mängel auf. Die Gewinne aus dem Apothekenbetrieb (durchschnittlich 150.000 € in den Prüfungsjahren) entsprechen den Mittelsätzen der sog. Richtsatzsammlung der Finanzverwaltung. Bei der Prüfung wurde festgestellt, dass A in den Jahren 01–03 250.000 € auf „schwarze", d. h. bisher verheimlichte Sparkonten eingezahlt hat. A hat sich bisher geweigert, dem Prüfer Auskünfte über die Herkunft der Mittel zu erteilen. In der Schlussbesprechung streiten der steuerliche Berater des A und der Prüfer darüber, ob das FA ohne weitere Ermittlungen die Einkünfte um die auf die Sparkonten eingezahlten Beträge erhöhen darf.

I. Vor einer Steuerfestsetzung muss das FA den Sachverhalt von Amts wegen aufklären (§ 88 AO) und die erforderlichen Beweise führen (§ 92 AO). Diese Ermittlungspflicht konkretisiert § 199 AO für die Außenprüfung wie folgt: Der Prüfer hat die „tatsächlichen und rechtlichen Verhältnisse, die für die Steuerpflicht und die Bemessung der Steuer maßgebend sind (Besteuerungsgrundlagen), zugunsten wie zuungunsten des Stpfl. zu prüfen". Für die nachfolgende Entscheidung über die Festsetzung der Steuer gilt der **Grundsatz der freien Beweiswürdigung**, d. h., die Finanzbehörde ist im Prinzip nicht an feste Beweisregeln gebunden.[648] Nur ausnahmsweise erleichtern gesetzliche Vermutungen (Beweisregeln) oder tatsächliche Vermutungen (Beweis des ersten Anscheins) die Beweisführung.

1. Öffentliche Urkunden haben – auch im Rahmen der freien richterlichen Beweiswürdigung – einen so hohen Beweiswert, dass sie im Regelfall vollen Beweis für die in ihr beurkundeten Tatsachen erbringen. Eine **öffentliche Urkunde** ist beispielsweise der Eingangsstempel einer Behörde oder eines Gerichts. Der Eingangsstempel beweist Zeit und Ort des Eingangs bei diesen Stellen. Durch eine anderweitige eidesstattliche Versicherung kann dieser Beweis nicht entkräftet werden.[649]
2. **Gesetzliche Beweisregeln** enthalten insbesondere die §§ 158 ff. AO.

Beispiel 1

Eine formell ordnungsgemäße Buchführung ist der Besteuerung zugrunde zu legen, sofern kein Anlass besteht, ihre sachliche Richtigkeit zu beanstanden (§ 158 AO).

Beispiel 2

Rechte oder Sachen werden dem Treuhänder zugerechnet, wenn er nicht das Treuhandverhältnis nachweist und den Treugeber benennt (§ 159 AO).[650]

3. Der **Beweis des ersten Anscheins** beruht auf der Erfahrung, dass gewisse typische Sachverhalte bestimmte Folgen auslösen oder dass umgekehrt bestimmte Folgen auf einen typischen Geschehensablauf hindeuten.[651] Von diesem typischen Gesche-

648 Seer in T/K § 88 AO Rn. 35.
649 BFH v. 19.07.1995 – I R 87, 169/94, I R 87/94, I R 169/94, BStBl. II 1996, 19.
650 Zum Verfahrensablauf vgl. BFH v. 27.09.2006 – IV R 45/04, BStBl. II 2007, 39 und unten Fall 40, Rn. 159.
651 BFH v. 28.09.2000 – III R 43/97, BStBl. II 2001, 211.

hensablauf ist auszugehen, sofern die **tatsächliche Vermutung** (Anscheinsbeweis) nicht durch den Gegenbeweis entkräftet ist.

Für den **Gegenbeweis** genügt es in der Regel, dass die ernstliche Möglichkeit eines atypischen Geschehensablaufs dargetan wird.[652] Soweit der Stpfl. allerdings die steuerliche Berücksichtigung der Anschaffungskosten für ein Wirtschaftsgut begehrt, das nach seiner Beschaffenheit von der ganz überwiegenden Zahl der Käufer zu Zwecken der privaten Lebensführung und nicht zu beruflichen Zwecken angeschafft wird, spricht die Erfahrung dafür, dass dieses Wirtschaftsgut, wenn es in der Wohnung des Stpfl. aufbewahrt wird, auch für Zwecke der privaten Lebensführung benutzt wird. Dieser Erfahrungssatz kann nicht durch die bloße Behauptung des Stpfl. widerlegt werden, der Erfahrungssatz treffe auf ihn nicht zu.[653]

Beispiel 1

Wer ein Großhandelsunternehmen betreibt, handelt nach der Lebenserfahrung in der Absicht der Gewinnerzielung. Will das FA entstandene Verluste wegen fehlender Gewinnerzielungsabsicht nicht als negative Einkünfte aus Gewerbebetrieb anerkennen (vgl. § 15 Abs. 2 EStG), muss es die ernsthafte Möglichkeit darlegen, dass im konkreten Einzelfall nicht das Streben nach einem Totalgewinn, sondern persönliche Motive für die Fortführung des verlustbringenden Unternehmens bestimmend waren.[654]

Beispiel 2

Wer ein technisch oder wirtschaftlich noch nicht verbrauchtes Gebäude erwirbt und es anschließend innerhalb von drei Jahren abbricht, hat das Gebäude nach der Lebenserfahrung in Abbruchabsicht erworben. Die Abbruchkosten gehören daher zu den Herstellungskosten eines neu errichteten Gebäudes, sofern der Stpfl. nicht den Gegenbeweis (keine Abbruchabsicht beim Erwerb) führt.[655]

Beispiel 3

Bei fehlender Lernmittelfreiheit ist nach der Lebenserfahrung davon auszugehen, dass den Eltern Aufwendungen für die Anschaffung von Unterrichtshilfen für ihre Kinder entstehen.[656]

Beispiel 4

Der Nachweis des Zugangs eines durch einfachen Brief aufgegebenen Schriftstücks kann demgegenüber nicht nach den Grundsätzen des Anscheinsbeweises geführt werden. Denn nach der Lebenserfahrung kommt es immer wieder vor, dass abgesandte Briefe den Empfänger nicht erreichen.[657]

Beispiel 5

Bei Verlustzuweisungsgesellschaften ist zu vermuten, dass sie zunächst keine Gewinnerzielungsabsicht haben, sondern lediglich die Möglichkeit einer späteren Gewinnerzielung in Kauf nehmen.[658]

Beispiel 6

Der Beweis des ersten Anscheins spricht dafür, dass dem Anleger bei der Beteiligung an einem Mietkaufmodell die Absicht fehlt, einen Gesamtüberschuss der Einnahmen über die Werbungskosten zu erzielen. Der Beteiligte kann darlegen und hat erforderlichenfalls zu beweisen, dass in seinem Fall ein vom typischen Modellfall abweichender Sachverhalt vorgelegen hat.[659]

---

652 Seer in T/K § 96 FGO Rn. 44.
653 BFH v. 27.09.1991 – VI R 1/90, BStBl. II 1992, 195, zum Videorecorder eines Lehrers.
654 BFH v. 19.11.1985 – VIII R 4/83, BStBl. II 1986, 289.
655 BFH v. 13.11.1979 – VIII R 93/73, BStBl. II 1980, 69; zu Einzelheiten Schmidt/Kulosa § 6 EStG Rn. 214 ff., 216.
656 BFH v. 06.11.1987 – III R 241/83, BStBl. II 1988, 438.
657 BFH v. 14.03.1989 – VII R 75/85, BStBl. II 1989, 534; BFH v. 24.04.1989 – IV B 40/89, BFH/NV 1990, 140.
658 BFH v. 12.12.1995 – VIII R 59/92, BStBl. II 1996, 219.
659 BFH v. 09.02.1993 – IX R 42/90, BStBl. II 1993, 658.

Beispiel 7

Es besteht eine tatsächliche Vermutung, dass derjenige, der für die Zwischenschaltung einer Gesellschaft im niedrig besteuernden Ausland keine plausiblen Gründe angeben kann, mit dieser Zwischenschaltung ausschließlich die Umgehung der Besteuerung im Inland verfolgt. Diese Vermutung kann durch unmittelbaren Beweis oder durch Indizienbeweis entkräftet werden.[660]

Im konkreten Fall ist die **gesetzliche Vermutung des § 158 AO** zu beachten. Danach ist das Ergebnis der – formell ordnungsgemäßen – Buchführung des A der Besteuerung zugrunde zu legen, sofern keine Umstände gegen die sachliche Richtigkeit sprechen.[661] Ein Anlass zur Verwerfung des Buchführungsergebnisses ist z. B. ein ungeklärter Vermögenszuwachs im Prüfungszeitraum.[662] Einen solchen Vermögenszuwachs hat der Prüfer jedoch nicht in der gebotenen Weise ermittelt. Dazu hätte er einen **Gesamtvermögensvergleich** vornehmen müssen, durch den das steuerpflichtige Einkommen für einen längeren Zeitraum aus dem Vermögenszuwachs, den nicht abziehbaren Ausgaben für den Lebensunterhalt und den steuerfreien Zuflüssen schätzungsweise errechnet wird.[663] Ohne derartige Feststellungen darf das FA nicht entgegen der Beweisregel des § 158 AO davon ausgehen, dass A höhere Betriebseinnahmen erzielt und höhere Privatentnahmen getätigt als gebucht hat.[664]

II. Wenn somit die gewerblichen Einkünfte aus dem Apothekenbetrieb nicht erhöht werden können, bleibt noch die Frage, ob das FA nicht im Wege der Schätzung (§ 162 AO) weitere steuerpflichtige Einkünfte i. S. d. § 2 Abs. 1 EStG ansetzen kann. Bei der Schätzung sind zwei Formen zu unterscheiden: **167**

- **Generelle Schätzungen** in Form sog. Pauschbeträge erleichtern der Verwaltung die Bewältigung der Massenarbeit und entbinden den Stpfl. im Einzelfall von der Beweisführung. Solche Schätzungen werden von der Rspr. anerkannt und aus Gründen der Gleichmäßigkeit der Besteuerung auch den Gerichtsentscheidungen zugrunde gelegt.[665] Das gilt allerdings nicht, wenn die Pauschbeträge zu einer offensichtlich unzutreffenden Besteuerung führen.[666]
- **Individuelle Schätzungen** sind nach § 162 Abs. 1 S. 1 AO zulässig, wenn eine sichere Ermittlung der Besteuerungsgrundlagen trotz des Bemühens um Aufklärung nicht möglich ist.[667] Eine Schätzung ist insbesondere dann geboten, wenn der Stpfl. seine Mitwirkungspflichten verletzt oder die Buchführung nicht nach § 158 AO zugrunde gelegt werden darf (§ 162 Abs. 2 AO) oder aus anderen Gründen keine ausreichenden Aufklärungen zu geben vermag.[668] Soweit eine Schätzung zulässig ist,[669] darf sich das Finanzamt bei der Schätzung in Fällen der Verletzung der Erklärungspflicht an der obersten Grenze des Schätzungsrahmens orientieren, weil der Stpfl. möglicherweise Einkünfte verheimlichen will.[670] Dies gilt nicht, wenn die reguläre Festsetzungsfrist abgelaufen ist und hinterzogene Steuern auf der Grundlage einer

660 BFH v. 28.01.1992 – VIII R 7/88, BStBl. II 1993, 84.

661 Zum Nachweis der materiellen Unrichtigkeit (allein) durch Zeitreihenvergleich einschränkend BFH v. 25.03.2015 – X R 20/13, BStBl. II 2015, 743.

662 Vgl. BFH v. 13.11.1969 – IV R 22/67, BStBl. II 1970, 189; ebenso bei Kassenfehlbeträgen, vgl. BFH v. 20.09.1989 – X R 39/87 BStBl. II 1990, 109.

663 Vgl. Seer in T/K § 162 AO Rn. 64; zur Vermögenszuwachsrechnung und zum Unterschied zur Geldverkehrsrechnung vgl. BFH v. 08.11.1989 – X R 178/87, BStBl. II 1990, 268.

664 BFH v. 28.06.1985 – I R 265/83, BStBl. II 1986, 732.

665 BFH v. 25.10.1985 – VI R 15/81, BStBl. II 1986, 200; BFH v. 08.08.1986 – VI R 195/82, BStBl. II 1986, 824; zur Kritik an der Rspr. vgl. Drüen in T/K § 4 AO Rn. 87 ff.; Seer in T/K § 162 AO Rn. 9.

666 BFH v. 19.10.2011 – X R 29/10, BFH/NV 2012, 227.

667 BFH v. 18.12.1984 – VIII R 195/82, BStBl. II 1986, 226.

668 BFH v. 23.10.1992 – VI R 62/88, BStBl. II 1993, 117.

669 Zum Zeitreihenvergleich als Anhaltspunkt und nachrangiger Schätzungsmethode BFH v. 25.03.2015 – X R 20/13, BStBl. II 2015, 743.

670 BFH v. 01.10.1992 – IV R 34/90, BStBl. II 1993, 259.

Schätzung festgesetzt werden sollen. Hier gilt der strafrechtliche Grundsatz „in dubio pro reo" auch für das Steuerfestsetzungsverfahren.[671] Bei der Schätzung sind die für den Stpfl. maßgeblichen Gewinnermittlungsvorschriften zu beachten.[672]

Bei Apotheker A kommt eine individuelle Schätzung in Betracht. Der mögliche **Gegenstand** einer solchen **Schätzung** ist umstritten:

- Die h. M. versteht unter Besteuerungsgrundlagen auch steuerlich relevante Sachverhalte. Das ergebe sich aus der Klammerdefinition der Besteuerungsgrundlagen in § 199 AO. Deshalb sei eine Schätzung unbezifferbarer Besteuerungsgrundlagen (sog. **Schätzung dem Grunde nach**) zulässig.[673] Nach der differenzierenden Auffassung von Seer ist die Schätzung eines Grundsachverhalts zulässig, wenn dieser Grundsachverhalt „innerhalb der vom Stpfl. beherrschten und zu verantwortenden Sphäre liegt".[674]
- Die Gegenmeinung[675] beschränkt demgegenüber den Begriff der Besteuerungsgrundlagen bei Anwendung des § 162 AO auf quantitative Größen. Der sog. Grundsachverhalt sei keiner Schätzung zugänglich. Das FA könne beispielsweise nicht im Wege der Schätzung annehmen, dass der Stpfl. ein Gewerbe ausübt, Unternehmereigenschaft i. S. d. § 2 UStG hat oder einen Hund besitzt.

Die letztgenannten ermöglichen zwar eine klare Abgrenzung zwischen dem Institut der Schätzung und den Grundsätzen der objektiven Feststellungslast. Danach kann das FA aus den ermittelten Einzahlungen auf die schwarzen Konten nicht die beabsichtigte Schlussfolgerung (unversteuerte Einkünfte i. S. d. § 2 Abs. 1 EStG) ziehen. Denn nicht die quantitativen Größen (Höhe der Einnahmen bzw. der Einkünfte), sondern der Grundsachverhalt ist ungewiss: Die Einzahlungen können aus unversteuerten Einkünften stammen, sie können jedoch auch aus anderen Quellen, z. B. Schenkungen oder früheren steuerlich erfassten Entnahmen, herrühren. Es besteht kein Erfahrungssatz des Inhalts, dass Einzahlungen auf Sparkonten, für die kein Buch- oder Nämlichkeitsnachweis erbracht ist, aus einkommensteuerpflichtigen Einkünften stammen.[676] Um eine Besteuerung auf Verdacht auszuschließen, muss der steuerlich relevante Grundsachverhalt grundsätzlich ermittelt werden.[677] Für die h. M. einer Schätzungsbefugnis spricht aber, dass der Begriff „Besteuerungsgrundlagen" in § 162 Abs. 1 AO nicht zwingend auf numerische Fakten begrenzt ist, sondern auch Sachverhaltsfakten umfassen kann, zumal eine Trennung aus tatsächlichen Gründen nahezu unmöglich ist.[678] Denn einem quantitativen Zahlenansatz liegt stets ein mit mehr oder minder großer Wahrscheinlichkeit vermuteter Lebensvorgang zugrunde.[679] Aufgrund des Kooperationsbedürfnisses im Rahmen der Sachverhaltsermittlung darf die Mitwirkung des Stpfl. oder ihre Verweigerung auch im Rahmen der Schätzungsbefugnis nicht unberücksichtigt bleiben.[680] Die Verletzung von Mitwirkungspflichten ist nach § 162 Abs. 2 AO eine mögliche Voraussetzung für eine Schätzung. Darum dürfen Grundsachverhalte jedenfalls dann geschätzt werden, wenn die mangelnde Feststellbarkeit in der Sphäre des Stpfl. liegt[681] (s. Rn. 168).

671 BFH v. 29.01.2002 – VIII B 91/01, BFH/NV 2002, 749.
672 Vgl. BFH v. 15.04.1999 – IV R 68/98, BStBl. II 1999, 481.
673 BFH v. 15.02.1989 – X R 16/86, BStBl. II 1989, 462; Klein/Rüsken § 162 Rn. 9; von Wedelstädt in K/vW § 162 AO Rn. 12.
674 Seer in T/K § 162 AO Rn. 20; ebenso Koenig/Gercke § 162 Rn. 33.
675 Früher Söhn in H/H/Sp § 88 AO Rn. 227 m. w. N.
676 BFH v. 28.05.1986 – I R 265/83, BStBl. II 1986, 732.
677 Drüen in H/H/Sp § 88 AO Rn. 218 m. w. N.
678 Oellerich in Gosch § 162 AO Rn. 102: „künstlich.
679 Drüen in H/H/Sp § 88 AO Rn. 217 m. w. N.
680 Drüen in H/H/Sp § 88 AO Rn. 218 m. w. N.
681 So auch Oellerich in Gosch § 162 AO Rn. 102.

III. Der steuerlich relevante Grundsachverhalt ist somit ungewiss. Liegt eine nicht behebbare Ungewissheit vor, ist nach den **Grundsätzen der objektiven Feststellungslast** zu entscheiden, wer den Nachteil der Unaufgeklärtheit des Sachverhalts zu tragen hat.[682] 168

Danach trägt

- die **Finanzbehörde** die Feststellungslast (Beweislast) für steuerbegründende und steuererhöhende Tatsachen,[683]
- der **Stpfl.** die Feststellungslast für steueraufhebende, -einschränkende, -ermäßigende und -befreiende Tatsachen.[684]
- Ausnahmsweise trägt der **Stpfl.** auch bei steuerbegründenden und steuererhöhenden Tatsachen die Feststellungslast, wenn die Feststellungen in seiner **Verantwortungssphäre** liegen und nur ihm die Beweisführung zur Klärung des Sachverhalts möglich und zumutbar ist.[685] Darüber hinaus passt das nur als „Ultima Ratio" anzusehende Verteilungsschema dann nicht, wenn die mangelhafte Sachaufklärung nur darauf beruht, dass der Stpfl. abgabenrechtliche Mitwirkungspflichten verletzt, die ihm gerade zu dem Zweck auferlegt sind, derartige Mängel zu vermeiden.[686]

Im Streitfall geht es um den steuerbegründenden Sachverhalt (Herkunft der Mittel aus einer Einkünftequelle i. S. d. § 2 Abs. 1 EStG). Die Feststellungen liegen nicht in der Verantwortungssphäre des Stpfl., weil ihn keine Verpflichtung zum geschlossenen Nachweis über die Herkunft seines Privatvermögens trifft.[687] Nach den Grundsätzen der objektiven Feststellungslast geht somit die Unaufgeklärtheit des Sachverhalts zulasten des FA.[688]

Ergebnis:

Ohne detaillierte Vermögenszuwachsrechnung darf das FA die steuerpflichtigen Einkünfte des A nicht um die auf die Sparkonten eingezahlten Beträge erhöhen.

Ergänzender Hinweis:

Hätte der Apotheker die nach ihrer Herkunft ungewissen Mittel auf betriebliche Konten eingezahlt und erfolgsneutral als Einlage verbucht, müsste er mit einer für ihn nachteiligen Entscheidung des FA rechnen. Denn im Rahmen der betrieblichen Gewinnermittlung unterliegt er einer besonderen Mitwirkungspflicht. Klärt er Tatsachen nicht auf, die in seiner Wissens- und Einflusssphäre liegen, darf das FA daraus für ihn nachteilige Schlüsse ziehen.[689]

§ Fall 40: Objektive Feststellungslast im Korrekturverfahren 169

Der Stpfl. S ist ohne Vorbehalt der Nachprüfung zur USt 01 veranlagt worden. Bei einer Außenprüfung wird festgestellt, dass S in 01 Vorsteuern in Höhe von 10.000 € aus zwei Handwerkerrechnungen geltend gemacht hat, die auf den 31.12.01 datiert sind. Die Rechnungsaussteller haben auf Anfrage des FA mitgeteilt, dass in ihren Betrieben keine Rechnungen vordatiert werden. Es sei jedoch üblich, Rechnungen für Leistungen des Vorjahres auf den 31.12.01 rückzudatieren. Sie könnten sich auch nicht erinnern, ob S die Rechnungen am 31.12.01 persönlich abgeholt habe. Darf das FA den USt-Bescheid 01 nach § 173 Abs. 1 Nr. 1 AO ändern?

682 BFH v. 22.01.1985 – VIII R 29/82, BStBl. II 1985, 308.
683 BFH v. 24.06.1997 – VIII R 9/96, BStBl. II 1998, 51.
684 BFH v. 15.02.1989 – X R 16/86, BStBl. II 1989, 462.
685 BFH v. 20.03.1987 – III R 172/82, BStBl. II 1987, 679.
686 BFH v. 15.02.1989 – X R 16/86, BStBl. II 1989, 462; dazu Seer in T/K § 162 AO Rn. 4 ff., der Regeln einer „sphärenorientierten Beweisrisikoverteilung" entwickelt hat.
687 BFH v. 28.05.1986 – I R 265/83, BStBl. II 1986, 732.
688 BFH a. a. O.
689 Vgl. im vorstehenden Fall (Rn. 159) III. und BFH v. 15.02.1989 – X R 16/86, BStBl. II 1989, 462.

I. Nach § 173 Abs. 1 Nr. 1 AO ist ein Steuerbescheid zu ändern, soweit Tatsachen nachträglich bekannt werden, die zu einer höheren Steuer führen. Den Nachweis dafür, dass die für eine Änderung des Bescheids erforderlichen tatsächlichen Voraussetzungen vorliegen, hat das FA zu führen. Es trägt also für die Korrekturvoraussetzungen die objektive Feststellungslast.[690]
Eine Tatsache gilt nicht als nachträglich bekannt geworden, wenn sie dem FA bei ordnungsgemäßer Erfüllung seiner Ermittlungspflichten nicht verborgen geblieben wäre und der Stpfl. seinerseits seiner Mitwirkungspflicht voll genügt hat (vgl. unten 264). Rügt der Stpfl. die **Verletzung der Ermittlungspflicht** des FA, trifft ihn die Feststellungslast.[691]

II. Nachträglich bekannt geworden ist, dass der Stpfl. den Vorsteuerabzug aus Rechnungen geltend gemacht hat, die auf den 31.12.01 datiert sind. Steuererheblich ist diese Tatsache, wenn sie zu einer höheren USt führt.
Voraussetzung für den geltend gemachten Vorsteuerabzug ist nach § 15 Abs. 1 Nr. 1 UStG, dass der Stpfl. **im Besteuerungszeitraum** eine Rechnung mit gesondertem Steuerausweis erhalten hat.[692] Nach der Lebenserfahrung ist anzunehmen, dass eine Handwerkerrechnung, die auf den 31.12. datiert ist, dem Rechnungsempfänger erst im Folgejahr zugegangen ist. Denn es ist üblich, dass Handwerkerrechnungen auf den 31.12. rückdatiert werden. Zumindest aber ist anzunehmen, dass eine am 31.12. erstellte Rechnung wegen der erforderlichen Postlaufzeit den Empfänger nicht am selben Tag erreicht hat. Nach dem Beweis des ersten Anscheins lagen also die Voraussetzungen für den von S geltend gemachten Vorsteuerabzug in 01 nicht vor. Den Beweis des ersten Anscheins hat S nicht entkräftet. Denn er hat die ernsthafte Möglichkeit eines atypischen Geschehensablaufs nicht nachgewiesen. Demnach führt die nachträglich bekannt gewordene Tatsache nach den Regeln der Beweiswürdigung zu einer höheren Steuer.

Ergebnis:

Die USt 01 ist nach § 173 Abs. 1 Nr. 1 AO um 10.000 € zu erhöhen.

170 **§ Fall 41: Anrüchige Provisionen für Taxifahrer**

S betreibt in H einen bekannten Nachtklub. Taxifahrer, die dem Nachtklub „unternehmungslustige" Herren zuführen, erhalten pro Person eine Provision von 10 €. Die Provisionen werden vom Portier ausgezahlt und im sog. Provisionsbuch verzeichnet, das überwiegend unleserliche Unterschriften zahlreicher Taxifahrer enthält. Das FA forderte S nach § 160 AO auf, Namen und Adressen der Zahlungsempfänger anzugeben. Da S dieser Aufforderung nicht nachkam, ließ das FA die für 01 geltend gemachten Provisionen in Höhe von 18.500 € nicht zum Abzug als Betriebsausgaben zu. Die Einkommensverhältnisse der Zahlungsempfänger – sowohl angestellte Fahrer als auch Taxiunternehmer – sind nicht bekannt. Gegen den am 20.09.02 bekannt gegebenen ESt-Bescheid 01 legte S mit dem am 30.09.02 beim FA eingegangenen Schreiben „Einspruch" mit der Begründung ein, das Benennungsverlangen als solches und die Versagung des Betriebsausgabenabzugs bei der Gewinnermittlung seien rechtswidrig.

I. Auslegung des Rechtsschutzbegehrens
Die Auslegung des Rechtsschutzbegehrens hängt davon ab, ob das **Benennungsverlangen nach § 160 AO** als selbstständig anfechtbarer Verwaltungsakt anzusehen ist. Nach § 160 Abs. 1 AO sind Schulden, Betriebsausgaben, Werbungskosten und andere Ausgaben steuerlich regelmäßig nicht zu berücksichtigen, wenn der Stpfl. dem Verlangen der Finanzbehörden nicht nachkommt, die Gläubiger oder die Empfänger genau zu benennen (sog. Schmiergeldparagraf). Empfänger ist derjenige, dem der in der

690 BFH v. 06.12.1994 – IX R 11/91, BStBl. II 1995, 192; BFH v. 13.06.2012 – VI R 85/10, BStBl. II 2013, 5.
691 BFH v. 19.05.1998 – I R 140/97, BStBl. II 1998, 599; BFH v. 18.06.2015 – VI R 84/13, BFH/NV 2015, 1342.
692 BFH v. 16.12.1976 – V R 107/73, BStBl. II 1977, 273.

Betriebsausgabe enthaltene wirtschaftliche Wert übertragen wurde, bei Zwischenschaltung einer Mittelsperson (z. B. einer ausländischen Domizilgesellschaft) der dahinterstehende Dritte.[693] Der Rechtscharakter des Benennungsverlangens ist umstritten:

- Im Schrifttum überwiegt die Auffassung, es handele sich um einen **anfechtbaren** Verwaltungsakt. Denn das Benennungsverlangen löse regelmäßig eine Rechtsfolge (Nichtberücksichtigung von Lasten oder Ausgaben im Falle der Verweigerung der Angaben) aus. Dass die Empfängerbenennung nach § 160 AO nicht erzwingbar sei, ändere nichts an der Verwaltungsaktqualität.[694]
- Der BFH[695] vertritt demgegenüber die Auffassung, das Benennungsverlangen sei als **schlichtes Verwaltungshandeln** einzustufen und diene lediglich der Vorbereitung der Steuerfestsetzung. Eine Regelung werde erst durch die Steuerfestsetzung getroffen. Der BFH begründet diese Ansicht vor allem mit Gesichtspunkten der Verfahrensökonomie und der Effektivität des Rechtsschutzes. Die gegenteilige Auffassung würde den Stpfl. zwingen, zunächst den „schwerfälligen" Weg einer isolierten Anfechtung des Benennungsverlangens zu beschreiten, um die Rechtsfolgen des § 160 AO zu beseitigen.

Nach der Rspr. des BFH ist die Eingabe des S somit als Einspruch (§ 347 Abs. 1 S. 1 Nr. 1 AO) gegen den Steuerbescheid zu deuten.

II. Begründetheit des Einspruchs

Der Einspruch ist begründet, wenn das FA zu Unrecht den Betriebsausgabenabzug nach § 160 AO versagt hat. Die **Anwendung des § 160 Abs. 1 AO** vollzieht sich in zwei Stufen: 171

1. Auf der **ersten Stufe** entscheidet das FA nach pflichtgemäßem Ermessen (§ 5 AO), ob es ein Benennungsverlangen an den Stpfl. richtet. Die Ermessensausübung muss dem Zweck des § 160 AO entsprechen. § 160 AO soll sicherstellen, dass steuermindernde Posten (Schulden/Ausgaben) nur berücksichtigt werden, wenn sie auch korrespondierend als steuererhöhende bzw. steuerbegründende Posten (Forderungen/Einnahmen) beim Geschäftspartner erfasst werden.[696]
   Die Vorschrift dient also in erster Linie dazu, Steuerausfälle zu verhindern.[697] Nach dem Zweck der Vorschrift kann z. B. auf die Benennung des Empfängers verzichtet werden, wenn dieser mit an Sicherheit grenzender Wahrscheinlichkeit im Inland nicht steuerpflichtig ist.[698] Aus dem Zweck des § 160 AO (Vermeidung von Steuerausfällen)[699] folgt auch, dass die Vorschrift nicht auf Schulden oder durchlaufende Posten angewendet werden kann, die sich in der Jahresbilanz erfolgsneutral auswirken.[700] Will das FA beispielsweise einen Mittelzufluss, der als Darlehen verbucht worden ist, als Betriebseinnahme behandeln, kann nicht § 160 AO, sondern ggf. nur § 162 AO als Rechtsgrundlage für eine sog. Zuschätzung herangezogen werden.[701] Nach Ansicht des BFH hat die Vorschrift darüber hinaus auch den – ordnungspolitischen – Nebenzweck, einem verwerflichen Geschäftsgebaren in der Wirtschaft entgegenzuwirken.[702]

693 BFH v. 10.11.1998 – I R 108/97, BStBl. II 1999, 121; BFH v. 11.07.2013 – IV R 27/09, BStBl. II 2013, 989.

694 Krumm in T/K § 160 AO Rn. 10 ff.; von Wedelstädt in K/vW § 160 AO Rn. 13.

695 St.Rspr., BFH v. 12.09.1985 – VIII R 371/83, BStBl. II 1986, 537; BFH v. 11.07.2013 – IV R 27/09, BStBl. II 2013, 989 m. w. N.; zust. AEAO zu § 160 Nr. 1; Schuster in H/H/Sp § 160 AO Rn. 28.

696 Zur Kritik an dieser systematischen Einordnung der Vorschrift vgl. Krumm in T/K § 160 AO Rn. 1 ff.

697 BFH v. 15.10.1998 – IV R 8/98, BStBl. II 1999, 333.

698 BFH v. 09.08.1989 – I R 66/86, BStBl. II 1989, 995; BFH v. 19.01.1994 – I R 40/92, BFH/NV 1995, 181; ebenso AEAO zu § 160 Nr. 4.

699 Vgl. BFH v. 06.04.1992 – XI B 94/92, BFH/NV 1993, 633.

700 BFH v. 04.12.1996 – I R 99/94, BStBl. II 1997, 404.

701 BFH v. 16.03.1988 – I R 151/85, BStBl. II 1988, 759.

702 BFH v. 17.12.1980 – I R 148/76, BStBl. II 1981, 333.

Neben dem Zweck des § 160 AO steht für die Ermessensentscheidung vor allem der Gesichtspunkt der **Zumutbarkeit** im Vordergrund.[703] Dazu sind einerseits die für den Stpfl. durch das Benennungsverlangen möglicherweise entstehenden Nachteile und Schwierigkeiten und andererseits der beabsichtigte Aufklärungserfolg abzuwägen.

An diesem Gesichtspunkt scheitert die Rechtmäßigkeit des Benennungsverlangens selbst dann nicht, wenn sich der Stpfl. vertraglich zum Schweigen verpflichtet hat, ihm ggf. geschäftliche Nachteile drohen oder die Empfänger gegen berufliche Pflichten verstoßen haben bzw. Bestrafung befürchten müssen.[704] Andererseits kann ein Benennungsverlangen ermessenswidrig sein, wenn der Stpfl. selbst Opfer einer nicht durchschaubaren Täuschung geworden ist.[705]

Bei Anwendung dieser Grundsätze auf den konkreten Fall ergibt sich, dass das Benennungsverlangen nicht fehlerhaft war. Denn die den Taxifahrern gewährten Provisionen sind entweder den Einkünften aus Gewerbebetrieb nach § 15 EStG (bei selbstfahrenden Taxiunternehmern) oder den Einkünften aus nicht selbständiger Arbeit nach § 19 EStG (bei angestellten Fahrern) zuzurechnen. Unerheblich ist auch, ob S die Namen der Taxifahrer und deren Anschriften noch feststellen kann. Nach dem Zweck der Vorschrift ist ausreichend, dass es für den Stpfl. möglich und zumutbar war, die erforderlichen Angaben festzuhalten.[706]

2. Da auf das berechtigte Verlangen des FA die Empfänger nicht benannt worden sind, ist auf der **zweiten Stufe** zu entscheiden, ob die Ausgaben nicht berücksichtigt werden. Nach § 160 Abs. 1 S. 1 AO sind die Lasten und Ausgaben regelmäßig nicht zu berücksichtigen. Die Vorschrift enthält für die Behörde eine Ermessensermächtigung, in Ausnahmefällen anders als nach der Regel zu verfahren. Ob ein Ausnahmefall vorliegt, ist unter Berücksichtigung des Zwecks von § 160 AO zu entscheiden. Da der Stpfl. gleichsam als Haftender für den bzw. die Empfänger in Anspruch genommen wird, sind – soweit der Empfängerkreis bekannt ist – die steuerlichen Auswirkungen der Ausgabe auf der Empfängerseite zu berücksichtigen. Ungewissheiten über die Einkommensverhältnisse der Empfänger und den bei ihnen zugrunde zu legenden Steuersatz gehen zulasten des Stpfl.[707]
Im konkreten Fall sind die steuerlichen Auswirkungen bei den Taxifahrern bzw. -unternehmern nicht kalkulierbar. Das FA handelt daher nicht ermessensfehlerhaft, wenn es einen Regelfall annimmt und den Abzug der Provisionen als Betriebsausgaben versagt.

Ergebnis:

Der Einspruch gegen den ESt-Bescheid 01 ist nicht begründet, weil das FA zu Recht nach § 160 AO den Abzug der Provisionen als Betriebsausgaben versagt hat.

Zur Ergänzung:

Im Einzelfall können sowohl die Höhe der Schulden/Ausgaben als auch die Person des Zahlungsempfängers ungewiss sein. In diesem Fall ist zunächst die Höhe der Schulden/Ausgaben zu ermitteln oder ggf. zu schätzen (§ 162 AO). Danach ist das Abzugsverbot des § 160 AO zu prüfen.[708]

---

703 BFH v. 10.03.1999 – XI R 10/98, BStBl. II 1999, 434.
704 Näher Krumm in T/K § 160 AO Rn. 17.
705 BFH v. 04.04.1996 – IV R 55/94, BFH/NV 1996, 801.
706 BFH v. 02.03.1967 – IV 309/64, BStBl. III 1967, 396.
707 BFH v. 10.03.1999 – XI R 10/98, BStBl. II 1999, 434.
708 BFH v. 24.06.1997 – VIII R 9/96, BStBl. II 1998, 51.

V. Schätzung und Zuschlag bei Verletzung der besonderen Mitwirkungs- und Dokumentationspflichten nach § 90 Abs. 2 und 3 AO (§ 162 Abs. 2–4 AO)

Bei **Sachverhalten mit Auslandsbezug** bestehen besondere Mitwirkungs- und Aufzeichnungspflichten nach § 90 Abs. 2 und 3 AO (vgl. oben Rn. 153). Bei Verletzung der Mitwirkungspflichten nach § 90 Abs. 2 S. 3 und Abs. 3 AO wird eine widerlegbare Vermutung begründet, dass die im Inland steuerpflichtigen Einkünfte höher als die erklärten Einkünfte sind (§ 162 Abs. 2 S. 3 und Abs. 3 S. 1 AO). Wird die Vermutung vom Stpfl. nicht widerlegt, sind die Einkünfte nach § 162 Abs. 3 S. 2 AO zu schätzen. Darüber hinaus ist nach Maßgabe des § 162 Abs. 4 AO ein sog. Zuschlag festzusetzen. Der Zuschlag ist – ähnlich wie der Verspätungszuschlag (§ 152 AO) – eine Sanktion, die den Stpfl. zur ordnungsgemäßen Erstellung und Vorlage der Dokumentation i. S. d. § 90 Abs. 3 AO anhalten soll. Nach h. M. im Schrifttum ist die Zuschlagsregelung unionsrechtswidrig, weil die Verletzung von Mitwirkungspflichten bei Auslandsaktivitäten stärker geahndet wird als die Verletzung von Mitwirkungspflichten bei Inlandssachverhalten.[709] 172

Prüfungsschema 173

Prüfungsschema für Verwaltungsakte im Ermittlungsverfahren

I. Ermächtigungsgrundlage nach §§ 93 ff. AO gegeben?
II. Tatbestandsvoraussetzungen der Ermächtigungsgrundlage erfüllt?
Z. B. Beteiligteneigenschaft und Zweifel des FA am entscheidungserheblichen Sachverhalt bei einem Auskunftsersuchen nach § 93 Abs. 1 S. 1 AO
III. Form und Inhalt des Verwaltungsakts ordnungsgemäß? Z. B. Angabe des Besteuerungsverfahrens, für das die Auskunft erteilt werden soll (§ 93 Abs. 2 S. 1 AO)
IV. Sonstige Verfahrensvorschriften beachtet? Z. B. vorherige Bekanntgabe der Person eines Sachverständigen, den die Behörde mit der Begutach tung beauftragen will (§ 96 Abs. 1 AO)
V. Ermessen nach §§ 92, 88 und 5 AO pfl ichtgemäß ausgeübt?
  1. Gesetzliche Grenzen des Ermessens eingehalten?
  2. Kein Ermessensfehlgebrauch?
    a) Verhältnismäßigkeit gewahrt?
    Insbesondere kein Missverhältnis zwischen dem Eingriff und steuerlicher Auswirkung?
    b) Erfüllbarkeit gegeben?
    c) Kein Verstoß gegen den Grundsatz der Zumutbarkeit?
    Keine Überforderung des Betroffenen?
    Kein unangemessenes Eindringen in die Intimsphäre?

H. Steuerfestsetzung (§§ 155 ff. AO)

I. Pflicht zur Steuerfestsetzung

Hat das FA den Steueranspruch ermittelt, setzt es die Steuer in aller Regel durch den vom Gesetz als Steuerbescheid (StB) bezeichneten Verwaltungsakt fest. Neben einer Steuerfestsetzung kommen folgende Maßnahmen zum Abschluss des Ermittlungsverfahrens in Betracht: 174

709 Vgl. Koenig/Cöster § 162 Rn. 82; Seer in T/K § 162 AO Rn. 82 m. w. N.

1. Erlass eines **Freistellungsbescheids** (§ 155 Abs. 1 S. 3 AO), der die Feststellung beinhaltet, dass keine Steuer geschuldet wird.

Hebt das FA einen angefochtenen Steuerbescheid wegen Rechtswidrigkeit auf, so ist darin nicht notwendig eine Freistellung zu erblicken. Das FA kann also ggf. ohne Vorliegen der Korrekturvoraussetzungen der §§ 172 ff. AO einen neuen Steuerbescheid erlassen.[710]

2. Erlass eines **Ablehnungsbescheids** (§ 155 Abs. 1 S. 3 AO), durch den ein vom Beteiligten gestellter Antrag auf Festsetzung abgelehnt wird.

Freistellungsbescheid und Ablehnungsbescheid werden vom Gesetz als **Steuerbescheid** bezeichnet (§ 155 Abs. 1 S. 3 AO) und unterliegen damit den besonderen Regeln für Steuerbescheide (z. B. § 157 AO).

3. Verwaltungsinterner Abschluss des Verfahrens im Wege einer sog. **NV-Verfügung** (Nichtveranlagungsverfügung), durch die aktenkundig gemacht wird, dass die Voraussetzungen für eine Veranlagung nicht vorliegen.

Wird die NV-Verfügung dem Stpfl. bekannt gegeben, ist sie entweder als Freistellungsbescheid oder – falls ein Antrag auf Steuerfestsetzung vorliegt – als Ablehnungsbescheid auszudeuten.[711] Dies gilt selbst dann, wenn nach der eingereichten Steuererklärung zwar eine Veranlagung von Amts wegen durchzuführen wäre, die Steuerfestsetzung jedoch zur Erstattung von Abzugsteuern führen würde.[712] In einem derartigen Fall kann die vom Stpfl. begehrte Durchführung einer Veranlagung wegen neuer Tatsachen nur unter den Voraussetzungen des § 173 Abs. 1 Nr. 2 AO erfolgen.[713]

Die gesetzlich vorgeschriebene „NV-Bescheinigung" für das Erstattungsverfahren nach § 44 a Abs. 2 EStG ist kein Freistellungsbescheid i. S. d. § 155 Abs. 1 S. 3 AO, sondern ein begünstigender Verwaltungsakt i. S. d. §§ 130 Abs. 2, 131 Abs. 2 AO.[714] Entsprechendes gilt für Freistellungsbescheinigungen nach §§ 50 d, 48 b EStG.[715]

175 **Fall 42: Abweichende Steuerfestsetzung aus Billigkeitsgründen**

Der Textilindustrielle S ist durch Billigimporte aus Ostasien unverschuldet in wirtschaftliche Schwierigkeiten geraten. Bei der Abgabe seiner ESt-Erklärung für 01 stellt er den Antrag, die ESt mit Rücksicht auf die Notlage des Betriebs und die Gefährdung der Arbeitsplätze niedriger festzusetzen. Das FA übersieht den Antrag des S bei der Steuerfestsetzung. Welchen Rechtsbehelf hat der Stpfl.?

Die Besteuerungsgrundsätze (§ 85 AO) begründen die Verpflichtung der Finanzbehörden, Steueransprüche, von denen sie Kenntnis erlangt haben, durch Erlass eines Steuerbescheids durchzusetzen. Hiervon gibt es folgende Ausnahmen:

I. Bei **Bagatellbeträgen** (weniger als 25 €) kann nach § 156 Abs. 1 AO aus Gründen der Verwaltungsökonomie durch Rechtsverordnung bestimmt werden, dass die Festsetzung unterbleibt. Der Verordnungsgeber hat von dieser Ermächtigung für erstmalige Festsetzungen keinen Gebrauch gemacht, weil die Stpfl. im Allgemeinen an der Bekanntgabe des Steuerbescheids über den Minimalbetrag interessiert sind. Nach § 1 der KleinbetragsV (KBV) in der Fassung vom 19.12.2000[716] gilt die Bagatellgrenze von 25 €[717] jedoch bei der **Korrektur** von Steuerfestsetzungen, und zwar auch zulasten des Stpfl.[718]

710 BFH v. 11.07.1986 – VI R 105/83, BStBl. II 1986, 775.
711 Vgl. BFH v. 04.06.1986 – IX R 52/82, BStBl. II 1987, 3; Seer in T/K § 155 AO Rn. 13.
712 BFH v. 16.02.1990 – VI R 40/86, BStBl. II 1990, 565.
713 BFH a. a. O.
714 Vgl. BFH v. 16.10.1991 – I R 65/90, BStBl. II 1992, 322.
715 BFH v. 11.10.2000 – I R 34/99, BStBl. II 2001, 291.
716 BGBl. I 2000, 1790, 1805.
717 Erhöht durch ModG v. 18.07.2016, BGBl. I 2016, 1679, 1695.
718 BFH v. 16.02.2011 – X R 21/10, BStBl. II 2011, 671.

II. Bei **Aussichtslosigkeit** der Einziehung oder unverhältnismäßigen Kosten kann im Einzelfall nach § 156 Abs. 2 AO die Steuerfestsetzung unterbleiben.
Die Unverhältnismäßigkeit können die obersten Finanzbehörden durch bundeseinheitliche Weisungen für bestimmte oder bestimmbare Fallgruppen konkretisieren, die nicht veröffentlicht werden dürfen, soweit dies die Gleichmäßigkeit und Gesetzmäßigkeit der Besteuerung gefährden könnte.

III. Entbehrlich ist eine Steuerfestsetzung, wenn die **Steueranmeldung** wie eine Steuerfestsetzung unter Vorbehalt der Nachprüfung wirkt (§ 168 AO) oder wenn die Steuer durch Verwendung von Steuerzeichen oder Steuerstempeln zu entrichten ist (§ 167 Abs. 1 S. 2 AO).

IV. Nach § 163 AO können darüber hinaus Steuern aus **Billigkeitsgründen abweichend festgesetzt** werden.

1. Arten und Voraussetzungen der Billigkeitsmaßnahmen nach § 163 AO
Die Billigkeitsmaßnahme kann durch niedrigere Steuerfestsetzung, Nichtberücksichtigung steuererhöhender Besteuerungsgrundlagen oder – mit Zustimmung des Stpfl. – durch Berücksichtigung von Besteuerungsgrundlagen in einem anderen Besteuerungszeitraum erfolgen, wenn sachliche oder persönliche Unbilligkeit gegeben ist (dazu im Einzelnen unten Rn. 320). Im konkreten Fall kommt eine niedrigere Steuerfestsetzung wegen persönlicher Unbilligkeit in Betracht. Persönliche Unbilligkeit liegt vor, wenn die Steuerfestsetzung und -erhebung die wirtschaftliche oder persönliche Existenz der Stpfl. vernichten oder ernstlich gefährden würden und der Stpfl. erlasswürdig ist. Daran fehlt es, wenn der Stpfl. seine wirtschaftliche Notlage selbst herbeigeführt oder durch sein Verhalten gegen die Interessen der Allgemeinheit verstoßen hat.[719] Ob S die beantragte Billigkeitsmaßnahme gewährt werden kann, hängt von den näheren Umständen des Einzelfalls ab.

2. Verfahren
Die Billigkeitsmaßnahme wird regelmäßig nur auf **Antrag** gewährt, der jedoch nicht notwendig ist. Über einen zuvor gestellten Antrag kann auch noch nach Bestandskraft des Steuerbescheids entschieden werden. Wird der Antrag nach Bestandskraft des Bescheids gestellt, ist über den Antrag im Verfahren nach § 227 AO zu entscheiden.[720]
Die Billigkeitsmaßnahme steht nach § 163 Abs. 3 AO kraft Gesetzes unter weiteren Voraussetzungen unter dem Vorbehalt des Widerrufs. In diesen Fällen ist sie bei Rechtswidrigkeit nach § 130 AO ohne Rücksicht auf die Jahresfrist zurückzunehmen (§ 163 Abs. 4 AO).
Die Finanzämter dürfen Billigkeitsmaßnahmen in Abhängigkeit von der wirtschaftlichen Größenordnung nur mit Zustimmung der Oberfinanzdirektionen bzw. der obersten Finanzbehörden der Länder gewähren:[721]

Zuständigkeit bei Billigkeitsmaßnahmen		
	§ 163 Abs. 1 S. 1 AO	§ 163 Abs. 1 S. 2 AO
Finanzamt	Beträge bis 20.000 €	Besteuerungsgrundlagen bis 40.000 €
Finanzamt mit Zustimmung der Oberfinanzdirektion	Beträge bis 100.000 €	Besteuerungsgrundlagen bis 200.000 €
Finanzamt mit Zustimmung der obersten Landesfinanzbehörde	in allen übrigen Fällen	in allen übrigen Fällen

719 BFH v. 26.02.1987 – IV R 298/84, BStBl. II 1987, 612.
720 Vgl. Loose in T/K § 163 AO Rn. 20f.
721 Vgl. gleichlautender Ländererlass v. 15.04.2008, BStBl. I 2008, 534.

Sofern von den Landesfinanzbehörden Steuern im Auftrag des Bundes verwaltet werden, ist im Falle des § 163 Abs. 1 S. 1 AO bei Beträgen über 200.000 €, im Falle des § 163 Abs. 1 S. 2 AO bei Beträgen über 400.000 €, (zusätzlich) die Zustimmung des BMF einzuholen.[722]

Für die Ablehnung sind die Finanzämter ohne betragsmäßige Begrenzung zuständig.

Für **Billigkeitsmaßnahmen bei den Realsteuern** (GewSt. und GrundSt., § 3 Abs. 2 AO) schließt nach § 184 Abs. 2 S. 1 AO die Befugnis, Realsteuermessbeträge festzusetzen, auch die Befugnis zu Maßnahmen nach § 163 Abs. 1 S. 1 AO ein, soweit für solche Maßnahmen in einer allgemeinen Verwaltungsvorschrift der Bundesregierung, der obersten Bundesfinanzbehörde oder einer obersten Landesfinanzbehörde Richtlinien aufgestellt worden sind.[723] Gerade die Zuständigkeit der Gemeinden für eine abweichende Festsetzung des Gewerbesteuermessbetrags nach dem Sanierungserlass[724] bleibt auch nach der Neufassung des § 184 AO umstritten.[725]

Die Entscheidung über die Billigkeitsmaßnahme erfolgt durch **besonderen Verwaltungsakt**, auch wenn die Entscheidung mit der Steuerfestsetzung nach § 163 Abs. 2 AO äußerlich verbunden wird. Das Verfahren verläuft also in jedem Falle „zweigleisig".[726] Wird die Billigkeitsmaßnahme erst nach der Steuerfestsetzung gewährt, muss der Steuerbescheid nach § 175 Abs. 1 S. 1 Nr. 1 AO angepasst werden. Der Verwaltungsakt nach § 163 AO ist somit **Grundlagenbescheid** i. S. d. § 171 Abs. 10 AO.[727] Gegen die Ablehnung einer Billigkeitsmaßnahme nach § 163 AO ist der **Einspruch** gegeben (§ 347 Abs. 1 S. 1 Nr. 1 AO). Im konkreten Fall hat das FA noch nicht über den Billigkeitsantrag entschieden. Allein in der Festsetzung der Steuer liegt keine Entscheidung über eine Maßnahme nach § 163 AO. S kann daher keinen Einspruch gegen eine ablehnende Entscheidung des FA, sondern zunächst nur den Untätigkeitseinspruch nach § 347 Abs. 1 S. 2 AO einlegen.

Ergebnis:

S kann nach § 347 Abs. 1 S. 2 AO Untätigkeitseinspruch einlegen, weil über seinen Antrag nicht binnen angemessener Frist sachlich entschieden worden ist.

II. Der Steuerbescheid (StB)

176 Der StB ist der wichtigste Anwendungsfall des Steuerverwaltungsakts, über den sich in den §§ 118 ff. AO die allgemeinen Vorschriften finden.

Die Finanzbehörden können **Steuerfestsetzungen** nach § 155 Abs. 4 S. 1 AO auf der Grundlage der ihnen vorliegenden Informationen und der Angaben des Steuerpflichtigen **ausschließlich automationsgestützt** vornehmen, berichtigen, zurücknehmen, widerrufen, aufheben oder ändern, soweit kein Anlass dazu besteht, den Einzelfall durch Amtsträger zu bearbeiten.[728]

1. Form und Inhalt (§ 157 AO)

177 Der StB muss grundsätzlich schriftlich erteilt werden (§ 157 Abs. 1 S. 1 AO). Tele- oder Computerfaxe genügen zwar grundsätzlich der Schriftform, sind aber erst mit ihrem Aus-

722 BMF v. 28.07.2003, BStBl. I 2003, 401.

723 I. d. F. des Gesetzes v. 22.12.2014, BGBl. I 2417.

724 Allerdings verstößt der im Sanierungserlass allgemein vorgesehene Billigkeitserlass der auf Sanierungsgewinne entfallenden Steuer gegen den Grundsatz der Gesetzmäßigkeit der Verwaltung (BFH v. 28.11.2016 – GrS 1/15, BStBl. II 2017, 393). S. nunmehr § 3 a EStG, § 7 b GewStG.

725 Dazu Hageböke/Hasbach DStR 2015, 1713; Schwahn/Meretzki FR 2015, 593; Wiese/Lukas DStR 2015, 1222 m. w. N.

726 Vgl. BFH v. 04.02.1987 – I R 252/83, BStBl. II 1987, 682.

727 Allgemeine Meinung, vgl. Loose in T/K § 163 AO Rn. 21 b.

728 Dazu Braun Binder DStZ 2016, 526 u. NVwZ 2016, 960.

druck durch das Empfangsgerät „schriftlich erlassen"; Zweifel gehen zulasten der Finanzbehörde.[729] Zu seiner **inhaltlichen Bestimmtheit** (§ 119 AO) gehört die Angabe der Steuer nach Art und Betrag und die Bezeichnung des Steuerschuldners (§ 157 Abs. 1 S. 2 AO). Die Angabe der Steuer kann durch eine Bezugnahme auf den geänderten Bescheid ersetzt werden.[730] Fehlt es an der inhaltlichen Bestimmtheit, ist der Bescheid nach §§ 124 Abs. 3, 125 AO nichtig.[731] Zur **Begründung** des Bescheids (vgl. § 121 AO) gehört vor allem die Mitteilung der Besteuerungsgrundlagen. Fehlt die nach § 157 Abs. 1 S. 3 AO vorgeschriebene **Rechtsbehelfsbelehrung** (s. § 356 AO), beginnt die Einspruchsfrist von grundsätzlich einem Monat nach Bekanntgabe (§ 355 Abs. 1 AO) nicht zu laufen (§ 356 Abs. 1 AO). Der Einspruch ist in diesen Fällen regelmäßig binnen eines Jahres seit Bekanntgabe möglich (§ 356 Abs. 2 AO).

Schulden mehrere Stpfl. eine Steuer als Gesamtschuldner, kann das FA entweder
- Einzelbescheide gegen einzelne Gesamtschuldner oder einen
- zusammengefassten Bescheid erlassen (§ 155 Abs. 3 AO).

Der **zusammengefasste Bescheid** enthält inhaltlich und verfahrensrechtlich selbstständige, nur der äußeren Form nach zusammengefasste Steuerbescheide für alle oder mehrere Gesamtschuldner.[732] Nach § 155 Abs. 3 S. 2 AO können mit zusammengefassten Bescheiden auch Verwaltungsakte über steuerliche Nebenleistungen (§ 3 Abs. 4 AO), insbesondere Verspätungszuschläge (§ 152 AO) und Zinsen (§ 233 a AO), verbunden werden.

Vom zusammengefassten Bescheid ist der sog. **Sammelbescheid** zu unterscheiden, in dem mehrere Steuerfestsetzungen, die voneinander unabhängig sind, in einem gegen den Stpf. gerichteten Bescheid verbunden sind und daher selbstständig angefochten werden können.[733]

Keine Bestandteile des Steuerbescheids sind: 178

a) Die **Anrechnung** von Vorauszahlungen und Steuerabzugsbeträgen auf die festgesetzte ESt. Nach § 36 Abs. 2 Nr. 1 und Nr. 2 EStG werden auf die mit Ablauf des Veranlagungszeitraums entstandene ESt die Vorauszahlungen und die Abzugsbeträge angerechnet. Führt die Anrechnung zu einer Zahllast, ergeht über diesen Betrag ein Leistungsgebot. Anderenfalls mündet sie in eine sog. Erstattungsverfügung.
   Die **Anrechnungsverfügung** ist nach ganz h. M. ein (selbstständiger) Verwaltungsakt.[734] Bestätigt wird diese Auffassung durch die gesetzliche Regelung des § 233 a Abs. 5 S. 1 Hs. 2 AO i. d. F. des StMBG vom 21.12.1993.[735] Umstritten ist allerdings die Bindungswirkung dieses Verwaltungsakts:
   - Nach Auffassung des I. Senats des BFH[736] muss bei Streit über den Inhalt der Anrechnungsverfügung ein **Abrechnungsbescheid nach § 218 Abs. 2 AO** ergehen, in dem über die Anrechnung ohne Bindung an die vorausgegangene Anrechnungsverfügung entschieden wird.
   - Der VII. Senat des BFH[737] ist demgegenüber der Auffassung, dass die Anrechnungsverfügung nur unter den Voraussetzungen der §§ 129, 130, 131 AO geändert werden kann und diese Bindungswirkung auch im Verfahren nach § 218 Abs. 2 AO beachtet werden muss.[738]

b) Das **Leistungsgebot** (Zahlungsaufforderung) ist ein selbstständiger Verwaltungsakt,[739] der nach § 254 Abs. 1 S. 2 AO mit dem Steuerbescheid verbunden werden kann.

729 BFH v. 18.03.2014 – VIII R 9/10, BStBl. II 2014, 748 m. w. N.
730 BFH v. 15.03.1994 – IX R 6/91, BStBl. II 1994, 599.
731 BFH v. 07.08.1985 – I R 309/82, BStBl. II 1986, 42.
732 BFH v. 24.04.1986 – IV R 82/84, BStBl. II 1986, 545.
733 BFH v. 11.02.2009 – X R 51/06, BStBl. II 2009, 892.
734 Vgl. BFH v. 15.04.1997 – VII R 100/96, BStBl. II 1997, 787; Loose in T/K § 218 AO Rn. 19.
735 BGBl. I 1993, 2310.
736 BFH v. 28.04.1993 – I R 100/92, BStBl. II 1993, 836; BFH v. 28.04.1993 – I R 123/91, BStBl. II 1994, 147.
737 BFH v. 15.04.1997 – VII R 100/96, BStBl. II 1997, 787; BFH v. 18.07.2000 – VII R 32, 33/99, VII R 32/99, VII R 33/99, BStBl. II 2001, 133; BFH v. 27.10.2009 – VII R 51/08, BStBl. II 2010, 382; BFH v. 25.10.2011 – VII R 55/10, BStBl. II 2012, 220.
738 Zust. AEAO zu § 218 Nr. 3; Koenig/Intemann § 218 Rn. 28; Loose in T/K § 218 AO Rn. 19.
739 BFH v. 29.11.1983 – VII R 22/83, BStBl. II 1984, 287.

c) Die **Festsetzung von Vorauszahlungen** ist ebenfalls ein selbstständiger Steuerbescheid, der kraft Gesetzes unter dem Vorbehalt der Nachprüfung steht (§ 164 Abs. 1 S. 2 AO).
d) Der **Zinsbescheid** (§ 239 AO) über Zinsen nach § 233 a AO ist ebenfalls kein Bestandteil des StB, sondern ein selbstständiger Verwaltungsakt, soll aber mit der Steuerfestsetzung verbunden werden (§ 233 a Abs. 4 AO).

Schaubild: Steuerfestsetzung und damit verbundene Verwaltungsakte

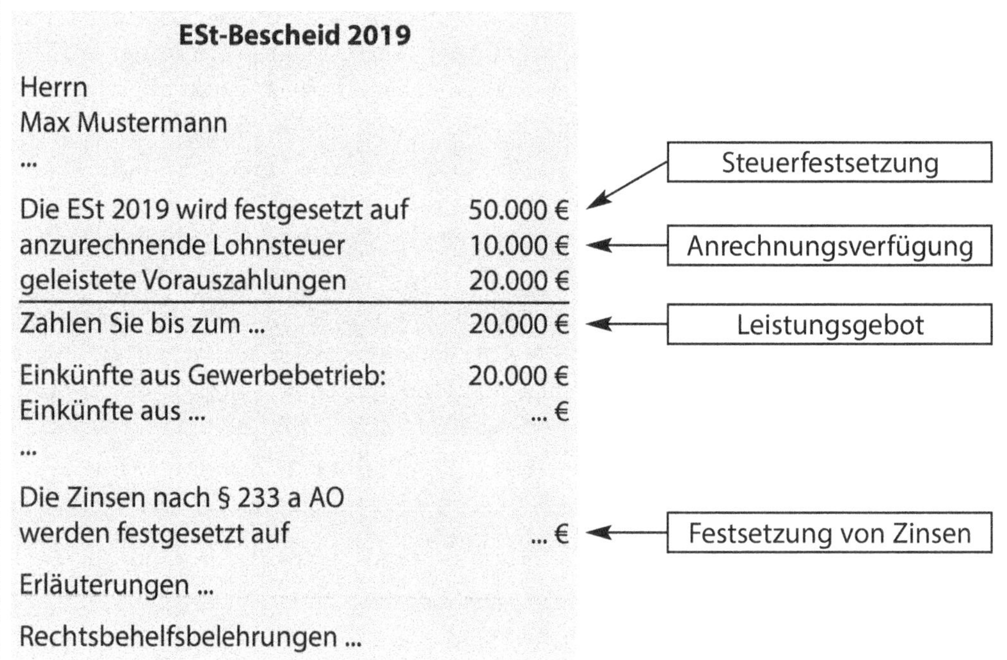

Hinweis:

Die ESt-Vorauszahlungen werden regelmäßig in einem besonderen Bescheid festgesetzt und nicht mit dem StB verbunden.

2. Bekanntgabe (§ 122 AO)

179 **Fall 43: Bekanntgabe eines zusammengefassten ESt-Bescheids an Ehegatten**

Die Ehegatten Manfred und Frauke Koll haben trotz Aufforderung keine ESt-Erklärung für 01 abgegeben. Das FA hat daraufhin die Besteuerungsgrundlagen geschätzt und die Ehegatten für 01 zur ESt (wie in den Vorjahren) zusammenveranlagt. Der ESt-Bescheid 01 wurde adressiert an „Herrn und Frau Manfred Koll, Bohlweg 10, 59067 Hamm" und am 14.11.02 in einer Ausfertigung zur Post aufgegeben. Im Januar 03 wird dem FA bekannt, dass die Ehegatten bereits seit dem 01.08.02 getrennt leben und die Ehefrau seitdem eine andere Wohnungsanschrift hat. Was ist zu veranlassen?

Das FA muss prüfen, ob der ESt-Bescheid 01 den Eheleuten wirksam bekannt gegeben wurde oder eine erneute Bekanntgabe erfolgen muss.

I. Wie jeder andere Steuerverwaltungsakt wird der StB erst mit der Bekanntgabe (§ 122 AO) wirksam (§ 124 Abs. 1 AO). Die Bekanntgabe ist ein **behördlicher Akt**, durch den der Bekanntgabeempfänger über den Inhalt des Verwaltungsakts in Kenntnis gesetzt wird.
   1. Ein der Behörde zurechenbarer Akt setzt deren **Bekanntgabewillen** voraus. Dieser Wille muss von einem zu der entsprechenden Amtshandlung berufenen (nicht notwendig geschäftsplanmäßig zuständigen!) Amtsträger gebildet worden sein.[740] Der

740 BFH v. 16.12.1987 – I R 238/83, BStBl. II 1988, 233.

bei abschließender Zeichnung der Aktenverfügung zu einem Steuerbescheid vorhandene Bekanntgabewille kann bis zum Zeitpunkt der Bekanntgabe wieder aufgegeben werden. Voraussetzung ist jedoch, dass diese Aufgabeerklärung klar und eindeutig, z. B. durch einen Aktenvermerk, dokumentiert wird, bevor der Bescheid (versehentlich) den Herrschaftsbereich der Behörde verlässt.[741] Unabhängig vom Zeitpunkt der Aufgabe des Bekanntgabewillens wird ein Bescheid aber auch dann nicht wirksam, wenn die Behörde dem Empfänger vor oder spätestens mit dem Zugang des Bescheids mitteilt, der Bescheid solle „nicht gelten", und es werde ein neuer Bescheid erlassen. Eine solche Mitteilung ist sogar wirksam, wenn sie – vor dem Zugang des Bescheids – mündlich oder fernmündlich erfolgt.[742]

2. Die Bekanntgabe besteht in einem **Kenntnisgeben:** Bei mündlicher Bekanntgabe muss der Empfänger die Worte akustisch verstehen können; bei schriftlicher Bekanntgabe genügt es, wenn der Verwaltungsakt so in den Machtbereich des Empfängers gelangt ist, dass dieser unter Ausschluss unbefugter Dritten von dem Schriftstück Kenntnis nehmen und diese Kenntnisnahme nach den allgemeinen Gepflogenheiten auch erwartet werden kann.[743]

II. **Schriftliche** Verwaltungsakte werden regelmäßig durch die Post übermittelt; gegenüber inländischen Empfängern gelten sie nach § 122 Abs. 2 Nr. 1 AO mit dem dritten Tage nach Aufgabe zur Post[744] als bekannt gegeben (zur Bekanntgabe im Ausland vgl. oben Rn. 15 f.) und werden dann auch wirksam (§ 124 Abs. 1 AO). Diese Dreitagesfrist verlängert sich, wenn das Fristende auf einen Sonntag, Feiertag oder Sonnabend fällt, bis zum nächsten Werktag (§ 108 Abs. 3 AO). Der BFH[745] geht in seiner neueren Rspr. davon aus, dass Frist in diesem Sinne jeder bestimmbare Zeitraum ist und damit auch die Fiktion des § 122 Abs. 2 Nr. 1 AO unter § 108 Abs. 3 AO fällt.[746] 180

Beispiel

Das FA gibt am Donnerstag, dem 10.03.01, einen ESt-Bescheid mit einfachem Brief zur Post. Der ESt-Bescheid geht dem Stpfl. am Freitag, dem 11.03.01, zu.

Nach § 122 Abs. 2 Nr. 1 AO gilt der Bescheid grundsätzlich am 13.03.01 als bekannt gegeben. Da dieser Tag jedoch ein Sonntag ist, gilt nach § 108 Abs. 3 AO der folgende Montag (14.03.01) als Tag der Bekanntgabe. Der tatsächliche Zugang am 11.03.01 ist für die Bestimmung des Bekanntgabetages, die Wirksamkeit des Bescheids und sich daran anschließende Fristberechnungen (wie z. B. die Rechtsbehelfsfrist) unbeachtlich.

Die Zugangsfiktion hat auch materiell-rechtliche Bedeutung, z. B. für die Fälligkeit nach § 220 AO.[747]
Bestreitet der Stpfl. den **rechtzeitigen Zugang**, muss das FA nach den Grundsätzen des Indizienbeweises ermitteln. Zur Sachverhaltsaufklärung muss der Stpfl. erschöpfende Auskunft über den tatsächlichen Geschehensablauf in dem für ihn zugänglichen Bereich des Postzugangs der betreffenden Sendung geben. Insbesondere reicht die bloße Behauptung des verspäteten Zugangs nicht aus. Der Stpfl. hat vielmehr sein Vorbringen im Rahmen des Möglichen zu substanziieren.[748] Allgemeine, nicht auf den

741 BFH v. 12.08.1996 – VI R 18/94, BStBl. II 1996, 627; BFH v. 23.08.2000 – X R 27/98, BStBl. II 2001, 662; AEAO zu § 124 Nr. 5.
742 BFH v. 28.05.2009 – III R 84/06, BStBl. II 2009, 949.
743 BFH v. 13.04.1994 – IV R 100/93, BStBl. II 1995, 484.
744 Postrechtsmodernisierungsgesetz vom 15.07.2024
745 BFH v. 14.10.2003 – IX R 68/98, BStBl. II 2003, 898.
746 Zur Kritik B/D/T Rn. 377.
747 BFH v. 13.12.2000 – X R 96/98, BStBl. II 2001, 274.
748 BFH v. 26.06.1996 – X R 97/95, BFH/NV 1997, 90.

konkreten Fall bezogene Hinweise begründen noch keine Zweifel an dem gesetzlich vermuteten Zugang.[749]

Behauptet der Stpfl. dagegen, der Bescheid sei ihm überhaupt **nicht zugegangen**, so genügt bloßes Bestreiten.[750] Da der Behörde in diesem Fall der Beweis des Zugangs kaum möglich ist, muss sie den Verwaltungsakt regelmäßig nochmals bekannt geben. Sie kann den ihr obliegenden Nachweis nicht nach den Grundsätzen des Beweises des ersten Anscheins führen.[751]

Die beweisrechtliche Stellung der Finanzbehörde ist somit im Regelfall „relativ schwach". Selbst wenn der Stpfl. Umstände vorträgt, aus denen sich ergibt, dass ihn Briefe bei normalem Postlauf nicht stets erreichen können, wird dem Finanzamt keine Beweiserleichterung gewährt.[752]

Um nicht in Beweisnot zu geraten, wird das Finanzamt in geeigneten Fällen die Zustellung anordnen. Die **Zustellung** (= besonders beurkundete Form der Bekanntgabe) erfolgt nach den Vorschriften des VwZG (§ 122 Abs. 5 AO). Gesetzlich vorgeschrieben ist die Zustellung z.B. für die Bekanntgabe von Pfändungsverfügungen (§ 309 Abs. 2 AO). Bei Zustellungen durch die Post (auch nach Privatisierung der Post wirksam) ist für den Beginn einer Einspruchsfrist der Zeitpunkt der **tatsächlichen Zustellung** und nicht der dritte Tag nach Aufgabe des Verwaltungsakts zur Post maßgebend.[753] Eine Ausnahme hiervon gilt nach § 4 Abs. 1 VwZG für die Zustellung mittels eingeschriebenen Briefes, der wie der einfache Brief (§ 122 Abs. 2 Nr. 1 AO) mit dem dritten Tag nach der Aufgabe zur Post als bekannt gegeben gilt. Eine unwirksame Zustellung kann nicht in eine „einfache Bekanntgabe" umgedeutet werden.[754]

Die **öffentliche Bekanntgabe** (§ 122 Abs. 3, Abs. 4 AO) ist im Besteuerungsverfahren von geringer Bedeutung.

181 III. Bekannt zu geben ist der Verwaltungsakt nach § 122 Abs. 1 AO in erster Linie demjenigen Beteiligten, für den er bestimmt ist. Nach Auffassung der Verwaltung („Bekanntgabeerlass", vgl. AEAO zu § 122) ist im Rahmen der Bekanntgabe begrifflich zwischen folgenden Personen zu unterscheiden:[755]

- **Inhaltsadressat** ist derjenige, für den der Verwaltungsakt nach seinem Inhalt bestimmt ist. Bei Steuerbescheiden ist der Steuerschuldner der Inhaltsadressat. Ist der Inhaltsadressat in dem Bescheid nicht eindeutig bezeichnet, ist der Verwaltungsakt regelmäßig wegen inhaltlicher Unbestimmtheit (§ 119 Abs. 1 AO) nach § 125 Abs. 1 AO nichtig (vgl. oben Rn. 177). Die Person des Steuerschuldners kann im Einzelfall zweifelhaft sein. In solchen Fällen begnügt sich die Rspr. mit der Feststellung der Fehlerhaftigkeit des Bescheids, um ihn – „als jedenfalls rechtswidrig" – aufzuheben.[756]
  Der Inhaltsadressat muss ein existierendes Rechtssubjekt sein. Wird als Inhaltsadressat eine verstorbene Person bezeichnet, ist der Verwaltungsakt unwirksam, auch wenn er dem Gesamtrechtsnachfolger bekannt gegeben wird.[757]
- **Bekanntgabeadressat** ist die Person, der der Verwaltungsakt bekannt gegeben werden soll. Im Regelfall wird ein Steuerbescheid dem Steuerschuldner als Adressaten bekannt gegeben. Adressat können jedoch auch Dritte sein, sofern sie für den Steuerschuldner steuerliche Pflichten zu erfüllen haben. Als Adressaten kommen

749 BFH v. 06.09.1989 – II R 233/85, BStBl. II 1990, 108; Hessisches FG v. 22.06.1989–10 K 3163/88, EFG 1990, 48.
750 BFH v. 05.12.1974 – V R 111/74, BStBl. II 1975, 286.
751 BFH v. 15.09.1994 – XI R 31/94, BStBl. II 1995, 41; BFH v. 12.03.2003 – X R 17/99, BFH/NV 2003, 1031.
752 BFH v. 15.09.1994 – XI R 31/94, BStBl. II 1995, 41.
753 BFH v. 19.06.1991 – I R 77/89, BStBl. II 1991, 826.
754 BFH v. 08.06.1995 – IV R 104/94, BStBl. II 1995, 681; Drüen in T/K Vor § 1 VwZG Rn. 5.
755 Eingehend Seer in T/K § 122 AO Rn. 17ff.
756 BFH v. 23.06.1988 – V R 203/83, BStBl. II 1988, 920.
757 Vgl. BFH v. 17.06.1992 – X R 47/88, BStBl. II 1993, 174.

daher insbesondere auch die in § 34 AO genannten Personen (gesetzlicher Vertreter, Geschäftsführer, Vermögensverwalter etc.) in Betracht.[758]

Sind Inhaltsadressat und Bekanntgabeadressat nicht identisch, müssen beide in dem Bescheid eindeutig bezeichnet sein. Bei Körperschaften des öffentlichen Rechts ist die Benennung des die Körperschaft Vertretenden entbehrlich; sie wird nicht fehlerhaft durch Nennung eines für die Bearbeitung der Steuersache zuständigen Mitarbeiters der Körperschaft.[759] Bleibt unklar, wer Inhaltsadressat und wer Bekanntgabeadressat ist, fehlt dem Verwaltungsakt die inhaltliche Bestimmtheit mit der Rechtsfolge der Nichtigkeit nach § 125 Abs. 1 AO.[760]

Beispiel

Ein an eine BGB-Gesellschaft gerichteter GrESt-Bescheid muss die Gesellschaft (Steuerschuldner, Inhaltsadressat) und den Gesellschafter (Bekanntgabeadressat) bezeichnen, an den mit Wirkung für die Gesellschaft (§ 122 Abs. 1 S. 2 AO) die Bekanntgabe erfolgt.[761]

- **Empfänger** ist derjenige, dem der Verwaltungsakt tatsächlich zugehen soll. In der Regel ist der Bekanntgabeadressat zugleich auch Empfänger. Der Bekanntgabeadressat kann jedoch nach § 80 AO einen Bevollmächtigten bestellen, dem als Empfänger der Verwaltungsakt tatsächlich zugehen soll (vgl. § 122 Abs. 1 S. 3 AO). Sind Inhaltsadressat, Bekanntgabeadressat und Empfänger nicht identisch, muss jede dieser Personen in dem Bescheid eindeutig bezeichnet sein.

Beispiel

Herrn Anton Huber, Frau Maria Huber
als gesetzliche Vertreter des Hans Huber
Moltkestraße 5, 12203 Berlin
z. H. Herrn Steuerberater Klaus Schulz
Postfach 100165, 80075 München

Der Begriff des „Empfängers“ ist entbehrlich. In Fällen der Vollmacht sollte – in Übereinstimmung mit der Gesetzesterminologie – von der „Bekanntgabe an den Bevollmächtigten“ gesprochen werden.[762]

IV. Nach § 122 Abs. 1 S. 1 AO ist der Verwaltungsakt auch demjenigen bekannt zu geben, für den er zwar nicht bestimmt ist, der jedoch von ihm „betroffen ist“. Damit meint das Gesetz den sog. Mit- oder **Drittbetroffenen**.[763] **182**

Beispiel

Das FA hat in einem Besteuerungsverfahren ein Auskunftsersuchen an eine Bank gerichtet. Das Auskunftsersuchen ist nicht nur der Bank (für die es bestimmt ist!), sondern auch dem Beteiligten des Besteuerungsverfahrens als Drittbetroffenem bekannt zu geben.

Die unterlassene Bekanntgabe an einen Drittbetroffenen beeinträchtigt nicht die Wirksamkeit des Verwaltungsakts gegenüber dem (materiell-rechtlichen) Adressaten.[764]

V. Es geht um die Bekanntgabe von **zusammengefassten Steuerbescheiden**. Das sind Bescheide, die sich inhaltsgleich auf gleichem Formular an mehrere Beteiligte rich- **183**

758 Vgl. BFH v. 04.10.1994 – VIII B 93/90, BStBl. II 1992, 59, zur Adressierung an den Insolvenzverwalter.
759 BFH v. 18.08.1988 – V R 194/83, BStBl. II 1988, 932.
760 BFH v. 30.09.1987 – II R 42/84, BStBl. II 1988, 120.
761 BFH v. 11.02.1987 – II R 103/84, BStBl. II 1987, 325; ebenso BFH v. 08.11.1995 – V R 64/94, BStBl. II 1996, 256 zum USt-Bescheid für GbR.
762 Vgl. Seer in T/K § 122 AO Rn. 41 ff.
763 Seer in T/K § 122 AO Rn. 24; Müller-Franken in H/H/Sp § 122 AO Rn. 101 f.
764 BFH v. 05.06.1991 – XI R 26/89, BStBl. II 1991, 820.

ten.[765] Zusammengefasste Steuerbescheide dürfen nur ergehen, wenn mehrere Stpfl. eine Steuer als Gesamtschuldner schulden (§ 155 Abs. 3 AO).
Von dem Institut der zusammengefassten Bescheide wird insbesondere bei der Zusammenveranlagung von Ehegatten zur Einkommensteuer (§ 26 b EStG) Gebrauch gemacht, weil Ehegatten infolge der Zusammenveranlagung Gesamtschuldner sind (§ 44 Abs. 1 S. 1 AO). Trotz der Zusammenveranlagung bleiben die Ehegatten allerdings jeweils selbstständige Steuersubjekte und Inhaltsadressaten eines gegen sie gerichteten Steuerbescheids.[766]
Zusammengefasste Bescheide werden gegenüber dem jeweiligen Beteiligten wirksam (§ 124 Abs. 1 AO), sobald ihm eine Ausfertigung des Bescheids bekannt gegeben worden ist.[767] Vereinfachungen bei der **Bekanntgabe zusammengefasster Verwaltungsakte** ergeben sich aus § 122 Abs. 6 und Abs. 7 AO:

1. Bei Einverständnis der Beteiligten kann an einen Beteiligten **mit Wirkung für und gegen** (auch) **die anderen Beteiligten** bekannt gegeben werden (§ 122 Abs. 6 AO).
2. Betrifft der zusammengefasste Verwaltungsakt **Familien** (Ehegatten, Ehegatten und Kinder, Alleinstehende und ihre Kinder), genügt die Bekanntgabe einer Ausfertigung des Bescheids an die gemeinsame Anschrift. Zur Adressierung eines solchen zusammengefassten Bescheids genügt es, dass nur einer der Beteiligten mit vollem Vor- und Zunamen aufgeführt ist („Herrn und Frau Manfred Koll").[768]

   Die Vereinfachungsregel gilt nicht, soweit

- die Beteiligten Einzelbekanntgabe beantragt haben oder
- der Finanzbehörde bekannt ist, „dass zwischen ihnen ernstliche Meinungsverschiedenheiten bestehen" (§ 122 Abs. 7 S. 2 AO).

Im konkreten Fall kommt die vereinfachte Bekanntgabe nach § 122 Abs. 7 AO nicht in Betracht, weil die Ehegatten im Zeitpunkt der Bekanntgabe keine gemeinsame Anschrift mehr hatten. Dass dem FA dieser Sachverhalt nicht bekannt war, ist ohne Belang. Nur wenn die Beteiligten in einer Steuererklärung eine gemeinsame Anschrift angegeben haben, müssen sie dies bei der Bekanntgabe des Steuerbescheids gegen sich gelten lassen, wenn sie das FA nicht von der nachträglichen Trennung informieren.[769] Eine entsprechende Steuererklärung haben die Ehegatten jedoch nicht abgegeben.
Es liegt auch keine **wechselseitige Bevollmächtigung** der Ehegatten zum Empfang des Steuerbescheids vor. Denn die Eheleute Koll haben sich weder ausdrücklich noch stillschweigend (durch Abgabe einer gemeinsamen, von beiden Beteiligten unterschriebenen Steuererklärung) wechselseitig bevollmächtigt. Im Falle wechselseitiger Bevollmächtigung genügt nach der Rspr. die Bekanntgabe einer an beide Ehegatten adressierten Ausfertigung des Bescheids.[770]
Schließlich fragt sich, ob der zusammengefasste ESt-Bescheid nicht zumindest dem Ehemann Manfred Koll gegenüber wirksam bekannt gegeben worden ist. Die Frage ist zu verneinen. Zwar ist dem Ehemann die Bescheidausfertigung zugegangen. Eine wirksame Bekanntgabe liegt aber deshalb nicht vor, weil die Bescheidausfertigung **nicht für ihn bestimmt** war. Dazu hätte der Ehemann in dem Anschriftenfeld als Adressat der Ausfertigung bezeichnet sein müssen. Die Übersendung einer an beide Ehegatten adressierten Ausfertigung genügt – von den o.g.

765 Vgl. Seer in T/K § 155 AO Rn. 34.
766 Vgl. Seer in T/K § 155 AO Rn. 38; aus der Rspr. z.B. BFH v. 14.10.2009 – X R 14/08, BStBl. II 2010, 533.
767 BFH v. 11.12.1985 – I R 31/84, BStBl. II 1986, 474.
768 Vgl. BFH v. 09.08.1991 – III R 169/90, BFH/NV 1992, 433; dazu auch Seer in T/K § 155 AO Rn. 37.
769 So Seer in T/K § 122 AO Rn. 73; Müller-Franken in H/H/Sp § 122 AO Rn. 550.
770 BFH v. 26.03.1985 – VIII R 225/83, BStBl. II 1985, 603; BFH v. 21.02.1989 – IX R 181/85, BFH/NV 1989, 557.

Ausnahmefällen abgesehen – nicht. Denn aus dem Bescheid ist nicht zu erkennen, ob die Ausfertigung für den Ehemann oder die Ehefrau bestimmt ist.[771]

Ergebnis:

Das FA muss die ESt-Festsetzung 01 erneut bekannt geben, und zwar durch Bekanntgabe jeweils einer an jeden Ehegatten adressierten Ausfertigung.

Der Bekanntgabemangel eines Steuerbescheids wird durch fehlerfreie Bekanntgabe der Einspruchsentscheidung geheilt, sofern der Einspruch als unbegründet zurückgewiesen[772] oder die ursprüngliche Steuerfestsetzung durch die Einspruchsentscheidung sachlich geändert wird.[773] Keine **Heilung des Bekanntgabemangels** erfolgt dagegen durch eine Einspruchsentscheidung, mit der ein Einspruch als unzulässig verworfen wird. Denn in diesem Fall erschöpft sich der Regelungsgehalt der Einspruchsentscheidung in dem Ausspruch über die Unzulässigkeit des Einspruchs.[774]

Im Rahmen der Modernisierung des Besteuerungsverfahrens wurde mit § 122 a AO 184
die Möglichkeit der **Bekanntgabe von Verwaltungsakten durch Bereitstellung zum Datenabruf** geschaffen. Danach können Verwaltungsakte mit Einwilligung des Beteiligten oder der von ihm bevollmächtigten Person bekannt gegeben werden, indem sie zum Datenabruf durch Datenfernübertragung bereitgestellt werden.[775]

III. Steuerfestsetzung unter Vorbehalt der Nachprüfung (§ 164 AO)

Fall 44: Vorbehaltsfestsetzungen zur Verbesserung der Erledigungsstatistik 185

Um den Erledigungsstand seines im Verhältnis zu anderen Ämtern zurückliegenden FA aufzubessern, erteilt der Vorsteher des FA B die Anweisung, für den Zeitraum der nächsten drei Monate sämtliche Veranlagungen ohne sachliche Prüfung unter Vorbehalt der Nachprüfung durchzuführen. Der Stpfl. S rügt mit dem fristgerecht gegen die Vorbehaltsfestsetzung eingelegten Einspruch, dass er nicht endgültig veranlagt worden ist. Hat der Einspruch Erfolg?

I. Zulässigkeit des Einspruchs

S wendet sich mit seinem Rechtsschutzbegehren gegen den nach § 164 Abs. 1 AO in den Steuerbescheid aufgenommenen Vorbehalt der Nachprüfung (VdN). Der Nachprüfungsvorbehalt ist eine **unselbstständige Nebenbestimmung** des StB i. S. d. § 120 Abs. 1 AO.[776] Als Bestandteil des Steuerbescheids kann er daher nicht selbstständig, sondern nur zusammen mit dem Einspruch gegen den Steuerbescheid (§ 347 Abs. 1 S. 1 Nr. 1 AO) angegriffen werden. Auch wenn sich der Stpfl. nur gegen den Vorbehalt wendet, fehlt es nicht an der nach § 350 AO erforderlichen Beschwer. Denn der Stpfl. ist durch die Rechtsunsicherheit belastet, die als Folge des Vorbehalts besteht.

II. Begründetheit

Der Einspruch ist begründet, wenn das FA den angefochtenen StB nicht unter Nachprüfungsvorbehalt erlassen durfte.

1. Nach § 164 Abs. 1 AO kann das FA Steuern unter VdN festsetzen, solange der Steuerfall **nicht abschließend geprüft** worden ist. Die Vorschrift ermöglicht eine Beschleunigung des Besteuerungsverfahrens. Vorläufige und partielle Sachver-

771 BFH v. 11.12.1985 – I R 31/84, BStBl. II 1986, 474.

772 BFH v. 18.12.1991 – XI R 42, 43/88, XI R 42/88, XI R 43/88, BStBl. II 1992, 585; BFH v. 07.03.1995 – XI R 79/94, BFH/NV 1995, 1035 m. w. N.

773 BFH v. 26.03.1991 – VIII R 210/85, BFH/NV 1992, 73.

774 BFH v. 25.01.1994 – VIII R 45/92, BStBl. II 1994, 603.

775 Dazu Braun Binder NVwZ 2016, 342 u. DStZ 2016, 526.

776 BFH v. 25.10.1989 – X R 109/87, BStBl. II 1990, 278 m. w. N.; dazu auch B/D/T Rn. 525.

haltsermittlungen stellen keine abschließende Prüfung dar. Das FA kann daher die Steuer auch dann unter Nachprüfungsvorbehalt festsetzen, wenn es in einigen Punkten von der Steuererklärung abweichen will.[777] Das gilt auch in Fällen der Schätzung (§ 162 AO),[778] weil der Stpfl. sonst durch Nichtabgabe der Steuererklärung oder unvollständige Angaben eine endgültige Festsetzung erzwingen könnte. Die nicht abschließende Prüfung kann sich auch auf Verfahrensfragen beziehen, z. B. Zulässigkeit eines Feststellungsverfahrens.[779] Die Voraussetzungen für den Nachprüfungsvorbehalt waren im Streitfall gegeben, weil S ohne sachliche Prüfung veranlagt worden ist.

2. Ob das FA die Steuer unter VdN festsetzt, liegt in seinem **Ermessen**. Mit dem Zweck der Vorschrift unvereinbar und deshalb ermessenswidrig (§ 5 AO) wäre ein Verfahren, bei dem das FA grundsätzlich jeden Steuerfall unter VdN erledigen würde. Nach einer im Schrifttum verbreiteten Ansicht ist es mit dem Beschleunigungszweck der Vorschrift jedoch vereinbar, wenn das FA zur Aufarbeitung von Rückständen für einen befristeten Zeitraum alle Steuerfälle nach § 164 AO veranlagt.[780] Diese Ansicht ist indes nicht unproblematisch, weil der VdN zwar eine rasche erste Festsetzung ermöglichen, nicht aber die endgültige Entscheidung verzögern soll.[781]
3. Der Bescheid ist formell nicht zu beanstanden, weil die **Kennzeichnung** als Vorbehaltsbescheid ausreicht und nach § 164 Abs. 1 S. 1 AO **keine Begründungspflicht** besteht.

   Keiner Kennzeichnung bedürfen z. B. Vorauszahlungsbescheide, weil sie kraft Gesetzes unter VdN stehen (§§ 164 Abs. 1 S. 2, 168 AO).

4. Der Nachprüfungsvorbehalt ist schließlich nicht deshalb aufzuheben, weil nach § 367 Abs. 2 S. 1 AO im Einspruchsverfahren „die Sache in vollem Umfang erneut zu prüfen ist“. Daraus ergibt sich keine Pflicht zur abschließenden Prüfung einer Vorbehaltsfestsetzung im Einspruchsverfahren.[782] Anderenfalls könnte der Einspruchsführer durch Anfechtung des Vorbehaltsbescheids das FA zwingen, eine vorbehaltlose Festsetzung vorzunehmen, obwohl es hierzu nicht bereit war. Nach Verböserungshinweis (§ 367 Abs. 2 S. 2 AO) kann das FA in der Einspruchsentscheidung sogar den Nachprüfungsvorbehalt nachholen, wenn der angegriffene – vorbehaltlose – Bescheid ohne abschließende Prüfung ergangen war.[783]

Ergebnis:

Der Einspruch ist unbegründet.

186 **§ Fall 45: Erlöschen des Nachprüfungsvorbehalts**

Durch den unter Vorbehalt der Nachprüfung (VdN) ergangenen Steuerbescheid vom 10.10.02 wurde gegen den Stpfl. S die ESt 01 auf 97.000 € festgesetzt. Auf den fristgerecht eingelegten Einspruch des S setzte das FA durch den auf § 164 Abs. 2 AO gestützten Abhilfebescheid die Steuer wegen eines „Zahlendrehers“ im angefochtenen Bescheid um 18.000 € niedriger auf 79.000 € fest. Der Abhilfebescheid enthielt weder einen Vorbehaltsvermerk noch eine Aufhebung des Nachprüfungsvorbehalts. Im Jahr 04 fand bei S eine Außenprüfung statt, nach deren Ergebnis sich aus Rechtsgründen (keine neue Tatsache) eine Steuerschuld i. H. v. 89.000 € ergibt. Kann das FA den Steuerbescheid 01 erneut ändern?

777 BFH v. 04.08.1983 – IV R 79/83, BStBl. II 1984, 6; BFH v. 17.03.1987 – VIII R 7/84, BFH/NV 1987, 622.
778 BFH v. 04.08.1983, a. a. O.; Seer in T/K § 164 AO Rn. 14.
779 Vgl. BFH v. 10.06.1999 – IV R 69/98, BStBl. II 1999, 691.
780 Vgl. Koenig/Gercke § 164 Rn. 29; ähnlich Klein/Rüsken § 164 Rn. 13.
781 Seer in T/K § 164 AO Rn. 2 m. w. N.
782 BFH v. 12.06.1980 – IV R 23/79, BStBl. II 1980, 527.
783 Seer in T/K § 164 AO Rn. 56.

Nach § 164 Abs. 2 AO kann die Steuerfestsetzung jederzeit aufgehoben oder geändert werden, solange der Vorbehalt wirksam ist. Der Steuerfall bleibt also zugunsten wie zuungunsten der Stpfl. „offen" und begründet keinen Vertrauensschutz.[784] Ob der Vorbehalt noch wirksam ist, ergibt sich aus den Vorschriften des § 164 Abs. 3 und Abs. 4 AO:

I. Nach § 164 Abs. 4 S. 1 AO entfällt der Vorbehalt kraft Gesetzes mit Ablauf der allgemeinen Festsetzungsfrist. Die verlängerten Festsetzungsfristen für Steuerhinterziehung oder leichtfertige Steuerverkürzung (§ 169 Abs. 2 S. 2 AO) sowie einige Tatbestände der Ablaufhemmung finden keine Anwendung (§ 164 Abs. 4 S. 2 AO). Ein **Wegfall des Vorbehalts kraft Gesetzes** kommt nicht in Betracht, weil die Festsetzungsfrist (gemäß § 169 Abs. 2 Nr. 2 AO: vier Jahre) frühestens mit Ablauf des Jahres 06 endet (§§ 170 Abs. 2 Nr. 1, 171 AO).

II. Nach § 164 Abs. 3 AO erlischt der Nachprüfungsvorbehalt auch durch Aufhebung. Die **Aufhebung** erfolgt von Amts wegen oder auf Antrag. Nach einer Außenprüfung muss die Behörde den Vorbehalt aufheben, wenn die Außenprüfung „abschließend" war (§ 164 Abs. 3 S. 3 AO bzw. § 164 Abs. 2 S. 1 AO, je nachdem, ob es zur Änderung der Besteuerungsgrundlagen gekommen ist).[785] Soweit sich eine Prüfung nur auf Teilbereiche erstreckte (z. B. USt-Sonderprüfung des Vorsteuerabzugs), kann die Behörde den Vorbehalt fortbestehen lassen.[786] Hebt das FA den Vorbehalt nach einer Außenprüfung (pflichtwidrig) nicht auf, bleibt der Steuerbescheid nach Ansicht der Rspr. änderbar nach § 164 Abs. 2 AO.[787] Das soll selbst dann gelten, wenn das FA dem Stpfl. nach der Prüfung mitgeteilt hat, die Außenprüfung habe zu keiner Änderung der Besteuerungsgrundlagen geführt.[788]

1. Die Aufhebung kann durch besonderen **Aufhebungsbescheid** erfolgen, der nach § 164 Abs. 3 S. 2 letzt. Hs. AO schriftlich erteilt werden muss, keiner Begründung bedarf[789] und einer Steuerfestsetzung ohne Nachprüfungsvorbehalt „gleichsteht". Ein solcher Aufhebungsbescheid ergeht in der Praxis vor allem dann, wenn das FA den Steuerfall abschließend geprüft hat und sich dabei keine Änderungen ergeben haben. Das FA darf den Vorbehalt jedoch auch aufheben, wenn keine abschließende Prüfung erfolgt ist.[790] Der Aufhebungsbescheid hat zur Folge, dass die (vorangegangene) Steuerfestsetzung nur noch nach §§ 172 ff. AO geändert werden kann[791] und der Stpfl. gegen die nunmehrige Steuerfestsetzung ohne Vorbehalt unabhängig davon Einspruch einlegen kann, ob er den ursprünglichen Bescheid unter VdN bereits angefochten hat oder nicht.
2. Die Aufhebung kann auch mit einer abweichenden Steuerfestsetzung verbunden werden, insbesondere mit einem Änderungsbescheid nach § 164 Abs. 2 AO. In diesem Falle muss die Aufhebung **ausdrücklich** erfolgen.[792] Ändert das Finanzamt einen Vorbehaltsbescheid, ohne den Vorbehalt im Änderungsbescheid ausdrücklich aufzuheben, besteht der Vorbehalt weiter (AEAO zu § 164 Nr. 6 AO). Das gilt auch dann, wenn das Finanzamt nach einer Außenprüfung verpflichtet gewesen wäre, einen endgültigen Bescheid zu erlassen, § 164 Abs. 3 S. 3 AO analog.[793] Nur

---

784 Vgl. BFH v. 29.04.2008 – VIII R 75/05, BStBl. II 2008, 817.

785 Ebenso i. Erg. Seer in T/K § 164 AO Rn. 49: „Die (wörtliche) Beschränkung des § 164 Abs. 3 S. 3 auf eine Außenprüfung, die nicht zu Änderungen führt, macht keinen Sinn".

786 BFH v. 30.04.1987 – V R 29/79, BStBl. II 1987, 486.

787 BFH v. 16.10.1984 – VIII R 162/80, BStBl. II 1985, 448; BFH v. 25.03.2013 – I B 26/12, BFH/NV 2013, 1061; kritisch dazu Seer in T/K § 164 AO Rn. 51.

788 BFH v. 15.12.1994 – V R 135/93, BFH/NV 1995, 938.

789 BFH v. 10.06.1997 – I R 5/96, BStBl. II 1997, 5.

790 BFH v. 28.05.1998 – V R 100/96, BStBl. II 1998, 502.

791 BFH v. 01.08.1984 – V R 91/83, BStBl. II 1984, 788.

792 BFH v. 01.08.1984, a. a. O.; ebenso BFH v. 09.09.1988 – III R 191/84, BStBl. II 1989, 9; BFH v. 02.05.1990 – VIII R 20/86, BFH/NV 1991, 219.

793 BFH v. 14.09.1993 – VIII R 9/93, BStBl. II 1995, 2; zust. Klein/Rüsken § 164 Rn. 50 m. w. N.

wenn eine **Steueranmeldung**, die kraft Gesetzes einer Steuerfestsetzung unter VdN gleichsteht, durch einen Steuerbescheid ohne Nachprüfungsvorbehalt geändert wird, entfällt der Vorbehalt auch ohne ausdrücklichen Ausspruch in dem vorbehaltlosen Änderungsbescheid.[794]

Erfolgt die Aufhebung des Nachprüfungsvorbehalts in einem Änderungsbescheid bzw. durch eine Einspruchsentscheidung, handelt es sich nicht um einen selbstständigen Verwaltungsakt. Die Aufhebung des Nachprüfungsvorbehalts ist vielmehr als **Nebenbestimmung** Bestandteil des Steuerbescheids und kann daher nur durch Anfechtung des Steuerbescheids bzw. Erhebung der Anfechtungsklage gegen die Einspruchsentscheidung angegriffen werden.[795]

Bei Anwendung dieser Grundsätze ergibt sich für den Ausgangsfall Folgendes: In dem Änderungsbescheid nach § 164 Abs. 2 AO hatte das FA keine Aufhebung des Nachprüfungsvorbehalts verfügt. Eine stillschweigende Aufhebung ist nicht anzunehmen, weil ein Vorbehaltsbescheid und nicht etwa eine Steueranmeldung geändert worden war. Der Nachprüfungsvorbehalt ist daher wirksam geblieben und zwischenzeitlich auch nicht weggefallen.

Damit liegen die Voraussetzungen für eine Korrektur nach § 164 Abs. 2 AO vor. Grenzen für die Korrekturmöglichkeiten ergeben sich lediglich aus der Vertrauensschutzregelung des § 176 AO.[796]

Ergebnis:

Das FA kann den StB 01 unter Beachtung des § 176 AO nach § 164 Abs. 2 AO ändern.

187 **Prüfungsschema**

Erlöschen des Vorbehalts der Nachprüfung

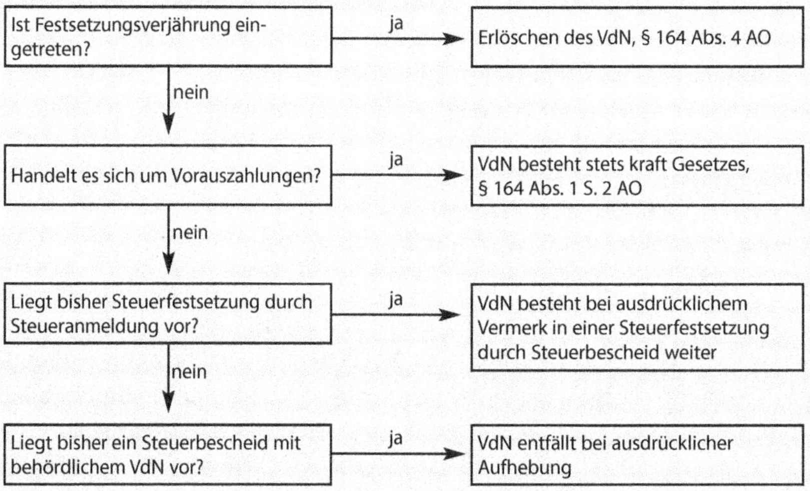

794 BFH v. 02.12.1992 – V R 19/99, BStBl. II 2000, 284.
795 BFH v. 06.07.1983 – I R 177/80, BStBl. II 1984, 84.
796 Koenig/Gercke § 164 Rn. 50.

IV. Vorläufige Steuerfestsetzung (§ 165 AO)

Fall 46: Verbleibende Ungewissheit nach einer Außenprüfung 188

Nach Abschluss der Außenprüfung bei dem Stpfl. S ist wegen eines beim Landgericht anhängigen Erbrechtsstreites noch ungewiss, ob S die Einkünfte aus einem zum Nachlass gehörenden Grundstück zuzurechnen sind. Darf das FA einen ESt-Änderungsbescheid nach § 164 Abs. 2 S. 1 AO mit einem erneuten Vorbehaltsvermerk nach § 164 Abs. 1 AO erlassen?

I. Nach Durchführung einer Außenprüfung ist der VdN aufzuheben, wenn sich keine Änderungen gegenüber der bisherigen Vorbehaltsfestsetzung ergeben (§ 164 Abs. 3 S. 3 AO). Der Wortlaut der Vorschrift ist zu eng. Auch wenn sich Änderungen ergeben, darf das Finanzamt den Änderungsbescheid nicht mehr mit einem Vorbehaltsvermerk versehen.[797]

II. Es bleibt die Möglichkeit, wegen „offener" Teilkomplexe die Steuer nach § 165 AO vorläufig festzusetzen.[798]

1. Nach § 165 Abs. 1 S. 1 AO ist eine vorläufige Festsetzung zulässig, soweit ungewiss ist, „ob die Voraussetzungen für die Entstehung einer Steuer eingetreten sind". Die Ungewissheit muss den **steuererheblichen Lebenssachverhalt** betreffen, rechtliche Zweifel bei der Würdigung des Sachverhalts genügen nicht.[799] Zum steuerlich erheblichen Lebenssachverhalt gehören auch sog. **Hilfstatsachen**, die für die Beurteilung eines subjektiven Tatbestandsmerkmals von Bedeutung sind. Deshalb kann z.B. wegen der Ungewissheit, ob ein Stpfl. mit Einkünfteerzielungsabsicht gehandelt hat und daher entstandene Verluste als negative Einkünfte im Sinne einer der Einkunftsarten des § 2 Abs. 1 EStG erfasst werden müssen, hinsichtlich der Berücksichtigung der Verluste eine vorläufige Festsetzung nach § 165 Abs. 1 S. 1 AO erfolgen.[800]

   Aufgrund der Sonderregeln des § 165 Abs. 1 S. 2 Nr. 1 bis 4 AO ist eine vorläufige Steuerfestsetzung auch in folgenden Fällen möglich:

   - Ungewissheit über das Zustandekommen eines Doppelbesteuerungsabkommens mit begünstigender Wirkung für den Stpfl. (Nr. 1),
   - ausstehende gesetzliche Neuregelung aufgrund einer Unvereinbarkeitsentscheidung des BVerfG (Nr. 2),
   - Bedarf nach einer gesetzlichen Neuregelung aufgrund einer Entscheidung des EUGH (Nr. 2 a),
   - beim EUGH, bei dem BVerfG oder einem obersten Bundesgericht anhängiges Verfahren zur Vereinbarkeit eines Steuergesetzes mit höherrangigem Recht (Nr. 3),
   - anhängiges Verfahren beim BFH zur Auslegung des relevanten Steuergesetzes (Nr. 4).

   § 165 Abs. 1 S. 2 Nr. 4 AO ist durch das SteuerbürokratieabbauG vom 20.12.2008[801] in das Gesetz eingefügt worden. Damit hat die Finanzverwaltung auch in Fällen, in denen wegen einer einfachgesetzlichen Streitfrage ein Verfahren beim BFH anhängig ist, die Möglichkeit, durch das Mittel des Vorläufigkeitsvermerks Massen-Rechtsbehelfsverfahren zu vermeiden.

   Weil die Möglichkeit der vorläufigen Steuerfestsetzung das FA nicht von der in § 88 AO begründeten Ermittlungspflicht entbindet, kommt § 165 AO im Gegensatz zu § 164 AO nur zur Anwendung, wenn **trotz angemessener Aufklärungsbemühungen des FA** eine Unsicherheit in tatsächlicher Hinsicht verbleibt, die

797 Seer in T/K § 164 AO Rn. 49; Heuermann in H/H/Sp § 164 AO Rn. 94 f.
798 BFH v. 23.01.2006 – IV B 80/04, BFH/NV 2006, 1242.
799 BFH v. 08.07.1998 – I B 111/97, BStBl. II 1998, 702.
800 BFH v. 04.09.2008 – IV R 1/07, BStBl. II 2009, 335.
801 BGBl. I 2008, 2850.

entweder zurzeit nicht beseitigt werden kann oder nur unter unverhältnismäßig großen Schwierigkeiten beseitigt werden könnte.[802]
Im konkreten Fall besteht Ungewissheit über die Zuordnung eines Nachlasses. Die durch den Erbrechtsstreit ausgelöste Ungewissheit über den Lebenssachverhalt ist **vorübergehend**, weil mit einer Klärung durch die Zivilgerichte zu rechnen ist. Die Voraussetzungen für eine vorläufige Steuerfestsetzung liegen somit vor.

2. Die Vorläufigkeit i.S.d. § 165 AO betrifft immer nur **einzelne Punkte** des Steuerbescheids. Dementsprechend sind Umfang und Grund der Vorläufigkeit in dem als „vorläufig nach § 165 Abs. 1 S. 1 AO" (ggf. § 165 Abs. 1 S. 2 AO) gekennzeichneten Bescheid anzugeben (§ 165 Abs. 1 S. 3 AO). Die betragsmäßige Auswirkung der Vorläufigkeit muss nicht angegeben werden.[803] Ggf. ist der Umfang der Vorläufigkeit durch Auslegung zu ermitteln.[804] Führt die Auslegung zu keinem eindeutigen Ergebnis, ist der Vorläufigkeitsvermerk (nicht der gesamte Steuerbescheid!) nichtig.[805]

Ergebnis:

Das FA kann die ESt hinsichtlich der Einkünfte aus dem Nachlassgrundstück nach § 165 AO vorläufig festsetzen.

189 Die vorläufige Steuerfestsetzung **kann** von dem FA jederzeit aufgehoben oder geändert werden (§ 165 Abs. 2 S. 1 AO). Dafür ist nicht Voraussetzung, dass die tatsächliche Ungewissheit beseitigt ist.[806] Nach Beseitigung der Ungewissheit muss das FA die entsprechenden Folgerungen ziehen, d.h. den vorläufigen Bescheid aufheben, ändern oder für endgültig erklären (§ 165 Abs. 2 S. 2 AO). Eine vorläufige Steuerfestsetzung kann grundsätzlich nicht im Hinblick auf eine veränderte **steuerliche Beurteilung** geändert werden. Dies gilt selbst dann, wenn die Finanzbehörde einen entsprechenden Vorbehalt aufgenommen hat und dieser Vorbehalt wirksam sein sollte.[807] Ist ein im Hinblick auf eine Besteuerungsgrundlage teilweise vorläufig ergangener Steuerbescheid bestandskräftig geworden, so können spätere Änderungen nach § 165 Abs. 2 S. 1 AO nur aus Gründen erfolgen, die mit **dieser Besteuerungsgrundlage** zusammenhängen.[808] Im Rahmen der Änderungsmöglichkeit nach § 165 Abs. 2 S. 1 AO sind materielle Fehler, die bei der ursprünglichen Steuerfestsetzung unterlaufen sind, nach § 177 Abs. 1 und Abs. 2 AO mit zu berücksichtigen.[809]

Für die Änderung wird dem Finanzamt durch die Ablaufhemmung des § 171 Abs. 8 AO auch dann noch eine Frist von einem Jahr eingeräumt, wenn die Festsetzungsfrist sonst abgelaufen wäre. Diese Frist beträgt für die Fälle des § 165 Abs. 1 S. 2 AO zwei Jahre (§ 171 Abs. 8 S. 2 AO).

Ein ursprünglich angeordneter Vorläufigkeitsvermerk bleibt selbst dann wirksam, wenn er in einem nachfolgenden Änderungsbescheid nicht ausdrücklich wiederholt wird, sofern sich die Änderung auf den nicht für vorläufig erklärten Teil bezieht.[810] Der ursprünglich angeordnete Vorläufigkeitsvermerk entfällt, wenn das FA in einen Änderungsbescheid einen geänderten Vorläufigkeitsvermerk aufnimmt, der an die Stelle des dem Erst-

---

802 BFH v. 26.09.1990 – II R 99/88, BStBl. II 1990, 1043.
803 BFH v. 30.09.2010 – III R 39/08, BStBl. II 2011, 11.
804 BFH v. 27.11.996 – X R 20/95, BStBl. II 1997, 791.
805 BFH v. 12.07.2007 – X R 22/05, BStBl. II 2008, 2.
806 BFH v. 22.12.1987 – IV B 174/86, BStBl. II 1988, 234.
807 BFH v. 08.07.1998 – I B 111/97, BStBl. II 1998, 702.
808 BFH v. 06.03.1991 – III R 47/91, BStBl. II 1992, 588.
809 BFH v. 02.03.2000 – VI R 48/97, BStBl. II 2000, 332; zur Fehlerkompensation vgl. unten Rn. 290ff.
810 BFH v. 09.09.1988 – III R 191/84, BStBl. II 1989, 9; BFH v. 24.04.1990 – IX R 58/85, BFH/NV 1991, 139.

bescheid beigefügten Vorläufigkeitsvermerks tritt. Denn in diesem Fall bestimmt das FA den Umfang der Vorläufigkeit neu.[811]

Ebenso wie bei einem Vorbehaltsbescheid darf sich ein Einspruch oder eine Klage nicht allein gegen einen Vorläufigkeitsvermerk richten.[812] Dem Kläger (oder Einspruchsführer) ist es aber unbenommen, den Steuerbescheid insgesamt anzugreifen und sein Klagebegehren (Einspruchsbegehren) auf die Beseitigung der Nebenbestimmung zu beschränken.[813] Ist ein vorläufiger Bescheid unanfechtbar geworden, können Einwendungen gegen die Rechtmäßigkeit der Vorläufigkeit nicht mehr im Verfahren gegen den an seine Stelle getretenen endgültigen Bescheid nachgeholt werden.[814]

Besonderheiten gelten für **Ungewissheiten i.S.d. § 165 Abs. 1 S. 2 Nr. 3 und 4 AO**. Das Finanzamt kann insbesondere in Fällen, in denen wegen der Frage der Vereinbarkeit eines Steuergesetzes mit der Verfassung ein Verfahren vor dem BVerfG schwebt oder beim BFH ein Verfahren wegen einer einfachgesetzlichen Streitfrage anhängig ist, die Steuerfestsetzungen insoweit vorläufig vornehmen. Damit werden Einsprüche entbehrlich, die Stpfl. anderenfalls einlegen würden, um ihre Fälle „offenzuhalten". Das BMF-Schreiben „betr. vorläufige Steuerfestsetzung im Hinblick auf anhängige Musterverfahren ..." vom 16.05.2011 (BStBl. I 2011, 464) enthält in der jährlich aktualisierten Anlage eine „Vorläufigkeitsliste" mit Anweisungen an die FÄ, in welchen Fällen wegen schwebender „Musterverfahren" die Steuerfestsetzungen mit einem Vorläufigkeitsvermerk versehen werden sollen. Kommt es in den Fällen des § 165 Abs. 1 S. 2 AO nach Klärung der Rechtsfrage zu keiner Änderung der Steuer, wird die Festsetzung nur auf Antrag für endgültig erklärt (§ 165 Abs. 2 S. 4 AO).

V. Steueranmeldung (§§ 167, 168 AO)

Die Steueranmeldung ist eine Steuererklärung, in der der Stpfl. die Steuer selbst zu berechnen hat (§ 150 Abs. 1 S. 3 AO). Die Steueranmeldung ist ein wirksames Mittel zur Beschleunigung und Vereinfachung der Steuererhebung, weil sie wie eine Steuerfestsetzung unter VdN wirkt (§ 168 S. 1 AO) und eine Festsetzung durch das FA nur dann erforderlich ist, wenn 190

- der Stpfl. seiner Pflicht zur Steueranmeldung nicht nachkommt oder
- das FA die Steuer von der Anmeldung abweichend festsetzen will (§ 167 Abs. 1 S. 1 AO).

Nach § 167 Abs. 1 S. 3 AO steht ein nach Abschluss einer Außenprüfung i.S.d. § 193 Abs. 2 Nr. 1 AO schriftlich abgegebenes **Zahlungsanerkenntnis** des Entrichtungspflichtigen einer Steueranmeldung gleich.

§ Fall 47: Steueranmeldung mit „Rotbetrag" 191

Der Stpfl. S will am 01.04.01 einen Copyshop eröffnen. In seiner am 10.02.01 beim FA eingereichten USt-Voranmeldung für Januar 01 hat er einen Betrag von 6.000 € als Vorsteuer geltend gemacht, der ihm bei einer im Januar erfolgten Lieferung von Kopiergeräten als USt in Rechnung gestellt worden war. Da S bis zum 20.03.01 weder das Geld noch einen Bescheid des FA erhalten hat, möchte er wissen, auf welchem Wege und mit welchen Erfolgsaussichten er Rechtsschutz erlangen kann.

I. Die USt-Voranmeldung ist eine **Steueranmeldung** i.S.d. § 150 Abs. 1 S. 3 AO, weil der Unternehmer in der Erklärung die Steuer selbst zu berechnen hat (§ 18 Abs. 1 UStG). Die Steueranmeldung hat mit dem Eingang beim FA die Wirkung einer Steuerfestsetzung unter VdN, sofern sie nicht zu einer Herabsetzung der bisher zu entrichtenden Steuer oder zu einer Steuervergütung führt (§ 168 AO). In

811 BFH v. 19.10.1999 – IX R 23/98, BStBl. II 2000, 282.
812 BFH v. 06.05.2020 – X R 16/18, DStR 2020, 1905.
813 BFH v. 25.10.1989 – X R 109/87, BStBl. II 1990, 278.
814 BFH v. 30.06.1994 – V R 106/91, BFH/NV 1995, 466; BFH v. 15.12.1994 – V R 135/93, BFH/NV 1995, 938.

den letzteren Fällen tritt die Wirkung erst mit der – formlosen – Zustimmung des FA ein (§ 168 S. 2 und 3 AO). Dadurch wird vermieden, dass der Stpfl. durch einfache Erklärung gegenüber dem Staat diesen zu einer Geldzahlung verpflichten könnte.[815] Die Zustimmung ist Verwaltungsakt. Als solcher wird sie mit der Bekanntgabe wirksam.[816]

II. Die Steueranmeldung des S führt zu einer Steuervergütung. Ohne **Zustimmung** des FA hat S daher keinen im Erhebungsverfahren (§§ 218 ff. AO) durchsetzbaren Anspruch gegen das FA. Das FA muss andererseits, wenn es nicht zustimmen will, den Antrag des S durch Ablehnung der Festsetzung (§ 155 Abs. 1 S. 3 AO) oder durch eine abweichende Steuerfestsetzung (§ 167 Abs. 1 S. 1 AO) bescheiden.

III. Da das FA bisher weder der Steueranmeldung zugestimmt, noch durch Steuerbescheid eine abweichende Regelung getroffen hat, liegt kein anfechtbarer Verwaltungsakt vor. Es kommt deshalb als Rechtsbehelf nur der **Untätigkeitseinspruch** nach § 347 Abs. 1 S. 2 AO in Betracht. Dieser ist zulässig, wenn das FA einen Antrag auf Erlass eines Verwaltungsakts ohne Mitteilung eines zureichenden Grundes binnen angemessener Frist sachlich nicht beschieden hat. Welche Frist angemessen ist, hängt von den konkreten Umständen des Einzelfalls ab. Da S bisher keine Umsätze getätigt hat und Vorsteuern aus einer Unternehmensgründung geltend machen will, besteht aus der Sicht des Finanzamts ein erhöhter Prüfungsbedarf, der einen Aufschub der Entscheidung um u. E. zwei bis drei Monate rechtfertigt.[817]

IV. S könnte das Verfahren beschleunigen, indem er dem Finanzamt eine **Sicherheitsleistung** anbietet. Denn nach § 18 f UStG hat das FA die Möglichkeit, die Zustimmung zu einer Steueranmeldung „mit Rotbetrag" von einer Sicherheitsleistung abhängig zu machen. Erklärt sich der Stpfl. zur Sicherheitsleistung bereit, besteht für das FA kein Grund mehr, die Zustimmung zu der Steueranmeldung bis zur abschließenden Prüfung zu versagen.

V. Der Stpfl. wird mit seinem Antrag auch in der Sache Erfolg haben. Er ist bereits in der Gründungsphase seines Unternehmens Unternehmer i. S. d. § 2 UStG und damit zum Vorsteuerabzug nach § 15 UStG berechtigt, sofern die weiteren Tatbestandsvoraussetzungen dieser Vorschrift vorliegen.[818]

Ergebnis:

S kann am 20.03.01 noch nicht mit Aussicht auf Erfolg Untätigkeitsbeschwerde nach § 347 Abs. 1 S. 2 AO einlegen. Er kann dem FA jedoch eine Sicherheitsleistung anbieten und damit die Voraussetzungen dafür schaffen, dass das FA ohne abschließende Prüfung der Auszahlung des Guthabens nach § 18 f UStG zustimmt.

VI. Festsetzungsverjährung (§§ 169–171 AO)

192 **Fall 48: Fehleraufdeckung durch eine Geschäftsprüfung**

Der Stpfl. S hat im Jahre 03 seine ESt-Erklärung für 01 abgegeben. Das FA setzt die Steuer am 20.09.07 (Aufgabe zur Post) auf 56.000 € fest. Bei einer Geschäftsprüfung im November 08 wird festgestellt, dass dem Bearbeiter des FA bei Übernahme der erklärten Einkünfte ein Übertragungsfehler unterlaufen ist und die Steuer auf 78.000 € hätte festgesetzt werden müssen. Ist eine Korrektur des fehlerhaften Bescheids möglich?

815 Vgl. Koenig/Gercke § 168 Rn. 14.
816 BFH v. 28.02.1996 – XI R 42/94, BStBl. II 1996, 660; Cöster a. a. O. Rn. 18.
817 Dazu zutr. Seer in T/K § 347 AO Rn. 27: sechs Monate jedenfalls regelmäßig zu lang.
818 Vgl. EuGH v. 29.02.1996 – C-110/94, BStBl. II 1996, 655.

Nach § 129 AO kann das FA offenbare Unrichtigkeiten, die beim Erlass des Verwaltungsakts unterlaufen sind, „jederzeit" berichtigen. Bei Steuerbescheiden ist jedoch die Festsetzungsfrist zu beachten, weil nach § 169 Abs. 1 S. 1 und 2 AO eine Steuerfestsetzung sowie ihre Aufhebung oder Änderung bzw. Korrektur nach § 129 AO nicht mehr zulässig sind, wenn die Festsetzungsfrist abgelaufen ist. Für die Fristwahrung ist ausreichend, dass der Bescheid vor Ablauf der Festsetzungsfrist den Bereich der örtlich und sachlich zuständigen Behörde – mit deren Wissen und Wollen – verlassen hat und dem Empfänger nach Ablauf der Frist auch tatsächlich zugeht[819] (AEAO zu § 169 Nr. 1).

Der **verfahrensrechtlichen** Wirkung der Festsetzungsverjährung nach § 169 Abs. 1 AO entspricht die **materiell-rechtliche Wirkung** des § 47 AO: Der nicht rechtzeitig festgesetzte Steueranspruch ist erloschen.

I. Die **Festsetzungsfrist** (FF) beträgt (§ 169 Abs. 2 AO):

■ bei Einfuhr- und Ausfuhrabgaben i. S. d. Art. 5 Nr. 20 und 21 des Zollkodex der Union (UZK), Verbrauchsteuern[820] und Verbrauchsteuervergütungen	ein Jahr
■ für alle übrigen Steuern und Steuervergütungen	vier Jahre
■ in allen Fällen der Steuerhinterziehung	zehn Jahre
■ in allen Fällen leichtfertiger Steuerverkürzung	fünf Jahre

Die verlängerten Festsetzungsfristen bei Steuerhinterziehung und leichtfertiger Steuerverkürzung gelten nur, „soweit" diese Tatbestände vorliegen. Für die nicht betroffenen Teile des Steueranspruchs kommt es mit Ablauf der regulären FF zur sog. Teilverjährung.[821]

II. **Fristbeginn** ist grundsätzlich der Ablauf des Kalenderjahres, in dem der Anspruch entstanden ist (§§ 170 Abs. 1, 38 AO). Das wäre bei der ESt der Ablauf des Veranlagungszeitraums (§ 36 Abs. 1 EStG). Die Tatbestände der sog. **Anlaufhemmung** führen jedoch dazu, dass in den meisten Fällen der Fristbeginn hinausgeschoben wird. Von Bedeutung sind vor allem Fälle der Erklärungspflicht (§ 170 Abs. 2 Nr. 1 AO):[822] Wenn eine Steuererklärung einzureichen ist, beginnt die FF mit Ablauf des Kalenderjahres, in dem die Steuererklärung eingereicht wird, spätestens jedoch mit Ablauf des dritten Kalenderjahres, das auf das Jahr der Entstehung des Anspruchs folgt. S war nach § 25 Abs. 3 EStG verpflichtet, eine Steuererklärung abzugeben. Die FF begann somit nach Abgabe der Erklärung in 03 mit Ablauf dieses Jahres.

III. Die FF **endet** mit Ablauf des Jahres 07, sofern nicht ein Tatbestand der sog. **Ablaufhemmung** nach § 171 AO vorliegt. Aus dem Katalog des – abschreckend perfektionistisch gestalteten – § 171 AO kommt im konkreten Fall Abs. 2 in Betracht. Danach endet die FF für Korrekturen nach § 129 AO nicht vor Ablauf eines Jahres nach Bekanntgabe des Steuerbescheids. Die FF endete also insoweit nicht am 31.12.07, sondern – ein Jahr nach Bekanntgabe (§ 122 Abs. 2 AO) des am 20.09.07 zur Post aufgegebenen Bescheids – am 23.09.08.

Ergebnis:

Im November 08 kann der ESt-Bescheid wegen Eintritts der Festsetzungsverjährung nicht mehr berichtigt werden.

---

819 BFH v. 25.11.2002, GrS 2/01, BStBl. II 2003, 548; die Übersendung per Fax reicht dabei aus, BFH v. 28.01.2014 – VIII R 28/13, BStBl. II 2014, 552; vgl. oben Rn. 179 ff.

820 Die USt ist keine Verbrauchsteuer i. S. der AO, vgl. oben. Rn. 13.

821 Allg. Meinung, vgl. BFH v. 20.11.2012 – IX R 30/12, BStBl. II 2013, 995.

822 Dazu BFH v. 14.04.2011 – VI R 53/10, BStBl. II 2011, 746: Keine Anwendung der Vorschrift auf Veranlagungen, die – ohne Erklärungspflicht – nur auf Antrag erfolgen.

193 **Weitere Einzelheiten zur Ablaufhemmung nach § 171 AO:** Die neben § 171 Abs. 2 AO wichtigsten Tatbestände der Ablaufhemmung sind in § 171 Abs. 3–5 und Abs. 10 AO geregelt:

- Nach § 171 Abs. 3 AO ist der Ablauf der FF gehemmt, soweit über einen **Antrag auf Änderung oder Aufhebung der Steuerfestsetzung nicht unanfechtbar entschieden ist**. Der Umfang der Ablaufhemmung richtet sich nach dem gestellten Antrag, ggf. tritt also eine „Teilverjährung“ ein.[823] Anträge und abzugebende Steuererklärungen müssen vor Fristablauf beim örtlich zuständigen Finanzamt eingehen.[824] Ist die Festsetzungsfrist vor Stellung des Antrags abgelaufen, kann dem Stpfl. keine Wiedereinsetzung (§ 110 AO) gewährt werden.[825] Selbstanzeigen und Berichtigungserklärungen sind keine Anträge i. S. d. § 171 Abs. 3 AO, sondern unterliegen der Sonderregelung des § 171 Abs. 9 AO.[826] Auch die Abgabe einer gesetzlich vorgeschriebenen Steuererklärung ist kein Antrag, der zur Ablaufhemmung führt.[827]
- Der durch das StBereinG 1999[828] eingefügte § 171 Abs. 3 a AO betrifft die Ablaufhemmung bei **Einlegung von Rechtsbehelfen** (Einspruch, Klage). Die Festsetzungsfrist läuft hinsichtlich des gesamten Anspruchs nicht ab, bevor über den zulässigen Rechtsbehelf unanfechtbar entschieden ist. Der Gesetzgeber hat damit der früheren abweichenden Rspr. des BFH[829] den Boden entzogen.
- Durch § 171 Abs. 4 und Abs. 5 AO wird sichergestellt, dass Ergebnisse von **Außenprüfungen** und **Fahndungsprüfungen** ausgewertet werden können, wenn vor Ablauf der regulären FF tatsächlich mit diesen Prüfungen begonnen wurde.[830] Der Umfang der Ablaufhemmung ist unterschiedlich:
  - Bei Außenprüfungen (§ 171 Abs. 4 AO) erstreckt sich die Ablaufhemmung auf die gesamte geprüfte Steuer und nicht nur auf die geprüften Sachverhalte.[831]
  - Bei Fahndungsprüfungen (§ 171 Abs. 5 AO) beschränkt sich die Wirkung der Ablaufhemmung darauf, dass die (rechtzeitig begonnenen) Ermittlungen in ihren Ergebnissen steuerlich umgesetzt werden können.[832]

§ 171 Abs. 6 AO ergänzt § 171 Abs. 4 AO, indem die Ablaufhemmung durch **Ermittlungsmaßnahmen** (i. S. d. § 92 AO) bei Stpfl. eintritt, die zwar der Außenprüfung unterliegen, bei denen aber eine Außenprüfung „im Geltungsbereich der AO“ nicht durchgeführt werden kann.

Bei **Steuerstraftaten oder Steuerordnungswidrigkeiten** bewirkt die Ablaufhemmung nach § 171 Abs. 7 AO, dass die verkürzten Steuern noch bis zum Eintritt der Verfolgungsverjährung festgesetzt werden können.

Die Ablaufhemmung nach § 171 Abs. 8 AO ist mit der Regelung des § 165 AO verknüpft: Die Festsetzungsfrist endet nicht vor Ablauf eines Jahres, nachdem die **Ungewissheit beseitigt** ist und die Finanzbehörde davon Kenntnis erlangt hat. In den Fällen des § 165 Abs. 1 S. 2 AO, die häufig Massenverfahren betreffen, beträgt die Frist zwei Jahre.

---

823 Vgl. Koenig/Gercke § 171 Rn. 37 m. w. N.

824 BFH v. 13.02.2020 – VI R 37/17, BStBl. II 2021, 856.

825 BFH v. 24.01.2008 – VII R 3/07, BStBl. II 2008, 462.

826 BFH v. 08.07.2009 – VIII R 5/07, BStBl. II 2010, 583.

827 BFH v. 22.01.2013 – IX R 1/12, BStBl. II 2013, 663.

828 V. 22.12.1999, BGBl. I, 2601.

829 BFH v. 27.03.1996 – I R 182/94, BStBl. II 1997, 449; BFH v. 30.07.1997 – II R 9/95, BStBl. II 1997, 635.

830 BFH v. 17.06.1998 – IX R 65/95, BStBl. II 1999, 4.

831 Die Ablaufhemmung beginnt erst mit tatsächlichen Prüfungshandlungen und wirkt für alle in der Prüfungsanordnung erfassten Besteuerungszeiträume (BFH v. 26.04.2017 – I R 76/15, BStBl. II 2017, 1160).

832 BFH v. 14.04.1999 – XI R 30/96, BStBl. II 1999, 478.

Nacherklärungen (§ 153 AO) und Selbstanzeigen (§§ 371, 378 Abs. 3 AO) lösen eine Ablaufhemmung von einem Jahr aus (§ 170 Abs. 9 AO).

- § 171 Abs. 10 AO hemmt den Ablauf der FF eines **Folgebescheids** für die Dauer von zwei Jahren nach Bekanntgabe eines Grundlagenbescheids. Damit wird gewährleistet, dass Grundlagenbescheide ohne Rücksicht auf den Ablauf der (regulären) FF des Folgebescheids ihre Bindungswirkung (§ 182 AO) entfalten können.[833]
- Besonderheiten gelten für Grundlagenbescheide „ressortfremder" Behörden. Sie bewirken nur dann die Ablaufhemmung nach § 171 Abs. 10 AO, wenn sie vor Ablauf der FF für die betroffene Steuer ergangen sind.

Weitere Ablaufhemmungstatbestände ergeben sich aus § 171 Abs. 11–13 AO.

I. Feststellungsbescheide (§§ 179 ff. AO)

I. Allgemeines

Die Besteuerungsgrundlagen (vgl. die Klammerdefinition in § 199 Abs. 1 AO) werden grundsätzlich im Steuerfestsetzungsverfahren ermittelt und bilden dann einen nicht selbstständig anfechtbaren Teil des Steuerbescheids (§ 157 Abs. 2 AO). In einer Reihe von Fällen ordnen die Steuergesetze jedoch an, dass Besteuerungsgrundlagen durch einen besonderen Verwaltungsakt, den sog. Feststellungsbescheid, gesondert festgestellt werden (§ 179 Abs. 1 AO). Richtet sich der Feststellungsbescheid gegen mehrere Personen (§ 179 Abs. 2 S. 2 AO), spricht man von „gesonderter und einheitlicher Feststellung". 194

Eine gesonderte Feststellung findet nur statt, wenn und soweit dies gesetzlich vorgeschrieben ist. Es gilt der Grundsatz der Feststellungsklarheit.

Der Feststellungsbescheid ist bindend für **Folgebescheide**, d. h. für Bescheide, für die die getroffenen Feststellungen von Bedeutung sind (§ 182 Abs. 1 AO). Wegen dieser Bindungswirkung bezeichnet die AO den Feststellungsbescheid als **Grundlagenbescheid** (Klammerdefinition in § 171 Abs. 10 AO).

Der Folgebescheid kann wiederum Grundlagenbescheid für einen weiteren Folgebescheid sein („mehrstufige" Bindungswirkung).

II. Gegenstände der gesonderten Feststellung

1. Feststellung von Einheitswerten (§ 180 Abs. 1 Nr. 1 AO)

Einheitswerte sind Werte wirtschaftlicher Einheiten (z. B. Betriebe, Grundstücke), für die das Bewertungsgesetz eine gesonderte Feststellung vorschreibt. Nach Wegfall der VSt sind die Einheitswerte im Wesentlichen nur noch für die GrSt von Bedeutung.[834] Für Zwecke der ErbSt und der GrESt werden nach §§ 138 f. BewG sog. Grundbesitzwerte gesondert festgestellt. 195

Nach § 19 Abs. 3 BewG sind in dem Einheitswertbescheid auch Feststellungen über die Art der wirtschaftlichen Einheit (z. B. Bewertung eines Grundstücks als Einfamilienhaus, Zweifamilienhaus, Geschäftsgrundstück etc.) und die **Zurechnung** an den bzw. die Beteiligten zu treffen. Bei

833 BFH v. 21.02.2013 – V R 27/11, BStBl. II 2013, 529.

834 Die Ablaufhemmung beginnt erst mit tatsächlichen Prüfungshandlungen und wirkt für alle in der Prüfungsanordnung erfassten Besteuerungszeiträume (BFH v. 26.04.2017 – I R 76/15, BStBl. II 2017, 1160 f.).

diesen Feststellungen (Wert, Art, Zurechnung) handelt es sich jeweils um eigenständige und damit gesondert anfechtbare Verwaltungsakte.[835]

Einheitswertbescheide wirken nach § 182 Abs. 2 AO auch gegenüber dem Rechtsnachfolger, sie haben also eine sog. **dingliche Wirkung**.

2. Feststellung der Einkünfte von Personenmehrheiten (§ 180 Abs. 1 Nr. 2 Buchst. a) AO)

196 **Fall 49: Gesonderte und einheitliche Feststellung bei einer Unterbeteiligung**

A ist Gesellschafter der A u. B-OHG. Er hat seinen Söhnen S1 und S2 eine Unterbeteiligung an seinem Gesellschaftsanteil in der Weise eingeräumt, dass sie schuldrechtlich wie Kommanditisten einer KG berechtigt sein sollen. A möchte die Unterbeteiligung gegenüber B geheim halten, weil B sich nicht mit der Aufnahme der Söhne als Kommanditisten einverstanden erklärt hatte. Wie sind die Gewinnanteile der Beteiligten festzustellen?

I. Nach § 180 Abs. 1 Nr. 2 Buchst. a) AO sind einkommen- und körperschaftsteuerpflichtige Einkünfte gesondert und einheitlich festzustellen, wenn an den Einkünften mehrere Personen beteiligt sind und die Einkünfte diesen Personen steuerlich zuzurechnen sind. Eine gesonderte und einheitliche Feststellung ist nach dieser Vorschrift schon dann erforderlich, wenn zweifelhaft ist, ob einkommensteuerpflichtige Einkünfte vorliegen, an denen mehrere Personen beteiligt sind bzw. ob sie mehreren Personen zuzurechnen sind.[836]

1. Die **Personenmehrheit** kann aus natürlichen Personen (z.B. Ehegatten als Gesellschafter einer OHG, freiberufliche Partner als Gesellschafter einer Partnerschaftsgesellschaft), juristischen Personen (z.B. Arbeitsgemeinschaft zweier Aktiengesellschaften zur Durchführung einer Baumaßnahme) oder einer Kombination von beiden bestehen (z.B. GmbH & Co. KG mit natürlichen Personen als Kommanditisten).
2. Gegenstand der Beteiligung müssen **einkommen- oder körperschaftsteuerpflichtige Einkünfte** sein. Die Einkünfte können bei einem Beteiligten körperschaftsteuerpflichtig, bei dem anderen einkommensteuerpflichtig sein (so im Regelfall bei der GmbH & Co. KG). Welcher der Einkunftsarten des § 2 EStG die Einkünfte zuzuordnen sind, ist grundsätzlich ohne Belang.[837]
3. **Beteiligt** an den Einkünften sind mehrere, wenn sie gemeinsam den Tatbestand der Einkünfteerzielung erfüllen.[838] Eine gemeinsame Einkunftsquelle haben insbesondere die Gesellschafter einer Personengesellschaft, die unter Einsatz von Arbeit bzw. Kapital gemeinsam einen wirtschaftlichen Zweck verfolgen. Aber auch Gemeinschaften (§§ 741 ff. BGB), bei denen das Zweckmoment fehlt, haben eine gemeinsame Einkunftsquelle.[839] Obwohl nach der Rspr. bei einer Mitunternehmerschaft in der Rechtsform der atypischen stillen Gesellschaft der Inhaber des Handelsgeschäfts an die Stelle der Gesellschaft tritt, sind auch deren Einkünfte gesondert und einheitlich festzustellen.[840]

An einer gemeinsamen Einkunftsquelle fehlt es z.B. bei der Prostituierten und ihrem Zuhälter. Während die Prostituierte ihre Einkünfte unmittelbar aus Prostitution erzielt, bezieht der Zuhälter seine Einkünfte aus der Ausbeutung der Prostituierten und damit nur mittelbar aus Prostitution.[841]

835 BFH v. 10.05.1989 – II R 196/85, BStBl. II 1989, 822.
836 BFH v. 17.05.1995 – X R 64/92, BStBl. II 1995, 640 m.w.N.
837 Brandis in T/K § 180 AO Rn. 16.
838 BFH v. 11.07.1985 – IV R 61/83, BStBl. II 1985, 577.
839 Brandis in T/K § 180 AO Rn. 15.
840 Vgl. BFH v. 22.11.2011 – IV R 8/09, BStBl. II 2012, 183; Brandis a.a.O. Rn. 23 m.w.N.
841 FG Nürnberg v. 21.07.1982 – V 396/80, EFG 1983, 129.

Umstritten ist, ob die aus der gemeinsamen Einkunftsquelle stammenden Einkünfte bei den Beteiligten **jeweils der gleichen Einkunftsart** angehören müssen:

- Die früher h.M. bejahte dieses Erfordernis unter Hinweis auf allgemeine Grundsätze des Einkommensteuerrechts.[842]
- Dieser Auffassung wird jedoch zu Recht entgegengehalten, dass sie im Wortlaut des § 180 Abs. 1 Nr. 2 Buchst. a) AO keine Stütze findet. Sie lässt sich auch nicht mit dem Zweck der gesetzlichen Regelung begründen, weil es auch bei unterschiedlicher einkommensteuerlicher Qualifizierung der Einkünfte sinnvoll ist, die Besteuerungsgrundlagen einheitlich festzustellen.[843]

Beispiel

Eine natürliche Person und eine GmbH sind Gesellschafter einer BGB-Gesellschaft, die ein ihr gehörendes Mietwohngrundstück vermietet. Obwohl die natürliche Person Einkünfte aus Vermietung und Verpachtung (§ 21 EStG) und die GmbH Einkünfte aus Gewerbebetrieb (§ 8 Abs. 2 KStG) bezieht, ist eine einheitliche und gesonderte Feststellung durchzuführen. In der Rspr. war umstritten, in welchem Verfahren in solchen Fällen die teilweise „Umqualifizierung" der Mieteinkünfte der BGB-Gesellschaft in gewerbliche Einkünfte der beteiligten GmbH vorzunehmen ist. Nach der Entscheidung des GrS des BFH vom 11.04.2005[844] zu sog. **Zebra-Gesellschaften** erfolgt die Umqualifizierung (und die entsprechende Einkünfteberechnung) auf der Ebene des Gesellschafters durch das für dessen Besteuerung zuständige Finanzamt.[845]

4. Die Einkünfte müssen den Beteiligten auch **„steuerlich zuzurechnen"** sein. Durch diese Formulierung wird klargestellt, dass für eine Kapitalgesellschaft keine einheitliche Feststellung in Betracht kommt. Denn die Gesellschafter sind zwar an der Kapitalgesellschaft beteiligt, die Einkünfte der Gesellschaft werden jedoch nicht den Gesellschaftern, sondern der Kapitalgesellschaft selbst zugerechnet.
5. Für A und B als Gesellschafter der OHG ist somit eine einheitliche und gesonderte Feststellung für die gemeinsam erzielten Einkünfte aus Gewerbebetrieb (§ 15 Abs. 1 S. 1 Nr. 2 EStG) durchzuführen.
6. Zweifelhaft ist, wie die Feststellung der Einkünfte für die Unterbeteiligten S1 und S2 zu erfolgen hat. Eine **Unterbeteiligung** liegt vor, wenn eine Person oder mehrere Personen im Innenverhältnis an der (Haupt-)Beteiligung eines Gesellschafters einer Personengesellschaft beteiligt ist bzw. sind. Zivilrechtlich handelt es sich bei der Unterbeteiligung um eine Gesellschaft bürgerlichen Rechts (§§ 705ff. BGB), deren Zweck darin besteht, den Unterbeteiligten an den Rechten und Pflichten des Hauptbeteiligten zu beteiligen. Einkommensteuerlich ist zwischen atypischer und typischer Unterbeteiligung zu unterscheiden:

- Bei einer **atypischen Unterbeteiligung** wird der Unterbeteiligte Mitunternehmer (§ 15 Abs. 1 S. 1 Nr. 2 EStG) im Verhältnis zum Hauptbeteiligten und erzielt – wie dieser – Einkünfte aus Gewerbebetrieb. Die Mitunternehmereigenschaft wiederum setzt voraus, dass der Unterbeteiligte nicht nur am Gewinn, sondern auch am Verlust beteiligt ist und daher **Mitunternehmerrisiko** trägt. Die Mitunternehmerinitiative kann weniger ausgeprägt sein; es genügt die Vereinbarung von Kontrollrechten, wie sie einem Kommanditisten nach dem Regelstatut des HGB zukommen, gegenüber dem Hauptbeteiligten.[846]
- Bei **typischer Unterbeteiligung** fehlt es an den Voraussetzungen der Mitunternehmerschaft. Der Unterbeteiligte erzielt aus der Zurverfügungstellung seines Kapitals in der Regel Einkünfte aus Kapitalvermögen nach § 20 Abs. 1 Nr. 4 EStG;[847] der Hauptbeteiligte hat in der

842 Vgl. BFH v. 18.02.1976 – I R 116/75, BStBl. II 1976, 480.

843 BFH v. 07.04.1987 – IX R 103/85, BStBl. II 1987, 707; Brandis in T/K § 180 AO Rn. 19 und 57; Söhn in H/H/Sp § 180 AO Rn. 183ff.

844 BFH v. 11.04.2005 – GrS 2/02, BStBl. II 2005, 679; BFH v. 18.04.2012 – X R 34/10, BStBl. II 2012, 647.

845 Zur Kritik vgl. Brandis in T/K § 180 AO Rn. 57.

846 BFH v. 16.01.2008 – II R 10/06, BStBl. II 2008, 631; Schmidt/Wacker § 15 EStG Rn. 369.

847 BFH v. 09.11.1988 – I R 191/84, BStBl. II 1989, 343.

Höhe der Gewinnanteile Sonderbetriebsausgaben. Diese Sonderbetriebsausgaben können nur im Rahmen des für die Gesellschaft durchzuführenden Gewinnfeststellungsverfahrens geltend gemacht werden.[848]

Die ertragsteuerliche Unterscheidung hat auch **verfahrensrechtliche Konsequenzen**: Bei der typischen Unterbeteiligung liegen die Voraussetzungen des § 180 Abs. 1 Nr. 2 Buchst. a) AO nicht vor. Denn der Hauptbeteiligte und der Unterbeteiligte sind jeweils an verschiedenen Einkünftequellen beteiligt.[849] Im Fall der atypischen Unterbeteiligung bestehen dagegen zwei Mitunternehmerschaften, für die jeweils die Voraussetzungen des § 180 Abs. 1 Nr. 2 Buchst. a) AO gegeben sind. Nach § 179 Abs. 2 S. 3 AO kann entweder eine **besondere gesonderte Feststellung** vorgenommen werden oder aber die erforderlichen Feststellungen für die Unterbeteiligung werden im Rahmen der gesonderten und einheitlichen Feststellung für die Hauptgesellschaft getroffen.[850] Letzteres ist wegen des in § 179 Abs. 2 S. 3 AO eingeräumten Ermessens sachgerecht, wenn das Einverständnis aller Beteiligten vorliegt. Dies gilt als erteilt, wenn die Unterbeteiligung in der Feststellungserklärung für die Hauptgesellschaft geltend gemacht wird (vgl. AEAO zu § 179 Nr. 4).
Im Ausgangsfall handelt es sich um eine atypische Unterbeteiligung. Da ein Geheimhaltungsinteresse des Hauptgesellschafters A besteht, ist nur die Entscheidung zugunsten einer besonderen gesonderten Feststellung ermessensgerecht.

II. **Feststellungsobjekt** sind nach § 180 Abs. 1 Nr. 2 Buchst. a) AO die
- Einkünfte und
- mit ihnen in Zusammenhang stehende andere Besteuerungsgrundlagen.

Im Rahmen der Feststellung der Einkünfte wird somit auch über andere, die Beteiligten einheitlich betreffende Fragen (z. B. die Qualifizierung der Einkünfte) entschieden.[851] Insbesondere sind auch Umstände, die nur einzelne Gesellschafter betreffen (z. B. Sonderbetriebseinnahmen und -ausgaben), in die Feststellung einzubeziehen.[852] Ebenso sind Aufwendungen, die von der Personengesellschaft geleistet worden und bei der Besteuerung der Feststellungsbeteiligten von Bedeutung sind (z. B. Spenden), nach § 180 Abs. 1 Nr. 2 Buchst. a) AO gesondert festzustellen (vgl. AEAO zu § 180 AO Nr. 1).

Ergebnis:

Das FA muss für die OHG und die Unterbeteiligung jeweils eine gesonderte und einheitliche Feststellung nach § 180 Abs. 1 Nr. 2 Buchst. a) AO durchführen.

197 Der **Feststellungszeitraum** richtet sich nach den Vorschriften des EStG. Bei Gewerbetreibenden und Landwirten ist Gewinnermittlungszeitraum das Wirtschaftsjahr, das nach § 4 a EStG von dem Kalenderjahr (dem Ermittlungszeitraum bei anderen Einkünften) abweichen kann.[853]

Eine besondere gesonderte Feststellung i. S. d. § 179 Abs. 2 S. 3 AO ist auch dann vorzunehmen, wenn ein Beteiligter seinen Anteil treuhänderisch für mehrere Treugeber hält.[854] Werden der Feststellungsbescheid für die Gesellschaft und die Feststellungen für die Treugeber miteinander verbunden, handelt es sich nach Ansicht des BFH um zusam-

848 BFH v. 11.09.1991 – XI R 35/90, BStBl. II 1992, 4.
849 BFH v. 09.11.1988 – I R 191/84, BStBl. II 1989, 343.
850 BFH v. 10.08.1989 – III R 5/87, BStBl. II 1990, 38.
851 Vgl. BFH v. 04.09.1996 – XI R 50/96, BStBl. II 1997, 261.
852 Vgl. BFH v. 11.09.1991 – XI R 35/90, BStBl. II 1992, 4.
853 BFH v. 28.11.1989 – VIII R 40/84, BStBl. II 1990, 561.
854 BFH v. 21.04.1988 – IV R 47/85, BStBl. II 1989, 722 m. w. N.

mengefasste Bescheide. Durch die Zusammenfassung der Feststellungen ändern sich die Klagebefugnis und die Rechte der Beteiligten in dem jeweiligen Verfahren nicht.[855]

3. Ortsnahe Feststellung unternehmerischer Einkünfte von Einzelpersonen (§ 180 Abs. 1 Nr. 2 Buchst. b) AO)

Nach § 180 Abs. 1 Nr. 2 Buchst. b) AO sind die Einkünfte aus Land- und Forstwirtschaft, Gewerbebetrieb oder einer freiberuflichen Tätigkeit eines Einzelunternehmers gesondert festzustellen, wenn das nach § 18 Abs. 1 Nr. 1–3 AO für die Gewinnermittlung zuständige FA nicht mit dem für die ESt zuständigen Wohnsitz-FA (§ 19 Abs. 1 AO) identisch ist. Dabei kommt es auf die Verhältnisse am Schluss des Gewinnermittlungszeitraums an. 198

Beispiel

Rechtsanwalt A betreibt in Hagen eine Anwaltspraxis und wohnt in Bochum. Die Einkünfte aus freiberuflicher Tätigkeit sind nach § 180 Abs. 1 Nr. 2 Buchst. b) AO durch das nach § 18 Abs. 1 Nr. 3 AO zuständige FA Hagen gesondert festzustellen. Für die Festsetzung der ESt ist das FA Bochum zuständig (§ 19 Abs. 1 AO).

4. Sonstige Fälle der gesonderten Feststellung

Weitere Fälle der gesonderten Feststellung ergeben sich aus der AO und den Einzelsteuergesetzen. Zu nennen sind insbesondere: 199

a) Gesonderte Feststellung durch Teilabschlussbescheid (§ 180 Abs. 1 Nr. 5 AO)

Im Zuge der „Modernisierung der Außenprüfung" wurde grundsätzlich ab 2025 die neue Ermessensmaßnahme eingeführt, im Rahmen einer Außenprüfung einen Teilabschlussbescheid hinsichtlich einzelner für den Prüfungszeitraum ermittelter und abgrenzbarer Besteuerungsgrundlagen nach § 180 Abs. 1a AO zu erlassen.[856] Für abgeschlossene und abschließend geprüfte Sachverhalte soll der Teilabschlussbescheid als Instrument für einen „kooperativen [Steuer-]Streit" fungieren.[857] Es kann frühzeitig „punktuelle Bestandskraft" durch einen rechtsbehelfsfähigen Verwaltungsakt geschaffen werden, der auch die Möglichkeit einer gerichtlichen Klärung von Rechtsfragen (z. B. durch Sprungklage nach § 47 FGO) eröffnet. Das soll der Beschleunigung des Verfahrens und der frühzeitigen Erlangung von Rechtssicherheit dienen. Zuständig für die gesonderte und nach § 182 AO bindende Feststellung durch Teilabschlussbescheid ist das Veranlagungs-FA (§ 18 Abs. 1 S. 1 Nr. 5 AO).

b) Gesonderte Feststellung bei gleichen Sachverhalten (VO zu § 180 Abs. 2 AO)

Nach der VO zu § 180 Abs. 2 AO[858] kommt eine gesonderte Feststellung insbesondere bei sog. **Gesamtobjekten** in Betracht. Das sind Wirtschaftsgüter, Anlagen oder Einrichtungen, die mehreren Stpfl. getrennt zuzurechnen sind, bei denen aber gleichartige Rechtsbeziehungen zu demselben Dritten bestehen (§ 1 Abs. 1 Nr. 2 der VO). Danach kann z. B. bei Bauherrenmodellen für den Zeitraum bis zur Bezugsfertigkeit bzw. bis zum Beginn der Nutzung der Objekte eine einheitliche und gesonderte Feststellung der Einkünfte (Verluste) der Bauherren erfolgen.

855 BFH v. 13.07.1999 – VIII R 76/97, BStBl. II 1999, 747.
856 Näher Krumm Ubg 2023, 284 (289 f.).
857 Peters, AO-StB 2022, 353 (357 f.); V. Wagner, FR 2023, 213 (218).
858 V. 19.12.1986, BGBl. I, 2663 mit späteren Änderungen.

c) Gesonderte Feststellung verrechenbarer Verluste eines Kommanditisten (§ 15 a Abs. 4 EStG)

Die gesonderte Feststellung der verrechenbaren Verluste kann mit der gesonderten und einheitlichen Feststellung für die Gesellschaft verbunden werden.

d) Gesonderte Feststellung des nachversteuerungspflichtigen nicht entnommenen Gewinns (§ 34 a Abs. 9–11 EStG)

Nach § 34 a EStG können Personenunternehmen (Einzelunternehmer und Mitunternehmerschaften) beantragen, dass nicht entnommene Gewinne unter bestimmten weiteren Voraussetzungen nur mit einem Sondereinkommensteuersatz von 28,25 % besteuert werden (§ 34 a Abs. 1 EStG).[859] Unter den Voraussetzungen des § 34 a Abs. 4 und 6 EStG ist eine Nachversteuerung der „thesaurierten" Gewinnanteile durchzuführen. Zur Sicherung der Nachversteuerung sind nachversteuerungspflichtige Beträge nach Maßgabe der Abs. 9 bis 11 des § 34 a EStG gesondert festzustellen.

e) Gesonderte Feststellung bei der Steuerermäßigung nach § 35 EStG

Nach § 35 EStG wird die tarifliche Einkommensteuer ermäßigt, wenn der Stpfl. Einkünfte aus Gewerbebetrieb erzielt hat, die der GewSt unterliegen. Der Ermäßigungshöchstbetrag wird auf der Grundlage des Gewerbesteuermessbetrags ermittelt (vgl. § 35 Abs. 1 S. 1 und 2 EStG). Bei Mitunternehmerschaften erfolgt eine einheitliche und gesonderte Feststellung nach § 35 Abs. 2 EStG. [860]

f) Bildung von Lohnsteuerabzugsmerkmalen (§ 39 Abs. 1 S. 4 EStG)

Die Bildung der Lohnsteuerabzugsmerkmale (z. B. Kinder, Kinderfreibeträge, andere Freibeträge) ist eine gesonderte Feststellung, die kraft Gesetzes unter dem Vorbehalt der Nachprüfung steht.

III. Das Feststellungsverfahren

200 **1.** Dem Feststellungsverfahren geht ein Ermittlungsverfahren voraus, in dem die allgemeinen Verfahrensvorschriften (§§ 85–107, 111–117 AO) Anwendung finden. Die Vorschriften über die Durchführung der Besteuerung (§§ 137 ff. AO) gelten entsprechend (§ 181 Abs. 1 S. 1 AO).

201 **2.** Grundlage des Verfahrens sind **Erklärungen zur gesonderten Feststellung**.

Erklärungspflichtig ist jeder Beteiligte, dem der Gegenstand der Feststellung ganz oder teilweise zuzurechnen ist (§ 181 Abs. 2 S. 1 AO). Bei einheitlichen Feststellungen nach § 180 Abs. 1 Nr. 2 AO ist die Feststellungserklärung in elektronischer Form zu übermitteln (§ 181 Abs. 2 a AO i. d. F. des SteuerbürokratieabbauG vom 20.12.2008[861]).

202 **3. Kein Feststellungsbescheid** ergeht in folgenden Ausnahmefällen:

a) Einheitswerte ohne steuerliche Relevanz

Einheitswertfeststellungen unterbleiben, wenn feststeht, dass keine einheitswertabhängigen Steuern geschuldet werden.[862]

b) Nur eine Inlandsperson

Einkünfte von Personenmehrheiten werden nicht nach § 180 Abs. 1 Nr. 2 Buchst. a) AO gesondert und einheitlich festgestellt, wenn nur eine Person mit den Einkünften im Inland einkommen- bzw. körperschaftsteuerpflichtig ist (§ 180 Abs. 3 Nr. 1 AO).

---

859 Näher zur Thesaurierungsbegünstigung des § 34 a EStG Hey in T/L Rn. 8.828 ff.

860 Dazu BFH v. 15.04.2010 – IV R 5/08, BStBl. II 2010, 912.

861 BGBl. I 2008, 2850.

862 Brandis in T/K § 180 AO Rn. 2 ff.

c) Fall von geringer Bedeutung

Eine gesonderte und einheitliche Feststellung nach § 180 Abs. 1 Nr. 2 Buchst. a) AO entfällt, wenn es sich um einen Fall von geringer Bedeutung handelt (§ 180 Abs. 3 Nr. 2 AO).

Das ist anzunehmen, wenn

- die Einkünfte leicht zu ermitteln und auf die Beteiligten zu verteilen sind und
- die Gefahr widersprüchlicher Entscheidungen bei den Beteiligten nahezu ausgeschlossen ist.[863]

Ein Fall von geringer Bedeutung kann danach vor allem vorliegen, wenn zusammen veranlagte Ehegatten gemeinschaftlich Einkünfte erzielen, die Einkünfte einfach zu ermitteln sind und die Aufteilung feststeht (AEAO zu § 180 Nr. 4). Denn da eine Zusammenveranlagung erfolgt, ist die Gefahr widersprüchlicher Entscheidungen praktisch ausgeschlossen. Bei Zweifeln, ob ein Fall von geringer Bedeutung vorliegt, entscheidet nach § 180 Abs. 3 S. 2 AO das nach § 18 Abs. 1 Nr. 4 AO zuständige sog. Feststellungs-FA: Entweder es stellt die Einkünfte und deren Zurechnung fest („positiver Feststellungsbescheid") oder es stellt fest, dass die Voraussetzungen für eine gesonderte und einheitliche Feststellung nicht vorliegen („negativer Feststellungsbescheid").

4. Auf die gesonderte Feststellung sind die Vorschriften über die Durchführung der Besteuerung sinngemäß anzuwenden (§ 181 Abs. 1 S. 1 AO). Daher sind u. a. die Vorschriften über **Form und Inhalt von Steuerbescheiden** (§ 157 AO) zu beachten. Statt des Steuerschuldners muss der Feststellungsbeteiligte im Bescheid bezeichnet sein. Einheitliche Feststellungsbescheide richten sich nicht gegen die Gesellschaft als solche, sondern gegen die Gesellschafter als Feststellungsbeteiligte. Inhaltlich hinreichend bestimmt ist ein einheitlicher Feststellungsbescheid deshalb nur, wenn sich aus dem Gesamtinhalt (nicht notwendig Adressenfeld) die erforderlichen Angaben über die Feststellungsbeteiligten entnehmen lassen.[864] 203

5. Der Festsetzungsfrist für Steuerbescheide entspricht die **Feststellungsfrist** für Feststellungsbescheide. Die Sonderregelungen in § 181 Abs. 2–4 AO sollen verhindern, dass Steueransprüche verjähren, bevor die Finanzbehörde die Möglichkeit hatte, die für die Steuerfestsetzung notwendigen gesonderten Feststellungen durchzuführen. 204

Ausnahmsweise können gesonderte Feststellungen **nach Ablauf der Feststellungsfrist** erfolgen, soweit dies für eine Steuerfestsetzung von Bedeutung ist, für welche die Festsetzungsfrist noch nicht abgelaufen ist (§ 181 Abs. 5 AO). § 181 Abs. 5 S. 1 AO trägt dem Umstand Rechnung, dass die gesonderte Feststellung von Besteuerungsgrundlagen nur eine Vorstufe der Steuerfestsetzung ist und nur eine dienende Funktion hat. Aus der Technik der getrennten Feststellung von Besteuerungsgrundlagen sollen dem Stpfl. keine Nachteile, aber auch keine Vorteile entstehen. Die Vorschrift gilt nicht nur für den erstmaligen Erlass, sondern ihrem Zweck entsprechend auch für die Änderung oder Berichtigung von Feststellungsbescheiden.[865] Auf die Bedeutung der getroffenen Feststellungen nur für unverjährte Steuerfestsetzungen muss im Feststellungsbescheid hingewiesen werden (§ 181 Abs. 5 S. 2 AO). Allerdings ist in dem Hinweis keine genaue Angabe erforderlich, für welche Steuerarten und welche Besteuerungszeiträume den getroffenen Feststellungen Rechtswirkung zukommen soll.[866] Der Hinweis soll den für den Erlass von Folgebescheiden zuständigen Finanzämtern verdeutlichen, dass es sich um einen Feststellungsbescheid handelt, der nach Ablauf der Feststellungsfrist ergangen und deshalb nur für solche Steuerfestsetzungen von Bedeutung ist, bei denen die Festsetzungsfrist noch nicht abgelaufen ist. Fehlt der Hinweis, ist der Feststellungsbescheid rechtswidrig und auf Anfechtung hin aufzuheben.[867]

---

863 BFH v. 04.07.1985 – IV R 136/83, BStBl. II 1985, 576.
864 BFH v. 25.03.1986 – III B 6/85, BStBl. II 1986, 477; BFH v. 06.03.1990 – VIII R 55/85, BFH/NV 1991, 8 m. w. N.
865 Insgesamt BFH v. 29.11.2017 – II R 52/15, BStBl. II 2018, 419.
866 BFH v. 18.03.1998 – II R 7/96, BStBl. II 1998, 555.
867 BFH v. 11.01.1995 – II R 125/91, BStBl. II 1995, 302.

Eine gesonderte und **einheitliche** Feststellung ist auch dann vorzunehmen, wenn bei einzelnen Feststellungsbeteiligten die Festsetzungsfrist bereits abgelaufen ist.[868] In diesem Fall ist in dem Feststellungsbescheid auf dessen eingeschränkte Wirkung hinzuweisen (AEAO zu § 181 Nr. 1). Die Feststellungsfrist für einheitliche und gesonderte Gewinnfeststellungsbescheide wird hinsichtlich **aller Feststellungsbeteiligten** bereits durch die rechtzeitige Bekanntgabe an **einen Beteiligten** gewahrt.[869] Der Einspruch nur eines Feststellungsbeteiligten gegen den Feststellungsbescheid hemmt den Ablauf der Feststellungsfrist auch dann, wenn das Finanzamt den Bescheid bisher nur einem der anderen Feststellungsbeteiligten bekannt gegeben hat.[870]

205 **6. Bekanntgabe** von Feststellungsbescheiden: Der Feststellungsbescheid ist demjenigen bekannt zu geben, für den er bestimmt ist (§ 122 Abs. 1 S. 1 AO). Ein einheitlicher Feststellungsbescheid richtet sich nach seinem Inhalt an mehrere Beteiligte (vgl. oben Rn. 203); daher ist grundsätzlich jedem Beteiligten eine Ausfertigung bekannt zu geben (vgl. § 183 Abs. 2 AO). Im Regelfall ermöglicht jedoch die Vereinfachungsregel des § 183 Abs. 1 AO, dass an **einen** (benannten, fingierten oder vom FA vorgeschlagenen) Empfangsbevollmächtigten die Bekanntgabe mit Wirkung für und gegen alle Feststellungsbeteiligten erfolgt (§ 183 Abs. 1 S. 5 AO).

Eine rechtsgeschäftlich erteilte Empfangsvollmacht[871] wirkt bei Auflösung der Gesellschaft, Ausscheiden eines Gesellschafters oder ernstlichen Meinungsverschiedenheiten unter den Beteiligten nach Maßgabe des § 183 Abs. 3 AO fort. Bei Einheitswertfeststellungen gegenüber Familien greift die Vereinfachungsregelung der §§ 183 Abs. 4, 122 Abs. 7 AO.

Wirksam wird der Feststellungsbescheid, sobald auch nur gegenüber einem Beteiligten die Bekanntgabe erfolgt ist.[872]

Beispiel

In einem Feststellungsbescheid ist einer der Beteiligten nicht ausreichend klar bezeichnet. Wegen des Adressierungsmangels wird der Bescheid nur diesem Beteiligten gegenüber mit der Bekanntgabe nicht wirksam.[873] Der Bescheid muss dem Feststellungsbeteiligten mit korrekter Adressierung erneut bekannt gegeben werden, und zwar – wegen des Gebots der Einheitlichkeit der Entscheidung – mit unverändertem Inhalt.[874]

206 **7.** Gegen Feststellungsbescheide ist nach § 347 Abs. 1 S. 1 Nr. 1 AO der **Einspruch** gegeben. Von erheblicher praktischer Bedeutung ist die subjektive Einschränkung der Einspruchsbefugnis durch §§ 352 AO, 48 FGO (vgl. unten Rn. 346).

207 **8.** Der Vorbehalt der Nachprüfung entfällt auch bei Feststellungsbescheiden automatisch mit Ablauf der Feststellungsfrist.[875]

208 **9.** Eine besondere Korrekturvorschrift enthält § 179 Abs. 3 AO: Danach kann eine in dem Feststellungsbescheid unterbliebene notwendige Feststellung in einem sog. **Ergänzungsbescheid** nachgeholt werden. Da in ihm kein Fehler im Sinne einer materiellen Unrichtigkeit des bisherigen Feststellungsbescheids berichtigt werden kann, darf kein Eingriff in die Substanz des Feststellungsbescheids erfolgen.[876] Im Übrigen finden die für Steuerbescheide geltenden Korrekturvorschriften Anwendung (§ 181 Abs. 1 S. 1 AO i.V.m. §§ 172 ff. AO).

868 BFH v. 27.08.1997 – XI R 72/96, BStBl. II 1997, 750.
869 BFH v. 27.04.1993 – VIII R 27/92, BStBl. II 1994, 3.
870 BFH v. 13.09.1994 – IX R 89/90, BStBl. II 1995, 39.
871 Zu deren Auslegung vgl. BFH v. 18.01.2007 – IV R 53/05, BStBl. II 2007, 369.
872 BFH v. 26.04.1988 – VIII R 292/82, BStBl. II 1988, 855.
873 BFH v. 07.04.1987 – VIII R 259/84, BStBl. II 1987, 766.
874 BFH v. 25.11.1987 – II R 227/84, BStBl. II 1988, 410.
875 BFH v. 31.10.2000 – VIII R 14/00, BStBl. II 2001, 156.
876 BFH v. 18.03.1998 – II R 45/96, BStBl. II 1998, 426.

Beispiel

Das Finanzamt hat durch Feststellungsbescheid den Anteil der Erben an den laufenden Einkünften, dem Gewinn aus der Veräußerung der Praxis des Erblassers und dem Freibetrag (§ 16 Abs. 4 i. V. m. § 18 Abs. 3 EStG) entsprechend der Erbquote festgestellt. Über die Höhe des Freibetrags wurde keine Entscheidung getroffen. Das Finanzamt kann durch Ergänzungsbescheid nach § 179 Abs. 3 AO über die Höhe des Freibetrags mit Bindungswirkung für die Feststellungsbeteiligten entscheiden.[877]

IV. Bindungswirkung von Feststellungsbescheiden

Nach § 182 Abs. 1 AO sind Feststellungsbescheide für Folgebescheide bindend, soweit die getroffenen Feststellungen für die Folgebescheide Bedeutung haben, und zwar auch dann, wenn die Feststellungsbescheide noch nicht unanfechtbar sind. Die Bindungswirkung erschöpft sich nicht darin, dass das für den Folgebescheid zuständige FA den Tenor des Feststellungsbescheids (z. B. einen festgestellten Betrag) unverändert übernimmt. Vielmehr schließt die Bindungswirkung des § 182 Abs. 1 AO auch aus, dass über einen im Feststellungsverfahren entschiedenen Sachverhalt im Folgeverfahren anders entschieden wird.[878] 209

Für die Bindungswirkung gelten im Übrigen folgende Grundsätze:

1. § 155 Abs. 2 AO räumt dem für den Folgebescheid zuständigen FA eine „vorläufige" Zuständigkeit zur Erfassung von Besteuerungsgrundlagen ein, die in einem Grundlagenbescheid festzustellen sind. Solange kein Feststellungsbescheid ergangen ist, kann der Stpfl. im Einspruchsverfahren gegen den Folgebescheid Einwendungen gegen den Ansatz dieser Besteuerungsgrundlagen erheben. Ergeht nachträglich ein Feststellungsbescheid, der die Besteuerungsgrundlagen in gleicher Höhe feststellt, ist das Vorbringen gegen den Folgebescheid wegen der Bindungswirkung des § 182 Abs. 1 AO „prozessual überholt".[879]
2. Soweit ein Feststellungsbescheid erlassen, aufgehoben oder geändert wird, ist der Folgebescheid entsprechend zu erlassen, aufzuheben oder zu ändern (§ 175 Abs. 1 S. 1 Nr. 1 AO), soweit nicht ausnahmsweise der Grundsatz von Treu und Glauben einer Anpassung des Folgebescheids entgegensteht.[880]

Das gilt auch, wenn ein zunächst ergangener Feststellungsbescheid später ersatzlos aufgehoben wird. Dadurch, dass ein bestimmter steuerlich relevanter Sachverhalt zunächst Gegenstand eines Feststellungsbescheids ist, ist das für den Folgebescheid zuständige Finanzamt durch die Bindung an den Feststellungsbescheid (§ 182 Abs. 1 AO) gehindert, abschließend eigene Ermittlungen vorzunehmen. Erst die Aufhebung des Feststellungsbescheids erlaubt es dem Finanzamt, das den Folgebescheid erlassen hat, den Sachverhalt selbstständig zu ermitteln und steuerrechtlich zu beurteilen. Im Falle der ersatzlosen Aufhebung eines Grundlagenbescheids ist daher ebenfalls eine Änderung des Folgebescheids nach § 175 Abs. 1 S. 1 AO durchzuführen.[881]

Das gilt aber nur dann, wenn die Aufhebung des Grundlagenbescheids zugleich als negativer Feststellungsbescheid zu werten ist.[882]

Dieselben verfahrensrechtlichen Konsequenzen ergeben sich, wenn ein zunächst eingeleitetes Feststellungsverfahren zu einem negativen Feststellungsbescheid führt. Der negative Feststellungsbescheid eröffnet dem für den Folgebescheid zuständigen Finanzamt die Möglichkeit, den Sachverhalt, der bisher Gegenstand des Feststellungsverfahrens

877 BFH v. 21.09.1995 – IV R 1/95, BStBl. II 1995, 893.
878 BFH v. 09.07.1987 – IV R 87/85, BStBl. II 1988, 342.
879 BFH v. 26.06.1984 – IV R 13/84, BStBl. II 1985, 3.
880 Vgl. BFH v. 19.01.1989 – IV R 2/87, BStBl. II 1989, 393.
881 BFH v. 25.06.1991 – IX R 57/88, BStBl. II 1991, 821.
882 BFH v. 24.05.2006 – I R 93/05, BStBl. II 2007, 76; wegen weiterer Einzelheiten vgl. BFH v. 03.12.2008 – X R 31/05, BFH/NV 2009, 708.

war, nunmehr in eigener Zuständigkeit zu ermitteln und steuerrechtlich zu beurteilen. Daher sind auch nach Ergehen eines negativen Feststellungsbescheids im Folgebescheid die Konsequenzen durch eine Änderung nach § 175 Abs. 1 S. 1 AO zu ziehen.[883]

3. Entscheidungen in einem Feststellungsbescheid können nur durch Anfechtung dieses Bescheids, nicht im Einspruchsverfahren gegen den Folgebescheid, angegriffen werden (§ 351 Abs. 2 AO).

4. Soweit die Vollziehung eines Grundlagenbescheids ausgesetzt wird, muss auch die Vollziehung des Folgebescheids ausgesetzt werden (§ 361 Abs. 3 S. 1 AO).

J. Steuermessbescheide

210 Die Verwaltung der Realsteuern (GewSt, GrSt, vgl. § 3 Abs. 2 AO) erfolgt im Zusammenwirken von FÄ und Gemeinden, denen nach Art. 106 Abs. 6 S. 1 GG die Ertragshoheit an diesen Steuern zusteht.

Die FÄ ermitteln die Besteuerungsgrundlagen und setzen unter Anwendung der sog. Steuermesszahl den Steuermessbetrag fest; die Gemeinden legen die Steuermessbeträge zugrunde und setzen unter Anwendung der Hebesätze die Steuern fest. Für den Erlass der Steuermessbescheide sind die Vorschriften über die Steuerfestsetzung sinngemäß anzuwenden (§ 184 Abs. 1 S. 3 AO).

Der Steuermessbescheid wird dem Stpfl. bekannt gegeben (§ 122 AO) und der zuständigen Gemeinde mitgeteilt (§ 184 Abs. 3 AO). Als Grundlagenbescheid (§ 171 Abs. 10 AO) bindet der Steuermessbescheid die Gemeinde bei der Festsetzung der Steuern (§§ 184 Abs. 1 S. 4, 182 AO). Der Einkommen- oder Körperschaftsteuerbescheid ist materiell bedeutsam für den Gewerbeertrag (§ 7 S. 1 GewStG), aber seinerseits kein Grundlagenbescheid für den Gewerbesteuermessbescheid und erzeugt darum keine (rechtliche) Bindungswirkung nach § 182 AO. Allerdings ist nach § 35 b Abs. 1 S. 1 GewStG der Gewerbesteuermessbescheid von Amts wegen aufzuheben oder zu ändern, wenn der Einkommen- bzw. Körperschaftsteuerbescheid oder ein Feststellungsbescheid aufgehoben oder geändert werden und die Aufhebung oder Änderung den Gewinn aus Gewerbebetrieb berührt.

K. Haftungsbescheide/Duldungsbescheide

I. Vertragliche und gesetzliche Haftung für Steuerschulden

211 Bei der Inanspruchnahme von Haftungsschuldnern ist zwischen

- gesetzlicher und
- vertraglicher

Haftung für Steuerschulden zu unterscheiden.

1. Die **vertragliche Haftung** (insbesondere Bürgschaft, § 765 BGB, und kumulativer Schuldbeitritt, d. h. Schuldübernahme) muss nach den Vorschriften des bürgerlichen Rechts geltend gemacht werden (§ 192 AO). Zahlt der Haftungsschuldner nicht freiwillig, kann die Finanzbehörde den Anspruch nur im Klageverfahren vor dem Zivilgericht durchsetzen.

2. Im Falle der **gesetzlichen Haftung** ist die Finanzbehörde nach § 191 Abs. 1 AO ermächtigt, den Haftungsschuldner durch Haftungsbescheid in Anspruch zu nehmen. Der Haftungsbescheid konkretisiert den (bereits entstandenen) Haftungsanspruch

883 BFH v. 11.05.1993 – IX R 27/90, BStBl. II 1993, 820.

und bildet die Grundlage für dessen Verwirklichung im Erhebungsverfahren.[884] Der Haftungsbescheid wird in der Regel mit einer Zahlungsaufforderung (§ 219 AO) verbunden, sodass die Haftungsschuld nach § 220 Abs. 2 S. 1 AO fällig wird. Enthält der Haftungsbescheid hingegen kein Leistungsgebot, so tritt die Fälligkeit nach § 220 Abs. 2 S. 2 AO mit Bekanntgabe des Haftungsbescheids ein.[885]

Prüfungsschema 212

Haftungsbescheid

I. Voraussetzungen für den Erlass eines Haftungsbescheids
   1. Ist Haftungsanspruch durch Verwirklichung eines Haftungstatbestands (z. B. §§ 69 ff. AO) entstanden?
   2. Ist Haftungsanspruch nicht durch Wegfall des Steueranspruchs erloschen (vgl. BFH BStBl. II 2000, 486 und oben Rn. 98)?
   3. Besteht kein Hinderungsgrund nach § 191 Abs. 5 AO?
      - Festsetzungsverjährung, Zahlungsverjährung und Erlass der Erstschuld führen nicht zum Erlöschen des Haftungsanspruchs (§ 44 Abs. 2 S. 3 AO). Zugunsten des Haftungsschuldners tritt jedoch die verfahrensrechtliche Sperre des § 191 Abs. 5 AO ein. Das bedeutet, dass nach Eintritt dieser Sperre kein Haftungsbescheid mehr ergehen kann (BFH BStBl. II 2001, 267. Ausnahme: Haftung wegen Steuerhinterziehung nach § 71 AO, § 191 Abs. 5 S. 2 AO).
   4. Ist Haftungsanspruch noch nicht durch Verjährung erloschen?
      - Bei Haftung nach Steuergesetzen sind die Vorschriften der Festsetzungsverjährung (§§ 169–171 AO) entsprechend anzuwenden (§ 191 Abs. 3 S. 1 AO). § 191 Abs. 3 S. 4, 5 AO enthält Sonderregelungen der Ablaufhemmung.
      - Bei Haftung nach außersteuerlichen Gesetzen (z. B. § 191 Abs. 1 AO i. V. m. §§ 25, 128 HGB) richtet sich die Verjährung nach den für die jeweilige Haftungsvorschrift maßgebenden Regeln (§ 191 Abs. 4 AO).
      - **Beispiel:** § 159 HGB für ausgeschiedene Gesellschafter einer OHG oder KG und analoge Anwendung der Vorschrift für ausgeschiedene Gesellschafter einer GbR (BFH BStBl. II 1997, 745).
   5. Bei Haftung von Angehörigen steuerberatender Berufe nach § 69 AO: Ist die zuständige Berufskammer nach § 191 Abs. 2 AO angehört worden?

II. Ermessensentscheidung nach § 191 Abs. 1 S. 1 AO
   1. Hat die Behörde das Entschließungsermessen fehlerfrei ausgeübt?
      - Das Entschließungsermessen betrifft die Frage, ob die Behörde den Haftungsanspruch durch Erlass eines Haftungsbescheids realisiert (BFH/NV 1991, 641). Eine Pfl icht zur Inanspruchnahme des Haftungsschuldners lässt sich allenfalls annehmen, wenn der Erstschuldner nicht in Anspruch genommen werden kann oder seine Inanspruchnahme erfolglos ist (vgl. BFH BStBl. II 1989, 118; Seer in T/L Rn. 6.84; zutr. gegen eine Rechtspflicht der Inanspruchnahme Loose in T/K § 191 AO Rn. 38 f.; offenlassend BFH BStBl. II 1988, 176). Steht andererseits fest, dass der Steuerschuldner zur Zahlung in der Lage ist, ist der Erlass eines Haftungsbescheids gegen den Haftungsschuldner – sofern nicht die besonderen Voraussetzungen des § 219 S. 2 AO vorliegen –nicht ermessensgerecht (BFH -BStBl. II 2010, 215).
      - Bei Ausübung des Entschließungsermessens hat die Behörde ggf. Billigkeitsmaßnahmen zu berücksichtigen (BFH BStBl. II 1990, 284).
      - Besonderheiten gelten für die Lohnsteuerhaftung des Arbeitgebers nach § 42 d EStG (vgl. Loose in T/K § 191 AO Rn. 54 ff.).

884 BFH v. 15.10.1996 – VII R 46/96, BStBl. II 1997, 171.
885 BFH v. 14.03.1989 – VII R 152/85, BStBl. II 1990, 363.

Prüfungsschema

Haftungsbescheid

2. Hat die Behörde das Auswahlermessen fehlerfrei ausgeübt?
   - Das Auswahlermessen betrifft die Frage, ob die Behörde den Erstschuldner oder den Haftungsschuldner bzw. welchen sie unter mehreren Haftungsschuldnern auswählt (BFH -BStBl. II 1990, 1008; 2003, 160).
   - Dem Steuergläubiger steht es grundsätzlich frei, die Leistung ganz oder nur zum Teil von dem einen oder von dem anderen oder von allen Gesamtschuldnern zu fordern (BFH BStBl. II 1995, 300; 1998, 761; 2005, 780; Drüen in T/K § 44 AO Rn. 2).
   - Aus § 219 AO ergibt sich, dass keine Verpfl ichtung besteht, vor Erlass eines Haftungsbescheids den Erstschuldner in Anspruch zu nehmen (BFH BStBl. II 1987, 419; Loose in T/K § 219 AO Rn. 1; a. A. B/D/T Rn. 304). Der Haftungsbescheid darf jedoch nur dann eine Zahlungsaufforderung enthalten, wenn die Voraussetzungen des § 219 S. 1 AO (vergeblicher Versuch der Mobiliarvollstreckung in das Vermögen des Steuerschuldners oder Aussichtslosigkeit der Vollstreckung) vorliegen.

III. Form und Inhalt des Haftungsbescheids
1. Ist die Schriftform (§ 191 Abs. 1 S. 3 AO) gewahrt?
2. Ist der Bescheid nach § 119 Abs. 1 AO inhaltlich hinreichend bestimmt?
   - Im Haftungsbescheid müssen der Haftungsschuldner und die Erstschuld nach Art, Betrag, Erhebungszeitraum und Steuerschuldner bezeichnet sein. Eine Mehrzahl von Haftungsansprüchen kann in einem sog. Sammelhaftungsbescheid zusammengefasst werden (BFH BStBl. II 1989, 921).
   - Geringere Anforderungen stellt die Rspr. an Lohnsteuerhaftungsbescheide und Haftungsbescheide gegenVertreter und Verfügungsberechtigte wegen Lohnsteuerhaftungsschulden des Arbeitgebers: Aus Gründen der Praktikabilität brauchen die Erstschulden nicht nach Monaten aufgeteilt zu werden, und es kann unter bestimmten Voraussetzungen auch auf die namentliche Angabe der Arbeitnehmer verzichtet werden (BFH BStBl. II 1989, 274; 1988, 480; 1989, 220; BFH/NV 1989, 424 u. 549). Die nachgeforderte Lohnsteuer braucht auch nicht konkret den einzelnen Arbeitnehmern zugeordnet zu sein (BFH BStBl. II 1994, 536). Eine entsprechende Einschränkung gilt für die Haftungsschuld nach § 50 a Abs. 5 EStG (BFH BStBl. II 1997, 306).
3. Ist der Haftungsumfang richtig bestimmt?
   - Die Haftung ist durchweg unbeschränkt, d. h. der Haftungsschuldner haftet mit seinem gesamten Vermögen.
   - Soweit die Haftung ausnahmsweise betragsmäßig (z. B. § 171 Abs. 1 HGB) oder gegenständlich (z. B. §§ 74 Abs. 1 S. 1, 75 Abs. 1 S. 2 AO) beschränkt ist, muss die Beschränkung im Haftungsbescheid ausgesprochen werden (vgl. Loose in T/K § 74 AO Rn. 18).

Prüfungsschema

Haftungsbescheid

4. Ist der Haftungsbescheid nach § 121 AO ausreichend begründet?
   - Zur notwendigen Begründung gehören neben der Angabe der Haftungsnorm und Darstellung des haftungsbegründenden Sachverhalts grundsätzlich auch Darlegungen zur Ermessensausübung (BFH BStBl. II 1988, 170 u. 176).
   - Schriftl. Ermessenserwägungen sind ausnahmsweise entbehrlich, wenn dem Betroffenen „die Sach- und Rechtslage bekannt oder auch ohne schriftliche Begründung ohne Weiteres erkennbar war" (BFH BStBl. II 1986, 178; 1989, 99; BFH/NV 2007, 1822: „Vorprägung" der Ermessensentscheidung).
   - Ein evtl. Begründungsmangel kann bis zum Abschluss der Tatsacheninstanz eines fi nanzgerichtlichen Verfahrens gegen den Haftungsbescheid geheilt werden, § 126 Abs. 2 AO (dazu BFH/NV 1989, 681; s. bereits Rn. 130).

IV. Rechtsbehelfe/Einwendungen

1. Statthafte Rechtsbehelfe
   - Gegen den Haftungsbescheid ist nach § 347 Abs. 1 S. 1 AO der Einspruch gegeben.
   - Gleiches gilt für die Zahlungsaufforderung nach § 219 AO.
   - Vorläufi ger Rechtsschutz kann im Wege der Aussetzung der Vollziehung nach § 361 AO und ggf. § 69 FGO erwirkt werden.
2. Einwendungen gegen den Haftungsbescheid
   - Einwendungen gegen die Erstschuld sind möglich, und zwar unabhängig davon, ob die Erstschuld (bestandskräftig) festgesetzt ist (BVerfG BStBl. II 1997, 415). Wichtige Ausnahme: Drittwirkung der Steuerfestsetzung nach § 166 AO. Danach müssen insbesondere gesetzliche Vertreter im Falle ihrer Inanspruchnahme nach § 69 AO bestandskräftige Steuerfestsetzungen gegen sich gelten lassen. Bei Gesellschaftergeschäftsführern von Personengesellschaften gilt § 166 AO nur, soweit sie Einzelvertretungsmacht hatten (BFH BStBl. II 1998, 319).
   - Einwendungen gegen die Verwirklichung des Haftungstatbestands sind unbeschränkt möglich.
   - Einwendungen gegen die Ermessensausübung sind praktisch von großer Bedeutung, weil die Ermessenserwägungen häufig nicht oder nur unzureichend dargelegt werden (BFH/NV 1989, 150 u. 545).
   - Wegen der Heilbarkeit im Einspruchsverfahren vgl. III 4.
   - Einwendungen gegen Form und Inhalt des Haftungsbescheids: Sofern die Mängel nicht die Nichtigkeit (§ 125 AO) zur Folge haben, sind die Fehler bis zum Abschluss der Tatsacheninstanz eines fi nanzgerichtlichen Verfahrens heilbar (§§ 126, 127 AO). Auch kann die Behörde den formell fehlerhaften Bescheid zurücknehmen und ohne Bindung an die Korrekturvoraussetzungen des § 130 Abs. 2 AO einen Neubescheid erlassen, wenn die Rücknahme erkennbar nur wegen des Form- und Verfahrensfehlers erfolgte (vgl. BFH BStBl. II 1986, 775 u. 779; Loose in T/K § 130 AO Rn. 59).

II. Duldungsbescheid

213 **Duldungspflichten** begründet insbesondere § 77 AO:

- § 77 Abs. 1 AO regelt die **Duldungspflicht des Verwalters** eines fremden Vermögens. Nach §§ 34, 35 AO sind gesetzliche Vertreter, Vermögensverwalter, Verfügungsberechtigte etc. verpflichtet, die Steuern aus Mitteln, die ihrer Verwaltung unterliegen, zu entrichten. Folgerichtig sind sie nach § 77 Abs. 1 AO auch verpflichtet, die Vollstreckung von Steuerrückständen in das verwaltete Vermögen zu dulden. Eines Duldungsbescheids bedarf es jedoch nicht, soweit die in §§ 34, 35 AO genannten Personen den Gewahrsam für den Vertretenen als Besitzdiener oder als dessen Organwalter ausüben. Das ist der Regelfall.[886] Daher spielt § 77 Abs. 1 AO in der Praxis nur eine geringe Bedeutung.
- § 77 Abs. 2 AO betrifft die **Duldungspflicht des Grundstückseigentümers**. Danach ist der Eigentümer eines Grundstücks wegen der auf dem Grundbesitz ruhenden öffentlichen Lasten (insbesondere Grundsteuer) zur Duldung der Zwangsvollstreckung in den Grundbesitz verpflichtet.

214 Aus dem Bereich der **nichtsteuerlichen Duldungspflichten** ist insbesondere die sog. Gläubigeranfechtung von Bedeutung. Sie richtet sich gegen Schuldner, die zur Vermeidung des Vollstreckungszugriffs Gegenstände ihres Vermögens auf Angehörige übertragen oder Teile ihres Vermögens an bestimmte, von ihnen bevorzugte Gläubiger verschleudert haben. Im Insolvenzverfahren greifen die Bestimmungen der §§ 129 ff. InsO über die Insolvenzanfechtung ein. Außerhalb des Insolvenzverfahrens unterliegen die gläubigerbenachteiligenden Rechtshandlungen der **Anfechtung nach dem Gesetz über die Anfechtung von Rechtshandlungen eines Schuldners außerhalb des Insolvenzverfahrens (AnfG)** vom 05.10.1994 (gültig seit 01.01.1999).[887]

215 **§ Fall 50: Ungewöhnliche Teppichgeschäfte in der Familie**

Der Stpfl. S ist wegen gewagter Auslandsgeschäfte Anfang 01 in wirtschaftliche Bedrängnis geraten. Um das Familienvermögen gegen Gläubigerzugriffe zu sichern, schenkt er im Monat Oktober 01 seiner 17-jährigen Tochter T drei wertvolle chinesische Seidenteppiche. T, die von der wirtschaftlichen Lage des Vaters und dessen Motiven keine Kenntnis hat, kommt mit S überein, dass die Teppiche bis zur Gründung eines eigenen Hausstands zunächst noch in der elterlichen Wohnung verbleiben sollen. Im November 05 möchte das FA wegen rückständiger, bestandskräftig festgesetzter USt-Schulden 04 des S die Teppiche pfänden. Durch Duldungsbescheid vom 15.11.05 gibt es der T auf, wegen der (genau bezeichneten) USt-Schulden des S die Vollstreckung in die (genau bezeichneten) Teppiche zu dulden. In der schriftlichen Begründung ist unter Darstellung des Sachverhalts ausgeführt, dass die Vollstreckung in das Vermögen des S erfolglos geblieben und die Inanspruchnahme der T nach den Vorschriften des AnfG im Rahmen angestellter Ermessenserwägungen verhältnismäßig sei.
Hat der von T am 20.11.05 gegen den Duldungsbescheid eingelegte Einspruch Erfolg?

I. Zulässigkeit des Einspruchs
Gegen Duldungsbescheide ist nach § 347 Abs. 1 S. 1 Nr. 1 AO der Einspruch statthaft. Der Einspruch ist form- und fristgerecht eingelegt, und T ist durch den angefochtenen Bescheid beschwert (§ 350 AO). Der Einspruch ist somit zulässig.

II. Begründetheit des Einspruchs
1. Im Rahmen der Begründetheit des Einspruchs ist zunächst zu prüfen, ob das FA verfahrensrechtlich berechtigt ist, Ansprüche auf Rückgewähr anfechtbar erworbenen Vermögens (§ 11 AnfG) durch Duldungsbescheid geltend zu machen. Diese Frage war früher umstritten. Nachdem der Gesetzgeber allerdings durch § 191 Abs. 1

886 Blesinger/Viertelhausen in K/vW § 77 AO Rn. 3; Koenig/Kratzsch § 77 Rn. 6.
887 BGBl. I 1994, 2911 mit späteren Änderungen.

S. 2 AO i.d.F. des StBereinG 1999[888] ausdrücklich klargestellt hat, dass die Duldungsinanspruchnahme durch Duldungsbescheid (also nicht durch Klage vor dem ordentlichen Gericht) erfolgt, ist der Meinungsstreit im Sinne der bisherigen Rspr. des BFH[889] erledigt.

2. Nach § 2 AnfG muss der Anfechtungsberechtigte einen **vollstreckbaren Titel** haben. Ferner muss die **Zwangsvollstreckung** in das Vermögen des Schuldners **fruchtlos geblieben** oder aussichtslos sein. Die Vollstreckung in das Vermögen des S war erfolglos geblieben. Das FA verfügt mit dem gegen S ergangenen Steuerbescheid auch über einen Vollstreckungstitel (vgl. §§ 249, 251 AO).

Während der Haftungsschuldner im Haftungsverfahren grundsätzlich alle **Einwendungen gegen die Erstschuld** unabhängig von deren (bestandskräftigen) Festsetzung geltend machen kann (vgl. oben Rn. 212, IV. 2.), wirkt die Bestandskraft des gegen den Steuerschuldner ergangenen Steuerbescheids wegen des Titelerfordernisses aus § 2 AnfG auch gegen den Duldungspflichtigen.[890]

3. Fraglich sind weiterhin die Voraussetzungen eines Anfechtungstatbestands nach dem AnfG:
   a) **Anfechtbare Rechtshandlungen** i.S.d. AnfG sind alle Willensbetätigungen des Schuldners, die zu einer objektiven Benachteiligung der Gläubiger geführt haben.[891]
   b) Anfechtungsgrund: Als **Anfechtungsgründe** kommen vor allem die Vorsatzanfechtung und die Schenkungsanfechtung in Betracht.
      aa) Der **Schenkungsanfechtung** (§ 4 AnfG) unterliegen unentgeltliche Verfügungen des Schuldners, die innerhalb von vier Jahren vor der Anfechtung vorgenommen worden sind. Da die Schenkung des S an T länger als vier Jahre zurückliegt, scheidet die Schenkungsanfechtung aus.
      bb) Die **Vorsatzanfechtung** (§ 3 Abs. 1 und Abs. 2 AnfG) setzt voraus, dass dem Anfechtungsgegner die Benachteiligungsabsicht des Schuldners positiv bekannt war. Bei entgeltlichen Verträgen, die der Schuldner in den letzten zwei Jahren vor der Anfechtung mit einem nahen Angehörigen geschlossen hat, kehrt sich die Beweislast um: In diesem Sonderfall muss der Anfechtungsgegner beweisen, dass er keine Kenntnis von der beabsichtigten Gläubigerbenachteiligung hatte (§ 3 Abs. 2 AnfG).

Da die Schenkung des S an T länger als zwei Jahre zurückliegt, kommt § 3 Abs. 2 AnfG nicht in Betracht. Die Vorsatzanfechtung nach § 3 Abs. 1 AnfG scheitert daran, dass T die Gläubigerbenachteiligungsabsicht des S bei Annahme der Schenkung nicht bekannt war. T muss sich auch nicht nach § 166 Abs. 1 BGB das Wissen ihres Vaters zurechnen lassen. Denn sie hat die Willenserklärung im eigenen Namen abgegeben. Diese Erklärung war trotz ihrer im Zeitpunkt der Schenkung noch bestehenden Minderjährigkeit wirksam, weil es sich bei der Annahme der Schenkung um eine für sie ausschließlich vorteilhafte Zuwendung i.S.d. § 107 BGB handelte.[892]

Ergebnis:

Da kein Anfechtungsgrund vorliegt, ist der Duldungsbescheid rechtswidrig und der Einspruch auch begründet. Er hat mithin Erfolg.

---

888 V. 22.12.1999, BGBl. I, 2601.

889 Vgl. BFH v. 29.03.1994 – VII R 120/92, BStBl. II 1995, 225.

890 BFH v. 01.03.1988 – VII R 109/86, BStBl. II 1988, 408; Loose in T/K § 191 AO Rn. 154.

891 Brox/Walker, Zwangsvollstreckungsrecht, 12. Aufl. 2021, § 12 Rn. 112, 114.

892 Vgl. BGH v. 25.04.1985 – IX ZR 141/84, NJW 1985, 2407.

4. Abschnitt Außenprüfung und Steuerfahndung

216 Die AO unterscheidet zwischen dem „normalen“ Ermittlungsverfahren und besonderen Verfahren der Sachaufklärung:

- **Außenprüfung** (§§ 193–207 AO),
- **Steuerfahndung** (§ 208 AO),
- **Steueraufsicht** in besonderen Fällen (§§ 209–217 AO).

Die Steueraufsicht kommt nur bei Zöllen und Verbrauchsteuern in Betracht. Sie dient nicht der Ermittlung der Besteuerungsgrundlagen im Einzelfall, sondern bezweckt die laufende Kontrolle bestimmter Betriebe bzw. Unternehmen.[893]

Wegen der besonderen Risiken bei der Auszahlung von Vorsteuerüberhängen hat der Gesetzgeber durch das SteuerverkürzungsbekämpfungsG v. 19.12.2001[894] für den Bereich der Umsatzsteuer mit § 27 b UStG das Verfahren der sog. **Umsatzsteuer-Nachschau** eingeführt.[895]

Das **Betreten von Räumen und Grundstücken zur Einnahme des Augenscheins** (§§ 98, 99 AO) ist ein Beweismittel, das die Finanzbehörde im Rahmen der allgemeinen Verfahrensgrundsätze (§§ 78 ff. AO), also in jedem Abschnitt des Besteuerungsverfahrens, zur Aufklärung des Sachverhalts nach pflichtgemäßem Ermessen einsetzen kann. Praktische Bedeutung hat dieses Beweismittel vor allem bei der Bewertung von Grundvermögen.[896]

A. Außenprüfung

I. Allgemeines

217 Die Finanzbehörden könnten ihrem gesetzlichen Auftrag, eine gleichmäßige und gerechte Besteuerung sicherzustellen (§ 85 AO), kaum nachkommen, wenn ihre Kontrollmöglichkeiten auf das Ermittlungsverfahren „am grünen Tisch“ beschränkt wären. Mit dem Institut der Außenprüfung ist der Finanzverwaltung ein wirkungsvolles (Verifikations-)Instrument gegeben, um die Besteuerungsgrundlagen „vor Ort“ intensiv zu überprüfen.[897] Die Bedeutung der Außenprüfung besteht einerseits in der präventiven Wirkung, indem sie die Stpfl. von unzulässigen Steuerverkürzungen abhält.[898] Ebenso wichtig ist der „Nachholeffekt“ der Außenprüfung, der in den Statistiken über die „Ergebnisse der steuerlichen Betriebsprüfung“ zum Ausdruck kommt (Mehrergebnis 2019: 15,2 Mrd. €).[899]

In der AO 1977 ist der frühere Begriff der „Betriebsprüfung“ durch die Bezeichnung „Außenprüfung“ ersetzt worden, weil eine Außenprüfung nicht nur bei Stpfl. mit Betrieben, sondern auch bei Freiberuflern und anderen Stpfl. durchgeführt werden kann. Die Verwaltung hat die überkommene Bezeichnung beibehalten und unterscheidet zwischen

- **Betriebsprüfungen**, die als „allgemeine Außenprüfung“ von den Betriebsprüfungsdiensten durchgeführt werden, und

893 BFH v. 25.04.1985 – IV R 10/85, BStBl. II 1985, 702.
894 BGBl. I 2001, 3922.
895 S. dazu UStAE zu § 27 b.
896 Zu den verfassungsrechtlichen Einschränkungen für das Betreten von Wohnräumen vgl. Seer in T/K § 99 AO Rn. 4.
897 Dazu Drüen AO-StB 2014, 343; eingehend zu Entwicklungen im Recht der Außenprüfung auch Drüen in Steueranwalt 2012/2013, S. 17 ff.; zuletzt Tormöhlen AO-StB 2020, 184.
898 Schallmoser in H/H/Sp Vor §§ 193–203 AO Rn. 52.
899 BMF-Monatsbericht Oktober 2020, S. 34, 36 abrufbar unter www.bundesfinanzministerium.de.

- **Sonderprüfungen**, die von speziellen Dienststellen für besondere Bereiche (z. B. USt-Sonderprüfung, LSt-Außenprüfung) durchgeführt werden.

Außenprüfungen werden entweder von dem für die Besteuerung zuständigen FA oder im Wege der sog. Auftragsprüfung von einer anderen Finanzbehörde durchgeführt (§ 195 S. 1 und 2 AO). **Auftragsprüfungen** sind vor allem bei der Prüfung von Groß- und Konzernbetrieben üblich. Die Finanzverwaltung hat dazu bestimmten FÄ Groß- bzw. Konzernbetriebsprüfungsstellen angegliedert oder sog. Prüfungsfinanzämter eingerichtet, die ausschließlich für Prüfungsaufgaben zuständig sind. Der beauftragten Finanzbehörde kann als **„veranlagende Betriebsprüfung"** auch die Steuerfestsetzung übertragen werden (§ 195 S. 3 AO).

Die Regelungen der AO (§§ 193–207) werden durch die **Betriebsprüfungsordnung** – BpO 2000 – ergänzt.[900] Als allgemeine Verwaltungsvorschrift bindet sie grundsätzlich nur die Behörden; ihre Nichtbeachtung kann jedoch wegen der Selbstbindung der Verwaltung als Ermessensfehlgebrauch von dem Stpfl. im Einspruchsverfahren gerügt werden.[901]

II. Zulässigkeit der Außenprüfung

§ Fall 51: Außenprüfung bei Ehegatten 218

Der Stpfl. Dr. med. S hat in den Jahren 01–03 Einkünfte aus freiberuflicher Tätigkeit, Kapitalvermögen und Vermietung und Verpachtung erzielt. Seine Ehefrau hat in diesem Zeitraum nur Einkünfte aus Vermietung und Verpachtung erklärt, und zwar in 01 13.000 €, in 02 15.000 € und in 03 17.000 €. Das FA möchte bei den zusammenveranlagten Ehegatten eine Außenprüfung durchführen.

I. § 193 AO enthält eine abgestufte Regelung über die Zulässigkeit der Außenprüfung:[902]

1. **Unbeschränkt zulässig** ist die Außenprüfung bei Stpfl., die einen **gewerblichen oder land- und forstwirtschaftlichen Betrieb** unterhalten oder die **freiberuflich** tätig sind. Bei diesen – unternehmerisch tätigen – Stpfl. ist eine Überprüfung der Steuererklärungen durchweg nur anhand im Unternehmen geführter Bücher und Aufzeichnungen möglich.[903]
   Unerheblich ist, ob das Unternehmen von Einzelpersonen oder von Personengesellschaften betrieben wird. Die **Personengesellschaft** kommt auch dann als Prüfungssubjekt in Betracht, wenn nicht von ihr geschuldete Steuern, sondern lediglich gesonderte Feststellungen geprüft werden sollen, die sich gegen die Gesellschafter richten.[904]
   Der Begriff „Betrieb" in § 193 Abs. 1 AO setzt nicht voraus, dass die unternehmerische Tätigkeit des Stpfl. im Inland feststeht.[905] Auf § 193 Abs. 1 AO kann eine Außenprüfung vielmehr auch dann gestützt werden, wenn zwischen den Beteiligten streitig ist, ob der Stpfl. zu einer der in § 193 Abs. 1 AO bezeichneten Gruppen gehört.[906] Daher kann Ziel einer Außenprüfung z. B. auch gerade die Klärung der Frage sein, ob der Stpfl. einen Gewerbebetrieb unterhält. Vorausset-

900 BStBl. I 2000, 368 mit späteren Änderungen.
901 BFH v. 18.10.1994 – IX R 128/92, BStBl. II 1995, 291.
902 Seit 01.01.2017 ist zudem eine Außenprüfung bei Datenübermittlung durch Dritte nach § 203 a AO bei der mitteilungspflichtigen nach § 93 c AO zulässig.
903 Koenig/Intemann § 193 Rn. 1.
904 BFH v. 27.01.1994 – IV R 93/91, BFH/NV 1995, 177.
905 BFH v. 11.12.1991 – I R 66/90, BStBl. II 1992, 595.
906 BFH v. 23.10.1990 – VIII R 45/88, BStBl. II 1991, 278.

zung für die Zulässigkeit der Prüfung ist allerdings, dass konkrete Anhaltspunkte für eine gewerbliche Betätigung vorliegen.[907]

Nach der Neufassung des § 193 Abs. 1 AO durch das SteuerhinterziehungsbekämpfungsG vom 29.07.2009[908] ist die Außenprüfung nunmehr auch bei Stpfl. i. S. d. § 147 a AO unbeschränkt zulässig. Das sind **Stpfl. mit (positiven) Überschusseinkünften von mehr als 500.000 €** im Kalenderjahr. Bei zusammenveranlagten Ehegatten oder Lebenspartnern wird dabei jeder Ehegatte bzw. Lebenspartner individuell betrachtet.

2. **Andere Stpfl.** dürfen nur unter den in § 193 Abs. 2 AO genannten Voraussetzungen geprüft werden:
   - Soweit sie Steuern für Rechnung eines anderen zu entrichten haben (§ 193 Abs. 2 Nr. 1 AO);

Beispiel

Ein Stpfl., der selbst Arbeitnehmer ist und Einkünfte nach § 19 EStG erzielt, beschäftigt eine Haushaltsgehilfin, für die er nach § 38 Abs. 3 EStG Lohnsteuer einzubehalten und abzuführen hat.

   - wenn die steuerlich relevanten Verhältnisse der Aufklärung bedürfen und eine Prüfung an Amtsstelle nach Art und Umfang des zu prüfenden Sachverhalts nicht zweckmäßig ist (§ 193 Abs. 2 Nr. 2 AO);
   - wenn der Stpfl. bei Anhaltspunkten für Geschäftsbeziehungen mit Finanzinstituten in sog. Steueroasen seinen besonderen Mitwirkungspflichten nach § 90 Abs. 2 S. 3 AO i. d. F. des SteuerhinterziehungsbekämpfungsG vom 29.07.2009[909] nicht nachkommt (§ 193 Abs. 2 Nr. 3 AO).

   Bei diesen Fallgruppen ist die Zulässigkeit der Außenprüfung nicht davon abhängig, ob die Stpfl. unter Vorbehalt der Nachprüfung oder vorbehaltlos veranlagt worden sind.[910]

II. Im konkreten Fall muss **für jeden Ehegatten gesondert** geprüft werden, ob die Außenprüfung bei ihm zulässig ist. Denn trotz der Zusammenveranlagung bleiben die Ehegatten selbstständige Steuersubjekte, und jeder von ihnen hat nur seine eigenen Einkünfte erzielt.[911]

1. Bei dem stpfl. Ehemann ist die Außenprüfung nach § 193 Abs. 1 AO ohne Weiteres zulässig, weil er freiberuflich tätig ist.
2. Bei der Ehefrau müssten die Voraussetzungen des § 193 Abs. 2 Nr. 2 AO vorliegen. Ein Aufklärungsbedürfnis im Sinne dieser Vorschrift ist anzunehmen, „wenn Anhaltspunkte bestehen, die es nach den Erfahrungen der Finanzverwaltung als möglich erscheinen lassen, dass ein Stpfl. erforderliche Steuererklärungen nicht, unvollständig oder mit unrichtigem Inhalt abgegeben hat".[912] Solche „Anhaltspunkte" können beispielsweise gegeben sein, wenn ein Stpfl., dem aufgrund außerordentlich hoher Einkünfte erhebliche Beträge zu Anlagezwecken zur Verfügung standen, nur Kapitaleinkünfte in geringer Höhe erklärt und keine Angaben zur Verwendung seiner Geldmittel gemacht hat.[913] Ermittlungen „ins Blaue hinein" sind aber nicht zulässig.[914] Ist der Steuerfall aufklärungsbedürftig, muss das FA nach pflichtgemäßem Ermessen über die Frage der Unzweckmäßigkeit der Prüfung an Amtsstelle entschei-

907 BFH v. 21.03.1995 – I B 123/94, BFH/NV 1995, 864 m. w. N.
908 BGBl. I 2009, 2302.
909 BGBl. I 2009, 2302.
910 BFH v. 13.03.1987 – III R 236/83, BStBl. II 1987, 664.
911 BFH v. 25.01.1989 – X R 158/87, BStBl. II 1989, 483; BFH v. 16.04.2002 – IX R 40/00, BStBl. II 2002, 501.
912 BFH v. 05.11.1981 – IV R 179/79, BStBl. II 1982, 208.
913 BFH v. 26.07.2007 – VI R 68/04, BStBl. II 2009, 338.
914 BFH v. 17.11.1992 – VIII R 25/89, BStBl. II 1993, 146.

den.[915] Im Rahmen seiner Ermessenserwägungen hat das FA zu berücksichtigen, dass die Außenprüfung für den Stpfl. eine erhebliche Belastung bedeutet. Andererseits muss das FA bei seiner Ermessensentscheidung außer Betracht lassen, dass bei dem Ehegatten eine Außenprüfung stattfindet. Denn anderenfalls würde der Ehegatte eines nach § 193 Abs. 1 AO prüfbaren Unternehmers ungerechtfertigt benachteiligt.[916]

Nach dem Sachverhalt sind keinerlei Anhaltspunkte dafür erkennbar, dass die Ehefrau des Dr. med. S ihre Einkünfte unrichtig oder unvollständig erklärt hat. Daher liegen die Voraussetzungen des § 193 Abs. 2 Nr. 2 AO für eine Außenprüfung bei ihr nicht vor.

Ergebnis:

Die Außenprüfung ist nur bei dem Stpfl. Dr. med. S zulässig.

III. Umfang der Außenprüfung (§ 194 AO)

In der Prüfungsanordnung (§ 196 AO) bestimmt die Finanzbehörde das Prüfungssubjekt und den sachlichen Umfang der Außenprüfung. Der Entscheidungsrahmen hierfür ergibt sich aus §§ 193, 194 AO und den Vorschriften der BpO 2000. 219

1. Subjektiver Umfang

§ Fall 52: Undurchsichtige Auslandsbeziehungen des Alleingesellschafters einer GmbH 220

Bei einer Außenprüfung der S-GmbH, deren Alleingesellschafter S ist, stellt der Prüfer fest, dass nicht nur die Gesellschaft, sondern auch S in größerem Umfang Zahlungen an eine dubiose Firma auf den Bahamas geleistet hat. Darf der Prüfer auch die steuerlichen Verhältnisse des S überprüfen?

I. Die Außenprüfung erstreckt sich grundsätzlich nur auf die steuerlichen Verhältnisse des Stpfl., also der S-GmbH (§ 194 Abs. 1 S. 1 AO). Bei der Außenprüfung einer Personengesellschaft dürfen auch die Verhältnisse der Gesellschafter überprüft werden, soweit diese für die zu überprüfenden einheitlichen Feststellungen von Bedeutung sind (§ 194 Abs. 1 S. 3 AO).

Beispiele

Entnahmen, Einlagen, Sonderbetriebsausgaben der Gesellschafter

Soll bei einer Personengesellschaft wegen Steuern, hinsichtlich derer die Gesellschaft Steuersubjekt ist, eine Außenprüfung durchgeführt werden, muss die Prüfungsanordnung an die Gesellschaft gerichtet und dieser, nicht den Gesellschaftern, bekannt gegeben werden.[917]

Bei Steuerentrichtungspflichten kann sich die Prüfung auch auf die Verhältnisse Dritter erstrecken, soweit der Stpfl. für deren Rechnung Steuern zu entrichten hat (§ 194 Abs. 1 S. 4 AO). Diese Bestimmung ist die Rechtsgrundlage für die Prüfung der Versicherungsteuer und von Steuerabzügen (z. B. LSt, KapErtrSt). Unter den Voraussetzungen des § 194 Abs. 1 S. 4 AO kann die Prüfung sogar auf die Verhältnisse anderer Personen beschränkt werden.[918]

---

915 BFH a. a. O.

916 BFH v. 25.01.1989 – X R 158/87, BStBl. II 1989, 483.

917 BFH v. 16.11.1989 – IV R 29/89, BStBl. II 1990, 272 und BFH v. 18.10.1994 – IX R 128/92, BStBl. II 1995, 291 für GbR; BFH v. 01.10.1992 – IV R 60/91, BStBl. II 1993, 82 für handelsrechtlich vollbeendete KG.

918 BFH v. 23.01.1985 – I R 53/81, BStBl. II 1985, 566.

II. Bei **allen Gesellschaften** (Personen- und Kapitalgesellschaften) können über den Anwendungsbereich des § 194 Abs. 1 AO hinaus die Verhältnisse von Gesellschaftern und Mitgliedern sowie von Mitgliedern der Überwachungsorgane (z.B. Aufsichtsratsmitgliedern) einbezogen werden, wenn dies im Einzelfall zweckmäßig ist (§ 194 Abs. 2 AO). Diese Entscheidung kann jedoch nicht der Prüfer im Verlauf der Prüfung treffen, sondern die zuständige Finanzbehörde muss die Prüfungsanordnung auf diese Personen erweitern und ihnen bekannt geben (§ 197 Abs. 1 S. 3 AO, § 5 Abs. 6 BpO 2000). Rechtlich handelt es sich daher um selbstständige Außenprüfungen, die zwar nach § 194 Abs. 2 AO aus prüfungsökonomischen Gründen mit der Prüfung der Gesellschaft verbunden werden können, aber nur unter den Zulässigkeitsvoraussetzungen des § 193 Abs. 1 AO bzw. des § 193 Abs. 2 Nr. 2 AO angeordnet werden dürfen.[919]
Im konkreten Fall sind die steuerlichen Verhältnisse des S wegen seiner Zahlungen an eine dubiose Auslandsfirma aufklärungsbedürftig. Da ein Zusammenhang mit den Auslandsbeziehungen der S-GmbH besteht, ist die Verbindung der Außenprüfungen bei S und der S-GmbH auch zweckmäßig.[920]

Ergebnis:

Das FA kann durch Prüfungsanordnung die Außenprüfung auf die steuerlichen Verhältnisse des S erstrecken.

2. Sachlicher Umfang der Außenprüfung

221 **Fall 53: Überprüfung der Kapitaleinkünfte eines Unternehmers**

Bei dem freiberuflich tätigen Rechtsanwalt R wird für die Jahre 01–03 die ESt geprüft. Der Prüfer möchte auch die erklärten Einkünfte aus Vermietung und Verpachtung kontrollieren und bittet den Stpfl. um Vorlage der Mietkonten. Ist das Ersuchen rechtmäßig?

Nach § 200 Abs. 1 S. 2 AO muss der Stpfl. dem Prüfer Auskünfte erteilen und Urkunden vorlegen. Eine solche Verpflichtung besteht allerdings nur, soweit das Auskunfts- bzw. Vorlageersuchen vom sachlichen Umfang der Außenprüfung gedeckt ist. Die Außenprüfung kann sich nach § 194 Abs. 1 S. 2 AO auf eine oder mehrere Steuerarten oder auf bestimmte Sachverhalte erstrecken. Für den konkreten Fall ist umstritten, ob im Rahmen der nach § 193 Abs. 1 AO bei Unternehmern zulässigen Prüfung auch private Einkünfte, insbesondere solche aus Vermietung und Verpachtung (§ 21 EStG), überprüft werden dürfen:

I. Eine vor allem von Seer[921] vertretene Auffassung nimmt an, durch die Zulässigkeitsvorschriften des § 193 AO werde zugleich der Umfang der Außenprüfung beschränkt. Daher dürften bei einem Unternehmer nur dann die privaten Mieteinkünfte überprüft werden, wenn zugleich die besonderen Voraussetzungen des § 193 Abs. 2 Nr. 2 AO vorliegen. Anderenfalls würden Unternehmer in unzulässiger Weise gegenüber sonstigen Stpfl. diskriminiert.

II. Die Gegenmeinung sieht in § 193 Abs. 1 AO nur eine Regelung für den Prüfungsanlass. Der sachliche Umfang der Außenprüfung wird nach der Systematik des Gesetzes durch § 194 AO bestimmt. Danach dürfen – im Rahmen der Prüfungsan-

919 Seer in T/K § 194 AO Rn. 11; Koenig/Intemann § 194 Rn. 47; offengelassen in BFH v. 16.12.1986 – VIII R 123/86, BStBl. II 1987, 248.

920 Vgl. auch BFH v. 17.11.1992 – VIII R 25/89, BStBl. II 1993, 146.

921 In T/K § 193 AO Rn. 10, ebenso Koenig/Intemann § 193 Rn. 47.

ordnung – auch solche Einkunftsarten und steuerlich relevante Verhältnisse geprüft werden, die nicht zum unternehmerischen Bereich des Stpfl. gehören.[922]

Ergebnis:

Nach der letztgenannten Meinung ist das Vorlageersuchen an S rechtmäßig.

Die Möglichkeit, die Außenprüfung auf einzelne Sachverhalte zu beschränken, ist insbesondere für die **Sonderprüfungen** von Bedeutung.

Beispiel

Eine USt-Sonderprüfung wird auf die Überprüfung der bei einem bestimmten Bauvorhaben angefallenen Vorsteuern beschränkt.

3. Zeitlicher Umfang der Außenprüfung

a) Die AO enthält keine Bestimmung über den zeitlichen Umfang der Außenprüfung. **222**
Fraglich ist, ob sich zeitliche Schranken aus dem Institut der Festsetzungsverjährung ergeben:

- Im Schrifttum[923] wird die Auffassung vertreten, **nach Eintritt der Festsetzungsverjährung** bestehe kein Interesse mehr an einer Überprüfung des entsprechenden Besteuerungszeitraums. Eine Außenprüfung dürfe auch nicht bei Verdacht der Steuerhinterziehung oder leichtfertiger Steuerverkürzung und der dadurch möglicherweise nach § 169 Abs. 2 S. 2 AO verlängerten Festsetzungsfristen angeordnet werden.
- Der BFH[924] sieht für eine derartige Einengung des Ermessens der Finanzbehörden keine Rechtsgrundlage. Die Verwaltung sei nicht gezwungen, statt der Außenprüfung eine Fahndungsprüfung durchzuführen, wenn die planmäßige Verjährungsfrist abgelaufen ist und der Verdacht einer Steuerhinterziehung oder leichtfertigen Steuerverkürzung besteht. Faktisch ergebe sich die Begrenzung daraus, dass aus verwaltungsökonomischen Gründen keine Prüfung verjährter Steueransprüche angeordnet würde.

b) Aus Sicht des BFH wird der zeitliche Rahmen für die Durchführung der Betriebsprüfung lediglich durch die Vorschriften der BpO 2000 eingeschränkt. Danach richtet sich der Prüfungszeitraum vor allem nach den Größenklassen der Betriebe, § 3 BpO 2000.

Nach den Verwaltungsanweisungen besteht folgende Klasseneinteilung:[925]

- **Großbetriebe:** z.B. Handelsbetriebe mit Jahresumsatz über 7.300.000 € oder Gewinn über 280.000 €; freie Berufe mit Jahresumsatz über 4.700.000 € oder Gewinn über 580.000 €;
- **Mittelbetriebe:** z.B. Handelsbetriebe mit Jahresumsatz über 900.000 € oder Gewinn über 56.000 €; freie Berufe mit Jahresumsatz über 830.000 € oder Gewinn über 130.000 €;
- **Kleinbetriebe:** z.B. Handelsbetriebe mit Jahresumsatz über 170.000 € oder Gewinn über 36.000 €; freie Berufe mit Jahresumsatz über 170.000 € oder Gewinn über 36.000 €;
- **Kleinstbetriebe:** alle übrigen Betriebe, die die Abgrenzungsmerkmale der Kleinbetriebe nicht erreichen.

  aa) Bei Großbetrieben gilt das Prinzip der sog. **Anschlussprüfung**. Diese Betriebe sollen wegen ihrer besonderen steuerlichen Bedeutung kontinuierlich, d.h. ohne

922 BFH v. 28.11.1985 – IV R 323/84, BStBl. II 1986, 437; Schallmoser in H/H/Sp § 194 AO Rn. 21; Klein/Rüsken § 194 Rn. 4; Jakob § 7 Rn. 449; von Wedelstädt in K/vW § 193 AO Rn. 9 m. w. N.

923 Seer in T/K § 194 AO Rn. 16; Sauer DStZ 1988, 339.

924 BFH v. 28.11.2011 – VIII R 8/09, BStBl. II 2012, 395; zust. Schallmoser in H/H/Sp § 193 AO Rn. 38.

925 BMF v. 22.06.2012, BStBl. I 2012, 689.

prüfungsfreien Besteuerungszeitraum, geprüft werden, § 4 Abs. 2 S. 1 BpO 2000. Bei erstmaliger Prüfung eines Großbetriebs, also insbesondere nach Anwachsen eines Unternehmens zum Großbetrieb, bestimmt das FA den Prüfungszeitraum nach § 4 Abs. 1 BpO 2000 nach freiem Ermessen.[926] Die Verwaltungsvorschrift des § 4 Abs. 2 S. 1 BpO 2000 beruht auf sachgerechten Erwägungen. Auch aus Art. 3 Abs. 1 GG folgt für diese Betriebe im Hinblick auf die unterschiedliche Prüfungspraxis bei Mittel- und Kleinbetrieben kein Anspruch auf Verkürzung des Prüfungszeitraums.[927]

bb) Bei **anderen Betrieben** soll nach § 4 Abs. 3 S. 1 BpO 2000 der Prüfungszeitraum in der Regel nicht mehr als **drei zusammenhängende Besteuerungszeiträume umfassen**. Die Beschränkung auf die letzten drei Jahre, für die Steuererklärungen abgegeben wurden, ist mit der Neufassung der BpO 2000 zum 15.03.2000 entfallen. Die Finanzverwaltung kann nunmehr den dreijährigen Prüfungszeitraum im Rahmen der Festsetzungsverjährungsfristen frei bestimmen. Unter Berücksichtigung der in § 4 Abs. 3 S. 2 BpO 2000 genannten Ausnahmefälle kommt eine Erweiterung des Prüfungszeitraums insbesondere in folgenden Fällen in Betracht:[928]

- Wahrscheinlichkeit nicht unerheblicher Steuernachforderungen oder Erstattungen. Das ist insbesondere anzunehmen, wenn bereits die Prüfung des zunächst auf drei Jahre eingeschränkten Zeitraums zu erheblichen Steuernachforderungen geführt hat.[929] Für die Frage, was ein „nicht unerheblicher Steuerbetrag" ist, kommt es auch auf die Größenordnung des Betriebs an. Bei einem Mittelbetrieb liegt die Erheblichkeitsgrenze in der Regel bei mindestens 3.000 DM/1.500 €.[930] Ob diese Voraussetzung erfüllt ist, muss nach den im Zeitpunkt einer evtl. Einspruchsentscheidung bekannten Umständen beurteilt werden. Hierbei sind auch die Ergebnisse bereits durchgeführter Prüfungshandlungen für den erweiterten Zeitraum zu berücksichtigen. Die Prüfungserweiterung bedarf einer Begründung.[931]
- Verdacht einer Steuerstraftat oder -ordnungswidrigkeit.[932] Eine Betriebsprüfung ist auch während eines Steuerstrafverfahrens zulässig.[933]
- Die Erweiterung einer nach § 4 Abs. 3 Satz 3 BpO 2000 zulässigen *ersten* Anschlussprüfung von einem auf drei Jahre ist zulässig und bedarf keiner besonderen Begründung.[934]

Die Ermessensrichtlinien nach § 4 BpO 2000 führen zur Selbstbindung der Verwaltung.[935]

§ 4 BpO 2000 gilt nach § 1 Abs. 2 BpO 2000 nur bei allgemeinen Außenprüfungen (= Betriebsprüfungen) und nicht bei Prüfungen nach § 193 Abs. 2 AO.[936] Hier kann der Prüfungszeitraum von vornherein mehr als drei Jahre umfassen.

926 BFH v. 23.07.1985 – VIII R 197/84, BStBl. II 1986, 36.
927 BFH v. 07.02.2002 – IV R 9/01, BStBl. II 2002, 269.
928 Dazu kritisch Seer in T/K § 194 AO Rn. 24 ff.
929 BFH v. 01.08.1984 – I R 138/80, BStBl. II 1985, 350.
930 BFH v. 24.02.1989 – III R 36/88, BStBl. II 1989, 445; BFH v. 14.09.1993 – VIII R 56/92, BFH/NV 1994, 677.
931 BFH v. 10.06.1992 – I R 142/90, BStBl. II 1992, 784.
932 Hiergegen Seer in T/K § 194 AO Rn. 21 a.
933 BFH v. 16.04.1986 – IV R 134/85, BFH/NV 1987, 616.
934 BFH v. 03.08.2022 – XI R 32/19, BStBl. II 2023, 213.
935 BFH v. 19.08.1998 – XI R 37/97, BStBl. II 1999, 7.
936 BFH v. 18.10.1994 – IX R 128/92, BStBl. II 1995, 291.

cc) Nach § 4 a BpO 2000 kann die Finanzbehörde sog. **zeitnahe Betriebsprüfungen** anordnen, deren Prüfungszeitraum einen oder mehrere gegenwartsnahe Prüfungszeiträume umfasst und sich auf bestimmte, am konkreten Prüfungsrisiko des Steuerfalls orientierte Schwerpunkte beschränkt.[937]

Übersicht 223

Zulässigkeit und Umfang einer Außenprüfung

Zulässigkeit der Außenprüfung	Nach § 193 Abs. 1 Nr. 1 AO bei ▪ Gewerbetreibenden ▪ Freiberuflern ▪ Land- und Forstwirten ▪ Stpfl. i. S. d. § 147 a AO	Nach § 193 Abs. 2 Nr. 1 AO bei anderen Stpfl. mit der Pflicht ▪ für Rechnung eines anderen Steuern zu entrichten oder ▪ Steuern einzubehalten oder abzuführen	Nach § 193 Abs. 2 Nr. 2 AO bei anderen Stpfl., wenn ▪ die für die Besteuerung erheblichen Verhältnisse der Aufklärung bedürfen und ▪ eine Prüfung des steuererheblichen Sachverhalts an Amtsstelle nicht	Nach § 193 Abs. 2 Nr. 3 AO bei anderen Stpfl., wenn ▪ der Stpfl. seinen Mitwirkungspflichten nach § 90 Abs. 2 S. 3 AO nicht nachkommt
Umfang der Außenprüfung	Prüfung aller steuerlichen Verhältnisse (§ 194 Abs. 1 AO)	▪ Prüfung, soweit die Verpflichtung besteht (§ 193 Abs. 2 Nr. 1 AO)	▪ Prüfung des aufklärungsbedürftigen Sachverhalts ▪ Umfang ist im Gegensatz zur Prüfung nach § 193 Abs. 2 Nr. 1 AO nicht beschränkt	

937 BFH v. 19.08.1998 – XI R 37/97, BStBl. II 1999, 7.
BFH v. 18.10.1994 – IX R 128/92, BStBl. II 1995, 291.
nzung durch § 4 a BpO Drüen, IFSt-Schrift Nr. 469, 2011.

IV. Prüfungsanordnung (§ 196 AO)

224 **Fall 54: Anschlussprüfung bei einem Arzt**

Der freiberuflich tätige Arzt Dr. S (Mittelbetrieb) ist im Jahr 05 für die Jahre 01–03 geprüft worden. Am 15.03.08 geht bei Dr. S eine Prüfungsanordnung des zuständigen FA mit folgendem Inhalt ein:

„… Hiermit ordne ich an, dass bei Ihnen eine Außenprüfung durchgeführt wird. Rechtsgrundlage:
§ 193 Abs. 1 AO
Geprüft werden:
Einkommensteuer
04, 05 und 06
Als Prüfer ist vorgesehen StOI Kruse. Die Prüfung wird voraussichtlich am 02.04.08 beginnen. Der genaue Zeitpunkt wird Ihnen noch mitgeteilt.
Die Rechtsbehelfsbelehrung und wichtige Hinweise zu dieser Anordnung finden Sie auf der Rückseite.
Mit freundlichen Grüßen …“

S bittet um Auskunft, mit welchen Erfolgsaussichten er gegen diese Anordnung vorgehen kann.

I. Der Außenprüfung muss als verfahrenseinleitender Verwaltungsakt eine schriftliche Prüfungsanordnung (§ 196 AO), in der der Umfang der Außenprüfung bestimmt wird, vorausgehen. Die Anordnung ist grundsätzlich „angemessene“ Zeit vor Beginn der Prüfung bekannt zu geben und muss neben dem Umfang der Prüfung insbesondere den voraussichtlichen Prüfungsbeginn und den Namen des Prüfers enthalten (§ 197 Abs. 1 S. 1 AO). Sie muss jedoch spätestens bei Prüfungsbeginn dem Stpfl. bekannt gegeben sein. Eine nachgereichte Prüfungsanordnung ist rechtswidrig.[938]

Prüfungsanordnung und Festlegung des Prüfungsbeginns sind nach der Rspr. des BFH[939] jeweils selbstständige Verwaltungsakte.[940] Auch die Festlegung des Prüfungsortes (Geschäftsräume, ggf. auch die Wohnung des Stpfl., Prüfung an Amtsstelle) ist ein selbstständiger Verwaltungsakt, der mit der Prüfungsanordnung verbunden werden kann.[941] Die Bestimmung des Prüfers (durch Mitteilung des Namens) ist dagegen kein anfechtbarer Verwaltungsakt,[942] soweit nicht ausnahmsweise zu befürchten ist, dass der Prüfer die Rechte des Stpfl. verletzen wird.[943] In der Regel verbleibt dem Stpfl. nur der Befangenheitsantrag nach § 83 AO. Nach § 197 Abs. 3 S. 1 AO kann mit der Prüfungsanordnung die Vorlage von aufzeichnungs- oder aufbewahrungspflichtigen Unterlagen innerhalb einer angemessenen Frist verlangt werden. Sind diese Unterlagen vorgelegt worden, sollen dem Stpfl. nach § 197 Abs. 4 S. 1 AO die beabsichtigten Prüfungsschwerpunkte der Außenprüfung mitgeteilt werden.

- Die **Anordnung der Außenprüfung** begründet die Pflicht zur Duldung der Prüfungsmaßnahmen.
- Die **Festlegung des Prüfungsbeginns** regelt den Beginn der Duldungspflicht. Einwendungen gegen die Angemessenheit der Frist zwischen Bekanntgabe der Prüfungsanordnung und dem voraussichtlichen Prüfungsbeginn richten sich gegen den Verwaltungsakt zur Festlegung des Prüfungsbeginns und sind daher mit dem Einspruch gegen diesen Verwaltungsakt geltend zu machen.

Der Ablauf der Festsetzungsfrist rechtfertigt es im Allgemeinen nicht, eine angemessene Frist abzukürzen, weil sich das FA auf einen solchen Fristablauf einstel-

---

938 FG Nürnberg v. 25.10.1988 – II (IV) 135/85, EFG 1989, 211; abw. FG Düsseldorf v. 02.07.1987 – VIII 204/82 AO, EFG 1987, 595: nichtig.

939 BFH v. 18.12.1986 – I R 49/83, BStBl. II 1987, 408; BFH v. 04.02.1988 – V R 57/83, BStBl. II 1988, 413; BFH v. 18.10.1988 – VII R 123/85, BStBl. II 1989, 76.

940 Zum Rechtsschutz gegen Außenprüfungsmaßnahmen zusammenfassend Hannig Steuer und Studium 2017, 792.

941 BFH v. 24.02.1989 – III R 36/88, BStBl. II 1989, 445; BFH v. 08.10.2008 – VIII R 74/05, BStBl. II 2009, 238.

942 BFH v. 13.12.1994 – VII R 46/94, BFH/NV 1995, 758.

943 BFH v. 06.03.2002 – XI R 81/00, BStBl. II 2002, 503.

len kann.[944] Etwas anderes gilt jedoch, wenn die Verjährung im erweiterten Prüfungszeitraum bevorsteht. Denn bei **Erweiterung des Prüfungszeitraums** liegen die Gefährdungsgründe in der Sphäre des Stpfl. und das FA kann auch keine längerfristigen Vorkehrungen zur Verhinderung des Fristablaufs im Erweiterungszeitraum treffen.[945]

Dr. S wurde zur Vorbereitung auf die Prüfung ein Zeitraum von mehr als zwei Wochen eingeräumt. Diese Zeit ist bei Mittelbetrieben angemessen (so jedenfalls § 5 Abs. 4 S. 2 BpO 2000). Sofern daher der Prüfungsbeginn tatsächlich auf den 02.04.08 festgelegt wird, hat ein Einspruch gegen diesen Verwaltungsakt keine Aussicht auf Erfolg.

II. Fraglich sind die Erfolgsaussichten eines Einspruchs gegen die Prüfungsanordnung.
   1. Gegen die Prüfungsanordnung, die mit einer Einspruchsbelehrung versehen sein muss, ist der **Einspruch statthaft** (§ 347 Abs. 1 S. 1 Nr. 1 AO).
   2. Die **Erfolgsaussichten** des Einspruchs sind davon abhängig, ob die Prüfungsanordnung formell und materiell rechtmäßig ist.
      a) Ermächtigungsgrundlage für die Anordnung ist § 193 Abs. 1 AO. Danach kann bei Dr. S als Freiberufler ohne weitere Voraussetzungen eine Außenprüfung durchgeführt werden.
      b) **Form und Inhalt:** Als Verfahrensfehler kommt ein Verstoß gegen § 121 Abs. 1 AO in Betracht. Nach dieser Vorschrift ist ein Verwaltungsakt zu begründen, soweit dies zu seinem Verständnis erforderlich ist. Für das Verständnis einer Prüfungsanordnung genügt in den Fällen des § 193 Abs. 1 AO die Angabe dieser Norm als Begründung. Das gilt nicht nur in den Fällen sog. Routineprüfungen (also Anschlussprüfungen bei Großbetrieben und Prüfungen bei anderen Betrieben, die dem sog. Prüfungsturnus entsprechen und nach § 4 Abs. 3 S. 1 BpO 2000 auf drei Prüfungsjahre beschränkt sind). Vielmehr bedarf die Prüfungsanordnung auch dann keiner besonderen Begründung, wenn Kleinbetriebe und Mittelbetriebe aufgrund einer Zufallsauswahl oder aus einem besonderen Prüfungsanlass außerhalb des statistischen Prüfungsturnus geprüft werden (§ 4 Abs. 3 S. 3 BpO 2000).[946] Auch bei Auftragsprüfungen nach § 195 S. 2 AO sind keine allzu hohen Anforderungen an die Begründung der Prüfungsordnung zu stellen, sofern die für die Ermessensentscheidung maßgeblichen Erwägungen des beauftragenden Finanzamtes enthalten sind.[947]
      c) **Ermessensüberprüfung:**[948] Die Anordnung wäre rechtswidrig, wenn das FA sein Ermessen bei der Auswahl der Prüfungssubjekte fehlerhaft ausgeübt, den Stpfl. Dr. S beispielsweise aus sachfremden Gründen für eine Prüfung vorgesehen hätte.[949] Für einen Ermessensfehler (vgl. § 5 AO) liegen jedoch keine Anhaltspunkte vor.

Ergebnis:

Der Einspruch gegen die Prüfungsanordnung hat keine Aussicht auf Erfolg.

944 BFH v. 25.01.1989 – X R 158/87, BStBl. II 1989, 483.
945 BFH v. 24.02.1989 – III R 36/88, BStBl. II 1989, 445.
946 BFH v. 02.10.1991 – X R 89/89, BStBl. II 1992, 220; BFH v. 07.02.2002 – IV R 9/01, BStBl. II 2002, 269; dagegen beachtliche Kritik bei Schallmoser in H/H/Sp § 193 AO Rn. 106ff.
947 BFH v. 06.08.2013 – VIII R 15/12, BStBl. II 2014, 232 ebenso zu Fragen der hinreichenden Bestimmtheit (§ 119 Abs. 1 AO) einer Prüfungsanordnung.
948 Dazu Drüen AO-StB 2014, 343.
949 Zur Ermessenüberprüfung bei Prüfungsanordnungen vgl. BFH v. 28.11.2011 – VIII R 8/09, BStBl. II 2012, 395.

V. Durchführung der Außenprüfung

1. Beginn der Außenprüfung (§ 198 AO)

225 Der Prüfer hat sich beim Erscheinen unverzüglich auszuweisen und den Beginn der Prüfung (Datum, Uhrzeit) aktenkundig zu machen (§ 198 AO). Grund: Der Prüfungsbeginn, ebenso wie die Verschiebung des Beginns auf Antrag des Stpfl., führen zur Hemmung der Festsetzungsverjährung (§ 171 Abs. 4 AO), und das Recht des Stpfl. auf Selbstanzeige bei Steuerhinterziehung erlischt (§ 371 Abs. 2 Nr. 1 Buchst. c) AO). Durch die Neuregelung der Selbstanzeige durch das Schwarzgeldbekämpfungsgesetz v. 28.04.2011[950] ist der zeitlich regelmäßig vorgelagerte Ausschlussgrund der Bekanntgabe einer Prüfungsanordnung nach § 196 AO hinzugekommen (§ 371 Abs. 2 Nr. 1 Buchst. a) AO).[951]

Für die **Ablaufhemmung nach § 171 Abs. 4 AO** kommt es nicht darauf an, ob der Verwaltungsakt „Festsetzung des Beginns der Außenprüfung" rechtmäßig ergangen ist. Der Stpfl. kann daher nicht im Einspruchsverfahren gegen einen aufgrund der Außenprüfung ergangenen Steuerbescheid einwenden, die Ablaufhemmung sei wegen der zu kurzfristigen Ankündigung des Prüfungsbeginns nicht eingetreten.[952] Der Stpfl. muss also, wenn er die Rechtsfolgen des § 171 Abs. 4 AO vermeiden will, die (rechtswidrige) Anordnung über den Beginn der Außenprüfung anfechten.

Der Stpfl. kann die Ablaufhemmung des § 171 Abs. 4 AO auch nicht dadurch ausschließen, dass er entweder die Prüfungsanordnung oder die Festsetzung des Prüfungsbeginns mit dem Einspruch angreift und im Wege eines Antrags auf Aussetzung der Vollziehung eine Hinauszögerung des Prüfungsbeginns bewirkt. Denn wenn im Einspruchsverfahren die Rechtmäßigkeit der Anordnungen festgestellt wird, hat das Aussetzungsbegehren die gleichen Wirkungen wie der in § 171 Abs. 4 AO ausdrücklich genannte **„Verschiebungsantrag"**.[953]

In persönlicher Hinsicht ist die Hemmungswirkung des § 171 Abs. 4 AO grundsätzlich auf die Inhaltsadressaten der Prüfungsanordnung und deren rechtlich identische Nachfolger beschränkt.[954]

2. Prüfungsgrundsätze (§ 199 AO)

226 Nach § 199 Abs. 1 AO hat der Prüfer im Rahmen seines Prüfungsauftrags die steuerlich relevanten Verhältnisse zu überprüfen, und zwar – entsprechend der Regelung des § 88 Abs. 2 AO – zugunsten wie zuungunsten des Stpfl. Deshalb würde ein Prüfer seine Amtspflichten verletzen, wenn er eine Prüfung nur deshalb abbricht, weil die Prüfung erkennbar zu einem sog. Minderergebnis, d. h. einem für den Stpfl. günstigen Ergebnis, führen würde.

Dem Grundsatz des Rechts auf Gehör trägt § 199 Abs. 2 AO Rechnung. Danach muss der Außenprüfer den Stpfl. schon während der Prüfung über seine Feststellungen unterrichten, wenn dadurch Zweck und Ablauf der Prüfung nicht beeinträchtigt werden. Der Prüfer darf also nicht aus taktischen Gründen seine Feststellungen verschweigen, um den Stpfl. in der Schlussbesprechung mit bestimmten Erkenntnissen zu überraschen. Die Verletzung des § 199 Abs. 2 AO ist ein Verfahrensfehler, der aber durch Nachholung im späteren Stadium des Besteuerungsverfahrens nach § 126 Abs. 1 Nr. 3, Abs. 2 AO geheilt werden kann.[955]

---

950 BGBl. I 2011, 676; dazu Helml, Die Reform der Selbstanzeige im Steuerstrafrecht, 2014.

951 Die letzte „Reform" bzw. Verschärfung der strafbefreienden Selbstanzeige nach § 371 AO durch das Gesetz zur Änderung der Abgabenordnung und des EGAO v. 22.12.2014, BGBl. I 2014, 2415 (dazu Erdbrügger/Jehke, DStR 2015, 385; Müller FR 2015, 19) hält daran fest und erhebt bei quantitativ hohen und qualitativ gesteigerten Verkürzungen zusätzlich die Zahlung eines Geldbetrags nach § 398 a AO zur Voraussetzung des Absehens von Strafverfolgung.

952 BFH v. 18.10.1988 – VII R 123/85, BStBl. II 1989, 76.

953 BFH v. 17.06.1998 – IX R 65/95, BStBl. II 1999, 4.

954 BFH v. 27.10.2020 – IX R 16/19, BStBl. II 2023, 95.

955 Vgl. Seer in T/K § 199 AO Rn. 22.

Ein Verstoß gegen die Prüfungsgrundsätze kann unter besonderen Umständen zur Haftung wegen Amtspflichtverletzung nach Art. 34 GG, § 839 BGB führen.[956] Im Regelfall ist dem Stpfl. zu empfehlen, gegen fehlerhaftes Verhalten des Prüfers mit der Dienstaufsichtsbeschwerde vorzugehen.[957]

3. Mitwirkungspflichten des Stpfl. (§ 200 AO)

a) Der Stpfl. hat bei der Aufklärung des Sachverhalts vor allem durch die Erteilung von Auskünften und die Vorlage von Aufzeichnungen, Büchern, Geschäftspapieren und anderen Urkunden mitzuwirken (§ 200 Abs. 1 S. 2 AO).[958] Die Vorschrift modifiziert und ergänzt die allgemeinen Vorschriften über die Mitwirkung der Stpfl. im Besteuerungsverfahren (§§ 90 ff. AO). Wie dort richtet sich auch der Umfang der Mitwirkungspflicht nach den Umständen des Einzelfalls. Entsprechend § 92 S. 1 AO hat die Finanzbehörde auch im Rahmen des § 200 AO nach pflichtgemäßem Ermessen zu entscheiden, ob und in welcher Form sie die Mitwirkung des Stpfl. in Anspruch nimmt.[959] Soweit es sich nicht um persönliche Kenntnisse handelt, kann der Stpfl. seiner Auskunftspflicht nachkommen, indem er andere Personen (z. B. Betriebsangehörige oder den Steuerberater) beauftragt, Auskünfte zu erteilen (§ 200 Abs. 1 S. 3 AO). 227

§ 147 Abs. 6 AO begründet ein besonderes **Recht zum Datenzugriff** im Rahmen der Außenprüfung. Der Prüfer hat das Recht, Einsicht in die gespeicherten Daten zu nehmen und das Datenverarbeitungssystem des Stpfl. zur Prüfung dieser Unterlagen zu nutzen. Daten der Finanz-, der Lohn- und der Anlagenbuchhaltung darf der Prüfer uneingeschränkt einsehen.[960] Im Übrigen ist dem Stpfl. allerdings nicht verwehrt, sein Datenverarbeitungsprogramm so zu gestalten, dass steuerlich nicht relevante Daten vom Prüfer nicht eingesehen werden können.[961]

Im Rahmen einer Außenprüfung kann das FA die Herausgabe digitalisierter Steuerdaten zur Speicherung und Auswertung auf mobilen Rechnern der Prüfer nur verlangen, wenn Datenzugriff und Auswertung in den Geschäftsräumen des Stpfl. oder in den Diensträumen der Finanzverwaltung stattfinden.[962]

Bei der Verletzung von Mitwirkungspflichten kann die Finanzbehörde Zwangsmittel (§§ 328 ff. AO) einsetzen oder auch von der Schätzung der Besteuerungsgrundlagen nach § 162 AO Gebrauch machen. Darüber hinaus ist durch das JStG 2009 mit dem sog. Verzögerungsgeld nach § 146 Abs. 2 c AO der Außenprüfung ein neues zweifelhaftes Instrument in die Hand gegeben worden, um den Stpfl. zur Mitwirkung anzuhalten und die zügige Durchführung des Prüfungsverfahrens zu ermöglichen.[963] Auch wenn der BFH den Tatbestand des Verzögerungsgeldes weit auslegt und insbesondere nicht auf Mitwirkungspflichtverletzungen bei Sachverhalten mit Auslandsbezug beschränkt, stellt er für die Ermessensprüfung auf der Rechtsfolgenseite recht strenge Anforderungen auf.[964] So ist etwa das Entschließungsermessen keinesfalls dahingehend vorgeprägt, dass jede Mitwirkungspflichtverletzung im Rahmen der Außenprüfung regelmäßig in die Festsetzung eines Verzögerungsgeldes mündet. Im Auswahlermessen darf zudem früheres Verhalten des Stpfl. keine Berücksichtigung finden, weil das Verzögerungsgeld nur das „aktuelle" Fehlverhalten sanktionieren soll. Die

956 BGH v. 26.06.1986 – III ZR 191/85, NJW 1987, 434; Schallmoser in H/H/Sp § 199 Rn. 37.
957 Vgl. Schallmoser in H/H/Sp Vor §§ 193–203 AO Rn. 264; Seer in T/K § 199 AO Rn. 23.
958 Näher zu Mitwirkungspflichten bei der Außenprüfung und Sanktionen Pflaum Stbp. 2021, 222.
959 AEAO zu § 200 Nr. 1.
960 BFH v. 26.09.2007 – I B 53, 54/07, I B 53/07, I B 54/07, BStBl. II 2008, 415.
961 Zu Einzelheiten Drüen in T/K § 147 AO Rn. 69 ff.
962 BFH v. 16.12.2014 – VIII R 52/12, DStR 2015, 1920.
963 Näher und krit. Drüen in T/K § 146 AO Rn. 48 ff. m. w. N.
964 Dazu und zum Folgenden BFH v. 24.04.2014 – IV R 25/11, BStBl. II 2014, 819 m. w. N.

Anfechtung der Prüfungsanordnung nebst Stellung eines Antrags auf Aussetzung der Vollziehung ist indes nach der Rspr. beispielsweise sehr wohl in die Ermessenserwägungen mit einzubeziehen.

b) Die Außenprüfung wird grundsätzlich in den **Geschäftsräumen** des Stpfl. durchgeführt (§ 200 Abs. 2 S. 1 AO, § 6 S. 1 BpO 2000). Diese Regelung ist mit Art. 13 GG vereinbar.[965] Daneben muss der Stpfl. dem Prüfer einen geeigneten Raum oder Arbeitsplatz sowie die erforderlichen Hilfsmittel unentgeltlich zur Verfügung stellen (§ 200 Abs. 2 S. 2 AO). In den **Wohnräumen** des Stpfl. darf die Prüfung nur mit dessen Zustimmung durchgeführt werden.[966] Auf Antrag des Stpfl. kann das FA auch die Prüfung in der **Kanzlei des Steuerberaters** des Stpfl. durchführen.[967] Nach § 6 S. 3 BpO 2000 soll einem solchen Antrag nur „ausnahmsweise" entsprochen werden; es müssen also besondere Gründe für diese Ortsverlagerung vorliegen, z. B. ein umfangreiches beim Berater eingelagertes Belegwerk.

c) Von praktischer Bedeutung ist auch das Recht des Prüfers auf Durchführung einer **Betriebsbesichtigung** (§ 200 Abs. 3 S. 2, 3 AO). Dadurch kann der Prüfer für die Sachaufklärung wichtige Anhaltspunkte gewinnen.

d) Richtet sich die **Außenprüfung gegen Berufsgeheimnisträger** i. S. d. 102 AO (insbesondere Ärzte, Rechtsanwälte und Steuerberater) muss bei der Prüfung das Auskunftsverweigerungsrecht nach § 102 AO und das Vorlageverweigerungsrecht nach § 104 AO beachtet werden. Soweit Unterlagen dem Schutz des Berufsgeheimnisses unterliegen, darf ihre Vorlage nur in „neutralisierter" Form verlangt werden.[968]

228 **§ Fall 55: Unzulässige Befragung einer Familienangehörigen, Verwertungsverbot**

Der Handelsvertreter S hat in großem Umfang, u. a. auch für den Monat Juli 01, Reisekosten gebucht. Um dem Stpfl. „auf die Schliche zu kommen", verwickelt der Prüfer die 17-jährige Tochter T des S in ein längeres Gespräch, in dessen Verlauf er sich nach den Urlaubsgewohnheiten der Familie erkundigt. Dabei erfährt er von T, dass S mit seiner Familie während des ganzen Monats Juli auf Sylt in Urlaub gewesen ist und somit zumindest in diesem Monat keine Reisekosten angefallen sind. Darf die Auskunft verwertet werden?

I. **Rechtsnatur von Prüfungshandlungen**

Es fragt sich zunächst, ob die Frage des Prüfers nach den Urlaubsgewohnheiten der Familie als Verwaltungsakt anzusehen und als solcher auf seine Wirksamkeit und Rechtmäßigkeit hin zu überprüfen ist.

- Im Schrifttum wird die Auffassung vertreten, dass Ermittlungsmaßnahmen eines Prüfers als tatsächliche Handlungen ohne Verwaltungsaktqualität einzustufen sind. Bei schlichten Anfragen oder Ersuchen um Vorlage von Unterlagen fehle der für einen Verwaltungsakt i. S. d. § 118 AO erforderliche Regelungswille.[969]
- Die Gegenmeinung betrachtet Auskunfts- und Vorlageersuchen des Prüfers grundsätzlich als **selbstständige Verwaltungsakte**, falls der Prüfer dem Stpfl. ein bestimmtes Dulden oder Tun aufgebe.[970] Sie konkretisieren die Mitwirkungspflichten des Stpfl. und anderer Personen (§§ 200, 93 ff. AO) und sind daher – auch wenn sie ohne besondere Förmlichkeiten ergehen – Regelungen i. S. d. § 118 AO.[971]
- Eine vermittelnde Ansicht differenziert im Einzelfall danach, ob aus objektiver Empfängersicht eine Maßnahme mit Regelungswillen auf eine bestimmte, über die allgemeine Duldungspflicht hinausgehende konkrete Rechtsfolge gerichtet ist.[972]

---

965 BFH v. 20.10.1988 – IV R 104/86, BStBl. II 1989, 180; Seer in T/K § 200 AO Rn. 34.
966 Seer in T/K § 200 Rn. 35.
967 BFH v. 10.02.1987 – IV B 1/87, BStBl. II 1987, 360.
968 BFH v. 28.10.2009 – VIII R 78/05, BStBl. II 2010, 455.
969 Schmidt-Liebig DStR 1987, 571; Wassermeyer FR 1987, 513 ff., 516; Völker DStR 1988, 299.
970 Rogge DB 2013, 2470, 2475.
971 Vgl. BFH v. 05.04.1984 – IV R 244/83, BStBl. II 1984, 790; BFH v. 08.04.2008 – VIII R 61/06, BStBl. II 2009, 579.
972 Seer in T/K § 200 AO Rn. 6; Schallmoser in H/H/Sp § 200 AO Rn. 17; Koenig/Intemann § 200 Rn. 8.; Hendricks in Gosch, AO/FGO, § 200 Rn. 55.

- Der VIII. Senat des BFH[973] unterscheidet bei der rechtlichen Qualifizierung von Auskunfts- und Vorlageersuchen eines Prüfers nach dem Kriterium der Erzwingbarkeit: Da der Stpfl. zur Mitwirkung an der Ermittlung steuermindernder Umstände nicht gezwungen werden könne, seien entsprechende Prüfungshandlungen nicht als Verwaltungsakte anzusehen. Wenn steuerbelastende Umstände ermittelt werden sollen, sei dagegen eine Anfechtung des entsprechenden Auskunfts- bzw. Vorlageersuchens möglich.

Im konkreten Fall kann das Auskunftsersuchen an T indes nicht auf § 200 Abs. 1 S. 3 AO gestützt werden, weil sie weder Stpfl. noch andere Betriebsangehörige ist. Daher kann der Meinungsstreit dahinstehen. Vielmehr handelt es sich um ein Auskunftsersuchen nach § 93 Abs. 1 S. 3 AO, welches nach einhelliger Auffassung als Verwaltungsakt qualifiziert wird.[974] Daher ist das Auskunftsersuchen an T als Verwaltungsakt anzusehen.

Allgemeiner Rechtschutzhinweis:

Sofern ein Auskunfts- oder Vorlageersuchen im Rahmen der Außenprüfung ergeht, kann der Stpfl. unabhängig von der Ausgestaltung der Maßnahme durch den Prüfer den zeitnahen Rechtsschutz durch Anfechtung mit einem Einspruch und anschließender Anfechtungsklage erreichen. Nach der jüngsten Rspr. des XI. Senat des BFH[975] liegt ein Verwaltungsakt, der die Anfechtungsklage eröffnet, auch dann vor, wenn zwar (ggf.) der ursprüngliche Akt kein Verwaltungsakt war, jedoch die Einspruchsentscheidung aus einer möglicherweise schlichten Willenserklärung der Behörde einen Verwaltungsakt macht. Diese für das Steuerrecht innovative „Gestaltswandlung" im Einspruchsverfahren, die im allgemeinen Verwaltungs- und Sozialrecht bereits länger anerkannt ist, beruht darauf, dass Gegenstand der Anfechtungsklage der ursprüngliche Verwaltungsakt in der Gestalt ist, in der er durch die Entscheidung über den außergerichtlichen Rechtsbehelf gefunden hat (§ 44 Abs. 2 FGO). Unerheblich ist darum, ob die ursprünglichen Prüferanfrage tatsächlich ein Verwaltungsakt oder ein Realakt war.[976]

II. Wirksamkeit und Rechtmäßigkeit des Auskunftsersuchens 229

1. Das Auskunftsersuchen an T war unwirksam, weil sie als Minderjährige nicht handlungsfähig ist (§ 79 Abs. 1 AO) und ihr das Auskunftsersuchen nicht wirksam nach § 122 AO bekannt gegeben werden konnte. Die Bekanntgabe hätte gegenüber dem gesetzlichen Vertreter erfolgen müssen.
2. Auch bei ordnungsgemäßer Bekanntgabe wäre das Auskunftsersuchen nicht rechtmäßig gewesen. Zwar darf ein Prüfer nicht nur die in § 200 Abs. 1 S. 3 AO genannten Personen (den Stpfl., von ihm benannte Auskunftspersonen und andere Betriebsangehörige), sondern unter den Voraussetzungen des § 93 Abs. 1 S. 3 AO auch sonstige Dritte um Auskunft ersuchen.[977] Das Auskunftsersuchen war aber deshalb unzulässig, weil andere Personen als der Stpfl. grundsätzlich nur subsidiär zur Auskunftserteilung herangezogen werden dürfen (§§ 93 Abs. 1 S. 3, 200 Abs. 1 S. 3 AO).[978] Auch hätte die Tochter des Stpfl. über das ihr als Angehörige zustehende Auskunftsverweigerungsrecht belehrt werden müssen (§ 101 Abs. 1 S. 2 AO). Schließlich stellt die Befragung der minderjährigen T einen unzumutbaren und damit ermessensfehlerhaften Eingriff in die private Lebenssphäre des Stpfl. dar (§ 5 AO).

---

973 BFH v. 10.11.1998 – VIII R 3/98, BStBl. II 1999, 199; BFH v. 04.10.2006 – VIII R 54/04, BFH/NV 2007, 190.
974 Vgl. Seer in T/K § 93 AO Rn. 22; Klein/Rätke § 93 AO Rn. 65.
975 BFH v. 11.12.2018 – XI B 123/17, BFH/NV 2019, 565.
976 Haferkamp/Meinert AO-StB 2019, 347.
977 Vgl. Seer in T/K § 200 AO Rn. 21.
978 Zu dieser „Soll"-Vorschrift BFH v. 28.10.2020 – X R 37/18, Rn. 20f., DStRK 2021, 54.

230 III. **Verwertungsverbot**

1. Die Rechtsfolgen fehlerhafter Prüfungsanordnungen und Ermittlungsmaßnahmen sind umstritten. Der Gesetzgeber der AO 1977 hat die Frage bewusst nicht geregelt und ihre Beantwortung der Entwicklung in der Rspr. überlassen.[979]

- Im Schrifttum[980] wird die Auffassung vertreten, ein Verstoß gegen Ermittlungsverbote müsse grundsätzlich auch zu einem Verwertungsverbot führen. Nur die Verletzung bloßer Form- und Ordnungsvorschriften sei unbeachtlich.
- Nach einer a.M. ist ein Verwertungsverbot jedenfalls bei einem Verstoß gegen die Belehrungspflicht nach § 101 Abs. 1 S. 2 AO anzunehmen.[981] Für diese Auffassung spricht, dass anderenfalls der besondere Schutz, den das Gesetz mit der Belehrungspflicht über das Auskunftsverweigerungsrecht bezweckt, durch eine rechtswidrige Praxis ausgehöhlt werden könnte.
- Der BFH lehnt ein allgemeines Verwertungsverbot für rechtswidrig erlangte Beweismittel ab. Ein solches allgemeines Verwertungsverbot würde den verfassungsrechtlichen Grundsatz der Belastungsgleichheit verletzen.[982] Der Stpfl. müsse zunächst die rechtswidrige Prüfungsanordnung bzw. Ermittlungsmaßnahme anfechten und im Einspruchsverfahren die Feststellung ihrer Rechtswidrigkeit erwirken. Erst wenn die Anordnung von der Verwaltungsbehörde oder vom Gericht aufgehoben oder deren Rechtswidrigkeit im Wege der Fortsetzungsfeststellungsklage nach § 100 Abs. 1 S. 4 FGO festgestellt worden sei, dürften die rechtswidrig ermittelten Tatsachen nicht bei der Steuerfestsetzung verwertet werden.[983] Ein solches Verwertungsverbot bestehe allerdings nicht bei Erstveranlagungen, weil hier nach §§ 85, 88 ff. AO in jedem Fall eine vollständige Aufklärung des Sachverhalts erforderlich sei,[984] und ebenfalls nicht bei Änderungsveranlagungen nach § 164 Abs. 2 AO, weil diese Erstveranlagungen gleichstehen.[985]
- Eine Ausnahme gilt nach der Rspr. des BFH allerdings für Tatsachen, die unter **Verletzung des „verfassungsrechtlich geschützten Bereichs“** der Stpfl. ermittelt wurden. Solche Tatsachen dürfen schlechthin und ohne Ausnahme nicht bei der Steuerfestsetzung berücksichtigt werden[986].

Die Rspr. des BFH, nach der fehlerhafte oder unterbliebene Prüfungsanordnungen ohne Auswirkung bleiben, soweit das FA Erstveranlagungen oder Änderungsveranlagungen nach § 164 Abs. 2 AO vornimmt, schränkt den Anwendungsbereich des Verwertungsverbots empfindlich ein. Ob diese Rspr., die an die **materielle Bestandskraft** anknüpft, gerechtfertigt ist, muss bezweifelt werden.[987]

Unter Zugrundelegung der Auffassung des BFH stellt sich die Frage, ob auch bei nichtigen Ermittlungsmaßnahmen zunächst im Wege der Anfechtung oder durch Antrag nach § 125 Abs. 5 AO die Feststellung der Nichtigkeit erwirkt werden muss. Das ist zu verneinen, weil nichtige Verwaltungsakte keine Rechtswirkungen erzeugen und deren Unwirksamkeit in jedem Stadium des Verfahrens geltend gemacht werden kann.[988] Entsprechendes gilt für rechtswidrige Ermittlungsmaßnahmen, die nicht auf einem anfechtbaren Verwaltungsakt beruhen.[989]

Wurde beispielsweise eine Außenprüfung ohne Erlass einer neuen Prüfungsanordnung über den zunächst festgelegten Prüfungszeitraum hinaus erweitert, kann

979 BT-Drs. 7/4292, 25.

980 Vgl. z.B. Rüping, Beweisverbote als Schranken der Aufklärung im Steuerrecht, 1981; Rößler DStZ 1982, 350 ff.

981 Seer in T/K § 101 AO Rn. 14; Klein/Rätke § 101 Rn. 5; ebenso BFH v. 31.10.1990 – II R 180/87, BStBl. II 1991, 204.

982 BFH v. 23.01.2002 – XI R 10, 11/01, XI R 10/01, XI R 11/01, BStBl. II 2002, 328.

983 BFH v. 12.01.1995 – IV R 83/92, BStBl. II 1995, 488; BFH v. 29.01.2002 – VIII B 91/01, BFH/NV 2002, 749.

984 BFH v. 10.05.1991 – V R 51/90, BStBl. II 1991, 825; BFH v. 23.08.1994 – VII R 93/93, BFH/NV 1995, 572.

985 BFH v. 25.11.1997 – VIII R 4/94, BStBl. II 1998, 461.

986 Vgl. BFH v. 04.10.2006 – VIII R 53/04, BStBl. II 2007, 227.

987 Vgl. Ruban DStZ 1998, 354; Seer in T/L Rn. 21.248.

988 Vgl. Buciek DB 1987, 1274; Ruban DStZ 1998, 354.

989 BFH v. 31.10.1990 – II R 180/87, BStBl. II 1991, 204 für den Fall einer unterlassenen Belehrung nach § 101 Abs. 1 S. 2 AO.

der Stpfl. die Rechtswidrigkeit der Prüfungserweiterung im Einspruchsverfahren gegen daraufhin ergangene Steuerbescheide geltend machen.[990] Da die Benennung des Betriebsprüfers kein Verwaltungsakt ist, der gesondert angefochten werden könnte, kann der Stpfl. eine angeblich rechtswidrige Mitwirkung eines bestimmten Betriebsprüfers (z. B. weil er befangen ist) auch nur im Einspruchsverfahren gegen den Änderungsbescheid geltend machen.[991]

2. Für den Streitfall ergibt sich daraus: S braucht das Auskunftsersuchen an T nicht anzufechten oder nach § 125 Abs. 5 AO die Feststellung der Nichtigkeit zu beantragen. Er kann die Rechtswidrigkeit der Tatsachenverwertung im Steuerfestsetzungsverfahren rügen.

Ergebnis:

Der Prüfer darf die Auskunft der Tochter bei der Würdigung des Sachverhalts nicht verwerten. Verstößt das FA beim Erlass eines aufgrund der Außenprüfung ergehenden StB gegen dieses Verwertungsverbot, kann der insoweit rechtswidrige StB mit dem Einspruch angefochten werden.

Übersicht 231

Verwertungsverbot

I. Nach der Rspr. des BFH ist zwischen dem
- qualifizierten materiellen Verwertungsverbot und dem
- einfachen Verwertungsverbot

zu unterscheiden. Ein qualifi ziertes materielles Verwertungsverbot liegt vor, wenn bei der Sachaufklärung ein verfassungsrechtlich geschützter Bereich des Stpfl . verletzt wurde (BFH BStBl. II 2007, 227; Seer in T/K § 88 AO Rn. 28). Grundrechtswidrig ist beispielsweise die Verwertung von Tatsachen, die unter Verletzung des Fernmeldegeheimnisses nach Art. 10 GG ermittelt wurden (BFH BStBl. II 2001, 464). Entsprechendes gilt bei Verstößen gegen das Beweismethodenverbot des § 136 a StPO (Drüen in H/H/Sp § 88 AO Rn. 294; offengelassen von BFH BStBl. II 2002, 328).

II. Bei rechtswidrigen Prüfungs- und Aufklärungsanordnungen, die keinen Eingriff in den grundrechtsgeschützten Bereich des Stpfl. darstellen, ist das sog. einfache Verwertungsverbot davon abhängig, dass die Maßnahme von der Behörde oder vom Gericht als rechtswidrig aufgehoben oder deren Rechtswidrigkeit festgestellt ist (BFH BStBl. II 1984, 285, 512 u. 790; 1985, 579; 1986, 435; 1989, 76; 2007, 227). Das gilt nicht für Erstveranlagungen, weil bei der erstmaligen Steuerfestsetzung nach §§ 85, 88 ff. AO der Sachverhalt in jedem Fall umfassend aufgeklärt werden muss (BFH BStBl. II 1991, 824), und auch nicht für Änderungsveranlagungen nach § 164 Abs. 2 AO (BFH BStBl. II 1998, 461; krit. Ruban DStZ 1998, 354).

III. Haben die rechtswidrig ermittelten Feststellungen bereits Eingang in Steuerbescheide gefunden, müssen zusätzlich die Steuerbescheide angefochten werden (BFH BStBl. II 1985, 579; 1987, 248; 1995, 488).

IV. Eine Prüfungsanordnung erledigt sich mit Abschluss der Außenprüfung, d. h. im Regelfall mit Zusendung des Prüfungsberichts, § 202 Abs. 1 AO (BFH BStBl. II 1988, 413). Eine Aufklärungsanordnung erledigt sich mit der Erteilung der Auskunft bzw. Vorlage der Urkunden. Nach der Erledigung tritt an die Stelle der Anfechtungsklage die Fortsetzungsfeststellungsklage nach § 100 Abs. 1 S. 4 FGO. Diese Klage ist auch dann gegeben, wenn die Erledigung vor Klageerhebung und vor Einleitung des außergerichtlichen Rechtsbehelfsverfahrens eingetreten ist (BFH BStBl. II 1982, 659; 1984, 790; 1986, 21 u. 736; 1988, 233).

V. Bei der Fortsetzungsfeststellungsklage sind die Voraussetzungen der Anfechtungsklage zu beachten. Die Klage ist daher nur dann erfolgreich, wenn der Stpfl . rechtzeitig Einspruch (§ 347 Abs. 1 S. 1 Nr. 1 AO) eingelegt und damit das Vorverfahren nach § 45 FGO eingeleitet hat (BFH BStBl. II 1986, 21).

VI. Wird eine Prüfungs- oder Aufklärungsanordnung wegen Verfahrensfehlern aufgehoben oder für rechtswidrig erklärt, kann das FA unter Vermeidung des früheren Verfahrensfehlers die Maßnahme wiederholen (BFH BStBl. II 1986, 435; 1989, 180 u. 440; 1990, 2; BFH/NV 1990, 139; krit. Urban DB 1988, 575 ff.).

VII. Beruht die Prüfungshandlung oder sonstige Ermittlungsmaßnahme nicht auf einem wirksamen Verwaltungsakt(kein bzw. nichtiger Verwaltungsakt!), kann der Stpfl . die Rechtswidrigkeit der Maßnahme im Steuerfestsetzungsverfahren einwenden (BFH BStBl. II 1986, 2; 1988, 2 u. 165; BStBl. II 2007, 227). Wird ausschließlich die Nichtigkeit oder Unwirksamkeit einer Prüfungsanordnung geltend gemacht, und sind die Prüfungsfeststellungen bereits im Steuerbescheid ausgewertet, fehlt für die Klage auf Feststellung der Nichtigkeit oder Unwirksamkeit der Prüfungsanordnung das Rechtsschutzinteresse (BFH BStBl. II 1990, 789).

VIII. Ein durch isolierte Anfechtung der Prüfungs- oder Aufklärungsanordnung begründetes Verwertungsverbot wirkt nur gegenüber dem Beteiligten, nicht auch gegenüber nur mittelbar betroffenen Dritten (BFH BStBl. II 1985, 191; BFH/NV 1990, 139).

---

990 BFH v. 14.08.1995 – I R 188/82, BStBl. II 1986, 2.
991 BFH v. 13.12.1994 – VII R 46/94, BFH/NV 1995, 758.

4. Einzelermittlungen für andere Besteuerungszeiträume

232 Prüfungshandlungen dürfen nur für den Prüfungszeitraum erfolgen. Dadurch wird jedoch nicht ausgeschlossen, dass anlässlich einer Außenprüfung **Einzelermittlungen** nach §§ 90, 93 AO für andere Besteuerungszeiträume durchgeführt werden.[992] Bei solchen Ermittlungen muss der Prüfer allerdings gegenüber dem Stpfl. deutlich machen, dass die verlangten Auskünfte nicht im Zusammenhang mit der Außenprüfung stehen.[993] Auch sind die Einzelermittlungen nicht in den Prüfungsbericht aufzunehmen. Von den Einzelermittlungen für andere Besteuerungszeiträume zu unterscheiden sind **Schlussfolgerungen** für andere Besteuerungszeiträume. Solche Schlussfolgerungen sind jedenfalls dann ohne Weiteres zulässig, wenn die Tatsachen rechtmäßig ermittelt werden.[994]

Beispiel

Der Prüfer hat festgestellt, dass der Stpfl. im Prüfungszeitraum (03–05) einen betrieblichen Pkw zu 40 % für private Zwecke verwendet hat. Das FA darf daraus schlussfolgern, dass der Pkw auch außerhalb des Prüfungszeitraums privat genutzt wurde. Sofern daher Steuerbescheide für vorangegangene Besteuerungszeiträume noch unter Nachprüfungsvorbehalt (§ 164 AO) stehen, können diese nach § 164 Abs. 2 AO geändert werden.[995] Im Übrigen kommt eine Korrektur nach § 173 AO in Betracht, weil die Privatnutzung eine Tatsache ist, die dem FA erst nachträglich bekannt wird.

5. Kontrollmitteilungen (§ 194 Abs. 3 AO)

233 **§ Fall 56: Kontrollmitteilung für die Steuerakten eines Angehörigen**

Bei der Prüfung des niedergelassenen Arztes Dr. Arnold S hat der Prüfer festgestellt, dass Zahlungen für Praxisvertretungen an den Sohn des Stpfl., Dr. Manfred S, nicht dem Lohnsteuerabzug unterworfen worden sind. Um die Versteuerung der Einnahmen bei dem Sohn des Stpfl. sicherzustellen, möchte der Prüfer eine Kontrollmitteilung zu dessen Steuerakten schreiben. Ist dieses Vorhaben zulässig?

Nach § 194 Abs. 3 AO kann der Prüfer sog. Kontrollmitteilungen schreiben, wenn er anlässlich der Außenprüfung Feststellungen trifft, die für die Überprüfung der steuerlichen Verhältnisse anderer Personen von Bedeutung sind. Die Kontrollmitteilungen werden von der Prüfungsdienststelle der zuständigen Finanzbehörde zugeleitet (§ 9 BpO 2000).

Ob bei der Anfertigung von Kontrollmitteilungen die Auskunfts- und Mitwirkungsrechte nach §§ 101–104 AO beachtet werden müssen, ist durch die Rspr. bisher noch nicht ausreichend geklärt:

- Die h. M. im Schrifttum bejaht die entsprechende Anwendung der §§ 101 ff. AO. Es dürfe keinen Unterschied machen, ob ein Stpfl. Informationen aktiv erteilt oder ob die Finanzbehörde sich diese im Rahmen einer Außenprüfung selbst beschafft.[996]
- Die Finanzverwaltung hat in der BpO 2000 keine einschränkenden Regelungen zur Anfertigung von Kontrollmitteilungen getroffen. Es ist daher davon auszugehen, dass in der Prüfungs*praxis* die §§ 101 ff. AO nicht beachtet werden.
- Nach einer differenzierenden Auffassung muss zumindest das Berufsgeheimnis nach § 102 AO beachtet werden.[997]

Der letzteren Auffassung ist u. E. der Vorzug zu geben: Durch die Auskunftsverweigerungsrechte nach §§ 101 und 103 AO soll der Auskunftspflichtige nur vor einer persön-

992 BFH v. 30.08.1988 – VI R 21/85, BStBl. II 1989, 193.
993 BFH v. 02.02.1994 – I R 57/93, BStBl. II 1994, 377.
994 BFH v. 28.08.1987 – III R 189/84, BStBl. II 1988, 2.
995 BFH a. a. O.
996 Vgl. Schallmoser in H/H/Sp § 194 AO Rn. 172; Seer in T/K § 194 AO Rn. 34; Koenig/Intemann § 194 Rn. 61; a. A. Klein/Rüsken § 194 Rn. 60.
997 Mösbauer in Koch/Scholtz, AO, 5. Aufl. 1996, § 194 Rn. 10.

lichen Konfliktsituation bewahrt werden. Ein solcher Konflikt besteht bei Kontrollmitteilungen jedoch nicht, weil § 194 Abs. 3 AO dem Stpfl. keine Handlungspflicht auferlegt. Darüber hinaus wäre es auch unter dem Gesichtspunkt der gleichmäßigen Besteuerung problematisch, wenn ein Stpfl. einerseits mit Angehörigen geschäftliche Beziehungen pflegen könnte, diese Beziehungen aber gegen den Besteuerungszugriff in besonderem Maße geschützt wären.

Ergebnis:

Der Prüfer darf die Kontrollmitteilung zu den Steuerakten des Dr. Manfred S schreiben.

Kontrollmitteilungen sind **wirkungsvolle Instrumente der Überwachung**, deren Rechtmäßigkeit nicht 234
davon abhängt, dass Anhaltspunkte für eine Steuerpflicht oder Steuerverkürzung bei dem betroffenen Dritten vorliegen.[998] Es darf sich allerdings nur um „Nebenprodukte" der Außenprüfung handeln. Deshalb wäre es beispielsweise unzulässig, eine Außenprüfung bei einer Bank nur anzuordnen, um systematisch Kontrollmitteilungen über Kontenbewegungen auf sog. CpD-Konten, die nicht dem Schutz für Bankkunden nach § 30 a AO a.F. unterliegen, anfertigen zu können.[999] Bei unzulässigem Schreiben von Kontrollmitteilungen hat der Stpfl., bei dem die Außenprüfung durchgeführt wird, einen Unterlassungsanspruch, der mit dem vorläufigen Rechtsschutz nach § 114 FGO (Antrag auf Erlass einer einstweiligen Anordnung) geltend gemacht werden kann.[1000]

6. Schlussbesprechung und strafrechtlicher Vorbehalt (§ 201 AO)

Über das Ergebnis der Außenprüfung ist grundsätzlich (Ausnahmen: keine Änderung 235
der Besteuerungsgrundlagen, Verzicht des Stpfl.) eine Schlussbesprechung abzuhalten (§ 201 Abs. 1 AO). Die Schlussbesprechung ist aus rechtlichen Gründen (wegen des rechtlichen Gehörs) und auch aus ökonomischen Gründen (Bereinigung kontroverser Auffassungen, Vermeidung von Einsprüchen) vorgeschrieben.

Zu einer **rechtlichen Bindung** führt die Einigung der Beteiligten in der Schlussbesprechung grundsätzlich nicht, weil nach der Struktur des Verfahrens eine verbindliche Entscheidung erst im Steuerfestsetzungsverfahren getroffen wird.[1001] Nur über schwierig zu ermittelnde Sachverhalte ist eine sog. **tatsächliche Verständigung** zulässig und – bereits vor Erlass der nachfolgenden Bescheide – bindend.[1002]

Das Institut der tatsächlichen Verständigung entspricht einem unabweisbaren Bedürfnis der Praxis. Rechtlicher Anknüpfungspunkt für die Bindungswirkung der tatsächlichen Verständigung ist nach der Rspr. der – auch im Steuerrechtsverhältnis geltende – Grundsatz von Treu und Glauben.[1003] Die Bindungswirkung ist im Übrigen davon abhängig, dass aufseiten der Finanzbehörde ein für die Veranlagung zuständiger Amtsträger beteiligt ist.[1004] Nach der Rspr. der Finanzgerichte ist allerdings auch denkbar, dass ein nicht zur Entscheidung befugter Sachbearbeiter oder aber der Betriebsprüfer die Vereinbarung mit dem Stpfl. trifft. Diese ist dann schwebend unwirksam und davon abhängig, dass sie vom zuständigen Amtsträger genehmigt wird (§ 177 BGB). Diese Genehmigung kann z.B. dadurch erteilt werden, dass dieser die spätere Steuerfestsetzung unterzeichnet.[1005]

Besteht die Möglichkeit, dass aufgrund der Prüfungsfeststellungen ein Straf- oder Bußgeldverfahren durchgeführt werden muss, soll der Stpfl. in der Schlussbesprechung darauf hingewiesen werden (sog. **strafrechtlicher Vorbehalt**, § 201 Abs. 2 AO).

998 Seer in T/K § 194 AO Rn. 31.

999 BFH v. 02.08.2001 – VII B 290/99, BStBl. II 2001, 665; Seer in T/K § 194 AO Rn. 30; vgl. auch Drüen in T/K § 30 a AO Rn. 39ff.

1000 BFH v. 04.10.2006 – VIII R 53/04, BStBl. II 2007, 227.

1001 BFH v. 27.04.1977 – I R 211/74, BStBl. II 1977, 623.

1002 BFH v. 31.03.2004 – I R 71/03, BStBl. II 2004, 742; dazu Seer in T/L Rn. 21, 146ff.; vgl. ferner oben Rn. 33, 122.

1003 BFH v. 18.04.1991 – IV R 127/89, BStBl. II 1991, 675.

1004 BFH v. 05.10.1990 – III R 19/88, BStBl. II 1991, 45; krit. zu dieser Einschränkung Seer in T/K Vor § 118 AO Rn. 24.

1005 FG Hamburg v. 04.12.1991 – II 125/89, EFG 1992, 379; a.A. BFH v. 28.07.1993 – XI R 68/92, BFH/NV 1994, 290; vgl. auch Seer in T/K Vor § 118 AO Rn. 25 m.w.N

Sofern sich allerdings der konkrete Verdacht einer Steuerstraftat oder Steuerordnungswidrigkeit schon während der Außenprüfung ergibt, muss der Prüfer die Ermittlungen unterbrechen und zunächst die Einleitung des Strafverfahrens (§ 397 AO) herbeiführen (§ 10 BpO 2000).[1006] Das weitere Verfahren kann wie folgt ablaufen:

- Die Steuerfahndung übernimmt die Prüfung und ermittelt die strafrechtlich und steuerrechtlich relevanten Tatsachen (§ 208 Abs. 1 S. 1 Nr. 1 und 2 AO).
- Die Außenprüfung wird fortgesetzt, und der Außenprüfer ermittelt nach den Regeln des Besteuerungsverfahrens den für die Steuerfestsetzung relevanten Sachverhalt. Der Stpfl. bleibt mitwirkungspflichtig. Er muss jedoch darauf hingewiesen werden, dass seine Mitwirkung nicht mit Zwangsmitteln (§ 328 AO) erzwungen werden kann, soweit er sich selbst einer Steuerstraftat oder Steuerordnungswidrigkeit bezichtigen würde (§ 393 Abs. 1 S. 2–4 AO).

Wird die Einleitung des Strafverfahrens pflichtwidrig unterlassen, dürfen Auskünfte des geprüften Unternehmers nach h. M. in einem späteren Strafverfahren nicht verwertet werden.[1007]

7. Prüfungsbericht (§ 202 AO)

236 Über das Ergebnis der Außenprüfung ergeht grundsätzlich ein sog. Prüfungsbericht, der die Prüfungsfeststellungen und die Änderungen der Besteuerungsgrundlagen darstellt (§ 202 Abs. 1 S. 2 AO). Der Prüfungsbericht ist vorbereitende Grundlage für möglicherweise zu erlassende Änderungsbescheide. Da er nicht auf Rechtswirkung nach außen gerichtet ist, handelt es sich nicht um einen Verwaltungsakt.[1008] Der Bericht wird dem Stpfl. nur dann vor der Auswertung, d. h. vor dem Erlass von Korrekturbescheiden übersandt, wenn der Stpfl. dies beantragt (§ 202 Abs. 2 AO).

Der Prüfungsbericht gehört nicht mehr zu den „Ermittlungen im Rahmen der Außenprüfung" i. S. d. § 171 Abs. 4 S. 3 AO. Deshalb ist für die Berechnung des Endes der Ablaufhemmung nach dieser Vorschrift – sofern keine Schlussbesprechung stattgefunden hat – nicht der Prüfungsbericht, sondern die letzte Ermittlungshandlung während der Außenprüfung maßgebend.[1009]

Führt die Prüfung zu keiner Änderung der Besteuerungsgrundlagen, genügt es, wenn die Behörde dem Stpfl. statt des Prüfungsberichts eine **schriftliche Mitteilung nach § 202 Abs. 1 S. 3 AO** macht. Auch diese Mitteilung ist trotz der von ihr ausgehenden Rechtsfolgen (vgl. §§ 171 Abs. 4 S. 1, 173 Abs. 2, 164 Abs. 3 S. 3 AO) kein Verwaltungsakt.[1010]

In der Praxis werden die Prüfungsberichte heute aufgrund von Rationalisierungsanweisungen der Aufsichtsbehörden auf den Mindestinhalt beschränkt (sog. Kurzberichte). In der Verwaltungspraxis werden neben den Prüfungsberichten noch „Sonderberichte" für den internen Gebrauch erstellt. Dazu gehört insbesondere der sog. **Rotbericht** für die Straf- und Bußgeldstellen der Finanzbehörden.[1011]

Infolge der Kurzfassung der Prüfungsberichte haben für die Dienstaufsicht und ggf. auch für Rechtsbehelfsverfahren die **persönlichen Arbeitsunterlagen** des Prüfers erheblich an Bedeutung gewonnen.

8. Abgekürzte Außenprüfung (§ 203 AO)

237 Dem Rationalisierungsbemühen der Finanzverwaltung kommt das Institut der abgekürzten Außenprüfung entgegen. In Fällen von geringerer steuerlicher Bedeutung kann eine

1006 S. dazu gleichlautender Ländererlass zu Anwendungsfragen zu § 10 Abs. 1 BpO v. 31.08.2009, BStBl. I 2009, 829.
1007 Vgl. Seer in T/K § 200 AO Rn. 33 a.
1008 BFH v. 29.04.1987 – I R 118/83, BStBl. II 1988, 168.
1009 BFH v. 08.07.2009 – XI R 64/07, BStBl. II 2010, 5.
1010 BFH v. 14.12.1989 – III R 158/85, BStBl. II 1990, 283.
1011 Seer in T/K § 202 AO Rn. 7; Streck BB 1984, 199 ff.

Prüfung erfolgen, die sich auf die wesentlichen Besteuerungsgrundlagen zu beschränken hat (§ 203 Abs. 1 S. 2 AO). Bei einer abgekürzten Außenprüfung hat der Stpfl. keinen Anspruch auf die Durchführung einer Schlussbesprechung und auf Übersendung des Prüfungsberichts vor seiner Auswertung (§ 203 Abs. 2 S. 2 AO). Hierin liegt im Hinblick auf die in §§ 199 Abs. 2, 203 Abs. 2 S. 1 AO normierte Unterrichtungspflicht kein Verstoß gegen den als Ausfluss des Rechtsstaatsprinzips verfassungsrechtlich gewährleisteten Grundsatz des rechtlichen Gehörs.[1012] Die abgekürzte Prüfung hat im Übrigen aber die gleichen Wirkungen wie eine „normale" Außenprüfung.

VI. Verbindliche Zusage (§§ 204–207 AO)

Fall 57: Die zweifelhafte Familiengesellschaft 238

Im Verlaufe der Außenprüfung war umstritten, ob die Aufnahme der minderjährigen Kinder des Stpfl. S als Kommanditisten in sein bisheriges Einzelunternehmen zu einer Mitunternehmerschaft i. S. d. § 15 Abs. 1 S. 1 Nr. 2 EStG geführt hat. In der Schlussbesprechung ließ der Prüfer seine Bedenken fallen und übernahm die Rechtsauffassung des S. Daraufhin bittet S um eine Zusage, dass unter Zugrundelegung des bestehenden Gesellschaftsvertrags auch in zukünftigen Besteuerungszeiträumen die Mitunternehmerschaft anerkannt wird. Hat der Antrag des S Erfolg?

I. Die Prüfungsfeststellungen und die darauf beruhenden Steuerbescheide haben keine Bindungswirkung für zukünftige Besteuerungszeiträume (Grundsatz der Abschnittsbesteuerung). Selbst bei der Korrektur von Steuerbescheiden ist der Stpfl. nur unter den Voraussetzungen des § 176 AO dagegen geschützt, dass die Behörde aufgrund besserer Erkenntnis von ihrer bisherigen Rechtsauffassung zum Nachteil des Stpfl. abweicht (vgl. unten Rn. 259).

II. Im Besteuerungsverfahren trägt also grundsätzlich der Stpfl. das **„Rechtsanwendungsrisiko"**. Erst nachdem der wirtschaftliche Sachverhalt, an den die Besteuerung knüpft, verwirklicht ist, erfolgt die Prüfung und Entscheidung der Finanzbehörde. Sie kann dabei zu anderen steuerrechtlichen Wertungen kommen, als der Stpfl. seinem Verhalten zugrunde gelegt hat. Bei weitreichenden unternehmerischen Entscheidungen besteht deshalb u. U. ein erhebliches Interesse des Stpfl., dass die Finanzbehörde im Vorhinein mitteilt, wie sie einen Sachverhalt bei der Steuerfestsetzung beurteilen wird.

III. **Dispositionsschutz** besteht für den Stpfl. in folgenden gesetzlich geregelten Fällen:
- Verbindliche Auskunft über die steuerliche Beurteilung von noch nicht verwirklichten Sachverhalten (§ 89 Abs. 2 AO, vgl. Rn. 119),
- Lohnsteueranrufungsauskunft als für den mit Einbehaltungs- und Abführungspflichten belasteten Arbeitgeber (§ 42 e EStG) und
- verbindliche Zusage im Anschluss an eine Außenprüfung (§§ 204–207 AO).

IV. Die **verbindliche Zusage** ist von so differenzierten Voraussetzungen abhängig gemacht worden, dass sie in der Praxis bisher nur eine relativ geringe Bedeutung hat. Sie soll (eingeschränktes Ermessen) erteilt werden, wenn
- ein für die Vergangenheit geprüfter Sachverhalt im Prüfungsbericht dargestellt wird,
- die Kenntnis der künftigen steuerrechtlichen Behandlung dieses Sachverhalts für die geschäftlichen Maßnahmen des Stpfl. von Bedeutung ist und
- der Stpfl. im Anschluss an die Außenprüfung die verbindliche Zusage beantragt (§ 204 AO).

1012 BFH v. 25.01.1989 – X R 158/87, BStBl. II 1989, 483.

Im konkreten Fall ist das Bestehen der Mitunternehmerschaft geprüft worden, und der Sachverhalt kann im Prüfungsbericht dargestellt werden. Die rechtliche Würdigung des Gesellschaftsverhältnisses ist auch für künftige Besteuerungszeiträume von Bedeutung. Deshalb besteht ein besonderes „Zusageinteresse".[1013] Da keine Gesichtspunkte erkennbar sind, die für die Ablehnung sprechen, muss das FA dem Antrag entsprechen.

Ergebnis:

Der Antrag des S auf Erteilung einer verbindlichen Zusage wird Erfolg haben.

239 Die verbindliche Zusage nach §§ 204 ff. AO ist – im Gegensatz zur verbindlichen Auskunft nach § 89 Abs. 2 AO – **kostenfrei.**

Die verbindliche Zusage ist für die Besteuerung bindend, wenn sich der später verwirklichte Sachverhalt mit dem der verbindlichen Zusage zugrunde gelegten Sachverhalt deckt (§ 206 Abs. 1 AO). Keine **Bindungswirkung** hat die verbindliche Zusage (zur Form vgl. § 205 AO), wenn sie zuungunsten des Antragstellers dem geltenden Recht widerspricht (§ 206 Abs. 2 AO). Diese Vorschrift beruht auf dem Gedanken, dass die verbindliche Zusage nur dem Schutz des Stpfl. dienen soll.

Die verbindliche Zusage tritt **außer Kraft**, wenn eine Rechtsänderung eintritt (§ 207 Abs. 1 AO). Im Übrigen kann die Finanzbehörde die verbindliche Zusage ex nunc (§ 207 Abs. 2 AO) und – unter eingeschränkten Voraussetzungen – auch ex tunc aufheben oder ändern (§ 207 Abs. 3 AO).

B. Steuerfahndung (§ 208 AO)

I. Aufgaben der Steuerfahndung (Steufa)

240 Nach § 208 Abs. 1 AO hat die Steufa die Aufgabe,

- Steuerstraftaten und Steuerordnungswidrigkeiten zu erforschen (Nr. 1),
- in den in Nr. 1 bezeichneten Fällen Besteuerungsgrundlagen zu ermitteln (Nr. 2); diese Aufgabenzuweisung ermöglicht auch Fahndungsprüfungen für Zwecke des Besteuerungsverfahrens, wenn für evtl. Steuerstraftaten oder Steuerordnungswidrigkeiten i. S. d. Nr. 1 bereits Verfolgungsverjährung eingetreten ist,[1014]
- unbekannte Steuerfälle aufzudecken und zu ermitteln (Nr. 3).

Neben den eigentlichen kriminalistischen Aufgaben hat die Steufa also auch die Aufgabe, nach (bisher) unbekannten Stpfl. zu forschen und (bisher) unbekannte steuerliche Sachverhalte aufzudecken (sog. Vorfeldermittlungen). Die Steufa nimmt somit Funktionen einer **allgemeinen Steueraufsicht** wahr. Begrenzt wird dieser Aufgabenbereich durch verfassungsrechtliche Schranken: Das Interesse der Allgemeinheit an einer möglichst lückenlosen Verhinderung von Steuerverkürzungen ist abzuwägen mit dem Interesse der jeweils Betroffenen, von staatlichen Eingriffen verschont zu bleiben.[1015] Ermittlungen „ins Blaue hinein" und Rasterfahndungen sind unzulässig.[1016]

1013 Dazu Seer in T/K § 204 AO Rn. 12.
1014 BFH v. 16.12.1997 – VII B 45/97, BStBl. II 1998, 231.
1015 BFH v. 29.10.1986 – VII R 82/85, BStBl. II 1988, 359.
1016 BFH v. 25.07.2000 – VII B 28/99, BStBl. II 2000, 643; dazu BMF v. 12.12.2000, BStBl. I 2000, 1549.

Beispiel 1

In einer Tageszeitung erscheinen zwei Chiffreanzeigen, in denen wertvolle ausländische Immobilien angeboten werden. Die Anzeigen als solche begründen noch keinen konkreten Verdacht einer Steuerverkürzung, z. B. durch Anlage unversteuerter Gelder in ausländischem Grundbesitz. Auch unter Berücksichtigung der Interessen der Betroffenen besteht jedoch nach dem Gegenstand (ausländischer Grundbesitz) und den Umständen der Anzeige (Anonymität des Inserenten) ein hinreichender Anlass zum Tätigwerden der Steufa.[1017]

Beispiel 2

Die Finanzbehörden haben in sechs Fällen festgestellt, dass niedergelassene Frauenärzte in größerem Umfang Einnahmen aus der Veräußerung empfängnisverhütender Präparate, deren Kosten nicht von den Krankenkassen getragen werden, nicht ordnungsgemäß als Betriebseinnahmen erfasst haben. Die Präparate hatten die Frauenärzte bei nicht ortsansässigen Apotheken gegen Bar- oder Scheckzahlung erworben. Das zuständige FA für Fahndung und Strafsachen („FAFuSt" oder „STRAFA-FA") hat daraufhin an den Hersteller des Präparats ein Auskunftsersuchen des Inhalts gerichtet, ihm die 50 umsatzstärksten Apotheken für das entsprechende Präparat im Bundesgebiet mitzuteilen. Es beabsichtigt, über diese Apotheken die Anschriften von Ärzten zu ermitteln, die in größerem Umfang das entsprechende Präparat bezogen haben, um dann bei diesen Ärzten weitere Ermittlungen durchzuführen.

Das FAFuSt hat im Rahmen seiner Aufgabe zur Aufdeckung unbekannter Steuerfälle gehandelt. Aufgrund der gleichartigen Feststellungen in sechs Arztpraxen bestand hinreichender Anlass zu prüfen, ob es auch bei anderen Fachärzten zu ähnlichen Verkürzungstatbeständen gekommen ist. Das Auskunftsersuchen durfte auch an den Pharmahersteller als „andere Person als die Beteiligten" gerichtet werden, weil die Beteiligten – die in den Vertrieb des Präparats eingebundenen Fachärzte – den Finanzbehörden nicht bekannt waren, und im Übrigen die Einschränkung des § 93 Abs. 1 S. 3 AO (Subsidiarität der Inanspruchnahme Dritter als Auskunftspersonen) für die Steuerfahndung nicht gilt (§ 208 Abs. 1 S. 3, Abs. 1 Nr. 3 AO).

II. Befugnisse der Steufa

Die Zweispurigkeit[1018] der Aufgaben (kriminalistische und steuerliche) führt zu unterschiedlichen Befugnissen der Fahndungsbeamten: 241

- Im **Steuerstrafverfahren** haben die Fahndungsbeamten nach § 404 AO dieselben Rechte und Pflichten wie Polizeibeamte nach der StPO.[1019] Darüber hinaus haben die Steufa-Beamten die Befugnisse von Hilfsbeamten der Staatsanwaltschaft (§ 404 S. 2 i. V. m. § 399 Abs. 2 S. 2 AO), d. h. insbesondere das Recht zu Durchsuchungen und Beschlagnahmen nach Maßgabe der §§ 94 ff., 102 ff. StPO.
- Im **Besteuerungsverfahren** haben die Steufa-Beamten die Ermittlungsbefugnisse, die den FÄ im Besteuerungsverfahren zustehen (vgl. §§ 93 ff. AO). Gewisse Einschränkungen, die von den Finanzbehörden zu beachten sind, gelten bei Ermittlungen der Steufa jedoch nicht (§ 208 Abs. 1 S. 3 AO).

Beispiel

Fahndungsbeamte können ohne vorherige Befragung des Stpfl. dritte Personen um Auskunft ersuchen (vgl. oben Rn. 240).

1017 Vgl. BFH a. a. O.

1018 Eingehend zur Doppelrolle auch Jakob Rn. 474 ff.

1019 Vorgaben zur Ausübung der Befugnisse treffen die (bundesweit abgestimmten) Anweisungen für das Straf- und Bußgeldverfahren (Steuer) v. 01.12.2019, BStBl. I 2019, 1142.

III. Rechtsschutz gegen Maßnahmen der Steufa

242 Die Zweispurigkeit der Aufgaben und Befugnisse der Steufa hat auch Konsequenzen für den Rechtsschutz:

- Gegen Maßnahmen im Steuerstrafverfahren, insbesondere Durchsuchungen, kommen die **Rechtsbehelfe nach der StPO** in Betracht (z. B. der Antrag nach § 98 Abs. 2 StPO [analog] bei Durchsuchungen ohne vorherige richterliche Anordnung[1020]). Die Beschränkung des Stpfl. auf die strafprozessualen Rechtsbehelfe gilt auch dann, wenn die Steufa im Zusammenhang mit einem eingeleiteten Straf- und Bußgeldverfahren nach § 208 Abs. 1 Nr. 2 AO Besteuerungsgrundlagen für das Besteuerungsverfahren des Stpfl. ermitteln will.[1021]
- Bei sog. Vorfeldermittlungen, d. h. Maßnahmen vor Einleitung eines Straf- oder Bußgeldverfahrens, ist der **Finanzverwaltungsweg** (§ 347 AO) bzw. der **Finanzrechtsweg** (§ 33 FGO) gegeben. Das gilt auch dann, wenn im Rahmen eines Straf- oder Bußgeldverfahrens Ermittlungshandlungen gegen Dritte erfolgen, gegen die noch kein Straf- oder Bußgeldverfahren eingeleitet ist.[1022]

Beispiel

Der Stpfl. betreibt einen Bordellbetrieb in der Weise, dass er einzelne Zimmer gegen Tagesmieten an Prostituierte vermietet. Um die Besteuerung der Prostituierten sicherzustellen, hat das Finanzamt (Steuerfahndung) gegen den Widerspruch des Stpfl. mehrere sog. Kontrollbesuche in den Räumlichkeiten des Stpfl. durchgeführt. Der Stpfl. hält diese Maßnahmen für rechtswidrig und beantragt beim Finanzgericht, der Steuerfahndung weitere Kontrollbesuche vorläufig zu untersagen.

Der Finanzrechtsweg ist gegeben, weil die streitgegenständlichen Kontrollbesuche im Rahmen der sog. Vorfeldermittlung nach § 208 Abs. 1 S. 1 Nr. 3 AO erfolgen und keine Maßnahmen im Strafverfahren sind.

Der Antrag auf eine einstweilige **Regelungsanordnung nach § 114 Abs. 1 S. 2 FGO** ist auch zulässig, weil der Stpfl. sein Rechtsschutzziel nicht auf einem anderen Wege erreichen kann und wegen des Eingriffs in sein grundrechtlich geschütztes Hausrecht auch ein Rechtsschutzinteresse gegeben ist.

Der Antrag ist jedoch unbegründet, weil weder ein Anordnungsanspruch noch ein Anordnungsgrund glaubhaft gemacht sind. Ein **Anordnungsanspruch** wäre gegeben, wenn die Steuerfahndung mit den Kontrollbesuchen ihre gesetzlichen Befugnisse überschreiten würde. Das ist jedoch nicht der Fall, weil die Fahndungsbeamten nach § 99 Abs. 1 AO Grundstücke und Räume betreten dürfen und wegen des Fahndungszwecks abweichend von der Sollregelung in § 99 Abs. 1 S. 2 AO keine vorherige Benachrichtigung der betroffenen Personen erforderlich ist. Im Übrigen ist auch kein **Anordnungsgrund** ersichtlich, weil von den vorgesehenen Maßnahmen keine Bedrohung der wirtschaftlichen oder persönlichen Existenz der Betroffenen ausgeht.[1023]

IV. Organisation der Steufa

243 In den Ländern bestehen verschiedene Organisationsmodelle. Danach ist die Steufa entweder dem FA angegliedert oder mit anderen Dienststellen in einem selbstständigen Amt für Prüfungsdienste und/oder Strafsachen zusammengefasst. Die „Informationszentrale für den Steuerfahndungsdienst" beim FA Wiesbaden II koordiniert beispielsweise die Arbeit der Fahndungsstellen und führt insbesondere eine zentrale Fahndungskartei für Fälle mit überregionaler Bedeutung.

1020 Seer in T/K § 404 AO Rn. 51.

1021 Vgl. BFH v. 06.02.2001 – VII B 277/00, BStBl. II 2001, 306.

1022 Vgl. BFH a. a. O.

1023 Vgl. im Einzelnen BFH v. 22.12.2006 – VIII B 121/06, BStBl. II 2009, 839.

5. Abschnitt Korrektur von Verwaltungsakten

A. Allgemeines

Ein Verwaltungsakt wird nach § 124 Abs. 1 AO mit der ordnungsgemäßen Bekanntgabe wirksam. Von diesem Zeitpunkt an ist der Verwaltungsakt für die Behörde und den Beteiligten bindend, solange er nicht von der Behörde korrigiert oder im Einspruchsverfahren aufgehoben oder geändert ist (§ 124 Abs. 2 AO). Außerhalb eines Einspruchsverfahrens ist die Korrektur fehlerhafter Verwaltungsakte nur begrenzt zulässig. Denn wie der Grundsatz der Gesetzmäßigkeit der Verwaltung nach der Korrektur des Fehlers verlangt, gebietet der Grundsatz der Rechtssicherheit, das Vertrauen des Stpfl. in den Bestand der getroffenen Regelung zu schützen. Die Korrekturvorschriften enthalten Kompromisse zwischen diesen beiden divergierenden Prinzipien.[1024] 244

B. System der Korrekturvorschriften

Um die Korrekturvorschriften der AO an das allgemeine Verwaltungsrecht anzupassen, hat der Gesetzgeber der AO 1977 aus dem VwVfG die Begriffe der **Rücknahme** (bei rechtswidrigen Verwaltungsakten) und des **Widerrufs** (bei rechtmäßigen Verwaltungsakten) übernommen (s. § 130 und § 131 AO). Für die meisten Steuerverwaltungsakte war diese Differenzierung jedoch unbrauchbar, weil der Grundsatz der Gesetzmäßigkeit der Besteuerung (s. § 85 S. 1 AO) die Korrektur rechtmäßiger Steuerbescheide ohnehin ausschließt. Deshalb wurden für diesen Bereich der Verwaltungsakte die überkommenen Begriffe der **Aufhebung und Änderung** beibehalten (s. Überschrift zu § 172 AO). Damit hat der Gesetzgeber im Ergebnis eine in der Terminologie komplizierte und – weil die Korrekturbestimmungen auseinandergerissen wurden – unübersichtliche Regelung geschaffen.[1025] 245

Terminologisch nicht gesichert ist der Begriff der Bestandskraft, den die AO als Überschrift vor den §§ 172 ff. AO verwendet. Bestandskraft ist für Verwaltungsakte der Parallelbegriff zur Rechtskraft von Gerichtsentscheidungen (vgl. § 110 FGO).[1026] Dementsprechend wird auch zwischen formeller und materieller Bestandskraft unterschieden:

- **Formelle Bestandskraft** erlangt ein Verwaltungsakt, sobald er unanfechtbar geworden ist. Formelle Bestandskraft ist also gleichbedeutend mit **Unanfechtbarkeit.**[1027]
- Die **materielle Bestandskraft** betrifft die inhaltliche Bindungswirkung des Verwaltungsakts und besagt, dass er nur noch unter besonderen Voraussetzungen korrigiert werden kann („Abweichungsverbot").[1028]

Daraus folgt: Verwaltungsakte werden grundsätzlich mit Eintritt der Unanfechtbarkeit formell und materiell bestandskräftig. Eine Ausnahme gilt für Vorbehaltsfestsetzungen nach § 164 AO, die zwar formell bestandskräftig, wegen der unbegrenzten Änderbarkeit (§ 164 Abs. 2 AO) aber nicht materiell bestandskräftig werden.[1029]

1024 Loose in T/K Vor § 130 AO Rn. 3.

1025 Zur Kritik vgl. Loose in T/K Vor § 130 AO Rn. 17 ff.

1026 Loose in T/K Vor § 172 AO Rn. 1.

1027 Loose in T/K Vor § 172 AO Rn. 1.

1028 Vgl. Merten NJW 1983, 1993.

1029 BFH v. 22.09.1982 – II R 48/81, BStBl. II 1983, 164; Seer in T/L Rn. 21.81.

Im Schrifttum wird zum Teil die Auffassung vertreten, die materielle Bestandskraft trete bereits mit der Bekanntgabe ein, weil die Behörde den bekannt gegebenen Verwaltungsakt nicht mehr beliebig korrigieren könne.[1030] Gegen diese Terminologie spricht, dass sie die Parallele zum Begriff der Rechtskraft vernachlässigt und die unbegrenzte Änderbarkeit noch nicht unanfechtbar gewordener Verwaltungsakte im Einspruchsverfahren außer Acht lässt.

C. Berichtigung nach § 129 AO

246 **Fall 58: Berichtigung wegen eines Eingabeversehens**

Der Stpfl. wurde für das Jahr 01 endgültig zur ESt veranlagt. Der Sachbearbeiter hatte bei der Bearbeitung der Steuererklärung – entgegen den eindeutigen Angaben in der Steuererklärung – versehentlich die Schlüsselzahl für den ungekürzten Höchstbetrag abzugsfähiger Vorsorgeaufwendungen elektronisch erfasst. Kann das FA die Steuerfestsetzung nach § 129 AO wegen offenbarer Unrichtigkeit berichtigen und die Vorsorgeaufwendungen entsprechend den eingereichten Belegen mit einem geringeren Betrag berücksichtigen?

Nach § 124 Abs. 1 S. 2 AO ist der StB mit dem bekannt gegebenen Inhalt wirksam geworden. Das Vertrauen in den Bestand dieses Verwaltungsakts wird jedoch nicht geschützt, wenn dem FA bei Erlass eine offenbare Unrichtigkeit i. S. d. § 129 AO unterlaufen ist.

I. Nach § 129 AO können Schreibfehler, Rechenfehler oder ähnliche offenbare Unrichtigkeiten berichtigt werden. Da im konkreten Fall kein **Schreibfehler oder Rechenfehler** unterlaufen ist, kommt als Berichtigungsanlass nur eine dem Schreib- oder Rechenfehler **„ähnliche Unrichtigkeit"** in Betracht. Darunter versteht man eine mechanische Fehlleistung, bei der nach den konkreten Umständen des Einzelfalls die Möglichkeit eines Rechtsirrtums, d. h. eines Fehlers in der Tatsachenwürdigung oder Rechtsanwendung, ausgeschlossen ist.[1031] Die Entscheidung, ob es sich um mechanische Versehen oder um bewusste Sachaufklärungs- oder Gesetzesanwendungsfehler handelt, hängt stark vom Einzelfall und von den Präferenzen des Richters (Bevorzugung des Prinzips der Rechtssicherheit oder des Prinzips der Rechtsrichtigkeit) ab.[1032] Für die Auslegung des Begriffs des mechanischen Versehens ist es unerheblich, ob die Bediensteten des Finanzamts beim Erlass des unrichtigen Bescheids ein **Verschulden** trifft. Auch eine oberflächliche Behandlung des Falles oder gar grobe Fahrlässigkeit hindern die Anwendung des § 129 AO nicht.[1033] Umstände, die für den zuständigen Bearbeiter erst aus dem Rückgriff auf die Akten des Vorjahres erkennbar gewesen wären, begründen dagegen keine offenbare Unrichtigkeit. Denn einem solchen Fall liegt – wenn überhaupt – ein Fehler bei der Sachverhaltsermittlung vor.[1034] Ebenso liegt kein bloßes Übersehen, sondern ein Aufklärungsfehler des FA im bewusst unterlassenen Abgleich der der Steuererklärung elektronisch beigestellten Daten (z. B. Arbeitgeberübermittlung) mit den vom Stpfl. erklärten Daten (z. B. Arbeitslohn), sodass eine Berichtigung nach § 129 AO ausgeschlossen ist.[1035]

1030 B/D/T Rn. 400 m. w. N.

1031 St.Rspr., vgl. z. B. BFH v. 06.02.2008 – VII B 23/07, BFH/NV 2008, 814; BFH v. 16.09.2015 – IX R 37/14, BStBl. II 2015, 1040; BFH v. 10.12.2019 – IX R 23/18, BStBl. II 2020, 371 (zur Intensivprüfung nach dem „6-Augen-Prinzip").

1032 Vgl. Seer in T/K § 129 AO Rn. 13 m. w. N.; Beispiele aus der Rspr. bei Seer a. a. O. Rn. 17–26a.

1033 BFH v. 31.05.1995 – IV B 146/94, BFH/NV 1995, 955.

1034 BFH v. 27.05.2009 – X R 47/08, BStBl. II 2009, 946.

1035 BFH v. 16.01.2018 – VI R 41/16, BStBl. II 2018, 378.

Es ist eine „ähnliche Unrichtigkeit“ gegeben, weil der Sachbearbeiter aus Versehen eine falsche Schlüsselzahl eingegeben hat und dem Sachverhalt keine Anhaltspunkte für rechtlich fehlerhafte Überlegungen des Sachbearbeiters zu entnehmen sind.

II. Fraglich ist, ob die Unrichtigkeit auch **„offenbar“** ist.
- Im Schrifttum überwiegt die Auffassung, das Merkmal der Offenbarkeit ziele auf den Vertrauensschutz für den Beteiligten und sei deshalb nur gegeben, wenn für diesen der Fehler ohne Weiteres erkennbar ist.[1036]
- Nach Ansicht des BFH[1037] ergibt sich aus der Gesetzesformulierung „beim Erlass eines Verwaltungsakts“, dass die Unrichtigkeit nicht aus dem Bescheid ersichtlich sein muss.
  Diese Auffassung findet eine Stütze in der Entstehungsgeschichte des Gesetzes: Für die Besteuerung als Massenverfahren mit besonderen im EDV-Bereich liegenden Fehlerquellen sollten erweiterte Korrekturmöglichkeiten für mechanische Fehlleistungen der Finanzbehörden geschaffen werden.[1038] Würde man auf die Erkennbarkeit der Fehlleistung aus der Sicht des Beteiligten abstellen, bliebe für die Anwendung des § 129 AO – auch zugunsten des Stpfl. – nur ein geringer Raum.

Das Merkmal der Offenbarkeit ist im konkreten Fall nach beiden Auffassungen gegeben. Denn der Fehler des Sachbearbeiters ergibt sich ohne Weiteres (auch für den Stpfl.) erkennbar aus dem Vergleich der Steuererklärung mit dem Steuerbescheid.

III. Aus dem Tatbestandsmerkmal **„beim Erlass eines Verwaltungsakts“** folgt weiter, dass grundsätzlich nur Fehler der Finanzbehörde berichtigt werden können. Allerdings kann der Fehler auch darin bestehen, dass das FA erkennbar fehlerhafte Angaben in der Steuererklärung übersieht und damit eine offenbare Unrichtigkeit der Steuererklärung als eigene übernimmt.[1039] Das gilt auch bei Steueranmeldungen (§ 150 Abs. 1 S. 3 AO): Ein mechanischer Fehler, der dem Stpfl. bei der Selbsterrechnung der Steuer unterläuft, stellt nur dann eine offenbare Unrichtigkeit i.S.d. § 129 AO dar, wenn die Fehlerhaftigkeit der Angaben des Stpfl. für das FA erkennbar war.[1040] So bejaht der BFH eine offenbare Unrichtigkeit, wenn sich aus der maßgeblichen Sicht eines objektiven Dritten ergibt, dass umsatzsteuerlich berücksichtigte USt-Zahlungen nur aufgrund eines mechanischen Versehens vom Stpfl. nicht in seiner ESt-Erklärung berücksichtigt worden sind und das FA diese fehlerhafte Angabe als eigene übernimmt.[1041] Im Falle von Steueranmeldungen (vgl. § 168 AO) steht § 129 AO selbstständig neben § 164 Abs. 2 AO, jedoch aus der Sicht des Stpfl. ggf. mit dem Vorteil, dass die Entscheidung nicht bis zur abschließenden Prüfung hinausgeschoben werden kann (§ 164 Abs. 2 S. 3 AO).

IV. Die Berichtigung liegt im **Ermessen** der Behörde, sofern nicht ein berechtigtes Interesse des Beteiligten besteht (z.B. bei zu hoher Steuerfestsetzung). Im konkreten Fall würde die Berichtigung dem Zweck des § 129 AO entsprechen, und sie wäre auch nicht unverhältnismäßig (§ 5 AO).

Ergebnis:

Das FA kann den ESt-Bescheid 01 nach § 129 AO nachträglich berichtigen und die Vorsorgeaufwendungen mit dem richtigen Betrag ansetzen.

1036 Seer in T/K § 129 AO Rn. 3 ff.; B/D/T Rn. 403; Nothnagel StuW 1984, 60 ff.

1037 BFH v. 11.07.2007 – XI R 17/05, BFH/NV 2007, 1810; BFH v. 06.11.2012 – VIII R 15/10, BStBl. II 2013, 307; Werth in K/vW § 129 Rn. 12; Koenig/Vorbeck § 129 Rn. 18.

1038 BT-Drs. 7/4292, 29.

1039 BFH v. 02.04.1987 – IV R 255/84, BStBl. II 1987, 762; BFH v. 04.06.2008 – X R 47/07, BFH/NV 2008, 1801.

1040 BFH v. 10.09.1987 – V R 69/84, BStBl. II 1987, 834.

1041 BFH v. 27.08.2014 – VIII R 9/11, BStBl. II 2014, 439.

Weitere Einzelheiten zu § 129 AO:

I. Fehlerhafte Eingaben im maschinellen Festsetzungsverfahren

247 Fehler bei Eintragungen in Eingabewertbögen für die automatische Datenverarbeitung stehen mechanischen Fehlleistungen gleich, wenn der Bearbeiter irrtümlich falsche Schlüsselzahlen verwendet, notwendige Eintragungen übersieht oder sich im Programmablauf irrt. Es ist aber auch denkbar, dass fehlerhafte Eintragungen auf einem Rechts- oder Tatsachenirrtum beruhen und deshalb keine Korrektur nach § 129 AO erfolgen darf. Ob eine mechanische Fehlleistung vorliegt oder die Möglichkeit eines Rechts- oder Tatsachenirrtums besteht, muss nach den Umständen des Einzelfalls beurteilt werden.[1042]

II. Übernahme des Fehlers in einem Änderungsbescheid

248 Die Berichtigungsmöglichkeit nach § 129 AO geht nicht verloren, wenn das FA nach Erlass des wegen einer offenbaren Unrichtigkeit fehlerhaften Erstbescheids einen Änderungsbescheid (z. B. nach § 173 AO wegen neuer Tatsachen) erlässt, in dem es die **offenbare Unrichtigkeit des Erstbescheids ungeprüft** übernimmt. Die offenbare Unrichtigkeit wird also nicht dadurch zu einem Rechtsfehler, dass der Fehler fortlaufend übernommen wird und ggf. auch mehreren Amtsträgern unterläuft.[1043]

Gleiches gilt, wenn das FA in einem aufgrund eines Einspruchs ergangenen Änderungsbescheid eine offenbare Unrichtigkeit des Erstbescheids übernommen hat und auszuschließen ist, dass die Übernahme der Unrichtigkeit auf fehlerhafter Anwendung materiellen Steuerrechts beruht.[1044]

Wird ein Fehler in mehreren Änderungsbescheiden (durch Übernahme) bloß wiederholt, wodurch sich der Charakter dieses Fehlers als eine nach § 129 AO berichtigungsfähige offenbare Unrichtigkeit nicht ändert,[1045] so kommt es zur Beurteilung der Frage, ob die **Ablaufhemmung nach § 171 Abs. 2 AO** eingreift und damit möglicherweise noch keine Festsetzungsverjährung eingetreten ist, nur auf den ursprünglichen Bescheid an, der das Versehen erstmals enthielt, nicht aber auf den die offenbare Unrichtigkeit lediglich übernehmenden Verwaltungsakt. Dies ergibt sich nicht nur aus dem Wortsinn des § 171 Abs. 2 AO, sondern entspricht auch dem Normzweck, den Fristablauf nur begrenzt hinauszuschieben. Sachlich soll diese Wirkung nur erreicht werden, soweit sich die Unrichtigkeit auswirkt, und zeitlich höchstens bis zu einem Jahr nach Bekanntgabe des („dieses") Bescheids, der die Unrichtigkeit offenbar gemacht hat.[1046]

III. Übernahme von Fehlern des Stpfl.

249 Wird ein in der Steuererklärung enthaltener für das FA klar erkennbarer Fehler (Schreib-, Rechenfehler, ähnliche offenbare Unrichtigkeit) vom FA in den Steuerbescheid übernommen, gilt er als von der Behörde nachvollzogen und wird damit zu einem nach § 129 AO berichtigungsfähigen Fehler des FA.[1047]

1042 BFH v. 05.02.1998 – IV R 17/97, BStBl. II 1998, 535.
1043 BFH v. 10.09.1987 – V R 69/84, BStBl. II 1987, 834.
1044 BFH v. 29.03.1995 – VI R 140/81, BStBl. II 1985, 569.
1045 BFH a. a. O.
1046 BFH v. 08.03.1989 – X R 116/87, BStBl. II 1989, 531.
1047 BFH v. 27.05.2009 – X R 47/08, BStBl. II 2009, 946; Seer in T/K § 129 AO Rn. 14.

IV. Übersehen eines Grundlagenbescheids

Eine Steuerfestsetzung ist auch dann nach § 175 Abs. 1 S. 1 Nr. 1 AO zu ändern, wenn das Finanzamt beim Erlass des Bescheids einen bereits vorliegenden Grundlagenbescheid nicht berücksichtigt hat. Beruht die Nichtbeachtung des Grundlagenbescheids auf einem mechanischen Versehen, kann der fehlerhafte Bescheid sowohl nach § 175 Abs. 1 S. 1 Nr. 1 AO als auch nach § 129 AO berichtigt werden.[1048] 250

Dies ist ein praktisches Bsp. für eine Idealkonkurrenz der Korrekturvorschriften, die nebeneinander angewendet werden können, soweit ihre Voraussetzungen erfüllt sind. Dafür sprechen gerade die zeitlichen Unterschiede bei der Ablaufhemmung (vgl. § 171 Abs. 2 AO für § 129 AO gegenüber § 171 Abs. 10 AO für § 175 Abs. 1 S. 1 Nr. 1 AO).

Übersicht 251

Überblick über die Korrekturvorschriften der AO

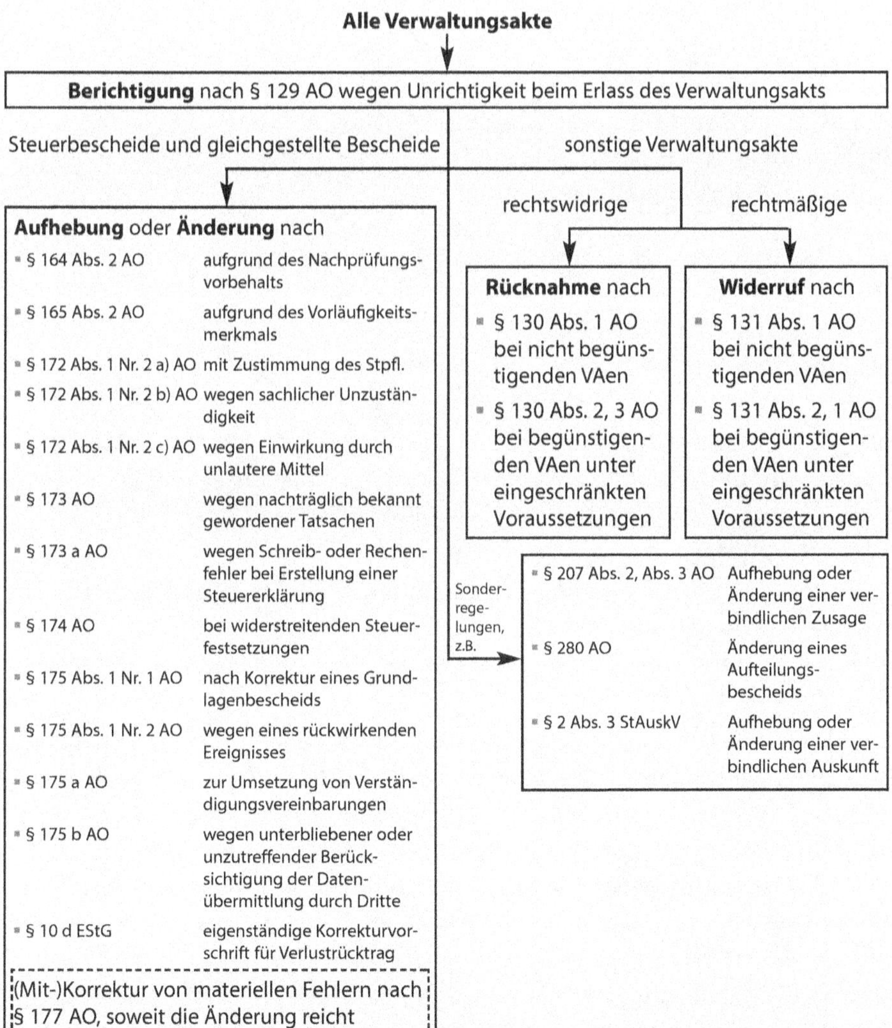

1048 BFH v. 16.07.2003 – X R 37/99, BStBl. II 2003, 867; anders noch BFH 14.06.1991 – III R 64/89, BStBl. II 1992, 52.

D. Rücknahme und Widerruf von Verwaltungsakten nach §§ 130, 131 AO

I. Anwendungsbereich und Systematik der §§ 130, 131 AO

252 In Anlehnung an die Terminologie des VwVfG (§§ 48, 49) unterscheidet die AO zwischen der

- **Rücknahme** (§ 130 AO) rechtswidriger und dem
- **Widerruf** (§ 131 AO) rechtmäßiger Verwaltungsakte.

Im Rahmen dieser Korrekturtatbestände gebietet der Gedanke des Vertrauensschutzes die Unterscheidung zwischen begünstigenden und nicht begünstigenden Verwaltungsakten. Begünstigende Verwaltungsakte sind nur unter engen tatbestandlichen Voraussetzungen zulasten des Stpfl. korrigierbar (§§ 130 Abs. 2, Abs. 3 und 131 Abs. 2 AO). Der Anwendungsbereich dieser allgemeinen Korrekturvorschriften wird durch Sonderregelungen wesentlich eingeschränkt. Die wichtigsten Verwaltungsakte des Besteuerungsverfahrens – Steuerbescheide und diesen gleichgestellte Bescheide (z.B. Feststellungsbescheide, § 181 Abs. 1 AO) – sind nach § 172 Abs. 1 Nr. 2 Buchst. d) AO nicht nach §§ 130, 131 AO zu korrigieren (dazu unten 258 ff.). Es bleiben jedoch zahlreiche Verwaltungsakte, auf die die allgemeinen Regeln der §§ 130, 131 AO anwendbar sind, z.B.

- Finanzbefehle im Ermittlungsverfahren (§§ 93 ff. AO),
- Haftungsbescheide (§ 191 AO),
- Verwaltungsakte im Erhebungsverfahren,[1049]
- Verwaltungsakte im Vollstreckungsverfahren und
- Nichtveranlagungs-Bescheinigungen nach § 44 a Abs. 2 EStG.[1050]

II. Rücknahme nach § 130 AO

253 Ein rechtswidriger nicht begünstigender Verwaltungsakt kann, auch nachdem er unanfechtbar geworden ist, ganz oder teilweise mit Wirkung für die Zukunft (ex nunc) oder für die Vergangenheit (ex tunc) zurückgenommen werden (§ 130 Abs. 1 AO).

Rechtswidrig ist ein Verwaltungsakt, wenn

- das im Zeitpunkt seines Erlasses geltende materielle oder formelle Recht unrichtig angewendet worden ist und/oder
- bei der Entscheidung von einem Sachverhalt ausgegangen wurde, der sich als unrichtig erweist.

War der rechtswidrige Verwaltungsakt **begünstigend**, darf er nur zurückgenommen werden, wenn die besonderen Voraussetzungen des § 130 Abs. 2 AO vorliegen oder aber der Verwaltungsakt mit einem wirksamen Widerrufsvorbehalt versehen war.[1051] Von praktischer Bedeutung sind insbesondere die Rücknahmegründe nach § 130 Abs. 2 Nr. 3 AO (der Begünstigte hat den Verwaltungsakt durch unrichtige oder unvollständige Angaben erwirkt) und § 130 Abs. 2 Nr. 4 AO (der Begünstigte kannte die Rechtswidrigkeit oder sie war ihm infolge grober Fahrlässigkeit unbekannt).

Über die Rücknahme entscheidet die Behörde nach pflichtgemäßem **Ermessen**.[1052] In den Fällen des § 130 Abs. 2 Nr. 2 bis 4 AO ist die Ermessensentscheidung im Regelfall „vorgeprägt“, sodass nur in besonderen Fällen die Rücknahme des begünstigenden Ver-

1049 Vgl. z.B. BFH v. 25.02.1992 – VII R 8/91, BStBl. II 1992, 713.
1050 BFH v. 16.10.1991 – I R 65/90, BStBl. II 1992, 322.
1051 BFH v. 30.11.1982 – VIII R 9/80, BStBl. II 1983, 187.
1052 BFH v. 03.08.1983 – II R 144/80, BStBl. II 1984, 321.

waltungsakts unterbleibt.[1053] Die Finanzbehörde kann auch einen **nichtigen Verwaltungsakt** zurücknehmen, um den Rechtsschein der Wirksamkeit zu beseitigen.[1054]

Fall 59: Heraufsetzung des Verspätungszuschlags 254

Da der Stpfl. S trotz Aufforderung seine ESt-Erklärung 01 nicht abgegeben hatte, erließ das FA aufgrund einer Schätzung am 14.04.04 einen ESt-Bescheid gegen S über 9.000 € und setzte zugleich einen Verspätungszuschlag i. H. v. 900 € fest. Nach Eingang der Steuererklärung ändert das FA die Steuerfestsetzung auf 13.000 €. Darf es auch den Verspätungszuschlag auf 1.300 € erhöhen?

I. Die Festsetzung des Verspätungszuschlags ist ein nur äußerlich mit der Steuerfestsetzung verbundener selbstständiger Verwaltungsakt (§ 152 Abs. 1 AO), dessen Korrektur sich nach §§ 130, 131 AO richtet.
Rechtswidrig wäre der Verwaltungsakt, wenn das FA die Grenzen seines Ermessens überschritten oder davon einen fehlerhaften Gebrauch gemacht hätte (§ 5 AO). Der Ermessensfehler könnte darin liegen, dass das FA seiner Entscheidung einen unrichtigen Sachverhalt zugrunde gelegt hat.
   1. Heuermann[1055] nimmt an, für die Höhe des Verspätungszuschlags sei die in dem ersten Steuerbescheid festgesetzte Steuer maßgebend, mit der Folge, dass spätere Änderungen der Steuerfestsetzung grundsätzlich ohne Auswirkungen auf den festgesetzten Verspätungszuschlag seien. Änderungen des Steuerbescheids könnten nur über § 131 AO zu einer Korrektur des Verspätungszuschlags führen.
   2. Die Gegenansicht[1056] stellt demgegenüber zu Recht auf die objektiv richtige Steuer, d.h. den Inhalt des Änderungsbescheids ab: Danach ist das FA von einem falschen Sachverhalt ausgegangen, und die Festsetzung des Verspätungszuschlags war wegen dieses Ermessensfehlers rechtswidrig.

II. Es fragt sich weiter, ob das FA den Verwaltungsakt nach § 130 Abs. 1 AO zurücknehmen und einen höheren Verspätungszuschlag festsetzen kann oder ob die Korrektur nur unter den engen Voraussetzungen des § 130 Abs. 2 AO erfolgen darf. Seinem Ausspruch nach handelte es sich bei der Festsetzung des Verspätungszuschlags in Höhe von 900 € um einen belastenden Verwaltungsakt. Die Regelung des FA enthielt jedoch auch ein begünstigendes Element, weil die Behörde bei richtiger Ermessensausübung einen höheren Verspätungszuschlag hätte festsetzen können. Diese Begünstigung darf dem Stpfl. nur unter den Voraussetzungen des § 130 Abs. 2 AO entzogen werden.
Nach dem Grundgedanken des § 130 AO – Vertrauensschutz bei begünstigenden Regelungen – muss daher auf den **„Korrektureffekt"** und nicht den Tenor des zu korrigierenden Verwaltungsakts abgestellt werden.[1057] Als Rücknahmegrund kommen Kenntnis oder grob fahrlässige Unkenntnis des S von der Rechtswidrigkeit des festgesetzten Verspätungszuschlags in Betracht (§ 130 Abs. 2 Nr. 4 AO). Der Sachverhalt enthält jedoch keine ausreichenden Anhaltspunkte dafür, dass S die fehlerhaften Ermessenserwägungen des FA kannte oder auch nur bei geringer Sorgfalt hätte erkennen können.

Ergebnis:

Das FA darf den festgesetzten Verspätungszuschlag nicht im Wege der Rücknahme nach § 130 AO erhöhen.

1053 Vgl. BFH v. 26.06.2007 – VII R 35/06, BStBl. II 2007, 742; BFH v. 27.10.2009 – VIII R 51/08, BStBl. II 2010, 382; Koenig/Vorbeck § 130 Rn. 49.

1054 BFH v. 09.05.1985 – IV R 172/83, BStBl. II 1985, 579.

1055 In H/H/Sp § 152 AO Rn. 41.

1056 Seer in T/K § 152 AO Rn. 93; Pferdmenges DStZ 1986, 394.

1057 Vgl. AEAO zu § 130 Nr. 4; Loose in T/K § 130 AO Rn. 11; B/D/T Rn. 405 ff., 369 m. w. N.; a. A. Hessischer VGH v. 02.10.1980 – V TH 13/80, NJW 1981, 596; früher Pahlke in Pahlke/Koenig, 2. Aufl. 2009, § 130 Rn. 17.

255 **Abwandlung:**

Angenommen, das FA hätte nach Eingang der Steuererklärung die Steuer von 9.000 € auf 7.000 € herabgesetzt. Müsste das FA auf Antrag des S den – unanfechtbar festgesetzten – Verspätungszuschlag ebenfalls herabsetzen?

Das FA ist wiederum von einem objektiv unrichtigen Sachverhalt ausgegangen. Da eine Teilrücknahme sich zugunsten des S auswirken würde, braucht kein Rücknahmegrund i. S. d. § 130 Abs. 2 AO vorzuliegen. Damit liegt es im Ermessen der Behörde, ob sie den festgesetzten Verspätungszuschlag nach § 130 Abs. 1 AO teilweise zurücknimmt. Bei der Entscheidung, ob ein unanfechtbarer rechtswidriger belastender Verwaltungsakt nach § 130 Abs. 1 AO zurückzunehmen ist, ist eine Abwägung zwischen dem Gesichtspunkt der Gerechtigkeit im Einzelfall und dem Interesse der Allgemeinheit an der Rechtssicherheit und dem Eintritt von Rechtsfrieden vorzunehmen, wobei es auf die Schwere und Offensichtlichkeit des Rechtsverstoßes sowie darauf ankommt, weshalb die Rechtswidrigkeit des Verwaltungsakts erst nach Ablauf der Einspruchsfrist vom Stpfl. geltend gemacht worden ist. In der Regel handelt die Behörde nicht ermessensfehlerhaft, wenn sie eine Überprüfung des bestandskräftigen Bescheids mit dem Argument ablehnt, der Betroffene wäre in der Lage gewesen, die vorgetragenen Gründe im – versäumten – Einspruchsverfahren vorzubringen. Das gilt nur dann nicht, wenn nach den Umständen des Falles die Anstrengung eines Einspruchsverfahrens „billigerweise nicht erwartet werden konnte".[1058]

Die Steuer ist erst nach Bestandskraft der Festsetzung des Verspätungszuschlags herabgesetzt worden. Die darauf gestützte Einwendung gegen die Höhe des Verspätungszuschlags hätte der Stpfl. nicht im Einspruchsverfahren gegen die Festsetzung des Verspätungszuschlags vorbringen können. Die Höhe des Verspätungszuschlags ist mit der 10 %-Grenze des § 152 Abs. 2 S. 1 AO a. F. unvereinbar.[1059] Daher wäre es ermessensfehlerhaft, den offensichtlich überhöhten Verspätungszuschlag nicht teilweise, d. h. von 900 € auf 700 €, zurückzunehmen, sodass das FA den Zuschlag herabsetzen müsste.[1060]

256 Von praktischer Bedeutung ist die Frage, ob das FA nach Rücknahme eines (fehlerhaften) belastenden Verwaltungsakts nur unter den Voraussetzungen des § 130 Abs. 2 AO einen (fehlerfreien) **Neubescheid** erlassen darf. Nach der Rspr. des BFH muss hier unter dem Gesichtspunkt des Vertrauensschutzes unterschieden werden:

Ist der Verwaltungsakt erkennbar nur wegen eines Bekanntgabemangels oder anderer formeller Fehler aufgehoben worden und durfte der Stpfl. deshalb nicht mit einer endgültigen Regelung durch diese Maßnahme rechnen, kann das FA ohne Bindung an die Voraussetzungen des § 130 Abs. 2 AO einen neuen (fehlerfreien) Verwaltungsakt erlassen.[1061]

Ergab sich aus der Begründung der Rücknahmeentscheidung, dass das FA den Anspruch (insbesondere in den Fällen eines Haftungsbescheids) nicht mehr geltend machen will, ist eine erneute Inanspruchnahme des Stpfl. nur bei Vorliegen der Voraussetzungen des § 130 Abs. 2 AO zulässig.[1062] Besonderen Vertrauensschutz genießt auch die Rücknahme des fehlerhaften Verwaltungsakts im Einspruchsverfahren, weil solche Bescheide einer erhöhten Bestandskraft unterliegen.[1063]

Für die Praxis folgt daraus: Will die Behörde einen fehlerhaften Bescheid zurücknehmen und durch einen neuen, fehlerfreien Bescheid ersetzen, sollte sie diese Absicht in der Aufhebungsentscheidung deutlich machen oder aber die Aufhebung des fehlerhaften Bescheids mit dem Erlass eines neuen Bescheids verbinden.

1058 BFH v. 26.03.1991 – VII R 15/89, BStBl. II 1991, 552.
1059 Für Steuererklärungen, die ab dem 31.12.2018 abzugeben sind, gilt die 10 %-Obergrenze des § 152 Abs. 2 S. 1 AO nicht mehr, sondern § 152 Abs. 5 AO n. F.
1060 Vgl. BFH v. 29.03.1979 – V R 69/77, BStBl. II 1979, 641; Seer in T/K § 152 AO Rn. 27.
1061 BFH v. 17.11.1992 – VIII R 25/89, BStBl. II 1993, 146; Loose in T/K § 191 AO Rn. 125.
1062 BFH v. 25.07.1986 – VI R 216/83, BStBl. II 1986, 779.
1063 BFH v. 22.01.1985 – VII R 112/81, BStBl. II 1985, 562.

III. Widerruf nach § 131 AO

Der Widerruf **rechtmäßiger** Verwaltungsakte ist grundsätzlich nur mit Wirkung für die Zukunft zulässig. Damit beschränkt sich der Anwendungsbereich des § 131 AO auf Verwaltungsakte, die noch nicht vollzogen sind[1064] bzw. solche mit Dauerwirkung. 257

Beispiel

Der rechtmäßige Erlass (§ 227 AO) kann nicht widerrufen werden, weil die Wirkung des Erlasses bereits in der Vergangenheit eingetreten ist.

Rechtmäßige begünstigende Verwaltungsakte können ohnehin nur unter den besonderen Voraussetzungen des § 131 Abs. 2 AO widerrufen werden.

Beispiel

Dem Stpfl., der aufgrund einer Schätzung veranlagt worden ist, wurde die ESt-Abschlusszahlung unter der Auflage gestundet, dass er binnen vier Wochen die Steuererklärung für den Veranlagungszeitraum einreicht. Kommt der Stpfl. der Auflage nicht nach, kann das FA die Stundung nach § 131 Abs. 2 Nr. 2 AO widerrufen.

E. Aufhebung und Änderung von Steuerbescheiden und gleichgestellten Bescheiden (§§ 172 ff. AO)

I. Allgemeine Korrekturvoraussetzungen

1. Steuerbescheide und gleichgestellte Bescheide: Die Sonderregeln der §§ 172 ff. AO[1065] gelten für Steuerbescheide und diesen gleichgestellte Bescheide. Dazu gehören neben Einspruchsentscheidungen, durch die Steuerbescheide bestätigt oder geändert werden (§ 172 Abs. 1 S. 2 AO), insbesondere auch Feststellungsbescheide (§ 181 Abs. 1 S. 1 AO), Steuermessbescheide (§ 184 Abs. 1 S. 3 AO) und Zinsbescheide (§ 239 Abs. 1 S. 1 AO). Eine Korrektur setzt nach dem **Legalitätsprinzip** voraus, dass diese „gesetzlich zugelassen ist“ (§ 172 Abs. 1 S. 1 Nr. 2 d AO). 258

2. Kein Ablauf der Festsetzungsfrist: Die zeitliche Grenze für Korrekturen ergibt sich aus den Bestimmungen über die Festsetzungs- bzw. Feststellungsfristen (vgl. § 169 Abs. 1 S. 1 AO).

3. Fehlerhaftigkeit des Bescheids: Aus dem Grundsatz der Gesetzmäßigkeit der Besteuerung ergibt sich als ungeschriebene Korrekturvoraussetzung, dass nur fehlerhafte Bescheide aufgehoben oder geändert werden können.[1066]

Ein **nichtiger Steuerbescheid** kann nicht geändert werden. Primär kommt im Falle der Nichtigkeit deren Feststellung nach § 125 Abs. 5 AO in Betracht. Es ist jedoch auch zulässig, den nichtigen Bescheid aufzuheben.[1067]

1064 Vgl. BFH v. 26.03.1991 – VII R 66/90, BStBl. II 1991, 545.

1065 Im Zuge der Modernisierung des Besteuerungsverfahrens (s. Rn. 7) wurden auch die verfahrensrechtlichen Korrekturvorschriften für Steuerbescheide an die geänderten Vollzugsbedingungen und den verstärkten Einsatz der Informationstechnologie angepasst (zum Reformhintergrund vgl. Münch/Sendke DStZ 2015, 487).

1066 Loose in T/K Vor § 172 AO Rn. 28; Klein/Rüsken § 172 Rn. 33.

1067 Seer in T/K § 124 AO Rn. 23; vgl. auch oben Rn. 253.

Formelle Fehler, d. h. Fehler des Verfahrens oder der Form des Verwaltungsakts, führen im Allgemeinen nicht zu einer Korrektur des Bescheids:

- Begründungsfehler und die Verletzung des Rechts auf Gehör können nachträglich – bis zum Abschluss der Tatsacheninstanz eines finanzgerichtlichen Verfahrens – geheilt werden (§ 126 Abs. 1 Nr. 2, Abs. 3 AO). § 102 FGO schränkt allerdings die Nachholung von Ermessensbegründungen im finanzgerichtlichen Verfahren ein. Danach ist eine Ergänzung von Ermessenserwägungen erlaubt, nicht aber die vollständige Nachholung oder Auswechselung einer Begründung.[1068]
- Auch wenn keine Heilung erfolgt ist, kann nach § 127 AO die Aufhebung eines gesetzesgebundenen Verwaltungsakts nicht allein wegen Verfahrens- und Formfehlern verlangt werden. Gleiches gilt, wenn in der Sache keine andere Entscheidung hätte getroffen werden können.

> **Beachte**
> Die Änderungsvorschriften selbst sind keine Verfahrensvorschriften i. S. d. § 127 AO.[1069] Deshalb ist ein Änderungsbescheid, der unter fehlerhafter Anwendung der Korrekturvorschriften ergangen ist, auch dann aufzuheben, wenn die Steuer in dem Änderungsbescheid in der materiell richtigen Höhe festgesetzt wurde.

Unbeachtlich ist der Fehler auch, wenn der fehlerhafte Bescheid in einen rechtmäßigen Verwaltungsakt umgedeutet werden kann (§ 128 AO).

4. Kleinbetragsgrenze: Nach § 1 KleinbetragsVO ist eine Änderung oder Berichtigung der Steuerfestsetzung zum Nachteil aber auch zugunsten[1070] des Stpfl. nur durchzuführen, wenn die Abweichung mindestens 25 € beträgt (vgl. oben Rn. 175). Diese auf der Ermächtigungsgrundlage des § 156 Abs. 1 AO beruhende Regelung ist ein Zugeständnis an den Grundsatz der Verwaltungsökonomie.

259 **5. Vertrauensschutz nach § 176 AO bei Änderungen nach §§ 164, 165 und 172 ff. AO:** Die (weitreichenden) Korrekturmöglichkeiten für Steuerbescheide werden eingeschränkt durch die Regelung des § 176 AO. Danach wird das Vertrauen des Stpfl. in die Kontinuität der Rechtslage, die bei der ursprünglichen Steuerfestsetzung gegeben war, unter bestimmten Voraussetzungen geschützt:

- Feststellung der Nichtigkeit einer dem Stpfl. günstigen Norm durch das **BVerfG** (§ 176 Abs. 1 Nr. 1 AO): Die Vorschrift knüpft an § 79 Abs. 2 BVerfGG an.
- Die Feststellung der Unvereinbarkeit einer Norm mit dem Unionsrecht durch den **EuGH** wird von § 176 AO nicht erfasst, sodass der erforderliche Vertrauensschutz nur über Billigkeitsregelungen nach §§ 163, 227 AO gewährt werden kann.[1071]
- Nichtanwendung einer dem Stpfl. günstigen Norm wegen Feststellung der Verfassungswidrigkeit durch einen obersten Gerichtshof des Bundes (§ 176 Abs. 1 Nr. 2 AO): Die Normenkontrolle des BVerfG beschränkt sich auf nachkonstitutionelle Gesetze (Art. 100 Abs. 1 GG). Daher entscheidet der **BFH** über die Verfassungswidrigkeit vorkonstitutionellen Rechts und über die nachkonstitutioneller Rechtsnormen im Rang unterhalb eines Gesetzes, insbesondere Rechtsverordnungen.[1072]
- Änderung der höchstrichterlichen Rspr. (§ 176 Abs. 1 Nr. 3 AO): Die Vorschrift hat besondere Bedeutung, weil eine verschärfende Rspr. mit Rückwirkung zulässig ist.[1073] Der Stpfl. wird geschützt, wenn die Finanzbehörde die frühere (günstigere)

1068 Dazu Drüen in T/K § 102 FGO Rn. 12.
1069 Vgl. BFH v. 24.04.2008 – IV R 50/06, BStBl. II 2009, 35.
1070 BFH v. 16.02.2011 – X R 21/10, BStBl. II 2011, 671.
1071 Loose in T/K § 176 AO Rn. 13; a. A. Koenig § 176 Rn. 21.
1072 Loose in T/K § 176 AO Rn. 12.
1073 BFH v. 25.06.1984 – GrS 4/82, BStBl. II 1984, 751.

Rspr. beim Erlass des ursprünglichen Steuerbescheids angewendet hat oder im Falle des § 176 Abs. 1 S. 2 AO (Rspr. war nicht erkennbar in Steuererklärung bzw. -anmeldung berücksichtigt) angewendet hätte. Voraussetzung ist jedoch, dass bereits früher ein „im Wesentlichen gleichgelagerter Fall" entschieden wurde.[1074] Ein Vertrauensschutz kommt nicht in Betracht, solange zu einer bestimmten Frage keine eindeutige höchstrichterliche Rspr. besteht.[1075]

Beispiel

Mit Urteil vom 31.05.2001[1076] hat der BFH seine bisherige Rspr., wonach die Vermietung von Sportanlagen (z. B. Tennisplätzen oder Kegelbahnen) aufzuteilen ist in eine steuerfreie Grundstücksvermietung und eine steuerpflichtige Vermietung von Betriebsvorrichtungen, aufgegeben und eine einheitliche steuerpflichtige Leistung angenommen. Das FA dürfte die geänderte Rspr. weder zum Anlass einer Korrektur nach § 164 Abs. 2 AO nehmen[1077] noch die Rspr. bei einer Änderung aus einem anderen Grunde nach § 177 AO berücksichtigen, wenn sich daraus eine Änderung zuungunsten des Stpfl. ergibt.

Das Vertrauen des Stpfl. in die Stetigkeit der höchstrichterlichen Rspr. wird nicht nur bei der Korrektur von Steuerbescheiden geschützt. Es entspricht vielmehr allgemeiner Rechtsüberzeugung, dass eine Verschärfung der Rspr. entweder **allgemeine Übergangs- oder Anpassungsregeln des Gesetzgebers oder der Verwaltung** erforderlich macht oder dem Stpfl. im Einzelfall durch Billigkeitsmaßnahmen nach § 163 Abs. 1 S. 1 bzw. § 227 Hs. 1 AO Vertrauensschutz gewährt werden muss.[1078]

Beispiel

Die verschärfende Rspr. des BFH zur Umsatzbesteuerung von Sportanlagen (vgl. vorheriges Beispiel) hat der Gesetzgeber zum Anlass für eine bis zum 31.12.2003 befristete Übergangsregelung in § 27 UStG genommen (§ 27 UStG i. d. F. des Gesetzes vom 01.09.2002[1079]).

- Höchstrichterlich für rechtswidrig erklärte allgemeine Verwaltungsvorschriften (§ 176 Abs. 2 AO): Die Vorschrift schützt das Vertrauen des Stpfl. in begünstigende Regelungen in Richtlinien, BMF-Schreiben und Ländererlasse. § 176 Abs. 2 AO greift nicht ein, wenn der Vorschriftengeber selbst die Regelung aufhebt. Es besteht auch kein Schutz des Stpfl. dagegen, dass die Verwaltung bei der Auslegung weiterhin bestehender Verwaltungsvorschriften ihre ursprüngliche Rechtsansicht in Übereinstimmung mit der tatsächlichen Rechtslage bei Erlass eines Änderungsbescheids aufgibt.[1080] Voraussetzung ist, dass ein **bestimmtes Rechtsproblem** nach der (zeitlich früheren) Verwaltungsregelung auf andere (für den Stpfl.) günstigere Weise zu lösen ist als nach der (späteren) Gerichtsentscheidung.[1081] Dabei genügt es für die Anwendung des § 176 Abs. 2 AO, dass ein oberster Gerichtshof des Bundes sinngemäß zum Ausdruck bringt, dass eine allgemeine Verwaltungsvorschrift nicht mit geltendem Recht in Einklang steht.[1082]

Der Vertrauensschutz des § 176 Abs. 2 AO greift im Übrigen auch dann ein, wenn ein **Lohnsteuerhaftungs-** oder **-pauschalierungsbescheid** erlassen werden soll, der Sachverhalte auf-

1074 BFH v. 03.02.1993 – I R 61/91, BStBl. II 1993, 459 m. w. N.; a. A. Loose in T/K § 176 AO Rn. 15, wonach es ausreicht, wenn sich die Änderung aus dem Gesamtbild der Rspr. ergibt.

1075 BFH v. 08.12.1998 – IX R 49/95, BStBl. II 1999, 468.

1076 BStBl. II 2001, 658.

1077 Vgl. BFH v. 03.02.1993 – I R 61/91, BStBl. II 1993, 459.

1078 BFH v. 12.01.1989 – IV R 87/87, BStBl. II 1990, 261; dazu Spindler DStR 2001, 725, der eine Vertrauensschutzregelung durch das erkennende Gericht präferiert; dazu auch Hey in T/L Rn. 3.280 ff.

1079 BGBl. I 2002, 865.

1080 BFH v. 11.10.1988 – VIII R 419/83, BStBl. II 1989, 284; krit. Felix KÖSDl 1986, 6509 f.

1081 BFH v. 28.10.1992 – X R 117/89, BStBl. II 1993, 261.

1082 BFH v. 28.09.1987 – VIII R 163/84, BStBl. II 1989, 50.

greift, die in zuvor ergangenen Lohnsteueranmeldungen zu erfassen gewesen wären. In derartigen Fällen ist der Pauschalierungsbescheid nicht mehr als Erstbescheid, sondern als **Änderungsbescheid der Lohnsteueranmeldung** anzusehen.[1083]

260 **6. Keine generelle Pflicht zur „kumulativen" Prüfung:** Im Schrifttum wird die Ansicht vertreten, das FA müsse bei der Änderung eines Steuerbescheids grundsätzlich alle Änderungsmöglichkeiten prüfen und ausschöpfen.[1084] Diese Auffassung ist abzulehnen, weil sie unpraktikabel ist und dem System der sog. Punktberichtigung widerspricht.[1085]

Der Grundsatz der kumulativen Prüfung gilt daher nur **im Anwendungsbereich des § 173 Abs. 1 AO:** Soll ein Änderungsbescheid wegen neuer Tatsachen nochmals geändert werden, kommt es auf den Zeitpunkt der abschließenden Zeichnung des (vorausgegangenen) Änderungsbescheids an, sofern eine Prüfung des Steuerfalls stattgefunden hat oder hätte stattfinden müssen. Anderenfalls könnte das FA den Abschluss des Steuerverfahrens dadurch aufhalten, dass es den erneuten Änderungsbescheid zunächst nur auf einige der ihm bekannten Tatsachen stützt, um bei einem Misserfolg im steuergerichtlichen Verfahren die Änderung unter Heranziehung anderer Tatsachen zu wiederholen.[1086] Der Grundsatz der Kumulativprüfung gilt grundsätzlich nicht, wenn das FA einen ursprünglich nach § 173 AO erlassenen Änderungsbescheid aufhebt und später ein erneuter Änderungsbescheid nach § 173 AO erlassen werden soll. Allerdings widerspricht es den Grundsätzen von Treu und Glauben, wenn in dem (zweiten) Änderungsbescheid Tatsachen berücksichtigt werden sollen, die das FA beim Erlass des ersten (aufgehobenen) Änderungsbescheids unter Verletzung seiner Ermittlungspflicht nicht berücksichtigt hatte.[1087] Nicht anwendbar ist der Grundsatz der kumulativen Prüfung auch bei einer Änderung nach § 175 Abs. 1 S. 1 Nr. 1 AO. Das FA kann bei einer derartigen Änderung Tatsachen unberücksichtigt lassen, die zusätzlich eine Änderung nach § 173 Abs. 1 Nr. 1 AO rechtfertigten, weil es den Grundlagenbescheid ohne eigene Sachprüfung übernehmen muss.[1088] Gleiches gilt auch im umgekehrten Fall, in dem ein Grundlagenbescheid dem FA schon bekannt ist, während es aus anderen Gründen den „Folge"-Bescheid ändert. Denn durch das Nichtbeachten eines Grundlagenbescheids im Zuge einer auf eine andere Korrekturvorschrift gestützten Änderung wird der Grundlagenbescheid nicht „verbraucht".[1089] Auch die Ablehnung einer beantragten Änderung durch Ablehnungsbescheid i. S. d. § 172 Abs. 2 AO hindert das FA nicht, den Ausgangsbescheid nach § 173 AO wegen „neuer" Tatsachen zu ändern, die zum Zeitpunkt des Ablehnungsbescheids bereits bekannt waren.[1090]

II. Korrekturen nach §§ 164, 165 AO

261 Steuerbescheide, die unter Vorbehalt der Nachprüfung ergangen sind (§ 164 Abs. 1 AO), können jederzeit aufgehoben oder geändert werden, solange der Vorbehalt wirksam ist (§ 164 Abs. 2 S. 1 AO). Die von dem Stpfl. beantragte Korrektur kann allerdings – aus verwaltungsökonomischen Gründen – bis zur abschließenden Prüfung des Falles hinausgeschoben werden (§ 164 Abs. 2 S. 3 AO). Zu Einzelheiten vgl. oben Rn. 185 f.

Vorläufige Bescheide (§ 165 Abs. 1 AO) sind aufzuheben oder zu ändern, sobald die Ungewissheit beseitigt ist (§ 165 Abs. 2 S. 2 AO). Die Aufhebung oder Änderung nach dieser Vorschrift dürfen nur in dem Punkt vorgenommen werden, auf den sich die Vorläufigkeit erstreckt.[1091]

1083 BFH v. 23.10.1992 – VI R 65/91, BStBl. II 1993, 844.
1084 Scheel/Brehm/Holzner S. 358.
1085 Vgl. BFH v. 29.03.1985 – VI R 140/81, BStBl. II 1985, 569.
1086 BFH v. 12.01.1989 – IV R 8/88, BStBl. II 1989, 438.
1087 BFH v. 13.09.2001 – IV R 79/99, BStBl. II 2002, 2.
1088 BFH v. 12.01.1989 – IV R 8/88, BStBl. II 1989, 438.
1089 BFH v. 04.07.1989 – VIII R 217/84, BStBl. II 1989, 792; BFH v. 25.09.1990 – IX R 188/87, BFH/NV 1991, 218.
1090 BFH v. 18.12.1996 – XI R 36/96, BStBl. II 1997, 264.
1091 BFH v. 06.03.1992 – III R 47/91, BStBl. II 1992, 588.

Allerdings beschränkt sich die Vorläufigkeit nicht auf die – ungewisse – Hauptfrage, sondern auch auf alle „nachrangigen Einzelfragen“, die sich nach der Klärung der Hauptfrage ergeben.[1092] Wegen Einzelheiten vgl. oben Rn. 189 f.

III. Korrekturen nach § 172 AO

1. Allgemeines

§ 172 AO ist die „Grundnorm“ über die Aufhebung oder Änderung von Steuerbescheiden und gleichgestellten Bescheiden.[1093] Die Vorschrift unterscheidet zwischen 262

- Bescheiden über Zölle und Verbrauchsteuern (nicht: USt), die uneingeschränkt korrigiert werden können (§ 172 Abs. 1 Nr. 1 AO), und
- Bescheiden über andere Steuern, d.h. Besitz- und Verkehrsteuern, die nur korrigiert werden können, wenn die Voraussetzungen des § 172 Abs. 1 Nr. 2 Buchst. a)–c) AO oder einer sonstigen Korrekturvorschrift vorliegen (§ 172 Abs. 1 Nr. 2 Buchst. d) AO).

Die freie Abänderbarkeit von Bescheiden über Zölle und Verbrauchsteuern ist unter dem Gesichtspunkt der Rechtssicherheit tragbar, weil die Festsetzungsfrist für diese Abgaben nur ein Jahr beträgt (§ 169 Abs. 2 Nr. 1 AO).

2. Korrektur auf Antrag oder mit Zustimmung des Stpfl. (§ 172 Abs. 1 Nr. 2 Buchst. a) AO)

§ Fall 60: Änderungsantrag oder Einspruch 263

Dem Stpfl. S wurde am 27.10.02 der ESt-Bescheid 01 bekannt gegeben. Am 10.11.02 ging beim FA ein Schreiben des S mit folgendem Inhalt ein: „Bei Abgabe meiner Steuererklärung 01 wurden versehentlich Ausgaben für das Mehrfamilienhaus Sternstr. 13 in Höhe von 2.500 € nicht geltend gemacht. Ich füge die entsprechenden Belege in der Anlage bei und bitte darum, die Steuer für 01 herabzusetzen.“

Wie ist die Eingabe verfahrensrechtlich zu behandeln?

I. Die Eingabe könnte als Änderungsantrag nach § 172 Abs. 1 Nr. 2 Buchst. a) AO oder als Einspruch (§ 347 Abs. 1 S. 1 Nr. 1 AO) auszulegen sein. Einspruch und Änderungsantrag nach § 172 Abs. 1 Nr. 2 Buchst. a) AO stehen nicht kumulativ, sondern nur alternativ zur Verfügung: Ist eine Eingabe als Einspruch auszudeuten, so überlagert dieser förmliche Rechtsbehelf einen daneben gestellten Antrag auf schlichte Änderung.[1094]

1. Voraussetzungen für eine **schlichte Änderung** nach § 172 Abs. 1 Nr. 2 Buchst. a) AO

a) Zustimmung oder Antrag

Zustimmung ist die Erklärung des Einverständnisses des Stpfl. mit einer vom FA beabsichtigten Aufhebung oder Änderung des Bescheids. Antrag ist das auf eine solche Korrektur gerichtete Begehren des Stpfl. Die Grenzen zwischen Antrag und Zustimmung sind „fließend“.[1095] Antrag und Zustimmung bedürfen keiner Form. Die Zustimmung kann auch nach Erlass des Korrekturbescheids erfolgen. Nach Erlass des Bescheids können Antrag und Zustimmung nicht widerrufen werden.[1096]

1092 BFH v. 22.12.1987 – IV B 174/86, BStBl. II 1988, 234.

1093 Loose in T/K § 172 AO Rn. 1.

1094 BFH v. 27.09.1994 – VIII R 36/89, BStBl. II 1995, 353.

1095 Loose in T/K § 172 AO Rn. 22.

1096 BFH v. 15.11.1988 – II R 241/84, BStBl. II 1989, 370; Loose in T/K § 172 AO Rn. 26; Koenig § 172 Rn. 28 f.; abw. Bartone in K/vW § 172 AO Rn. 20: Unwiderruflichkeit schon vor Erlass des Korrekturbescheids.

b) Vor Ablauf der Einspruchsfrist

Bei **Korrekturen zugunsten** des Stpfl. ist erforderlich, dass der Antrag oder die Zustimmung vor Ablauf der Einspruchsfrist beim FA eingegangen ist. Der Antrag muss vor Ablauf der Einspruchsfrist auf eine bestimmte Änderung gerichtet sein.[1097] Dazu ist eine betragsmäßige Bestimmung weder erforderlich noch ausreichend: Der Stpfl. muss vielmehr den Lebenssachverhalt bezeichnen, aus dem sich die gewünschten steuerlichen Auswirkungen ergeben.[1098] Der Antrag auf schlichte Änderung muss hinreichend konkret gestellt werden.[1099] Da S ein konkretes Änderungsbegehren vor Ablauf der Einspruchsfrist dem FA übersandt und sein Änderungsbegehren ausreichend konkretisiert hat, liegen die verfahrensrechtlichen Voraussetzungen für die eine schlichte Änderung vor.

2. Das Schreiben könnte jedoch auch einen zulässigen **Einspruch** darstellen. Denn die Eingabe ist vor Ablauf der Einspruchsfrist (§ 355 Abs. 1 AO) schriftlich (§ 357 Abs. 1 S. 1 AO) beim FA eingegangen. Die Bezeichnung als Einspruch ist nicht erforderlich (§ 357 Abs. 1 S. 4 AO).

II. Die Frage, welcher Auslegungsmöglichkeit der Vorzug zu geben ist, hängt von den jeweiligen Rechtsfolgen ab. Einspruch und Antrag auf schlichte Änderung unterscheiden sich in den Wirkungen vor allem wie folgt:

1. Der Antrag auf Änderung zugunsten des Stpfl. kann nach Ablauf der Einspruchsfrist **nicht** mehr betragsmäßig **erweitert** werden, während auf den Einspruch die Sache in vollem Umfang erneut zu prüfen ist (§ 367 Abs. 2 S. 1 AO).
2. Beim Änderungsantrag liegt die Entscheidung über die Korrektur im **Ermessen** der Behörde,[1100] während auf den Einspruch die materiell-rechtlich gebotene bzw. „richtige" Korrektur erfolgen muss.
3. Der Einspruch ermöglicht eine **Aussetzung der Vollziehung** nach § 361 AO bzw. § 69 FGO.
4. Im Einspruchsverfahren ist eine **Verböserung** möglich (§ 367 Abs. 2 S. 2 AO). Dieser Nachteil wiegt jedoch nicht schwer, weil der Stpfl. auf die Möglichkeit der Verböserung hingewiesen werden muss und daher die Möglichkeit hat, durch Rücknahme des Einspruchs die verbösernde Entscheidung abzuwenden.

   Insgesamt sind die Vorteile des Einspruchs so evident, dass in Zweifelsfällen das Begehren des Stpfl. als Einspruch auszudeuten ist.[1101]

Ergebnis:

Das FA muss zunächst durch Rückfrage bei S aufklären, ob ein Einspruch oder ein Änderungsantrag gestellt worden ist. Verbleiben Zweifel, muss die Eingabe als Einspruch ausgelegt werden.

264 Bei der Frage, welche **Rechtsbehelfe** gegen Entscheidungen nach § 172 Abs. 1 Nr. 2 Buchst. a) AO gegeben sind, ist zu differenzieren:

- Wird dem Antrag des Stpfl. nach Unanfechtbarkeit des Erstbescheids voll entsprochen, ist ein Einspruch gegen den Änderungsbescheid mangels Beschwer unzulässig. Denn wenn der Stpfl. durch fristgerechten Einspruch gegen den Änderungs-

1097 BFH v. 21.10.1999 – I R 25/99, BStBl. II 2000, 283.

1098 BFH v. 20.12.2006 – X R 30/05, BStBl. II 2007, 503.

1099 Näher BFH v. 22.05.2019 – XI R 17/18 BStBl. II 2019, 647, 649 ff., wonach die Anforderungen an die Konkretisierung des Antrags auf schlichte Änderung nicht strenger sind als die notwendige Konkretisierung des Gegenstands des Klagebegehrens nach § 65 Abs. 1 FGO, weil andernfalls unzulässige Änderungsanträge im Wege rechtsschutzgewährender Auslegung als zulässige Klagen ausgelegt werden müssten.

1100 BFH v. 28.04.1998 – IX R 49/96, BStBl. II 1998, 458; Loose in T/K § 172 AO Rn. 20; a. A. Heinke DStZ 1988, 406; v. Groll in H/H/Sp § 172 AO Rn. 56; Koenig § 172 Rn. 41.

1101 BFH v. 27.02.2003 – V R 87/01, BStBl. II 2003, 505; Loose in T/K § 172 AO Rn. 34.

bescheid bewirken könnte, dass die Sache wieder im vollen Umfang „offen“ wäre, würden die Regeln über die Bestandskraft ausgehöhlt.[1102]

- Lehnt das FA den Änderungsantrag vollständig oder teilweise ab, kann der Stpfl. mit dem Einspruch gegen den Ablehnungsbescheid rügen, das FA habe zu Unrecht materielle Gründe für eine Änderung verneint bzw. sein Ermessen fehlerhaft ausgeübt.[1103]

Praktische Bedeutung hat die Vorschrift des § 172 Abs. 1 Nr. 2 Buchst. a) AO vor allem im Einspruchsverfahren. Sie ist die Korrekturvorschrift für Abhilfebescheide, durch die das FA begründete Einsprüche verfahrensökonomisch erledigen kann (§ 367 Abs. 2 S. 3 AO).

3. Korrektur nach § 172 Abs. 1 Nr. 2 Buchst. b) und c) AO

Die Korrekturmöglichkeit wegen **sachlicher Unzuständigkeit** (Buchstabe b) ist prak- 265
tisch bedeutungslos. In diesen Fällen wird der Bescheid nämlich regelmäßig nichtig sein (arg. § 125 Abs. 3 Nr. 1 AO).

Die Korrekturvorschrift des § 172 Abs. 1 Nr. 2 Buchst. c) AO kommt typischerweise in Betracht, wenn Steuern mit Wissen des zuständigen Amtsträgers falsch festgesetzt werden, z. B. weil dieser bestochen oder bedroht worden ist. In derartigen Fällen liegt regelmäßig keine „nachträglich bekannt gewordene Tatsache“ i. S. d. § 173 Abs. 1 AO vor. Voraussetzung für eine Korrektur nach § 172 Abs. 1 Nr. 2 Buchst. c) AO ist, dass der – fehlerhafte – Steuerbescheid durch das **unlautere Mittel erwirkt** worden ist. Hat der Stpfl. den Sachverhalt der Finanzbehörde bereits vollständig offengelegt, ist der schlichte Vortrag einer anderen Rechtsauffassung im Rahmen des Einspruchsverfahrens nicht „arglistig“ oder in sonstiger Weise „unlauter“.[1104] § 172 Abs. 1 Nr. 2 Buchst. c) AO ist auch anwendbar, wenn nicht der begünstigte Stpfl., sondern ein Dritter die fehlerhafte Steuerfestsetzung erwirkt hat.[1105]

IV. Korrektur nach § 173 AO wegen nachträglich bekannt gewordener Tatsachen

Fall 61: Die zu niedrige Schätzung 266

Unternehmer U war wegen Nichtabgabe der Einkommensteuererklärungen für die Jahre 01–03 unter Schätzung der Besteuerungsgrundlagen endgültig zur ESt 01–03 veranlagt worden. Das Finanzamt hatte unter Berücksichtigung der abgegebenen Umsatzsteuererklärungen den Gewinn des U mit jeweils 10 % des Umsatzes geschätzt. Nach einer bei U durchgeführten Außenprüfung, bei der die erklärten Umsätze nicht beanstandet wurden, vertrat die Prüferin die Auffassung, nach ihrem Eindruck sei eine Schätzung des Gewinns mit 15 % des Umsatzes eher angemessen, zumal die nach Erlass der Schätzungsbescheide veröffentlichte amtliche Richtsatzsammlung (eine Sammlung der OFDen von Vergleichsdaten für verschiedene Gewerbezweige) für den Betriebszweig des U eine Gewinnspanne von 13–15 % vorsehe. Aufgrund des Prüfungsberichts möchte das FA die ESt-Bescheide 01–03 im Oktober 05 ändern. Zu Recht?

Es könnten die Voraussetzungen für eine Änderung nach 173 Abs. 1 AO vorliegen.

I. Die **Festsetzungsfrist** für die ESt beträgt vier Jahre (§ 169 Abs. 2 Nr. 2 AO). Sie beginnt nach § 170 Abs. 1 AO frühestens mit Ablauf des Kalenderjahres, in dem die Steuer entstanden ist. Die mit Ablauf des Jahres 01 entstandene ESt 01 ist daher –

1102 Heinke DStZ 1988, 406.
1103 BFH v. 27.10.2003 – XI R 17/93, BStBl. II 1994, 439; Loose in T/K § 172 AO Rn. 58; Heinke a. a. O.
1104 BFH v. 08.07.2015 – VI R 51/14, BStBl. II 2017, 13.
1105 BFH v. 14.12.1994 – XI R 80/92, BStBl. II 1995, 293.

ebenso wie die noch später entstandenen ESt-Schulden 02 und 03 – im Oktober 05 noch nicht festsetzungsverjährt.

267 II. **Änderungssperre nach einer Außenprüfung** (§ 173 Abs. 2 AO): Die Möglichkeit, Steuerbescheide nach § 173 Abs. 1 AO zu korrigieren, wird durch die sog. Änderungssperre des § 173 Abs. 2 AO wesentlich eingeschränkt. Danach können Steuerbescheide, soweit sie aufgrund einer Außenprüfung (eine Steuerfahndungsprüfung genügt nicht)[1106] ergangen sind, nur aufgehoben oder geändert werden, wenn eine Steuerhinterziehung oder eine leichtfertige Steuerverkürzung vorliegen.

Der Stpfl. muss die Steuerhinterziehung nicht selbst begangen haben. Vielmehr reicht es aus, wenn ein Dritter zugunsten des Stpfl. Steuern hinterzogen hat.[1107]

Für das Vorliegen der objektiven und subjektiven Tatbestandsmerkmale der Hinterziehung trägt das FA die Feststellungslast.[1108] Eine Bestrafung oder Ahndung der Tat ist nicht erforderlich (AEAO zu § 173 Nr. 8.6). Ob ein Steuerbescheid „aufgrund einer Außenprüfung" ergangen ist, richtet sich nach dem Inhalt der vorausgegangenen Prüfungsanordnung.[1109] Nur wenn die Prüfung auf eine umfassende und zusammenhängende Ermittlung der Besteuerungsgrundlagen angelegt war, tritt die Sperrwirkung ein. Eine USt-Sonderprüfung zur Überprüfung eingereichter USt-Voranmeldungen schließt daher spätere Korrekturen des Jahressteuerbescheids nach § 173 Abs. 1 AO nicht aus.[1110]

Soweit das Finanzamt nach einer Lohnsteueraußenprüfung den Vorbehalt der Nachprüfung für die den Prüfungszeitraum betreffenden Lohnsteuer-Anmeldungen aufhebt, steht die Änderungssperre auch dem späteren Erlass eines Lohnsteuerhaftungsbescheids wegen neuer Tatsachen entgegen.[1111]

§ 173 Abs. 2 AO findet sowohl bei **Änderungen zuungunsten** wie auch bei Änderungen **zugunsten** des Stpfl. Anwendung. Denn § 173 Abs. 2 AO bezweckt nicht nur etwa einen besonderen Vertrauensschutz, sondern dient dem weitergehenden Ziel, im Interesse des Rechtsfriedens den auf einer Außenprüfung beruhenden Bescheiden eine besondere Bestandskraft zu verleihen.[1112]

Aus der Funktion des § 173 Abs. 2 AO, den Rechtsfrieden bei Steuerbescheiden mit erhöhter Bestandskraft zu wahren, folgt zugleich die Nichtanwendbarkeit dieser Vorschrift auf Vorbehaltsfestsetzungen.[1113]

§ 173 Abs. 2 AO greift nicht ein. Denn erst wenn die Feststellungen der Außenprüfung ausgewertet sind, besteht für die ursprünglichen oder geänderten Bescheide eine „erhöhte Bestandskraft".

268 III. Der Tatbestand des § 173 Abs. 1 AO setzt voraus, dass Tatsachen oder Beweismittel nachträglich bekannt werden, die zu einer **höheren** (§ 173 Abs. 1 Nr. 1 AO) **oder zu einer niedrigeren** Steuer (§ 173 Abs. 1 Nr. 2 AO) führen. Falls eine Korrektur in Betracht kommt, würde im konkreten Fall aufgrund der zu erhöhenden Gewinne je-

---

1106 BFH v. 11.12.1997 – V R 56/94, BStBl. II 1998, 367.
1107 BFH v. 14.12.1994 – XI R 80/92, BStBl. II 1995, 293.
1108 BFH v. 21.10.1988 – III R 194/84, BStBl. II 1989, 216.
1109 BFH v. 11.02.1998 – I R 82/97, BStBl. II 1998, 552.
1110 BFH v. 11.11.1987 – X R 54/82, BStBl. II 1988, 307.
1111 BFH v. 15.05.1992 – VI R 106/88, BStBl. II 1993, 840; BFH v. 17.02.1995 – VI R 52/94, BStBl. II 1995, 555.
1112 BFH v. 13.01.1989 – VI R 153/85, BStBl. II 1989, 447.
1113 BFH v. 28.11.1989 – VIII R 83/86, BStBl. II 1990, 458; BFH v. 22.08.1990 – I R 76/88, BFH/NV 1991, 341; BFH v. 14.05.2013 – X B 33/13, BStBl. II 2013, 997.

weils eine **höhere** ESt festzusetzen sein. Die Änderungsmöglichkeit setzt mithin die Tatbestandsmerkmale des § 173 Abs. 1 Nr. 1 AO voraus.

1. **Tatsache** ist nach der Formel des BFH,[1114] „was Merkmal oder Teilstück eines gesetzlichen Steuertatbestands sein kann, also Zustände, Vorgänge, Beziehungen und Eigenschaften materieller und immaterieller Art". Dazu gehören auch sog. **innere Tatsachen** wie z. B. die Absicht der Einkunftserzielung als Tatbestandsvoraussetzung für das Vorliegen von Einkünften i. S. d. § 2 Abs. 2 EStG. Innere Tatsachen können nur anhand äußerer Merkmale (Hilfstatsachen) festgestellt werden. Nachträglich festgestellte Hilfstatsachen rechtfertigen eine Korrektur nach § 173 Abs. 1 AO, sofern sie einen sicheren Schluss auf die Haupttatsache zulassen.[1115] Tatsachen i. S. d. § 173 AO sind auch sog. **vorgreifliche Rechtsverhältnisse**. Darunter ist eine Zusammenfassung von Tatsachen zu verstehen, die eine bestimmte rechtliche Wertung auslösen, z. B. Kauf, Miete,[1116] Pacht, betriebliche Versorgungsrente.[1117]
   Keine Tatsachen sind demgegenüber **Schlussfolgerungen**, insbesondere juristische Subsumtionen.[1118] Daher kann das FA eine Änderung nach § 173 Abs. 1 AO nicht auf die falsche Beurteilung einer Rechtsfrage stützen.

   Keine neuen Tatsachen sind insbesondere auch Änderungen der höchstrichterlichen Rspr. oder die Feststellung der Verfassungswidrigkeit eines Steuergesetzes durch das BVerfG.[1119]

   Im konkreten Fall will das FA aufgrund einer neuen **Schätzung** die Gewinne für die Jahre 01–03 erhöhen. Die Schätzung als solche ist keine Tatsache i. S. d. § 173 Abs. 1 AO, sondern lediglich Schlussfolgerung aus Tatsachen, den sog. Schätzungsgrundlagen bzw. Schätzungsunterlagen.[1120] Nur wenn dem FA neue **Schätzungsgrundlagen** nachträglich bekannt werden, kommt eine Änderung nach § 173 Abs. 1 AO in Betracht.[1121] Als Grundlagen der Schätzung hatte das FA die erklärten Umsätze herangezogen. Hinsichtlich der Umsätze hat das FA jedoch keine neuen Erkenntnisse erlangt.
2. Es ist auch kein neues **Beweismittel** in Form der Richtsatzsammlung nachträglich bekannt geworden. Unter Beweismittel i. S. d. § 173 Abs. 1 AO sind nur Erkenntnismittel zu verstehen, die sich zum Nachweis von Tatsachen eignen.[1122] So ist z. B. ein Sachverständigengutachten insoweit ein Beweismittel i. S. d. § 173 Abs. 1 AO, als es die Erkenntnis neuer Tatsachen vermittelt und nicht lediglich Schlussfolgerungen enthält.[1123] Die Richtsatzsammlung erlaubt hier jedoch keinen Schluss auf Tatsachen. Sie enthält lediglich Erfahrungssätze, die bei der steuerlichen Schlussfolgerung (Ermittlung des Gewinns) berücksichtigt werden können.

IV. **Nachträglich bekannt geworden** sind Tatsachen und Beweismittel, die zwar vorhanden, dem FA aber bis zur abschließenden Zeichnung der internen Aktenverfügung (bei elektronischer Bearbeitung bis zur abschließenden DV-Freigabe) nicht bekannt waren.[1124] Alle entscheidungserheblichen Tatsachen und Beweismittel

---

1114 BFH v. 28.03.1985 – IV R 159/82, BStBl. II 1986, 120; BFH v. 07.07.2004 – XI R 10/03, BStBl. II 2004, 911.

1115 BFH v. 06.12.1994 – IX R 11/91, BStBl. II 1995, 192.

1116 Vgl. BFH v. 16.4.2015 – IV R 2/12, BFH/NV 2015, 1331 zum nachträglichen Bekanntwerden eines Mietvertrages, aufgrund dessen die Voraussetzungen einer Betriebsaufspaltung erfüllt waren.

1117 Vgl. BFH v. 20.12.1988 – VIII R 121/83, BFH v. 20.12.1988 – VIII R 121/83, BStBl. II 1989, 585; BFH v. 02.08.1994 – VIII R 65/93, BStBl. II 1995, 264.

1118 BFH v. 09.03.2016 – X R 9/13, BStBl. II 2016, 815 f.

1119 BFH v. 30.11.2009 – III B 50/08, BFH/NV 2010, 644; Loose in T/K § 173 AO Rn. 3.

1120 Vgl. Loose a.a.O Rn. 10.

1121 BFH v. 29.08.1991 – V R 78/86, BStBl. II 1991, 906; BFH v. 22.05.2006 – VI R 17/05, BStBl. II 2006, 806.

1122 Loose in T/K § 173 AO Rn. 21; BFH v. 02.08.1994 – VIII R 65/93, BStBl. II 1995, 264 m. w. N.

1123 BFH v. 01.04.1998 – X R 150/95, BStBl. II 1998, 569; gegen diese Differenzierung v. Groll in H/H/Sp § 173 AO Rn. 113.

1124 BFH v. 06.04.1992 – IX R 11/91, BStBl. II 1995, 192 m. w. N.; BFH v. 27.11.2001 – VIII R 3/01, BFH/NV 2002, 473 zur Frage der „Neuheit" bei Nichtbeachtung eines sog. Prüfhinweises.

(s. o.) waren dem zuständigen Bearbeiter bei Zeichnung des Eingabewertbogens bekannt, sodass der Tatbestand von § 173 Abs. 1 Nr. 1 AO nicht erfüllt ist.

Ergebnis:

Das FA darf die ESt-Bescheide 01–03 nicht nach § 173 Abs. 1 AO korrigieren.

269 Weitere Einzelheiten zu § 173 AO bei **Schätzungen:**

Nach einer vorangegangenen Gewinnschätzung ist nach Ansicht des BFH darauf abzustellen, ob die nachträglich bekannt gewordenen Tatsachen bei einer „Gesamtwürdigung" einen höheren oder niedrigeren Gewinn ergeben. Danach kommt entweder eine Korrektur nach § 173 Abs. 1 Nr. 1 AO oder nach § 173 Abs. 1 Nr. 2 AO in Betracht.[1125]

Ebenso liegt nur eine – steuererhöhende oder steuermindernde – Tatsache vor, wenn das FA nachträglich erfährt, dass der Stpfl. gewerbliche Einkünfte erzielt hat (keine Aufspaltung in steuererhöhende Betriebseinnahmen und steuermindernde Ausgaben).[1126] Diese zu den Gewinneinkünften ergangene Rspr. gilt auch für geschätzte Überschusseinkünfte.[1127]

270 § **Fall 62: Die zu Unrecht abgeschriebene Fräsmaschine**

Der gewerblich tätige Tischlermeister S hatte im Januar 01 eine neue Fräsmaschine zum Kaufpreis von 20.000 € zuzüglich USt angeschafft. Durch ein Versehen des Steuerberaters des S wurde der Kaufpreis von 20.000 € als sofort abzugsfähiger Aufwand verbucht. Unter Berücksichtigung der gewöhnlichen Nutzungsdauer von fünf Jahren hätte das Gerät in den eingereichten Bilanzen als Anlagevermögen erfasst werden müssen und nur mit einer AfA von 4.000 € jährlich abgeschrieben werden dürfen. Die ESt-Bescheide 01–03 sind bestandskräftig. Der Vorgang wird im Rahmen einer Betriebsprüfung für die Jahre 01–03 im Januar 05 aufgedeckt. Nach Eingang des Prüfungsberichts beabsichtigt das zuständige FA, im März 05 die ESt-Bescheide 01–03 nach § 173 Abs. 1 Nr. 1 AO zu ändern.

Bearbeitungshinweis: Bei der Prüfung des Falles ist für die Jahre 01–03 ein linearer Steuersatz von 40 % zugrunde zu legen.

In Steuerrechtsklausuren wird in den **Bearbeitungshinweisen** häufig die Anwendung eines solchen fiktiven linearen Steuersatzes vorgeschrieben. Dem Klausurbearbeiter wird damit ermöglicht, die betragsmäßigen steuerlichen Auswirkungen ohne Steuertabelle zu ermitteln und – soweit gefordert – den Tenor von Änderungsbescheiden zu formulieren.

Es könnten die Voraussetzungen für eine Änderung nach § 173 Abs. 1 AO vorliegen.

I. Die Festsetzungsfrist für die ESt 01–03 ist noch nicht abgelaufen (s. o. Rn. 266).

II. Die Änderungssperre nach § 173 Abs. 2 AO greift hier nicht (s. o. Rn. 267).

III. Fraglich ist, ob Tatsachen nachträglich bekannt geworden sind, die zu einer **höheren oder zu einer niedrigeren** Steuer führen. Die Frage, ob die Änderung eines Steuerbescheids zu einer höheren bzw. niedrigeren Steuer führt, kann nur aus einem Vergleich der ursprünglichen mit der beabsichtigten Steuerfestsetzung abgeleitet werden. Der notwendige Vergleich ist für jede Steuerart und jeden Steuerabschnitt gesondert anzustellen.[1128]
Auch wenn die Steuerfestsetzung und die nachfolgende **Anrechnung** von Vorauszahlungen oder von Abzugsbeträgen unterschiedliche Verwaltungsakte sind, so können im Hinblick auf § 36 Abs. 2 Nr. 2 EStG bei dem für § 173 Abs. 1 AO notwendigen Vergleich die anzurechnenden Abzugsteuern nicht unberücksichtigt bleiben. Im Fall einer behaupteten Nettolohnvereinbarung wäre demnach zu fragen, ob sich die Position des Stpfl. insgesamt gesehen verbessert oder verschlechtert.[1129]

1125 BFH v. 30.10.1986 – III R 163/82, BStBl. II 1987, 161; BFH v. 03.06.1987 – X R 61/81, BFH/NV 1988, 342.

1126 Vgl. BFH v. 01.10.1993 – III R 58/92, BStBl. II 1994, 346.

1127 FG Bad-Württ v. 25.10.1989 – XII K 928/85, EFG 1990, 91.

1128 BFH v. 05.05.1981 – VIII R 103/78, BStBl. II 1982, 100.

1129 BFH v. 16.03.1990 – VI R 90/86, BStBl. II 1990, 610; Loose in T/K § 173 AO Rn. 58; abw. v. Groll in H/H/Sp § 173 AO Rn. 148.

Eine Korrektur der fehlerhaften Behandlung der Fräsmaschine würde sich hier wie folgt auswirken:

	Jahr 01	Jahr 02	Jahr 03
Rückgängigmachen der Betriebsausgabe	+ 20.000 €		
Berücksichtigung der AfA	– 4.000 €	– 4.000 €	– 4.000 €
Gewinnauswirkung	+ 16.000 €	– 4.000 €	– 4.000 €
Steuer bei Steuersatz 40 %	+ 6.400 €	– 1.600 €	– 1.600 €

Für das Jahr 01 ergäbe sich mithin eine Steuererhöhung. Für die Jahre 02 und 03 ergäben sich jeweils Steuerminderungen.

IV. **Tatsache** und damit „Merkmal oder Teilstück des gesetzlichen Steuertatbestands" ist hier der Umstand, dass es sich bei dem (fehlerhaft) als sofort abzugsfähiger Aufwand verbuchten Wirtschaftsgut um eine Fräsmaschine handelt, nicht hingegen die Bilanzierung selbst.[1130] Der Vorgang ist steuerlich relevant, weil das Wirtschaftsgut nach den §§ 4, 5 EStG bei der Gewinnermittlung durch Betriebsvermögensvergleich mit den Anschaffungskosten vermindert um die AfA (§ 7 EStG) anzusetzen ist. Im Jahre 01 führt die Tatsache zu einer höheren Steuer, weil das Betriebsvermögen am Ende des Wirtschaftsjahres um 16.000 € (20.000 € ./. 4.000 € AfA) zu niedrig angesetzt worden ist. Es handelt sich insoweit um die – saldierte – steuerliche Auswirkung **einer** Tatsache.[1131]
In den Jahren 02 und 03 hat die Existenz der Fräsmaschine (Tatsache) dagegen steuermindernde Wirkung, weil die Differenz zwischen dem um 16.000 € erhöhten Anfangsvermögen und dem um 12.000 € erhöhten Endvermögen (16.000 € ./. 4.000 € AfA) den Gewinn um 4.000 € mindert. Eine entsprechende steuermindernde Auswirkung ergibt sich auch für das Jahr 03.[1132]

In der Lit. wird die Änderung nach § 173 Abs. 1 AO für die Folgejahre 02 und 03 zum Teil abgelehnt.[1133] Als Korrekturvorschrift wird stattdessen § 175 Abs. 1 S. 1 Nr. 2 AO herangezogen.[1134] Diese Auffassung geht davon aus, dass der – wegen der Änderung des Erstjahres nach § 173 Abs. 1 AO – geänderte Bilanzansatz des Jahres 01 ein rückwirkendes Ereignis i. S. d. § 175 Abs. 1 S. 1 Nr. 2 AO ist. Dabei wird u. E. übersehen, dass § 175 Abs. 1 S. 1 Nr. 2 AO grundsätzlich nur dann anwendbar ist, wenn der für eine Änderung nach § 175 Abs. 1 S. 1 Nr. 2 AO in Betracht kommende Sachverhalt beim Erlass des Steuerbescheids fehlerfrei erfasst wurde. Dies ist jedoch nicht der Fall, wenn ein am Bilanzstichtag vorhandenes (nicht wirtschaftlich verbrauchtes) Wirtschaftsgut des Anlagevermögens bei der Gewinnermittlung überhaupt nicht erfasst worden ist.

V. **Nachträglich bekannt geworden** sind nach der Rspr. Tatsachen und Beweismittel, die zwar vorhanden, dem FA aber bis zur abschließenden Zeichnung der internen Aktenverfügung (bei elektronischer Bearbeitung bis zur abschließenden DV-Freigabe) nicht bekannt waren.[1135] 271

1130 Loose in T/K § 173 AO Rn. 101: Die Bilanzierung ist nur die Schlussfolgerung aus einer Tatsache.

1131 Ebenso Große/Melchior/Lotz/Ziegler/Henk/Hudasch/Tenbergen Rn. 2045.

1132 So auch Frotscher in Schwarz/Pahlke, AO, § 173 Rn. 65 f.

1133 Vgl. von Wedelstädt DB 1993, 1543 m. w. N.

1134 Vgl. von Wedelstädt a. a. O.; ebenso BFH v. 09.08.1989 – X R 110/87, BStBl. II 1990, 195; BFH v. 19.08.1999 – IV R 73/98, BStBl. II 2000, 18; Schmidt/Loschelder § 4 EstG Rn. 288; Große/Melchior/Lotz/Ziegler/Henk/Hudasch/Tenbergen Rn. 2135.

1135 BFH v. 18.03.1987 – II R 226/84, BStBl. II 1987, 416; BFH v. 22.04.2010 – VI R 40/08, BStBl. II 2010, 951; AEAO zu § 173 Nr. 2.1; abw. mit guten Gründen Loose in T/K § 173 AO Rn. 43 ff.: maßgebend sei der Zeitpunkt, zu dem der Bescheid den Machtbereich der zuständigen Behörde verlässt.

Einschränkungen ergeben sich im Falle der **Verletzung der Ermittlungspflicht** durch die Finanzbehörde: Nach dem Grundsatz von Treu und Glauben gelten bei Änderungen zuungunsten des Stpfl. solche Tatsachen als bekannt, die das FA bei sorgfältiger Erfüllung seiner Ermittlungspflichten hätte kennen müssen.[1136] Das Finanzamt verletzt die Ermittlungspflicht, wenn es ersichtlichen Unklarheiten oder Zweifelsfragen, die sich bei einer Prüfung der Steuererklärung sowie der eingereichten Unterlagen ohne Weiteres aufdrängen müssten, nicht nachgeht.[1137] Voraussetzung ist allerdings, dass der Stpfl. seinerseits seiner Mitwirkungspflicht nachgekommen ist.[1138] Für die Grenzen der Ermittlungspflicht ist zu beachten, dass das FA grundsätzlich von der Richtigkeit und Vollständigkeit der Steuererklärungen ausgehen darf.[1139] Haben sowohl der Stpfl. als auch das Finanzamt versäumt, den Sachverhalt aufzuklären, trifft in der Regel die Verantwortlichkeit den Stpfl., mit der Folge, dass der Steuerbescheid geändert werden kann.[1140]

Subjektiv kommt es auf die Kenntnisnahme durch die zuständige Finanzbehörde und nicht etwa den Zeitpunkt der Kenntnisnahme durch den Stpfl. an.[1141] Maßgebend ist der Kenntnisstand der Amtsträger, die innerhalb der Finanzbehörde dazu berufen sind, den betreffenden Steuerfall zu bearbeiten.[1142] Es muss also die „organisatorisch berufene Dienststelle" innerhalb der Finanzbehörde Kenntnis erlangt haben.[1143] Zur Steuerfestsetzung berufene Personen sind der Vorsteher des FA, der Sachgebietsleiter und der Sachbearbeiter.[1144] Die Rechtsbehelfsstelle muss sich den Kenntnisstand der Veranlagungsstelle zurechnen lassen, weil zwischen dem Veranlagungsverfahren und dem Einspruchsverfahren als „verlängertem Veranlagungsverfahren" ein enger sachlicher Zusammenhang besteht.[1145] Das Wissen eines Außenprüfers ist dem FA nur bekannt, wenn es aktenkundig ist oder der Prüfer (als sog. veranlagender Prüfer) selbst die (Änderungs-) Veranlagung vornimmt.[1146] Auf das präsente Wissen der Amtsträger kommt es nicht an: Bekannt ist der gesamte Inhalt der bei der zuständigen Dienststelle geführten Akten.[1147] Ältere, bereits archivierte Akten gelten nur dann als bekannt, wenn die Hinzuziehung solcher Altakten nach den Umständen geboten war.[1148] Bekannt ist auch, was ein zuständiger Beamter erfahren, aber nicht aktenkundig gemacht und wieder vergessen hat.

Nicht bekannt sind Tatsachen, die sich aus den **Akten eines anderen Stpfl.** ergeben. Das gilt auch dann, wenn für die Bearbeitung der Akten derselbe Amtsträger zuständig ist. Etwas anderes gilt, wenn der zuständige Amtsträger von den sich aus den Akten des anderen Stpfl. ergebenden Tatsache positive Kenntnis hatte oder aber eine besondere Veranlassung bestand, die Steuerakten des anderen Stpfl. beizuziehen und deshalb ein Ermittlungsfehler des Finanzamts vorliegt.[1149] Nicht bekannt sind dem FA auch Tatsachen, die dem zuständigen Sachbearbeiter zwar zur Kenntnis gelangt, von diesem aber in kollusivem Einvernehmen mit dem Stpfl. unterdrückt worden sind.[1150]

1136 BFH v. 10.12.1991 – VII R 10/90, BStBl. II 1992, 324; BFH v. 12.10.1994 – XI R 75/93, BStBl. II 1995, 289; BFH v. 19.05.1998 – I R 140/97, BStBl. II 1998, 599; BFH v. 13.09.2001 – IV R 79/99, BStBl. II 2002, 2; AEAO zu § 173 Nr. 4.
1137 BFH v. 14.12.1994 – XI R 80/92, BStBl. II 1995, 293.
1138 BFH v. 20.12.1988 – VIII R 121/83, BStBl. II 1989, 585 m. w. N.
1139 BFH v. 18.03.1989 – V R 206/83, BFH/NV 1990, 1; BFH v. 14.12.1994 – XI R 80/92, BStBl. II 1995, 293.
1140 BFH v. 14.12.1994 – XI R 80/92, BStBl. II 1995, 293; BFH v. 14.05.2013 – X B 33/13, BStBl. II 2013, 997.
1141 BFH v. 29.06.1984 – VI R 34/82, BStBl. II 1984, 694.
1142 BFH v. 20.06.1985 – IV R 114/82, BStBl. II 1985, 492.
1143 BFH v. 20.04.1988 – X R 40/81, BStBl. II 1988, 804; BFH v. 03.05.1991 – V R 36/90, BFH/NV 1992, 221.
1144 BFH v. 28.04.1998 – IX R 49/96, BStBl. II 1998, 458 m. w. N.
1145 BFH v. 23.03.1983 – I R 182/82, BStBl. II 1983, 548.
1146 BFH v. 20.04.1988 – X R 40/81, BStBl. II 1988, 804.
1147 BFH v. 20.06.1985 – IV R 114/82, BStBl. II 1985, 492.
1148 BFH v. 11.02.1998 – I R 82/97, BStBl. II 1998, 552.
1149 BFH v. 13.06.2012 – VI R 85/10, BStBl. II 2013, 5.
1150 BFH v. 28.04.1998 – IX R 49/96, BStBl. II 1998, 458.

Bei einem **Zuständigkeitswechsel** muss sich das neu zuständige FA die Kenntnis des alten FA zurechnen lassen, wenn es Korrekturen nach § 173 Abs. 1 Nr. 1 AO vornehmen will. Bei Korrekturen nach § 173 Abs. 1 Nr. 2 AO darf das FA sich demgegenüber nicht zum Nachteil des Stpfl. darauf berufen, dass der zuständige Beamte die Tatsache hätte kennen können oder kennen müssen.
Im konkreten Fall hatten kein Amtsträger und keine Stelle des FA vor Durchführung der Außenprüfung positive Kenntnis davon, dass in den Bilanzen 01–03 des S die Fräsmaschine als aktivierungspflichtiges Wirtschaftsgut nicht erfasst war. Der Sachverhalt ist erst bei der Außenprüfung, **also nachträglich**, bekannt geworden. Auch bestand für das FA kein Anlass, bei der Veranlagung des S Ermittlungen anzustellen, die ggf. zu einer früheren Feststellung des Buchungsfehlers geführt hätten. Der Sachverhalt ist deshalb auch nicht wegen Verletzung von Ermittlungspflichten als bekannt zu behandeln.
Für das Jahr 01 liegen somit die Voraussetzungen für eine Änderung des ESt-Bescheides zuungunsten des S nach § 173 Abs. 1 Nr. 1 AO vor. Das zu versteuernde Einkommen ist daher um 16.000 € und die ESt um 6.400 € zu erhöhen.

VI. Für die Jahre 02 und 03 kommt eine Änderung **zugunsten** des Stpfl. nach § 173 Abs. 1 Nr. 2 AO im Hinblick auf die sich in diesen Jahren gewinnmindernd (AfA) auswirkende, dem FA nachträglich bekannt gewordene Existenz der Fräsmaschine in Betracht.

VII. Soweit Tatsachen oder Beweismittel zu einer **niedrigeren Steuer** führen, darf den Stpfl. **kein grobes Verschulden** daran treffen, dass die Tatsachen oder Beweismittel erst nachträglich bekannt werden (§ 173 Abs. 1 Nr. 2 AO). Dadurch soll der Stpfl. angehalten werden, seiner Mitwirkungspflicht unverzüglich nachzukommen. Bei der Verschuldensprüfung ist ein subjektiver Maßstab anzulegen: Grobe Fahrlässigkeit ist anzunehmen, wenn der Stpfl. die ihm nach seinen persönlichen Verhältnissen zumutbare Sorgfalt in ungewöhnlichem Maße und in nicht entschuldbarer Weise verletzt hat[1151] oder wenn er schon die einfachsten, ganz nahe liegenden Überlegungen nicht anstellt.[1152] Grobes Verschulden liegt z.B. dann vor, wenn der Stpfl. eine im Steuererklärungsformular ausdrücklich gestellte Frage nicht beantwortet.[1153] Im Falle der Unkenntnis steuerlicher Vorschriften nimmt der BFH grundsätzlich kein grobes Verschulden an.[1154] Versteht ein Stpfl. z. B. irrtümlicherweise unter „Gewinn" nur positive Einkünfte und erklärt er deshalb keinen Verlust, so ist dies grundsätzlich nicht grob fahrlässig.[1155] Werden Einnahmen eines angestellten Chefarztes aus der Erbringung wahlärztlicher Leistungen (Liquidation gegenüber Privatpatienten) im Rahmen der ESt.-Erklärung irrtümlich sowohl bei den Einkünften aus selbstständiger Arbeit als auch bei den Einkünften aus nicht selbständiger Arbeit erklärt, weil weder der Chefarzt noch sein Steuerberater erkannt haben und nach den Umständen des Einzelfalls auch nicht erkennen mussten, dass diese Einnahmen bereits dem Lohnsteuerabzug unterlegen haben, liegt kein „grobes Verschulden" i. S. des § 173 Abs. 1 Nr. 2 AO vor.[1156]

Soll ein Steuerbescheid geändert werden, der im Einspruchsverfahren nach § 367 Abs. 2 S. 1 AO erneut umfassend geprüft worden ist, kommt es für die Frage des Schuldvorwurfs gegenüber dem Stpfl. auf den **Zeitpunkt der Einspruchsentscheidung** an: Grobes Verschulden liegt vor, wenn der Stpfl. grundlos versäumt hat, dem Finanzamt steuermindernde Tatsachen bis zur Bekanntgabe der Einspruchsentscheidung zur Kenntnis zu bringen.[1157]

1151 BFH v. 26.08.1987 – I R 144/86, BStBl. II 1988, 109.
1152 BFH v. 10.08.1988 – IX R 219/84, BStBl. II 1989, 131; BFH v. 11.05.1990 – VI R 76/86, BFH/NV 1991, 281.
1153 BFH v. 09.08.1991 – III R 24/87, BStBl. II 1992, 65.
1154 BFH v. 22.05.1992 – VI R 17/91, BStBl. II 1993, 80; BFH v. 25.01.2001 – II R 52/98, BStBl. II 2001, 414.
1155 BFH v. 23.01.2001 – XI R 42/00, BStBl. II 2001, 379.
1156 BFH v. 18.04.2023 – VIII R 9/20, BStBl. II 2023, 895.
1157 BFH v. 21.02.1991 – V R 25/87, BStBl. II 1991, 496; vgl. auch Heinke DStZ 1999, 789.

Nicht S, sondern sein steuerlicher Berater hat die Sorgfaltspflichten in ungewöhnlichem Maße verletzt, indem er ein offensichtlich aktivierungspflichtiges Wirtschaftsgut sofort abgeschrieben hat. Ob S sich bei der Anwendung des § 173 Abs. 1 Nr. 2 AO das **Verschulden seines steuerlichen Beraters zurechnen** lassen muss, ist umstritten:

272
- Gegen eine solche Zurechnung wird geltend gemacht, nach § 34 AO müsse sich der Stpfl. nur das Verschulden seines gesetzlichen Vertreters anrechnen lassen. Die Regelungen in §§ 110 Abs. 1 S. 2, 152 Abs. 1 S. 3 AO, nach denen auch eine Zurechnung des Verschuldens gewillkürter Vertreter erfolgt, dürften als Ausnahmevorschriften nicht verallgemeinert werden.[1158]
- Der BFH[1159] vertritt demgegenüber die Auffassung, der Stpfl. müsse sich ein grobes Verschulden seines steuerlichen Beraters – ebenso wie bei anderen von ihm hinzugezogenen Hilfspersonen[1160] – als eigenes Verschulden zurechnen lassen. Diese Folge ergebe sich zwar nicht aus § 110 AO, weil der Berater, der bei der Anfertigung der Steuererklärung mitwirkt, nicht als Bevollmächtigter, sondern als Gehilfe tätig werde. Die Vorschriften der §§ 152 Abs. 1 S. 3 und 169 Abs. 2 S. 3 AO ließen jedoch erkennen, dass der Stpfl. sich auch das Verschulden einer Hilfsperson zurechnen lassen müsse, derer er sich bei der Erfüllung der ihm auferlegten Steuererklärungspflicht bedient habe. Die gegenteilige Auffassung würde dazu führen, dass der Stpfl. sich seiner Verantwortung für die Richtigkeit der Angaben in seiner Steuererklärung durch Übertragung der Aufgaben auf einen steuerlichen Berater entziehen könnte.

Nach § 173 Abs. 1 Nr. 2 S. 2 AO ist das Verschulden allerdings unbeachtlich, wenn die Tatsachen oder Beweismittel in einem **unmittelbaren oder mittelbaren Zusammenhang mit Tatsachen oder Beweismitteln i. S. d. § 173 Abs. 1 Nr. 1 AO** stehen. Ein solcher sachlicher Zusammenhang liegt vor, wenn der steuererhöhende Vorgang nicht ohne den steuermindernden Vorgang denkbar wäre.[1161]
Werden z. B. nach bestandskräftiger USt-Festsetzung nachträglich steuerpflichtige Umsätze und Vorsteuerbeträge bekannt, kommt eine Berücksichtigung der Vorsteuern nur insoweit in Betracht, als die Lieferungen und Leistungen, auf denen sie beruhen, auch zur Ausführung der nachträglich bekannt gewordenen Umsätze verwendet worden sind.[1162]
Die Tatsachen und Beweismittel nach § 173 Abs. 1 Nr. 1 und Nr. 2 AO werden **nicht gegeneinander gewichtet**. Die Korrekturmöglichkeit nach § 173 Abs. 1 Nr. 2 AO ist also auch dann gegeben, wenn sich insgesamt eine Änderung zugunsten des Stpfl. ergibt.[1163]
Im Streitfall ist ein unmittelbarer Zusammenhang i. S. d. § 173 Abs. 1 Nr. 2 S. 2 AO gegeben. Die Gewinnminderungen in 02 und 03 sind eine unmittelbare Folge der Nachaktivierung der Fräsmaschine in 01. Der eine Vorgang ist ohne den anderen nicht denkbar.[1164] Auf das grobe Verschulden des Steuerberaters und die Frage der Zurechnung dieses Verschuldens kommt es somit nicht an.

Die Ausnahmeregelung des § 173 Abs. 1 Nr. 2 S. 2 AO ist nicht anwendbar, wenn die Änderung nach § 173 Abs. 1 Nr. 1 AO schon bestandskräftig geworden ist, weil kein Grund ersichtlich ist, die nochmalige Durchbrechung der Bestandskraft von erleichterten Voraussetzungen abhängig zu machen.[1165]

1158 Vgl. FG Münster v. 25.06.1980 – IV-VII 4956/79 E, BB 1980, 1735; Loose in T/K § 173 AO Rn. 82; Dißars DStZ 1997, 732.

1159 BFH v. 03.02.1983 – IV R 153/80, BStBl. II 1983, 324; BFH v. 26.08.1987 – I R 144/86, BStBl. II 1988, 109; BFH v. 03.12.2009 – VI R 58/07, BStBl. II 2010, 531; zust. AEAO zu § 173 Nr. 5.4; Koenig § 173 Rn. 125.

1160 BFH v. 07.11.1990 – X R 143/88, BStBl. II 1991, 325; BFH v. 14.05.2013 – X B 33/13, BStBl. II 2013, 997.

1161 BFH v. 21.02.1991 – V R 25/87, BStBl. II 1991, 496.

1162 BFH v. 19.10.1995 – V R 60/92, BStBl. II 1996, 149; zu Einzelheiten vgl. AEAO zu § 173 Nr. 6.3.

1163 BFH v. 02.08.1983 – VIII R 190/80, BStBl. II 1984, 4; Loose in T/K § 173 AO Rn. 88; Klein/Rüsken § 173 Rn. 139.

1164 So auch Bartone in K/vW § 173 AO Rn. 44.

1165 BFH v. 19.08.1983 – VI R 177/82, BStBl. II 1984, 48; a. A. v. Groll in H/H/Sp § 173 AO Rn. 303; von Wedelstädt DB 1984, 1215.

Für die Jahre 02 und 03 liegen daher die Voraussetzungen für eine Änderung zugunsten des S nach § 173 Abs. 1 Nr. 2 AO vor. Das zu versteuernde Einkommen ist jeweils um 4.000 €, die Steuer jeweils um 1.600 € zu vermindern.

Ergebnis:

Das FA muss durch Änderungsbescheid nach § 173 Abs. 1 Nr. 1 AO die ESt 01 um 6.400 € erhöhen und durch Änderungsbescheide nach § 173 Abs. 1 Nr. 2 AO die ESt 02 und 03 jeweils um 1.600 € mindern.

Weitere Einzelheiten zur Korrektur nach § 173 AO:

1. Beweislast

Bei einer Änderung zuungunsten des Stpfl. trägt das Finanzamt die Beweislast, bei einer 273 Änderung zu seinen Gunsten trägt sie der Stpfl. Wendet der Stpfl. ein, das Finanzamt habe seine Ermittlungspflicht verletzt, trifft ihn insoweit die Beweislast.[1166] Andererseits ist das Finanzamt beweisbelastet, wenn es die Änderung zugunsten des Stpfl. mit dem Einwand, den Stpfl. treffe grobes Verschulden, ablehnen will.[1167]

2. Anträge/Wahlrechte

Bei antragsgebundenen Steuervergünstigungen und bei Wahlrechten ist die Höhe der 274 Steuer von der Antragstellung bzw. der Ausübung des Wahlrechts abhängig. Der BFH hat früher argumentiert, ein nachträglich gestellter Antrag könnte nicht zu einer Korrektur nach § 173 Abs. 1 Nr. 2 AO führen, weil der Antrag nicht nachträglich bekannt geworden, sondern nachträglich eingetreten sei.[1168] Nunmehr unterscheidet der BFH[1169] zwischen dem zugrunde liegenden **Lebenssachverhalt** (Tatsache) und der Antragstellung bzw. Ausübung des Wahlrechts als **Verfahrenshandlung**. Sofern der Antrag (Ausübung des Wahlrechts) nicht fristgebunden sei, könne er nachträglich gestellt werden. Für die Änderung nach § 173 Abs. 1 AO komme es nur darauf an, ob der zugrunde liegende Sachverhalt nachträglich bekannt geworden und die Änderung nicht wegen groben Verschuldens ausgeschlossen sei.[1170] Ob nach Bestandskraft noch steuerliche Wahlrechte[1171] ausgeübt oder antragsgebundene Steuervergünstigungen[1172] geltend gemacht werden können, ist den Einzelsteuergesetzen zu entnehmen.

3. Fiktive Erheblichkeitsprüfung

Noch während des Laufs der Festsetzungsfrist kommt es häufig zu Rechtsprechungsän- 275 derungen, die den Stpfl. veranlassen können, nunmehr Tatsachen vorzubringen, die er bisher für steuerlich bedeutungslos gehalten hat. Nach Ansicht des BFH[1173] ist die „neue" Tatsache dann nicht rechtserheblich, wenn das FA bei ursprünglicher Kenntnis der Tatsachen oder Beweismittel mit an Sicherheit grenzender Wahrscheinlichkeit zu keiner anderen Steuerfestsetzung gekommen wäre. Wie das FA entschieden haben würde, ist

1166 BFH v. 15.09.1998 – I R 140/97, BStBl. II 1998, 599.
1167 BFH v. 22.05.1992 – VI R 17/91, BStBl. II 1993, 80; Loose in T/K § 173 AO Rn. 85.
1168 BFH v. 30.09.1981 – II R 105/81, BStBl. II 1982, 80; BFH v. 17.03.1982 – II R 39/81, BStBl. II 1982, 491.
1169 BFH v. 28.09.1984 – VI R 48/82, BStBl. II 1985, 117; BFH v. 21.07.1989 – III R 303/84, BStBl. II 1989, 790.
1170 Ebenso Loose in T/K § 173 AO Rn. 16 ff.; Bartone in K/vW § 173 Rn. 14.
1171 Zur Bilanzänderung nach § 4 Abs. 2 S. 2 EStG vgl. BFH v. 09.08.1989 – X R 110/87, BStBl. II 1990, 195.
1172 Zu § 33 a EStG: BFH v. 21.07.1989 – III R 303/84, BStBl. II 1989, 960.
1173 BFH v. 23.11.1987 – GrS 1/86, BStBl. II 1988, 180; BFH v. 10.03.1999 – II R 99/97, BStBl. II 1999, 433; BFH v. 10.10.2007 – VI B 48/06, BFH/NV 2008, 191.

danach zu beurteilen, welche Entscheidung das FA nach der damaligen Rspr. und unter Berücksichtigung der damals bestehenden Verwaltungsanweisungen hätte treffen müssen.[1174] Auf die im Zeitpunkt des Erlasses des ursprünglichen Bescheids das FA bindende Verwaltungsanweisung ist selbst dann abzustellen, wenn zu diesem Zeitpunkt bereits ein von der Verwaltungsanweisung abweichendes BFH-Urteil ergangen und in der Fachpresse, aber nicht im amtlichen Veröffentlichungsorgan der Verwaltung (dem Bundessteuerblatt – BStBl.), veröffentlicht ist.[1175] Auch ist unerheblich, ob das FA in Parallelverfahren tatsächlich anders, d. h. nach damaliger Rechtsauffassung fehlerhaft, entschieden hat.[1176]

Die Auffassung des BFH überzeugt, weil anderenfalls nach Rechtsprechungsänderungen – unter Aushöhlung der Bestandskraft – eine Vielzahl von bestandskräftigen Steuerbescheiden geändert werden müsste.[1177] Soweit es sich bei den nachträglich bekannt gewordenen Tatsachen um solche zuungunsten des Stpfl. handelt, ist die Frage der fiktiven Erheblichkeitsprüfung deshalb ohne große praktische Bedeutung, weil § 176 AO die Berücksichtigung der Rechtsprechungsänderungen zum Nachteil des Stpfl. aus Gründen des Vertrauensschutzes ausschließt (vgl. oben Rn. 259).

Beispiel

Der katholische Geistliche G wurde 1986–88 von seinem Arbeitgeber zum Zwecke eines Promotionsstudiums unter Fortzahlung der Dienstbezüge beurlaubt. In seiner ESt-Erklärung für 1986 hat er die Promotionsaufwendungen nicht als Werbungskosten geltend gemacht. Nachdem G von dem Urteil des BFH v. 07.08.1987[1178] zur Anerkennung von Promotionskosten als Werbungskosten Kenntnis erlangt, weist er dem FA seine Promotionskosten nach und beantragt Änderung des ESt-Bescheids 1986 nach § 173 Abs. 1 Nr. 2 AO.

Die „neue“ Tatsache ist nicht rechtserheblich, weil das FA mit an Sicherheit grenzender Wahrscheinlichkeit aufgrund der früheren Rspr. zu Promotionskosten[1179] die Berücksichtigung der Aufwendungen als Werbungskosten abgelehnt hätte. Auf ein grobes Verschulden des G am nachträglichen Bekanntwerden der Aufwendungen kommt es somit nicht an.

4. Zusammenveranlagung

276 Im Falle der Zusammenveranlagung (§ 26 b EStG) werden die Ehegatten (neuerdings auch Lebenspartner, § 2 Abs. 8 EStG) nach Zusammenrechnung der Einkünfte „gemeinsam als Stpfl.“ behandelt. Daraus folgt u. a., dass bei Korrekturen der gegen die Ehegatten ergangenen Steuerbescheide nach § 173 Abs. 1 Nr. 2 AO jeder Ehegatte sich das grobe Verschulden des anderen Ehegatten als eigenes zurechnen lassen muss.[1180] Diese Grundsätze gelten nicht für das Strafrecht und die Haftung nach § 71 AO.[1181]

1174 BFH v. 14.12 1994 – XI R 80/92, BStBl. II 1995, 293; BFH v. 22.04.2010 – VI R 40/08, BStBl. II 2010, 951; BFH v. 26.07.2012 – III 72/10, BStBl. II 2013, 670.

1175 FG Bad-Württ v. 13.07.1990 – IX K 206/85, EFG 1991, 57.

1176 So BFH v. 11.05.1988 – I R 216/85, BStBl. II 1988, 715.

1177 Krit. Loose in T/K § 173 AO Rn. 55 f. m. w. N.

1178 BFH v. 07.08.1987 – VI R 60/84, BStBl. II 1987, 780.

1179 BFH v. 07.08.1987 – VI R 60/84, BStBl. II 1987, 780.

1180 BFH v. 24.07.1996 – I R 62/95, BStBl. II 1997, 115; differenzierend v. Groll in H/H/Sp § 173 AO Rn. 265 ff.

1181 BFH v. 27.01.2001 – X R 92/98, BStBl. II 2002, 51.

5. Feststellungsbescheide

Die für Steuerbescheide geltenden Änderungsvorschriften sind auch auf Feststellungsbescheide anzuwenden (§ 181 Abs. 1 S. 1 AO). Im Anwendungsbereich des § 173 AO kommt es dabei auf die betragsmäßige Erhöhung oder Verminderung der festgestellten Besteuerungsgrundlage(n), also nicht auf die Auswirkungen in den Folgebescheiden an.[1182] Bei der einheitlichen und gesonderten Feststellung der Einkünfte von Personenmehrheiten (§ 180 Abs. 1 Nr. 2 Buchst. a) AO) ist maßgebend, wie sich die Änderung bei den einzelnen Feststellungsbeteiligten auswirkt. Deshalb ist eine Korrektur nach § 173 Abs. 1 Nr. 1 AO durchzuführen, wenn sich aufgrund der „neuen Tatsache" der Gewinnanteil eines Beteiligten zulasten eines anderen Beteiligten erhöht, ohne dass sich die Höhe der gemeinschaftlich erzielten Einkünfte ändert.[1183] 277

V. Korrektur nach § 173 a AO wegen Schreib- oder Rechenfehler bei Erstellung einer Steuererklärung

Da nach § 129 AO nur offenbare Unrichtigkeiten berichtigt werden können, die beim Erlass eines Verwaltungsakts unterlaufen sind, erfordert diese Norm bei Fehlern des Stpfl. deren Erkennbarkeit für das FA (s. Rn. 246). Unter den Rahmenbedingungen des risikoorientierten Steuervollzugs ohne Kontrolle durch einen Sachbearbeiter fehlt es häufig an dieser Voraussetzung. Seit 01.01.2017 eröffnet § 173 a AO die Korrektur von Schreib- oder Rechenfehlern, die dem Stpfl. bei Erstellung einer Steuererklärung unterlaufen sind. Allerdings ist die neue Korrekturnorm enger als § 129 AO, weil sie andere offenbare Unrichtigkeiten des Stpfl. nicht erfasst.[1184] 278

VI. Korrektur widerstreitender Steuerfestsetzungen (§ 174 AO)

Die Vielzahl der Steuerarten, die Periodizität der Steuererhebung und die Schwierigkeiten bei der subjektiven Zuordnung der Besteuerungsobjekte können dazu führen, dass die Finanzbehörden aus ein und demselben Sachverhalt Schlussfolgerungen ziehen, die sich nach den Vorschriften des materiellen Steuerrechts ausschließen. § 174 AO eröffnet die Möglichkeit, derartige widersprüchliche Entscheidungen zum Vor- und auch zum Nachteil des Stpfl. zu korrigieren. 279

§ 174 AO steht selbstständig neben den anderen Änderungsvorschriften, sodass im Einzelfall sowohl § 174 AO als auch eine andere Änderungsvorschrift zur Anwendung kommen können.[1185] Wie die Bestimmungen der §§ 165, 173 und 175 AO erlaubt auch § 174 AO kein „Gesamtaufrollen" des Steuerfalls, sondern nur eine partielle Korrektur in dem Punkt, in dem die Entscheidungen einander widerstreiten.[1186]

Zentrales Tatbestandsmerkmal in allen Alternativen des § 174 AO ist der **„bestimmte Sachverhalt"**, der nicht widerstreitend in mehreren Bescheiden entweder nicht oder mehrfach berücksichtigt werden soll. Bestimmter Sachverhalt ist der einzelne Le-

1182 Vgl. Brandis in T/K § 181 AO Rn. 4.

1183 BFH v. 24.06.2009 – IV R 55/06, BStBl. II 2009, 950; zu weiteren Einzelheiten AEAO zu § 173 Nr. 10.

1184 Näher zu „Korrekturvorschriften 2.0" Habel/Müller DStR 2016, 2791; v. Wedelstädt AO-StB 2017, 19.

1185 Vgl. Koenig § 174 Rn. 4; Loose in T/K § 174 AO Rn. 59; differenzierend: Brüning, Die widerstreitende Steuerfestsetzung, S. 123ff.

1186 Klein/Rüsken § 174 Rn. 5.

bensvorgang, ggf. auch ein Sachverhaltskomplex, an den das Gesetz steuerliche Folgen knüpft.[1187]

1. Mehrfache Berücksichtigung zuungunsten von Stpfl. (§ 174 Abs. 1 AO)

280 **Fall 63: Mehrfache Berücksichtigung von Rentenzahlungen**

N, der einen Wohnsitz in den Niederlanden hat, erzielte in Deutschland Einkünfte aus selbstständiger Arbeit. In der Gewinnermittlung für das Jahr 01, die der Einkommensteuererklärung 01 beigefügt war, wurden aufgrund grober Fahrlässigkeit des von N beauftragten Steuerberaters bei der Ermittlung der Einnahmen Bezüge aus einer Berufsunfähigkeitsrente erfasst, die nach dem geltenden DBA mit den Niederlanden in den Niederlanden zu versteuern waren. Nach Eintritt der Bestandskraft des ESt-Bescheides 01 wurden die Rentenbezüge in den Niederlanden von der dortigen Steuerverwaltung der Besteuerung unterworfen.

N beantragt die Änderung des ESt-Bescheides 01 mit der Begründung, wegen der Erfassung der Rentenbezüge in Deutschland und in den Niederlanden liege eine widerstreitende Steuerfestsetzung i. S. d. § 174 Abs. 1 AO vor.

I. Der Zufluss der Rentenbeträge ist eine Tatsache, die steuerlich relevant ist, weil diese Rentenbeträge in dem ESt-Bescheid 01 nicht hätten erfasst werden dürfen. Eine Korrektur des Steuerbescheids 01 nach § 173 Abs. 1 Nr. 2 AO scheidet jedoch aus, weil die Tatsache aufgrund groben Verschuldens des steuerlichen Beraters des N erst nachträglich bekannt geworden ist und N sich das grobe Verschulden seines Beraters zurechnen lassen muss (vgl. oben Fall 62).

II. Es kommt allerdings eine Änderung des ESt-Bescheids 01 nach § 174 Abs. 1 AO in Betracht:

1. Nach § 174 Abs. 1 AO ist der Bescheid auf Antrag des N zu ändern, wenn ein bestimmter Sachverhalt in mehreren Steuerbescheiden zuungunsten eines oder mehrerer Stpfl. berücksichtigt worden ist, obwohl er nur einmal hätte berücksichtigt werden dürfen.

   Folgende Fälle des Widerstreits sind denkbar:
   - **Objektkollision:** Ein bestimmter Sachverhalt wird bei einem Stpfl. bei verschiedenen Steuerarten berücksichtigt (z. B. bei der ESt und der SchenkSt).
   - **Subjektkollision:** Ein bestimmter Sachverhalt wird bei mehreren Stpfl. der Besteuerung unterworfen.
   - **Periodenkollision:** Ein bestimmter Sachverhalt wird in mehreren Besteuerungszeiträumen erfasst.
   - **Zuständigkeitskollision:** Ein Stpfl. wird für den gleichen Besteuerungszeitraum von mehreren Finanzämtern zu derselben Steuer herangezogen.

   In allen Fällen ist der Steuerbescheid – weil fehlerhaft – aufzuheben oder zu ändern.

2. Im konkreten Fall kommt eine Korrektur wegen Zuständigkeitskollision in Betracht. Der Begriff „in mehreren (Steuer-)Bescheiden" umfasst auch zusammengefasste Bescheide nach § 155 Abs. 3 AO und das Verhältnis von Steuerbescheid und zugrunde liegendem Feststellungsbescheid, nicht jedoch die doppelte Sachverhaltserfassung in demselben Bescheid.

   a) Unter einem bestimmten Sachverhalt i. S. d. § 174 Abs. 1 AO ist der einheitliche Lebensvorgang zu verstehen, an den das Gesetz steuerliche Folgen knüpft.[1188] Ein derartiger Lebensvorgang ist die Zahlung von Berufsunfähigkeitsrente in 01

1187 BFH v. 14.01.2010 – IV R 33/07, BStBl. II 2010, 586.

1188 BFH v. 06.03.1990 – VIII R 28/84, BStBl. II 1990, 558; BFH v. 17.10.1990 – I R 9/89, BFH/NV 1991, 354; BFH v. 24.04.2013 – II R 53/10, BStBl. II 2013, 755; ausführlich hierzu: Brüning, Die widerstreitende Steuerfestsetzung, S. 26 ff.

an den N. Dieser Lebensvorgang ist auch in dem ESt-Bescheid 01 „berücksichtigt" worden. Eine Berücksichtigung i. S. d. § 174 Abs. 1 AO liegt vor, wenn der Lebenssachverhalt dem Finanzamt bei der Entscheidungsfindung bekannt war und als Entscheidungsgrundlage herangezogen und verwertet worden ist. Dabei ist nicht erforderlich, dass das Finanzamt den erfassten Sachverhalt in allen Einzelheiten kennt; vielmehr kann der Sachverhalt auch in ein komprimiertes Zahlenwerk eingegangen sein, das dem Finanzamt bei der Entscheidungsfindung vorlag. Legt das Finanzamt der Veranlagung oder der Gewinnfeststellung einen vom Stpfl. erklärten Gewinn zugrunde, so sind damit alle Geschäftsvorfälle „berücksichtigt", die der Stpfl. in seiner Gewinnermittlung erfasst hat.[1189] Zu diesen Geschäftsvorfällen gehören im Streitfall die in der Gewinnermittlung des N – unzutreffend – erfassten Rentenzahlungen. Für das Merkmal der „Berücksichtigung" ist also unschädlich, dass der konkrete Sachverhalt dem zuständigen Bearbeiter bei der Steuerfestsetzung nicht bekannt war.

b) Dieser Lebensvorgang ist einerseits in dem deutschen ESt-Bescheid 01 und darüber hinaus auch in dem Steuerbescheid 01 nach niederländischem Recht berücksichtigt worden. Es fragt sich, ob auch ein niederländischer Steuerbescheid als „Steuerbescheid" i. S. d. § 174 Abs. 1 AO angesehen werden kann:
   - Von einem Teil des Schrifttums wird die Auffassung vertreten, dass Steuerbescheide nach der Terminologie der AO (§ 155 Abs. 1 S. 1 AO) nur Verwaltungsakte sein können, durch die eine von einer (inländischen!) Bundes- oder Landesfinanzbehörde verwaltete Steuer festgesetzt wird.[1190]
   - Der BFH[1191] vertritt demgegenüber die Auffassung, dass bei der Anwendung des § 174 AO auch Steuerbescheide der Steuerbehörden anderer EU-Mitgliedstaaten[1192] zu berücksichtigen sind. § 174 und § 155 Abs. 1 AO seien unionsrechtskonform auszulegen. Ein Ausschluss der Korrekturmöglichkeit bei Widerstreit eines deutschen Bescheids mit dem Bescheid aus einem anderen Mitgliedstaat würde eine Beschränkung von unionsrechtlich verbürgten Grundfreiheiten bedeuten. Die Einbeziehung ausländischer Steuerbescheide in das Regelungssystem des § 174 AO führe zwar zu einer Erschwernis bei der Bearbeitung solcher Fälle durch die deutsche Steuerverwaltung. Diese Arbeitserschwernis für die Verwaltung sei jedoch kein hinreichender Grund, um die Berücksichtigung ausländischer Steuerbescheide auszuschließen.

Ergebnis:

Der ESt-Bescheid 01 ist nach § 174 Abs. 1 AO zugunsten des N zu ändern.

Weitere Einzelheiten zu Korrekturen nach § 174 Abs. 1 AO: 281

- Voraussetzung ist, dass es sich um eine **widersprüchliche Mehrfachberücksichtigung** handelt, also nach materiellem Steuerrecht nur eine einmalige Berücksichtigung des konkreten Lebensvorgangs zulässig ist. Dabei sind Vorschriften aus Doppelbesteuerungsabkommen, die einen Zugriff beider Vertragsstaaten auf das gleiche Steuersubstrat verhindern, ebenfalls Bestandteil der materiellen Rechtslage.[1193] Das Merkmal der Mehrfachberücksichtigung ist nur gegeben, wenn die „mehreren" Berücksichtigungen

1189 BFH v. 06.03.1990 – VIII 28/84, BStBl. II 1990, 558.

1190 Vgl. z.B. Koenig § 174 Rn. 13.

1191 BFH v. 09.05.2012 – I R 73/10, BStBl. II 2013, 566.

1192 Ablehnend indes für Steuerbescheide aus Nicht-EU-Staaten FG Düsseldorf v. 28.01.2014–13 K 3534/12 E, AO, EFG 2014, 705.

1193 BFH v. 09.05.2012 – I R 73/10, BStBl. II 2013, 566.

sich gegenseitig denkgesetzlich ausschließen.[1194] Es genügt also nicht, wenn das Finanzamt einen bestimmten Sachverhalt, der bei einem Stpfl. zu Einnahmen und bei einem anderen Stpfl. zu Ausgaben geführt hat, in einem der beiden Besteuerungsverfahren fehlerhaft entschieden hat.[1195]

- Änderungen sind auch noch möglich, wenn die **Festsetzungsfrist** für den aufzuhebenden oder zu ändernden Bescheid im Zeitpunkt der Antragstellung bereits abgelaufen ist. Voraussetzung dafür ist, dass der Antrag bis zum Ablauf eines Jahres, nachdem der letzte der betroffenen (widerstreitenden) Bescheide unanfechtbar geworden ist, gestellt wird (§ 174 Abs. 1 S. 2, 3 AO).
- Bei doppelter bzw. mehrfacher **Nichtberücksichtigung** (negativer Widerstreit) ist § 174 Abs. 1 AO nach seinem eindeutigen Wortlaut sowie seinem Zweck nicht anwendbar. Eine Analogie dahingehend, dass die Nichtberücksichtigung einer Berücksichtigung zuungunsten des Stpfl. gleichsteht, scheidet aus, weil § 174 AO streng zwischen mehrfacher Berücksichtigung (Abs. 1 und 2) und Nichtberücksichtigung in Abs. 3 unterscheidet.[1196]

2. Mehrfache Berücksichtigung zugunsten von Stpfl. (§ 174 Abs. 2 AO)

282 **§ Fall 64: Mehrfache Berücksichtigung von Erhaltungsaufwand**

Der Stpfl. S hat in 01 die Fenster seines Mietshauses erneuern lassen. Die entsprechende Handwerkerrechnung über 30.000 € bezahlt er mit dem am 30.12.01 zur Post aufgegebenen Verrechnungsscheck. Die Belastung des Bankkontos erfolgt nach Einlösung des Schecks durch den Empfänger am 20.01.02. S macht den Betrag von 30.000 € für 01 als Erhaltungsaufwand geltend, weil der Scheckbetrag in 01 als abgeflossen gilt (vgl. auch Fall 65). Wegen der erst in 02 erfolgten Belastung seines Bankkontos setzt S versehentlich den Betrag von 30.000 € nochmals in 02 als Werbungskosten an. Der Sachbearbeiter übersieht den Fehler des Stpfl., weil er die Werbungskostenaufstellung für 02 nicht mit der bei den Steuerakten befindlichen Aufstellung für 01 vergleicht. Ist der StB für 02 nach Eintritt der Bestandskraft nach § 174 Abs. 2 AO zu ändern?

I. Eine Berichtigung nach § 129 AO scheidet aus, weil dem FA keine mechanische Fehlleistung beim Erlass des Steuerbescheids unterlaufen ist. Die fehlerhafte Berücksichtigung des Aufwands in 02 ist darauf zurückzuführen, dass der Sachbearbeiter bei der Ermittlung des Sachverhalts keinen Vergleich mit den Veranlagungsunterlagen des Vorjahres vorgenommen hat (Ermittlungsfehler). Eine Korrektur nach § 173 Abs. 1 Nr. 1 AO kommt nicht in Betracht, weil der Sachverhalt aus den Steuerakten erkennbar war und demnach nicht nachträglich bekannt geworden ist.

II. Es könnten jedoch die Voraussetzungen für eine Änderung des ESt-Bescheids 02 nach § 174 Abs. 2 AO vorliegen. Nach § 174 Abs. 2 AO gilt § 174 Abs. 1 AO sinngemäß, wenn sich die widerstreitenden Steuerfestsetzungen mehrfach **zugunsten** eines oder mehrerer Stpfl. ausgewirkt haben. Aus Gründen des Vertrauensschutzes ist die Korrektur allerdings nur dann zulässig, wenn die – fehlerhafte – mehrfache Berücksichtigung auf einen Antrag oder eine Erklärung des Stpfl. zurückzuführen ist (§ 174 Abs. 2 S. 2 AO). Ist die widerstreitende Steuerfestsetzung nicht auf ein Verhalten des Stpfl. zurückzuführen, liegt kein Verstoß gegen Treu und Glauben vor, wenn dieser einer Korrektur nach § 172 Abs. 1 Nr. 2 Buchst. a) AO nicht zustimmt.[1197]

   1. Der bestimmte Sachverhalt ist der durch die Erneuerung der Fenster in 01 angefallene Erhaltungsaufwand in Höhe von 30.000 €.

1194 BFH v. 11.07.1991 – IV R 52/90, BStBl. II 1992, 126 m. w. N.

1195 Vgl. BFH v. 02.08.1994 – VIII R 65/93, BStBl. II 1995, 264: kein allgemeines Korrespondenzprinzip im Einkommensteuerrecht.

1196 Koenig § 174 Rn. 14.

1197 BFH v. 03.12.1998 – V R 29/98, BStBl. II 1999, 158.

2. Der Aufwand wurde sowohl in 01 als auch in 02 berücksichtigt.
3. Er hätte nur einmal berücksichtigt werden dürfen.
4. Fraglich ist, ob die mehrfache Berücksichtigung des Sachverhalts „auf einen Antrag oder eine Erklärung des Stpfl. zurückzuführen ist". Für dieses Tatbestandsmerkmal genügt nicht jede Art der Mitverursachung der Fehlerhaftigkeit des Steuerbescheids durch den Stpfl. Vielmehr muss der Stpfl. durch eine unrichtige Darstellung des Sachverhalts in der Steuererklärung oder auch durch andere Äußerungen gegenüber dem FA den Fehler veranlasst haben.[1198] Ob der Stpfl. die Doppelberücksichtigung irrtümlich (unbewusst) oder bewusst herbeigeführt hat, ist ohne Belang.[1199] Hat das FA wegen Verletzung seiner Ermittlungspflicht den Fehler mitverursacht, kommt es auf das Gewicht der Verursachungsbeiträge an. Wenn der Verursachungsbeitrag des Stpfl. überwiegt, darf zu seinen Ungunsten geändert werden.[1200]
   Bei Anwendung dieser Grundsätze ergibt sich Folgendes: Das FA hätte den Antrag, den in 01 entstandenen Erhaltungsaufwand in 02 nochmals zu berücksichtigen, nach der Aktenlage ablehnen müssen. Denn aus der Steuerakte ergab sich, dass der geltend gemachte Aufwand bereits in dem Vorjahr angefallen war. Die Fehlerhaftigkeit des Bescheids lässt sich somit darauf zurückführen, dass das FA seine Ermittlungspflicht nach § 88 AO verletzt hat.
   Andererseits ist zu berücksichtigen, dass S eine unrichtige Steuererklärung abgegeben hat. Es ist in erster Linie Sache des Stpfl., den für die Besteuerung erheblichen Sachverhalt eindeutig, vollständig und richtig zu schildern. Durch die Unrichtigkeit der Erklärung, die nur durch Heranziehung der Steuerakten und Vergleich mit dem Vorjahr hätte aufgedeckt werden können, ist das FA irregeführt worden. Das FA darf grundsätzlich den Sachverhaltsdarstellungen des Stpfl. vertrauen.[1201] Unter diesen Umständen hat der Verursachungsbeitrag des S das überwiegende Gewicht.[1202]

Ergebnis:

Der ESt-Bescheid 03 ist nach § 174 Abs. 2 AO zuungunsten des S zu ändern.

Obwohl die Fristbestimmung nach § 174 Abs. 1 S. 2 AO unmittelbar mit dem Antrag verknüpft ist, den § 174 Abs. 2 AO nicht kennt, läuft die Anordnung der sinngemäßen Geltung des § 174 Abs. 1 AO auch insoweit nicht leer. Die **Fristbestimmung im Falle des § 174 Abs. 2 AO** ist sinngemäß wie folgt zu lesen: Ist die Festsetzungsfrist für den fehlerhaften Bescheid bereits abgelaufen, so kann die Aufhebung oder Änderung noch bis zum Ablauf eines Jahres erfolgen, nachdem der letzte der betroffenen Bescheide unanfechtbar geworden ist.[1203] Für die Fristwahrung genügt es, dass der Änderungsbescheid[1204] vor Ablauf der Jahresfrist den Bereich der Finanzbehörde verlassen hat (§ 169 Abs. 1 S. 3 Nr. 1 AO).

3. Bewusstes Außerachtlassen eines Sachverhalts (§ 174 Abs. 3 AO)

§ 174 Abs. 3 AO betrifft die Fälle, in denen ein Sachverhalt bei der Steuerfestsetzung deshalb nicht erfasst wurde, weil das FA fälschlicherweise davon ausging, er sei in einem anderen Steuerbescheid zu berücksichtigen. Aus Gründen des Vertrauensschutzes ist die 283

1198 BFH v. 13.11.1996 – XI R 61/96, BStBl. II 1997, 170.
1199 BFH v. 06.09.1995 – XI R 37/95, BStBl. II 1996, 148.
1200 BFH v. 13.11.1996 – XI R 61/96, BStBl. II 1997, 170.
1201 Loose in T/K § 174 AO Rn. 26.
1202 Vgl. BFH v. 13.11.1996 a. a. O.
1203 Bartone in K/vW § 174 Rn. 38; Loose in T/K § 174 AO Rn. 27.
1204 Bei Bekanntgabe durch Bereitstellung zum Datenabruf nach § 122 a AO (s. Rn. 174) kommt es auf den Abgang der elektronischen Benachrichtigung an.

Korrektur nur zulässig, wenn die Nichtberücksichtigung im Steuerbescheid ihren „erkennbaren" Niederschlag gefunden hat. Der die Änderungsmöglichkeit legitimierende Vertrauensschutzgedanke trägt nicht, wenn der Stpfl. den „wegen Nichtberücksichtigung" fehlerhaften Bescheid mit einem Rechtsbehelf angegriffen hat und das FA in diesem Verfahren von seiner ursprünglichen Rechtsauffassung abgerückt ist. Führt der Stpfl. das Verfahren nicht zu Ende, z. B. durch Rücknahme seines Rechtsbehelfs, kann er später keine Korrektur des fehlerhaften Bescheids nach § 174 Abs. 3 AO verlangen.[1205]

284 **§ Fall 65: Irrtum über das Abflussprinzip**

Der Stpfl. S hat am 31.12.01 dem Versicherungsunternehmen B einen Verrechnungsscheck über 3.000 € Gebäudeversicherungsprämie für ein vermietetes Gebäude übergeben. Das FA erkennt bei der ESt-Veranlagung für 01 den Werbungskostenabzug mit der Begründung nicht an, die Ausgabe sei erst bei der Abbuchung des Scheckbetrages in 02 geleistet worden. Bei der Veranlagung für 02 kommt das FA zu dem (zutreffenden) Ergebnis, dass der Abfluss nach § 11 Abs. 2 EStG bereits in 01 vorgelegen hat und die Ausgaben für 02 nicht berücksichtigungsfähig sind. Muss das FA die bestandskräftige ESt-Veranlagung 01 ändern?

I. Die Voraussetzungen des § 174 Abs. 3 AO liegen vor:
   1. Der **bestimmte Sachverhalt** ist die Zahlung einer Versicherungsprämie mittels Verrechnungsschecks.
   2. Der Sachverhalt ist für 01 vom FA in der Annahme **nicht berücksichtigt** worden, dass er im ESt-Bescheid 02 zu berücksichtigen sei.
   3. Die Nichtberücksichtigung war für den Stpfl. erkennbar, weil sie sich aus der Begründung des ESt-Bescheids 01 ergab. Ein solcher ausdrücklicher Hinweis ist nicht stets erforderlich. Es genügt, wenn die Annahme des FA „aus dem gesamten Sachverhaltsablauf erkennbar ist",[1206] wonach auch eine zweifache Änderung nach § 174 Abs. 3 AO zumindest dann möglich ist, wenn der ursprüngliche Bescheid nicht endgültig ergangen ist.
   4. Die Annahme des FA hat sich **später als unrichtig herausgestellt**. Worauf die Fehlbeurteilung beruhte, ist unerheblich. Es kann sich um eine sachliche oder auch um eine rechtliche Fehlbeurteilung gehandelt haben.[1207]

II. Nach dem Wortlaut des § 174 Abs. 3 AO liegt die Änderung im Ermessen der Behörde. Der BFH hat demgegenüber entschieden, es handele sich um einen **gebundenen Verwaltungsakt**. Der Vertrauensschutzgedanke sei durch die Tatbestandsvoraussetzung der „Erkennbarkeit" angemessen berücksichtigt. Für Ermessenserwägungen, von einer möglichen Korrektur abzusehen, lasse die Vorschrift keinen Raum.[1208]

Ergebnis:

Das FA hat den ESt-Bescheid 01 nach § 174 Abs. 3 AO zugunsten des S zu ändern.

§ 174 Abs. 3 und Abs. 4 AO stehen selbstständig nebeneinander. Das hat u. a. zur Folge, dass eine Änderung nach Abs. 3 gegenüber einem Dritten auch ohne die für eine Korrektur nach § 174 Abs. 4 AO erforderliche Hinzuziehung nach Abs. 5 vorzunehmen ist.[1209]

Die Änderung oder Nachholung der fehlerhaften Steuerfestsetzung ist nur zulässig, solange die Festsetzungsfrist für die „andere" Steuerfestsetzung noch nicht abgelaufen ist (§ 174 Abs. 3 S. 2 AO). Der Ablauf der Festsetzungsfrist für den fehlerhaften Bescheid ist somit unerheblich.

1205 BFH v. 06.12.2006 – XI R 62/05, BStBl. II 2007, 238.

1206 BFH v. 28.11.1989 – VIII R 83/86, BStBl. II 1990, 458.

1207 BFH v. 27.05.1993 – IV R 65/91, BStBl. II 1994, 76.

1208 BFH v. 13.11.1985 – II R 208/82, BStBl. II 1986, 241; BFH v. 21.02.1989 – IX R 67/84, BFH/NV 1989, 687; a. A. Loose in T/K § 174 AO Rn. 38.

1209 BFH v. 01.08.1984 – V R 91/83, BStBl. II 1984, 788; vgl. auch BFH v. 21.02.1989 – IX R 67/84, BFH/NV 1989, 687.

4. Folgerungen aus der vom Stpfl. herbeigeführten Korrektur eines Bescheids (§ 174 Abs. 4, Abs. 5 AO)

Fall 66: Korrespondierende Einnahmen und Ausgaben 285

M hat in 01 im Wege der vorweggenommenen Erbfolge ihren Gewerbebetrieb auf ihren Sohn S übertragen, der sich im Gegenzug notariell verpflichtete, seiner Mutter lebenslänglich 1.200 € monatlich zu zahlen. Die Zahlungsverpflichtung war mit einer Wertsicherungsklausel versehen und sah eine Abänderbarkeit nach § 323 ZPO vor. Das FA würdigte die Zahlungsverpflichtung als Versorgungsleistung in Form einer sog. Leibrente. In den ESt-Bescheiden 01 für M und S zog es daraus folgende Konsequenzen: Bei M setzte es nur den sich aus der Tabelle zu § 22 EStG ergebenden sog. Ertragsanteil der Rentenbezüge als Einnahmen aus wiederkehrenden Bezügen i. S. d. § 22 Nr. 1 S. 3 Buchst. a) Doppelbuchst. bb) EStG an. Bei S ließ es nach § 10 Abs. 1 Nr. 1 a S. 2 EStG a. F. ebenfalls nur den Ertragsanteil der Rentenbezüge zum Sonderausgabenabzug zu. S legte gegen den an ihn adressierten ESt-Bescheid 01 fristgerecht Einspruch ein mit dem Begehren, die Zahlungen an M als dauernde Last zu behandeln und in voller Höhe als Sonderausgaben anzusehen. Nachdem das FA die M nach § 174 Abs. 5 S. 2 AO zum Einspruchsverfahren hinzugezogen hatte, gab es dem Begehren des S durch Einspruchsentscheidung statt. Die Einspruchsentscheidung wurde auch der Hinzugezogenen zugestellt. Anschließend änderte das FA unter Hinweis auf § 174 Abs. 4, Abs. 5 S. 1 AO die ESt-Veranlagung 01 der M, indem es die Zahlungen des S in voller Höhe als Einkünfte i. S. d. § 22 Nr. 1 EStG erfasste. Hat der von M gegen den Änderungsbescheid form- und fristgerecht eingelegte Einspruch Erfolg?

I. Gegen den Änderungsbescheid ist nach § 347 Abs. 1 S. 1 Nr. 1 AO der Einspruch gegeben. Auch die sonstigen **Zulässigkeitsvoraussetzungen** liegen vor.

II. Im Rahmen der **Begründetheit** ist nach §§ 367 Abs. 2, 351 AO zu prüfen, ob das FA nach §§ 172 ff. AO zur Änderung der ursprünglichen Steuerfestsetzung berechtigt ist.

1. Die Voraussetzungen für eine Korrektur nach § 174 Abs. 3 AO liegen nicht vor, weil es sich nicht um einen Fall der „Nichtberücksichtigung eines Sachverhalts" handelt. Auch hat das FA nicht in dem gegen M gerichteten ESt-Bescheid erkennbar gemacht, dass ein bestimmter Sachverhalt in einem anderen Steuerbescheid zu berücksichtigen sei.
2. In Betracht kommt eine **Änderung nach § 174 Abs. 4, Abs. 5 S. 1 AO**. § 174 Abs. 4 AO betrifft den Fall, dass die Finanzbehörde auf Einspruch bzw. Antrag eines Stpfl. einen fehlerhaften Bescheid zu dessen Gunsten korrigiert. Der Stpfl. muss die Änderung durch seinen Antrag oder einen Rechtsbehelf veranlasst haben. Die bloße Hinnahme einer von dem Finanzamt ausgehenden Änderung reicht nicht aus.[1210] § 174 Abs. 4 AO betrifft nicht nur die Fälle alternativer Erfassung eines Sachverhalts, sondern jede, auch teilweise Änderung zugunsten des Stpfl.[1211] Die Behörde darf durch Erlass oder Änderung eines oder auch mehrerer[1212] Steuerbescheide die richtigen steuerlichen Folgerungen ziehen. Die „richtigen" Rechtsfolgen bestimmen sich nach der objektiven Rechtslage, d. h., es besteht keine Bindung an eine dem vorausgehenden Änderungsbescheid zugrunde liegende – ggf. unzutreffende – Rechtsauffassung.[1213] § 174 Abs. 4 S. 1 AO bleibt selbst dann anwendbar, wenn der Saldo zwischen den Auswirkungen der Änderung zugunsten und der Änderung zuungunsten des Stpfl. zu einer Steuermehrbelastung führt.[1214] Im Einzelnen müssen folgende Voraussetzungen vorliegen:

   a) **Fehlerhafter Steuerbescheid aufgrund irriger Beurteilung:** Der gegen S gerichtete ursprüngliche ESt-Bescheid 01 war fehlerhaft, und zwar aufgrund irriger Beurteilung des FA. Denn die Behörde hätte die vereinbarte Zahlungsverpflich- 286

1210 BFH v. 11.05.2010 – IX R 25/09, BStBl. II 2010, 953.
1211 BFH v. 02.05.2001 – VIII R 44/00, BStBl. II 2001, 562.
1212 Vgl. BFH v. 24.03.1981 – VIII R 85/80, BStBl. II 1981, 778.
1213 BFH v. 21.10.1993 – IV R 42/93, BStBl. II 1994, 385.
1214 BFH v. 26.10.1989 – IV R 25/88, BStBl. II 1990, 373.

tung des S wegen der vereinbarten Abänderbarkeit der Rentenhöhe nicht als Leibrente, sondern als dauernde Last würdigen müssen.[1215]

§ 174 Abs. 4 AO ist nicht anzuwenden, wenn der aufgrund irriger Beurteilung eines Sachverhalts ergangene und vom Finanzamt wieder aufgehobene Steuerbescheid nichtig war. Das ergibt sich aus der Tatsache, dass die Korrekturvorschriften der §§ 172 ff. AO einen Bescheid voraussetzen, der bestandskräftig werden kann.[1216]

287 b) **Aufhebung oder Änderung des Bescheids aufgrund eines Rechtsbehelfs oder eines Antrags des Stpfl. zu dessen Gunsten:** Der fehlerhafte ESt-Bescheid 01 ist aufgrund des Einspruchs des S zu dessen Gunsten durch Einspruchsentscheidung geändert worden.

288 c) **Richtige Folgerungen aus dem irrig beurteilten bestimmten Sachverhalt:** Der bestimmte Sachverhalt besteht in der notariellen Zahlungsverpflichtung des S und den darauf beruhenden Zahlungen. Die irrige Beurteilung betrifft einerseits den Sonderausgabenabzug bei S nach § 10 Abs. 1 a Nr. 2 EStG und andererseits den Umfang der Einkünfte der M nach § 22 Nr. 1 EStG. Ob es sich bei diesen unterschiedlichen Rechtsfolgen um Folgerungen aus einem „bestimmten Sachverhalt" handelt, ist umstritten:

- Im Schrifttum wird überwiegend angenommen, eine widerstreitende Steuerfestsetzung i. S. d. § 174 Abs. 4 AO liege nur dann vor, wenn sich Besteuerungsgrundlagen bzw. **Rechtsfolgen** in unvereinbarer Weise überschnitten. Die Vorschrift habe nicht die Aufgabe, ohne eine entsprechende materiell-rechtliche Grundlage eine **korrespondierende Besteuerung** bei dem Stpfl. und dem an ein und demselben Lebensvorgang beteiligten Dritten herzustellen.[1217]
- Der BFH[1218] hat demgegenüber einer extensiven Auslegung der Vorschrift den Vorzug gegeben. Es komme nicht auf die Einheitlichkeit der Rechtsfolgen, sondern auf die **Einheitlichkeit des Lebensvorgangs** an. § 174 Abs. 4, Abs. 5 AO sei daher auch dann anzuwenden, wenn ein einheitlicher Lebensvorgang nach materiellem Steuerrecht korrespondierende Rechtsfolgen begründe, z. B. Ausgaben bei dem einen und Einnahmen bei dem anderen, Sonderausgaben bei dem einen und wiederkehrende Bezüge bei dem anderen Teil.

Legt man die Auffassung des BFH zugrunde, hat das FA aus dem bestimmten Sachverhalt gegenüber M die richtigen Folgerungen gezogen. Denn die (zutreffende) Beurteilung des Zahlungsversprechens als dauernde Last wirkt sich nach dem sog. Korrespondenzprinzip nicht nur beim Sonderausgabenabzug für den Verpflichteten, sondern auch bei der Rentenbesteuerung der wiederkehrenden Bezüge des Berechtigten aus.

289 d) **Beteiligung des Dritten am Rechtsbehelfsverfahren:** Nach § 174 Abs. 5 S. 1 AO dürfen Folgerungen nach § 174 Abs. 4 AO gegenüber einem Dritten nur gezogen werden, wenn er am Rechtsbehelfsverfahren beteiligt war.

- **Dritter** i. S. d. § 174 Abs. 5 AO ist jeder, der in dem fehlerhaften (aufgehobenen oder geänderten) Bescheid nicht als Steuerschuldner angegeben war.[1219]

1215 Vgl. BFH v. 28.01.1986 – IX R 12/80, BStBl. II 1986, 348; Schmidt/Weber-Grellet § 22 EStG Rn. 27: die Änderungsmöglichkeit muss bei einer Leibrente ausgeschlossen sein.

1216 BFH v. 08.02.1995 – I R 127/93, BStBl. II 1995, 764.

1217 Loose in T/K § 174 AO Rn. 41 f.; Koenig § 174 Rn. 19 („Ausschließlichkeitsverhältnis"); Bartone in K/vW § 174 AO Rn. 21; differenzierend v. Groll in H/H/Sp § 174 AO Rn. 278 ff.

1218 BFH v. 24.11.1987 – IX R 158/83, BStBl. II 1988, 404; BFH v. 20.04.1989 – V B 153/88, BStBl. II 1989, 539; BFH v. 18.02.1997 – VIII R 54/95, BStBl. II 1997, 647; BFH v. 02.05.2001 – VIII R 44/00, BStBl. II 2001, 562.

1219 BFH v. 08.02.1995 – I R 127/93, BStBl. II 1995, 764.

- **Beteiligt** ist ein Dritter an dem Verfahren gegen den fehlerhaften Bescheid insbesondere im Falle der Hinzuziehung (§ 360 AO) oder der Beiladung (§ 60 FGO). Ein Dritter kann jedoch an dem Rechtsbehelfsverfahren auch in anderer Form beteiligt sein, z. B. indem er den entsprechenden Aufhebungs- oder Änderungsantrag gestellt hat.[1220]

§ 174 Abs. 5 S. 2 AO enthält eine besondere Ermächtigungsgrundlage für die Beteiligung des Dritten am Rechtsbehelfsverfahren. Der Dritte kann im Einspruchsverfahren hinzugezogen bzw. vom Finanzgericht beigeladen werden, ohne dass die Tatbestandsmerkmale des § 360 AO bzw. des § 60 erfüllt sein müssen. Es genügt, dass die Möglichkeit der Verwirklichung eines Tatbestandes nach § 174 Abs. 4, Abs. 5 S. 1 AO besteht.[1221]

Im Ausgangsfall ist die erforderliche Beteiligung der M durch Hinzuziehung zum Einspruchsverfahren erfolgt. Die Hinzuziehung bewirkt zugleich, dass die im Einspruchsverfahren getroffene Entscheidung auch gegenüber M bindend ist. M kann also nicht mehr einwenden, die Zahlungsverpflichtung sei nicht als dauernde Last einzuordnen. Das ist gerechtfertigt, weil M aufgrund der Hinzuziehung nach § 360 Abs. 4 AO die Möglichkeit gehabt hätte, die für sie nachteilige Einspruchsentscheidung mit der Anfechtungsklage anzugreifen.[1222]

e) **Korrektur innerhalb der Festsetzungsfrist:** Ein etwaiger Ablauf der Festsetzungsfrist ist unbeachtlich, wenn die steuerlichen Folgerungen innerhalb eines Jahres nach Aufhebung oder Änderung des fehlerhaften Bescheids gezogen werden (§ 174 Abs. 4 S. 3 AO). War die Festsetzungsfrist bereits abgelaufen, als der später auf Rechtsbehelf oder Antrag aufgehobene oder geänderte Bescheid erlassen wurde, kommt die Jahresfrist nur bei Erkennbarkeit der Nichtberücksichtigung des Sachverhalts zum Zuge (§ 174 Abs. 4 S. 4 i. V. m. § 174 Abs. 3 S. 1 AO). 290

Die Korrektur erfolgte im konkreten Fall fristgerecht, weil die Festsetzungsfrist für die ESt 2019 bei Erlass des Änderungsbescheids noch nicht abgelaufen war.

f) **Ermessen:** Nach dem Wortlaut des § 174 Abs. 4, Abs. 5 AO liegt es im Ermessen der Behörde, ob sie die entsprechenden Folgerungen zieht. Wie im Falle des § 174 Abs. 3 AO (vgl. 276) ist jedoch davon auszugehen, dass der Grundsatz der Gesetzmäßigkeit der Besteuerung eine Korrekturpflicht der Finanzbehörde begründet.[1223]

Ergebnis:

Der Einspruch der M ist unbegründet und wird damit keinen Erfolg haben.

Ergänzende Hinweise: 291

§ 174 Abs. 4 AO setzt voraus, dass ein fehlerhafter Bescheid auf Antrag bzw. Einspruch des Stpfl. aufgehoben oder geändert wurde. Danach können unter dem Gesichtspunkt der „widerstreitenden Steuerfestsetzungen" die Folgerungen in einem anderen Bescheid gezogen werden. Dieser Regelungsmechanismus muss insbesondere beachtet werden, wenn **fehlerhafte Bilanzansätze** korrigiert werden sollen. Solche fehlerhaften Bilanzansätze werden nach dem **Grundsatz des formellen Bilanzenzusammenhangs** grundsätzlich in die Anfangsbilanz des Folgejahres übernommen.[1224] Wird der fehlerhafte Bilanzansatz rückwirkend korrigiert und der entsprechende Steuerbescheid geändert (z. B. nach § 173 AO), können auch die folgenden Bilanzen und Veran-

1220 BFH a. a. O.

1221 BFH v. 14.01.1987 – II B 108/86, BStBl. II 1987, 267; BFH v. 16.03.1994 – II R 40/91, BFH/NV 1994, 841.

1222 Vgl. BFH v. 25.08.1987 – IX R 98/82, BStBl. II 1988, 344: § 174 Abs. 5 S. 2 AO als Fall einer notwendigen Beiladung i. S. d. § 60 Abs. 3 FGO; BFH v. 24.04.1991 – XI R 28/89, BStBl. II 1991, 606.

1223 BFH v. 14.03.2012 – XI R 2/10, BStBl. II 2012, 653; Koenig § 174 Rn. 72.

1224 BFH v. 28.04.1998 – VIII R 46/96, BStBl. II 1998, 443.

lagungen geändert werden (ggf. nach § 175 Abs. 1 S. 1 Nr. 2 AO).[1225] Ist die rückwirkende Korrektur des fehlerhaften Bilanzansatzes verfahrensrechtlich nicht möglich, muss die Korrektur in der Schlussbilanz des ersten Jahres erfolgen, dessen Veranlagung noch berichtigt werden kann.[1226] § 174 Abs. 4 AO gibt keine Handhabe, den Grundsatz des formellen Bilanzenzusammenhangs zu durchbrechen und fehlerhafte Bilanzansätze bis zur Fehlerquelle rückwirkend zu berichtigen.[1227]

Eine Hinzuziehung bzw. Beiladung stellt keine **Verletzung des Steuergeheimnisses** dar. Ggf. ist zu prüfen, ob und inwieweit die Offenbarung bestimmter Verhältnisse des Stpfl. im Interesse der Durchführung des Verfahrens nach § 174 Abs. 4 AO zulässig ist.[1228]

Ein Dritter ist bei widerstreitender Steuerfestsetzung nicht am Verfahren beteiligt gewesen, wenn er zwar hinzugezogen wurde, das Verfahren aber nicht durch Einspruchsentscheidung, sondern durch einen ohne seine Zustimmung oder seinen entsprechenden Antrag ergangenen Abhilfebescheid endet.[1229] Die Aufhebung oder Änderung muss dem Dritten gegenüber nämlich wirksam geworden sein.[1230]

VII. Korrektur von Folgebescheiden nach § 175 Abs. 1 S. 1 Nr. 1 AO

292 **Fall 67: Anpassung des ESt-Bescheids an einen Feststellungsbescheid**

Der Stpfl. S ist als Kommanditist an der B-KG beteiligt. In dem am 01.11.02 bekannt gegebenen ESt-Bescheid für 01 hat das FA den von S erklärten Gewinnanteil von 50.000 € bei den gewerblichen Einkünften erfasst. Am 05.11.02 erhält das FA eine Mitteilung des zuständigen Betriebs-FA, dass nach dem am 27.10.02 der B-KG bekannt gegebenen Feststellungsbescheid der Gewinnanteil des S 57.000 € beträgt. Ist der ESt-Bescheid 01 zu ändern?

I. Nach § 175 Abs. 1 S. 1 Nr. 1 AO ist ein Steuerbescheid zu erlassen oder zu korrigieren, soweit ein Grundlagenbescheid, dem Bindungswirkung für diesen Steuerbescheid zukommt, erlassen, aufgehoben oder geändert wird. Grundlagenbescheide sind Verwaltungsakte, deren Inhalt für die Festsetzung einer Steuer verbindlich ist (§ 171 Abs. 10 AO). Der wichtigste Anwendungsfall des Grundlagenbescheids ist der Feststellungsbescheid (§§ 179–183 AO), dessen Bindungswirkung sich aus § 182 Abs. 1 AO ergibt.
Nach § 155 Abs. 2 AO darf das FA einen Steuerbescheid auch dann erteilen, wenn ihm bekannt ist, dass ein Grundlagenbescheid über gesondert festzustellende Besteuerungsgrundlagen noch aussteht. Erhält das FA nach Zeichnung der internen Aktenverfügung (bzw. abschließender DV-Freigabe) eine Mitteilung über den Erlass eines Grundlagenbescheids, liegen die Voraussetzungen für eine Korrektur nach § 175 Abs. 1 S. 1 Nr. 1 AO vor.[1231]

II. Nach dem Wortlaut des § 175 Abs. 1 S. 1 Nr. 1 AO könnte zweifelhaft sein, ob die Vorschrift auch dann Anwendung findet, wenn der Grundlagenbescheid bereits ergangen war (nämlich am 27.10.02), bevor der Folgebescheid wirksam geworden ist (am 01.11.02). Nach dem Zweck der Vorschrift ist der Folgebescheid jedoch auch dann anzupassen, wenn er vor dem Grundlagenbescheid ergangen war.[1232]

Ergebnis:

Der ESt-Bescheid ist zuungunsten des S nach § 175 Abs. 1 S. 1 Nr. 1 AO zu ändern.

1225 Vgl. BFH v. 19.08.1999 – IV R 73/98, BStBl. II 2000, 18; str., vgl. Rn. 258 IV.
1226 BFH v. 16.05.1990 – X R 72/87, BStBl. II 1990, 1044; dazu krit. Loose in T/K § 173 AO Rn. 103 m. w. N.
1227 Vgl. BFH v. 10.11.1997 – GrS 1/96, BStBl. II 1998, 83; BFH v. 11.02.1998 – I R 150/94, BStBl. II 1998, 503; dazu von Wedelstädt DB 1998, 352; Stapperfend FR 1998, 103; Loose in T/K § 174 AO Rn. 47; Schmidt/Loschelder § 4 EStG Rn. 288.
1228 BFH v. 20.04.1989 – V B 153/88, BStBl. II 1989, 539; FG Düsseldorf v. 06.10.1989–16 V 190/89 AE (AO), EFG 1990, 43.
1229 BFH v. 11.04.1991 – V R 40/86, BStBl. II 1991, 605; BFH v. 18.02.2009 – V R 81/07, BStBl. II 2010, 109.
1230 BFH v. 05.05.1993 – X R 111/91, BStBl. II 1993, 817 m. w. N.
1231 BFH v. 05.05.1981 – VIII R 103/78, BStBl. II 1982, 99.
1232 BFH v. 04.12.1969 – IV 120/64, BStBl. II 1970, 778; AEAO zu § 175 Nr. 1.2.

1. § 175 Abs. 1 S. 1 Nr. 1 AO ist auch dann die einschlägige Korrekturnorm, wenn dem FA **Fehler bei der Auswertung eines Grundlagenbescheids** unterlaufen sind. 293

Beispiel 1

Beim Erlass des Folgebescheids wurde eine Mitteilung über den Erlass eines Grundlagenbescheids übersehen. Der Folgebescheid ist, weil eine mechanische Fehlleistung vorliegt, sowohl nach § 129 AO als auch nach § 175 Abs. 1 S. 1 Nr. 1 AO zu korrigieren.[1233]

Beispiel 2

Beim Erlass des Folgebescheids wurden nicht alle in dem Grundlagenbescheid festgestellten Besteuerungsgrundlagen übernommen. Der Folgebescheid ist nach § 175 Abs. 1 S. 1 Nr. 1 AO zu ändern, und zwar unabhängig davon, ob der zuständige Bearbeiter die rechtliche Bedeutung des Grundlagenbescheids verkannt oder die Besteuerungsgrundlage nur übersehen hat.[1234]

Wird ein Grundlagenbescheid **ersatzlos aufgehoben**, entfällt die Bindungswirkung. Das für den Folgebescheid zuständige FA kann nunmehr den Sachverhalt in eigener Zuständigkeit ermitteln und bewerten und die erforderliche Anpassung des Folgebescheids nach § 175 Abs. 1 S. 1 Nr. 1 AO vornehmen.[1235]

2. Durch die **Ablaufhemmung nach § 171 Abs. 10 AO** wird das FA in die Lage versetzt, die Auswertung des Grundlagenbescheids unabhängig von der Prüfung vorzunehmen, ob evtl. die Festsetzungsfrist für den Folgebescheid abgelaufen ist. Versäumt das FA die Anpassung des Folgebescheids bis zum Ablauf der (gehemmten) Festsetzungsfrist, handelt es nicht treuwidrig, wenn es sich danach gegenüber dem Änderungsbegehren des Stpfl. auf den Eintritt der Festsetzungsverjährung beruft.[1236] 294

3. Einer Anpassung oder Änderung des Einkommensteuerbescheids bedarf es nicht, wenn der ihm zugrunde liegende gesonderte Gewinnfeststellungsbescheid zwar ersatzlos aufgehoben wird, sich die Besteuerungsgrundlagen aber auch aus dem Einkommensteuerbescheid ergeben und aufrechterhalten werden sollen.[1237] 295

§ Fall 68: Anpassung des ESt-Bescheids an einen außersteuerlichen („ressortfremden") Verwaltungsakt 296

Der Stpfl. H ist ausweislich einer Bescheinigung des Versorgungsamtes seit Jahren zu 60 % erwerbsgemindert. Obwohl er seinem Steuerberater im Rahmen der Erstellung der Einkommensteuererklärung 03 die Kopie eines ab 03 geltenden Schwerbehindertenausweises übersandt hat, der einen Grad der Behinderung von 70 % ausweist, vermerkt dieser in der Steuererklärung lediglich einen Grad der Behinderung von 60 %, fügt jedoch die Kopie des Schwerbehindertenausweises der Steuererklärung bei. Außerdem vergisst der Berater, Aufwendungen des H für die Beschäftigung einer Pflegekraft nach § 35 a Abs. 2 EStG in der ESt-Erklärung geltend zu machen. Das FA hat bei der endgültigen Veranlagung nur einen Grad der Behinderung von 60 % berücksichtigt.
Monate später entdeckt der Steuerberater zufällig die unzutreffende Berücksichtigung der Behinderung. In seinem Änderungsantrag weist er zudem darauf hin, dass seinem Mandanten in 03 Aufwendungen für die Beschäftigung einer Pflegekraft in Höhe von 6.500 € entstanden sind, und beantragt die Berücksichtigung dieser Aufwendungen.

I. **Grundlagenbescheide** sind Verwaltungsakte, deren Inhalt für die Festsetzung einer Steuer verbindlich sind (§ 171 Abs. 10 AO). Hierbei kann es sich auch um außersteuerliche Verwaltungsakte handeln.[1238] Grundlagenbescheidfunktion haben z. B. die Feststellungen des Versorgungsamts im Schwerbehindertenausweis für die Frage des

1233 BFH v. 16.07.2003 – X R 37/99, BStBl. II 2003, 867.
1234 BFH v. 04.07.1989 – VIII R 217/84, BStBl. II 1989, 792; BFH v. 12.07.1989 – X R 32/86, BFH/NV 1990, 366.
1235 BFH v. 14.07.1993 – X R 34/90, BStBl. II 1994, 77
1236 BFH v. 19.08.1999 – III R 57/98, BStBl. II 2000, 330.
1237 BFH v. 12.01.1995 – IV R 83/92, BStBl. II 1995, 488.
1238 Zu den Besonderheiten der Festsetzungsverjährung bei ressortfremden Grundlagenbescheiden vgl. oben Rn. 182.

Grades der Behinderung und der daran anknüpfenden Höhe der Pauschbeträge nach § 33 b EStG.[1239]

Das FA hätte bei Erlass des ESt-Bescheids 03 den einen Grad der Behinderung von 70 % ausweisenden Grundlagenbescheid berücksichtigen müssen. Solange die Besteuerungsgrundlagen im Folgebescheid nicht oder nicht vollständig berücksichtigt sind, ist das Finanzamt verpflichtet, die vollständige Anpassung des Folgebescheids an den Grundlagenbescheid durch eine Änderung nach § 175 Abs. 1 S. 1 Nr. 1 AO herbeizuführen. Daher sind auch Fehler, die bei der Auswertung eines Grundlagenbescheids im Folgebescheid unterlaufen sind, nachträglich richtig zu stellen. Ob auch eine Berichtigung nach § 129 AO erfolgen könnte, kann dahingestellt bleiben (dazu oben Rn 246 ff.)

II. Dagegen kommt die Änderungsvorschrift des § 175 Abs. 1 S. 1 Nr. 1 AO zur Berücksichtigung der Aufwendungen für die Pflegekraft nicht in Betracht. Aufwendungen für die Beschäftigung einer Pflegekraft können nach § 35 a Abs. 2 S. 2 EStG in Höhe von 20 %, höchstens 4.000 €, als Steuerermäßigungsbetrag geltend gemacht werden. Besondere Nachweisvorschriften hat der Gesetzgeber insoweit nicht vorgesehen. Daher ist keine Bindungswirkung eines außersteuerlichen Verwaltungsakts als Grundlagenbescheid zu beachten.

III. Die Aufwendungen für die Beschäftigung der Pflegekraft berechtigen auch nicht zur Änderung der Steuerfestsetzung nach § 173 Abs. 1 Nr. 2 AO. Der steuerlich relevante Lebenssachverhalt (Aufwendungen für die Inanspruchnahme von Pflege- und Betreuungsleistungen i. S. d. § 35 a Abs. 2 S. 2 AO) ist dem FA zwar „nachträglich“ bekannt geworden. Den Berater des Stpfl. trifft jedoch ein grobes Verschulden an dem nachträglichen Bekanntwerden. Denn er kannte die Gründe für den Steuerermäßigungstatbestand und hat in grober Verletzung seiner Sorgfaltspflichten die Aufwendungen in der Steuererklärung nicht geltend gemacht. Zumindest bei Überprüfung des (fehlerhaften) Einkommensteuerbescheids hätte ihm sein Versäumnis auffallen und hätte er die Berücksichtigung der Aufwendungen im Einspruchsverfahren beantragen müssen.[1240] Dieses grobe Verschulden seines Beraters muss sich der Stpfl. als eigenes Verschulden zurechnen lassen (vgl. oben Rn. 271 VII.).

Ergebnis:

Das FA muss den ESt-Bescheid 03 nach § 175 Abs. 1 S. 1 Nr. 1 AO ändern und den Pauschbetrag nach § 33 b Abs. 3 EStG nach einem Grad der Behinderung von 70 % gewähren. Im Übrigen ist der Änderungsantrag unbegründet.

297 **§ Fall 69: Anpassung an einen negativen Feststellungsbescheid**

Zahnarzt Z war im Jahr 02 an einer Bauherrengemeinschaft (BHG) beteiligt. Diese bescheinigte ihm für das Jahr 02 voraussichtliche negative Einkünfte aus Vermietung und Verpachtung in Höhe von 30.000 €. Nachdem das zuständige Feststellungs-FA (FA F) dem Wohnsitz-FA (FA W) des Z bestätigt hatte, dass dort eine Feststellungserklärung vorliege, die negative Einkünfte in dieser Höhe enthalte, setzte das FA W die ESt 02 unter Berücksichtigung dieser negativen Einkünfte unter dem Vorbehalt der Nachprüfung nach § 164 Abs. 1 AO fest. Im Anschluss an eine ergebnislose Außenprüfung wurde der Vorbehalt der Nachprüfung aufgehoben. Später lehnte das FA F eine Feststellung der Einkünfte der BHG ab, weil die Voraussetzungen des § 180 Abs. 1 Nr. 2 AO nicht vorlagen. Eine Überprüfung der Einkünfte durch das FA W ergab, dass nur negative Einkünfte aus Vermietung und Verpachtung in Höhe von 12.000 € berücksichtigungsfähig waren. Ist der ESt-Bescheid nach § 175 Abs. 1 S. 1 AO zu ändern?

1239 BFH v. 22.09.1989 – III R 167/86, BStBl. II 1990, 60.
1240 BFH v. 25.11.1983 – VI R 8/82, BStBl. II 1984, 256.

I. Der Bescheid, durch den das FA F die einheitliche Feststellung der Einkünfte der Mitglieder der BHG abgelehnt hat, ist ein negativer Feststellungsbescheid, der – ebenso wie ein positiver Feststellungsbescheid – als Grundlagenbescheid (§ 171 Abs. 10 AO) nach § 182 Abs. 1 AO für Folgebescheide bindend ist. Aus dieser Bindungswirkung ergibt sich im konkreten Fall, dass das Wohnsitz-FA W in eigener Zuständigkeit und ohne Bindung an ein Feststellungsverfahren über die von Z im Rahmen der Bauherrengemeinschaft erzielten Einkünfte befinden muss.
II. Das FA W war bereits vor Erlass des negativen Feststellungsbescheides nach § 155 Abs. 2 AO berechtigt, den ESt-Bescheid 02 zu erteilen und die Einkünfte aus der Beteiligung an der Bauherrengemeinschaft mit nach § 162 Abs. 5 AO geschätzten Beträgen anzusetzen.
III. Der Wortlaut des § 175 Abs. 1 S. 1 Nr. 1 AO lässt bezweifeln, ob das FA W die Änderung des ESt-Bescheids 02 auf diese Vorschrift stützen kann. Denn bei der Ermittlung der Einkünfte bestand keine Bindung an einen Grundlagenbescheid und durch den Erlass des negativen Feststellungsbescheides ist auch keine Bindung an positive Feststellungen eingetreten. Nach dem Zweck der Vorschrift muss § 175 Abs. 1 S. 1 Nr. 1 AO jedoch auch im konkreten Fall eingreifen. Denn erst der negative Feststellungsbescheid eröffnete dem Wohnsitz-FA die verfahrensrechtliche Befugnis, die in der Feststellungserklärung enthaltenen Einkünfte umfassend und abschließend in eigener Zuständigkeit zu ermitteln und zu beurteilen.[1241]

Ergebnis:

Der ESt-Bescheid 02 ist nach § 175 Abs. 1 S. 1 Nr. 1 AO zuungunsten des Z zu ändern.

VIII. Korrektur wegen eines Ereignisses mit steuerlicher Wirkung für die Vergangenheit (§ 175 Abs. 1 S. 1 Nr. 2 und Abs. 2 AO)

1. Grundtatbestand des § 175 Abs. 1 S. 1 Nr. 2 AO

§ Fall 70: Das nachträglich erhöhte Geschäftsführergehalt 298

S ist Gesellschafter-Geschäftsführer der S-GmbH. Wegen der günstigen Gewinnentwicklung wird nach Aufstellung der Bilanz für 01 im Jahre 02 das Geschäftsführergehalt des S für 01 nachträglich um 30.000 € erhöht. Ist die – bestandskräftige – ESt-Festsetzung 01 gegenüber S zu ändern?

Nach § 175 Abs. 1 S. 1 Nr. 2 AO ist ein Steuerbescheid zu erlassen, aufzuheben oder zu ändern, soweit ein Ereignis eintritt, das steuerliche Wirkung für die Vergangenheit hat.
I. **Ereignis** i.S.d. § 175 Abs. 1 S. 1 Nr. 2 AO ist jeder tatsächliche oder rechtliche Umstand, der nach dem Gesetz den Steueranspruch dem Grund oder der Höhe nach beeinflusst. Der Begriff umfasst alle rechtlich bedeutsamen Umstände. Dazu gehören nicht nur solche mit ausschließlich rechtlichem Bezug, sondern auch tatsächliche Lebensvorgänge.[1242] Im konkreten Fall ist das Ereignis die Erhöhung des Geschäftsführergehalts.
II. Das Ereignis muss **eingetreten** sein. Damit beschränkt sich der Anwendungsbereich der Vorschrift auf solche Ereignisse, die **nachträglich** geschehen, d.h. eingetreten sind, nachdem der zu ändernde Steuerbescheid ergangen ist.[1243] Die Tatbestände des § 173 Abs. 1 AO und des § 175 Abs. 1 S. 1 Nr. 2 AO schließen sich somit aus: § 173

1241 BFH v. 11.05.1993 – IX R 27/90, BStBl. II 1993, 820; BFH v. 24.05.2006 – I R 93/05, BStBl. II 2007, 76.
1242 BFH v. 04.08.1994 – III R 62/93, BStBl. II 1994, 897.
1243 BFH v. 21.04.1988 – IV R 215/85, BStBl. II 1988, 863; BFH v. 22.07.2008 – IX R 79/06, BStBl. II 2009, 227.

Abs. 1 AO betrifft Fälle, in denen dem FA steuerrechtlich relevante Tatsachen nachträglich bekannt werden, die bei der Steuerfestsetzung bereits vorgelegen haben. § 175 Abs. 1 S. 1 Nr. 2 AO regelt demgegenüber Fälle, in denen sich nach der Steuerfestsetzung der steuerlich relevante Lebenssachverhalt geändert hat.[1244] Erforderlich ist zusätzlich, dass das nachträgliche Ereignis zu einer Änderung des Sachverhalts geführt hat, der vom FA bei der Steuerfestsetzung zugrunde gelegt worden war. § 175 Abs. 1 S. 1 Nr. 2 AO greift nicht ein, wenn das FA das Vorliegen oder den Wegfall eines nachträglich eingetretenen Tatbestandsmerkmals bereits bei der Festsetzung als „zukünftigen" Sachverhalt – irrtümlich oder aufgrund einer Erklärung des Stpfl. – angenommen hat.[1245] Das Ereignis (Erhöhung des Gehalts für 01) ist nach Erlass des ESt-Bescheids 01 eingetreten. Daher kommt nur eine Änderung nach § 175 Abs. 1 S. 1 Nr. 2 AO in Betracht.

III. **Steuerliche Wirkung für die Vergangenheit:** Nur solche Ereignisse können Anlass für eine Korrektur sein, die nach den Steuergesetzen und den ihnen zugrunde liegenden Prinzipien Wirkung für die Vergangenheit haben.[1246] Ob einer nachträglichen Änderung des Sachverhalts steuerliche Bedeutung zukommt, bestimmt sich allein nach dem jeweils einschlägigen materiellen Recht.[1247] Rückwirkungsfälle sind eine Ausnahmeerscheinung. Denn grundsätzlich können Sachverhalte nicht mit steuerlicher Wirkung rückwirkend gestaltet werden.[1248] Auch in dem konkreten Fall ist die steuerliche Rückwirkung nicht gegeben, weil bei der Ermittlung der Einkünfte aus nicht selbständiger Arbeit nach § 19 EStG – wie bei allen Überschusseinkunftsarten – das Zufluss-/Abflussprinzip des § 11 EStG gilt.[1249] Danach können nur solche Zuwendungen des Arbeitgebers in 01 als Einnahmen berücksichtigt werden, die in diesem Veranlagungszeitraum zugeflossen sind. Die Erhöhung des Gehalts für 01 wirkt sich demnach erst mit der Zahlung in 02 aus.

Ergebnis:

Der ESt-Bescheid 01 ist nicht nach § 175 Abs. 1 S. 1 Nr. 2 AO zu ändern.

299 **Fall 71: Kündigung eines zinslosen Darlehens**

S hat von seinem Patenonkel P im Jahre 01 ein zinsloses Darlehen in Höhe von 400.000 € erhalten. Das FA sah in der Zinslosigkeit des Darlehens eine Schenkung i. S. d. § 7 ErbStG und ermittelte den steuerpflichtigen Erwerb in dem Bescheid vom 15.04.02 nach § 12 Abs. 1 ErbStG wie folgt: Nutzungswert 22.000 € (5,5 % von 400.000 €) x 9,3 (Vervielfältiger nach § 13 Abs. 2 BewG) = 204.600 €. Das Darlehen wird nach Kündigung durch P im Jahre 04 von S zurückgezahlt. S bittet daraufhin, den Bescheid über die Schenkungsteuer zu ändern.

Die Kündigung des Darlehens ist ein Ereignis, das nach der Steuerfestsetzung eingetreten ist. Dieses Ereignis ist für die Bewertung der Schenkung steuerlich von Bedeutung. Da keine Vereinbarung über die Laufzeit des Darlehens getroffen wurde, hat das FA den Kapitalwert der unentgeltlich zugewendeten Nutzung zu Recht mit dem 9,3-Fachen des Jahreswertes angesetzt (§ 12 Abs. 1 ErbStG i. V. m. § 13 Abs. 2 BewG).

Die Dauer der gewährten Nutzungsmöglichkeit steht allerdings bei unbestimmter Zeit unter dem Vorbehalt der Kündigung (§ 609 BGB). Die Kündigung ist ein Ereignis, das für die Bewertung der Schenkung von Bedeutung ist. Steuerliche Rückwirkung

1244 BFH v. 19.07.1993 – GrS 2/92, BStBl. II 1993, 897.
1245 BFH v. 26.10.1988 – II R 55/86, BStBl. II 1989, 75.
1246 Loose in T/K § 175 AO Rn. 27.
1247 BFH v. 19.07.1993 – GrS 2/92, BStBl. II 1993, 897; BFH v. 26.07.2012 – III R 72/10, BStBl. II 2013, 670.
1248 BFH v. 17.03.1987 – VIII R 293/82, BStBl. II 1987, 558; BFH v. 30.11.1994 – XI R 84/92, BFH/NV 1995, 665.
1249 Vgl. BFH v. 30.09.2008 – VI R 67/05, BStBl. II 2009, 282.

hat das Ereignis, weil sich infolge der Kündigung der zutreffende Kapitalisierungsfaktor für die Bewertung der Schenkung geändert hat.[1250]

Die Festsetzungsfrist für den Änderungsbescheid beginnt erst mit Ablauf des Kalenderjahres, in dem das Ereignis eingetreten ist (§ 175 Abs. 1 S. 2 AO). Demnach kann die Korrektur bis zum Ablauf des Jahres 08 erfolgen.

Ergebnis:

Der SchenkSt-Bescheid vom 15.04.02 ist nach § 175 Abs. 1 S. 1 Nr. 2 AO zu ändern.

Weitere Anwendungsfälle zu § 175 Abs. 1 S. 1 Nr. 2 AO: 300

a) Antrags- und Wahlrechte

Anträge sind grundsätzlich nur Verfahrenshandlungen und begründen deshalb, wenn sie nachträglich gestellt werden, kein Ereignis i. S. d. § 175 Abs. 1 S. 1 Nr. 2 AO.[1251] Etwas anderes gilt für nicht fristgebundene Anträge, die Tatbestandsmerkmal einer steuerlichen Regelung sind, wie z. B. der Antrag auf Realsplittung nach § 10 Abs. 1 Nr. 1 EStG,[1252] die Änderung des Veranlagungswahlrechts von Ehegatten (§ 26 a oder § 26 b EStG),[1253] der Verzicht auf Steuerbefreiung nach § 9 UStG[1254] oder der Widerruf der Pauschalierungswahlrechte nach § 37 b EStG.[1255]

b) Bilanzänderung, Bilanzberichtigung

Die Berichtigung eines Bilanzpostens, die sich auf die Höhe des Gewinns eines Folgejahres auswirkt, stellt für die Besteuerung des Folgejahres ein rückwirkendes Ereignis i. S. d. § 175 Abs. 1 S. 1 Nr. 2 AO dar.[1256]

c) Betriebsveräußerung

Im Falle einer Betriebsveräußerung sind alle nach der Übertragung des wirtschaftlichen Eigentums an einem veräußerten Betrieb eintretenden Umstände, die sich auf die Höhe des Veräußerungserlöses auswirken, rückwirkende Ereignisse i. S. d. § 175 Abs. 1 S. 1 Nr. 2 AO.[1257] Dagegen ist ein nach Betriebsaufgabe am Grundstück auftretender Altlastenverdacht kein rückwirkendes Ereignis i. S. d. § 175 Abs. 1 S. 1 Nr. 2 AO.[1258]

2. Sonderregelungen nach § 175 Abs. 2 AO

§ 175 Abs. 1 S. 1 Nr. 2 AO wird ergänzt durch die Regelung des § 175 Abs. 2 S. 1 AO: 301
Danach gilt ggf. auch der Wegfall einer Voraussetzung für eine Steuervergünstigung als „rückwirkendes Ereignis“ i. S. d. § 175 Abs. 1 S. 1 Nr. 2 AO.[1259]

Nach § 175 Abs. 2 S. 2 AO gilt die nachträgliche Erteilung oder Vorlage einer Bescheinigung oder Bestätigung nicht als rückwirkendes Ereignis. Damit ist der Rspr. des BFH,[1260] wonach die nachträgliche Erteilung bzw. Ausstellung einer materiell-rechtlich notwen-

---

1250 BFH v. 12.07.1979 – II R 26/78, BStBl. II 1979, 631.
1251 BFH v. 09.12.2015 – X R 56/13, BStBl. II 2016, 967 f.
1252 Vgl. BFH v. 28.06.2006 – XI R 32/05, BStBl. II 2007, 5.
1253 BFH v. 14.06.2018 – III R 20/17, BStBl. II 2019, 694, 695.
1254 Vgl. BFH v. 06.08.1998 – V B 146/97, BFH/NV 1999, 223.
1255 BFH v. 15.06.2016 – VI R 54/15, BStBl. II 2016, 1010.
1256 BFH v. 19.08.1999 – IV R 73/98, BStBl. II 2000, 18; BFH v. 25.10.2007 – III R 39/04, BStBl. II 2008, 226.
1257 Vgl. BFH v. 19.07.1993 – GrS 1/92, BStBl. II 1993, 894: nachträgliche Inanspruchnahme aus Grundpfandrechten; BFH v. 19.07.1993 – GrS 2/92, BStBl. II 1993, 897: nachträglich uneinbringlich gewordene Kaufpreisforderung; BFH v. 10.02.1994 – IV R 37/92, BStBl. II 1994, 564: entsprechende Grundsätze bei der Betriebsaufgabe.
1258 BFH v. 01.04.1998 – X R 150/95, BStBl. II 1998, 569.
1259 Zur Kritik an der schwer verständlichen Vorschrift vgl. Loose in T/K § 175 AO Rn. 52.
1260 Vgl. BFH v. 06.03.2003 – XI R 13/02, BStBl. II 2003, 554.

digen Bescheinigung (z. B. Spendenbescheinigung) ein rückwirkendes Ereignis ist, welches eine Änderung nach § 175 Abs. 1 S. 1 Nr. 2 AO ermöglicht, der Boden entzogen worden.

Einen Sonderfall eines „rückwirkenden Ereignisses" behandelt § 10 d EStG. Denn mit der Gewährung des **Verlustrücktrags** ist insoweit eine Durchbrechung der Bestandskraft des für das Rücktragsjahr ergangenen Steuerbescheides verbunden, als die Steuerschuld durch die Berücksichtigung des Verlustabzugs gemindert wird.[1261] Soweit der Gesetzgeber wie für die Herabsetzung der Gegenleistung in § 16 Abs. 3 u. 4 GrEStG spezialgesetzlich eine Korrektur wegen bestimmter späterer Veränderungen ermöglicht, scheidet die Anwendung von § 175 Abs. 1 S. 1 Nr. 2 AO aus.[1262]

IX. Umsetzung von Verständigungsvereinbarungen (§ 175 a AO)

302 Die Vorschrift des § 175 a AO gewährleistet, dass Verständigungsvereinbarungen und Schiedssprüche aufgrund von DBA durch Erlass, Aufhebung und Änderung von Steuerbescheiden ohne Rücksicht auf deren Bestandskraft umgesetzt werden.

X. Änderung von Steuerbescheiden bei Datenübermittlung durch Dritte (§ 175 b AO)

303 Seit 01.01.2017 sieht § 175 b Abs. 1 AO aufbauend auf der Datenübermittlungspflicht Dritter an Finanzbehörden nach § 93 c AO eine Änderungspflicht bei Nicht- oder unzutreffender Berücksichtigung der von der mitteilungspflichtigen Stelle an die Finanzbehörden übermittelte Daten vor.[1263] § 175 b Abs. 2 AO normiert eine Änderungspflicht bei zuungunsten des Stpfl. unrichtig übermittelten Daten und Abs. 3 eine Änderungspflicht bei fehlender Einwilligung des Stpfl., soweit diese Voraussetzung für die steuerliche Berücksichtigung ist.

XI. Kompensation von materiellen Fehlern nach § 177 AO

1. Allgemeines

304 Die §§ 172 ff. AO gestatten die Änderung von Steuerbescheiden nur, soweit der jeweilige Korrekturtatbestand erfüllt ist. Eine „Gesamtaufrollung" des Steuerfalls ist damit ausgeschlossen. Im Rahmen der Korrekturmöglichkeiten erlaubt das Gesetz jedoch die Mitkorrektur auch solcher Fehler, die nicht den Tatbestand einer „selbstständigen" Korrekturvorschrift erfüllen.

Beispiel

Durch eine Kontrollmitteilung erfährt das FA, dass der für 01 zur ESt veranlagte Stpfl. S Provisionseinnahmen in Höhe von 18.000 € nicht erklärt hat. Bei der Überprüfung des Steuerfalls wird zugleich festgestellt, dass S aufgrund eines Rechtsirrtums des Bearbeiters die beantragte Steuerbegünstigung nach § 33 a Abs. 1 EStG in Höhe von 8.004 € nicht gewährt worden ist. Nach § 177 Abs. 1 AO ist dieser Rechtsfehler im Rahmen der Änderung wegen nachträglich bekannt gewordener Tatsachen (der Provisionseinnahmen) nach § 173 Abs. 1 Nr. 1 AO zu berichtigen. Damit verbleibt im Ergebnis eine Erhöhung des zu versteuernden Einkommens in Höhe von 9.996 €. Auf dieser Grundlage ist der ESt-Bescheid 01 zu ändern.

1261 BFH v. 27.08.1988 – VIII R 432/83, BStBl. II 1989, 225.

1262 BFH v. 22.07.2020 – II R 15/18, DStRK 2021, 11.

1263 Zu Einzelheiten der elektronischen Übermittlung steuerrelevanter Daten durch Dritte sowie deren Haftung nach § 72 a AO Baum/Sonnenschein NWB 2016, 2852; Bruschke, BB 2021, 544; zur Korrektur auch v. Wedelstädt AO-StB 2017, 19, 21.

2. Anwendungsbereich des § 177 AO

Fall 72: Kompensation trotz Festsetzungsverjährung 305

Kaufmann K ist Gesellschafter der K-OHG. In 03 gab er seine ESt-Erklärung 02 ab. In dem ESt-Bescheid 02 vom 01.11.04 erfasste das FA den Gewinnanteil an der OHG entsprechend einer Mitteilung des Feststellungs-FA mit 50.000 €. Nach einer Außenprüfung bei der OHG stellte das Feststellungs-FA durch geänderten Feststellungsbescheid vom 10.07.08 den Gewinnanteil des K auf 70.000 € fest. K bittet das FA, beim Erlass eines Änderungsbescheides nach § 175 Abs. 1 S. 1 Nr. 1 AO Werbungskosten i. H. v. 5.000 € gegenzurechnen, die aufgrund einer falschen rechtlichen Beurteilung beim Erlass des ESt-Bescheids 02 bei der Ermittlung der Einkünfte aus VuV nicht berücksichtigt worden waren.

I. Die Festsetzungsfrist für eine Änderung nach § 175 Abs. 1 S. 1 Nr. 1 AO ist noch nicht abgelaufen. Denn aufgrund der Ablaufhemmung nach § 171 Abs. 10 AO kann der ESt-Bescheid 02 als Folgebescheid des geänderten Feststellungsbescheides noch innerhalb von zwei Jahren nach Bekanntgabe dieses Bescheids geändert werden.

II. Fraglich ist, ob auch der fehlerhafte Ansatz der Werbungskosten noch korrigiert werden kann. Es handelt sich dabei um einen materiellen Fehler, der grundsätzlich bei Änderungen des Steuerbescheides im Rahmen der Kompensation nach § 177 AO berücksichtigt werden muss. Dagegen könnte jedoch der Gesichtspunkt der Verjährung sprechen. Denn die Festsetzungsfrist für die ESt 02 ist nach § 169 Abs. 2 Nr. 2 i. V. m. § 170 Abs. 2 Nr. 1 AO mit Ablauf des Jahres 07 abgelaufen.

- Nach Ansicht von Loose[1264] ist hinsichtlich der Einkünfte aus VuV mit Ablauf der regulären Festsetzungsfrist die sog. Teilverjährung eingetreten. Eine Kompensation sei deshalb nur noch mit solchen materiellen Fehlern zulässig, die mit den von der Ablaufhemmung betroffenen Einkünften zusammenhängen.
- Der BFH lässt demgegenüber auch nach Ablauf der regulären Festsetzungsfrist die Fehlerkompensation nach § 177 AO unbeschränkt zu. Er begründet das mit dem Hinweis, dass nur der Steueranspruch, nicht aber eine einzelne Besteuerungsgrundlage verjähren kann.[1265] Die Auffassung des BFH vermeidet, dass nach Ablauf der regulären Festsetzungsfrist Korrekturen durchgeführt werden, die bis zum Ablauf dieser Frist nicht oder nicht in dem gleichen Umfang erfolgen könnten.

Ergebnis:

Der ESt-Bescheid 02 ist nach der Rspr. aufgrund §§ 175 Abs. 1 S. 1 Nr. 1 AO, 177 AO zu ändern. Bei der Ermittlung der Steuer ist der Gewinnanteil um 20.000 € zu erhöhen und sind die Werbungskosten bei den Einkünften aus VuV mit zusätzlich 5.000 € zu berücksichtigen.

3. Voraussetzungen für die Korrektur nach § 177 AO

a) Zunächst muss ein **selbstständiger Korrekturtatbestand** zugunsten (dann § 177 Abs. 2 AO) oder zuungunsten (dann § 177 Abs. 1 AO) des Stpfl. vorliegen. Als solcher ist auch § 10 d EStG anzusehen, sodass im Rahmen der durch die Gewährung des Verlustrücktrags ausgelösten Bestandskraftdurchbrechung nach § 177 Abs. 2 AO materielle Fehler berichtigt werden müssen, die bei der ursprünglichen Ermittlung der Besteuerungsgrundlagen unterlaufen sind.[1266] 306

Bei der Berichtigung nach § 129 AO kommt § 177 AO nach h. M. nicht zur Anwendung.[1267] Diese Einschränkung ist jedoch im Ergebnis nur von geringer Relevanz,

1264 Loose in T/K § 177 AO Rn. 6.
1265 BFH v. 18.12.1991 – X R 38/90, BStBl. II 1992, 504.
1266 BFH v. 09.07.1992 – XI R 29/91, BStBl. II 1993, 29.
1267 Vgl. BFH v. 08.03.1989 – X R 116/87, BStBl. II 1989, 531; Loose in T/K § 177 AO Rn. 1 a m. w. N.

weil nach h. M. im Rahmen der bei § 129 AO gebotenen Ermessensausübung die Steuer in zutreffender Höhe, also unter Berücksichtigung der in § 177 AO vorgesehenen Saldierungsmöglichkeiten, festgesetzt werden muss (vgl. AEAO zu § 129 Nr. 5: Es „können im Wege pflichtgemäßer Ermessensausübung unter sinngemäßer Anwendung des § 177 AO materielle Fehler korrigiert werden").

b) **Materielle Fehler i. S. d. § 177 AO sind alle Fehler, die zur Festsetzung einer Steuer führen, die von der kraft Gesetzes entstandenen Steuer abweicht** (§ 177 Abs. 3 AO). Zu den materiellen Fehlern gehören auch offenbare Unrichtigkeiten i. S. d. § 129 AO. Die Fehlerhaftigkeit des Bescheids braucht nicht auf einer unrichtigen Rechtsanwendung zu beruhen. Materiell fehlerhaft ist ein Bescheid auch dann, wenn der Steuerfestsetzung ein Sachverhalt zugrunde gelegt wird, der sich als unrichtig erweist.[1268] Verfahrensfehler des FA führen andererseits nur dann zu einem materiellen Fehler i. S. d. § 177 AO, wenn der Steuerbescheid dadurch materiell unrichtig wurde.[1269] Hat das FA beispielsweise einen Grundlagenbescheid nach § 175 Abs. 1 S. 1 Nr. 1 AO nicht rechtzeitig ausgewertet und ist insoweit die Festsetzungsverjährung eingetreten, liegt ein saldierungsfähiger materieller Fehler vor.[1270]
Ein materieller Fehler i. S. d. § 177 Abs. 3 AO liegt auch dann vor, wenn der Stpfl. nicht fristgebundene **Anträge** nachholt oder **Wahlrechte** erneut ausübt und sich daraus Auswirkungen auf die Höhe der Steuer ergeben.[1271] Zweifelhaft ist u. E., ob nach § 364 b AO **präkludiertes Vorbringen** als Rechtsfehler i. S. d. § 177 Abs. 3 AO zu berücksichtigen ist.[1272]

Beispiel 1

Der Stpfl. stellt im Korrekturverfahren nach § 173 Abs. 1 Nr. 1 AO einen Antrag auf Gewährung der Steuerbegünstigung nach § 33 a Abs. 1 EStG. Die ursprünglich richtige Steuerfestsetzung wird damit objektiv unrichtig. Der materielle Fehler kann in den Grenzen des § 177 AO berichtigt werden.

Beispiel 2

Im Korrekturverfahren werden Tatsachen zugunsten des Stpfl. bekannt, deren Berücksichtigung nach § 173 Abs. 1 Nr. 2 AO am groben Verschulden des Stpfl. scheitert. Solche Tatsachen müssen ebenfalls – weil die Steuerfestsetzung objektiv unrichtig ist – in die Kompensation nach § 177 AO einbezogen werden.

Es bedarf daher nicht des Umwegs über die entsprechende Anwendung des § 351 Abs. 1 AO, um die Berücksichtigung nachträglich gestellter Anträge und grob fahrlässig verspätet geltend gemachter Tatsachen im Korrekturverfahren zu begründen.

c) Ausgeschlossen ist die Berücksichtigung von materiellen Fehlern insoweit, als der besondere Vertrauensschutz nach § 176 AO eingreift (§ 177 Abs. 4 AO).

1268 BFH v. 18.12.1991 – X R 38/90, BStBl. II 1992, 504.
1269 Bartone in K/vW § 177 AO Rn. 18; Loose in T/K § 177 AO Rn. 4.
1270 BFH v. 10.08.2006 – II R 24/05, BStBl. II 2007, 87
1271 Loose in T/K § 177 AO Rn. 4 a; offengelassen in BFH v. 27.09.1988 – VIII R 98/87, BStBl. II 1989, 229.
1272 Zum Streitstand vgl. Koenig § 177 Rn. 20.

4. Durchführung der Kompensation

Fall 73: Kompensation bei Mischtatbeständen 307

Durch Bescheid vom 10.09.02 ist gegen S die ESt 01 auf 40.000 € festgesetzt worden. Nach den im Oktober 03 getroffenen Feststellungen des FA liegen folgende Korrekturtatbestände vor:

		steuerliche Auswirkung
– § 173 Abs. 1 Nr. 1 AO	+	5.000 €
– § 175 Abs. 1 S. 1 Nr. 1 AO	+	3.000 €
– § 173 Abs. 1 Nr. 2 AO	./.	2.000 €
– § 174 Abs. 1 AO	./.	6.000 €
– materieller Fehler	+	13.000 €
– materieller Fehler	./.	2.000 €

Wie ist der bestandskräftige Bescheid 01 zu ändern?

I. Zunächst sind die betragsmäßigen Grenzen zu ermitteln, innerhalb derer eine Kompensation der Rechtsfehler erfolgen kann. Die **Obergrenze** ergibt sich aus der Summe der selbstständigen Korrekturtatbestände zuungunsten des Stpfl. (40.000 € + 5.000 € + 3.000 € = 48.000 €), die **Untergrenze** aus der Summe der selbstständigen Korrekturmöglichkeiten zugunsten des Stpfl. (40.000 € ./. 2.000 € ./. 6.000 € = 32.000 €).

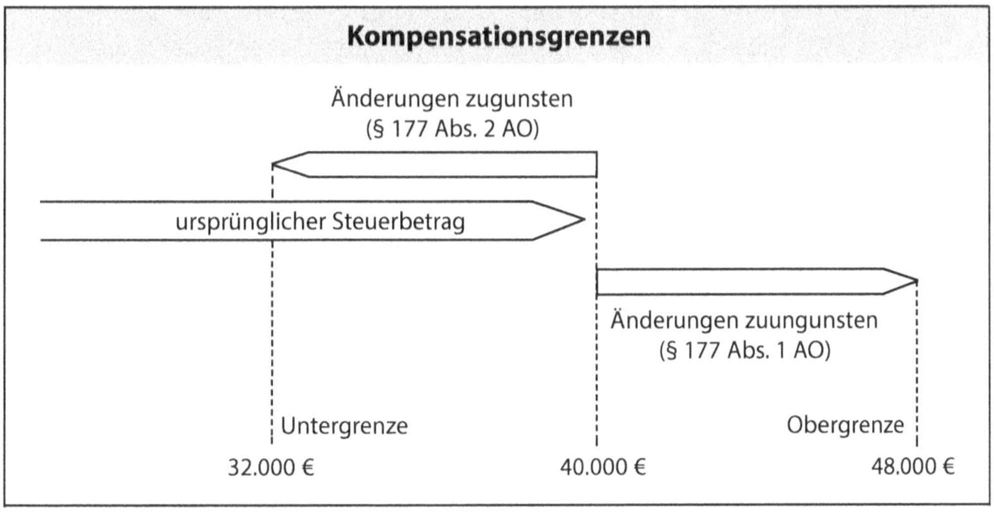

II. Aus der Systematik des § 177 AO, der zwischen Änderungen zuungunsten (§ 177 Abs. 1 AO) und Änderungen zugunsten (§ 177 Abs. 2 AO) des Stpfl. als selbstständigen Kompensationsvorschriften unterscheidet, schließt die ganz h.M., dass vor der Saldierung der selbstständigen Korrekturmöglichkeiten zunächst die Kompensation mit den materiellen Fehlern erfolgen müsse.[1273] Daher ist der zweite Schritt die **Ermittlung des Saldos der materiellen Fehler** (+ 13.000 € ./. 2.000 € = + 11.000 €).

III. Der Saldo der materiellen Fehler ist mit gegenläufiger Tendenz mit den Änderungsmöglichkeiten nach § 177 Abs. 1 AO bzw. nach § 177 Abs. 2 AO zu **kompensieren**. Dabei dürfen die – getrennt zu ermittelnden[1274] – Kompensationsgrenzen nicht über- bzw. unterschritten werden. Im konkreten Fall steht den Änderungen zugunsten (§ 177 Abs. 2 AO) in Höhe von ./. 8.000 € ein Saldo der materiellen Fehler von +

1273 BFH v. 09.06.1993 – I R 90/92, BStBl. II 1993, 822; Bartone in K/vW § 177 AO Rn. 29; v. Groll in H/H/Sp § 177 AO Rn. 192; Günther AO-StB 2010, 279 mit Beispielen.

1274 BFH v. 14.07.1993 – X R 34/90, BStBl. II 1994, 77.

11.000 € gegenüber. Es verbleiben also keine Änderungsmöglichkeiten zugunsten des Stpfl.

IV. Erst nach der Kompensation erfolgt die **Saldierung** der Mehr- bzw. Mindersteuern, die nach § 177 Abs. 1 AO und § 177 Abs. 2 AO verbleiben. Danach ergibt sich ein Korrekturbetrag von 0 € (§ 177 Abs. 2 AO) + 8.000 € (§ 177 Abs. 1 AO) = 8.000 €.

Ergebnis:

Die ESt 01 ist durch Änderungsbescheid nach §§ 173, 174, 177 AO auf 48.000 € festzusetzen.

XII. Korrektur im Einspruchsverfahren (§ 132 AO)

308 **Fall 74: Der nicht abhelfende Änderungsbescheid**

S hat gegen den ESt-Bescheid 01 vom 01.09.02 form- und fristgerecht Einspruch eingelegt mit der Begründung, die Steuer (90.000 €) sei wegen zu Unrecht nicht anerkannter Werbungskosten für ein häusliches Arbeitszimmer zu hoch festgesetzt. Bevor über den Einspruch entschieden wird, wertet das FA die Mitteilung über einen geänderten Feststellungsbescheid aus und erhöht die Steuer nach § 175 Abs. 1 S. 1 Nr. 1 AO auf 95.000 €. Muss S erneut Einspruch einlegen, um die Berücksichtigung der bisher nicht anerkannten Werbungskosten zu erreichen?

Nach § 132 AO sind die Korrekturvorschriften auch während des Einspruchsverfahrens anzuwenden. Demnach war der Erlass eines Änderungsbescheides nach § 175 Abs. 1 S. 1 Nr. 1 AO verfahrensmäßig zulässig. Der Änderungsbescheid hat den Regelungsgehalt des ursprünglichen Bescheids in sich aufgenommen. Daher ist der Einspruch gegen den ursprünglichen Bescheid gegenstandslos geworden. S braucht dennoch nicht erneut Einspruch gegen den Änderungsbescheid einzulegen. Denn der – zulässige – Einspruch richtet sich nunmehr automatisch gegen den Änderungsbescheid, § 365 Abs. 3 AO. Dieses Ergebnis korrespondiert mit der Regelung des § 367 Abs. 2 S. 3 AO. Danach bedarf es einer Einspruchsentscheidung nur insoweit, als die Finanzbehörde dem Einspruch nicht durch Änderungsbescheid in der Sache abhilft. Erlässt sie nur einen sog. Teilabhilfebescheid, bleibt das Einspruchsverfahren anhängig.[1275]

Ergebnis:

S muss nicht erneut Einspruch einlegen. Das FA hat vielmehr noch über den (ursprünglichen) Einspruch des S zu entscheiden.

309 Nach § 132 AO kann das FA auch während des **finanzgerichtlichen** Verfahrens den angegriffenen Verwaltungsakt ändern. Nach § 68 FGO i. d. F. des 2. FGOÄndG[1276] wird der neue Verwaltungsakt – entsprechend der Regelung des § 365 Abs. 3 AO – automatisch Gegenstand des Verfahrens. Es handelt sich um einen Fall gesetzlicher Klageänderung.[1277]

1275 BFH v. 04.11.1981 – II R 119/79, BStBl. II 1982, 270.
1276 BGBl. I 2000, 1757.
1277 Vgl. Spindler BB 2001, 61.

Schematische Darstellung der Kompensation nach § 177 AO

Bsp.	Fest-gesetzte Steuer	– zuungunsten (+) – selbstständige Korrekturtatbestände[1] zugunsten (./.)	– zugunsten (./.) – Rechtsfehlersaldo[2] zuungunsten (+)	– nach § 177 Abs. 1 AO – Kompensation[3] nach § 177 Abs. 2 AO	– zuungunsten (+) – verbleibende Korrekturmöglichkeiten[4] zugunsten (./.)	– Saldo	– neue Steuer
1.	50.000	+ 4.000			+ 4.000	+ 4.000	54.000
		0	+ 1.000	– – –[5]	0		
2.	50.000	+ 4.000	./. 1.000	+ 3.000	+ 3.000	+ 3.000	53.000
		0			0		
3.	50.000	+ 4.000			+ 4.000	0	50.000
		./. 5.000	+ 1.000	./. 4.000	./. 4.000		
4.	50.000	+ 6.000	./. 3.000	+ 3.000	+ 3.000	./. 4.000	46.000
		./. 7.000			./. 7.000		
5.	50.000	+ 3.000			+ 3.000	+ 3.000	53.000
		./. 5.000	+ 7.000	0[6]	0		

Erläuterungen:

1) Selbstständige Korrekturtatbestände ergeben sich aus §§ 172–175 AO. Die Korrekturmöglichkeiten zugunsten und zuungunsten des Stpfl. werden jeweils summiert.
2) Die materiellen Fehler (Fehler, die nicht unter eine selbstständige Korrekturvorschrift fallen) werden saldiert. Der Saldo kann positiv oder negativ sein.
3) Der Saldo der materiellen Fehler wird mit gegenläufiger Tendenz kompensiert, d. h. ein negativer Saldo mit den Korrekturmöglichkeiten zuungunsten (§ 177 Abs. 1 AO), ein positiver Saldo mit den Korrekturmöglichkeiten zugunsten des Stpfl. (§ 177 Abs. 2 AO).
4) Erst nach der Kompensation werden die Änderungsmöglichkeiten aus selbstständigen Korrekturvorschriften saldiert.
5) Keine Kompensation möglich, weil dem Saldo der materiellen Fehler keine Korrekturmöglichkeit mit gegenläufiger Tendenz gegenübersteht.
6) Die Kompensationsgrenze (./. 5.000) darf nicht unterschritten werden. Materielle Fehler mit Auswirkung zuungunsten des Stpfl. bleiben in Höhe von 2.000 unberücksichtigt.

6. Abschnitt Steuererhebung und Vollstreckung

A. Verwaltungsakte als Grundlage des Erhebungsverfahrens (§ 218 AO)

310 Ansprüche aus dem Steuerschuldverhältnis werden grundsätzlich in zwei Stufen geltend gemacht: Der durch Verwirklichung des gesetzlichen Tatbestands entstehende Anspruch wird in der ersten Stufe durch Verwaltungsakt (insbesondere einen Steuerbescheid) festgesetzt. Die Erfüllung dieses Anspruchs erfolgt auf der zweiten Stufe im sog. Erhebungsverfahren nach §§ 218 ff. AO.[1278] Ohne vorausgehenden Verwaltungsakt werden Säumniszuschläge erhoben (§ 218 Abs. 1 S. 1 AO). Entsprechendes gilt bei Erstattungs-/Rückforderungsansprüchen nach § 37 Abs. 2 AO wegen rechtsgrundloser Zahlung: Die Finanzbehörde kann den Anspruch ohne vorherigen Erlass eines Rückforderungsbescheides geltend machen.[1279]

311 **Fall 75: Abrechnungsschwierigkeiten mit dem FA**

In dem Abrechnungsteil des an S gerichteten ESt-Bescheids 01 hat das FA die ESt-Abschlusszahlung 01 wie folgt ermittelt: Steuerschuld 50.000 € ./. ESt-Vorauszahlungen 45.000 € = 5.000 €. Der Stpfl. macht demgegenüber geltend, er habe 60.000 € ESt-Vorauszahlungen für 01 geleistet und deshalb Anspruch auf Erstattung von 10.000 €. Wie kann er diesen Anspruch durchsetzen?

I. S hat laut seinem Vorbringen nach § 37 Abs. 2 S. 2 AO einen Erstattungsanspruch in Höhe von 10.000 €, weil mit der ESt-Festsetzung für 01 der rechtliche Grund für die Zahlung der 50.000 € übersteigenden Vorauszahlungen für 01 weggefallen ist. Diesen Anspruch kann er nicht ohne Weiteres mit der Leistungsklage nach § 40 Abs. 1 FGO durchsetzen. Denn es fehlt ein den Erstattungsanspruch feststellender Verwaltungsakt.[1280]

II. Verfahrensrechtlich stehen folgende Wege offen:

1. Die in dem Abrechnungsteil des Steuerbescheides 01 enthaltene Anrechnungsverfügung ist ein Verwaltungsakt. S kann daher **Einspruch** (§ 347 Abs. 1 S. 1 Nr. 1 AO) gegen die Anrechnungsverfügung einlegen. Dies ist ihm auch zu empfehlen, weil Anrechnungsverfügungen nach Auffassung eines Teils der Rspr. Bindungswirkung für ein nachfolgendes Verfahren nach § 218 Abs. 2 AO entfalten.[1281]
2. S könnte und sollte auch einen **Abrechnungsbescheid** nach § 218 Abs. 2 AO beantragen. Danach ist ein besonderes Verwaltungsverfahren vorgesehen, wenn Streitigkeiten über die Verwirklichung von Ansprüchen aus dem Steuerschuldverhältnis bestehen. Das gilt auch, wenn die Streitigkeit – wie im konkreten Fall – einen Erstattungsanspruch betrifft.[1282] Den Abrechnungsbescheid kann S ggf. mit dem **Einspruch** (§ 347 Abs. 1 S. 1 AO) anfechten, wenn das FA an seiner Abrechnung festhält. Darüber hinaus kann S gegen einen ihn beschwerenden Abrechnungsbescheid mit dem **Antrag auf Aussetzung der Vollziehung** (§ 361 AO) vorgehen und damit ggf. erreichen, dass wegen der – nach Ansicht des FA – ausstehenden 5.000 € vorläufig keine Vollziehungsmaßnahmen erfolgen.[1283]
3. Sofern S sowohl einen Einspruch gegen die Anrechnungsverfügung einlegt als auch einen Antrag nach § 218 Abs. 2 AO stellt, wird das FA primär das Abrech-

1278 Vgl. BFH v. 12.08.1999 – VII R 92/98, BStBl. II 1999, 751.
1279 BFH v. 25.02.1992 – VII R 8/91, BStBl. II 1992, 713.
1280 BFH v. 12.06.1986 – VII R 103/83, BStBl. II 1986, 702.
1281 Vgl. Koenig/Intemann § 218 Rn. 28 und oben Rn. 178.
1282 BFH v. 25.02.1992 – VII R 8/91, BStBl. II 1992, 713.
1283 Vgl. BFH v. 10.11.1987 – VII B 137/87, BStBl. II 1988, 43.

nungsverfahren nach § 218 Abs. 2 AO zum Abschluss bringen und das Einspruchsverfahren gegen die Anrechnungsverfügung nach § 363 AO aussetzen.[1284]

Ergebnis:

S sollte einen Abrechnungsbescheid nach § 218 Abs. 2 S. 2 AO beantragen und vorsorglich auch Einspruch gegen die Anrechnungsverfügung einlegen.

B. Fälligkeit und Säumniszuschläge

I. Fälligkeit (§ 220 AO)

Die Fälligkeit ergibt sich grundsätzlich aus den Einzelsteuergesetzen (§ 220 Abs. 1 AO). 312

Beispiele

LSt	10. Tag nach Ablauf des maßgeblichen LSt-Anmeldungszeitraums (§ 41 a Abs. 1 EStG).
ESt-Vorauszahlung	10.03., 10.06., 10.09., 10.12. (§ 37 Abs. 1 S. 1 EStG).
ESt-Abschluss-zahlung	Ein Monat nach Bekanntgabe des Steuerbescheides (§ 36 Abs. 4 EStG). Die festgesetzte Einkommensteuer wird nur in dem Umfang fällig, in dem in der Anrechnungsverfügung eine Abschlusszahlung ausgewiesen wird. Änderungen der Anrechnungsverfügung nach § 130 Abs. 2 AO führen in Höhe des dann angeforderten Betrags zu einer erstmaligen Fälligkeit.[1282]
USt-Vorauszahlung	10. Tag nach Ablauf des maßgeblichen Voranmeldungszeitraums (§ 18 Abs. 1 UStG).
USt-Abschluss-zahlung	Ein Monat nach Eingang der Anmeldung bzw. nach Bekanntgabe der abweichenden Festsetzung des FA (§ 18 Abs. 4 S. 1 u. 2 UStG).

Fehlt eine gesetzliche Fälligkeitsregel, richtet sich die Fälligkeit in erster Linie nach dem Leistungsgebot des FA, anderenfalls nach dem Zeitpunkt der Festsetzung und – wenn es keiner Festsetzung des Anspruchs bedarf – nach seiner Entstehung (§ 220 Abs. 2 AO).

Beispiel

Der Erstattungsanspruch wegen einer Doppelzahlung nach § 37 Abs. 2 AO bedarf keiner Festsetzung. Er wird daher mit seiner Entstehung fällig.

II. Säumniszuschläge (§ 240 AO)

Wird eine Steuer nicht bis zum Ablauf des Fälligkeitstages entrichtet, so ist nach § 240 Abs. 1 S. 1 AO für jeden angefangenen Monat der Säumnis ein Zuschlag von 1 % des rückständigen – auf 50 € nach unten abgerundeten – Steuerbetrags zu entrichten. Das Gleiche gilt für zurückzuzahlende Steuervergütungen und Haftungsbeträge (§ 240 Abs. 1 S. 2 AO). 313

Beispiel

Die ESt-Vorauszahlung III/10 in Höhe von 12.740 € ist am 10.09.10 fällig (§ 37 Abs. 1 EStG). Sie wird am 12.11.10 entrichtet (§ 224 Abs. 1 AO). Es sind Säumniszuschläge für zwei volle Monate (11.09.–10.11.10) und einen angefangenen Monat (11.–12.11.10) für den auf 12.700 € abgerundeten Betrag zu entrichten. Der Zuschlag beträgt also 381 €.

1284 Vgl. BFH v. 26.07.1994 – VII R 81/93, BFH/NV 1995, 479.

1285 BFH v. 18.07.2000 – VII R 32, 33/99, VII R 32/99, VII R 33/99, BStBl. II 2001, 133.

Im Hinblick auf § 240 Abs. 1 S. 3 AO kann ein Säumniszuschlag nicht schon vom gesetzlichen Fälligkeitstermin an erhoben werden, wenn die Steuer erst nach diesem Termin von dem Stpfl. nach § 168 AO angemeldet oder von dem FA nach § 167 bzw. § 157 AO festgesetzt wird.

Wird die Steuer spätestens am dritten auf den Fälligkeitstermin folgenden Tag entrichtet, so wird der an sich verwirkte Säumniszuschlag nicht erhoben (sog. **Schonfrist**, § 240 Abs. 3 AO). Eine Zahlungsschonfrist ist nach § 240 Abs. 3 S. 2 AO nicht zu berücksichtigen, wenn die Zahlung in bar oder durch Scheck entrichtet wird.

Säumniszuschläge werden ohne besondere Festsetzung im Rahmen der Anmahnung von Rückständen erhoben (vgl. § 218 Abs. 1 AO). Auf das Verschulden des Stpfl. an der Säumnis kommt es grundsätzlich nicht an.[1286] Verwirkte Säumniszuschläge bleiben nach § 240 Abs. 1 S. 4 AO auch dann bestehen, wenn die Steuer später herabgesetzt wird, weil sich die Steuerfestsetzung materiell als unrichtig erweist. In Härtefällen kann jedoch ein Billigkeitserlass nach § 227 AO gerechtfertigt sein. Sachliche Unbilligkeit liegt insbesondere vor, wenn der Stpfl. gegen die fehlerhafte Steuerfestsetzung erfolgreich Einspruch eingelegt und das Finanzamt die mögliche und auch gebotene Aussetzung der Vollziehung abgelehnt hat.[1287] Bei Zahlungsunfähigkeit oder Überschuldung des Stpfl. ist regelmäßig nur ein Erlass in Höhe der Hälfte der verwirkten Säumniszuschläge gerechtfertigt. Ein darüber hinausgehender Erlass kommt in Betracht, wenn die Voraussetzungen für einen Verzicht auf Stundungszinsen (§ 234 Abs. 2 AO) erfüllt wären.[1288] Die Finanzverwaltung sieht in typisierten Fällen (z. B. offenbares Versehen eines bisher pünktlichen Steuerzahlers) den Erlass aus sachlichen Billigkeitsgründen vor (vgl. AEAO zu § 240 Nr. 5).

C. Verschiebung der Fälligkeit

I. Vorverlegung der Fälligkeit (§ 221 AO)

314 Bei Verbrauchsteuern (wobei die USt explizit mit einbezogen wird) kann der Fälligkeitstermin durch Anordnung der Finanzbehörde vorverlegt werden, wenn der Stpfl. mehrfach mit der Zahlung säumig war (§ 221 S. 1 AO).

II. Stundung (§ 222 AO)

315 **Fall 76: Witterungsbedingter Liquiditätsengpass**

Infolge einer langen Frostperiode hat der Bauunternehmer S erhebliche Einnahmeausfälle erlitten. Die ESt-Vorauszahlung IV/01 in Höhe von 40.000 € könnte er wegen der angespannten Liquiditätslage seines Unternehmens nur durch Zugriff auf private Sparguthaben entrichten. Wird das FA seinem Stundungsantrag entsprechen?

I. Nach § 222 AO können (Ermessensentscheidung) Ansprüche aus dem Steuerschuldverhältnis ganz oder teilweise gestundet werden, wenn
- die Einziehung bei Fälligkeit eine erhebliche Härte für den Schuldner bedeuten würde und

1286 BFH v. 17.07.1985 – I R 172/79, BStBl. II 1986, 122.
1287 BFH v. 20.05.2010 – V R 42/08, BStBl. II 2010, 955.
1288 Vgl. BFH v. 27.09.2001 – X R 134/98, BStBl. II 2002, 176.

- der Anspruch durch die Stundung nicht gefährdet erscheint.

  Die Rspr. unterscheidet zwischen persönlicher und sachlicher Härte.[1289] Eine sachliche Härte ist z. B. in Fällen der sog. **Verrechnungsstundung** anzunehmen. Eine solche Stundung wird gewährt, wenn der zu zahlende Betrag mit an Sicherheit grenzender Wahrscheinlichkeit alsbald wieder zu erstatten sein wird.[1290] Die Stundung soll nur auf Antrag und gegen Sicherheitsleistung gewährt werden. Von der Anordnung der Sicherheitsleistung wird bei kurzfristigen Stundungen oder kleineren Beträgen in der Regel abgesehen.

II. Ob witterungsbedingte Liquiditätsengpässe bei einem Bauunternehmer eine besondere Härte darstellen, ist zweifelhaft. Denn witterungsbedingte Einflüsse auf den Geschäftsverlauf sind bei einem Bauunternehmen üblich, und der Unternehmer muss Vorsorge treffen, dass er dennoch seine fälligen Zahlungen leisten kann. Ein Härtefall scheidet aber schon deshalb aus, weil es sich bei der ESt um eine private Schuld des Unternehmers handelt und dem S ausreichend private Mittel zur Verfügung stehen, um die fällige Zahlung zu leisten.

Ergebnis:

Das FA wird den Stundungsantrag des S zu Recht ablehnen.

Ansprüche aus dem Steuerschuldverhältnis sind die in § 37 Abs. 1 und Abs. 2 AO genannten Ansprüche. Der Anspruch gegen den Entrichtungspflichtigen, der Steuern für Rechnung des Steuerschuldners abzuführen hat, ist kein Anspruch aus dem Steuerschuldverhältnis und kann daher nicht gestundet werden.[1291] 316

Stundungen werden in der Praxis unter dem **Vorbehalt des Widerrufs** (§ 120 Abs. 2 Nr. 2 AO) ausgesprochen. Für die Dauer der Stundung werden Zinsen erhoben, sofern darauf nicht ausnahmsweise verzichtet wird (§ 234 Abs. 1, Abs. 2 AO).

Die **sachliche Zuständigkeit** der FÄ ist durch innerdienstliche Weisungen eingeschränkt: Von bestimmten betragsmäßigen Grenzen an ist die vorherige Zustimmung einer vorgeordneten Behörde erforderlich.[1292]

Gegen die Ablehnung von Stundungsanträgen, die stets ohne vorherige Zustimmung der Aufsichtsbehörden möglich ist, kann der Stpfl. nach § 347 Abs. 1 S. 1 AO **Einspruch** einlegen.

III. Aussetzung der Vollziehung im Einspruchsverfahren (§ 361 AO, § 69 FGO)

Einsprüche haben im Abgabenrecht grundsätzlich keine aufschiebende Wirkung (§ 361 Abs. 1 AO). Die Fälligkeit kann jedoch durch Aussetzung der Vollziehung nach § 361 AO, § 69 FGO aufgehoben werden (vgl. unten Rn. 357 ff.). 317

1289 BFH v. 06.10.1982 – I R 98/81, BStBl. II 1983, 397.

1290 BFH v. 29.11.1984 – V B 44/84, BStBl. II 1985, 194; BFH v. 07.03.1985 – IV R 161/81, BStBl. II 1985, 449; BFH v. 11.10.1989 – I R 149/85, BFH/NV 1991, 14.

1291 BFH v. 24.03.1998 – I R 120/97, BStBl. II 1999, 3.

1292 Vgl. gleichlautender Ländererlass v. 15.04.2008, BStBl. I 2008, 534.

D. Erlöschen der Ansprüche aus dem Steuerschuldverhältnis

I. Zahlung (§§ 224, 225 AO) und Aufrechnung (§ 226 AO)

318 **Fall 77: Aufrechnung des Stpfl. mit einem Schadensersatzanspruch**

S schuldet dem FA USt in Höhe von 4.000 €. Er erklärt die Aufrechnung mit einer Schadensersatzforderung, die er auf einen durch einen ungerechtfertigten Insolvenzantrag des FA erlittenen Vermögensschaden (4.000 €) stützt. Das FA weist die Aufrechnung mit der Begründung zurück, ein ungerechtfertigter Antrag auf Eröffnung des Insolvenzverfahrens könne grundsätzlich keine Schadensersatzverpflichtung auslösen. Ist die Steuerschuld erloschen?

I. Ansprüche aus dem Steuerschuldverhältnis können durch Zahlung (§§ 224, 225 AO) und durch Aufrechnung (§ 226 AO) erlöschen. Für die Aufrechnung gelten grundsätzlich die Vorschriften des BGB (§ 226 Abs. 1 AO). Nach § 387 BGB müssen die folgenden Voraussetzungen gegeben sein:
1. **Gegenseitigkeit:** Anspruch und Gegenanspruch müssen zwischen denselben (natürlichen oder juristischen) Personen bestehen. Die bürgerlich-rechtliche Voraussetzung der Gegenseitigkeit wird durch § 226 Abs. 4 AO modifiziert. Danach gilt als Gläubiger oder Schuldner auch die Körperschaft, die die Steuer verwaltet. Bei der Aufrechnung kann also wahlweise auf die Ertragshoheit oder die Verwaltungshoheit abgestellt werden (sog. Gläubigerfiktion).[1293] Das Erfordernis der Kassenidentität nach § 395 BGB findet bei der Aufrechnung durch den Stpfl. gegen Ansprüche aus dem Steuerschuldverhältnis keine Anwendung.[1294]
2. **Gleichartigkeit:** Diese Voraussetzung ist erfüllt, wenn sich Geldforderungen gegenüberstehen.
3. **Fälligkeit der Gegenforderung:** Nur mit einem fälligen Anspruch (Gegenforderung) kann die Aufrechnung erklärt werden. Ist die Vollziehung des Bescheids ausgesetzt (§ 361 AO), kommt eine Aufrechnung mit der Forderung nicht in Betracht.[1295] Die Hauptforderung (Forderung des Aufrechnungsgegners) braucht dagegen lediglich erfüllbar zu sein (§ 387 BGB).
4. **Unbestrittene oder rechtskräftig festgestellte Gegenforderung des Stpfl.:** Die Aufrechnung durch den Stpfl. wird nach § 226 Abs. 3 AO erschwert. Er kann nur mit einer Gegenforderung aufrechnen, die unbestritten oder rechtskräftig festgestellt ist.

II. Daraus ergibt sich für den Streitfall: Der von S geltend gemachte Anspruch könnte sich aus Art. 34 GG i.V.m. § 839 BGB wegen Amtspflichtverletzung ergeben. Das FA kann sich demgegenüber nicht auf die Rspr. des BGH berufen, nach der ein „subjektiv redlich" gestellter Konkursantrag (Insolvenzantrag) grundsätzlich nicht zum Schadensersatz verpflichten kann.[1296] Denn Finanzbehörden sind im Gegensatz zu anderen Gläubigern verpflichtet, einen Antrag auf Eröffnung des Insolvenzverfahrens – wie jede andere Vollstreckungsmaßnahme – unter sorgfältiger Abwägung der Schuldnerinteressen zu stellen.[1297] Die Frage, ob ein Schadensersatzanspruch aus Amtspflichtverletzung besteht, kann jedoch im Ergebnis dahingestellt bleiben, weil nach § 226 Abs. 3 AO Stpfl. nur mit unbestrittenen oder rechtskräftig festgestellten Gegenansprüchen aufrechnen können. Das gilt auch, wenn der Stpfl. einen Anspruch wegen einer ungerechtfertigten Amtshandlung geltend macht.

1293 Loose in T/K § 226 AO Rn. 29.
1294 BFH v. 25.04.1989 – VII R 105/87, BStBl. II 1989, 949.
1295 BFH v. 31.08.1995 – VII R 58/94, BStBl. II 1996, 55.
1296 Vgl. BGH v. 30.10.1961 – VI ZR 242/60, BGHZ 36, 18.
1297 Vgl. Lemaire in K/vW Vor § 249 AO Rn. 18.

Ergebnis:

Da das FA die Forderung bestreitet, ist die Steuerschuld nicht durch Aufrechnung erloschen.

Bei Streitigkeiten über die **Wirksamkeit der Aufrechnung** ist zu unterscheiden: 319

1. Aufrechnungserklärung des Stpfl.

Lässt die Finanzbehörde die Aufrechnungserklärung des Stpfl. nicht gelten, so kann dieser einen Abrechnungsbescheid nach § 218 Abs. 2 AO verlangen. Gegen den Abrechnungsbescheid ist nach § 347 Abs. 1 S. 1 Nr. 1 AO der Einspruch gegeben.

2. Aufrechnungserklärung des FA

Hält der Stpfl. die Aufrechnung der Finanzbehörde mit Ansprüchen aus dem Steuerschuldverhältnis für unwirksam, kann er seine Einwendungen ebenfalls nur mit dem Antrag auf Erlass eines Abrechnungsbescheides geltend machen. Denn nach Ansicht des BFH stellt die Aufrechnungserklärung der Behörde keinen Verwaltungsakt, sondern eine **verwaltungsrechtliche Willenserklärung** ohne Regelungscharakter dar.[1298]

II. Billigkeitserlass, Erstattung aus Billigkeitsgründen (§ 227 AO)

§ Fall 78: Der untergetauchte Schrotthändler 320

Unternehmer U hat vom Schrotthändler H für 20.000 € + 3.800 € USt = 23.800 € Schrott erworben. H, der die Lieferung ordnungsgemäß versteuert hat, ist der Bitte des U, ihm für Zwecke des Vorsteuerabzugs nach § 15 Abs. 1 UStG eine Rechnung mit gesondertem Steuerausweis zu erteilen, nicht nachgekommen und inzwischen in der Fremdenlegion „untergetaucht". U beantragt bei dem für seine Veranlagung zuständigen Finanzamt, ihm USt i. H. v. 3.800 € aus Billigkeitsgründen zu erlassen. Wird das FA dem Antrag entsprechen?

Nach § 227 Hs. 1 AO können Steuern im Erhebungsverfahren erlassen oder – nach -Entrichtung – erstattet werden, wenn die Einziehung nach Lage des einzelnen Falles unbillig wäre oder gewesen ist. Unter den gleichen Voraussetzungen kann auch bereits im Festsetzungsverfahren die Steuer niedriger festgesetzt werden (§ 163 Abs. 1 S. 1 AO).

Zu den materiell-rechtlichen Voraussetzungen des Vorsteuerabzugs nach § 15 Abs. 1 Nr. 1 UStG gehört, dass dem Unternehmer eine Rechnung mit gesondertem Steuerausweis erteilt ist.[1299] Demnach kann U die USt in Höhe von 3.800 € nicht als Vorsteuer geltend machen, solange H seiner sich aus § 14 Abs. 2 UStG ergebenden Verpflichtung zur Ausstellung einer Rechnung mit gesondertem Steuerausweis nicht nachgekommen ist. Da eine Durchsetzung dieses Anspruchs des U gegen H wegen der besonderen Umstände jedoch nicht möglich ist, könnten die Voraussetzungen für einen Erlass von 3.800 € USt aus Billigkeitsgründen nach § 227 AO vorliegen.

I. **Sachlich zuständig** für den Erlass sind nach § 227 Hs. 1 AO „die Finanzbehörden". Durch gleichlautenden Ländererlass vom 15.04.2008[1300] ist geregelt, dass die Finanzämter Beträge ab einer bestimmten Größenordnung nur mit Zustimmung ihrer vorgesetzten Behörden erlassen dürfen. Danach könnte das für die USt-Veranlagung zu-

1298 BFH v. 17.11.1987 – VII R 90/84, BStBl. II 1988, 117; BFH v. 25.04.1989 – VII R 84/86, BFH/NV 1990, 344 m. w. N.; Rozek in H/H/Sp § 226 AO Rn. 100 f.

1299 BFH v. 12.06.1986 – V R 75/78, BStBl. II 1986, 721.

1300 BStBl. I 2008, 534.

ständige FA dem U die USt bis zu einem Betrage von 20.000 € ohne Zustimmung der Oberfinanzdirektion erlassen.

II. Der Erlass ist nach st. Rspr. eine Ermessensentscheidung der Finanzbehörde, deren Maßstab die Billigkeit ist und die von den Gerichten nur in den von § 102 FGO gezogenen Grenzen überprüft werden kann.[1301] Die Rspr. unterscheidet zwischen persönlichen und sachlichen Billigkeitsgründen.
- **Persönliche Unbilligkeit** liegt vor, wenn die Steuererhebung die wirtschaftliche Existenz oder den notwendigen Lebensunterhalt des Stpfl. ernstlich gefährden[1302] oder den Neuaufbau einer wirtschaftlichen Existenz unabhängig von der Sozialhilfe hindern würde.[1303] Darüber hinaus verlangt die Rspr., dass der Stpfl. „erlasswürdig" ist,[1304] d.h. sich nicht steuerunehrlich verhalten oder seine wirtschaftliche Notlage selbst verschuldet hat.[1305]
- **Sachliche Unbilligkeit** liegt vor, wenn die Besteuerung eines Sachverhalts – unabhängig von den wirtschaftlichen Verhältnissen des Stpfl. – im Einzelfall mit dem Zweck des Steuergesetzes nicht vereinbar ist.[1306] Härten, die der Gesetzgeber bei einer gesetzlichen Regelung bewusst in Kauf genommen hat, rechtfertigen eine solche Billigkeitsmaßnahme nicht.[1307] Es muss sich vielmehr um eine Härte handeln, die der Gesetzgeber – hätte er die Frage geregelt – im Sinne der vorgesehenen Billigkeitsmaßnahme entschieden hätte.[1308]

Die Billigkeitsprüfung verlangt eine Gesamtbeurteilung aller Normen, die für die Verwirklichung des infrage stehenden Steueranspruchs im konkreten Fall maßgeblich sind.[1309] Für die Annahme einer Unbilligkeit genügt beispielsweise nicht, dass eine bestandskräftige Steuerfestsetzung offensichtlich fehlerhaft ist.[1310] Denn der Gesetzgeber hat bei der Regelung der Bestandskraft dem Grundsatz der Rechtssicherheit gegenüber dem Grundsatz der materiellen Gerechtigkeit im Einzelfall den Vorrang eingeräumt.[1311] Andererseits kann eine falsche, in Bestandskraft erwachsene Steuerfestsetzung im Wege eines Billigkeitserlasses beseitigt werden, wenn der Stpfl. z. B. aufgrund eines Verhaltens der Finanzverwaltung die Anfechtung des Bescheids unterlassen hat.[1312] Billigkeitsmaßnahmen sind nur dann geboten, wenn es sich um eine Härte handelt, die der Gesetzgeber – hätte er sie bedacht – im Sinne des beabsichtigten Erlasses entschieden hätte.[1313] Wichtiger Anwendungsfall: Hälftiger Erlass von Säumniszuschlägen, die nach Eintritt der Überschuldung oder Zahlungsunfähigkeit verwirkt sind.[1314] Selbst bei einer Verschärfung der Rspr. besteht für eine Billigkeitsmaßnahme dann kein Raum, wenn der Stpfl. die Möglichkeit der Änderung schon in seine Dispositionen mit einbezogen hat[1315] oder ihm zumindest Zweifel am Fortbestand der früheren Rspr. hätten kommen müssen.[1316]

Eine persönliche Unbilligkeit ist im konkreten Fall nicht ersichtlich. Die Erhebung der Steuer wäre jedoch sachlich unbillig, weil der vorliegende atypische Einzelfall im Gesetz nicht gere-

1301 So der Gemeinsame Senat der obersten Gerichtshöfe des Bundes v. 19.10.1971 – GmS-OGB 3/70, BStBl. II 1972, 603; BFH v. 14.07.2010 – X R 34/08, BStBl. II 2010, 910; a. A. Loose in T/K § 227 AO Rn. 22, 23 m. w. N.; Drüen in T/K § 5 AO Rn. 25, 27.

1302 Vgl. BVerwG v. 29.09.1982–8 C 48/82, BStBl. II 1984, 236, 243.

1303 BFH v. 27.09.2001 – X R 134/98, BStBl. II 2002, 176.

1304 Vgl. BFH v. 15.10.1992 – X B 152/92, BFH/NV 1993, 80.

1305 Koenig/Klüger § 227 Rn. 37–39; zu den Begriffen „Erlassbedürftigkeit" und „Erlasswürdigkeit" vgl. Loose in T/K § 227 AO Rn. 86 ff.

1306 BFH v. 11.07.1996 – V R 18/95, BStBl. II 1997, 259.

1307 BFH v. 29.08.1991 – V R 78/86, BStBl. II 1991, 906; BFH v. 19.03.2009 – V R 48/07, BStBl. II 2010, 92.

1308 BFH v. 14.07.2010 – X R 34/08, BStBl. II 2010, 916.

1309 BFH v. 26.10.1994 – X R 104/92, BStBl. II 1995, 297.

1310 Zur Ausnahme vgl. BFH v. 18.04.1989 – VIII R 319/84, BFH/NV 1989, 756.

1311 BFH v. 11.08.1987 – VII R 121/84, BStBl. II 1988, 512.

1312 BFH v. 31.08.1992 – X B 81/92, BFH/NV 1993, 4.

1313 Vgl. BFH v. 25.01.1996 – IV R 91/94, BStBl. II 1996, 289.

1314 BFH v. 27.09.2001 – X R 134/98, BStBl. II 2002, 176.

1315 BFH v. 12.01.1989 – IV R 87/87, BStBl. II 1990, 261.

1316 BFH v. 31.10.1990 – I R 3/86, BStBl. II 1991, 610.

gelt ist und die Belastung des U mit der auf ihn abgewälzten USt in Höhe von 3.800 € systemwidrig wäre. Das Gesetz geht davon aus, dass es dem Unternehmer ohne Weiteres möglich ist, seinen Anspruch auf Rechnungserteilung nach § 14 Abs. 2 UStG gegen den Vorlieferanten zu realisieren und damit die Voraussetzungen des Vorsteuerabzugs zu schaffen. Da U alles getan hat, um seinen Anspruch durchzusetzen, wäre es unbillig, ihn letztlich nur aus formalen Gründen mit der USt in Höhe von 3.800 € zu belasten.[1317]

Ergebnis:

Das FA wird U die USt in Höhe von 3.800 € nach § 227 AO aus Billigkeitsgründen erlassen.

III. Zahlungsverjährung (§§ 228–232 AO)

Wie die Festsetzungsverjährung (§§ 169–171 AO) führt auch die Zahlungsverjährung (§§ 228–232 AO) zum Erlöschen des Steueranspruchs (§§ 232, 47 AO). 321

Die Verjährung beginnt grundsätzlich mit Ablauf des Jahres, in dem der Anspruch erstmals fällig geworden ist (§ 229 Abs. 1 AO). Die Verjährungsfrist beträgt fünf Jahre (§ 228 S. 2 AO).[1318]

Von großer praktischer Bedeutung sind die Unterbrechungstatbestände des § 231 Abs. 1 AO. Danach genügt insbesondere jede „schriftliche Geltendmachung des Anspruchs“, um eine neue Verjährungsfrist in Gang zu setzen (§ 231 Abs. 3 AO). Nach § 231 Abs. 1 S. 2 i. V. m. § 169 Abs. 1 S. 3 AO genügt es, wenn die schriftliche Zahlungsaufforderung vor Ablauf der Verjährungsfrist den Machtbereich des Finanzamts verlassen hat und erst später tatsächlich zugeht und damit wirksam wird.[1319]

Einen Unterbrechungstatbestand begründen nach § 231 Abs. 1 S. 1 Nr. 7 AO auch Ermittlungen nach dem Wohnsitz oder Aufenthaltsort des Zahlungspflichtigen. „Ermittlungen“ in diesem Sinne werden allerdings nicht durch jede schematische Anfrage an das Einwohnermeldeamt begründet. Vielmehr ist erforderlich, dass die Wohnsitzermittlungen auf die Durchsetzung des Anspruchs gerichtet sind.[1320]

E. Zinsen (§§ 233–239 AO)

Ansprüche aus dem Steuerschuldverhältnis werden nur in den gesetzlich vorgesehenen Fällen verzinst (§ 233 S. 1 AO). Folgende Zinsen sind in der AO vorgesehen: 322

I. Verzinsung von Steuernachforderungen und Steuererstattungen (§ 233 a AO)

Die sog. **Vollverzinsung** nach § 233 a AO soll einen Ausgleich dafür schaffen, dass Ansprüche aus dem Steuerschuldverhältnis zwar für alle Stpfl. kraft Gesetzes zum selben Zeitpunkt entstehen, aber zu unterschiedlichen Zeitpunkten festgesetzt und fällig werden. Der Vollverzinsung unterliegen nur die periodischen Steuern (ESt, KSt, USt und GewSt). 323

1317 Vgl. Weiß UStR 1979, 88; Stadie, UStG, 3. Aufl. 2015, § 15 Rn. 180.
1318 In den Fällen der §§ 370, 373 oder 374 AO beträgt die Verjährungsfrist zehn Jahre.
1319 Vgl. BFH v. 28.08.2003 – VII R 22/01, BStBl. II 2003, 933.
1320 BFH v. 24.11.1992 – VII R 63/92, BStBl. II 1993, 220.

Die Verzinsung beginnt erst nach einer sog. **Karenzzeit**, nämlich grundsätzlich 15 Monate nach Ablauf des Kalenderjahres, in dem die Steuer entstanden ist (§ 233 a Abs. 2 S. 1 AO; nach S. 2 für bestimmte Einkünfte aus LuF 23 Monate). Bei rückwirkenden Ereignissen (§ 175 Abs. 1 S. 1 Nr. 2 AO) und Verlustrückträgen (§ 10 d Abs. 1 EStG) ist die Sonderregelung des § 233 a Abs. 2 a AO zu beachten. Die Verzinsung endet mit der Wirksamkeit der Steuerfestsetzung, auch wenn der Stpfl. vorab Zahlungen auf die Steuerschuld geleistet hat (sog. **Grundsatz der Sollverzinsung**).[1321] Für die Zeit danach können ggf. Säumniszuschläge (§ 240 AO) oder Stundungszinsen (§ 234 AO) anfallen.

Die frühere Begrenzung des Zinslaufs auf vier Jahre ist durch das StBereinG 1999[1322] aufgehoben worden.

Die Berechnung und Festsetzung der Zinsen regeln § 233 a Abs. 3 und 4 AO. Ausführliche Erläuterungen finden sich im AEAO zu § 233 a Nr. 1–74.

Beispiel

ESt 01

a) Vorauszahlungen	26.000 €
b) Steuerfestsetzung 01 vom 07.03.04, fällig am 10.04.04	**40.000 €**
Unterschiedsbetrag (mehr)	14.000 €
Nachzahlungszinsen für die Zeit vom 01.04.03–10.03.04 (11 volle Monate x 0,5 % von 14.000 €)	**770 €**

II. Weitere Verzinsungstatbestände

324 Neben der Vollverzinsung regelt die AO folgende weitere Verzinsungstatbestände:

- Stundungszinsen (§ 234 AO) für die Dauer der Stundung (§ 222 AO);
- Hinterziehungszinsen (§ 235 AO) für hinterzogene Steuern (§ 370 AO);
- Prozesszinsen auf Erstattungsbeträge (§ 236 AO) (diese Vorschrift findet keine Anwendung auf Haftungsansprüche);[1323]
- Aussetzungszinsen (§ 237 AO), wenn für den angefochtenen Verwaltungsakt die Aussetzung der Vollziehung angeordnet war (§ 361 AO, § 69 FGO) und der Einspruch endgültig ohne Erfolg geblieben ist.[1324]

III. Höhe und Festsetzung der Zinsen

325 Die Zinsen betragen für jeden Monat 0,5 % der auf volle 50 € abgerundeten Bemessungsgrundlage (§ 238 AO). Die **Verfassungskonformität der Höhe der Steuerzinsen** i. H. v. 6 % p. a. wurde wegen der nachhaltigen Absenkung des Zinsniveaus in der Literatur seit Langen bezweifelt.[1325] Nachdem der BFH die Verzinsung im Zinszeitraum 2004 bis 2011 im Vergleich zu den Marktzinsen noch für angemessen hielt, setzen sich auch in der Rechtsprechung erhebliche verfassungsrechtliche Bedenken

1321 Vgl. BFH v. 06.11.2002 – V R 75/01, BStBl. II 2003, 115.

1322 BGBl. I 2000, 13.

1323 Vgl. BFH v. 25.07.1989 – VII R 39/86, BStBl. II 1989, 821.

1324 Dazu BFH v. 18.07.1994 – X R 33/91, BStBl. II 1995, 4.

1325 Seer DB 2014, 1945; Drüen, FR 2014, 223; Behrens, FR 2015, 214; Beckmann/Thiele, BB 2016, 2839, 2842 ff.; Hey, FR 2016, 485; Jonas, DStR 2016, 950; Loose in T/K § 238 AO Rn. 2 m. w. N.

gegen die Höhe des Zinssatzes in § 238 Abs. 1 AO für Nachzahlungszinsen durch.[1326] Jüngst hat das BVerfG den gesetzlichen Zinssatz für Verzinsungszeiträume ab 01.01.2014 als nicht mehr verfassungsgemäß eingestuft, aber eine verfassungsgerichtliche Fortgeltungsanordnung des § 233 a i. V. m. § 238 Abs. 1 S. 1 AO für Zinszeiträume bis 31.12.2018[1327] zugelassen.[1328] Der Gesetzgeber ist spätestens für Zinszeiträume ab 2019 zur marktzinskonformen Reform der Steuerverzinsung aufgerufen. Dienen steuerliche Nebenleistungen der Vollzugssicherung (s. Rn. 14), müssen Steuerzinsen gesetzlich so ausgestaltet sein und bemessen werden, dass von ihnen keine Funktionsstörung für den Steuervollzug ausgeht.[1329]

Zinsen werden durch schriftlichen Zinsbescheid (§§ 239 Abs. 1, 155 ff. AO) festgesetzt, wenn der Mindestbetrag von 10 € erreicht ist (§ 239 Abs. 2 AO). Hinterziehen Geschäftsführer einer Personengesellschaft ESt zum Vorteil der Gesellschafter, ist über die Frage nach dem Umfang des auf der Hinterziehung beruhenden Vorteils i. S. d. § 235 Abs. 1 AO im Verfahren der einheitlichen und gesonderten Feststellung zu entscheiden.[1330]

Unter den Voraussetzungen des § 239 Abs. 3 AO sind Zinsen nach § 233 a und § 235 AO gesondert festzustellen.

IV. Festsetzungsfrist

Die Festsetzungsfrist beträgt für alle Zinsen abweichend von § 169 Abs. 2 AO ein Jahr (§ 239 Abs. 1 S. 1 AO). Für den Beginn der Festsetzungsfrist sind die Sonderregelungen in § 239 Abs. 1 S. 2 AO zu beachten. Eine besondere Ablaufhemmung sieht das Gesetz für die Vollverzinsung nach § 233 a AO vor: Nach § 239 Abs. 1 S. 3 AO läuft die Festsetzungsfrist für den gesamten Zinsanspruch nicht ab, solange die Steuerfestsetzung – wenn auch nur punktuell – noch zu ändern bzw. zu berichtigen ist.[1331] 326

F. Vollstreckung (§§ 249 ff. AO)

Die Finanzbehörden können die Verwaltungsakte, die dem Stpfl. eine Leistungspflicht (Handeln, Dulden oder Unterlassen) auferlegen, im Wege der Verwaltungsvollstreckung, d. h. grundsätzlich ohne Inanspruchnahme der staatlichen Rechtspflegeorgane vollstrecken (sog. Selbstexekution, § 249 AO). Diese Privilegierung des Fiskus gegenüber anderen Gläubigern ist u. a. deshalb gerechtfertigt, weil sich die Finanzverwaltung – im Gegensatz zu den meisten „privaten" Gläubigern – ihre Schuldner nicht aussuchen kann und auch im Vorfeld der Entstehung der Ansprüche wenig Möglichkeiten hat, sich gegen spätere Forderungsausfälle abzusichern.[1332] 327

Das Vollstreckungsverfahren, auf das die allgemeinen Beweisermittlungsvorschriften (insbesondere § 93 AO) anwendbar sind,[1333] ist weitgehend der Zwangsvollstreckung

1326 Ab 2015 BFH v. 25.4.2018 – IX B 21/18, BStBl. II 2018, 415 sowie für AdV-Zinsen ab 2012 BFH v. 3.9.2018 – VIII B 15/18, BeckRS 2018, 25898.

1327 Zur Allgemeinverfügung der obersten Finanzbehörden der Länder vom 29.11.2021 zur Zurückweisung der Einsprüche gegen die Verzinsung für Verzinsungszeiträume vor dem 1.1.2019 s. Rn. 379.

1328 BVerfG v. 8.7.2021–1 BvR 2237/14, 1 BvR 2422/17, DStR 2021, 1934; dazu Hendricks/Wedel, Ubg 2021, 536.

1329 Drüen, StbJb. 2013/2014, 468 ff. m. w. N.

1330 BFH v. 19.04.1989 – X R 3/86, BStBl. II 1989, 596.

1331 Vgl. BFH v. 14.07.2008 – VIII B 176/07, BStBl. II 2009, 117.

1332 BFH v. 19.12.2006 – VII R 46/05, BStBl. II 2007, 365.

1333 Vgl. BFH a. a. O.

der ZPO angepasst, auf deren Bestimmungen in größerem Umfang verwiesen wird. Das gilt vor allem für die Geldvollstreckung in das unbewegliche Vermögen (§ 322 Abs. 1 AO), die in entsprechender Anwendung der §§ 864–871 ZPO und der Vorschriften des ZVG erfolgt. Die Verweisung betrifft auch die Zuständigkeiten mit der Folge, dass die Immobiliarvollstreckung im Wege der Amtshilfe durch die zivilprozessualen Vollstreckungsorgane durchgeführt wird.[1334]

Gegen Vollstreckungsakte der Finanzbehörde ist nach § 347 Abs. 1 S. 1 AO der Einspruch gegeben. Da die Art und Weise der Vollstreckung grundsätzlich im Ermessen der Finanzbehörde liegt, kommt bei der Überprüfung der Entscheidungen im Einspruchsverfahren dem Gesichtspunkt der Verhältnismäßigkeit der Mittel besondere Bedeutung zu.[1335]

Soweit die Vollstreckungsmaßnahmen von den zivilprozessualen Vollstreckungsorganen durchgeführt werden, sind die Rechtsbehelfe der ZPO gegeben.[1336] Das Ersuchen um Anordnung der Immobiliarvollstreckung (§ 322 Abs. 3 AO) ist nach der Rspr. dagegen ein Verwaltungsakt, gegen den der Einspruch und vorläufiger Rechtsschutz nach § 361 AO, § 69 FGO gegeben sind.[1337] Wurde das Ersuchen dem Vollstreckungsschuldner nicht bekannt gegeben, liegt danach ein – bis zum Ablauf des dagegen gerichteten Klageverfahrens heilbarer – Verfahrensmangel vor.[1338]

1334 Loose in T/K § 322 AO Rn. 31.

1335 Dazu Drüen in T/K § 249 AO Rn. 13 ff.

1336 Loose in T/K § 322 AO Rn. 41 ff.

1337 BFH v. 25.01.1988 – VII B 85/87, BStBl. II 1988, 566; ebenso Koenig/Zöllner § 322 Rn. 22; a. A. Loose in T/K § 322 AO Rn. 34.

1338 BFH v. 17.10.1989 – VII R 77/88, BStBl. II 1990, 44.

7. Abschnitt Das Einspruchsverfahren

A. Allgemeines

Die FÄ erlassen jährlich weit über 100 Mio. Verwaltungsakte, von denen ein nicht unerheblicher Teil mit einem außergerichtlichen Einspruch angefochten wird. Allein die Masse der Einsprüche (rund 3,5 Mio. in 2014) zeigt die praktische Bedeutung des Einspruchsverfahrens im Steuerrecht. Um eine einheitliche und qualifizierte Bearbeitung der Einsprüche sicherzustellen, sind in den FÄ besondere Rechtsbehelfsstellen (RBST) eingerichtet, denen die Erledigung der Rechtsbehelfe obliegt. Die Effektivität des Einspruchsverfahrens als „Rechtsschutzfilter" belegt, dass im Jahr 2020 59.774 Klagen gegen die FÄ erhoben wurden, was (nur) rd. 1,9 % der insgesamt erledigten Einsprüche entspricht.[1339] **328**

I. Überblick über die Rechtsbehelfe im Besteuerungsverfahren

Wie in anderen Verfahrensordnungen ist auch im Besteuerungsverfahren zwischen gerichtlichen und außergerichtlichen Rechtsbehelfen zu unterscheiden. **329**

1. Die **gerichtlichen Rechtsbehelfe** (Klage und Rechtsmittel gegen gerichtliche Entscheidungen) richten sich nach den Bestimmungen der FGO.
2. Die **außergerichtlichen Rechtsbehelfe** lassen sich in förmliche und nicht förmliche Rechtsbehelfe unterteilen:
   - **Förmlicher Rechtsbehelf** ist der Einspruch (§ 347 AO). Der Einspruch eröffnet das in der Regel dem gerichtlichen Rechtsschutz vorausgehende Vorverfahren (vgl. § 44 FGO).
   - Die Zulässigkeit **nicht förmlicher** – in der AO nicht gesetzlich geregelter – **Rechtsbehelfe** ergibt sich unmittelbar aus Art. 17 GG. Danach hat jedermann das Recht, sich mit Beschwerden an die zuständigen Stellen und an die Volksvertretung zu wenden.

Die nicht förmlichen Rechtsbehelfe im Einzelnen:

Als **Gegenvorstellung** bezeichnet man eine Eingabe, mit der eine sachliche Überprüfung der Entscheidung durch die Ausgangsbehörde beantragt wird.

> **Beispiel**
> Der Stpfl. bittet das FA von der – beabsichtigten – Anordnung einer Außenprüfung abzusehen.

Die **Sachaufsichtsbeschwerde** richtet sich an die Aufsichtsbehörde mit dem Ziel, eine Sachentscheidung der nachgeordneten Behörde überprüfen zu lassen.

> **Beispiel**
> Der Stpfl. beantragt in einer Eingabe an die OFD, einen vom FA noch nicht ausgewerteten Außenprüfungsbericht zu ändern.

1339 Zahlenabgaben nach BMF, Statistik über die Einspruchsbearbeitung in den Finanzämtern im Jahr 2020 (www.bundesfinanzministerium.de).

Die **Dienstaufsichtsbeschwerde** richtet sich gegen das dienstliche Verhalten eines Beamten mit dem Ziel, Maßnahmen gegen seine Person herbeizuführen. Die Entscheidung über Dienstaufsichtsbeschwerden obliegt deshalb dem jeweiligen Dienstvorgesetzten.[1340]

Beispiel

Der Stpfl. rügt in einer Eingabe an das FA das „übertrieben forsche" Vorgehen eines Vollziehungsbeamten der Erhebungsstelle. Für die Entscheidung über diese Dienstaufsichtsbeschwerde ist der Vorsteher des FA zuständig.

II. Auslegung des Rechtsschutzbegehrens

330 **§ Fall 79: Unzulässige Ermittlungen während der Außenprüfung**

Aus einem Gespräch mit der Sprechstundenhilfe H des Stpfl. Dr. med. S hat der Außenprüfer P Kenntnis davon erlangt, dass Dr. S die Honorare für Anti-Aging-Behandlungen bei seinen Patientinnen in der Regel bar vereinnahmt hat. Die Beträge wurden, wie Dr. S in der Schlussbesprechung einräumt, „nur versehentlich und wegen der ärztlichen Überlastung" nicht verbucht. Nach Abschluss der Prüfung beanstandet Dr. S in einem als „Beschwerde" bezeichneten Schreiben an das FA die „rechtswidrigen und schikanösen Ermittlungsmethoden" des Prüfers P. Welchen Rechtsbehelf hat der Stpfl. eingelegt?

I. Die Bearbeitung jeder Eingabe eines Stpfl. beginnt mit der Frage, welches Rechtsschutzziel der Antragsteller verfolgt. Hat er sein Rechtsschutzbegehren nicht eindeutig und unmissverständlich in einen bestimmten Rechtsbehelf gekleidet, muss im Wege der Auslegung der richtige Rechtsbehelf ermittelt werden. Eine Auslegung kommt nur bei Zweifeln wegen Mehrdeutigkeit der Erklärung in Betracht.[1341] Eine Umdeutung ist möglich, sofern sich der Stpfl. eindeutig erklärt, aber verfahrensrechtlich einen erfolglosen Weg eingeschlagen hat.[1342] Bei der Auslegung ist darauf abzustellen, wie der in der Erklärung verkörperte oder zumindest nach den Umständen erkennbare Wille vom Standpunkt des Erklärungsempfängers her auszulegen ist.[1343] Da eine falsche Bezeichnung der Eingabe unschädlich ist (§ 357 Abs. 1 S. 4 AO), kommt es letztlich nur darauf an, welcher Rechtsbehelf unter Berücksichtigung des Vorbringens des Antragstellers dessen Belangen entspricht und zu dem von ihm angestrebten Erfolg führen kann.[1344] Das gilt auch für Erklärungen rechtskundiger Personen.[1345]

II. Es ist an einen – förmlichen – Einspruch nach § 347 AO oder eine – nichtförmliche – Dienstaufsichtsbeschwerde zu denken.

1. Für die Auslegung der Eingabe als Einspruch spricht, dass der Stpfl. eine Ermittlungsmaßnahme des Prüfers (Auskunftsersuchen an einen Betriebsangehörigen, §§ 200 Abs. 1 S. 3, 93 Abs. 1 AO), die als Verwaltungsakt grundsätzlich mit dem Einspruch nach § 347 AO anfechtbar ist, beanstandet. Der Einspruch wäre auch nicht wegen sog. prozessualer Überholung unzulässig. Denn zwar ist das Auskunftsersuchen vollzogen und damit nicht mehr rückgängig zu machen. Die Behörde könnte jedoch auf den Einspruch die Rechtswidrigkeit der Aufklärungsmaßnahme feststellen und damit ggf. die Grundlage für ein Verwertungsverbot der rechtswidrig ermittelten Tatsachen schaffen (dazu oben Rn. 227 ff.)

1340 Zu weiteren Einzelheiten vgl. Roth/Sauerland AO-StB 2010, 53.

1341 BFH v. 10.05.1989 – II R 196/85, BStBl. II 1989, 822; BFH v. 09.11.1988 – I R 202/84, BFH/NV 1989, 616.

1342 Wegen Einschränkungen bei rechtskundigen Personen vgl. OFD München v. 05.11.2002, DStR 2003, 333.

1343 Vgl. BFH v. 08.06.2000 – IV R 37/99, BStBl. II 2001, 162 zur Rücknahme eines Einspruchs.

1344 BFH v. 26.04.1988 – VIII R 292/82, BStBl. II 1988, 855 m. w. N.

1345 BFH v. 08.05.2008 – VI R 12/05, BStBl. II 2009, 116.

2. Gegen eine Auslegung als Einspruch spricht jedoch, dass der Stpfl. die ermittelten Tatsachen eingeräumt hat. Auch wenn die Auskunft der Helferin nicht verwertet werden dürfte, stände fest, dass die betreffenden Bareinnahmen nicht verbucht worden sind. Im Übrigen wendet sich der Stpfl. auch nicht gegen die Auswertung der Ermittlungen, sondern er beanstandet die Ermittlungsmethoden als solche. Das Schreiben ist daher als Dienstaufsichtsbeschwerde gegen das persönliche Verhalten des Prüfers zu werten. Die Dienstaufsichtsbeschwerde ist auch begründet, weil der Prüfer Betriebsangehörige nach § 200 Abs. 1 S. 3 AO erst dann befragen darf, wenn die Sachaufklärung über den Stpfl. oder die von ihm benannten Auskunftspersonen erfolglos war oder keinen Erfolg verspricht.

Ergebnis:

Der Vorsteher des FA wird dem Stpfl. Dr. S auf seine Beschwerde mitteilen, dass er (S) das Verhalten des Prüfers zu Recht beanstandet hat und Maßnahmen der Dienstaufsicht getroffen werden.

B. Zulässigkeitsvoraussetzungen für den Einspruch

I. Zulässigkeit des Finanzverwaltungswegs (§ 347 AO)

Fall 80: Nachzahlungsfrist bei Selbstanzeige 331

S hat dem FA im Februar 01 eine Selbstanzeige wegen hinterzogener Steuern in Höhe von 40.000 € erstattet. Nach Festsetzung der Steuern setzte ihm das FA mit Schreiben vom 13.10.01 unter Hinweis auf § 371 Abs. 3 AO eine Frist zur Nachzahlung der Beträge bis zum 15.12.01. Einen Antrag des S, die Frist „angemessen" zu verlängern, lehnte das FA mit Schreiben vom 01.12.01 ab. Ist gegen die ablehnende Entscheidung des FA der Einspruch nach § 347 AO gegeben?

I. Nach § 371 AO kann bei Steuerhinterziehung (§ 370 AO) Straffreiheit durch sog. Selbstanzeige erlangt werden. Ein Tatbeteiligter, zu dessen Gunsten Steuern hinterzogen worden sind, erlangt die Straffreiheit allerdings nur dann, wenn er die hinterzogenen Steuern „innerhalb der ihm bestimmten angemessenen Frist" entrichtet. Die Straffreiheit hängt also davon ab, dass der Tatbeteiligte den Schaden wiedergutmacht.

II. Gegen die Ablehnung der Fristverlängerung ist nur dann der Einspruch gegeben, wenn es sich um eine Angelegenheit handelt, für die nach § 347 AO der sog. **Finanzverwaltungsweg** eröffnet ist. Das ist nach § 347 Abs. 1 S. 1 Nr. 1 AO in erster Linie der Fall in Abgabenangelegenheiten (§ 347 Abs. 2 AO), auf die die AO Anwendung findet. Darüber hinaus ist der Finanzverwaltungsweg auch in den in § 347 Abs. 1 Nr. 2–4 AO genannten Angelegenheiten (Vollstreckungsangelegenheiten, Steuerberatungsangelegenheiten, Angelegenheiten kraft gesetzlicher Verweisung) gegeben. Gemeinden, die Verwaltungsakte in Steuersachen erlassen, sind keine Finanzbehörden i. S. d. § 6 AO. Deshalb ist gegen solche Verwaltungsakte der Verwaltungsrechtsweg und nicht der Finanzverwaltungsweg gegeben.[1346]

III. Keine Abgabenangelegenheit ist das Steuerstrafverfahren (§ 347 Abs. 3 AO). Für dieses Verfahren gelten die allgemeinen Vorschriften des Strafverfahrensrechts (also insbesondere der StPO), soweit nach §§ 385 ff. AO keine Sonderregelungen eingreifen (§ 385 Abs. 1 AO). Bei Einwendungen gegen Maßnahmen, die von Finanzbehörden im Steuerstrafverfahren getroffen wurden, ist daher der Finanzverwaltungsweg nicht gegeben. Stattdessen kommen die Rechtsbehelfe der StPO (Antrag auf richter-

1346 BFH v. 13.02.1990 – VIII R 188/85, BStBl. II 1990, 582.

liche Entscheidung nach § 98 Abs. 2 S. 2 StPO [analog] und Beschwerde nach § 304 StPO) und nach § 23 EGGVG in Betracht.[1347] Hinsichtlich der Fristsetzung nach § 371 Abs. 3 AO ist umstritten, ob der Finanzverwaltungsweg gegeben ist:

- Nach einer Auffassung[1348] handelt es sich um einen mit der Verwaltung der Abgaben zusammenhängenden Verwaltungsakt i.S.d. § 347 Abs. 2 AO. Die Fristsetzung unterliege doppelter Überprüfung, nämlich einerseits von Amts wegen im Strafverfahren durch das Gericht, zum anderen auf Rechtsbehelf des Stpfl. im Finanzverwaltungs- bzw. anschließend im Finanzrechtsweg.
- Die h.M.[1349] betrachtet die Fristsetzung nach § 371 Abs. 3 AO demgegenüber als eine Maßnahme der Finanzbehörde im Strafverfahren. Die Frist werde unter strafrechtlichen Gesichtspunkten bemessen und sei nicht abhängig von den steuerlichen Zahlungsfristen. Daher handele es sich nicht um eine Abgabenangelegenheit i.S.d. § 347 Abs. 1 S. 1 Nr. 1, Abs. 2 AO.

Die h.M. entspricht dem Erfordernis einer systematisch klaren Unterscheidung zwischen Steuerstrafverfahren und Besteuerungsverfahren. Sie ist auch deshalb überzeugend, weil sie das missliche Ergebnis der Überschneidung gerichtlicher Prüfungskompetenzen vermeidet.

Ergebnis:

S kann keinen Einspruch nach § 347 Abs. 1 S. 1 AO einlegen. Sofern Anklage erhoben wird, muss das Strafgericht über die Angemessenheit der gewährten Nachzahlungsfrist entscheiden und diese ggf. verlängern.[1350]

II. Statthaftigkeit des Einspruchs (§§ 347, 348 AO)

332 Aufgrund der Änderungen durch das GrenzpendlerG vom 24.06.1994[1351] gibt es im außergerichtlichen Rechtsbehelfsverfahren nach der AO nur noch den Rechtsbehelf des Einspruchs. Zu unterscheiden sind der Einspruch gegen Verwaltungsakte und der Untätigkeitseinspruch. Nicht statthaft ist der Einspruch in den in § 348 AO genannten Fällen. Ebenso nicht statthaft ist ein Einspruch gegen einen Verwaltungsakt, über den bereits eine (Teil-)Einspruchsentscheidung (vgl. § 367 Abs. 2 a AO) ergangen ist, selbst wenn er noch innerhalb der laufenden Einspruchsfrist (§ 355 Abs. 1 AO) eingelegt wird.[1352]

1. Einspruch gegen Verwaltungsakte (§ 347 Abs. 1 S. 1 AO)

333 Statthaft ist der Einspruch gegen alle Verwaltungsakte in Abgabenangelegenheiten (§ 347 Abs. 2 AO), auf die die Vorschriften der AO anwendbar sind (§ 347 Abs. 1 S. 1 Nr. 1 AO). Darüber hinaus ist der Einspruch auch in den in § 347 Abs. 1 S. 1 Nr. 2–4 AO genannten Fällen gegeben (vgl. im Einzelnen Rn. 331).

Der angefochtene Verwaltungsakt muss nicht wirksam sein. Vielmehr ist auch gegen nichtige Verwaltungsakte und sog. Scheinverwaltungsakte der Einspruch statthaft.[1353] Grund: Die Abgrenzung zwischen wirksamen und unwirksamen Verwaltungsakten

1347 Vgl. Blesinger/Viertelhausen in K/vW § 399 AO Rn. 20ff.

1348 Rüping BB 2000, 2553.

1349 BFH v. 17.12.1981 – IV R 94/77, BStBl. II 1982, 352; Klein/Jäger § 371 Rn. 225 m.w.N.; Blesinger/Viertelhausen in K/vW § 371 AO Rn. 29f.

1350 BFH v. 17.12.1981 a.a.O.

1351 BGBl. I 1994, 1395.

1352 BFH v. 18.09.2014 – VI R 80/13, BStBl. II 2015, 115 m.w.N.

1353 Seer in T/K § 347 AO Rn. 16 m.w.N.

kann im Einzelfall schwierig sein. Im Übrigen dient es auch der Rechtsklarheit, wenn der von einem unwirksamen Verwaltungsakt ausgehende Schein einer wirksamen Regelung beseitigt wird. Bei Nichtigkeit eines Verwaltungsakts hat der Stpfl. auch die Möglichkeit, nach § 125 Abs. 5 AO einen Antrag auf Feststellung der Nichtigkeit zu stellen (s. o. 126 ff.). Im Übrigen kann die Behörde auch den nichtigen Verwaltungsakt nach Korrekturvorschriften (§§ 130, 172 AO) zurücknehmen bzw. aufheben.[1354]

2. Untätigkeitseinspruch (§ 347 Abs. 1 S. 2 AO)

Nach § 347 Abs. 1 S. 2 AO ist der Einspruch auch statthaft, wenn die Behörde in den in S. 1 bezeichneten Angelegenheiten einen Antrag des Einspruchsführers auf Erlass eines Verwaltungsakts ohne Mitteilung eines zureichenden Grundes binnen angemessener Frist sachlich nicht beschieden hat. Damit wird verhindert, dass die Finanzbehörde den Rechtsschutz gegen Verwaltungsakte nach § 347 Abs. 1 S. 1 AO unterlaufen kann, indem sie keinen Verwaltungsakt erlässt. 334

Welche **Frist** angemessen ist, hängt von den Umständen des Einzelfalls ab. In Anlehnung an die Regelung in § 46 Abs. 1 S. 2 FGO dürfte im Regelfall höchstens eine Frist von sechs Monaten angemessen sein.[1355] Wurde der Einspruch verfrüht eingelegt, wird der Zulässigkeitsmangel geheilt, wenn bis zur Einspruchsentscheidung die angemessene Frist verstrichen ist.

3. Ausschluss des Einspruchs (§ 348 AO)

§ 348 AO enthält einen Katalog von Fällen, in denen der Einspruch nicht statthaft ist:

- Nr. 1 schließt den Einspruch gegen Einspruchsentscheidungen aus. Das ist konsequent, weil gegen Einspruchsentscheidungen gerichtlicher Rechtsschutz (§§ 40, 44 FGO) gegeben ist und eine sinnlose Kette von Einsprüchen und Einspruchsentscheidungen verhindert werden muss. Hat das FA dagegen dem Einspruchsbegehren durch einen voll abhelfenden Änderungsbescheid entsprochen, kann gegen den sog. Abhilfebescheid wiederum Einspruch eingelegt werden.[1356] 335
- Nr. 2 schließt den Einspruch bei „Nichtentscheidung über einen Einspruch" aus. Auch hier würde ein erneuter Einspruch keinen Sinn machen, zumal der Einspruchsführer Untätigkeitsklage nach § 46 FGO erheben kann.
- Nr. 3 betrifft Verwaltungsakte der obersten Finanzbehörden des Bundes oder der Länder; die Klage ist somit ohne Vorverfahren zulässig (§ 44 Abs. 1 FGO).
- Nr. 4 schließt den Einspruch in Angelegenheiten der Steuerberaterprüfung aus.
- Nr. 6 betrifft Allgemeinverfügungen, durch die Anträge i. S. d. § 172 Abs. 3 AO zurückgewiesen worden sind. Hinreichender Rechtsschutz ist in diesen Fällen durch die Möglichkeit der Klageerhebung binnen Jahresfrist gegeben (§ 172 Abs. 3 S. 2 i. V. m. § 367 Abs. 2 b S. 6 AO).

1354 BFH v. 09.05.1985 – IV R 172/83, BStBl. II 1985, 579.

1355 Koenig/Cöster § 347 Rn. 29; für regelmäßig kürzere Frist Seer in T/K § 347 AO Rn. 27.

1356 BFH v. 18.04.2007 – XI R 47/05, BStBl. II 2007, 736.

III. Form, Inhalt und Anbringung des Einspruchs (§ 357 AO)

336 **Fall 81: Anbringung des Einspruchs bei Wechsel der Zuständigkeit**

Der Stpfl. S ist am 01.05.02 vom Bezirk des FA Siegen in den Bezirk des FA Hagen umgezogen. Am 03.05.02 wird ihm vom FA Siegen der ESt-Bescheid 01 bekannt gegeben. Daraufhin legt er am 02.06.02 beim FA Hagen gegen den ESt-Bescheid 01 Einspruch ein, der am 04.06.02 dem FA Siegen übersandt wird. Ist der Einspruch zulässig?

I. Einsprüche sind schriftlich, elektronisch oder zur Niederschrift an die Amtsstelle einzulegen (§ 357 Abs. 1 S. 1, 3, § 87 a Abs. 1 S. 1 AO). Inhaltlich ist nur erforderlich, dass aus dem Dokument hervorgeht, wer den Einspruch eingelegt hat (§ 357 Abs. 1 S. 2 AO).
Weder die unrichtige Bezeichnung noch das Fehlen einer Begründung noch die fehlende Unterschrift führen zur Unzulässigkeit des Einspruchs (§ 357 Abs. 1 S. 4, Abs. 3 S. 3 AO).

II. Anzubringen ist der Einspruch grundsätzlich bei der Ausgangsbehörde (§ 357 Abs. 2 S. 1 AO). Erleichterungen gelten für Einsprüche gegen Feststellungs- und Steuermessbescheide (§ 357 Abs. 2 S. 2 AO): Der Einspruch kann hier auch bei der zur Erteilung des Folgebescheides zuständigen Behörde angebracht werden.

Beispiel

Anfechtung eines GewSt-Messbescheides durch Schreiben an die für den Erlass des GewSt-Bescheids zuständige Gemeinde.

Im konkreten Fall ist das FA Hagen als neues Wohnsitzfinanzamt (§ 19 Abs. 1 AO) in dem Zeitpunkt für die Besteuerung des S nach dem Einkommen zuständig geworden, als es von dem Wohnsitzwechsel des S erfahren hat (§ 26 S. 1 AO). Die „Anbringungszuständigkeit" für den Einspruch gegen den ESt-Bescheid 01 ist gleichwohl beim FA Siegen als der Ausgangsbehörde verblieben. S hat daher bei einer für die Anbringung unzuständigen Behörde den Einspruch eingelegt. Dieser Verfahrensfehler ist auch nicht unschädlich, weil der Einspruch nicht bis zum Ablauf der Einspruchsfrist der zuständigen Behörde übermittelt worden ist (§ 357 Abs. 2 S. 4 AO).

III. Der Einspruch ist damit verspätet. Er ist gleichwohl nicht unzulässig, weil nach § 110 Abs. 2 S. 4 AO von Amts wegen Wiedereinsetzung in den vorigen Stand zu gewähren ist. Denn der Irrtum des Stpfl. über die – verfahrensrechtlich komplizierte – Frage der Anbringungszuständigkeit war offensichtlich unverschuldet, und die erforderliche Handlung (Einlegung des Einspruchs) ist innerhalb der Monatsfrist des § 110 Abs. 2 S. 1 AO erfolgt.

Ergebnis:

Der Einspruch ist zulässig.

IV. Einspruchsfrist und Wiedereinsetzung in den vorigen Stand (§§ 355, 356, 110 AO)

337 **Fall 82: Bekanntgabe an den Stpfl. statt an den Berater**

Das FA gab dem Stpfl. S am 01.03.04 einen mit einer ordnungsgemäßen Rechtsbehelfsbelehrung versehenen Änderungsbescheid nach § 173 Abs. 1 Nr. 1 AO bekannt, der den – zutreffenden – Hinweis enthielt, dass die nachträglich bekannt gewordenen Tatsachen und deren Auswirkungen auf die Besteuerungsgrundlagen dem Bevollmächtigten des S, Steuerberater Dr. B, telefonisch mitgeteilt worden seien. Mit dem am 15.04.04 eingegangenen Einspruch erhebt der Stpfl. Einwendungen gegen den Änderungsbescheid und macht geltend, er habe erst am 10.04.04 von seinem Steuerberater von dessen Bedenken gegen die Rechtmäßigkeit des Änderungsbescheides erfahren. Ist der Einspruch zulässig?

I. Die Einspruchsfrist beginnt mit der Bekanntgabe des Verwaltungsakts (§ 355 Abs. 1 S. 1 AO). Dabei ist nicht das Datum des Bescheids, sondern der Zeitpunkt maßgeblich, zu dem der Bescheid durch die Bekanntgabe wirksam geworden ist.[1357] Sofern ein schriftlicher Verwaltungsakt keine oder eine unrichtige Einspruchsbelehrung enthält,[1358] kann der Einspruch binnen eines Jahres seit Bekanntgabe eingelegt werden (§ 356 Abs. 2 AO).[1359] Unbefristet ist der Untätigkeitseinspruch (§ 355 Abs. 2 AO); bei Steueranmeldungen beginnt die Frist mit dem Eingang der Steueranmeldung bei der Finanzbehörde bzw. nach Bekanntwerden der nach § 168 S. 2 AO erforderlichen Zustimmung (§ 355 Abs. 1 S. 2 AO). Für die Fristberechnung gelten nach § 108 Abs. 1 AO die §§ 187–193 BGB entsprechend.

II. Zweifelhaft ist, ob der Bescheid ordnungsgemäß bekannt gegeben worden ist, weil das FA ihn nicht an den Bevollmächtigten des S übermittelt, sondern S selbst bekannt gegeben hat. Nach § 80 Abs. 5 S. 1 AO soll sich die Behörde an den Bevollmächtigten wenden. § 122 Abs. 1 S. 3 AO stellt demgegenüber die Übermittlung an den Bevollmächtigten in das Ermessen der Behörde.

- Nach Ansicht von Seer[1360] ist das sich aus dem Wortlaut des § 122 Abs. 1 S. 3 AO ergebende freie Ermessen durch § 80 Abs. 3 S. 1 AO eingeschränkt. Aus Gründen der Rechtssicherheit müsse die Behörde im Regelfall den Verwaltungsakt dem Bevollmächtigten bekannt geben. Weiche die Behörde aus besonderen Gründen von dieser Verfahrensweise ab, müsse sie entsprechend § 80 Abs. 3 S. 3 AO den Bevollmächtigten verständigen.
- Der BFH[1361] hat § 122 Abs. 1 S. 3 AO als der gegenüber § 80 Abs. 3 AO spezielleren Vorschrift den Vorrang eingeräumt. In der Regel handele die Behörde nicht ermessensfehlerhaft, wenn sie den Bescheid – trotz der Bevollmächtigung eines Beraters – dem Stpfl. selbst bekannt gebe. Nur wenn der Stpfl. durch eine entsprechende schriftliche Vollmacht oder in anderer Weise zu erkennen gegeben habe, dass er eine Bekanntgabe an den Berater wünsche, sei das FA daran gebunden.[1362] Diese Sicht hat der Gesetzgeber durch die Soll-Regelung des § 122 Abs. 1 S. 4 AO bekräftigt.[1363] Wird das Ermessen fehlerhaft ausgeübt, also trotz schriftlicher Empfangsvollmacht ohne besonderen Anlass dem Stpfl. selbst bekannt gegeben, wird der Bekanntgabefehler durch Weiterleitung des Bescheids an den Bevollmächtigten entsprechend § 8 VwZG geheilt.[1364] Die Einspruchsfrist beginnt dann erst mit Erhalt des Bescheids durch den Berater.

Da der Steuerberater nicht schriftlich als Empfangsbevollmächtigter benannt worden war, hat das FA S den Steuerbescheid wirksam bekannt gegeben. Die Einspruchsfrist für den am 01.03.04 bekannt gegebenen Steuerbescheid endete demnach nach § 355 Abs. 1 AO i. V. m. § 108 Abs. 1 AO und § 188 Abs. 2 BGB mit Ablauf des 01.04.04. Der am 15.04.04 eingegangene Einspruch ist daher verspätet.

III. Der verspätete Einspruch ist unzulässig, sofern nicht nach § 110 Abs. 2 S. 4 AO von Amts wegen Wiedereinsetzung in den vorigen Stand zu gewähren ist:

1. Nach § 126 Abs. 3 AO gilt die Versäumung der Einspruchsfrist u. a. dann nicht als verschuldet, wenn dem Verwaltungsakt die erforderliche Begründung fehlte.

1357 Vgl. BFH v. 20.11.2008 – III R 66/07, BStBl. II 2009, 185.

1358 Z. B. fehlender Hinweis auf Möglichkeit der Einspruchseinlegung per E-Mail (BFH v. 28.04.2020 – VI R 41/17, BStBl. II 2020, 531).

1359 Zu den Anforderungen an die Rechtsbehelfsbelehrung BFH v. 12.12.2012 – I B 127/12, BStBl. II 2013, 272; BFH v. 20.11.2013 – X R 2/12, BStBl. II 2014, 236; BFH v. 06.07.2016 – XI B 36/16, BStBl. II 2016, 863.

1360 Seer in T/K § 122 AO Rn. 41.

1361 BFH v. 30.07.1980 – I R 148/79, BStBl. II 1981, 3.

1362 Vgl. BFH v. 18.01.2007 – IV R 53/05, BStBl. II 2007, 369.

1363 Danach soll der Verwaltungsakt dem Bevollmächtigten bekannt gegeben werden, wenn der Finanzbehörde eine schriftliche oder eine nach amtlich vorgeschriebenem Datensatz elektronisch übermittelte Empfangsvollmacht vorliegt, solange dem Bevollmächtigten nicht eine Zurückweisung nach § 80 Abs. 7 bekannt gegeben worden ist.

1364 BFH v. 08.12.1988 – IV R 24/87, BStBl. II 1989, 346; BFH v. 01.07.2003 – VIII R 29/02, BFH/NV 2003,1397.

Die Angabe der Korrekturvorschrift, der geänderten Besteuerungsgrundlagen und der Hinweis auf die Mitteilung an den steuerlichen Berater waren jedoch für das Verständnis des Änderungsbescheides ausreichend (§ 121 Abs. 1 AO), zumal die Sach- und Rechtslage zuvor mit dem Bevollmächtigten erörtert worden war (§ 121 Abs. 2 Nr. 2 AO).

2. Demnach ist Wiedereinsetzung nach § 110 Abs. 1 AO nur zu gewähren, wenn S ohne Verschulden die Frist versäumt hat. S hat jedoch gegen die nach den Umständen erforderliche Sorgfalt verstoßen, indem er sich erst nach Ablauf der Einspruchsfrist mit seinem Berater in Verbindung gesetzt hat.[1365]

Ergebnis:

Der verspätete Einspruch ist unzulässig.

338 **Prüfungsschema**

Wiedereinsetzung bei Fristversäumnis

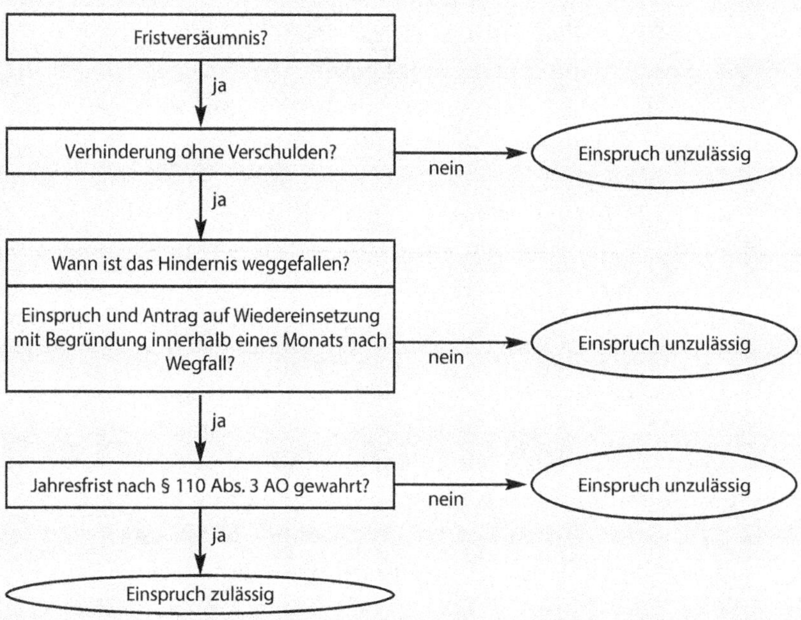

Hinweis:

Die Entscheidung über die Gewährung oder Versagung der Wiedereinsetzung ist **kein selbstständig anfechtbarer Verwaltungsakt**, sondern Bestandteil der Einspruchsentscheidung.[1366] Die Rechtmäßigkeit der Entscheidung wird ggf. vom Gericht im Klageverfahren überprüft.[1367]

V. Beteiligtenfähigkeit und Handlungsfähigkeit

1. Beteiligtenfähigkeit

339 Nach § 359 AO ist am Einspruchsverfahren beteiligt, wer den Einspruch eingelegt hat (der Einspruchsführer). Beteiligt ist auch, wer zum Verfahren hinzugezogen worden ist. Die

1365 BFH v. 30.07.1980 – I R 148/79, BStBl. II 1981, 3; zu den von der Rspr. anerkannten bzw. abgelehnten Wiedereinsetzungsgründen vgl. Übersicht in ABC-Form bei Koenig § 110 Rn. 39.

1366 BFH v. 26.10.1989 – IV R 82/88, BStBl. II 1990, 277; krit. Söhn in H/H/Sp § 110 AO Rn. 586 ff.

1367 BFH v. 02.10.1986 – IV R 39/83, BStBl. II 1987, 7.

Beteiligtenfähigkeit selbst ist in der AO nicht geregelt. Sie ergibt sich vielmehr als verfahrensrechtliches Gegenstück zur Steuerrechtsfähigkeit aus den Einzelsteuergesetzen.

Beispiel

Die OHG ist im Umsatzsteuerrecht rechtsfähig (arg. § 2 Abs. 2 Nr. 1 UStG) und deshalb insoweit auch beteiligtenfähig. Gleiches gilt für die GbR.[1368]

2. Handlungsfähigkeit

Als Verfahrenshandlung kann der Einspruch nach § 365 i. V. m. § 79 AO nur von einem handlungsfähigen Beteiligten eingelegt werden (dazu oben Rn. 113). 340

VI. Ordnungsgemäße Vertretung durch einen Bevollmächtigten

Der Stpfl. kann sich durch einen Bevollmächtigten vertreten lassen (§§ 365, 80 AO). 341
Fehlt eine wirksame Vollmacht, ist der Einspruch unzulässig. Der vollmachtlose Vertreter kann den unzulässigen Einspruch allerdings wirksam zurücknehmen.[1369]

VII. Einspruchsbefugnis (§§ 350–353 AO)

1. Beschwer nach § 350 AO

§ Fall 83: Der Streit um die Zurechnung der Einkünfte 342

Bei der Zusammenveranlagung des Rechtsanwalts R und seiner Ehefrau F zur ESt ist das FA von der Erklärung abgewichen, indem es das Gehalt der in der Anwaltspraxis mitarbeitenden Ehefrau nur in Höhe von 24.000 € gewinnmindernd bei den Einkünften des Ehemanns aus freiberuflicher Tätigkeit berücksichtigt hat. Nach Anrechnung geleisteter Vorauszahlungen und eingehaltener LSt-Abzugsbeträge der Ehefrau ergibt sich noch eine Abschlusszahlung in Höhe von 10.000 €. R legt form- und fristgerecht Einspruch ein und beantragt, den Gewinn aus freiberuflicher Tätigkeit um 12.000 € niedriger anzusetzen und die Einkünfte der Ehefrau aus nicht selbstständiger Arbeit entsprechend zu erhöhen. Ist R zur Einlegung des Einspruchs befugt?

I. Nach § 350 AO ist nur derjenige zur Einlegung eines Einspruchs befugt, der geltend macht, durch einen Verwaltungsakt oder dessen Unterlassung beschwert zu sein.

1. Beschwert ist ein Stpfl., wenn er durch den Verwaltungsakt bzw. dessen Unterlassung in seinen Rechten verletzt ist oder zumindest seine rechtlich geschützten Interessen betroffen sind.[1370]

Beispiel

Das FA hat dem Stpfl. die ESt-Abschlusszahlung in fünf Monatsraten und nicht – wie beantragt – in zehn Monatsraten gestundet. Der Stpfl. ist in seinen rechtlich geschützten Interessen betroffen, weil das FA sein Ermessen auch großzügiger hätte ausüben können.

Die Beschwer muss von dem Verwaltungsakt oder dessen Unterlassung ausgehen. Deshalb kann nach der Rspr. gegen einen noch **nicht bekannt gegebenen Verwaltungsakt** selbst dann grundsätzlich noch kein Einspruch eingelegt werden, wenn der Stpfl. vom Inhalt des Verwaltungsakts vorab sichere Kenntnis erlangt hat.[1371]

1368 BGH v. 29.01.2001 – II ZR 331/00, NJW 2001, 1056.
1369 BFH v. 02.05.1979 – VII R 9/79, BStBl. II 1979, 593.
1370 Vgl. BFH v. 29.11.1995 – X B 328/94, BStBl. II 1996, 322; Seer in T/K § 350 AO Rn. 4.
1371 BFH v. 08.04.1983 – VI R 209/79, BStBl. II 1983, 551; einschränkend Seer in T/K § 350 AO Rn. 9, 17f.

Jedoch lässt die Rspr. von diesem Grundsatz Ausnahmen zu. So wurde die Zulässigkeit des vor Bekanntgabe des Steuerbescheides eingelegten Einspruchs bejaht, wenn der Stpfl. die – Abweichungen von der Steuererklärung erläuternde – Anlage zum ESt-Bescheid erhalten hatte.[1372] Auch steht der Umstand, dass einem Feststellungsbeteiligten der Bescheid entgegen § 183 Abs. 2 AO nicht bekannt gegeben wurde, der Zulässigkeit des Einspruchs dieses Beteiligten dann nicht entgegen, wenn der F-Bescheid durch Bekanntgabe an einen der anderen Feststellungsbeteiligten wirksam geworden, also nicht mehr frei abänderbar ist.[1373]
Von der Problematik der Zulässigkeit eines Einspruchs vor Bekanntgabe ist die Frage nach der von einem **nichtigen** Verwaltungsakt ausgehenden Beschwer zu unterscheiden. Um den Schein der Rechtswidrigkeit zu beseitigen, kann der Stpfl. den nichtigen Bescheid ohne Beachtung der Einspruchsfrist anfechten.[1374]

343 2. Durch den Verwaltungsakt beschwert ist derjenige, für den er bestimmt ist (Steuerschuldner, Inhaltsadressat) oder der sonst von ihm betroffen ist (vgl. § 122 Abs. 1 S. 1 AO). Eine **Betroffenheit Dritter** ist nur anzunehmen, wenn deren steuerrechtliche Rechtsposition berührt ist. Ein wirtschaftliches Interesse an der Erhöhung oder Ermäßigung der Steuerschuld genügt nicht.[1375]

Beispiele

Die Betroffenheit Dritter:

Beschwer ist anzunehmen:
- für den Beteiligten, der durch ein Auskunftsersuchen betroffen ist, das das FA an eine andere Person gerichtet hat;
- für den Arbeitnehmer, der durch einen LSt-Haftungsbescheid gegen den Arbeitgeber betroffen ist, weil er als Steuerschuldner für die nachgeforderte LSt in Anspruch genommen werden kann;[1376]
- Entsprechendes gilt für die LSt-Anmeldung;[1377]
- für den Gläubiger einer nach § 50 a EStG einbehaltenen Steuer;[1378]

Nicht beschwert sind nach Ansicht des BFH:
- unterhaltsberechtigte Kinder durch eine Steuerfestsetzung gegen die Eltern;[1379]
- ein Testamentsvollstrecker, wenn das FA ESt als Nachlasserbenschuld gegen den Erben festsetzt;[1380]
- der potenzielle Haftungsschuldner hinsichtlich des gegen den Steuerschuldner ergangenen Steuerbescheides.[1381] Der Haftungsschuldner kann im Rechtsbehelfsverfahren gegen den Haftungsbescheid alle Einwendungen gegen die Steuerschuld selbst vorbringen.[1382]

Konkurrenten des Stpfl. sind regelmäßig durch dessen zu niedrige Besteuerung nicht beschwert. In besonderen Fällen haben Steuerrechtsnormen jedoch auch drittschützenden Charakter mit der Folge, dass der Konkurrent mit der Verpflichtungsklage die zutreffende Besteuerung des Konkurrenten erzwingen kann.[1383]

344 3. Die Beschwer muss vom **Tenor** des angefochtenen Verwaltungsakts ausgehen. Deshalb begründet eine Steuerfestsetzung auf 0 € keine Beschwer, sofern sich aus der Steuerfestsetzung nicht bindende Auswirkungen für zukünftige Veranlagungen oder andere Steuerarten ergeben[1384] oder ein höherer verbleibender Ver-

1372 BFH v. 25.01.1983 – VIII R 54/79, BStBl. II 1983, 543.
1373 BFH v. 26.04.1988 – VIII R 292/82, BStBl. II 1988, 855.
1374 BFH v. 17.07.1986 – V R 96/85, BStBl. II 1986, 834.
1375 BFH v. 23.10.1985 – VII B 28/84, BStBl. II 1986, 26.
1376 BFH v. 29.06.1973 – VI R 311/69, BStBl. II 1973, 780.
1377 Drenseck DB 1983, 2326.
1378 BFH v. 27.07.1988 – I R 28/87, BStBl. II 1989, 449.
1379 BFH v. 20.12.1994 – IX R 80/92, BStBl. II 1995, 537.
1380 BFH v. 29.11.1995 – X B 328/94, BStBl. II 1996, 322.
1381 BFH v. 06.12.1991 – III R 81/89, BStBl. II 1992, 303.
1382 BFH v. 18.03.1987 – II R 35/86, BStBl. II 1987, 419.
1383 BFH v. 29.06.1973 – VI R 311/69, BStBl. II 1973, 780. Drenseck DB 1983, 2326. BFH v. 27.07.1988 – I R 28/
1384 87, BStBl. II 1989, 449. BFH v. 20.12.1994 – IX R 80

lustbetrag (§ 10 d EStG) geltend gemacht wird.[1385] Eine Beschwer liegt indes dann vor, wenn der Einspruchsführer begehrt, die Einkommensteuer höher festzusetzen, um die Anrechnung einer höheren Kapitalertragsteuer zu ermöglichen.[1386]
Bei Einheitswertbescheiden wird eine Beschwer schon dann angenommen, wenn das FA in dem Bescheid eine andere Vermögensart feststellt, als vom Stpfl. begehrt wird. Auf die konkreten Auswirkungen kommt es dabei nicht an.[1387] Eine – nach Auffassung des Stpfl. – zu niedrige Steuerfestsetzung kann der Stpfl. nur dann anfechten, wenn er durch die zu niedrige Festsetzung mit einer gewissen Wahrscheinlichkeit andere Nachteile befürchten muss.[1388] Ein Körperschaftsteuerbescheid über 0 € beschwert eine Körperschaft, die wegen Gemeinnützigkeit die Körperschaftsteuerbefreiung in Anspruch nimmt.[1389]
Eine Beschwer liegt vor bei Steuerbescheiden mit noch positivem Gesamtbetrag der Einkünfte, aber Steuer 0 €, wenn mit dem Einspruch ein negativer Gesamtbetrag der Einkünfte erreicht werden soll.[1390] Enthält die Rechtsbehelfsbelehrung keinen Hinweis auf diese Möglichkeit, gilt bei vorstehender Fallkonstellation die Frist von einem Jahr nach § 356 Abs. 2 AO.[1391]
Bei Gewinnfeststellungsbescheiden ist die Beschwer grundsätzlich nur dann gegeben, wenn geltend gemacht wird, der Gewinn sei zu hoch oder der Verlust zu niedrig festgestellt worden. Eine zu niedrige Gewinnfestsetzung begründet allerdings eine Beschwer, wenn sie sich in anderen Veranlagungszeiträumen gewinnerhöhend auswirkt.[1392]

4. **„Geltend gemacht“** ist die Beschwer, wenn der Einspruchsführer nach seinem ausdrücklichen oder schlüssigen Vorbringen durch den Verwaltungsakt oder dessen Unterlassung beeinträchtigt erscheint.[1393] An das Merkmal des „Geltendmachens“ können im Einspruchsverfahren nur geringe Anforderungen gestellt werden, weil nach § 357 Abs. 3 S. 3 AO keine Begründungspflicht für Einsprüche besteht. Deshalb ist bei belastenden Verwaltungsakten die Beschwer allein mit der Anfechtung hinreichend dargetan.[1394] Wendet sich der Einspruchsführer gegen die Ablehnung eines begünstigenden Verwaltungsakts (z. B. Ablehnung einer Stundung), genügt es, wenn er die Ablehnung als rechtswidrige Entscheidung beanstandet.[1395]

II. Die Einspruchsbefugnis wäre also ohne Weiteres gegeben, wenn R gegen den ihn **345**
belastenden Steuerbescheid lediglich Einspruch eingelegt hätte. Da er jedoch erkennbar die Höhe der Steuerschuld nicht angreift, sondern nur eine Änderung der Besteuerungsgrundlagen begehrt, ist die Geltendmachung einer Beschwer zweifelhaft. Denn die Besteuerungsgrundlagen als Teil der Begründung des Steuerbescheides erwachsen grundsätzlich nicht in Bestandskraft (vgl. § 157 Abs. 2 AO) und können den Stpfl. daher regelmäßig auch nicht in seinen Rechten beeinträchtigen. Bei der Zusammenveranlagung von Ehegatten haben die Besteuerungsgrundlagen jedoch eine über den Charakter der Begründung des Steuerbescheides hinausgehende Bedeutung: Nach § 270 S. 2 AO sind bei einer späteren Aufteilung der Steuerschuld

1385 /92, BStBl. II 1995, 537.BFH v. 29.11.1995 – X B 328/94, BStBl. II 1996, 322.BF
1386 H v. 06.12.1991 – III R 81/89, BStBl. II 1992, 303.BFH
1387 v. 18.03.1987 – II R 35/86, BStBl. II 1987, 419.84.
1388 BFH v. 17.12.1987 – V B 152/87, BStBl. II 1988, 286.
1389 BFH v. 13.07.1994 – I R 5/93, BStBl. II 1995, 134.
1390 BFH v. 09.12.1998 – XI R 62/97, BStBl. II 2000, 3.
1391 BFH v. 09.05.2001 – XI R 25/99, BStBl. II 2002, 817.
1392 BFH v. 05.11.2009 – IV R 40/07, BStBl. II 2010, 720.
1393 BFH v. 31.03.1981 – VIII B 53/80, BStBl. II 1981, 696.
1394 BFH v. 27.11.1985 – II R 90/83, BStBl. II 1986, 243.
1395 BFH v. 19.10.1982 – VII R 45/80, BStBl. II 1983, 51.

auf die Ehegatten die bei der Zusammenveranlagung zugrunde gelegten Besteuerungsgrundlagen maßgebend. Durch eine falsche Zuordnung der Einkünfte wäre R daher in seinen Rechten beeinträchtigt.[1396] Die Möglichkeit einer solchen Rechtsbeeinträchtigung genügt für das Tatbestandsmerkmal des Geltendmachens. Ob die Rechtsbeeinträchtigung tatsächlich erfolgt ist, betrifft die Begründetheit des Einspruchs.[1397]

Ergebnis:

R ist nach § 350 AO einspruchsbefugt, weil im Hinblick auf die noch ausstehende Abschlusszahlung die Beantragung eines Aufteilungsbescheides nicht ausgeschlossen ist.

2. Einspruchsbefugnis bei einheitlichen Feststellungsbescheiden (§ 352 AO)

346 **§ Fall 84: Gesamthandsvermögen oder Privatvermögen eines Gesellschafters**

K ist Kommanditist der X-GmbH & Co. KG. K legt gegen den Bescheid über die einheitliche und gesonderte Gewinnfeststellung für 01 fristgerecht Einspruch ein mit der Begründung, das FA habe zu Unrecht ein (näher bezeichnetes) Festgeldguthaben nebst Zinsen bei der Gewinnfeststellung erfasst. Dieses Guthaben sei von der Gesellschaft nur treuhänderisch für ihn angelegt worden und habe wirtschaftlich zu seinem Privatvermögen gehört. Ist der Einspruch zulässig?

I. Einheitliche Feststellungsbescheide richten sich an die Feststellungsbeteiligten als Inhaltsadressaten. Die **Inhaltsadressaten** sind jedoch aufgrund der Regelung über die Einspruchsbefugnis bei einheitlichen Feststellungen nach § 352 AO nur unter besonderen Voraussetzungen selbst zur Einlegung eines Einspruchs befugt.

II. Einspruchsbefugt sind primär die in § 352 Abs. 1 Nr. 1 AO bezeichneten Personen:

1. Nach § 352 Abs. 1 Nr. 1 AO sind in erster Linie zur Vertretung berufene **Geschäftsführer** einspruchsbefugt. Wer zur Geschäftsführung berufen ist, ergibt sich aus dem Gesetz bzw. aus den vertraglichen Vereinbarungen der Feststellungsbeteiligten. Ist beispielsweise Einzelvertretung vorgesehen, kann jeder Geschäftsführer allein Einspruch einlegen.
   Die Einspruchsbefugnis eines Geschäftsführers ist – entgegen dem Wortlaut der Bestimmung – nach st. Rspr. des BFH kein eigenes Einspruchsrecht. Der Geschäftsführer handelt vielmehr für die Gesellschaft, die wiederum im Wege einer gesetzlichen „Verfahrensstandschaft" (im Klageverfahren „Prozessstandschaft") für die Feststellungsbeteiligten handlungsbefugt ist.[1398]
2. Ist kein zur Vertretung berufener Geschäftsführer vorhanden (z. B. bei einer Erbengemeinschaft), ist nach § 352 Abs. 1 Nr. 1 Alt. 2 AO der sog. **Einspruchsbevollmächtigte** nach § 352 Abs. 2 AO einspruchsbefugt. Die Regelung des § 352 Abs. 2 AO knüpft an die Empfangsbevollmächtigung für die Bekanntgabe von einheitlichen Feststellungsbescheiden an (vgl. § 183 Abs. 1 AO und § 6 Abs. 1 der Verordnung über die gesonderte Feststellung von Besteuerungsgrundlagen nach § 180 Abs. 2 AO).
   Die Einspruchsbefugnis des Empfangsbevollmächtigten ist allerdings nur gegeben, wenn die Beteiligten in der Feststellungserklärung oder in der Aufforderung zur Benennung eines Empfangsbevollmächtigten über dessen Einspruchsbefugnis belehrt worden sind (§ 352 Abs. 2 S. 3 AO).
3. Ist weder ein vertretungsberechtigter Geschäftsführer noch ein Einspruchsbevollmächtigter vorhanden, ist nach § 352 Abs. 1 Nr. 2 AO **jeder Feststellungsbeteiligte** einspruchsbefugt.

1396 BFH v. 16.08.1978 – I R 125/75, BStBl. II 1979, 26.
1397 BFH v. 19.10.1982 – VII R 45/80, BStBl. II 1983, 51.
1398 BFH v. 27.05.2004 – IV R 48/02, BStBl. II 2004, 964; Brandis in T/K § 48 FGO Rn. 7 f. auch mit Hinweisen auf die a. A.

4. Auch wenn einspruchsbefugte Personen nach § 352 Abs. 1 Nr. 1 AO vorhanden sind, können sich weitere – **beschränkte – Einspruchsbefugnisse** durch die Feststellung betroffener Personen nach § 352 Abs. 1 Nr. 3–5 AO ergeben:
   a) Nach § 352 Abs. 1 Nr. 3 AO sind ausgeschiedene Gesellschafter, Gemeinschafter oder Mitberechtigte für Zeiträume vor ihrem Ausscheiden (zusätzlich) einspruchsberechtigt. Das entspricht der Rspr. zu § 352 Abs. 1 AO a.F.[1399]
   b) Bei Streitigkeiten über die Verteilung der festgestellten Einkünfte ist jeder Feststellungsbeteiligte einspruchsbefugt, der durch die Feststellungen hierzu berührt wird (§ 352 Abs. 1 Nr. 4 AO). Einspruchsbefugt ist danach beispielsweise, wer geltend macht, er sei zu Unrecht in dem Feststellungsbescheid nicht berücksichtigt worden oder ihm seien die festgestellten Einkünfte nicht in der richtigen Höhe zugerechnet worden.
   c) Einspruchsbefugt ist schließlich jeder Feststellungsbeteiligte, soweit es um eine Frage geht, die ihn persönlich angeht (§ 352 Abs. 1 Nr. 5 AO). Das sind insbesondere Feststellungen zu Sonderbetriebsausgaben/-einnahmen einzelner Gesellschafter (z. B. Zinsen für ein zur Finanzierung der Beteiligung aufgenommenes Darlehen).
   K könnte im konkreten Fall nach § 352 Abs. 1 Nr. 5 AO einspruchsbefugt sein. Er macht jedoch nicht geltend, dass das Festgeldguthaben zu seinem Sonderbetriebsvermögen gehöre und die Zinsen als Sonderbetriebseinnahmen zu erfassen seien. Er wendet sich vielmehr gegen die Zurechnung des Guthabens zum Gesamthandsvermögen der Gesellschaft, indem er vorträgt, das Guthaben sei nur treuhänderisch für ihn verwaltet worden und gehöre wirtschaftlich zu seinem Privatvermögen (vgl. § 39 Abs. 2 Nr. 1 AO).
   Dieser Einwand aber betrifft alle Gesellschafter, weil sich die Zurechnung des Festgeldguthabens auf den Gewinn der Gesellschaft auswirkt. Demnach ist nicht K nach § 352 Abs. 1 Nr. 5 AO, sondern nur der Geschäftsführer der Gesellschaft nach § 352 Abs. 1 Nr. 1 AO einspruchsbefugt.[1400]

Ergebnis:

K ist nicht zur Einlegung des Einspruchs befugt, der Einspruch ist unzulässig.

Ergänzender Hinweis: 347

Statt des K könnte nach § 352 Abs. 1 Nr. 1 AO die X-GmbH als Komplementärin und damit als zur Vertretung berufene Geschäftsführerin der KG Einspruch einlegen. K würde nach § 360 Abs. 3 S. 2 AO nicht zum Verfahren hinzugezogen. Auch eine Hinzuziehung nach § 174 Abs. 5 S. 2 AO scheidet aus. Denn die im Falle der Begründetheit des Einspruchs materiell-rechtlich zu ziehenden Folgerungen (Zurechnung des Festgeldguthabens zum Privatvermögen des K) lassen sich verfahrensrechtlich auf die Korrekturvorschrift des § 175 Abs. 1 S 1 Nr. 1 AO (nicht § 174 Abs. 4 AO) stützen. Die Anpassungspflicht nach § 175 Abs. 1 S. 1 Nr. 1 AO erstreckt sich nämlich nicht nur auf die im Feststellungsbescheid bezeichnete Besteuerungsgrundlage (hier Einkünfte aus Gewerbebetrieb). Vielmehr muss der Folgebescheid vollständig und zutreffend an den Regelungsgehalt des Grundlagenbescheides angepasst werden.[1401]

1399 Vgl. BFH v. 28.11.1989 – VIII R 40/84, BStBl. II 1990, 561.
1400 Vgl. BFH v. 11.03.1982 – IV R 46/79, BStBl. II 1982, 542; Brandis in T/K § 48 FGO Rn. 31f.
1401 BFH v. 28.11.2007 – X R 11/07, BStBl. II 2008, 335.

348

Übersicht

Einspruchsbefugnis bei Feststellungsbescheiden nach § 352 AO

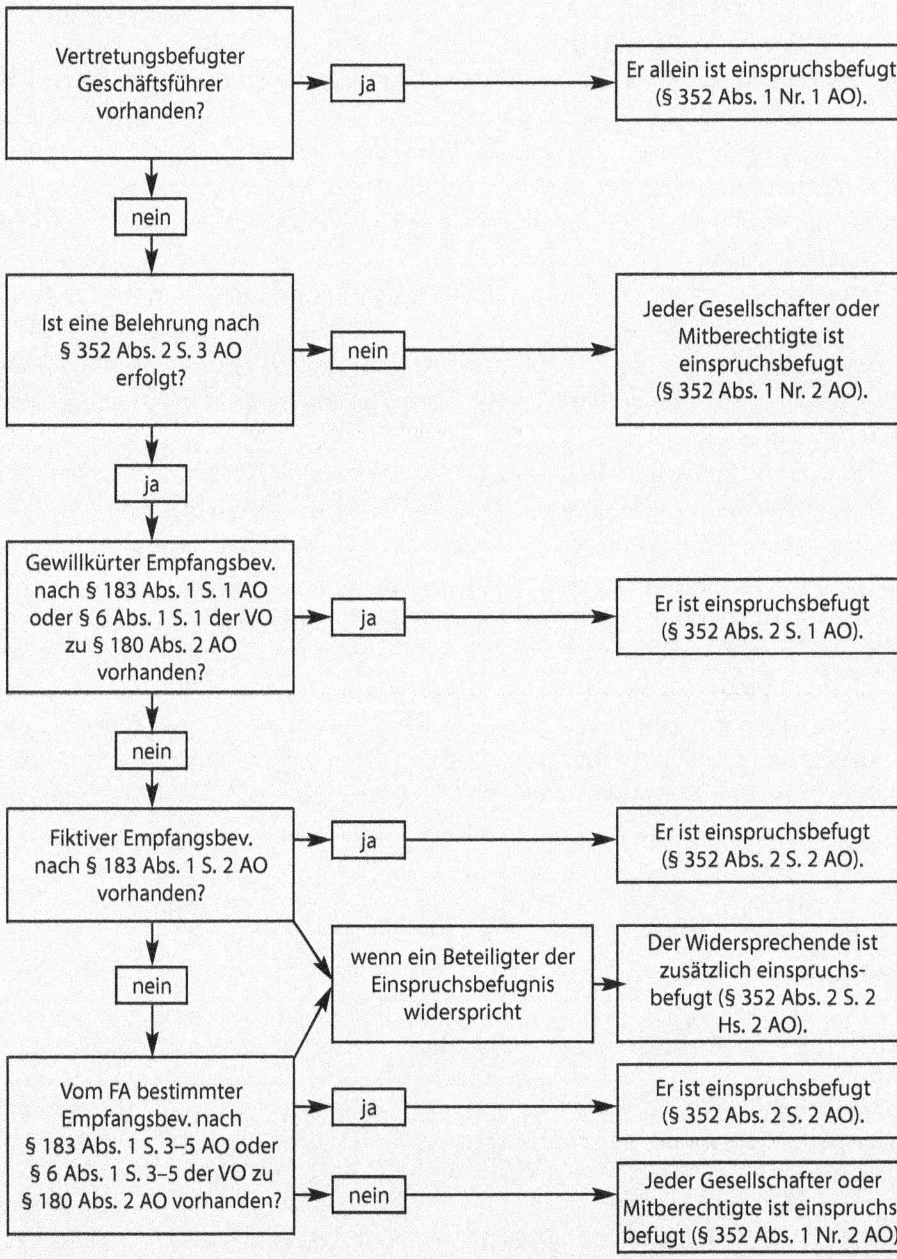

Außerdem immer (ggf. zusätzlich) einspruchsbefugt:

- Ausgeschiedene Gesellschafter/Gemeinschafter (§ 352 Abs. 1 Nr. 3 AO)
- Jeder Gesellschafter/Gemeinschafter, soweit er davon berührt wird, wer an dem festgestellten Betrag beteiligt ist und wie sich dieser auf die Beteiligten verteilt (§ 352 Abs. 1 Nr. 4 AO)
- Jeder Gesellschafter/Gemeinschafter, soweit es sich um eine Frage handelt, die ihn persönlich angeht (§ 352 Abs. 1 Nr. 5 AO)

3. Bindungswirkung anderer Verwaltungsakte (§ 351 AO)

a) Anfechtungsbeschränkung bei Änderungsbescheiden

Wird ein **erstmaliger Bescheid vor Ablauf der Einspruchsfrist** geändert, so kann der Stpfl. durch Einlegung eines Einspruchs gegen den Änderungsbescheid die Überprüfung der gesamten Regelung erwirken. Wird dagegen ein **unanfechtbarer** Verwaltungsakt geändert, ist die Anfechtbarkeit des Änderungsbescheides nach § 351 Abs. 1 AO eingeschränkt: Der Verwaltungsakt kann grundsätzlich nur insoweit angegriffen werden, als die Änderung reicht. Etwas anderes gilt nur dann, wenn sich aus den Vorschriften über die Aufhebung und Änderung von Verwaltungsakten weitere Korrekturmöglichkeiten ergeben. Ebenso greift die Anfechtungsbeschränkung des § 351 Abs. 1 AO nicht ein, wenn der Stpfl. sich nicht gegen die Besteuerungsgrundlagen wendet, sondern nur im Rahmen der §§ 26 ff. EStG eine andere Veranlagungsart wählt.[1402] 349

Seinem Wortlaut entsprechend beschränkt sich der Anwendungsbereich des § 351 Abs. 1 AO auf änderbare Bescheide i. S. d. §§ 172 ff. AO, d. h. auf Steuerbescheide und diesen gleichgestellte Bescheide.[1403]

§ Fall 85: Grenzen der Anfechtbarkeit nach § 351 Abs. 1 AO 350

Durch Änderungsbescheid nach § 175 Abs. 1 S. 1 Nr. 1 AO vom 01.04.03 hat das FA die in dem (bestandskräftigen) ESt-Bescheid vom 10.12.02 gegen S festgesetzte ESt 01 von 40.000 € auf 38.000 € herabgesetzt. S legt form- und fristgerecht Einspruch ein mit dem Antrag, ihm nunmehr auch den bei der erstmaligen Steuerfestsetzung zu Unrecht versagten Pauschbetrag für Körperbehinderte nach § 33 b Abs. 3 EStG zu gewähren. Ist der Einspruch zulässig?

Die Änderung erfolgte im konkreten Fall zugunsten des S. Durch eine Änderung zu seinen Gunsten ist er grundsätzlich nicht in seinen Rechten beeinträchtigt. Der Änderungsbescheid enthält nämlich keine vollkommen neue Regelung, sondern regelt nur insoweit etwas neu, als er eine Änderung anordnet.[1404] Der Einspruch ist daher nach §§ 350, 351 Abs. 1 AO unzulässig, sofern sich nicht aus den Änderungsvorschriften ergibt, dass weitergehende Korrekturen zugunsten des S erfolgen können.[1405]

Die von S geltend gemachte materielle Unrichtigkeit könnte daher nur dann zugunsten des S berücksichtigt werden, wenn die Voraussetzungen einer Korrekturvorschrift vorliegen.

Fraglich sind die Voraussetzungen des § 175 Abs. 1 S. 1 Nr. 1 AO. Eine Korrektur kommt danach insoweit in Betracht, als ein Grundlagenbescheid, dem Bindungswirkung für den Steuerbescheid zukommt, erlassen, aufgehoben oder geändert wird. Der Bescheid des Versorgungsamts über die Feststellung des Grades der Behinderung ist im Hinblick auf die Gewährung des Pauschbetrags nach § 33 b EStG ein Grundlagenbescheid im Sinne dieser Vorschrift.[1406] Der Folgebescheid ist an diesen Grundlagenbescheid auch dann anzupassen, wenn der Grundlagenbescheid bereits bei Erlass eines früheren Steuerbescheids hätte berücksichtigt werden können.[1407]

Ergebnis:

Der Einspruch des S ist nach §§ 350, 351 Abs. 1 AO zulässig.

1402 Vgl. BFH v. 24.01.2002 – III R 49/00, BStBl. II 2002, 408.

1403 BFH v. 24.07.1984 – VII R 122/80, BStBl. II 1984, 791; AEAO zu § 351 Nr. 3; Klein/Rätke § 351 Rn. 3; a. A. Seer in T/K § 351 AO Rn. 6; Koenig/Cöster § 351 Rn. 9: Anfechtungsbeschränkung auch im Anwendungsbereich der §§ 130, 131 AO.

1404 Seer in T/K § 351 AO Rn. 2.

1405 Seer a. a. O. Rn. 44.

1406 BFH v. 22.09.1989 – III R 167/86, BStBl. II 1990, 60.

1407 BFH v. 09.08.1983 – VIII R 55/82, BStBl. II 1984, 86.

§ 351 Abs. 1 AO betrifft nach seiner systematischen Stellung (bei den Vorschriften über die Einspruchsbefugnis) und nach seinem Wortlaut („angegriffen werden") nur die Zulässigkeit des Einspruchs.[1408] Die Vorschrift ist jedoch auch bei der Entscheidung über die Begründetheit des Einspruchs zu beachten. Denn sie schränkt zugleich den Entscheidungsrahmen der Finanzbehörde ein, die nach § 367 Abs. 2 AO „die Sache in vollem Umfang zu überprüfen hat".

b) Bindungswirkung von Grundlagenbescheiden

351 Nach § 351 Abs. 2 AO können Entscheidungen, die in einem Grundlagenbescheid (§ 171 Abs. 10 AO) getroffen wurden, nur durch Anfechtung dieses Bescheids, nicht aber durch Anfechtung des Folgebescheides angegriffen werden. Die Regelung des § 351 Abs. 2 AO ist die logische Konsequenz der Bindungswirkung von Folgebescheiden an Grundlagenbescheide (vgl. z. B. § 182 Abs. 1 AO) und der Korrekturmöglichkeit nach § 175 Abs. 1 S. 1 Nr. 1 AO für den Fall, dass ein Grundlagenbescheid nach Erlass des Folgebescheids erlassen oder korrigiert wird.

352 **§ Fall 86: Einwendungen gegen Grundlagenbescheid im Einspruchsverfahren gegen Folgebescheid**

Mit dem am 01.12.02 bekannt gegebenen Bescheid hat das Tätigkeits-FA Hamm den Gewinn des Architekten S aus freiberuflicher Tätigkeit nach § 180 Abs. 1 Nr. 2 Buchst. b) AO für 01 auf 110.000 € festgestellt. Am 05.12.02 (Aufgabe zur Post) wurde S von dem Wohnsitz-FA Lüdinghausen zur ESt 01 veranlagt. Mit dem am 10.12.02 beim FA Lüdinghausen eingegangenen Schreiben legt S „Einspruch gegen die ESt-Festsetzung 01" ein und macht geltend, bei der Ermittlung des Gewinns aus freiberuflicher Tätigkeit habe – was zutrifft – das FA Hamm zu Unrecht eine anteilige Privatnutzung des betrieblichen Pkw angenommen und deshalb den erklärten Gewinn erhöht. Hat der Einspruch Erfolg?

I. Zulässigkeit des Einspruchs gegen den ESt-Bescheid 01

Der Einspruch könnte nach § 351 Abs. 2 AO mangels Beschwer unzulässig sein. Denn die Frage, in welchem Umfang die auf die private Nutzung des betrieblichen Pkw entfallenden Aufwendungen gewinnerhöhend zu berücksichtigen sind, wird in dem Gewinnfeststellungsbescheid nach § 180 Abs. 1 Nr. 2 Buchst. b) AO durch das Tätigkeits-FA (§ 18 Abs. 1 Nr. 3 AO) entschieden. In seiner Eingabe macht S also Einwendungen geltend, die sich nicht gegen den ESt-Bescheid, sondern gegen den Gewinnfeststellungsbescheid richten.

- Im Schrifttum wird die Auffassung vertreten, ein Einspruch gegen den Folgebescheid sei mangels Beschwer unzulässig, wenn der Stpfl. nur Einwendungen vorträgt, die sich gegen einen zuvor ergangenen Grundlagenbescheid richten. Das ergebe sich insbesondere aus dem Standort des § 351 Abs. 2 AO im Anschluss an § 350 AO.[1409]
- Der BFH[1410] weist demgegenüber darauf hin, dass schon die Möglichkeit einer Rechtsverletzung durch eine zu hohe Steuerfestsetzung die Beschwer begründet. Allein dadurch, dass der Einspruchsführer eine nach § 351 Abs. 2 AO unbeachtliche Einwendung vorbringt, werde sein Einspruch nicht unzulässig. Dafür spricht, dass ein Einspruch nach § 357 Abs. 3 AO keinem Begründungszwang unterliegt. Demnach können unzutreffende oder unbeachtliche Begründungen auch nicht zur Unzulässigkeit eines Einspruchs führen. Im Übrigen ist die gegenteilige Auffassung des Schrifttums auch wenig praktikabel, weil sie ohne Not die Zulässigkeitsprüfung verkompliziert und dazu zwingt, einzelne

---

1408 Vgl. Siegers in H/H/Sp § 351 AO Rn. 11; Hardtke in K/vW § 351 AO Rn. 1; Seer in T/K § 351 AO Rn. 44.
1409 So Seer in T/K § 351 AO Rn. 54; Hardtke in K/vW § 351 AO Rn. 2; Siegers in H/H/Sp § 351 AO Rn. 13.
1410 BFH v. 15.10.2003 – X R 48/01, BStBl. II 2004, 169.

Einwendungen im Rahmen der Zulässigkeit auszuscheiden, auf die es möglicherweise im Ergebnis gar nicht ankommt.

II. Begründetheit des Einspruchs gegen den ESt-Bescheid 01
Im Rahmen der Überprüfung nach § 367 Abs. 2 AO muss die Behörde nach § 351 Abs. 2 AO die Bindungswirkung des nach § 180 Abs. 1 Nr. 2 Buchst. b) AO ergangenen Gewinnfeststellungsbescheides beachten. Sofern der ESt-Bescheid 01 sich nicht aus anderen Gründen als fehlerhaft erweist, ist der Einspruch somit unbegründet.

III. Umdeutung des Einspruchs in einen Einspruch gegen den Feststellungsbescheid
Es fragt sich, ob der zulässige, aber unbegründete Einspruch gegen den ESt-Bescheid 01 nicht in einen Einspruch gegen den Gewinnfeststellungsbescheid 01 umzudeuten ist. Die Umdeutung eines Einspruchs kommt in Betracht, um – jenseits der Grenzen der Auslegung – dem wirklich Gewollten Rechnung zu tragen.[1411] Danach kann ein Einspruch gegen einen Folgebescheid in einen Einspruch gegen einen Grundlagenbescheid umgedeutet werden, wenn der Stpfl. nach seinem Vorbringen tatsächlich durch den Grundlagenbescheid beschwert ist. Für die Umdeutung spricht vorliegend, dass die Einwendungen des Stpfl. in der Sache nur im Einspruchsverfahren gegen den Gewinnfeststellungsbescheid überprüft werden können. Die Umdeutung begegnet auch verfahrensrechtlich keinen Bedenken, weil die Einspruchsfrist für den Gewinnfeststellungsbescheid am 10.12.02 noch nicht abgelaufen war und das FA Lüdinghausen nach § 357 Abs. 2 S. 3 AO auch für die Anbringung des Einspruchs gegen den Gewinnfeststellungsbescheid zuständig ist.

Ergebnis:

Der Einspruch gegen den ESt-Bescheid 01 ist in einen Einspruch gegen den Gewinnfeststellungsbescheid 01 umzudeuten und dem für die Entscheidung zuständigen FA Hamm zu übermitteln (§ 357 Abs. 2 S. 4 AO). Er wird letztlich Erfolg haben.

VIII. Einspruchsverzicht (§ 354 AO)

Unzulässig ist ein Einspruch, den der Stpfl. nach einem Einspruchsverzicht einlegt (§ 354 Abs. 1 S. 3 AO). Der Stpfl. soll allerdings mit dem Verzicht keine „Blankoerklärung ins Ungewisse" abgeben können. Deshalb kann der Verzicht grundsätzlich erst nach Erlass des Verwaltungsakts erklärt werden (§ 354 Abs. 1 S. 1 AO). Nur bei Steueranmeldungen ist ein Verzicht bereits mit der Abgabe der Erklärung möglich (§ 354 Abs. 1 S. 2 AO). 353

Der Verzicht ist schriftlich oder zur Niederschrift in einer gesonderten Erklärung gegenüber der zuständigen Finanzbehörde abzugeben (§ 354 Abs. 2 S. 1 AO). Das ist die für die Entscheidung über den Einspruch zuständige Behörde.[1412]

Wird nachträglich die Unwirksamkeit des Verzichts geltend gemacht, weil die Verzichtserklärung nicht auf freier Willensentscheidung beruhte,[1413] so muss dies innerhalb eines Jahres nach Ablauf der Einspruchsfrist erfolgen (§ 354 Abs. 2 S. 2 i.V.m. § 110 Abs. 3 AO). Die sinngemäße Anwendung der Wiedereinsetzungsbestimmung bedeutet ferner, dass innerhalb der in Betracht kommenden Frist der Einspruch nachträglich eingelegt werden muss. Dabei sind die Tatsachen darzulegen, die nach Ansicht des Einspruchsführers die Unwirksamkeit des Verzichts begründen.

1411 Seer in T/K § 357 AO Rn. 7.
1412 Str., vgl. Brandis in T/K § 354 AO Rn. 4 m. w. N.
1413 Vgl. Hardtke in K/vW § 354 AO Rn. 12.

C. Der Gang des Verfahrens

I. Zuständige Behörde (§ 367 Abs. 1 AO)

354 Von der Anbringungszuständigkeit nach § 357 Abs. 2 AO ist die Entscheidungszuständigkeit nach § 367 Abs. 1 AO zu unterscheiden: Über den **Einspruch** entscheidet grundsätzlich – wie nach § 357 Abs. 2 AO – die Ausgangsbehörde. Wechselt jedoch während eines anhängigen Einspruchsverfahrens die Zuständigkeit der Finanzbehörde für den Steuerfall, muss die nunmehr zuständige Behörde auch über den Einspruch entscheiden (§ 367 Abs. 1 S. 2 AO). Ausnahme: Abweichende Zuständigkeitsvereinbarung nach § 26 S. 2 AO.

II. Reihenfolge und Umfang der Prüfung (§§ 358, 367 AO)

355 **Fall 87: Einspruch gegen einen Vorbehaltsbescheid**

S hat gegen den unter Vorbehalt der Nachprüfung ergangenen ESt-Bescheid 01 form- und fristgerecht Einspruch eingelegt. Er wendet sich gegen den Vorbehaltsvermerk nach § 164 AO und macht geltend, als Kaufmann müsse er Gewissheit über seine steuerlichen Belastungen haben.

1. **Reihenfolge der Prüfung:** Nach § 358 AO hat die Behörde vorab zu prüfen, ob der Einspruch zulässig ist. Deshalb darf auch in Fällen, in denen der Einspruch offensichtlich unbegründet ist, die Zulässigkeit nicht dahingestellt bleiben.[1414]
   Zweifel könnten an der Einspruchsbefugnis des S bestehen, weil er sich nicht gegen die Höhe der Steuer, sondern gegen die Nebenbestimmung des Steuerbescheides nach § 164 AO wendet. Auch die mit einer Vorbehaltsfestsetzung verbundene Unsicherheit über die endgültige Steuerlast kann den Stpfl. jedoch in seinen Rechten beeinträchtigen. Daher ist die Zulässigkeitsvoraussetzung des § 350 AO gegeben.

II. Auf den zulässigen Einspruch hat die Behörde die Sache **in vollem Umfang erneut zu prüfen** (§ 367 Abs. 2 S. 1 AO). Sie muss also fragen, wie der nach dem gegenwärtigen Stand der Ermittlungen gegebene Sachverhalt im Verwaltungsverfahren erstmals entschieden werden müsste.[1415] Diese Überprüfung ist nicht auf die Einwendungen beschränkt, die der Einspruchsführer zur Begründung seines Einspruchs geltend gemacht hat.[1416] Die Grenzen der Prüfung ergeben sich aus dem angefochtenen Verwaltungsakt als dem formellen Gegenstand des Einspruchs:[1417]
   - Wird ein Folgebescheid angegriffen, ist auch im Einspruchsverfahren die im Verwaltungsverfahren bestehende Bindungswirkung von Grundlagenbescheiden zu beachten (§ 351 Abs. 2 AO).
   - Wird ein nach Unanfechtbarkeit eines Verwaltungsakts ergangener Änderungsbescheid angefochten, ist zu prüfen, inwieweit nach den Korrekturvorschriften (insbesondere §§ 172 ff. AO) eine Änderung des Erstbescheides gerechtfertigt ist (vgl. § 351 Abs. 1 AO).[1418]

   Der Einspruch richtet sich gegen eine erstmalige Steuerfestsetzung. Demnach sind die Steuerfestsetzung und die Berechtigung eines Vorbehaltsvermerks nach § 164 AO zu überprüfen. Eine Verpflichtung zur abschließenden Prüfung des Steuerfalls

1414 Seer in T/K § 358 AO Rn. 22.
1415 Vgl. BFH v. 20.05.1981 – II R 52/79, BStBl. II 1981, 737.
1416 BFH v. 14.03.2012 – X R 50/09, BStBl. II 2012, 536.
1417 BFH v. 28.11.1989 – VIII R 40/84, BStBl. II 1990, 561; Seer in T/K § 367 AO Rn. 16.
1418 Dazu BFH v. 24.10.2000 – IX R 62/97, BStBl. II 2001, 124.

ergibt sich aus § 367 Abs. 2 S. 1 AO nicht.[1419] Der Einspruch ist demnach unbegründet, sofern die Überprüfung ergibt, dass die Steuer nach dem bisher feststehenden Sachverhalt zutreffend berechnet ist und eine **abschließende** Prüfung des Falls noch nicht stattgefunden hat.

Ergebnis:

Das FA muss auf den Einspruch des S hin eine Sachentscheidung treffen.

III. Verfahrensgrundsätze (§ 365 AO)

Nach § 365 AO sind – soweit keine Sonderregeln bestehen – im Einspruchsverfahren die Vorschriften des Verwaltungsverfahrens sinngemäß anzuwenden. In Betracht kommen vor allem die Vorschriften über das Ermittlungsverfahren nach §§ 88 ff. AO. Im Übrigen bestimmt die Art des angefochtenen Verwaltungsakts, welche besonderen Vorschriften zur Anwendung gelangen. 356

Beispiel

Richtet sich der Einspruch gegen einen Steuerbescheid, sind die §§ 155 ff. AO über die Steuerfestsetzung zu beachten.

IV. Aussetzung der Vollziehung (§ 361 AO)

Nach § 361 Abs. 1 AO wird durch die Einlegung des Einspruchs die Vollziehung des angefochtenen Verwaltungsakts nicht gehemmt (Ausnahme: Einsprüche gegen die Untersagung des Gewerbebetriebs oder der Berufsausübung, § 361 Abs. 4 AO). Die Regelung soll – einem alten Grundsatz des Abgabenrechts entsprechend – verhindern, dass Stpfl. nur deshalb einen Einspruch einlegen, um einen Stundungseffekt zu erzielen. Dem Stpfl. kann jedoch ggf. nach § 361 Abs. 2, Abs. 3 AO bzw. nach § 69 FGO vorläufiger Rechtsschutz gewährt werden (ausführlich dazu AEAO zu § 361). 357

1. Voraussetzungen der Aussetzung der Vollziehung (AdV)

§ Fall 88: AdV bei Verlustfeststellungsbescheiden 358

A, B und C sind Erben in ungeteilter Erbengemeinschaft. Sie haben in der Erklärung zur einheitlichen und gesonderten Feststellung der Einkünfte aus Vermietung und Verpachtung für 01 Verluste in Höhe von 190.000 € geltend gemacht. Über die Einspruchsbefugnis des Empfangsbevollmächtigten waren sie vom Finanzamt nicht belehrt worden. In dem Feststellungsbescheid vom 20.11.02 hat das FA die Verluste nur in Höhe von 95.000 € anerkannt und – antragsgemäß – auf A, B und C verteilt. Könnten A, B und C nach Anfechtung des Bescheids einen Antrag auf AdV stellen?

A, B und C sind nach § 350 AO durch die von ihrem Antrag in der Höhe abweichende Verlustfeststellung beschwert und auch nach § 352 Abs. 1 Nr. 2 AO einspruchsbefugt. § 352 Abs. 1 Nr. 1 AO ist nicht anwendbar, weil die Erbengemeinschaft keinen zur Vertretung berufenen Geschäftsführer hat (vgl. § 2038 BGB). Die Einspruchsbefugnis steht auch keinem Einspruchsbevollmächtigten i. S. d. § 352 Abs. 1 Nr. 1, Abs. 2 AO zu, weil die Gemeinschafter nicht nach § 352 Abs. 2 S. 3 AO über die Einspruchsbefugnis des Empfangsbevollmächtigten belehrt worden sind. Da A, B

1419 BFH v. 16.10.1984 – VIII R 162/80, BStBl. II 1985, 448; Seer in T/K § 164 AO Rn. 55.

und C somit jeweils einspruchsbefugt sind, können sie auch Anträge auf AdV stellen, sofern die Voraussetzungen dafür vorliegen:

I. Begrifflich kommt die Aussetzung der Vollziehung nur bei **vollziehbaren** Verwaltungsakten in Betracht. Vollziehbare Verwaltungsakte sind vor allem solche, die dem Stpfl. eine Leistungspflicht auferlegen, d.h. vollstreckbare Verwaltungsakte i.S.d. §§ 249, 251 AO und Verwaltungsakte, die eine Leistungspflicht durchsetzen, d.h. Vollstreckungsakte.[1420] Der Begriff der Vollziehbarkeit geht jedoch weiter. Er umfasst auch feststellende Verwaltungsakte, die nur die Grundlage für eine Leistungspflicht legen.[1421] Zu dieser Kategorie von vollziehbaren Verwaltungsakten gehören neben Abrechnungsbescheiden[1422] insbesondere Grundlagenbescheide i.S.d. § 171 Abs. 10 AO. Wird der Grundlagenbescheid ausgesetzt, ist nach § 361 Abs. 3 AO insoweit auch die Vollziehung des Folgebescheides auszusetzen.
Nicht vollziehbar sind Verwaltungsakte, durch die lediglich der Erlass eines beantragten Verwaltungsakts abgelehnt wird.

Beispiele

Ablehnung eines Stundungsantrags; Ablehnung der Herabsetzung von Verspätungszuschlägen.[1423]

Rücknahme oder Widerruf der Stundung sind demgegenüber vollziehbare Verwaltungsakte. Denn durch sie wird dem Stpfl. eine bisher günstige Rechtsposition entzogen.[1424] Bei **nicht vollziehbaren Verwaltungsakten** kann vorläufiger Rechtsschutz nur durch eine einstweilige Anordnung des Gerichts nach § 114 Abs. 1 FGO gewährt werden.

Beispiel

Das FA hat den Antrag des Stpfl. abgelehnt, aufgrund geltend gemachter Vorsteuerbeträge eine negative USt-Schuld festzusetzen. Der Stpfl. kann beim FG einen Antrag nach § 114 Abs. 1 FGO stellen.[1425]

Kompliziert ist der vorläufige Rechtsschutz bei **einheitlichen Feststellungsbescheiden:**

- Wird in dem Feststellungsbescheid ein Gewinn festgestellt **(Gewinnfeststellungsbescheid)**, ist der Bescheid unzweifelhaft vollziehbar, weil er die Grundlage für eine Leistungspflicht der Gesellschafter legt, denen die Gewinnanteile zugerechnet werden.
- Wird in dem Feststellungsbescheid ein Verlust festgestellt (sog. **Verlustfeststellungsbescheid**), ist bei begrifflicher Auslegung kein vollziehbarer Verwaltungsakt gegeben, weil Verluste keine Leistungspflicht der Gesellschafter begründen, sondern steuermindernd wirken. Der BFH hat bei Verlustfeststellungsbescheiden gleichwohl die Möglichkeit der AdV bejaht und dieses Ergebnis mit dem Gedanken der Einheitlichkeit des Rechtsschutzes begründet. Soweit über Verluste bei der Steuerfestsetzung entschieden wird, könne ein Stpfl. wegen Nichtberücksichtigung geltend gemachter Verluste die AdV des Steuerbescheides beantragen. Durch die verfahrensmäßige Trennung in ein Feststellungsverfahren und ein Steuerfestsetzungsverfahren („Mechanismus des mehrstufigen Besteuerungsverfahrens“) dürfe dieser Rechtsschutz nicht verloren gehen.[1426] Da-

1420 Vgl. BFH v. 30.01.1990 – VII B 99/89, BFH/NV 1990, 718.
1421 BFH v. 28.11.1974 – V B 52/73, BStBl. II 1975, 239.
1422 Vgl. BFH v. 10.11.1987 – VII B 137/87, BStBl. II 1988, 43.
1423 BFH v. 27.03.1991 – I B 187/90, BStBl. II 1991, 643.
1424 BFH v. 08.06.1982 – VIII B 29/82, BStBl. II 1982, 608.
1425 BFH v. 01.04.1982 – V B 37/81, BStBl. II 1982, 515.
1426 BFH v. 10.04.1991 – II B 66/89, BStBl. II 1991, 549.

nach kann im Wege der AdV angeordnet werden, dass vorläufig von einem (näher bestimmten und auf die Beteiligten verteilten) höheren Verlust auszugehen ist.

- Auch wenn das FA es ablehnt, einen einheitlichen Gewinn- bzw. Verlustfeststellungsbescheid zu erlassen (sog. **negativer Gewinn- bzw. Verlustfeststellungsbescheid**), ist vorläufiger Rechtsschutz nach §§ 361 AO, 69 FGO gegeben.[1427] Bei Gewährung der AdV ist in einem solchen Falle in der Entscheidungsformel auszusprechen, dass vorläufig bis zur rechtskräftigen Entscheidung im Hauptverfahren von einem Gewinn/Verlust von … € auszugehen sei, der sich auf die Beteiligten wie folgt verteile: …

Es handelt sich um einen schlichten Verlustfeststellungsbescheid, der nach der soeben dargestellten Rspr. als vollziehbarer Verwaltungsakt anzusehen ist.

II. Der vollziehbare Verwaltungsakt muss **angefochten** sein. Die bloße Möglichkeit, dass der Verwaltungsakt noch angefochten werden könnte (noch kein Ablauf der Einspruchsfrist!), genügt nicht.[1428]

III. **Rechtsschutzbedürfnis:** Es fehlt, wenn aus anderen Gründen keine Vollziehung erfolgen kann (z. B. nach Eröffnung des Insolvenzverfahrens).[1429]

Ergebnis:

Nach Anfechtung des Feststellungsbescheides könnten A, B und C beim Feststellungs-FA die AdV beantragen.

2. Zuständigkeit und Verfahren

a) Nach § 361 Abs. 2 AO und § 69 Abs. 3 FGO können sowohl das FA als auch das Finanzgericht die AdV anordnen. Im Interesse der Entlastung der Finanzgerichtsbarkeit ist der Antrag an das Gericht grundsätzlich erst dann zulässig, wenn die Finanzbehörde die AdV abgelehnt hat (§ 69 Abs. 4 S. 1 FGO). Dabei reicht die Ablehnung in einer Verfahrensstufe (Antrag für die Dauer des Einspruchsverfahrens) für die Zulässigkeit des AdV-Antrags beim FG in einer anderen Verfahrensstufe (Antrag für die Dauer des Klageverfahrens).[1430] Ausnahmen sind nur für den Fall vorgesehen, dass die Finanzbehörde über den Antrag auf AdV in angemessener Frist sachlich nicht entschieden hat oder dass eine Vollstreckung droht (§ 69 Abs. 4 S. 2 Nr. 1 und 2 FGO). Vollstreckung droht, sobald das Finanzamt konkrete Vorbereitungshandlungen für die Vollstreckung trifft.[1431] 359

b) Ein **Antrag** ist nur beim Finanzgericht erforderlich. In diesem Fall ist es Sache des Antragstellers, die entscheidungserheblichen Tatsachen darzulegen sowie glaubhaft zu machen.[1432] Das zuständige FA muss dagegen nach Einlegung des Einspruchs von Amts wegen prüfen, ob die AdV zu gewähren ist (§ 361 Abs. 2 S. 1 AO).
In **Niedrigzinsphasen** kann das FA geneigt sein, die AdV von Amts wegen zu gewähren, damit der Staat im Falle der Erfolglosigkeit des Einspruchs in den Genuss der – deutlich über dem Kapitalmarktzins – liegenden 6 % p. a. Aussetzungszinsen (§§ 237, 238 AO) kommt. Eine auf ein finanzbehördliches „Geschäftsmodell aufgedrängter AdV"[1433] gestützte Entscheidung würde dem Zweck des § 361 AO (Individualrechtsschutz des Stpfl.) widersprechen und wäre daher ermessenswidrig.[1434]

1427 BFH v. 29.10.1987 – VIII R 413/83, BStBl. II 1988, 240; BFH v. 30.09.1987 – IV B 37/85, BFH/NV 1988, 715.
1428 Seer in T/K § 69 FGO Rn. 46.
1429 Vgl. Seer in T/K § 69 FGO Rn. 63 m. w. N.
1430 BFH v. 25.10.1994 – VII B 155/94, BStBl. II 1995, 131.
1431 Vgl. BFH v. 05.06.1985 – II S 3/85, BStBl. II 1985, 469 und BFH v. 15.02.2002 – XI S 32/01, BFH/NV 2002, 940.
1432 BFH v. 14.06.1988 – IX B 157/87, BFH/NV 1990, 97.
1433 Dagegen Bergmann DStR 2013, 1651.
1434 Zur Problematik Seer in T/K § 361 AO Rn. 5 m. w. N.; Gosch in Jahrbuch der Fachanwälte für Steuerrecht 2013/2014, S. 317.

c) **Summarisches Verfahren:** Das Aussetzungsverfahren soll der Entscheidung im Hauptverfahren nicht vorgreifen. Die Prüfung muss nur so weit reichen, bis feststeht, ob ein Aussetzungsgrund vorliegt.[1435] Die Hinzuziehung von Mitberechtigten (§ 360 AO) ist nicht erforderlich, weil keine endgültige Entscheidung getroffen wird.[1436]

3. Die Entscheidung

360 **a)** Ob die Finanzbehörde die AdV anordnet, liegt grundsätzlich in ihrem Ermessen (§ 361 Abs. 2 S. 1 AO). Auf Antrag „soll" jedoch die AdV erfolgen, wenn

- **ernstliche Zweifel an der Rechtmäßigkeit** des angefochtenen Verwaltungsakts bestehen (§ 361 Abs. 2 S. 2 Var. 1 AO) oder
- die Vollziehung eine **unbillige**, nicht durch überwiegende öffentliche Interessen gebotene **Härte** zur Folge hätte (§ 361 Abs. 2 S. 2 Alt. 2 AO).

Von praktischer Bedeutung ist vor allem die erstgenannte Voraussetzung. Ernstliche Zweifel sind nach der Formel der Rspr. gegeben, wenn eine summarische Prüfung ergibt, dass neben für die Rechtmäßigkeit sprechenden Umständen gewichtige gegen die Rechtmäßigkeit des angefochtenen Verwaltungsakts sprechende Gründe zutage treten.[1437] Wegen der ernstlichen Zweifel muss der Einspruch Aussicht auf Erfolg haben. Das ist bei offensichtlich **unzulässigen Einsprüchen** nicht der Fall, weil in der Sache keine Überprüfung des angefochtenen Verwaltungsakts möglich ist.[1438]

Ergeben sich ernstliche Zweifel aus einer behaupteten **Verfassungswidrigkeit einer Norm**, ist zusätzlich ein berechtigtes Interesse an der Gewährung einstweiligen Rechtsschutzes erforderlich.[1439] Ein solches berechtigtes Interesse kann nach der Rspr. des BFH wegen des überwiegenden öffentlichen Interesses an einer geordneten Haushaltsführung fehlen.[1440]

b) In der Entscheidung kann die AdV abgelehnt oder aber die Vollziehung des angefochtenen Bescheids ganz oder teilweise ausgesetzt werden. Die Aussetzung kann bis zum Ablauf des Einspruchsverfahrens zeitlich begrenzt, aber auch bis zum Abschluss des Rechtsbehelfsverfahrens (einschließlich eines gerichtlichen Rechtsbehelfsverfahrens) ausgesprochen werden.[1441] Bei Feststellungsbescheiden kann der Tenor auch dahin lauten, dass vorläufig von einem (betragsmäßig bestimmten) höheren Verlust auszugehen ist (vgl. oben Rn. 358).

Die Aussetzung kann – wegen möglicher Gefährdung des Steueranspruchs – von einer **Sicherheitsleistung** abhängig gemacht werden (§ 361 Abs. 2 S. 5 AO). Davon sollte regelmäßig abgesehen werden, wenn der Einspruch des Stpfl. mit großer Wahrscheinlichkeit erfolgreich sein wird.[1442] Darüber hinaus gebietet die Rechtsschutzgarantie des Art. 19 Abs. 4 GG, dass von der Ermessensregelung („kann") Gebrauch gemacht und auch bei ungewissen Erfolgsaussichten des Einspruchs die AdV nicht stets von einer Sicherheitsleistung abhängig gemacht wird.[1443]

c) Ist der angefochtene Verwaltungsakt im Zeitpunkt der Entscheidung bereits vollzogen (durch freiwillige Leistung, durch Verwirkung von Säumniszuschlägen oder durch Vollstreckungszwang), tritt an die Stelle der Aussetzung die **Aufhebung der Vollziehung** (§ 361 Abs. 2 S. 3 AO, § 69 Abs. 2 S. 7 FGO). Die Aufhebung der Voll-

1435 Koenig/Cöster § 361 Rn. 43.
1436 BFH v. 10.10.1985 – IV B 30/85, BStBl. II 1986, 68.
1437 BFH v. 22.01.1992 – I B 77/91, BStBl. II 1992, 618; BFH v. 06.08.2007 – IV B 20/07, BFH/NV 2007, 2369.
1438 BFH v. 01.10.1981 – IV B 13/81, BStBl. II 1982, 133; Koenig/Cöster § 361 Rn. 34.
1439 BFH v. 11.06.2003 – IX B 16/03, BStBl. II 2003, 663; BFH v. 09.03.2012 – VII B 171/11, BStBl. II 2012, 418.
1440 BFH v. 01.04.2010 – II B 168/09, BStBl. II 2010, 558.
1441 BFH v. 18.02.1997 – VII R 96/95, BStBl. II 1997, 339.
1442 BFH v. 13.10.1988 – IV R 220/85, BStBl. II 1989, 39.
1443 BVerfG v. 22.09.2009–1 BvR 1305/09, DStR 2009, 2146.

ziehung hat zur Folge, dass dem Stpfl. freiwillig oder unter Zwang gezahlte Beträge zu erstatten sind. Bereits getroffene und noch wirksame Vollstreckungsmaßnahmen sind aufzuheben. Infolge der Rückwirkung der Aufhebungsanordnung entfallen Säumniszuschläge ab dem in der Anordnung bestimmten Zeitpunkt.[1444] Ab welchem Zeitpunkt die Aussetzung/Aufhebung der Vollziehung zu gewähren ist, hängt davon ab, wann ernstliche Zweifel an der Rechtmäßigkeit des angefochtenen Verwaltungsakts für die Finanzbehörde aufgetreten sind.[1445]

4. Wirkungen der AdV

§ Fall 89: Beschränkung der Wirkung auf den angefochtenen Verwaltungsakt 361

Das FA hat durch Vorauszahlungsbescheid gegenüber dem Stpfl. S die ESt-Vorauszahlungen I–IV/01 auf jeweils 25.000 € festgesetzt. Im Oktober 01 beantragte S, die ESt-Vorauszahlungen III und IV/01 auf 0 € herabzusetzen, weil ihm aufgrund einer gewerblichen Beteiligung Verluste in Höhe von 140.000 € steuerlich zuzurechnen seien. Das FA entschied nicht über diesen Antrag, leitete aber auch keine Vollstreckungsmaßnahmen ein, als S die ESt-Vorauszahlung IV/01 nicht zahlte. Im März 03 setzte das FA die ESt 01 auf 120.000 € fest und erteilte S unter Berücksichtigung geleisteter Vorauszahlungen von 75.000 € ein Leistungsgebot über 45.000 €. S legte fristgerecht Einspruch ein, zahlte aber unter dem Druck angedrohter Vollstreckungsmaßnahmen den Betrag von 45.000 € an das FA. Kann das von S angerufene FG, nach dessen Auffassung die Steuer auf 60.000 € festzusetzen wäre, die Aufhebung der Vollziehung des ESt-Bescheids 01 in Höhe von 60.000 € anordnen?

I. Die Aussetzung der Vollziehung bewirkt, dass der materielle Regelungsgehalt des nach wie vor wirksamen Verwaltungsakts bis auf Weiteres nicht mehr verwirklicht werden kann.[1446] Der Behörde ist jegliches Gebrauchmachen von den Wirkungen des Verwaltungsakts untersagt. Deshalb darf das FA nach Aussetzung der Vollziehung eines Steuerbescheides auch nicht mehr mit dem festgesetzten Steueranspruch gegen eine Forderung des Steuerschuldners aus einem anderen Rechtsgrund aufrechnen.[1447] Ist der Regelungsgehalt des Verwaltungsakts bereits verwirklicht worden, führt die Aufhebung der Vollziehung dazu, dass durch Erstattung gezahlter Beträge die Verwirklichung rückgängig gemacht wird. Die gesamte Durchführung des Verwaltungsakts wird somit „suspendiert".

II. Der ESt-Bescheid 01 war die Grundlage für die Zahlung der die festgesetzten Vorauszahlungen (100.000 €) übersteigenden 20.000 €. Insoweit ist die Aufhebung der Vollziehung ohne jeden Zweifel zulässig.

III. Nach der Rspr. des BFH[1448] zu § 361 AO a. F. konnte die Aufhebung der Vollziehung auch hinsichtlich eines weiteren Betrages von 40.000 €, also in Höhe von insgesamt 60.000 €, erfolgen. Der Jahressteuerbescheid ist nach Ansicht des BFH alleinige Grundlage nicht nur für die Erhebung weiterer Steuerbeträge, sondern auch für das Einbehalten von Vorauszahlungen, die aufgrund von Vorauszahlungsbescheiden erhoben wurden.
Der Gesetzgeber hat dieser Rspr. durch Einführung der Sätze 3 und 4 in § 361 Abs. 2 AO und des S. 8 in § 69 Abs. 2 FGO i. d. F. des JStG 1997[1449] den Boden entzogen.[1450] Danach ist nunmehr die Aufhebung der Vollziehung auf die festgesetzte Steuer, vermindert um die anzurechnenden Steuerabzugsbeträge, um die anzurechnende KSt

1444 BFH v. 20.11.1987 – VI R 140/84, BStBl. II 1988, 402.
1445 BFH v. 29.09.2003 – III S 7/03, BFH/NV 2004, 183.
1446 BFH v. 03.07.1995 – GrS 3/93, BStBl. II 1995, 730.
1447 BFH v. 31.08.1995 – VII R 58/94, BStBl. II 1996, 55.
1448 BFH v. 03.07.1995 – GrS 3/93, BStBl. II 1995, 730.
1449 BGBl. I 1996, 2049.
1450 Zur Verfassungsmäßigkeit dieser Regelung vgl. BFH v. 02.11.1999 – I B 49/99, BStBl. II 2000, 57.

und um die festgesetzten Vorauszahlungen beschränkt, soweit nicht die Aufhebung zur Abwendung wesentlicher Nachteile nötig erscheint. Zu den „festgesetzten Vorauszahlungen" gehören auch solche Beträge, die festgesetzt, aber nicht gezahlt wurden. Der Gesetzgeber wollte damit erreichen, dass Stpfl., die ihre Vorauszahlungen ordnungsgemäß entrichtet haben, im Rahmen des vorläufigen Rechtsschutzes nicht schlechter gestellt werden als solche Stpfl., die ihre Zahlungen bis zum Erlass des Jahressteuerbescheides hinausgezögert haben.[1451]
Die weiteren 40.000 € gehören zu den festgesetzten Vorauszahlungen. Der Stpfl. hat keinen Sachverhalt vorgetragen, wonach die vorläufige Rückzahlung dieser Beträge zur Abwendung wesentlicher Nachteile nötig erscheint. Demnach kann insoweit keine Aufhebung der Vollziehung erfolgen.

Ergebnis:

Das FG kann nach § 69 Abs. 3 S. 4 FGO die Aufhebung der Vollziehung mithin (lediglich) in Höhe eines Betrags von 20.000 € anordnen.

5. Ende der AdV

362 Die Wirkung der Aussetzung bzw. Aufhebung der Vollziehung soll in der Verfügung des FA zeitlich beschränkt werden (vgl. AEAO zu § 361 Nr. 8.2). Regelmäßig erfolgt die Bewilligung nur für eine Rechtsbehelfsstufe, z. B. bis einen Monat nach Bekanntgabe der Einspruchsentscheidung des FA. Versäumt das FA eine solche zeitliche Beschränkung, bleibt die Maßnahme bis zu ihrer Aufhebung durch das FA, also ggf. auch dann noch bestehen, nachdem der Bescheid bestandskräftig bzw. ein verfahrensbeendendes Urteil rechtskräftig geworden ist.[1452]

Wird der Rechtsbehelf in der Hauptsache zurückgenommen, endet die AdV mit der Rücknahme. Einer besonderen Aufhebungsverfügung bedarf es in diesem Fall nicht.[1453]

6. Rechtsbehelfe

363 **a)** Gegen die Ablehnung des Antrags durch die Finanzbehörde ist der Einspruch statthaft (§ 347 Abs. 1 S. 1 AO). Nach Ablehnung des Antrags kann der Stpfl. außerdem einen Antrag nach § 69 Abs. 3 FGO an das FG stellen. Beide Möglichkeiten kann der Stpfl. grundsätzlich nebeneinander verfolgen.

b) Gegen eine ablehnende Einspruchsentscheidung ist nach § 69 Abs. 7 FGO nur der Antrag auf Aussetzung der Vollziehung an das FG gegeben. Ein Wahlrecht, die Frage der Vollziehungsaussetzung im Klageverfahren oder im Beschlussverfahren nach § 69 Abs. 3 AO gerichtlich klären zu lassen, besteht also nicht.

V. Hinzuziehung (§ 360 AO)

364 **§ Fall 90: Hinzuziehung von Ehegatten**

Die Ehegatten A und B sind für 01 zur ESt zusammenveranlagt worden. A, der inzwischen von seiner Ehefrau B getrennt lebt, legt form- und fristgerecht gegen den ESt-Bescheid Einspruch ein. Muss das FA die Ehefrau B, die wie A Einkünfte aus freiberuflicher Tätigkeit erzielt hat, zum Verfahren hinzuziehen?

1451 Vgl. Birkenfeld in H/H/Sp § 69 FGO Rn. 560ff.; zur Kritik an der gesetzlichen Regelung vgl. Seer in T/K § 69 FGO Rn. 183; Berechnungsbeispiele in AEAO zu § 361 Nr. 4.1–4.5.

1452 Vgl. Koenig/Cöster § 361 AO Rn. 82.

1453 BFH v. 14.03.1986 – VI B 44/84, BStBl. II 1986, 475.

Die Hinzuziehung ist die Beteiligung Dritter am Einspruchsverfahren. Sie entspricht dem Institut der Beiladung im finanzgerichtlichen Verfahren (§ 60 FGO). Das Gesetz unterscheidet zwischen notwendiger und einfacher Hinzuziehung:

I. **Notwendig** ist die Hinzuziehung, wenn „an dem streitigen Rechtsverhältnis Dritte derart beteiligt" sind, „dass die Entscheidung auch ihnen gegenüber nur einheitlich ergehen kann" (§ 360 Abs. 3 S. 1 AO). Das ist insbesondere der Fall, wenn das Gesetz eine einheitliche Feststellung gegenüber mehreren Beteiligten vorschreibt (§ 179 Abs. 2 i.V.m. § 180 Abs. 1 AO). Bei sog. Massenverfahren erleichtert die Sonderregelung des § 360 Abs. 5 AO die verfahrensrechtliche Abwicklung durch das FA.
Soweit ein Mitberechtigter allerdings nach § 352 AO von der Einspruchsbefugnis ausgeschlossen ist, wird er auch nicht zum Verfahren hinzugezogen (§ 360 Abs. 3 S. 2 AO).[1454]

II. Die sog. **einfache Hinzuziehung** liegt im Ermessen der Behörde und setzt lediglich voraus, dass durch die Entscheidung über den Einspruch „rechtliche Interessen" eines Dritten „nach den Steuergesetzen" berührt werden. Als Beispiel nennt das Gesetz den Haftungsschuldner im Einspruchsverfahren des Steuerschuldners (§ 360 Abs. 1 S. 1 AO). Ob im Falle der Zusammenveranlagung von Ehegatten zur ESt (§ 26 b EStG) die Voraussetzungen einer notwendigen Hinzuziehung vorliegen, ist in Rspr. und Schrifttum umstritten:
   - Die Auffassung, es liege kein Fall der notwendigen Hinzuziehung vor, stützt sich vor allem auf die Figur des zusammengefassten Bescheids (§ 155 Abs. 3 AO). Auch wenn gegen die Ehegatten ein zusammengefasster Bescheid ergangen sei, handele es sich doch um verfahrensrechtlich selbstständige Feststellungen, die jeder Ehegatte mit verschiedenen Gründen angreifen oder auch gegen sich gelten lassen könne.[1455]
   - Die Gegenmeinung leitet die Notwendigkeit der Hinzuziehung aus dem Institut der Zusammenveranlagung (§ 26 b EStG) ab. Bei der Zusammenveranlagung beziehen die Ehegatten infolge der Zusammenrechnung der zunächst getrennt ermittelten Einkünfte ein „einheitliches Einkommen" und werden als ein Stpfl. behandelt.[1456] Daraus ergibt sich, dass die Entscheidung über die Höhe der Steuerschuld gegenüber beiden Ehegatten nur einheitlich i.S.d. § 360 Abs. 3 AO ergehen kann.[1457] Das gilt auf jeden Fall dann, wenn ein Ehegatte nach einer bereits erfolgten Zusammenveranlagung eine getrennte Veranlagung erreichen will und zwischen den Ehegatten Streit über die Zulässigkeit dieses Begehrens besteht.[1458]

Ergebnis:

Das FA muss B nach der letztgenannten Auffassung nach § 360 Abs. 3 AO zum Verfahren hinzuziehen.

Die Hinzuziehung erfolgt – nach vorheriger Anhörung des Einspruchsführers (§ 360 Abs. 1 S. 2 AO) – durch besonderen Verwaltungsakt. Er kann mit dem Einspruch (§ 347 Abs. 1 S. 1 AO) angefochten werden. Die Hinzuziehung hat zur Folge, dass die Entscheidung auch gegenüber dem Hinzugezogenen wirkt. Deshalb räumt ihm das Gesetz auch dieselben verfahrensrechtlichen Rechte ein, die dem Einspruchsführer zustehen (§ 360 Abs. 4 AO). **365**

Zu beachten ist, dass der Hinzugezogene seine rechtlichen Interessen nur im Rahmen der „Entscheidung über den Einspruch" (§ 360 Abs. 1 AO), d.h. begrenzt auf die Rechte des Einspruchsführers (§ 360 Abs. 4 AO) und damit nur in den Grenzen des durch den Ein-

---

1454 Dazu BFH v. 31.01.1992 – VIII B 33/90, BStBl. II 1992, 559.

1455 BFH v. 08.12.1976 – I R 240/74, BStBl. II 1977, 321; BFH v. 11.01.1994 – B 100/93, BStBl. II 1994, 405; Brandis in T/K § 60 FGO Rn. 57.

1456 Vgl. BFH v. 24.06.1994 – I R 62/95, BStBl. II 1997, 115.

1457 Vgl. Lippross DB 1984, 1850 ff.

1458 BFH v. 20.05.1992 – III B 110/91, BStBl. II 1992, 916.

spruchsführer gesteckten Einspruchsgegenstands, geltend machen kann (Grundsatz der Akzessorietät). Der Einspruchsführer kann den Einspruch ohne Zustimmung des Hinzugezogenen zurücknehmen und damit dem Hinzugezogenen seine Rechtsbehelfsrechte entziehen. Aus dem Grundsatz der Akzessorietät ist auch abzuleiten, dass ein unzulässiger Einspruch dem Hinzugezogenen grundsätzlich kein Klagerecht geben kann.[1459]

Wurde die notwendige Hinzuziehung vom FA unterlassen, kann dieser Verfahrensfehler durch Beiladung im anschließenden Klageverfahren „geheilt“ werden. Dadurch wird jedoch die fehlende Bekanntgabe der Einspruchsentscheidung gegenüber allen am Einspruchsverfahren zu beteiligenden Personen nicht ersetzt. Deshalb muss das Gericht das Verfahren aussetzen, damit das FA die Einspruchsentscheidung unter Anordnung der Hinzuziehung aller übrigen Beteiligten nachträglich bekannt geben kann.[1460]

Dieser Verfahrensaussetzung bedarf es nur dann nicht, wenn sich der Regelungsgehalt des angefochtenen Bescheids durch die Einspruchsentscheidung nicht ändert und keine Fehler i. S. d. § 126 AO vorliegen.[1461]

VI. Rücknahme des Einspruchs (§ 362 AO)

366 Bis zur Bekanntgabe der Entscheidung kann der Einspruch zurückgenommen werden (§ 362 Abs. 1 S. 1 AO). Der Einspruchsführer kann mit der Rücknahme einer Verböserung, auf deren Möglichkeit das FA vor einer verbösernden Entscheidung hinweisen muss (§ 367 Abs. 2 S. 2 AO), zuvorkommen. Erlässt das FA vor Ablauf der ihm gesetzten Anhörungsfrist eine verbösernde Einspruchsentscheidung, liegt darin ein Verstoß gegen Treu und Glauben, der – abweichend vom Grundsatz des § 127 AO (Unbeachtlichkeit von Verfahrensfehlern) – zur Aufhebung der Einspruchsentscheidung im Klageverfahren führt.[1462]

Gegen die – verfahrensrechtlich vorgesehene – Rücknahme kann das FA nicht einwenden, der Einspruchsführer setze sich damit in Widerspruch zu seinem früheren Verhalten („venire contra factum proprium“), und es liege ein Verstoß gegen Treu und Glauben vor.[1463] Die Rücknahme des Einspruchs hindert das FA allerdings nicht, Korrekturmöglichkeiten nach den §§ 129, 130, 131 sowie 172 ff. AO auszuschöpfen. Werden z. B. dem FA im Einspruchsverfahren nachträglich Tatsachen bekannt, die zu einer höheren Steuer führen, ist trotz Rücknahme des Einspruchs eine Änderung zum Nachteil des Stpfl. nach § 173 Abs. 1 Nr. 1 AO vorzunehmen.[1464]

Eines Verböserungshinweises bedarf es nicht, wenn der angegriffene Bescheid auch nach Rücknahme des Einspruchs zum Nachteil des Einspruchsführers geändert werden kann.[1465]

VII. Aussetzung und Ruhen des Verfahrens (§ 363 AO)

1. Aussetzung des Verfahrens wegen Vorgreiflichkeit

367 Nach § 363 Abs. 1 AO kann die Finanzbehörde die Entscheidung über den Einspruch ganz oder teilweise ruhen lassen, wenn der Ausgang des Verfahrens von einer noch

1459 BFH v. 29.05.2001 – VIII R 10/00, BStBl. II 2001, 747.
1460 BFH v. 17.07.1985 – II R 228/82, BStBl. II 1985, 675.
1461 BFH v. 22.11.1989 – VIII R 62/85, BStBl. II 1989, 359; BFH v. 19.07.1989 – II R 73/85, BStBl. II 1989, 851.
1462 BFH v. 15.05.2013 – VIII R 18/10, BStBl. II 2013, 669.
1463 BFH v. 05.11.2009 – IV R 40/07, BStBl. II 2010, 720.
1464 BFH v. 11.03.1987 – II R 206/83, BStBl. II 1987, 417.
1465 BFH v. 10.11.1989 – VI R 124/88 BStBl. II 1990, 414 bei Änderungsbefugnis nach § 164 Abs. 2 AO; FG München v. 28.06.1990–10 K 10070/87, EFG 1991, 11 bei einer Änderungsmöglichkeit nach § 175 Abs. 1 S. 1 Nr. 2 AO; a. A. Apitz DStZ 1990, 170.

zu treffenden Entscheidung eines Gerichts oder einer Verwaltungsbehörde abhängig ist. Diese Entscheidung muss vorgreiflich sein, d.h., der Ausgang des anderen Verfahrens muss für die zu treffende Entscheidung von wesentlicher Bedeutung sein.

Beispiel

Der Stpfl., der aufgrund eines Steuerbescheides eine Abschlusszahlung (§ 36 Abs. 4 EStG) zu entrichten hat, will im Einspruchsverfahren die Berücksichtigung eines höheren Freibetrags nach § 33 b EStG erreichen. Das FA setzt das Verfahren bis zur Entscheidung des Versorgungsamts über die Höhe der Erwerbsminderung des Stpfl. aus.

2. Ruhen des Verfahrens aus Zweckmäßigkeitsgründen

Nach § 363 Abs. 2 S. 1 AO kann die Finanzbehörde das Verfahren mit Zustimmung des Einspruchsführers ruhen lassen, wenn das aus wichtigen Gründen zweckmäßig erscheint. Ein wichtiger Grund liegt insbesondere vor, wenn ein Musterprozess schwebt, dessen Ausgang abgewartet werden soll. 368

3. Ruhen des Verfahrens kraft Gesetzes

Stützt der Einspruchsführer seinen Einspruch auf ein beim EuGH, beim BVerfG oder einem obersten Bundesgericht anhängiges Verfahren wegen der Verfassungsmäßigkeit einer Rechtsnorm oder wegen einer Rechtsfrage, entspricht es in aller Regel den Interessen des Einspruchsführers und der Finanzbehörde, den Ausgang des Verfahrens bei diesen Gerichten abzuwarten. § 363 Abs. 2 S. 2 AO ordnet deshalb das Ruhen des Verfahrens kraft Gesetzes an, soweit die Steuer nicht nach § 165 Abs. 1 S. 2 Nr. 3 oder Nr. 4 AO vorläufig festgesetzt worden ist. Das kraft Gesetzes ruhende Verfahren kann nach § 363 Abs. 2 S. 3 AO auf Antrag des Einspruchsführers nach pflichtgemäßem Ermessen des FA fortgeführt werden.[1466] Auch ohne Antrag des Einspruchsführers kann das FA aufgrund einer Fortsetzungsmitteilung das Verfahren fortführen. Dieser rechtsgestaltende Verwaltungsakt, der konkludent im Rahmen der Einspruchsentscheidung ergehen kann, kann mit der Klage gegen die Einspruchsentscheidung daraufhin überprüft werden, ob er ermessensgerecht zustande gekommen ist.[1467] 369

4. Ruhen des Verfahrens durch öffentlich bekannt zu gebende Allgemeinverfügung

Mit Zustimmung der obersten Finanzbehörde kann auch durch öffentlich bekannt zu gebende Allgemeinverfügung für bestimmte Gruppen gleichgelagerter Fälle das Ruhen des Verfahrens in anderen als den in § 363 Abs. 2 S. 1 und 2 AO genannten Fällen angeordnet werden (§ 363 Abs. 2 S. 3 und 4 AO). 370

5. Rechtsschutz

Aus Gründen der Verfahrensökonomie bestimmt § 363 Abs. 3 AO, dass die Entscheidung der Finanzbehörde über die Aussetzung oder das Ruhen des Verfahrens oder den Widerruf einer solchen Entscheidung nicht isoliert angefochten werden kann. Der Einspruchsführer kann die Rechtswidrigkeit der Ablehnung des Antrags auf Aussetzung oder Ruhen des Verfahrens oder des Widerrufs nur durch Klage gegen die Einspruchsentscheidung geltend machen. 371

1466 BFH v. 26.09.2006 – X R 39/05, BStBl. II 2007, 222.
1467 BFH v. 23.01.2013 – X R 32/08, BStBl. II 2013, 423.

VIII. Mündliche Erörterung (§ 364 a AO)

372 Die durch das GrenzpendlerG vom 24.06.1994[1468] eingeführte Regelung des § 364 a AO sieht vor, dass unter bestimmten Voraussetzungen vor Erlass der Einspruchsentscheidung eine mündliche Erörterung des Sach- und Rechtsstands erfolgt. Damit soll die einvernehmliche Erledigung von Streitfällen gefördert werden.

§ Fall 91: Mündliche Erörterung mit der Ehefrau?

Die Ehegatten A und B sind für 01 zur ESt zusammenveranlagt worden. A, der inzwischen von seiner Ehefrau B getrennt lebt, legt form- und fristgerecht gegen den ESt-Bescheid Einspruch ein. Die Ehefrau B, die wie A Einkünfte aus freiberuflicher Tätigkeit erzielt hat, wird vom FA zum Verfahren hinzugezogen. A beantragt beim Finanzamt, die Angelegenheit mündlich zu erörtern. Als B davon erfährt, stellt sie den Antrag, an diesem Termin – zusammen mit ihrem Steuerberater – teilnehmen zu dürfen.
Muss das FA die Angelegenheit mit A, B und ihrem Steuerberater erörtern?

I. Nach § 364 a Abs. 1 S. 1 AO soll das Finanzamt auf Antrag des Einspruchsführers vor Erlass einer Einspruchsentscheidung den Sach- und Rechtsstand erörtern. A als Einspruchsführer hat einen entsprechenden Antrag gestellt. Das Finanzamt hat daher eine Ermessensentscheidung zu treffen, ob es A eine Erörterung ermöglichen will oder nicht. Das Ermessen ist durch die Sollvorschrift vorgeprägt, d.h., das Finanzamt hat eine Erörterung durchzuführen, falls nicht besondere Gründe des Einzelfalls gegen die Durchführung einer Erörterung sprechen. § 364 a Abs. 1 S. 1 AO enthält hingegen keine Vorschrift über Ort und Art der Erörterung. In Abhängigkeit von der Bedeutung der Sache und des zu erörternden Gegenstands kann das Finanzamt daher auch die Form einer telefonischen Erörterung wählen. A ist somit grundsätzlich Gelegenheit zu geben, den Sach- und Rechtsstand zu erörtern.

II. Die Ehefrau B als Hinzugezogene ist ebenfalls Beteiligte des Einspruchsverfahrens, (§ 359 Nr. 2 AO). Das Finanzamt kann B zu einem Erörterungstermin mit A laden, wenn es dies für sachdienlich hält (§ 364 a Abs. 1 S. 2 AO). Es hat also zunächst zu entscheiden, ob überhaupt eine Besprechung mit A an Amtsstelle stattfindet. Findet sie statt, hat es über die Sachdienlichkeit einer Teilnahme der B zu befinden. Hält es sie für gegeben, muss es Ermessen ausüben (Kann-Vorschrift). Auch wenn eine Besprechung mit A nicht oder nur telefonisch stattfindet, hat B ein eigenständiges Recht auf Erörterung mit dem Finanzamt. Nach § 360 Abs. 4 AO kann sie als Hinzugezogene nämlich dieselben Rechte geltend machen wie der Einspruchsführer. Damit steht ihr auch ein eigenes Antragsrecht nach § 364 a Abs. 1 S. 1 AO zu.

III. Falls eine Besprechung mit B stattfindet, hat diese auch das Recht, sich durch ihren Steuerberater vertreten zu lassen (§ 364 a Abs. 3 AO). Dieses Recht ergibt sich auch schon aus § 80 Abs. 1 i. V. m. § 365 Abs. 1 AO.

Ergebnis:

Das Finanzamt ist gehalten, eine Erörterung mit A, B und dem Steuerberater der B anzuberaumen. Eine gemeinsame Besprechung ist auch schon deshalb sachdienlich, weil der Ehefrau als Hinzugezogener ohnehin die Erklärungen des Einspruchsführers zugänglich zu machen sind.[1469]

Das Erscheinen zu einer Erörterung kann nicht erzwungen werden (§ 364 a Abs. 4 AO). Lehnt das Finanzamt einen Antrag auf Erörterung ab, handelt es sich grundsätzlich um einen Verwaltungsakt i. S. d. § 118 AO, der aber entsprechend dem Zweck der Vorschrift, Verfahrensverschleppungen vorzubeugen, nicht anfechtbar ist.[1470] Hat das Finanzamt

1468 BGBl. I 1994, 1395.
1469 Vgl. Brandis in T/K § 360 AO Rn. 7 m. w. N.
1470 Seer in T/K § 364 a AO Rn. 6.

eine Erörterung nach § 364 a AO ermessensfehlerhaft nicht durchgeführt und eine Einspruchsentscheidung erlassen, ist eine Heilung dieses Fehlers im außergerichtlichen Verfahren nicht mehr möglich (§ 126 Abs. 2 AO). Klagt der Stpfl. gegen die Einspruchsentscheidung und rügt das Unterlassen der Erörterung, kann das Finanzgericht nach § 100 Abs. 3 S. 1 FGO verfahren und die Einspruchsentscheidung aufheben.[1471]

IX. Befristung des nachträglichen Tatsachenvortrags (§ 364 b AO)

Ebenfalls durch das GrenzpendlerG ist die Präklusionsvorschrift des § 364 b AO eingefügt 373
worden. Seit dem 01.01.1996 kann die Finanzbehörde dem Einspruchsführer eine Frist mit ausschließender Wirkung zur Angabe von Tatsachen setzen, durch deren Berücksichtigung oder Nichtberücksichtigung er sich beschwert fühlt. Entsprechende Fristen können zur Ergänzung des Sachvortrags oder zur Bezeichnung von Beweismitteln und zur Vorlage von Urkunden gesetzt werden. Für eine wirksame Präklusion (§ 364 b Abs. 2 AO) muss der Einspruchsführer zuvor nach § 364 b Abs. 3 AO belehrt worden sein.

§ Fall 92: Reisekosten des Orthopäden 374

Der angestellte Arzt für Orthopädie Dr. O machte in seiner ESt-Erklärung 02 bei der Ermittlung der Einkünfte aus nicht selbstständiger Arbeit wegen Teilnahme an einem Fachkongress in St. Moritz Aufwendungen i. H. v. 7.800 € als Werbungskosten geltend. Das Finanzamt setzte die Einkommensteuer 02 ohne Berücksichtigung der Aufwendungen für die Teilnahme an dem Kongress fest und begründete diese Entscheidung mit dem Abzugsverbot für Kosten der Lebensführung nach § 12 Nr. 1 EStG. Dr. O legte fristgerecht Einspruch ein, den er nicht näher begründete. Das Finanzamt forderte ihn daraufhin mit einer Frist von einem Monat nach § 364 b Abs. 1 AO auf, die Aufwendungen für die Teilnahme an dem Kongress näher zu erläutern und geeignete Belege, insbesondere auch die üblichen Bestätigungen über die Teilnahme an den einzelnen Kongressveranstaltungen, vorzulegen.

In dem Schreiben wies das Finanzamt auf die Rechtsfolgen der Fristversäumnis nach § 364 b Abs. 2 AO hin. Nach Ablauf der gesetzten Frist beantragte Dr. O Fristverlängerung, weil er zurzeit beruflich sehr belastet sei. Das Finanzamt lehnte eine Fristverlängerung ab. Danach übersandte Dr. O dem Finanzamt alle Belege über die Reise, aus denen sich ergibt, dass die Reise ganz überwiegend beruflich veranlasst war und die Kosten auch der Höhe nach als Werbungskosten berücksichtigt werden können.

Wie wird das Finanzamt über den Einspruch entscheiden?

I. Nach § 367 Abs. 2 S. 1 AO muss die Finanzbehörde, die über den Einspruch entscheidet, die Sache in vollem Umfang erneut prüfen. Aufgrund der vorgelegten Belege steht fest, dass die Aufwendungen für die Teilnahme an dem Kongress beruflich veranlasst sind und Werbungskosten i. H. v. 7.800 € anerkannt werden können.

II. Die Berücksichtigung der Werbungskosten könnte jedoch nach § 364 b Abs. 2 AO ausgeschlossen sein. Danach sind Erklärungen und Beweismittel, die erst nach Ablauf der nach § 364 b Abs. 1 AO gesetzten Frist vorgebracht werden, nicht zu berücksichtigen.
   1. Die Voraussetzungen für die Fristsetzung nach § 364 b Abs. 1 AO lagen vor. Die Frage, ob die Aufwendungen für die Teilnahme an dem Fachkongress überwiegend beruflich veranlasst waren, war klärungsbedürftig und Dr. O war nach § 97 AO zur Vorlage von Urkunden verpflichtet.
   2. Der Einspruchsführer ist vom Finanzamt nach § 364 b Abs. 3 AO mit der Fristsetzung über die Rechtsfolgen nach § 364 b Abs. 2 AO belehrt worden.
   3. Die Dr. O gesetzte Frist kann auch nicht nach § 109 AO verlängert werden, weil der Antrag auf Fristverlängerung nicht vor Fristablauf beim Finanzamt eingegangen ist (vgl. AEAO zu § 364 b Nr. 4 S. 1).[1472]

1471 Vgl. Seer a. a. O.

1472 Vgl. Koenig/Cöster § 364 b Rn. 23; Seer in T/K § 364 b AO Rn. 29.

4. Die Erklärungen und Beweismittel des Dr. O sind somit nicht zu berücksichtigen, sofern nicht nach § 364 b Abs. 2 S. 3 i. V. m. § 110 AO Wiedereinsetzung in den vorigen Stand zu gewähren ist. Die Voraussetzungen des § 110 Abs. 1 AO liegen jedoch nicht vor, weil Dr. O keine Gründe vorgetragen hat, die seine Fristversäumnis entschuldigen könnten. Die allgemeine berufliche Belastung eines Arztes rechtfertigt es nicht, behördliche Fristsetzungen zu negieren.

Ergebnis:

Das Finanzamt wird wegen der Präklusionswirkung des § 364 b AO den Einspruch des Dr. O als unbegründet zurückweisen.

Die Fristsetzung nach § 364 b AO ist der Rechtsnatur nach ein Verwaltungsakt.[1473] Dieser Verwaltungsakt ist jedoch nicht selbstständig anfechtbar, sondern nur im Rahmen des gerichtlichen Rechtsschutzes gegen die Einspruchsentscheidung zu überprüfen (AEAO zu § 364 b Nr. 4 S. 2).[1474]

D. Die Entscheidung

I. Förmliche Einspruchsentscheidung und Abhilfeentscheidung

375 **Fall 93: Abhilfebescheid mit Nachprüfungsvorbehalt**

Der Taxiunternehmer S ist der Aufforderung zur Abgabe seiner ESt-Erklärung für 01 nicht nachgekommen. Daraufhin hat das FA die Besteuerungsgrundlagen durch Schätzung ermittelt und die ESt 01 durch endgültigen Bescheid auf 35.000 € festgesetzt. Mit dem form- und fristgerecht eingegangenen Einspruch rügt S, das FA habe den Gewinn aus Gewerbebetrieb zu hoch geschätzt. Zur Begründung reicht er die Steuererklärung 01 und eine betriebliche Überschussrechnung (§ 4 Abs. 3 EStG) für den Besteuerungszeitraum ein. Das FA möchte die Steuerfestsetzung unter Berücksichtigung der Angaben des Stpfl. ändern, den Änderungsbescheid allerdings mit einem Nachprüfungsvorbehalt nach § 164 AO versehen.

I. Einer förmlichen Einspruchsentscheidung bedarf es nur insoweit, als die Behörde dem Einspruch nicht abhilft (§ 367 Abs. 2 S. 3 AO). Aus den Vorschriften des Einspruchsverfahrens ergibt sich nur die verfahrensrechtliche Möglichkeit, das Einspruchsverfahren durch **Abhilfeentscheidung** zu beenden. Rechtsgrundlage der Abhilfeentscheidung sind die Korrekturvorschriften der AO.

II. Es kommt eine Änderung nach § 172 Abs. 1 Nr. 2 Buchst. a) AO in Betracht. Nach dieser Vorschrift kann ein Steuerbescheid geändert werden, falls der Stpfl. zustimmt oder soweit seinem Antrag der Sache nach entsprochen wird. Mit der Übernahme der sich aus der Erklärung ergebenden Besteuerungsgrundlagen würde das FA dem Begehren des Stpfl. in der Sache entsprechen. Fraglich ist, ob dies auch für den Nachprüfungsvorbehalt gilt. Nach § 164 Abs. 2 AO könnte das FA den mit einem Nachprüfungsvorbehalt versehenen Bescheid jederzeit auch zuungunsten des Stpfl. korrigieren. Abgesehen von der Ungewissheit, die für den Stpfl. hierdurch entsteht, könnte sich der Einspruch somit im Ergebnis zu seinem Nachteil auswirken. Daher kann nicht davon ausgegangen werden, dass das FA mit dem Erlass eines unter Vorbehalt der Nachprüfung ergehenden Änderungsbescheides dem Antrag des Stpfl. der Sache nach entspricht.[1475]

Ergebnis:

Ohne ausdrückliche Zustimmung des Stpfl. wäre der Erlass eines Abhilfebescheides mit Nachprüfungsvorbehalt rechtswidrig. Es bleibt dem FA jedoch die Möglichkeit, eine förmliche Ein-

1473 H.M., vgl. Koenig/Cöster § 364 b Rn. 25; Birkenfeld in H/H/Sp § 364 b AO Rn. 98; Seer in T/K § 364 b AO Rn. 26.
1474 Birkenfeld in H/H/Sp § 364 b AO Rn. 98 ff.; Koenig/Cöster § 364 b Rn. 27 m. Nachw. zum Meinungsstand.
1475 Vgl. BFH v. 16.10.1984 – VIII R 162/80, BStBl. II 1985, 448.

spruchsentscheidung zu treffen und darin – nach Verböserungshinweis nach § 367 Abs. 2 S. 2 AO – einen Nachprüfungsvorbehalt aufzunehmen.[1476]

Zur Ergänzung: Vom Abhilfebescheid sind der Teilabhilfebescheid und der nicht abhelfende Änderungsbescheid zu unterscheiden: 376

- Durch den **Teilabhilfebescheid** tritt keine Erledigung des Einspruchsverfahrens ein. Vielmehr wird der Teilabhilfebescheid nach § 365 Abs. 3 AO Gegenstand des anhängig gebliebenen Einspruchsverfahrens, das noch durch förmliche Einspruchsentscheidung zu Ende geführt werden muss.[1477]
- Das FA kann auch einen **nicht abhelfenden Änderungsbescheid** erlassen, indem es den angefochtenen Bescheid beispielsweise wegen eines zwischenzeitlich ergangenen Grundlagenbescheides nach § 175 Abs. 1 S. 1 Nr. 1 AO ändert. Die verfahrensrechtliche Zulässigkeit einer solchen Änderung während des Einspruchsverfahrens ergibt sich aus § 132 AO. Nach § 365 Abs. 3 AO wird auch dieser Bescheid kraft Gesetzes Gegenstand des anhängigen Einspruchsverfahrens.

II. Teileinspruchsentscheidung (§ 367 Abs. 2 a AO)

Nach § 367 Abs. 2 a AO kann das FA bei Sachdienlichkeit über Teile des Einspruchs vorab entscheiden. Eine solche Maßnahme ist insbesondere sinnvoll, wenn bei einer Verfahrensruhe nach § 363 Abs. 2 S. 2 AO wegen eines anhängigen Musterverfahrens über den entscheidungsreifen Teil des Einspruchs entschieden werden soll. Damit kann der Stpfl. schnelleren gerichtlichen Rechtsschutz erlangen. 377

Die **Sachdienlichkeit** ist ein unbestimmter Rechtsbegriff, der – anders als die Ermessensausübung des Finanzamts („kann") – der vollen Überprüfung im Verfahren vor dem Finanzgericht unterliegt.[1478]

III. Zurückweisung des Einspruchs durch Allgemeinverfügung (§ 367 Abs. 2 b AO)

§ 367 Abs. 2 b AO eröffnet die Möglichkeit, sog. Masseneinsprüche durch Allgemeinverfügung zurückzuweisen. Die Vorschrift steht in systematischem Zusammenhang mit der sog. Zwangsruhe nach § 363 Abs. 2 S. 2 AO (vgl. oben Rn. 369). Kann aufgrund der Entscheidung des EuGH, des BVerfG oder des BFH in dem sog. Musterverfahren den insoweit anhängigen Einsprüchen nicht abgeholfen werden, können die Einsprüche durch Allgemeinverfügung der obersten Finanzbehörde zurückgewiesen werden. 378

Beispiel

Einheitliche Allgemeinverfügung der obersten Finanzbehörden der Länder vom 22.07.2008[1479] die Frage betreffend, ob die Besteuerung der Kapitaleinkünfte nach § 20 EStG mit dem GG vereinbar ist sowie vom 29.11.2021 zur Zurückweisung der Einsprüche gegen die Verzinsung nach § 238 AO für Verzinsungszeiträume vor dem 01.01.2019.[1480]

IV. Form und Inhalt der Einspruchsentscheidung (§ 366 AO)

Die Entscheidung ist schriftlich oder elektronisch zu erteilen, zu begründen und mit einer Rechtsbehelfsbelehrung zu versehen (§ 366 AO). Dazu Rn. 382. 379

1476 Seer in T/K § 164 AO Rn. 23.
1477 BFH v. 04.11.1981 – II R 119/79, BStBl. II 1982, 270.
1478 BFH v. 30.09.2010 – III R 39/08, BStBl. II 2011, 11; BFH v. 14.03.2012 – X R 50/09, BStBl. II 2012, 536.
1479 BStBl. I 2008, 746.
1480 BStBl. I 2021, 2159.

V. Bekanntgabe (§ 366 AO)

380 Nach § 366 AO ist die Einspruchsentscheidung den Beteiligten „bekannt zu geben". Für die Bekanntgabe gilt § 122 AO. Die Bekanntgabe kann also durch einfachen Brief erfolgen (§ 122 Abs. 2 AO). Die Behörde wird die Zustellung nach § 122 Abs. 5 AO anordnen, wenn sie einen sicheren Nachweis des Zugangs für erforderlich hält.

VI. Kosten

381 Kosten werden im Einspruchsverfahren nach der AO nicht erhoben. Demnach muss jede Seite grundsätzlich ihre eigenen Kosten tragen.

Ausnahmen ergeben sich aus § 139 Abs. 3 S. 3 FGO bzw. in engen Grenzen aus Amtshaftung nach Art. 34 GG i. V. m. § 839 BGB.[1481]

382 **Übersicht**

Einspruchsentscheidung des Finanzamts

Aufschrift (Rubrum, §§ 365 Abs. 1, 119 Abs. 3 AO)	Finanzamt … Ort, Datum Steuernummer … Einspruchsentscheidung Auf den Einspruch des … vertreten durch … vom … gegen den Bescheid vom … … über die Festsetzung der … … wird wie folgt entschieden:
Entscheidungssatz (Tenor, §§ 365 Abs. 1, 119 Abs. 1 AO; §§ 358, 367 AO)	Tenorierungsvarianten: a) Der Einspruch wird als unzulässig verworfen. b) Der Einspruch wird als unbegründet zurückgewiesen. c) Unter Änderung des Bescheids … wird die Einkommensteuer … auf … herabgesetzt. Im Übrigen wird der Einspruch als unbegründet zurückgewiesen. d) Der Bescheid vom … wird aufgehoben.
Begründung (vgl. § 366 AO)	Gründe: Üblicherweise wie Aufbau eines Urteils, d. h. a) Darstellung des Sachverhalts, b) Entscheidungsgründe (rechtliche Würdigung).
Rechtsbehelfsbelehrung (§ 366 AO)	Rechtsbehelfsbelehrung Gegen diese Entscheidung kann beim … in … schriftlich oder zur Niederschrift des Urkundsbeamten der Geschäftsstelle Klage erhoben werden. … (Weitere Hinweise zur Frist und Form der Klage) Zu Zulässigkeitsvoraussetzungen und Ablauf des fi nanzgerichtlichen Klageverfahrens Schaumburg/Hendricks, Der Steuerrechtsschutz, 4. Aufl . 2018, 150 ff. und zum Rechtsschutz vor dem BFH, ebenda, 414 ff.

1481 Dazu Nachweise bei Brandis in T/K § 139 FGO Rn. 125 ff.

Stichwortverzeichnis

Die Zahlen verweisen auf die Randnummern.

Literaturverzeichnis

Birk/Desens/Tappe	Steuerrecht, 26. Auflage 2023 zitiert: B/D/T
Gosch, Dietmar (Hrsg.)	Abgabenordnung und Finanzgerichtsordnung, Loseblatt, Stand: Dezember 2023 zitiert: Bearbeiter in Gosch
Große/Melchior/Lotz/Ziegler/ Henk/Hudasch/ Tenbergen	Abgabenordnung und Finanzgerichtsordnung, 23. Auflage 2024 zitiert: Große/Melchior/Lotz/Ziegler/Henk/ Hudasch/Tenbergen
Hübschmann/Hepp/ Spitaler (Begr.)	Abgabenordnung und Finanzgerichtsordnung, Kommentar, Loseblatt, Stand: Dezember 2023 zitiert: Bearbeiter in H/H/Sp
Jakob, Wolfgang	Abgabenordnung, 5. Auflage 2010 zitiert: Jakob
Klein, Franz (Begr.)	Abgabenordnung, Kommentar, 17. Auflage 2023 zitiert: Klein/Bearbeiter
Koenig, Ulrich (Hrsg.)	Abgabenordnung, Kommentar, 4. Auflage 2021 zitiert: Koenig/Bearbeiter
Kruse, Heinrich Wilhelm	Lehrbuch des Steuerrechts, Bd. I, Allgemeiner Teil, München 1991 zitiert: Kruse LbStR
Kühn/von Wedelstädt (Begr./Hrsg.)	Abgabenordnung und Finanzgerichtsordnung, Kommentar, 22. Auflage 2018 zitiert: Bearbeiter in K/vW
Scheel/Brehm/Holzner	Abgabenordnung und Finanzgerichtsordnung, 17. Auflage 2018 zitiert: Scheel/Brehm/Holzner
Schmidt, Ludwig (Begr.)	Einkommensteuergesetz, Kommentar, 42. Auflage 2023 zitiert: Schmidt/Bearbeiter
Tipke, Klaus	Die Steuerrechtsordnung, Bd. I, 2. Auflage 2000 zitiert: Tipke StRO I

Tipke/Kruse (Begr.)	Abgabenordnung und Finanzgerichtsordnung, Kommentar, Loseblatt, Stand: Dezember 2023 zitiert: Bearbeiter in T/K
Tipke/Lang (Begr.)	Steuerrecht, 24. Auflage 2021 zitiert: Bearbeiter in T/L